Der Aufenthaltsstatus von ausländischen Arbeitnehmern in der Bundesrepublik Deutschland

STUDIEN UND MATERIALIEN ZUM ÖFFENTLICHEN RECHT

Herausgegeben von Herbert Bethge

Band 35

PETER LANG
Frankfurt am Main · Berlin · Bern · Bruxelles · New York · Oxford · Wien

Katja Gößling

Der Aufenthaltsstatus von ausländischen Arbeitnehmern in der Bundesrepublik Deutschland

Gemeinschaftsrechtliche Vorgaben und ihre Umsetzung in das nationale Recht

PETER LANG
Internationaler Verlag der Wissenschaften

Bibliografische Information der Deutschen Nationalbibliothek
Die Deutsche Nationalbibliothek verzeichnet diese Publikation in der Deutschen Nationalbibliografie; detaillierte bibliografische Daten sind im Internet über <http://www.d-nb.de> abrufbar.

Zugl.: Passau, Univ., Diss., 2008

D 739
ISSN 1433-1500
ISBN 978-3-631-58420-0

www.peterlang.de

Vorwort

Die vorliegende Arbeit wurde im Sommersemester 2008 von der Juristischen Fakultät der Universität Passau als Dissertation angenommen.

Mein besonderer Dank gilt meinem Doktorvater, Herrn Professor Dr. Michael Schweitzer, für die wissenschaftliche Förderung und die Betreuung der Arbeit. Herrn Professor Dr. Rainer Wernsmann danke ich für die zügige Erstellung des Zweitgutachtens. Bei Herrn Professor Dr. Herbert Bethge und dem Peter Lang Verlag bedanke ich mich für die Aufnahme in die Schriftenreihe.

Die Arbeit hätte ohne die vielfältige Hilfe und großzügige Unterstützung durch meine Familie, Freunde und Kollegen nicht entstehen können. So danke ich insbesondere Herrn Dr. Marc Jäger für die wertvollen Anregungen und Herrn Christian Fröde für die ständige Diskussions- und Hilfsbereitschaft. Vor allem aber möchte ich auch meiner Mutter, Frau PD Dr. Heidrun Peters, dafür danken, dass sie zu jeder Zeit mit Rat und Tat zur Seite stand. Ihr sowie meinem Bruder, Hagen Peters, bin ich zudem für das äußerst sorgfältige Korrekturlesen des Manuskripts zu großem Dank verpflichtet.

Von ganzem Herzen danke ich meinem Mann, Daniel Gößling, dessen Unterstützung, Zuspruch und Liebe dieses Buch möglich gemacht haben. Ich widme es ihm und unserer Tochter.

Nürnberg, im September 2008

Inhaltsverzeichnis

Abkürzungsverzeichnis

a. A.	anderer Ansicht
AAV	Verordnung über Aufenthaltsgenehmigungen zur Ausübung einer unselbständigen Erwerbstätigkeit (Arbeitsaufenthalteverordnung) vom 18. Dezember 1990, BGBl. Teil I, S. 2994
ABl.	Amtsblatt der Europäischen Gemeinschaften
Abs.	Absatz
AETR	(in der deutschen Übersetzung:) Europäisches Übereinkommen über die Arbeit des im internationalen Straßenverkehr beschäftigten Fahrpersonals
a. F.	alte Fassung
Alt.	Alternative
Anm.	Anmerkung
AnwBl.	Anwaltsblatt
AöR	Archiv des öffentlichen Rechts
ARB	Beschluss des Assoziationsrates EWG/Türkei
ArbPlSchG	Gesetz über den Schutz des Arbeitsplatzes bei Einberufung zum Wehrdienst (Arbeitsplatzschutzgesetz) vom 14. Februar 2001, BGBl. Teil I, S. 253
ArGV	Verordnung über die Arbeitsgenehmigung für ausländische Arbeitnehmer (Arbeitsgenehmigungsverordnung) vom 17. September 1998, BGBl. Teil I, S. 2899
Art.	Artikel
ASAV	Verordnung über Ausnahmeregelungen für die Erteilung einer Arbeitserlaubnis an neueinreisende ausländische Arbeitnehmer (Anwerbestoppausnahmeverordnung) vom 17. September 1998, BGBl. Teil I, S. 2893
AuA	Arbeit und Arbeitsrecht
AuB	Arbeit und Beruf, Fachzeitschrift für die Aufgaben der Bundesanstalt für Arbeit
AufenthG	Gesetz über den Aufenthalt, die Erwerbstätigkeit und die Integration von Ausländern im Bundesgebiet (Aufenthaltsgesetz) in der Fassung der Bekanntmachung vom 25. Februar 2008, BGBl. Teil I, S. 162
AufenthaltG/EWG	Gesetz über Einreise und Aufenthalt von Staatsangehörigen der Mitgliedstaaten der Europäischen Wirtschaftsgemeinschaft (Aufenthaltsgesetz/EWG) in der Fassung der Bekanntmachung vom 31. Januar 1980, BGBl. Teil I, S. 927
AufenthV	Aufenthaltsverordnung vom 25. November 2004, BGBl. Teil I, S. 2945
Aufl.	Auflage

AuslG	Gesetz über die Einreise und den Aufenthalt von Ausländern im Bundesgebiet (Ausländergesetz) vom 9. Juli 1990, BGBl. Teil I, S. 1354
BAföG	Bundesgesetz über individuelle Förderung der Ausbildung (Bundesausbildungsförderungsgesetz) vom 6. Juni 1983, BGBl. Teil I, S. 645
BAG	Bundesarbeitsgericht
BayVBl	Bayerische Verwaltungsblätter, Zeitschrift für öffentliches Recht und öffentliche Verwaltung
BayVGH	Bayerischer Verwaltungsgerichtshof
BEEG	Gesetz zum Elterngeld und zur Elternzeit (Bundeselterngeld- und Elternzeitgesetz) vom 5. Dezember 2006, BGBl. Teil I, S. 2748
BErzGG	Gesetz zum Erziehungsgeld und zur Elternzeit (Bundeserziehungsgeldgesetz) in der Fassung der Bekanntmachung vom 9. Februar 2004, BGBl. Teil I, S. 206
BeschV	Verordnung über die Zulassung von neu einreisenden Ausländern zur Ausübung einer Beschäftigung (Beschäftigungsverordnung) vom 22. November 2004, BGBl. Teil I, S. 2937.
BeschVerfV	Verordnung über das Verfahren und die Zulassung von im Inland lebenden Ausländern zur Ausübung einer Beschäftigung (Beschäftigungsverfahrensverordnung) vom 22. November 2004, BGBl. Teil I, S. 2934
BGBl.	Bundesgesetzblatt
BGH	Bundesgerichtshof
BKGG	Bundeskindergeldgesetz in der Fassung der Bekanntmachung vom 17. Juli 2007, BGBl. Teil I, S. 1450).
BR	Bundesrat
BSHG	Bundessozialhilfegesetz vom 30. Juni 1961, BGBl. Teil I, S. 815
BT	Bundestag
BVerfG	Bundesverfassungsgericht
BVerfGE	Entscheidungen des Bundesverfassungsgerichts
BVerwG	Bundesverwaltungsgericht
BVerwGE	Entscheidungen des Bundesverwaltungsgerichts
bzw.	beziehungsweise
C	Communications et informations (Reihe des Amtsblattes der Europäischen Gemeinschaften) oder La Cour de justice (Entscheidungen des EuGH)
CML Rev.	Common Market Law Review

d. h.	das heißt
DB	Der Betrieb
DÖV	Die öffentliche Verwaltung
Drucks.	Drucksachen
DVAuslG	Verordnung zur Durchführung des Ausländergesetzes vom 18. Dezember 1990, BGBl. Teil I, S. 2983
DVBl.	Deutsches Verwaltungsblatt
EFTA	European Free Trade Association
EG	Europäische Gemeinschaft
EGKS	Europäische Gemeinschaft für Kohle und Stahl
EGV	Vertrag zur Gründung der Europäischen Gemeinschaft
EGMR	Europäischer Gerichtshof für Menschenrechte
EJIL	European Journal of International Law
EJML	European Journal of Migration and Law
ELR	European Law Reporter
E.L.Rev.	European Law Review
EMRK	Europäische Menschenrechtskonvention
EStG	Einkommensteuergesetz in der Fassung der Bekanntmachung vom 19. Oktober 2002, BGBl. Teil I, S. 4210.
etc.	et cetera
EU	Europäische Union
EuG	Europäisches Gericht erster Instanz
EuGH	Europäischer Gerichtshof
EuGRZ	Europäische Grundrechte-Zeitschrift
EuR	Europarecht
EURATOM	Europäische Atomgemeinschaft
EURES	European Employment Services
EUV	Vertrag über die Europäische Union
EuZW	Europäische Zeitschrift für Wirtschaftsrecht
EWG	Europäische Wirtschaftsgemeinschaft
EWS	Europäische Zeitschrift für Wirtschafts- und Steuerrecht
f., ff.	folgend(e)
FamRZ	Zeitschrift für das gesamte Familienrecht
FreizügG/EU	Gesetz über die allgemeine Freizügigkeit von Unionsbürgern (Freizügigkeitsgesetz/EU) vom 30. Juli 2004, BGBl. Teil I, S. 1950
FreizügV/EG	Verordnung über die allgemeine Freizügigkeit von Staatsangehörigen der Mitgliedstaaten der Europäischen Union (Freizügigkeitsverordnung) vom 17. Juni 1997, BGBl. Teil I, S. 1810

FPR	Familie, Partnerschaft, Recht. Interdisziplinäres Fachjournal für die Anwaltspraxis.
FS	Festschrift
GewArch	Gewerbearchiv, Zeitschrift für Gewerbe- und Wirtschaftsverwaltungsrecht
GG	Grundgesetz für die Bundesrepublik Deutschland in der im BGBl. Teil III, Gliederungsnummer 100-1, veröffentlichten bereinigten Fassung, zuletzt geändert durch das Gesetz vom 28. August 2006, BGBl. Teil I, S. 2034
GS	Gedenkschrift
HessVGH	Hessischer Verwaltungsgerichtshof
Hrsg.	Herausgeber
HS	Halbsatz
info also	Informationen zum Arbeitslosenrecht und Sozialhilferecht
i. S. d.	im Sinne des bzw. im Sinne der
i. S. v.	im Sinne von
i. V. m.	in Verbindung mit
JuS	Juristische Schulung
JZ	Juristenzeitung
L	Législation (Reihe des Amtsblattes der Europäischen Gemeinschaften)
lit.	littera (Buchstabe)
MRRG	Melderechtsrahmengesetz in der Fassung der Bekanntmachung vom 19. April 2002, BGBl. Teil I, S. 1342
MuSchG	Gesetz zum Schutz der erwerbstätigen Mutter (Mutterschutzgesetz) in der Fassung der Bekanntmachung vom 20. Juni 2002, BGBl. Teil I, S. 2318.
m. w. N.	mit weiteren Nachweisen
Nr.	Nummer
NJW	Neue Juristische Wochenschrift
NVwZ	Neue Zeitschrift für Verwaltungsrecht
NZS	Neue Zeitschrift für Sozialrecht
OVG	Oberverwaltungsgericht

RdA	Recht der Arbeit. Zeitschrift für die Wissenschaft und Praxis des gesamten Arbeitsrechts
RdJB	Recht der Jugend und des Bildungswesens, Zeitschrift für Schule, Berufsbildung und Jugenderziehung
RL	Richtlinie
Rn.	Randnummer
ROW	Recht in Ost und West: Zeitschrift für Ostrecht und Rechtsvergleichung
Rs.	Rechtssache
RVO	Reichsversicherungsordnung in der im BGBl. Teil III, Gliederungsnummer 820-1, veröffentlichten bereinigten Fassung, zuletzt geändert durch Artikel 11 des Gesetzes vom 26. März 2007 (BGBl. I S. 378)
s.	siehe
S.	Satz/Seite/Siehe
SGB	Sozialgesetzbuch
Slg.	Sammlung
sog.	so genannt(e/er/es/en)
T	Le Tribunal de première instance (Entscheidungen des EuG)
u. a.	und andere, unter anderem
UAbs.	Unterabsatz
VBlBW	Verwaltungsblätter Baden-Württemberg
Verb. Rs.	verbundene Rechtssachen
vgl.	vergleiche
VO	Verordnung
Vorbem.	Vorbemerkung
VSSR	Vierteljahresschrift für Sozialrecht
VwVfG	Verwaltungsverfahrensgesetz in der Fassung der Bekanntmachung vom 23. Januar 2003, BGBl. Teil I, S. 102
ZAR	Zeitschrift für Ausländerrecht und Ausländerpolitik
ZaöRV	Zeitschrift für ausländisches öffentliches Recht und Völkerrecht
z. B.	zum Beispiel
ZFSH/SGB	Zeitschrift für Sozialhilfe
ZIAS	Zeitschrift für ausländisches und internationales Arbeits- und Sozialrecht
Ziff.	Ziffer
ZESAR	Zeitschrift für europäisches Sozial- und Arbeitsrecht

ZEuS	Zeitschrift für europarechtliche Studien
ZuwG	Gesetz zur Steuerung und Begrenzung der Zuwanderung und zur Regelung des Aufenthalts und der Integration von Unionsbürgern und Ausländern (Zuwanderungsgesetz) vom 30. Juli 2004, BGBl. Teil I, S. 1950

Einleitung

Ziel der vorliegenden Arbeit ist die Darstellung der gemeinschaftsrechtlichen Vorgaben für den *Aufenthaltsstatus ausländischer Arbeitnehmer* in der Bundesrepublik Deutschland und ihre Umsetzung in das deutsche Recht. Der Begriff des Aufenthaltsstatus wird hierbei verwendet, um die Verfestigung des Aufenthaltsrechts, die Berechtigung zur Ausübung einer unselbständigen Erwerbstätigkeit sowie die Eingliederung in das innerstaatliche Sozialsystem zu beschreiben. Diese Aspekte bilden die wesentlichen Kriterien, um den Umfang der *Gleichstellung* einer ausländischen Person mit den Staatsangehörigen des Aufenthaltsstaates zu messen, da in der Regel nur die Staatsangehörigkeit das Recht auf dauerhafte und bedingungslose Anwesenheit in diesem Staat sowie umfassenden Zugang zum Arbeitsmarkt und zu staatlichen Leistungen vermittelt.[1] Unterscheidet ein Staat in seiner innerstaatlichen Rechtsordnung zwischen Inländern und Ausländern, so tritt die ungleiche Rechtsstellung vor allem in diesen Bereichen hervor. Entsprechend lässt sich an der Verfestigung des Aufenthaltsrechts, dem Arbeitsmarktzugang und an dem Umfang der Teilhabeberechtigung an staatlichen Leistungen das Maß der *rechtlichen Integration* eines Ausländers erkennen.[2] Der Fremdenstatus ist überwunden und die Integration vollzogen, wenn der aufnehmende Staat die ausländische Person wie einen eigenen Staatsangehörigen behandelt, d. h. keinen Sonderregelungen unterwirft und nicht von bestimmten Privilegien ausnimmt.

Innerhalb der EG hat die Bedeutung der Staatsangehörigkeit als Mittlerin des Aufenthaltsrechts, des Marktzugangs und der sozialen Rechte eine Relativierung erfahren, da die Verwirklichung des Binnenmarktes als Raum ohne Binnengrenzen und des freien Personenverkehrs den Abbau nationaler Präferenzen für eigene Staatsangehörige voraussetzt und das Diskriminierungsverbot zu einem

---

1 „The rights of residence and equality of treatment are at the core of identity and indeed citizenship. They are the marker between citizen and immigrant reflecting a fundamental element of state formation and maintenance." (*Guild*, S. 17); *Eichenhofer*, S. 55; *Stein*, Aufenthalt und aufenthaltsbeendende Maßnahmen gegenüber Fremden, in: Hailbronner, Die allgemeinen Regeln, S. 53 ff.; *Schönberger*, S. 301 und 349 ff.

2 Weiteres Merkmal der Integration in rechtlichem Sinn ist etwa die Berechtigung zur Ausübung staatsbürgerlicher Rechte wie des aktiven und passiven Wahlrechts. Diese bleiben in der vorliegenden Arbeit außer Betracht. In gesellschafts- und sozialpolitischem Sinn wird der Begriff der Integration um weitere Merkmale ergänzt. Er steht z. B. für die wirtschaftliche und soziale *Konvergenz* zwischen der zugewanderten und der im Inland geborenen Bevölkerung in Bezug auf eine Reihe statistischer Messgrößen, wie z. B. Arbeitslosenquote, Durchschnittsverdienst, Geburtenrate, Wahlverhalten etc., ergänzt um die Frage der *Assimilation*, also der Übernahme von Werten und Überzeugungen (vgl. Die Arbeitsmarktintegration von Zuwanderern in Deutschland, OECD 2005).

Grundpfeiler der Liberalisierung des Wirtschaftsverkehrs erhebt.[3] Dies gilt insbesondere für Arbeitnehmer mit der Staatsangehörigkeit eines Mitgliedstaats (EU-Arbeitnehmer), da ihr Aufenthaltsstatus dem ausdifferenzierten Reglement der Freizügigkeit der Arbeitnehmer (Art. 39 ff. EGV) unterliegt. Mit den die Freizügigkeit flankierenden Grundsätzen des Diskriminierungsverbots, der Mobilität „im Familienverbund" und der Einbindung in die Systeme der sozialen Sicherheit des Aufnahmestaates konnte bereits die Grundlage für eine optimale Migration der Arbeitskräfte geschaffen werden.[4] Doch die Integration der Unionsbürger ist nicht abgeschlossen. Insbesondere mit der Einführung der Unionsbürgerschaft wurde ein Prozess in Gang gesetzt, der die Gleichstellung der Unionsbürger in zunehmendem Maße von einer reinen Wirtschaftsintegration loslöst. Hieraus resultieren zugleich Auswirkungen auf den Aufenthaltsstatus als Arbeitnehmer.

Während die Freizügigkeit der EU-Arbeitnehmer trotz mancher noch bestehender Hemmnisse und Diskriminierungen im Wesentlichen reibungslos funktioniert, treten die Unterschiede zwischen Inländern und Ausländern umso deutlicher am Status von Drittstaatsangehörigen zutage, denn Drittstaatsangehörige können sich nicht auf die Privilegien der Freizügigkeit innerhalb der Gemeinschaft berufen. Zwar ist es gemäß Art. 14 Abs. 2 EGV das Ziel der Gemeinschaft, einen Raum ohne Binnengrenzen zu errichten, zu dem auch der freie Personenverkehr gehört. Ob Drittstaatsangehörige hiervon direkt erfasst sind, ist streitig und mag an dieser Stelle dahingestellt bleiben, da der EG die Kompetenzen zur Verwirklichung dieses Ziels nur „gemäß den Bestimmungen dieses Vertrages" zustehen und jedenfalls keine umfassende Regelung ermöglichen. Allerdings wurden insbesondere durch den Vertrag von Amsterdam bedeutsame Kompetenzen des Aufenthalts- und Zuwanderungsrechts auf die EG verlagert und als IV. Titel „Visa, Asyl, Einwanderung und andere Politiken betreffend den freien Personenverkehr" in den EG-Vertrag eingefügt. In der Folgezeit wurden verschiedene Maßnahmen für eine gemeinsame Einwanderungspolitik angestrengt. Die bisherigen Kernaspekte der Überlegungen auf Gemeinschaftsebene beinhalten vor allem Aktivitäten gegen den auf die Gemeinschaft einwirkenden Migrationsdruck und für die Bekämpfung der illegalen Einwanderung, sollen dem erhöhten Arbeitskräftebedarf Rechnung tragen, die Rechtsposition sich legal aufhaltender Drittstaatsangehöriger stärken und die Wanderungsbewegungen

3 *Herdegen*, Der „Fremde" im Völkerrecht – Wandlungen eines Begriffs, in: Hailbronner, Die allgemeinen Regeln, S. 13 ff., 18; *von Bogdandy*, in: Grabitz/Hilf, Art. 12 EGV, Rn. 1; *Schönberger*, S. 387.

4 *Steinmeyer*, in: Fuchs, Europäisches Sozialrecht, S. 572, Rn. 2; *Wollenschläger*, S. 20 f. Vgl. auch *Eichenhofer*, ZIAS 2003, 404 ff., 405: „Die soziale Stellung des Bürgers gründet im Recht auf wirtschaftliche Teilnahme an den Gütern und Diensten einer Gesellschaft."

sowohl in die Europäische Union als auch innerhalb der EU koordinieren.[5] Des Weiteren hat der Europäische Rat im November 2004 das so genannte Haager Programm verabschiedet, welches in der Nachfolge der im Oktober 1999 vereinbarten Schlussfolgerungen von Tampere das Arbeitsprogramm der EU im Bereich der Asyl- und Einwanderungspolitik bis zum Jahr 2010 festlegt und u. a. konkrete Schritte zur Regelung der legalen Einwanderung sowie zur Integration von Drittstaatsangehörigen vorsieht.[6] In Umsetzung dieser Vorgaben hat die Kommission zunächst einen Strategischen Plan zur legalen Zuwanderung vorgelegt, der sich speziell der ökonomischen Einwanderung widmet, sowie eine Reihe von Legislativvorschlägen und Mitteilungen erarbeitet, mit denen der Aufbau einer gemeinsamen Einwanderungspolitik vorangetrieben werden soll.[7] So wird z. B. ein Paket von Rechtsakten zu den Zulassungs- und Aufenthaltsbedingungen entworfen, das aus einer horizontalen Rahmenrichtlinie und vier sektorspezifischen Richtlinien für unselbständig Erwerbstätige besteht. Von der Kommission vorgestellt wurden bereits die Rahmenrichtlinie, die die Rechte von Drittstaatsangehörigen betrifft, welche sich noch nicht mit dem Aufenthaltsstatus eines langfristig Aufenthaltsberechtigten in der EG aufhalten und legal beschäftigt sind, sowie eine Richtlinie, die die Bedingungen für die Einreise und den Aufenthalt von hochqualifizierten Arbeitnehmern regelt und die sog. EU Blue Card, das europäische Pendant zur amerikanischen Green-Card, einführt.[8] Die anderen Richtlinien betreffen Saisonarbeitnehmer, innerbetrieblich versetzte Arbeitnehmer sowie bezahlte Auszubildende und sollen bis zum Jahr 2009 entworfen werden. Es ist also nicht zu übersehen, dass die (mitglied)staatliche Gestaltungshoheit auch in Bezug auf die Einwanderung und den Aufenthalt von drittstaatsangehörigen Arbeitnehmern zunehmend durch Vorgaben des Gemeinschaftsrechts bestimmt wird und eine schrittweise Harmonisierung des Einwanderungsrechts stattfindet.

Abgesehen von den gemeinschaftsrechtlichen Vorgaben, die direkt auf dem EG-Vertrag und den auf seiner Grundlage erlassenen Sekundärrechtsakten beruhen, können sich weitere Vorgaben für den Aufenthaltsstatus von drittstaatsangehörigen Arbeitnehmern aus völkerrechtlichen Vereinbarungen ergeben, die die EG – in der Regel gemeinsam mit ihren Mitgliedstaaten – mit Drittstaaten abgeschlossen hat. Eine Vielzahl dieser Abkommen enthält z. B. ein Gleichbehandlungsgebot für drittstaatsangehörige Arbeitnehmer. Neben der völkerrechtlichen

---

5 KOM(2004) 401 endg., Mitteilung der Kommission an den Rat und das Europäische Parlament – Raum der Freiheit, der Sicherheit und des Rechts: Bilanz des Tampere Programms und Perspektiven. *Wollenschläger*, EuGRZ 2001, 345 ff.

6 Haager Programm zur Stärkung von Freiheit, Sicherheit und Recht in der Europäischen Union (ABl. 2005 C 53/1). Das Haager Programm behandelt im Schwerpunkt die Themenfelder Einwanderungspolitik, Asylrecht sowie die Polizeiliche und Justitielle Zusammenarbeit in Strafsachen.

7 KOM(2005) 669 endg.; *Schieffer*, ZAR 2005, 372 f.

8 KOM(2007) 637 endg. und KOM(2007) 638 endg.

Verpflichtung, die sich aus einer solchen Vereinbarung ergibt, ist ihre Beachtung gleichsam eine gemeinschaftsrechtliche Verpflichtung, da die Abkommen nach der Rechtsprechung des EuGH einen „integrierenden Bestandteil der Gemeinschaftsrechtsordnung“[9] darstellen.

Auch im Recht der Bundesrepublik Deutschland findet sich eine ganze Reihe aktueller Änderungen, die den Aufenthaltsstatus der ausländischen Arbeitnehmer beeinflussen. Die Zuwanderung sowie die langfristige Integration von Unionsbürgern und Drittstaatsangehörigen und ihren Familien sind mittlerweile als eine gesellschaftspolitische Notwendigkeit anerkannt und der Weg, wie dies am besten gelingen kann, ein derzeit wichtiges und viel diskutiertes Thema.[10] In rechtlicher Hinsicht markiert das am 1. Januar 2005 in Kraft getretene Zuwanderungsgesetz einen Wendepunkt, dessen Bedeutung durch den ersten Satz der Begründung des Gesetzesentwurfs beschrieben wird: „Die Zuwanderung zum Zweck der Erwerbstätigkeit soll erleichtert, die Steuerung und Begrenzung des Zuzugs von Ausländern und die Integration dauerhaft aufhältiger Ausländer verbessert sowie das Ausländerrecht und das Aufenthaltsrecht von Unionsbürgern vereinfacht werden.“.[11]

Die Aufgabe der vorliegenden Arbeit ist es, die gemeinschaftsrechtlichen Vorgaben zum Aufenthaltsstatus von Arbeitnehmern darzustellen, die neueren gemeinschaftsrechtlichen Entwicklungen zu analysieren und zu überprüfen, inwieweit das Recht der Bundesrepublik diese Vorgaben umgesetzt hat und erfüllt. Hierzu wird im ersten Kapitel die Kompetenzverteilung zwischen der EG und ihren Mitgliedstaaten dargestellt, unterteilt nach den Kompetenzen für Arbeitnehmer mit der Staatsangehörigkeit eines Mitgliedstaats der Europäischen Union (EU-Arbeitnehmer) und den Kompetenzen in Bezug auf den Aufenthaltsstatus von drittstaatsangehörigen Arbeitnehmern. Die folgenden Kapitel befassen sich sodann mit den gemeinschaftsrechtlichen Vorgaben im Einzelnen. So behandelt das zweite Kapitel die Voraussetzungen und Gewährleistungen der Freizügigkeit der Arbeitnehmer. Hierbei ist es notwendig, einen näheren Blick auch auf die

---

9 Zwischen der Gemeinschaft und Drittstaaten geschlossene Abkommen sind nach Art. 300 Abs. 7 EG für die Organe der Gemeinschaft und für die Mitgliedstaaten verbindlich und bilden mit ihrem Inkrafttreten einen „integrierenden Bestandteil der Gemeinschaftsrechtsordnung“ (EuGH Rs. 181/73, Haegeman, Slg. 1974, 449, Rn. 13; Rs. 12/86, Demirel, Slg. 1987, 3719, Rn. 2/6 (s. Fn. 882); Rs. C-94/02 P, Établissements Biret et Cie SA, Slg. 2003, I-10565, Rn. 35).

10 So ist häufig zu lesen, dass das am 1. Januar 2005 in Kraft getretene Zuwanderungsgesetz einen überfälligen Paradigmenwechsel dokumentiere, der die Tatsache der Einwanderungsgesellschaft anerkennt: *Hiesserich*, ZAR 2005, 369 ff., 369; *Th. Groß*, ZAR 2007, 315 ff.

11 Erster Satz des Entwurfs eines Gesetzes zur Steuerung und Begrenzung der Zuwanderung und zur Regelung des Aufenthalts und der Integration von Unionsbürgern und Ausländern (Zuwanderungsgesetz), BT-Drucks. 15/420, S. 1 vom 7. Februar 2003.

neuen Entwicklungen im Zusammenhang mit der allgemeinen Freizügigkeit und dem allgemeinen Diskriminierungsverbot zu werfen (Art. 17, 18 und 12 EGV) und das Verhältnis dieser Normen zu der Grundfreiheit der Arbeitnehmer zu untersuchen. Gegenstand des dritten Kapitels ist die Rechtsstellung der Familienangehörigen von Arbeitnehmern aus der EU. Das vierte und letzte Kapitel betrifft den Aufenthaltsstatus der drittstaatsangehörigen Arbeitnehmer und betrachtet die Vorgaben aus dem primären und sekundären Gemeinschaftsrecht sowie aus den Abkommen der EG mit Drittstaaten. Jedes dieser Kapitel enthält im Anschluss an die Darstellung der gemeinschaftsrechtlichen Vorgaben eine Analyse der Umsetzungsmaßnahmen in das deutsche Recht.

Die Arbeit kann nur einem Teil der Fragen nachgehen, die sich im Zusammenhang mit dem Aufenthaltsstatus von ausländischen Arbeitnehmern ergeben. So konzentriert sich die Untersuchung auf die *dauerhafte* Zuwanderung, während Besonderheiten der zeitlich begrenzten Arbeitsmigration mit nur vorübergehendem Aufenthalt (z. B. Werkvertragsarbeitnehmer, Saison-, Gastarbeitnehmer) außer Betracht bleiben. Ebenso wird auf eine ausführliche Darstellung des zwischen der EG und der Türkei bestehenden Assoziationsrechts verzichtet, da sich die Besonderheiten insbesondere des sekundären Assoziationsrechts mit der Türkei nur bedingt auf die aufenthaltsrechtliche Stellung anderer Drittstaatsangehöriger übertragen lassen und nicht zuletzt bereits eine Fülle an Literatur zu diesem Thema vorhanden ist, der im Rahmen dieser Arbeit kaum Neues hinzugefügt werden könnte. Gleichwohl wird, wo dies notwendig erscheint, ein kurzer Überblick über dieses Gebiet gegeben und auf aktuelle Entwicklungen eingegangen. Auch setzt die Arbeit den Schwerpunkt auf die Voraussetzungen des Aufenthalts und lässt die gemeinschaftsrechtlichen Vorgaben zur Aufenthaltsbeendigung aus Gründen der öffentlichen Ordnung und Sicherheit außer Betracht.

1. Kapitel: Die Kompetenzverteilung zwischen der EG und ihren Mitgliedstaaten zur Regelung des Aufenthaltsstatus von ausländischen Arbeitnehmern

Die Kompetenzen der EG beruhen auf dem Prinzip der begrenzten Einzelermächtigung (Art. 5 Abs. 1 EGV), bestehen also in dem von den Mitgliedstaaten durch Kompetenzübertragung gesteckten Rahmen des EG-Vertrages und leiten sich aus dem fortdauernden Willen ihrer Mitgliedstaaten ab. In Bereichen, die nicht in ihre ausschließliche Kompetenz fallen, hat die EG die Voraussetzungen des Subsidiaritätsprinzips zu beachten (Art. 5 Abs. 2 EGV). In keinem Fall dürfen die Maßnahmen der Gemeinschaft über das erforderliche Maß hinausgehen (Verhältnismäßigkeitsprinzip, Art. 5 Abs. 3 EGV).
Der Umfang der übertragenen Kompetenzen für einen Sachbereich bestimmt sich danach, welcher Grad an Harmonisierung oder Vereinheitlichung mit der Delegation von Rechtssetzungskompetenzen angestrebt wird. So ist die Anwendbarkeit mitgliedstaatlicher Normen in der Regel ausgeschlossen, wenn die EG eine vollständige Rechtsangleichung vornehmen darf. Ist der Gemeinschaft hingegen lediglich die Funktion der Koordinierung zugewiesen, sind ihre Kompetenzen durch Vorbehalte der Mitgliedstaaten begrenzt oder ist sie nur zum Erlass von Mindestvorschriften berechtigt, hat sie den Mitgliedstaaten einen entsprechenden Gestaltungsspielraum zu belassen.[12]

Die Kompetenzen der EG zur Regelung des Aufenthaltsstatus von ausländischen Arbeitnehmern unterscheiden sich sowohl im Hinblick auf den Umfang des übertragenen Sachbereichs als auch auf die Regelungsdichte maßgeblich danach, ob die Arbeitnehmer einem Mitgliedstaat der EU angehören oder Staatsangehörige eines Drittstaats sind. Sie ergeben sich vor allem aus den Bestimmungen zur Freizügigkeit der Arbeitnehmer (Art. 39 ff. EGV) einerseits und aus dem IV. Titel „Visa, Asyl, Einwanderung und andere Politiken betreffend den freien Personenverkehr" (Art. 61 ff. EGV) sowie den Außenkompetenzen der EG andererseits.

1. Teil: Kompetenzverteilung im Hinblick auf Arbeitnehmer aus der EU

Die Kompetenzen der EG zu Aufenthalt, Arbeitsmarktzugang und Teilhabe an den Sozialleistungen des Aufnahmemitgliedstaat für EU-Arbeitnehmer beruhen auf den Bestimmungen zur Freizügigkeit der Arbeitnehmer (Art. 39 ff. EGV).

12 Im Einzelnen zu den Prinzipien der Befugnisübertragung und -ausübung auf bzw. durch die EG vgl. *Th. Oppermann*, § 6 Rn. 62 ff.; *Thiele*, EuR 2007, 419 ff., 426.

Zu prüfen ist des Weiteren, ob sich auch aus den Regelungen zur Sozialpolitik (Art. 136 ff. EGV) Kompetenzen ergeben.

A. Kompetenzen aus der Freizügigkeit der Arbeitnehmer (Art. 39 ff. EGV)

Die Freizügigkeit der Arbeitnehmer beinhaltet eine Trias an Rechten: das Recht, sich zum Zweck der Ausübung einer unselbständigen Erwerbstätigkeit innerhalb der Gemeinschaft frei zu bewegen, sich aufzuhalten und Gleichbehandlung mit den Staatsangehörigen des Aufnahmemitgliedstaates zu beanspruchen (Art. 39 EGV). Es ist offensichtlich, dass die aufenthaltsrechtliche Stellung von EU-Arbeitnehmern damit weitgehend dem mitgliedstaatlichen Regelungsbereich entzogen ist.

Dass jeder Unionsbürger[13] die genannten Rechte nicht nur für sich selbst, sondern auch für seine Familienangehörigen, die ihn bei der Ausübung der Freizügigkeit in einen anderen Mitgliedstaat begleiten, geltend machen kann, ist dem Wortlaut des Art. 39 EGV nicht zu entnehmen, jedoch sekundärrechtlich in der RL 2004/38/EG verankert. Da diese Rechte unabhängig von der Staatsangehörigkeit der Familienangehörigen gelten, ist zu prüfen, inwieweit den Mitglied-

---

13 Unionsbürger ist, wer die Staatsangehörigkeit eines Mitgliedstaats besitzt, Art. 17 Abs. 1 EGV. Die Regelung der Staatsangehörigkeit obliegt allein den Mitgliedstaaten. Sie ist eine Frage des nationalen Rechts, die durch die EG oder die Mitgliedstaaten untereinander grundsätzlich anzuerkennen ist und nicht in Frage gestellt werden kann, wenngleich „von dieser Zuständigkeit unter Beachtung des Gemeinschaftsrechts Gebrauch zu machen ist“, das Gemeinschaftsrecht also der Verleihung oder dem Entzug einer Staatsangehörigkeit Grenzen setzen kann, vgl. EuGH Rs. C-369/90, Micheletti, Slg. 1992, I-4239, 4262, Rn. 10; Rs. C-192/99, Kaur, Slg. 2001, I-1237, Rn. 19; vgl. auch Erklärung Nr. 2 zum Vertrag von Maastricht, ABl. 1992 C 191/1. Der Begriff ist daher nicht gemeinschaftsrechtlich auszulegen (*Randelzhofer/Forsthoff* in Grabitz/Hilf, vor Art. 39-55 EGV, Rn. 13). Anders *Schulz*, S. 69 ff., der es aus gemeinschaftsrechtlicher Sicht für sinnvoll erachtet, eine möglichst weitgehende Vereinheitlichung der Erwerbs- und Verlustgründe der Staatsangehörigkeit anzustreben.
Unschädlich ist, wenn ein Unionsbürger zusätzlich die Staatsangehörigkeit eines Drittstaates hat, auch wenn er zu dem Drittstaat eine engere Beziehungen aufweist als zu dem Mitgliedstaat der EG (vgl. *Randelzhofer/Forsthoff*, in: Grabitz/Hilf, vor Art. 39-55 EGV, Rn. 10).
Hat ein Unionsbürger zusätzlich zur Staatsangehörigkeit des Herkunftsmitgliedstaats die des Aufnahmemitgliedstaats, so handelt es sich nicht um einen Sachverhalt ohne grenzüberschreitenden Bezug, wenn der Unionsbürger zwischen diesen beiden Mitgliedstaaten von seiner Freizügigkeit Gebrauch macht, EuGH Rs. C-419/92, Scholz, Slg. 1994, I-505, Rn. 8 (Berechtigung einer deutschen Staatsangehörigen, die durch Eheschließung die italienische Staatsangehörigkeit erhalten hat und in Italien die Zusammenrechnung von Erwerbszeiten im öffentlichen Dienst begehrt, sich auf Art. 39 EGV zu berufen); Rs. C-281/98, Angonese, Slg. 2000, I-4139.

staaten Kompetenzen zur Regelung ihrer aufenthaltsrechtlichen Position verblieben sind.

I. Allgemeine Kompetenzen

Die Freizügigkeit der Arbeitnehmer kann ohne weiteres als eine Materie bezeichnet werden, die in umfassender Weise in die Kompetenz der EG fällt. Die Kompetenzbestimmung des Art. 40 EGV ermächtigt und verpflichtet den Rat, „alle erforderlichen Maßnahmen“ zur Herstellung der Freizügigkeit zu treffen.[14] Demgemäß erließ der Rat auf ihrer Grundlage eine Vielzahl von Richtlinien und Verordnungen, von denen insbesondere die VO (EWG) Nr. 1612/68 sowie die RL 2004/38/EG zu nennen sind,[15] die die Mobilitäts- und Aufenthalts- sowie Gleichbehandlungsrechte der Arbeitnehmer maßgeblich ausgestalten.[16]
Des Weiteren ist der Rat entsprechend dem in Art. 42 EGV niedergelegten Auftrag berechtigt, die auf dem Gebiet der sozialen Sicherheit für die Herstellung der Freizügigkeit der Arbeitnehmer notwendigen Maßnahmen zu erlassen. Hierzu konnte er mit der VO (EWG) Nr. 1408/71 eine umfassende Koordinierung der einzelstaatlichen Sozialsysteme vornehmen, die vor allem verhindert, dass durch die Wahrnehmung der Freizügigkeit bereits erworbene Rechte oder Anwartschaften verloren gehen.[17]

---

14 *Brechmann*, in: Callies/Ruffert, Art. 40, Rn. 1 ff.; *Franzen*, in: Streinz, Art. 40 EGV, Rn. 1 ff. Durch den Vertrag von Amsterdam (ABl. 1997 C 340/03) sind die Worte „unmittelbar nach Inkrafttreten dieses Vertrages“ weggefallen. Dadurch wurde klargestellt, dass Art. 40 auch nach dem Ende der Übergangszeit (1. 1. 1970) als Rechtsgrundlage für Maßnahmen zur Herstellung der Freizügigkeit dient. Direkt auf der Grundlage des Art. 39 EGV ist die (Durchführungs-)VO (EWG) Nr. 1251/70 der Kommission ergangen, die zur Ausgestaltung des Verbleiberechts nach Ausübung einer Erwerbstätigkeit berechtigt ist (Art. 39 Abs. 3 lit. d EGV). Die VO (EWG) Nr. 1251/70 über das Recht der Arbeitnehmer, nach Beendigung einer Beschäftigung im Hoheitsgebiet eines Mitgliedstaats zu verbleiben (ABl. 1975 L 324/31), wurde mit Wirkung zum 30. April 2006 durch die VO (EWG) Nr. 635/2006 aufgehoben (ABl. 2006 L 112/9). Ihre Bestimmungen werden im Wesentlichen durch Art. 17 der RL 2004/38/EG wiedergegeben.

15 Richtlinie 2004/38/EG des Europäischen Parlaments und des Rates vom 29. April 2004 über das Recht der Unionsbürger und ihrer Familienangehörigen, sich im Hoheitsgebiet der Mitgliedstaaten frei zu bewegen und aufzuhalten; zur Änderung der Verordnung (EWG) Nr. 1612/68 und zur Aufhebung der Richtlinie 64/221/EWG, 68/360/EWG, 72/194/EWG, 73/148/EWG, 75/34/EWG, 75/35/EWG, 90/364/EWG, 90/365/EWG und 93/96/EWG (ABl. 2004 L 158/77).

16 *Franzen*, in: Streinz, Art. 40 EGV, Rn. 1 f. Weitere Rechtsakte betreffen z. B. die gegenseitige Anerkennung von Berufsabschlüssen, insbesondere Hochschulabschlüssen und anderen beruflichen Befähigungsnachweisen (z. B. RL 89/48/EWG; RL 1999/42/EG) und zur Erleichterung der Berufsausübung bei bestimmten Berufen (z. B. für Rechtsanwälte: RL 98/5/EG; für Ärzte: RL 93/16/EG).

17 VO (EWG) Nr. 1408/71 über die Anwendung der Systeme der sozialen Sicherheit auf Arbeitnehmer und Selbständige sowie deren Familienangehörige, die innerhalb der

Vom Anwendungsbereich der Freizügigkeit der Arbeitnehmer und damit von der Zuständigkeit der EG sind lediglich Beschäftigungsverhältnisse ausgeschlossen, die mit der Ausübung hoheitlicher Befugnisse und mit der Verantwortung für die Wahrung der allgemeinen Belange des Staates einhergehen.[18] Die Tätigkeit muss Ausdruck der besonderen Verbundenheit des Beschäftigten zu seinem Staat sein. Die Rechtsprechung wendet die Bereichsausnahme des Art. 39 Abs. 4 EGV sehr restriktiv an und beschränkt seine Tragweite auf das zur Wahrung der mitgliedstaatlichen Interessen unbedingt Erforderliche.[19]
Abgesehen von dieser Ausnahme ist kaum ein Sachverhalt mit Berührung zu mehreren Mitgliedstaaten denkbar, der zwar einen Unionsbürger als Arbeitnehmer betrifft, jedoch nicht von den Art. 39 ff. EGV und dem diese Bestimmungen konkretisierenden Sekundärrecht erfasst, sondern der alleinigen Zuständigkeit der Mitgliedstaaten verblieben ist.

II. Kompetenzen betreffend die Familienangehörigen

Dem Wortlaut des Art. 39 EGV sind Rechte zugunsten der Familienangehörigen von EU-Arbeitnehmern und dementsprechende Kompetenzen der EG nicht zu entnehmen. Dennoch ist die Freizügigkeit der Arbeitnehmer mittlerweile als eine „Freizügigkeit im Familienverbund" ausgestaltet, aus der die Familienangehörigen im selben Maße wie der Arbeitnehmer selbst Mobilitäts-, Aufenthalts-, Arbeitsmarktzugangs- und Gleichbehandlungsrechte ableiten können. Diese Rechte finden ihre Verankerung in den sekundärrechtlichen Regelungen der

---

Gemeinschaft zu- und abwandern (ABl. 1971 L 149/2). Zu ihrer Durchführung wurde die VO (EWG) Nr. 574/72 erlassen (ABl. 1972 L 74/1). Ihre Vorgängerregelung war die VO (EWG) Nr. 3 aus dem Jahre 1958. Die VO (EWG) Nr. 1408/71 wird durch die VO (EG) Nr. 883/2004 des Europäischen Parlaments und des Rates zur Koordinierung der Systeme der sozialen Sicherheit (ABl. 2004 L 166/1) ersetzt. Diese ist im Mai 2004 in Kraft getreten, *gilt* jedoch erst ab dem Tag des Inkrafttretens einer noch nicht erlassenen Durchführungsverordnung, Art. 91 VO (EG) Nr. 883/2004. Zu beachten ist zudem die RL 98/49/EG des Rates zur Wahrung ergänzender Rentenansprüche von Arbeitnehmern und Selbständigen, die in der Europäischen Gemeinschaft zu- und abwandern, ABl. 1998 L 209/46. Zu der VO (EG) Nr. 883/2004 vgl. etwa *Trinkl*, S. 264 ff.; *Brechmann*, in: Callies/Ruffert, Art. 42, Rn. 2 ff.

18 EuGH Rs. 149/79, Öffentlicher Dienst, Slg. 1982, 1845. Der Begriff ist tätigkeitsbezogen auszulegen.

19 EuGH Rs. 66/85, Lawrie-Blum, Slg. 1986, 2121. So hat der EuGH z. B. die Beschäftigung von verbeamteten Studien- und Rechtsreferendaren (Rs. C-4/91, Bleis, Slg. 1991, I-5627) und von einem Mitglied des nationalen Forschungsrats eines Mitgliedstaats (Rs. 225/85, Consiglio Nazionale delle Ricerche, Slg. 1987, 2625) nicht als solche in der öffentlichen Verwaltung anerkannt. Art. 39 Abs. 4 EGV greift nur dann, wenn die hoheitlichen Befugnisse tatsächlich regelmäßig ausgeübt werden und nicht nur einen sehr geringen Teil der Tätigkeit ausmachen (EuGH Rs. C-47/02, Anker u. a., Slg. 2003, I-10447, Rn. 60 ff.).

Art. 3 ff. der RL 2004/38/EG, die insbesondere auch die frühere Bestimmung des Art. 10 der VO (EWG) Nr. 1612/68 ersetzen, sowie in der Rechtsprechung des EuGH.[20] Sie gelten unabhängig von der Staatsangehörigkeit der Familienmitglieder.[21]

1. Freizügigkeit im Familienverbund

Dass die Freizügigkeit der Arbeitnehmer im Familienverbund gewährleistet sein muss und die Mitgliedstaaten ihre Gesetzgebung entsprechend ausgestalten müssen, folgt zum einen seit Inkrafttreten des Vertrags von Maastricht aus Art. 6 Abs. 2 EUV, der die EU zur Achtung des Familienlebens gemäß den Vorgaben von Art. 8 EMRK verpflichtet. Darüber hinaus können mitgliedstaatliche Regelungen zum Familiennachzug aber auch die Wahrnehmung der Freizügigkeitsrechte behindern und daher gegen Art. 39 EGV verstoßen. Unbestritten gilt dies für Bestimmungen, die das innergemeinschaftliche *Begleit*recht der Familienangehörigen beeinträchtigen, welches das Recht der sich in einem Mitgliedstaat mit dem Arbeitnehmer aufhaltenden Familienangehörigen beinhaltet, ihn im Rahmen der Ausübung seiner Freizügigkeit in einen anderen Mitgliedstaat zu begleiten bzw. ihm dorthin nachzuziehen. Insoweit sind den Mitgliedstaaten kaum Ausgestaltungsspielräume verblieben. Fraglich ist hingegen, ob die Freizügigkeit der Arbeitnehmer die Mitgliedstaaten auch bei der Regelung des (erstmaligen) Zuzugs von drittstaatsangehörigen Familienmitgliedern in das Gebiet der EU zu einem Arbeitnehmer, der von seiner Freizügigkeit Gebrauch gemacht hat, beschränkt.

2. Mitgliedstaatliche Kompetenzen für den Zuzug von drittstaatsangehörigen Familienmitgliedern

Mangels entsprechender Kompetenzübertragung an die EG unterfällt die Einwanderung von Drittstaatsangehörigen in die EU grundsätzlich der Zuständigkeit der Mitgliedstaaten.[22] Lediglich im Rahmen des IV. Titels des EG-Vertrages

---

20 S. zu den abgeleiteten Rechten von Familienangehörigen im Einzelnen 3. Kapitel, 1. Teil, B.

21 EuGH Rs. C-370/90, Singh, Slg. 1992, I-4265 (s. Fn. 253).

22 EuGH verb. Rs. 35 und 36/82, Morson und Jhanjan, Slg. 1982, 3723, Rn. 13 ff.; *Schulz*, S. 76 ff.; *Lang*, S. 148; Urteil des OVG Hamburg vom 22. März 2005, 3 Bf 294/04, Leitsatz Nr. 5 (Leitsatz Nr. 5 abgedruckt als Leitsatz Nr. 3 in: ZAR 2005, S. 251). Die Mitgliedstaaten verwenden im Allgemeinen ein System der vorherigen und individuellen Beurteilung der Immigranten, d. h. dass Behörden der Mitgliedstaaten in den Drittstaaten die Visaerteilung übernehmen. Soll die Einreise zur Familienzusammenführung erfolgen, können die Mitgliedstaaten vor der Einreise die Glaubhaftigkeit der familiären Beziehung überprüfen (z. B. Deutschland, Belgien, Spanien, Frankreich, Portugal und

(Art. 61 ff. EGV) sind der EG einwanderungspolitische Kompetenzen übertragen worden, die bisher jedoch noch nicht umfassend wahrgenommen wurden (vgl. im Einzelnen die Ausführungen im 2. Teil, A. II).[23]

Da nationale Regelungen, deren Erlass in die Kompetenz der Mitgliedstaaten fällt, jedoch immer auch am Maßstab der Grundfreiheiten zu messen sind, dürfen sie deren Ausübung nicht beeinträchtigen.[24] Nun konnte in Übereinstimmung mit der Rechtsprechung des EuGH insbesondere in der Rechtssache Akrich eine Beeinträchtigung der Freizügigkeit der Arbeitnehmer durch Bestimmungen zur Einreise von drittstaatsangehörigen Familienmitgliedern verneint werden, da die Grundfreiheit nur die Freizügigkeit innerhalb der EU betreffe[25] und nur zum Ziel habe, die Hindernisse zu beseitigen, die der innergemeinschaftlichen Freizügigkeit entgegenstehen.[26] Hierzu gehöre zwar, dass die Unionsbürger nicht dadurch an der Wahrnehmung der Freizügigkeitsrechte gehindert werden sollen, dass die drittstaatsangehörigen Familienmitglieder in ihrer Bewegungsfreiheit innerhalb der EU beschränkt sind. Fehlende Aufenthaltsrechte eines Drittstaatsangehörigen, der sich außerhalb der EU befindet, könnten aber keine Hindernisse für die Wahrnehmung der Freizügigkeitsrechte durch einen Unionsbürger darstellen.[27] Vielmehr müsse sich ein Drittstaatsangehöriger, „um [...] in den Genuss der Rechte aus Artikel 10 der Verordnung Nr. 1612/68 kommen zu können [...] rechtmäßig in einem Mitgliedstaat aufhal-

---

Vereinigtes Königreich). Dabei werden strenge Voraussetzungen an Art und Dauerhaftigkeit von Ehen gestellt, um die Aufdeckung von Scheinehen zu ermöglichen bzw. diese zu verhindern (§ 281 United Kingdom Immigration Rules; § 27 Abs. 1a AufenthG, hierzu *Göbel-Zimmermann*, ZAR 2006, 81 ff.). Die Erteilung eines Aufenthaltstitels im Inland an illegal oder auf der Grundlage eines Besuchsvisums eingereiste Drittstaatsangehörige wird in der Regel abgelehnt, so dass diese wieder ausreisen müssen (Schlussanträge *Geelhoed*, Rs. C-109/01, Akrich, Slg. 2003, I-9607, Rn. 2, 43 ff.).

23 *Borrmann*, ZAR 2004, 61 ff., 65 ff.

24 Vgl. z. B. Nachweise der Rechtsprechung in Fn. 342.

25 EuGH Rs. C-109/01, Akrich, Slg. 2003, I-9607, Rn. 49 in Bezug auf Art. 10 VO (EWG) Nr. 1612/68. Hacene Akrich, marokkanischer Staatsangehöriger, reiste im Jahr 1989 mit einer Einreiseerlaubnis für einen Monat als Besucher in das Vereinigte Königreich ein, erhielt jedoch keine Aufenthaltserlaubnis und wurde insgesamt zwei Mal nach Algier abgeschoben. Während eines weiteren unerlaubten Aufenthalts im Jahr 1996 heiratete Herr Akrich eine Staatsangehörige des Vereinigten Königreichs; eine Aufenthaltserlaubnis als Ehemann einer britischen Staatsangehörigen erhielt er jedoch nicht. Anfang 1997 wurde Herr Akrich in Haft genommen und später, im August desselben Jahres, wunschgemäß nach Dublin (Irland) abgeschoben, wo seine Frau seit Juni 1997 wohnte und einer unselbständigen Beschäftigung nachging. Anfang 1998 beantragte Herr Akrich den Widerruf der Ausweisungsverfügung sowie eine Bescheinigung zur Einreise als Ehegatte einer im Vereinigten Königreich wohnhaften Person. Die Ablehnung der Anträge ist Gegenstand des zugrunde liegenden Rechtsstreits.

26 Vgl. 6. Begründungserwägung der VO (EWG) Nr. 1612/68; EuGH Rs. C-60/00, Carpenter, Slg. 2002, I-6279, Rn. 34 f.

27 *Borrmann*, ZAR 2004, 61 ff., 66.

ten, wenn er sich in einen anderen Mitgliedstaat begibt, in den der Unionsbürger abwandert oder abgewandert ist."[28] Haben die Familienangehörigen noch kein Aufenthaltsrecht in dem ersten Mitgliedstaat, so verschlechtere sich die Situation des EU-Arbeitnehmers nicht, wenn er sich in einen anderen Mitgliedstaat begibt und sich auch dort die Aufenthaltsrechte nach nationalem Recht bestimmen. Dass in diesem Fall keine Begleitrechte bestehen, könne ihn nicht davon abhalten, seine Freizügigkeitsrechte wahrzunehmen,[29] denn die Freizügigkeit der Arbeitnehmer habe nicht zum Ziel, das Familienleben erst herzustellen. Daher könne sich ein Drittstaatsangehöriger nicht auf die gemeinschaftsrechtlichen Freizügigkeitsrechte berufen, um ein Einreiserecht in die EG zu erlangen.

Allerdings standen diese Ausführungen des EuGH in der Rechtssache Akrich nicht vollständig in Einklang zu früheren und späteren seiner Urteile, in denen er in mitgliedstaatlichen Regelungen zur Einreise und zum Aufenthalt von drittstaatsangehörigen Familienmitgliedern einen Verstoß gegen die Freizügigkeitsrechte der Unionsbürger gesehen hat. So entschied das Gericht, dass drittstaatsangehörigen Familienmitgliedern die Einreise in einen Mitgliedstaat nicht allein wegen eines Verstoßes gegen Einreiseformalitäten verweigert werden dürfe. Dementsprechend sei z. B. die Zurückweisung eines Drittstaatsangehörigen an der Grenze unverhältnismäßig, wenn er seine Identität und die familiäre Verbindung zu dem Unionsbürger nachweisen könne und keine Anhaltspunkte dafür bestünden, dass er eine Gefahr für die öffentliche Ordnung und Sicherheit ist.[30] Auch müsse dem Familienangehörigen nicht notwendiger Weise ein auf dem nationalen Recht dieses ersten Mitgliedstaats beruhendes Aufenthaltsrecht gewährt worden sein. Es genüge, dass er sich dort *nicht illegal* aufgehalten habe, wenngleich das gewährte Aufenthaltsrecht nicht bzw. jedenfalls nicht auf der gewählten Rechtsgrundlage hätte erteilt werden dürfen.[31] Der Mitgliedstaat sei

---

28 EuGH Rs. C-109/01, Akrich, Slg. 2003, I-9607 (s. Fn. 25), Rn. 50. Der EuGH folgte damit nicht den Schlussanträgen des Generalanwalts *Geelhoed*, Rs. C-109/01, Akrich, Slg. 2003, I-9607, Rn. 41, der die Anwendbarkeit der VO (EWG) Nr. 1612/68 im Ergebnis zwar auch auf Drittstaatsangehörige beschränkt, die bereits durch einen (anderen) Mitgliedstaat einer vorherigen, individuellen Einreisekontrolle unterzogen wurden. Die Nichtanwendung bei illegalem Aufenthalt stellt nach seiner Auffassung einen Eingriff in Art. 39 Abs. 2 EGV dar, der mit dem Allgemeininteresse an der Funktionsfähigkeit des Einwanderungsrechts vor dem Hintergrund des Wegfalls der Binnengrenzen innerhalb der EU zu rechtfertigen ist.

29 EuGH Rs. C-109/01, Akrich, Slg. 2003, I-9607, Rn. 53.

30 EuGH Rs. C-459/99, MRAX, Slg. 2002, I-6591 (vgl. Fn. 694); Rs. C-157/03, Kommission/Spanien, Slg. 2005, I-2911.

31 EuGH Rs. C-291/05, Eind, Slg. 2007, I-10719 (s. Fn. 700). Die Mitgliedstaaten sind aber *nicht verpflichtet*, die Gewährung eines nationalen Aufenthaltsrechts an die Voraussetzung eines rechtmäßigen Voraufenthalts in einem anderen Mitgliedstaat zu knüpfen; sie können vielmehr den Aufenthalt in ihrem Hoheitsgebiet trotz eines unrechtmäßigen Voraufenthalts bzw. unabhängig hiervon gestatten, vgl. EuGH Rs. C-1/05, Jia, Slg. 2007, I-1, Rn. 25 ff.

aber berechtigt zu prüfen, ob ein illegaler Aufenthalt bestehe, bevor er die gemeinschaftlichen Freizügigkeitsrechte anwende. Im Falle eines illegalen Aufenthalts könnten die Mitgliedstaaten zwar aufenthaltsbeendende Maßnahmen ergreifen, aber nur insoweit, wie sie den Grundfreiheiten nicht entgegenstünden.[32] Insbesondere könnten solche Maßnahmen nur gerechtfertigt sein, wenn das Recht auf Achtung des Familienlebens im Sinne von Art. 8 EMRK ausreichend berücksichtigt wurde.[33]

Den Ausgangspunkt der Argumentation bildet in diesen Entscheidungen die Bedeutung, die der Gewährleistung des Schutzes des Familienlebens der Unionsbürger für die Beseitigung der Hindernisse bei der Ausübung der Grundfreiheiten zukommt.[34] Als ein solches Hindernis qualifiziert der EuGH nun in Abkehr von den dargestellten Ausführungen in der Rechtssache Akrich auch ausdrücklich jegliche mitgliedstaatliche Einschränkungen des Zuzugs von drittstaatsangehörigen Familienmitgliedern.[35] Zuzugsbeschränkungen führten im Ergebnis dazu, dass die Freizügigkeit der Unionsbürger je nach nationalem Zuwanderungsrecht unterschiedlich ausgestaltet wäre. Dies sei jedoch mit dem Ziel der Schaffung eines Binnenmarktes unvereinbar; die Bedingungen der Einreise und des Aufenthalts müssten in allen Mitgliedstaaten gleich sein. Zur Herstellung der Freizügigkeit der Unionsbürger (Art. 18 Abs. 2, Art. 40, 44 und 52 EGV) sei die EG berechtigt, sämtliche Einreise- und Aufenthaltsvoraussetzungen festzulegen, sofern ansonsten Beeinträchtigungen der Freizügigkeit bestünden, die die Unionsbürger von der Wahrnehmung ihrer Freizügigkeitsrechte abhalten könnten. Dementsprechend verleihe die RL 2004/38/EG auch drittstaatsangehörigen Familienmitgliedern ein direktes Zuzugsrecht in den Mitgliedstaat, in den sich der Unionsbürger in Ausübung seiner Freizügigkeit begeben habe.[36] Der Notwen-

32 EuGH Rs. C-60/00, Carpenter, Slg. 2002, I-6279, Rn. 39, 41. So glich das Aufenthaltsrecht, das der EuGH zugunsten der Familienangehörigen im Herkunftsstaat ihrer Ehegatten aus den Grundfreiheiten herleitete, bereits weniger einem *Begleit*recht als einem *Zuzugs*recht in die EU; vgl. *Borrmann*, ZAR 2004, 61 ff., 67; *Tryfonidou*, E.L. Rev. 2007, 908 ff., die den konsequenteren Ansatz befürwortet, das Grundrecht auf Achtung des Familienlebens direkt anzuwenden, ohne einen Anknüpfungspunkt an die Grundfreiheiten zu fordern bzw. zu konstruieren; *Reich/Harbacevica*, CML Rev. 2003, 615 ff., 632.

33 EuGH Rs. C-109/01, Akrich, Slg. 2003, I-9607, Rn. 58 ff., Nr. 4 der Entscheidungsformel; Rs. C-60/00, Carpenter, Slg. 2002, I-6279, Rn. 39, 41 f. mit Verweis auf die Urteile des EGMR Boultif/Schweiz (Application no. 54273/00) vom 2. August 2001 sowie Amrollahi v. Denmark (Application no. 56811/00) vom 11. Juli 2002. Zu Art. 8 EMRK vgl. 4. Kapitel, 1. Teil, B. II.

34 EuGH Rs. C-60/00, Carpenter, Slg. 2002, I-6279, Rn. 38; Verweis hierauf z. B. in EuGH Rs. C-459/99, MRAX, Slg. 2002, I-6591 (vgl. Fn. 694), Rn. 53.

35 Urteil des EuGH vom 25. Juli 2008, Rs. C-127/08, Metock u. a., noch nicht in der amtlichen Sammlung veröffentlicht, Rn. 62 ff.

36 Urteil des EuGH vom 25. Juli 2008, Rs. C-127/08, Metock u. a., noch nicht in der amtlichen Sammlung veröffentlicht, Rn. 65.

digkeit, die Einreise von Drittstaatsangehörigen in das Hoheitsgebiet der Mitgliedstaaten zu kontrollieren, würde dadurch ausreichend Rechnung getragen, dass Einreisevisa gefordert (Art. 5 Abs. 2 der RL 2004/38/EG) und Einreise und Aufenthalt aus Gründen der öffentlichen Ordnung, Sicherheit oder Gesundheit verweigert werden können (Art. 27 ff. der RL 2004/38/EG).[37] Letzteres erfordere allerdings eine individuelle Prüfung des Einzelfalls, so dass pauschale Begründungen nicht ausreichten. Auch könnten die Mitgliedstaaten alle notwendigen Maßnahmen ergreifen, um einer rechtsmissbräuchlichen Geltendmachung der Freizügigkeitsrechte entgegenzuwirken (Art. 35 der R 2004/38/EG). Einen Missbrauch erkennt der EuGH regelmäßig an, wenn „die Vergünstigungen des Gemeinschaftsrechts für Arbeitnehmer und ihre Ehegatten im Rahmen von Scheinehen geltend gemacht würden, die zur Umgehung der für Drittstaatsangehörige geltenden Einreise- und Aufenthaltsbestimmungen geschlossen werden“.[38]

Im Ergebnis sind damit Regelungen der Einwanderungsgesetzgebung der Mitgliedstaaten als grundsätzliches Hindernis für die Freizügigkeit der Unionsbürger anzusehen. Somit stehen den Mitgliedstaaten auch für die Behandlung der erstmaligen Einreise eines drittstaatsangehörigen Familienmitglieds lediglich die strengen Anforderungen der Art. 27 ff. der RL 2004/38/EG zur Verfügung, die zusätzliche Einreisebedingungen, wie z. B. den Nachweis besonderer Sprachkenntnisse, verbieten.

B. Sozialpolitik (Art. 136 ff. EGV)

Ergänzend zur Freizügigkeit der Arbeitnehmer sei die Rechtsetzungskompetenz der EG im Rahmen der Sozialpolitik gemäß Art. 136 ff. EGV genannt, die vor allem die Beschäftigungsförderung, die Verbesserung der Lebens- und Arbeitsbedingungen sowie angemessenen sozialen Schutz zum Ziel hat.[39] Die Sozialpolitik betrifft nicht ausschließlich Arbeitnehmer, wenngleich die mit dem Arbeitsmarkt verbundenen Belange und das Arbeitsrecht ihren Schwerpunkt bil-

37 Urteil des EuGH vom 25. Juli 2008, Rs. C-127/08, Metock u. a., noch nicht in der amtlichen Sammlung veröffentlicht, Rn. 74.

38 EuGH Rs. C-109/01, Akrich, Slg. 2003, I-9607, Rn. 57; *Colneric*, Entwicklungslinien in der Rechtsprechung des Gerichtshofs der Europäischen Gemeinschaften zum Status von Ausländern, in: Barwig/Beichel-Benedetti/Brinkmann, S. 49 ff., 56. Ein Missbrauch liegt vor, wenn jemand aus dem Motiv heraus, sich unliebsamem nationalen Recht entziehen zu wollen, gemeinschaftsrechtlich begünstigte Handlungen unternimmt. Gleichzeitig ist es jedoch für das Freizügigkeitsrecht eines Unionsbürgers ohne Belang, welche Absichten ihn zur Wahrnehmung der Freizügigkeit veranlasst haben.

39 Zur Entwicklung der Sozialpolitik s. *Ringler*, S. 89 ff.; im Zusammenhang mit dem Vertrag von Amsterdam s. *Padoan*, in: Monar/Wessels, S. 207 ff.

den.[40] Anders als die Regelungsgegenstände der Freizügigkeit der Arbeitnehmer zielen diejenigen der Sozialpolitik nicht auf die Beseitigung von Hindernissen ab, die aus der Berührung zu den Sozialsystemen verschiedener Mitgliedstaaten resultieren, sondern auf eine Verbesserung des Schutzes und eine Hebung des sozialen Niveaus allgemein für alle im Gebiet der EG ansässigen Personen und damit auf eine Formung des Binnenmarktes zu einem Sozialraum.[41] Daher soll dieser Bereich für die vorliegende Arbeit, die sich mit dem Aufenthaltsstatus speziell ausländischer Arbeitnehmer befasst, außer Betracht bleiben.

C. Zusammenfassung zu Teil 1

Die Freizügigkeit der Arbeitnehmer innerhalb der Europäischen Union stellt eine Materie dar, für die, soweit es den Aufenthalt, den Arbeitsmarktzugang und die Gleichbehandlung von EU-Arbeitnehmern betrifft, kaum noch Rechtssetzungskompetenzen bei den Mitgliedstaaten verblieben sind. Art. 40 EGV ermächtigt und verpflichtet den Rat zum Erlass der erforderlichen Maßnahmen zur Herstellung der Freizügigkeit. Hierneben konnte der Rat auf der Grundlage von Art. 42 EGV ein umfassendes Koordinationssystem auf dem Gebiet der sozialen Sicherheit entwickeln.

Die Freizügigkeit der Arbeitnehmer gewährt „Freizügigkeit im Familienverbund“. Dementsprechend ist die EG auch zur Regelung der abgeleiteten Rechte zugunsten der Familienangehörigen, die den Arbeitnehmer begleiten, zuständig. Die Abgrenzung zum Zuständigkeitsbereich der Mitgliedstaaten für den Familiennachzug aus einem Drittstaat begegnet zuweilen Schwierigkeiten, die aus dem Zusammenspiel der beiden Zuständigkeitsbereiche (Familiennachzugsrechte aus den Grundfreiheiten einerseits und Zuzugsrechte aus einem Drittstaat andererseits) resultieren. Die Entscheidungen des EuGH in diesem Bereich mögen als Kompetenzverschiebung zu Lasten der Mitgliedstaaten angesehen und kritisiert werden. Zu Recht geht der EuGH jedoch davon aus, dass Hindernisse für die „Freizügigkeit im Familienverbund“ als Beeinträchtigung der Grundfreiheiten zu qualifizieren und am Maßstab der Kriterien zu messen sind, die vom EGMR zu Art. 8 EMRK entwickelt wurden. Die Mitgliedstaaten müssen daher, wenn sie den Aufenthalt eines Familienangehörigen verweigern wollen, der familiären Situation ausreichend Rechnung tragen und sie mit dem öffentlichen Interesse an einer aufenthaltsbeendenden Maßnahme abwägen.

---

40 *Krebber*, in: Callies/Ruffert, Art. 136 EGV, Rn. 1.

41 *Eichenhofer*, in: Streinz, Art. 136 EGV, Rn. 10.

2. Teil: Kompetenzverteilung im Hinblick auf drittstaatsangehörige Arbeitnehmer

Die Kompetenzen in Bezug auf den Aufenthaltsstatus von drittstaatsangehörigen Arbeitnehmern sind in weitaus geringerem Maße auf die EG übertragen worden, als dies für die Freizügigkeit der Arbeitnehmer nach Art. 39 ff. EGV der Fall ist. Sie lassen sich danach unterscheiden, welche Befugnisse die EG im Rahmen der sog. Innenkompetenzen, die zum Erlass von Sekundärrecht berechtigen, innehat und inwieweit die EG in diesem Bereich völkerrechtliche Vereinbarungen mit Drittstaaten schließen kann (sog. Außenkompetenzen).

A. Innenkompetenzen der EG und Rechtssetzungsbefugnisse

Ob das Binnenmarktziel der Errichtung eines Raums ohne Binnengrenzen, in dem der freie Personenverkehr gewährleistet ist (Art. 14 Abs. 2 EGV), neben Unionsbürgern auch Drittstaatsangehörige direkt erfasst, ist streitig.[42] Eine Entscheidung mag dahingestellt bleiben, da der freie Personenverkehr dieser Vorschrift gemäß ohnehin im Maße der „Bestimmungen dieses Vertrages" zu verwirklichen ist und es daher zu untersuchen gilt, in welchem Umfang der EG-Vertrag entsprechende Kompetenzen der EG bereithält. Fraglich ist zunächst, ob die Bestimmungen zur Grundfreiheit der Arbeitnehmer die EG auch zum Erlass von Maßnahmen in Bezug auf Drittstaatsangehörige berechtigen. Ausdrückliche Kompetenzen enthält der mit dem Vertrag von Amsterdam eingeführte Titel „Visa, Asyl, Einwanderung und andere Politiken betreffend den freien Personenverkehr" (Art. 61 ff. EGV), der dem schrittweisen Aufbau eines Raums der Freiheit, der Sicherheit und des Rechts dient. Sodann sind die Kompetenzen in den Bereichen der Sozialpolitik (Art. 136 ff. EGV) sowie der Rechtsangleichung (Art. 94 f. EGV) zu untersuchen.

I. Die Kompetenzen im Zusammenhang mit der Freizügigkeit der Arbeitnehmer, Art. 39 EGV

Im Rahmen der Grundfreiheit der Arbeitnehmer ist zwischen den Kompetenzgrundlagen des Art. 40 sowie des Art. 42 EGV zu unterscheiden. Wie bereits in

---

42 Vgl. Fn. 56 sowie *Höller*, S. 94; *Pipkorn/Bardenhewer-Rating/Taschner*, in: von der Groeben/Schwarze, Art. 14 EGV, Rn. 44 f., 48 ff.; *Degen*, in: von der G/T/E, Art. K.1 EUV, Rn. 2; *Rossi*, in: Callies/Ruffert, Art. 61 EGV, Rn. 18; s. auch *Hailbronner*, Privilegierte Drittstaatsangehörige in der Europäischen Union, in: Due/Lutter/Schwarze, FS Everling, S. 399 ff., 400 insgesamt ablehnend zu einer Kompetenz aus Art. 7a EGV (jetzt Art. 14 EGV) i. V. m. Art. 100a EGV (jetzt Art. 95 EGV), aus Art. 118 EGV (jetzt 140 EGV).

Zusammenhang mit den Kompetenzen der EG aus Art. 39 ff. EGV in Bezug auf Unionsbürger dargestellt, ermächtigt Art. 40 EGV den Rat zum Erlass aller erforderlichen Maßnahmen zur Herstellung der Freizügigkeit der Arbeitnehmer. Art. 42 EGV stellt die spezielle Grundlage für koordinierende Maßnahmen auf dem Gebiet der sozialen Sicherheit dar.

1. Kompetenzen aus Art. 40 EGV

Es ist weitgehend unumstritten, dass, obwohl Art. 39 EGV Drittstaatsangehörige nicht ausdrücklich von dem freizügigkeitsberechtigten Personenkreis ausschließt, die Freizügigkeit der Arbeitnehmer unmittelbar nur auf Staatsangehörige der EU-Mitgliedstaaten Anwendung findet.[43] Die Kompetenzvorschrift des Art. 40 EGV ermächtigt die EG daher nicht, den Aufenthalt von Drittstaatsangehörigen und ihren Zugang zum Arbeitsmarkt eines Mitgliedstaats zu regeln. Für Drittstaatsangehörige können sich allein über den Umweg der familiären Bezie-

43 Begründet wird diese Auffassung in der Regel mit der Parallelität der Grundfreiheiten, die es den Staatsangehörigen der Mitgliedstaaten ermöglichen sollen, sich innerhalb der Gemeinschaft frei zu bewegen und aufzuhalten, um eine abhängige oder selbständige Erwerbstätigkeit aufzunehmen. Art. 39 Abs. 1 EGV müsse daher parallel zu dem Wortlaut der insofern eindeutigen Art. 43 Abs. 1 und Art. 49 Abs. 1 EGV gelesen werden. Auch ergibt sich aus Art. 39 Abs. 2 EGV, der sich nur auf die Arbeitnehmer der Mitgliedstaaten bezieht, dass die Arbeitnehmerfreizügigkeit ausschließlich Unionsbürgern gewährleistet ist (vgl. *Höller*, S. 51 f.; *Lang*, S. 54 f., der insbesondere entstehungsgeschichtliche und systematische Bedenken gegen eine Einbeziehung Drittstaatsangehöriger anführt; *Schieffer*, in: Hailbronner, 30 Jahre, S. 183 ff.; *Hailbronner*, Privilegierte Drittstaatsangehörige in der Europäischen Union, in: Due/Lutter/Schwarze, FS Everling, S. 399 ff.; *Hilf*, Europäisches Gemeinschaftsrecht und Drittstaatsangehörige, in: Hailbronner/Ress/Stein, FS Doehring, S. 339 ff., 349 f.; *Hoogenboom*, EJIL 1992, 36 ff., 45 f., der es nicht für unwahrscheinlich hält, dass der Rat Drittstaatsangehörigen Rechte einräumen würde, eine entsprechende Ausdehnung des Anwendungsbereichs aber im Ergebnis ablehnt; *Renner*, NVwZ 2004, 792 ff., 795). Teilweise wurde vorgebracht, dass sich die Kompetenz der EG aus Art. 39 EGV zumindest insoweit auf Drittstaatsangehörige bezieht, als die Einräumung der Freizügigkeit an Drittstaatsangehörige unmittelbare Auswirkungen (im Sinne einer Gefahr) für die Freizügigkeit der EU-Arbeitnehmer hat. Diese Überlegung basiert auf der Annahme, dass der Binnenarbeitsmarkt der EU durch Drittstaatsangehörige in ein Ungleichgewicht gebracht werden könnte, vgl. *Krück*, S. 75, m. w. N. und ablehnend *Weber*, S. 23. Vgl. auch EuGH Rs. 238/83, Maede, Slg. 1984, 2631, Rn. 7 und verb. Rs. 281, 283 bis 285, 287/85, Bundesrepublik Deutschland/Kommission, Slg. 1987, 3203, Rn. 30, wonach die Wanderungspolitik gegenüber drittstaatsangehörigen Arbeitnehmern grundsätzlich in die Kompetenz der Mitgliedstaaten (und nicht in die der EG nach Art. 39 EGV) fällt. Zu den Besonderheiten für Personen aus den überseeischen Ländern und Hoheitsgebieten s. Art. 182 ff. sowie Art. 299 Abs. 2 EGV; *Randelzhofer/Forsthoff*, in: Grabitz/Hilf, vor Art. 39-55 EGV, Rn. 18 f.

hungen zu ihrerseits freizügigkeitsberechtigten Unionsbürgern Rechte aus Art. 39 EGV ergeben.

2. Kompetenzen aus Art. 42 EGV

Nach seinem Wortlaut bezieht sich Art. 42 EGV zunächst auf alle von Art. 39 EGV erfassten Arbeitnehmer und – im Gegensatz zu Art. 39 und 40 EGV ausdrücklich auch – auf ihre Familienangehörigen. Dass er hierüber hinaus die Koordinierung der Sozialleistungssysteme zugunsten drittstaatsangehöriger Arbeitnehmer an die EG delegiert, könnte mit einem Verweis auf seine Nähe zu Art. 39 EGV verneint werden. Jedoch unterscheiden sich die Anwendungsbereiche des Art. 42 EGV und des Art. 39 EGV voneinander, da diesen beiden Vorschriften unterschiedliche Anknüpfungspunkte und ein unterschiedlicher Arbeitnehmerbegriff zugrunde liegen, die zu einem nicht identischen Kreis der begünstigten Personen führen. Der gemeinschaftsrechtliche Begriff des Arbeitnehmers im Sinne von Art. 39 EGV stellt darauf ab, dass jemand während eines bestimmten Zeitraums für einen anderen nach dessen Weisungen Leistungen erbringt, für die er als Gegenleistung eine Vergütung erhält.[44] Die auf der Grundlage von ex-Art. 51 EWG-Vertrag, nunmehr Art. 42 EGV, erlassene VO (EWG) Nr. 1408/71 erfasst Unionsbürger, die in einem der in der Verordnung genannten Systeme der sozialen Sicherheit versichert sind, gleich ob sie zudem eine Erwerbstätigkeit ausüben oder nicht (Art. 1 lit. a, Art. 2). Weil sie allein auf die Versicherteneigenschaft der betreffenden Person abstellt, gilt sie auch für Personen, deren Berührung mit einem anderen Mitgliedstaat nicht in ihrer Eigenschaft als Arbeitnehmer und gegebenenfalls überhaupt nicht aus beruflichen Gründen erfolgt sein muss, wie etwa bei Studierenden und Rentnern.[45] Der Anwendungsbereich des Art. 42 EGV definiert sich aufgrund seiner Koordinierungsfunktion daher nicht vollständig gemeinschaftsrechtlich, sondern muss immer im Kontext der Begrifflichkeiten der nationalen Vorschriften gesehen werden. Hieraus resultiert zumindest eine eigenständige Bedeutung des Art. 42 EGV neben Art. 39 EGV, so dass Drittstaatsangehörige nicht notwendiger Weise wegen des beschränkten Anwendungsbereichs von Art. 39 EGV auch vom Anwendungsbereich des Art. 42 EGV ausgeschlossen sein müssen.
Des Weiteren findet die VO (EWG) Nr. 1408/71 auch auf rechtmäßig in den Mitgliedstaaten wohnende Staatenlose und Flüchtlinge Anwendung. Hintergrund hierfür ist vor allem, dass sich die sechs Gründungsmitgliedstaaten bereits

44 EuGH Rs. 66/85, Lawrie-Blum, Slg. 1986, 2121; Rs. C-1/97, Birden, Slg. 1998, I-7747, Rn. 25. Vgl. im Einzelnen auch 2. Kapitel, 1. Teil.

45 *Höller*, S. 61 mit Verweis auf EuGH Rs. 44/65, Singer, Slg. 1965, 1268, 1274 f., wonach es unerheblich ist, ob der Schaden in einem Zusammenhang mit dem Arbeitsverhältnis steht. *Langer*, in: Fuchs, Art. 39, Rn. 7. Vgl. Art. 2 und 4 der VO (EWG) Nr. 1408/71.

vor Inkrafttreten des EWG-Vertrages in internationalen Vereinbarungen dazu verpflichtet hatten, Flüchtlinge und Staatenlose den eigenen Staatsangehörigen in Bezug auf die soziale Sicherheit gleichzustellen und gegenseitige Abkommen zur Anerkennung erworbener Rechte auch auf Flüchtlinge und Staatenlose zu erstrecken.[46] Da diese völkerrechtliche Verpflichtung es notwendig machte, für die Gruppe der Flüchtlinge und Staatenlosen eigene Koordinierungsregeln zu erlassen, war es bereits aus verwaltungspraktischen Gesichtspunkten einfacher, den Anwendungsbereich der VO (EWG) Nr. 1408/71 von vornherein zu erweitern.[47]

Aus diesen beiden Gründen – der Geltung der VO (EWG) Nr. 1408/71 nicht nur für Personen, die Wanderarbeitnehmer im Sinne des Art. 39 EGV sind, sondern für einer Sozialversicherung angeschlossene Personen einerseits, sowie für Flüchtlinge und Staatenlose andererseits – vertrat die EG-Kommission die Auffassung, dass Art. 42 EGV es gestatte, die einzelstaatlichen Systeme der sozialen Sicherheit für alle versicherten Erwerbstätigen zu koordinieren, und hat auf der Grundlage dieser Bestimmung einen Vorschlag für eine Verordnung unterbreitet, die den Anwendungsbereich der VO (EWG) Nr. 1408/71 auf alle Arbeitnehmer und Selbständigen, die den Regelungen eines oder mehrerer Mitgliedstaaten unterliegen, *unabhängig von ihrer Staatsangehörigkeit* und *unabhängig von der Ausübung einer Freizügigkeit* ausdehnen sollte.[48] Die Kommission ging also insbesondere davon aus, dass es Art. 42 EGV ermögliche, die Verordnung auf Sachverhalte anzuwenden, die keinen innergemeinschaftlichen grenzüberschreitenden Bezug aufweisen, so dass auch Drittstaatsangehörige einbezogen werden könnten, die (erstmalig) in einen Mitgliedstaat der EG zuwandern und sich dort aufhalten.

---

46 *Höller*, S. 62; Art. 3, 24 der Genfer Flüchtlingskonvention vom 28. Juli 1951, für die Bundesrepublik Deutschland am 22.4.1954 in Kraft getreten (BGBl. 1954 Teil II, S. 619 ff.), in der sich die vertragschließenden Parteien insbesondere auch dazu verpflichten, Abkommen, die hinsichtlich erworbener Rechte und Anwartschaften auf dem Gebiet der sozialen Sicherheit untereinander geschlossen werden, auch auf Flüchtlinge zu erstrecken; Art. 23, 24 des New Yorker Übereinkommens über die Rechtsstellung der Staatenlosen vom 28.9.1954, BGBl. 1976 Teil II, S. 474 ff.; Vorläufiges Europäisches Abkommen über Soziale Sicherheit unter Ausschluss der Systeme für den Fall des Alters, der Invalidität und zugunsten der Hinterbliebenen, BGBl. 1956 Teil II, S. 508 ff.; Vorläufiges Europäischen Abkommen über die Systeme der sozialen Sicherheit für den Fall des Alters, der Invalidität und zugunsten der Hinterbliebenen, BGBl. 1956 Teil II, S. 531 ff.

47 *Höller*, S. 63; Schlussanträge *Jacobs*, EuGH verb. Rs. C-95/99 bis C-98/99 und C-180/99, Khalil u. a., Slg. 2001, I-7413, Rn. 39. Gleiches galt bereits für ihre Vorgängervorschrift (VO Nr. 3 über die Soziale Sicherheit der Arbeitnehmer, ABl. 1958 Nr. 30, S. 561).

48 Vorschlag für eine Verordnung (EG) des Rates zur Änderung der Verordnung (EWG) Nr. 1408/71 in Bezug auf deren Ausdehnung auf Staatsangehörige von Drittländern, KOM(97) 561 endg., ABl. 1998 C 6/15: Erwägungsgründe sowie Art. 1.

Dass diese Auslegung nicht ohne weiteres im Sinne der Vorschrift des EG-Vertrages liegt, ergibt sich aus einer später ergangenen Entscheidung des EuGH in der Rechtssache *Khalil*, in der der Gerichtshof zum einen die besonderen Gründe für eine Einbeziehung von Flüchtlingen und Staatenlosen betonte und zum anderen ausführte, dass Art. 42 EGV und die VO (EWG) Nr. 1408/71, insbesondere ihr Art. 3, nicht für Sachverhalte gelten, die mit keinem Element über die Grenzen eines Mitgliedstaats hinausweisen; Arbeitnehmer, die als Staatenlose oder Flüchtlinge im Gebiet eines Mitgliedstaats wohnen und keinen Bezug zu einem weiteren Mitgliedstaat haben, können sich daher nicht auf die VO (EWG) Nr. 1408/71 berufen.[49] In Reaktion auf dieses Urteil hat die Kommission ihren Vorschlag zurückgenommen[50] und ihn entsprechend überarbeitet.[51] Insbesondere stützte sie den folgenden Vorschlag nicht mehr auf Art. 42, sondern auf Art. 63 Abs. 1 Nr. 4 EGV.[52] Dass Art. 42 EGV die falsche Rechtsgrundlage für eine Einbeziehung Drittstaatsangehöriger darstellt, kann zwar aus dem genannten Urteil des EuGH nicht unmittelbar abgeleitet werden, es folgt

49 EuGH verb. Rs. C-95/99 bis C-98/99 und C-180/99, Khalil u. a., Slg. 2001, I-7413, Rn. 71.

50 KOM(2004) 542 endg.

51 Zum anderen beschränkt der Kommissionsvorschlag den persönlichen Anwendungsbereich der VO (EWG) Nr. 1408/71 entsprechend den Ausführungen des EuGH in der Rechtssache *Khalil* auf Drittstaatsangehörige, die ausschließlich aufgrund ihrer Staatsangehörigkeit nicht bereits von ihr erfasst werden, sofern sie ihren rechtmäßigen Wohnsitz in einem Mitgliedstaat haben und ihre Situation einen grenzüberschreitenden Bezug aufweist (vgl. EuGH verb. Rs. C-95/99 bis C-98/99 und C-180/99, Khalil u. a., Slg. 2001, I-7413, Rn. 71; Art. 1 der VO (EG) Nr. 859/2003, ABl. 2003 L 124/1).

52 Vorschlag für eine Verordnung des Rates zur Erweiterung der Bestimmungen der Verordnung (EWG) Nr. 1408/71 auf Staatsangehörige aus Drittländern, die ausschließlich wegen ihrer Nationalität nicht bereits von den Bestimmungen dieser Verordnung abgedeckt sind, KOM(2002) 59 endg., ABl. 2002 C 126E/388. In der Begründung des Vorschlags wird ausgeführt: „Nach Inkrafttreten des Vertrags von Amsterdam und der neuen Bestimmungen unter Titel IV des Vertrags und angesichts des neueren Fallrechts des Gerichtshofs (vgl. insbesondere Urteil des Gerichtshofs der Europäischen Gemeinschaften vom 11. Oktober 2001 in der Rechtssache Khalil (C-95/99)), war eine erneute Überprüfung der juristischen Grundlagen, wie sie ursprünglich vorgesehen waren, erforderlich. Es hat sich gezeigt, dass im vorliegenden Fall Artikel 63 Absatz 4 über die Einreise- und Aufenthaltsbedingungen von Staatsangehörigen aus Drittländern in der Gemeinschaft eine angemessene Rechtsgrundlage wäre für die Anwendung der Koordination der Systeme der sozialen Sicherheit der Mitgliedstaaten auf alle Staatsangehörige aus Drittländern, die die materiellen Bedingungen der Verordnung 1408/71 erfüllen und die ausschließlich wegen ihrer Nationalität derzeit ausgeschlossen sind. Der Rat (Beschäftigung und Soziales) hat in seinen Schlussfolgerungen vom 3. Dezember 2001 vereinbart, dass Artikel 63 Absatz 4 des EG-Vertrages als Rechtsgrundlage für eine solche Erweiterung verwendet werden darf. Er hat ferner die Auffassung vertreten, dass die für Staatsangehörige aus Drittländern anwendbare Koordination zur Gewährung einer Reihe einheitlicher Rechte führen muss, die den Bürgern der Europäischen Union gewährten Rechte so nahe wie möglich kommen.“

jedoch aus seinen Ausführungen zum persönlichen Anwendungsbereich der Verordnung. So spricht die besondere völkerrechtliche Situation, in der sich die Mitgliedstaaten in Bezug auf Flüchtlinge und Staatenlose befinden, dafür, in der Einbeziehung lediglich eine Ausnahme zu sehen, die nicht auf alle Drittstaatsangehörigen übertragbar ist. Des Weiteren folgt aus der systematischen Stellung des Art. 42 EGV, dass er eine Art. 39 EGV sowie die Freizügigkeit der Arbeitnehmer ergänzende Bestimmung darstellt, die sich in den Rahmen der Grundfreiheit einfügt und daher nicht in eine über den auf Unionsbürger beschränkten Anwendungsbereich hinausgehende allgemeinsozialpolitische Vorschrift zur Koordination der Sozialsysteme der Mitgliedstaaten umgedeutet werden kann. Dieses Ergebnis kann auch nicht durch die Argumentation, die Verordnung gelte in gleicher Weise für Personengruppen, die von ihrer Freizügigkeit keinen Gebrauch gemacht haben, und daher könne Art. 42 EGV der Aufnahme weiterer Gruppen nicht entgegenstehen, in Frage gestellt werden. So weisen die genannten Personengruppen sowohl ein grenzüberschreitendes Element als auch einen hinreichend engen Bezug zu der Grundfreiheit auf, indem sie entweder als Familienangehörige, Rentner oder Studierende ihre Rechtsstellung von einem Arbeitnehmer ableiten können, erworbene Rechte aus der Arbeitnehmerschaft exportieren oder jedenfalls mit dem Sozialversicherungssystem eines anderen Mitgliedstaats in Berührung gekommen sind. Daher kann aus ihrer Einbeziehung nicht auf die Anwendbarkeit des Art. 42 EGV auf Drittstaatsangehörige geschlossen werden.

Im Ergebnis ist daher festzuhalten, dass sich aus Art. 42 EGV keine Kompetenzen zur Regelung des Aufenthaltsstatus von Drittstaatsangehörigen ergeben.

3. Zusammenfassung zu den Kompetenzen der EG aus Art. 39 ff. EGV

Aus den Art. 39 ff. EGV ergeben sich keine Kompetenzen der EG, den Aufenthaltsstatus von Drittstaatsangehörigen zu regeln. Eine Ausnahme gilt lediglich für die aus der Freizügigkeit der Arbeitnehmer resultierenden Rechte zugunsten der Familienangehörigen eines Arbeitnehmers, die unabhängig von der Staatsangehörigkeit und damit auch für drittstaatsangehörige Familienmitglieder gelten und Mobilitäts- und Aufenthalts- sowie Zugangsrechte zum Arbeitsmarkt im Aufnahmemitgliedstaat vermitteln.

II. Die Kompetenzen im Bereich „Visa, Asyl, Einwanderung und andere Politiken betreffend den freien Personenverkehr" (Art. 61 bis 69 EGV)

Die Vorschriften des IV. Titels „Visa, Asyl, Einwanderung und andere Politiken betreffend den freien Personenverkehr" des EG-Vertrages dienen dem schrittweisen Aufbau der Europäischen Union als Raum der Freiheit, der Sicherheit und des Rechts (Art. 61 Abs. 1 EGV, Art. 2 Spiegelstrich 4 EUV) und beschreiben die Aufgaben der EG im Rahmen der Innen- und Justizpolitik. Die Innen- und Justizpolitik wurde 1993 mit dem Vertrag von Maastricht in Art. K.1 bis 9 EUV in die dritte Säule der Europäischen Union aufgenommen und mit dem Vertrag von Amsterdam, der am 1. Mai 1999 in Kraft trat, in das Gemeinschaftsrecht überführt.[53] Für Großbritannien, Irland und Dänemark gelten Sonderregelungen, da sie nicht direkt an den Maßnahmen des IV. Titels teilhaben.[54]
Die Politikbereiche, die in diesem Titel zusammengefasst werden, betreffen die Grenzkontrollen und die Visapolitik (Art. 61 lit. a, b, Art. 62 EGV), das Asyl- und Asylverfahrensrecht sowie die Einwanderungspolitik einschließlich der Reisefreiheit von Angehörigen dritter Staaten innerhalb der Union (Art. 61 lit. a, b, Art. 63 EGV), die justitielle Zusammenarbeit in Zivilsachen (Art. 61 lit. c, Art. 65 EGV) sowie die Zusammenarbeit der Verwaltungen (Art. 61 lit. d, Art. 66 EGV). Für die polizeiliche und justitielle Zusammenarbeit in Strafsachen, die in Art. 61 lit. e EGV aufgeführt ist, sind ausschließlich die Vorschriften der Art. 29 ff. EUV maßgeblich; ihre Benennung in diesem Titel soll lediglich den engen Zusammenhang mit der „dritten Säule" des EU-Vertrages unterstreichen.[55]
Die Politikbereiche unterstehen der gemeinsamen Zielsetzung, in dem „Raum ohne Binnengrenzen" (Art. 14 EGV) Freiheit, Sicherheit und Rechtsstaatlichkeit zu gewährleisten. Gegenstand des „Raums der Freiheit" ist neben dem freien Personenverkehr auch der Schutz der Grundrechte und die Bekämpfung von

---

53 S. ABl. 1992 C 191/01 u. ABl. 1997 C 340/1; zur Einwanderungspolitik auf der Grundlage dieser Vorschriften vgl. etwa *Schieffer*, S. 137 ff.); von nun an wurden bestimmte Bereiche der Einwanderungspolitik als Angelegenheiten „von gemeinsamem Interesse" betrachtet. Detailliert zum Prozess der „Vergemeinschaftung" dieses Bereiches: *Fungueiriño-Lorenzo*, S. 4 ff.; *B. Huber*, InfAuslR 2000, 302 ff.; *Lang*, ZAR 1998, 59 ff.; *Kluth*, ZAR 2007, 20 ff. (zu den parallelen Aktivitäten des Europarates vgl. ZAR 2007, 20 ff., 21); *M. Wollenschläger*, EuGRZ 2001, 354 ff.

54 S. ausführliche Darstellung bei *Kugelmann*, in: Schulze/Zuleeg, § 41, Rn. 39 ff. Für diesen Bereich gelten einige weitere von den Grundsätzen des Gemeinschaftsrechts abweichende Besonderheiten: Vorabentscheidungsersuchen können nur von funktionell letztinstanzlichen Gerichten beim EuGH vorgebracht werden (Art. 68 Abs. 1 EGV, s. ausführlich *ter Steeg*, ZAR 2006, 268 ff.; vgl. aber die Mitteilung der Kommission KOM(2006) 346 endg., nach der seit dem 1. Januar 2007 Art. 68 EGV unangewendet bleiben soll) und der Rat hat einstimmig zu beschließen (Art. 67 Abs. 2 EGV).

55 *Rossi*, in: Callies/Ruffert, Art. 61 EGV, Rn. 1.

Diskriminierungen. Er erstreckt sich dementsprechend nicht nur auf Unionsbürger, sondern auch auf Drittstaatsangehörige; wenngleich streitig ist, ob Drittstaatsangehörige direkt Art. 14 EGV unterfallen, geht aus dem Verweis des Art. 61 lit. a EGV auf Art. 14 EGV hervor, dass es zur Realisierung des Binnenmarktkonzeptes erforderlich ist, die sich in der EG aufhaltenden Drittstaatsangehörigen in die Gewährleistungen des freien Personenverkehrs innerhalb der Gemeinschaft einzubeziehen.[56] Der „Raum der Sicherheit" hat die Bekämpfung und Verfolgung von Kriminalität und Terrorismus zum Ziel, während der „Raum des Rechts" allen Bürgern den gleichen Zugang zum Recht ermöglichen und die Zusammenarbeit der Justizbehörden gewährleisten soll.[57]

Im Hinblick auf die Maßnahmen zur Gewährleistung des freien Personenverkehrs ist die Kompetenzübertragung an die EG Ausdruck des wechselbezüglichen Zusammenhangs zwischen der Freizügigkeit innerhalb der EG und der Einwanderung in die EG; sie trägt dem Umstand Rechnung, dass die Abschaffung der Binnengrenzen die Notwendigkeit einer erhöhten Kontrolle der Außengrenzen mit einheitlichem Standard nach sich zog.[58]Im Interesse eines einheitli-

---

56 *St. Richter*, S. 85; *Hatje*, in: Schwarze, Art. 14 EGV, Rn. 9; *Randelzhofer/Forsthoff*, in: Grabitz/Hilf, vor Art. 39-55 EGV, Rn. 5, 55. Der Raum ohne Binnengrenzen meint nicht die Abschaffung der Hoheitsgrenzen, „sondern präzisiert die Marktfreiheit dahin, dass sie auf die Abschaffung aller grenzübertrittsspezifischen Behinderungen gerichtet ist". Kern des Binnenmarktgedankens ist es daher (nur), die bestehenden Grenzen in einem Maße durchlässig zu gestalten, dass sie keine Hindernisse mehr für die grenzüberschreitende Wirtschaftstätigkeit darstellen. Da sich die Ungleichbehandlung von Drittstaatsangehörigen weder mit dem Ideal eines Rechtsraumes, der auf dem Gedanken der Gleichbehandlung aufbaut, noch mit der Gründung eines „Europa der Bürger" verträgt, war nach dem richtig verstandenen Binnenmarktbegriff die Aufhebung der Grenzen bereits ab dem Inkrafttreten der Einheitlichen Europäischen Akte eine rechtliche Verpflichtung der Gemeinschaft, s. *Papayannis*, ZAR 2006, 399 ff., 399.

57 *Rossi*, in: Callies/Ruffert, Art. 61 EGV, Rn. 18.

58 *Kugelmann*, in: Schulze/Zuleeg, § 41, Rn. 7; *Lang*, ZAR 1998, 59 ff., 66; *Kluth*, ZAR 2006, 1 ff., 4. Angesichts der Aufgabenstellung und des Umfangs, den eine genauere Auseinandersetzung erforderte, soll der Bereich des Kontrollsystems der Außen- und Binnengrenzen der EG, der im Wesentlichen durch den sog. SchengenBesitzstand ausgestaltet ist, in dieser Arbeit außer Betracht bleiben. Das Ziel, die Kontrollen an den Binnengrenzen der EG abzuschaffen, wurde erstmalig in der Einheitlichen Europäischen Akte von 1986 formuliert. Die Zusammenarbeit auf europäischer Ebene verlief zunächst und mangels Kompetenzen sowie der Beteiligung aller Mitgliedstaaten auf zwischenstaatlicher Ebene „außerhalb der EG". Wesentliche Kontrollerleichterungen an den Grenzen der beteiligten Mitgliedstaaten sowie Ausgleichsmaßnahmen in den Bereichen Harmonisierung und Verstärkung der Außengrenzen, der grenzüberschreitenden polizeilichen und justitiellen Zusammenarbeit sowie der gemeinsamen Visa- und Asylpolitik wurden durch das Schengener Übereinkommen vom 14. Juni 1985 sowie das Schengener Durchführungsübereinkommen vom 19. Juni 1990 (vgl. ABl. 2000 L 239, S. 13) erreicht. Das Schengensystem fand mit dem Vertrag von Maastricht Eingang in die dritte Säule und gehört zu dem Themenbereich, der mit dem Vertrag von Amsterdam vergemeinschaftet wurde. Lediglich Großbritannien und Irland sowie Dänemark

chen Rechtsraums empfahl es sich, darüber hinaus die Ausgestaltung von kurz- und langfristigen Aufenthalten von Drittstaatsangehörigen in den IV. Titels des EG-Vertrags aufzunehmen.[59] Er stellt damit die Grundlage für das europäische Zuwanderungsrecht dar.

Für die Zwecke der im Rahmen dieser Arbeit gewählten Aufgabenstellung soll das Augenmerk allein dem Teilbereich des *Einwanderungsrechts* gelten. Es befasst sich mit dem legalen Zuzug von Drittstaatsangehörigen mit dem Ziel eines *längerfristigen oder dauerhaften* (jedenfalls aber mehr als dreimonatigen) Verbleibs in der Europäischen Union sowie mit Maßnahmen gegen illegale Migration.[60] Einer *Einwanderung* können unterschiedlichste Motivationen zugrunde liegen, wie z. B. die Aufnahme einer Erwerbstätigkeit, eines Studiums oder eine Familienzusammenführung. Im Gegensatz hierzu befasst sich das Asyl- und Flüchtlingsrecht als zweite Komponente des Zuwanderungsrechts ausschließlich mit der Zuwanderung aus humanitären Gründen. Ziel der EG ist in diesem Bereich die Ausarbeitung einer gemeinsamen Asylpolitik einschließlich eines Gemeinsamen Europäischen Asylsystems, welches z. B. die Einführung eines gemeinsamen Asylverfahrens beinhaltet.[61] Da es für die Frage des Aufenthaltssta-

---

haben den Schengen-Besitzstand bisher nicht übernommen. Zu aktuellen Entwicklungen in diesem Bereich vgl.: VO (EG) Nr. 562/2006 (sog. Schengener Grenzkodex, in Kraft getreten am 13. Oktober 2006); zur Kontrolle der Außengrenzen vgl. KOM(2006) 401, zu Datensammlungen z. B. VO (EG) Nr. 1987/2006 über die Aufstellung, Arbeit und Gebrauch der zweiten Generation des Schengen Informationssystems (SIS II), zur Einführung biometrischer Merkmale in Visums- und Aufenthaltsgenehmigungen KOM(2006) 269; VO (EG) Nr. 1030/2002 zur einheitlichen Gestaltung eines Aufenthaltstitels für Drittstaatsangehörige; VO (EG) Nr. 539/2001 des Rates zur Aufstellung der Liste der Drittländer, deren Staatsangehörige beim Überschreiten der Außengrenzen im Besitz eines Visums sein müssen, sowie der Liste der Drittländer, deren Staatsangehörige von dieser Visumpflicht befreit sind. Hierzu im Einzelnen z. B. *den Boer, Monica*, in: Monar/Wessels, S. 296 ff. (zur Implementierung des Schengen-Besitzstandes); *Hummer*, EuR 2007, 517 ff.; *Lang*, ZAR 1998, 59 ff., 66; *Thiele*, EuR 2007, 419 ff., 421; *Th. Oppermann*, § 24 Rn. 21 ff.; *M. Wollenschläger*, EuGRZ 2001, 354 ff., 355 ff., 359 f.; *Westphal/Stoppa*, InfAuslR 2001, 309 ff.

59 *Rossi*, in: Callies/Ruffert, Art. 61 EGV, Rn. 20.

60 Vgl. *Knauff*, ZEuS 2004, 11 ff., 14 f.; *Degen*, in: GTE, Art. K.1, Rn. 8; *Weiß*, in: Streinz, Art. 63 EGV, Rn. 37; *Kugelmann*, in: Schulze/Zuleeg, § 41, Rn. 66, der eine Einwanderung zusätzlich von dem regelmäßigen Wunsch, eine Erwerbstätigkeit aufzunehmen, begleitet sieht. Der Begriff der *Zuwanderung* umfasst im Gegensatz hierzu auch Flüchtlinge und Asylsuchende. Einwanderung setzt voraus, dass ein „Fremder" in die „örtliche Gemeinschaft" zuzieht. „Fremd" im Sinne der europäischen Einwanderungspolitik ist jede Person, die nicht Unionsbürger ist. Einwanderung i. S. der nationalen Rechtsordnungen der Mitgliedstaaten kann sich natürlich auch auf Unionsbürger anderer Mitgliedstaaten beziehen, vgl. BVerwGE 3, 45 ff. (51): Hiernach ist Einwanderung der „Zuzug von Fremden in das Staatsgebiet zum Zweck der Niederlassung".

61 *Kugelmann*, in: Schulze/Zuleeg, § 41 Rn. 72.

tus von drittstaatsangehörigen Arbeitnehmern keine wesentliche Rolle spielt, bleibt es im Folgenden außer Betracht.[62]
Kompetenzgrundlage für das Einwanderungsrecht ist die Bestimmung des Art. 63 Abs. 1 Nr. 3 lit. a EGV, die den Rat ermächtigt, *einwanderungspolitische Maßnahmen* zu erlassen.[63] Sie wird ergänzt durch seine Befugnis, Bestimmungen für die Freizügigkeit drittstaatsangehöriger Personen innerhalb der EG zu treffen (Art. 63 Abs. 1 Nr. 4 EGV). Der Umfang der ihm durch diese Vorschriften übertragenen Kompetenzen soll im Folgenden dargestellt werden.

1. Einwanderungspolitische Maßnahmen (Art. 63 Abs. 1 Nr. 3 lit. a EGV)

Die Kompetenzbestimmung des Art. 63 Abs. 1 Nr. 3 lit. a EGV gibt dem Rat auf, *einwanderungspolitische Maßnahmen* im Bereich der Einreise- und Aufenthaltsvoraussetzungen sowie der mitgliedstaatlichen Verfahren zur Erteilung von Visa und Aufenthaltstiteln für einen langfristigen Aufenthalt zu beschließen (Art. 63 Abs. 1 Nr. 3 lit. a EGV).
Zunächst unterfällt es damit der Kompetenz der EG, die Modalitäten der Beantragung und Erteilung von Aufenthaltstiteln sowie ihre Gestaltung zu vereinheitlichen und Vorgaben für die gegenseitige Anerkennung der von den Mitgliedstaaten ausgestellten Aufenthaltstitel zu treffen. Im Rahmen der „Einreise- und Aufenthaltsvoraussetzungen“ kann sie darüber hinaus die materiellen Voraussetzungen festlegen, unter denen Einwanderung gestattet wird.[64] Hierzu zählen neben Regelungen zum Familiennachzug z. B. solche zum Aufenthalt zu Ausbildungs-, Studien- oder Beschäftigungszwecken.[65]
Die einwanderungspolitischen Maßnahmen erschöpfen sich nicht in dem Aspekt der Zuwanderung, sondern erstrecken sich auch auf die aufenthaltsrechtliche Stellung der Drittstaatsangehörigen in den Mitgliedstaaten.[66] Daher ist die EG berechtigt, die Voraussetzungen eines dauerhaften Bleiberechts zu bestimmen sowie Vorgaben für ihre *Gleichstellung* mit den eigenen Staatsangehörigen, wie z. B. ihre Eingliederung in das innerstaatliche Sozialsystem, zu treffen.[67]

---

62 Hierzu näher z. B.: *B. Huber*, InfAuslR 2000, 302 ff.; *M. Wollenschläger*, EuGRZ 2001, 354 ff., 355 ff.; *Groenendijk*, ZAR 2007, 309 ff.; *Pastore*, Visas, Borders, Immigration: Formation, Structure, and Current Evolution of the EU Entry Control System, in: Walker, S. 89 ff.

63 Die anderen Bestimmungen dieses Artikels betreffen Aufenthalte von höchstens drei Monaten, die als Kurzaufenthalte nicht unter den Begriff der Einwanderung fallen und die zudem für Arbeitnehmer aufgrund der Kürze nicht maßgeblich sein dürften (Art. 62 Nr. 2 lit b), Nr. 3 EGV), und die Rechtsstellung von Flüchtlingen und Asylbewerbern (Art. 63 Abs. 1 Nr. 1 und 2 EGV).

64 *Höller*, S. 97 f.

65 *Thiele*, EuR 2007, 419 ff., 430; *Rossi*, in: Callies/Ruffert, Art. 63 EGV, Rn 29.

66 *Rossi*, in: Callies/Ruffert, Art. 63 EGV, Rn. 28.

67 *Höller*, S. 98.

Fraglich bleibt, ob die EG im Rahmen ihrer einwanderungspolitischen Kompetenzen Kriterien und Bedingungen festlegen darf, die den Zugang zum Arbeitsmarkt der Mitgliedstaaten betreffen. Dies ist nicht unumstritten und wird von den Befürwortern einer solchen Kompetenz vor allem damit begründet, dass Regelungen zu den Voraussetzungen eines langfristigen Aufenthalts nicht möglich sind, ohne auch das Arbeitsgenehmigungsrecht zu erfassen, da ein langfristiger Aufenthalt in der Regel finanzielle Selbständigkeit voraussetze. Auch stelle das Arbeitsgenehmigungsrecht einen grundlegenden Teil des Einwanderungsrechts dar, der unter den Begriff der einwanderungspolitischen Maßnahmen fallen müsse.[68] Dieser Frage soll daher im Folgenden nachgegangen werden.

a) Harmonisierung des Arbeitserlaubnisrechts als einwanderungspolitische Maßnahme

Gegen eine Einbeziehung des Arbeitserlaubnisrechts unter Einschluss des *erstmaligen* Arbeitsmarktzugangs bzw. der Einwanderung zur Ausübung einer Erwerbstätigkeit könnte die Entstehungsgeschichte des Art. 63 Abs. 1 Nr. 3 lit. a EGV sprechen. Seine Vorgängervorschrift, Art. K.1 Nr. 3 lit. b EUV, zählte zur Einwanderungspolitik auch die Regelung der Fragen über den „Zugang zur Beschäftigung"[69], jedoch wurde dieser Teil der Vorschrift bewusst nicht in Art. 63 EGV übernommen.[70] Hieraus wird vielfach geschlussfolgert, dass das Arbeitserlaubnisrecht ausdrücklich nicht unter die Kompetenz zum Erlass einwanderungspolitischer Maßnahmen zu fassen ist, und dass die Mitgliedstaaten diesen Bereich in ihre Kompetenz zurückgeführt wissen wollten.[71] Dieser Ansicht ist jedoch nicht zu folgen. Zunächst kann die unterbliebene Übernahme des Art. K.1 Nr. 3 lit. b EUV kaum als Rückübertragung einer Kompetenz angesehen werden, da auch diese Bestimmung keine selbständige Kompetenz der EG gegenüber den Mitgliedstaaten vermittelte. Vielmehr zählte der Zugang zum Ar-

68 *Kugelmann*, in: Schulze/Zuleeg, § 41, Rn. 197; a. A. *Weiß*, in: Streinz, Art. 63 EGV, Rn. 39, der wegen der Formulierung „Aufenthaltsvoraussetzungen" das Arbeitserlaubnisrecht ausdrücklich ausgenommen sieht.

69 Vor Einführung des EU-Vertrages war die Zuwanderungspolitik bereits Gegenstand des Weißbuches der Kommission über die Vollendung des Binnenmarktes von 1985. Die hierauf aufbauende Zusammenarbeit auf der Ebene der Regierungen fand im Rahmen der Ad-hoc-Gruppe Einwanderung statt, die sich in die fünf Untergruppen Asyl, Außengrenzen, Gefälschte Dokumente, Visa und Zulassung/Entfernung unterteilte. Für die hier interessierende Frage nach der Zuwanderung zum Zweck der Erwerbstätigkeit war die letztgenannte Untergruppe zuständig, die jedoch insbesondere in diesem Bereich keine Ergebnisse erzielen konnte. Lediglich in Bezug auf Drittstaatsangehörige *ohne Aufenthalts- und Arbeitserlaubnis* wurde eine Empfehlung zum Kontroll- und Ausweisungsverfahren erarbeitet (vgl. *Degen*, in: GTE, Vorbem. zu Art. K bis K.9, Rn. 8).

70 *Weiß*, in: Streinz, Art. 63 EGV, Rn. 39 f., hier als bewusster Rückschritt bezeichnet.

71 Vgl. *Weiß*, in: Streinz, Art. 63 EGV, Rn. 39.

beitsmarkt zu den „Angelegenheiten von gemeinsamem Interesse", stellte also eine Materie dar, die von vornherein in der einzelstaatlichen Zuständigkeit verbleiben und nur unverbindliche Maßnahmen ermöglichen sollte.[72] Des Weiteren kann nicht bezweifelt werden, dass Art. 63 Abs. 1 Nr. 3 lit. a EGV der EG die Aufgabe überträgt, gemeinsame Migrationsstrategien zu entwerfen, die die erheblichen Unterschiede zwischen den nationalen Rechtsordnungen abmildern.[73] Der Zugang zum Arbeitsmarkt stellt dabei, da er die Möglichkeiten der materiellen Eigenständigkeit und Absicherung betrifft, einen derart wesentlichen Aspekt der Einwanderungspolitik dar, dass eine sinnvolle Aufgabenwahrnehmung gerade in Bezug auf die Voraussetzungen für einen längerfristigen Aufenthalt nicht möglich ist, ohne zumindest diejenigen Leitlinien festzulegen, die nur auf der Ebene der EG entschieden und koordiniert werden können.[74] Hierzu zählen Maßnahmen, die den Bedarf der gesamten EG an Arbeitskräften ermitteln und es Drittstaatsangehörigen ermöglichen, sich auf dem gesamten Binnenmarkt zu orientieren. Auch ist es notwendig, die Standards und Kontrollinstrumente festzulegen, die grenzüberschreitende Elemente wie etwa Fragen der Weiterwanderung in andere Mitgliedstaaten, nachdem die Zulassung zum Arbeitsmarkt eines Mitgliedstaats erfolgt ist, betreffen, um so die Interessen sowohl der Mitgliedstaaten als auch der EG zu bündeln. Diese Belange müssen also von der EG im Rahmen ihrer Kompetenz zum Erlass einwanderungspolitischer Maßnahmen wahrgenommen werden können.

Gegen die Einbeziehung des Arbeitserlaubnisrechts in die Kompetenznorm des Art. 63 Abs. 1 Nr. 3 lit. a EGV wird des Weiteren das für einwanderungspolitische Maßnahmen vorgesehene besondere Rechtssetzungsverfahren (Art. 67 Abs. 1, 2 Spiegelstrich 2 EGV) mit der Begründung angeführt, dass es der Mate-

---

72 *Degen*, in: GTE, Art. K.1 EUV, Rn. 1; *Weiß*, in: Streinz, Art. 63 EGV, Rn. 39 ff.; *M. Wollenschläger*, EuGRZ 2001, 354 ff., 356. Gegen eine Kompetenz aus Art. 63 Abs. 1 Nr. 3 lit. a EGV zur Regelung auch der Wirtschaftsmigration wird des Weiteren angeführt, diese sei von Art. 137 Abs. 1 lit. g EGV erfasst (*Knauff*, ZEuS 2004, 11 ff., 21 f). Die Vorschrift überträgt der EG die Befugnis zur Regelung der „Beschäftigungsbedingungen der Staatsangehörigen dritter Länder, die sich rechtmäßig im Gebiet der Gemeinschaft aufhalten".

73 *Weiß*, in: Streinz, Art. 63 EGV, Rn. 38.

74 *Weiß*, in: Streinz, Art. 63 EGV, Rn. 40, bezeichnet diese an Sinn und Zweck orientierte Auslegung des Art. 63 Abs. 1 Nr. 3 lit. a EGV als unzulässig, da Effektivitätsüberlegungen nicht die Grenze der der EG eingeräumten Befugnisse überschreiten können. Dies ist zweifellos richtig, jedoch soll hier nicht versucht werden, den Tatbestand über seinen Wortlaut hinaus auszudehnen, sondern eine Definition der Aufenthaltsvoraussetzungen gefunden werden. Vgl. auch *Höller*, S. 98 f. Nach *B. Huber*, InfAuslR 2000, 302 ff., 304, stellen die Art. 61 ff. EGV kompetenzrechtliche Regelungen dar, denen inhaltliche Vorgaben für die einzelnen zu treffenden Maßnahmen nicht ohne weiteres zu entnehmen sind und die „mit Leben gefüllt werden" müssen. Dies ermächtigt natürlich nicht dazu, Bereiche in die Kompetenzen einzubeziehen, die über die verliehenen Befugnisse hinausgehen, jedoch spricht diese Ansicht dafür, Art. 63 EGV nicht als exakt umschriebene Befugnisnorm anzusehen, die keiner Auslegung zugänglich sind.

rie nicht gerecht würde, wenn der Rat über das Arbeitserlaubnisrecht zwar einstimmig entscheiden müsste, er das Europäische Parlament jedoch lediglich anzuhören bräuchte, so dass die Regierungen ohne Beteiligung der nationalen Parlamente verbindliche Rechtsakte erlassen könnten.[75] Dieser Ansicht ist zuzugestehen, dass die noch nach Art. K.6 Abs. 3 EUV a. F. erforderliche *gebührende Berücksichtigung* der Auffassungen des Europäischen Parlaments bei der Vergemeinschaftung verloren gegangen ist und dass das Verfahren der Mitentscheidung gemäß Art. 251 EGV, welches nach dem fünfjährigen Übergangszeitraum angewendet werden kann,[76] dem Parlament stärkere Mitwirkungsbefugnisse verleiht. Jedoch bedeutet die Beibehaltung des Einstimmigkeitserfordernisses im Rat, dass jeder Mitgliedstaat durch sein Veto gemeinschaftliche Maßnahmen verhindern kann. Das beklagte legitimatorische Defizit durch eine mögliche Umgehung der nationalen Parlamente verliert daher als Argument gegen die Einbeziehung der Einwanderungsgesetzgebung an Kraft, zumal das Einstimmigkeitserfordernis eine vertiefte Zusammenarbeit im Bereich der Einwanderungspolitik zeitlich eher nach hinten verschieben dürfte.[77] Als Indiz dafür, dass die Mitgliedstaaten in dem Einstimmigkeitserfordernis im Rat ihre eigene Position effektiver vertreten sehen, als in dem Mitentscheidungsverfahren nach Art. 251 EGV, mag insofern dienen, dass noch immer kein Ratsbeschluss ergangen ist, wonach auf die Rechtssetzung auf dem Gebiet der Einwanderungspolitik das Mitentscheidungsverfahren anzuwenden ist (Art. 67 Abs. 2 EGV).[78]

Wenngleich die Auslegung des Art. 63 Abs. 1 Nr. 3 lit. a und 4 EGV auf Schwierigkeiten trifft, so kann doch davon ausgegangen werden, dass die Einbeziehung des Arbeitserlaubnisrechts in die einwanderungspolitischen Kompetenzen der EU vom Einverständnis der Mitgliedstaaten getragen ist. Dies spiegelt auch der Vertrag von Lissabon wider.[79] Der neue Art. 63a, der Art. 63 Abs. 1 Nr. 3 lit. a

---

75 *Weiß*, in: Streinz, Art. 63 EGV, Rn. 39.

76 Ein automatischer Übergang zu Mehrheitsentscheidungen ohne gesonderten einstimmigen Ratsbeschluss ist für den Bereich der Visaerteilung vorgesehen, vgl. Art. 67 Abs. 3, 4 EGV. Vgl. auch *M. Wollenschläger*, EuGRZ 2001, 354 ff., 358. Zu beachten ist, dass der Fünfjahreszeitraum des Art. 63 Abs. 1 EGV, in dem der Rat Maßnahmen zu beschließen hat, nicht für Art. 63 Abs. 1 Nr. 3 lit. a und Nr. 4 EGV gilt; insofern erlangt er Bedeutung nur im Zusammenhang mit dem Rechtssetzungsverfahren.

77 Vgl. *Schäuble*, ZAR 2006, 221 ff., 222, der die Beibehaltung des Einstimmigkeitserfordernisses begrüßt, weil hierdurch der Bereich der legalen Migration in nationaler Verantwortung verbleibt.

78 Auch dieser Ratsbeschluss müsste einstimmig ergehen, dies ist aber noch nicht erfolgt, vgl. Beschluss 2004/927/EG des Rates über die Anwendung des Verfahrens nach Art. 251 des Vertrages zur Gründung der EG auf bestimmte Bereiche, die unter Titel IV des Dritten Teils dieses Vertrages fallen (ABl. 2004 L 396/45). Vgl. auch *Papayannis*, ZAR 2006, 399 ff., 401.

79 Vertrag von Lissabon zur Änderung des Vertrags über die Europäische Union und des Vertrags zur Gründung der EG, unterzeichnet in Lissabon am 13. Dezember 2007 (ABl. 2007 C 306/1). Die Änderung von Art. 63 Abs. 1 Nr. 3 und 4 EGV wird bestimmt durch Art. 2 Nr. 65 des Vertrages von Lissabon.

und 4 EGV ersetzen soll, enthält zwar auch keine ausdrückliche Kompetenzübertragung an die EU zur Regelung des Arbeitserlaubnisrechts.[80] Jedoch ist die EU hiernach aufgerufen, eine Einwanderungspolitik zu entwickeln, die eine wirksame Steuerung der Migrationsströme und eine angemessene Behandlung von Drittstaatsangehörigen gewährleistet, sowie die „Rechte von Drittstaatsangehörigen, die sich rechtmäßig in einem Mitgliedstaat aufhalten", festzulegen. Sinnvoller Weise muss hierzu auch das Arbeitserlaubnisrecht gehören. Dies folgt spätestens aus der abschließenden Klarstellung in Absatz 5 des Artikels, wonach das Recht der Mitgliedstaaten, darüber zu bestimmen, *wie viele* Drittstaatsangehörige in ihr Hoheitsgebiet einreisen dürfen, um dort Arbeit zu suchen, nicht berührt wird. Dieser Absatz wäre überflüssig, wenn der Artikel keinerlei Kompetenz zur Regelung grundsätzlicher Fragen der Wirtschaftsmigration an die EU übertragen würde. Daher muss diese Kompetenz in der Kompetenzübertragung für die Entwicklung einer gemeinsamen Einwanderungspolitik enthalten sein.[81]

---

80 Artikel 63a lautet: 1) Die Union entwickelt eine gemeinsame Einwanderungspolitik, die in allen Phasen eine wirksame Steuerung der Migrationsströme, eine angemessene Behandlung von Drittstaatsangehörigen, die sich rechtmäßig in einem Mitgliedstaat aufhalten, sowie die Verhütung und verstärkte Bekämpfung von illegaler Einwanderung und Menschenhandel gewährleisten soll.
(2) Für die Zwecke des Absatzes 1 erlassen das Europäische Parlament und der Rat gemäß dem ordentlichen Gesetzgebungsverfahren Maßnahmen in folgenden Bereichen:
a) Einreise- und Aufenthaltsvoraussetzungen sowie Normen für die Erteilung von Visa und Aufenthaltstiteln für einen langfristigen Aufenthalt, einschließlich solcher zur Familienzusammenführung, durch die Mitgliedstaaten;
b) Festlegung der Rechte von Drittstaatsangehörigen, die sich rechtmäßig in einem Mitgliedstaat aufhalten, einschließlich der Bedingungen, unter denen sie sich in den anderen Mitgliedstaaten frei bewegen und aufhalten dürfen [...].
(4) Das Europäische Parlament und der Rat können gemäß dem ordentlichen Gesetzgebungsverfahren unter Ausschluss jeglicher Harmonisierung der Rechtsvorschriften der Mitgliedstaaten Maßnahmen festlegen, mit denen die Bemühungen der Mitgliedstaaten um die Integration der sich rechtmäßig in ihrem Hoheitsgebiet aufhaltenden Drittstaatsangehörigen gefördert und unterstützt werden.
(5) Dieser Artikel berührt nicht das Recht der Mitgliedstaaten, festzulegen, wie viele Drittstaatsangehörige aus Drittländern in ihr Hoheitsgebiet einreisen dürfen, um dort als Arbeitnehmer oder Selbständige Arbeit zu suchen.
Dieser Artikel ist wortgleich mit Art. III-267 Abs. 2 des Vertrages über eine Verfassung für Europa, der am 29. Oktober 2004 in Rom unterzeichnet wurde (ABl. 2004 C 310/1), wegen der ablehnenden Referenden in den Niederlanden und Frankreich aber nicht in Kraft getreten.

81 Vgl. auch die Mitteilung des Rates: Haager Programm zur Stärkung von Freiheit, Sicherheit und Recht in der Europäischen Union (ABl. 2005 C 53/1, 4), in der er die Bedeutung der legalen Zuwanderung für die EG hervorhebt, aber auf die Position des Europäischen Rats verweist, dass die Festlegung der Anzahl zuzulassender Arbeitsmigranten in die Zuständigkeit der Mitgliedstaaten fällt.

Die einwanderungspolitischen Maßnahmen können daher grundsätzlich auch Regelungen zum Arbeitsmarktzugang beinhalten, wobei Entscheidungen über den erstmaligen Arbeitsmarktzugang und die Einreise zum Zweck der Aufnahme einer Beschäftigung in der Zuständigkeit der Mitgliedstaaten verbleiben. Dass darüber hinaus keine die Details des Arbeitserlaubnisrechts der Mitgliedstaaten umfassende Harmonisierungskompetenz besteht bzw. dass den Mitgliedstaaten eigene Kompetenzen und Ermessensspielräume verbleiben müssen, ergibt sich zum einen aus Art. 63 Abs. 2 EGV und zum anderen aus dem Prinzip der Subsidiarität und der Verhältnismäßigkeit.

b) Einschränkung der Kompetenz zum Erlass einwanderungspolitischer Maßnahmen durch Art. 63 Abs. 2 EGV

Die soeben dargestellten Kompetenzen der EG erfahren durch die Vorschrift des Art. 63 Abs. 2 EGV eine Relativierung, um deren genauen Umfang sich seit ihrer Einführung in den EG-Vertrag ein Streit entsponnen hat, der noch nicht abschließend geklärt ist. Er bestimmt, dass die Maßnahmen des Rates, die auf der Grundlage der Nr. 3 und 4 des ersten Absatzes des Artikels ergangen sind, die Mitgliedstaaten nicht daran hindern, *innerstaatliche Bestimmungen beizubehalten oder einzuführen*, solange diese mit dem Vertrag und internationalen Übereinkommen vereinbar sind.
Vielerlei Unterstützung findet die rein nach dem Wortlaut kaum zu widerlegende Auffassung, dass dem auf der Grundlage der Nr. 3 und 4 ergangenen Sekundärrecht keinerlei innerstaatliche Bindungswirkung zukommt, sondern es in seiner Verbindlichkeit Empfehlungen gleichzustellen ist, die es den Mitgliedstaaten überlassen, entgegenstehendes nationales Recht beizubehalten oder zu erlassen.[82] Da der Wortlaut eindeutig ist, spricht gegen die Berechtigung der Mitgliedstaaten, das Sekundärrecht vollständig zu ignorieren, lediglich die Tatsache, dass die Einwanderungspolitik in den EG-Vertrag eingegliedert wurde. Hätte man Regelungskompetenzen übertragen, entsprechende Maßnahmen jedoch nicht mit der Verbindlichkeit von Sekundärrecht ausstatten wollen, so hätte man die Regelungen als solche des EU-Vertrages belassen können. Da man diesen Bereich jedoch in die erste Säule überführt hat, muss mit der Erweiterung der

---

82 So *Rossi*, in: Callies/Ruffert, Art. 63, Rn. 48; *Lang*, ZAR 1998, 59 ff., 62; *Weiß*, in: Streinz, Art. 63 EGV, Rn. 68. Nicht ganz von der Hand zu weisen ist dessen Argument, dass, wenn man Abs. 2 lediglich als Betonung der nur konkurrierenden Natur der EG-Kompetenzen sieht, die Frage offen bliebe, warum Abs. 2 nur auf die Nr. 3 und 4 des Abs. 1 Bezug nimmt. Damit würden die möglichen Maßnahmen nach Art. 63 Abs. 1 Nr. 3 und 4 EGV auf Empfehlungen reduziert. Des Weiteren *Kluth*, ZAR 2006, 1 ff., 4. Auch wird die Vorschrift als Ermächtigung zum Erlass verstärkter Schutzmaßnahmen eingeordnet, wie dies z. B. in Art. 95 Abs. 5 EGV vorgesehen ist, vgl. *Röben*, in: Grabitz/Hilf (Stand Mai 1999), Art. 63 Rn. 43. Anders vgl. Schlussanträge *Kokott*, Rs. C-540/03, Parlament/Rat, Slg. 2006, I-5769, Rn. 39, da verstärkte Schutzmaßnahmen einen Mindeststandard voraussetzen; *Thiele*, EuR 2007, 419 ff., 428.

primärrechtlichen Kompetenzen auch die Verbindlichkeit entsprechenden Sekundärrechts gewollt gewesen sein. Demzufolge kann der Verweis auf die Vereinbarkeit mit dem Vertrag nur bedeuten, dass innerstaatliche Regelungen selbstverständlich mit dem Sekundärrecht vereinbar sein müssen, dass das Sekundärrecht jedoch über das übliche Maß und die Vorgaben des Subsidiaritätsgrundsatzes hinaus ausreichende Spielräume belassen muss, die die Mitgliedstaaten berechtigen, ihren Interessen weitgehend Vorrang einzuräumen.[83] Art. 63 Abs. 2 EGV ist daher nicht im Sinne einer sog. Escape-Klausel zugunsten der Mitgliedstaaten zu verstehen. Dies wäre schon wegen des Einstimmigkeitserfordernisses (Art. 67 EGV), welchem die Maßnahmen nach den Nummern 3 und 4 unterliegen und das den Mitgliedstaaten bereits im Rechtssetzungsprozess die Wahrung ihrer nationalen Interessen sichert, fragwürdig.[84] Einer zusätzlichen Befugnis dazu, von dem ergangenen Sekundärrecht vollständig abzuweichen, bedarf es daher nicht.[85] Die Klausel richtet sich vielmehr nicht an die Mitgliedstaaten, sondern stellt eine Handlungsanweisung an die Rechtssetzungsorgane der Gemeinschaft dar und begrenzt die Kompetenz der EG hinsichtlich des anzustrebenden Harmonisierungsgrades, der jedenfalls nicht den einer vollständigen Harmonisierung erreichen darf.[86]
Unterstützung findet diese Ansicht in einer Entscheidung des EuGH über eine Nichtigkeitsklage des Parlaments gegen den Rat, mit der es die Unvereinbarkeit der auf der Grundlage des Art. 63 Abs. 1 Nr. 3 lit. a und 4 EGV ergangenen RL 2003/86/EG wegen einzelner Bedingungen der Familienzusammenführung

83 Vgl. auch *Hailbronner*, CML Rev. 1998, 1047 ff., 1051, wo es heißt: „The provision, however, cannot be interpreted as a national exemption clause authorizing a deviation from the Communitiy legislation.“; Schlussanträge *Kokott*, Rs. C-540/03, Parlament/Rat, Slg. 2006, I-5769, Rn. 41.

84 Schlussanträge *Kokott*, Rs. C-540/03, Parlament/Rat, Slg. 2006, I-5769, Rn. 40. Ihrer Auffassung nach verhielte sich ein Mitgliedstaat treuwidrig, würde er einem Rechtsakt zunächst zustimmen und sodann diesem entgegenstehende innerstaatliche Regelungen beibehalten können. Für die Bundesrepublik Deutschland gilt insofern eine Besonderheit, als der frühere Bundeskanzler Helmut Kohl im Frühjahr 1998 in einem Brief an die britische Ratspräsidentschaft erklärt hat, dass Deutschland den Vertrag von Amsterdam so versteht, dass er den Mitgliedstaaten die Zuständigkeit zur Bestimmung des Maßes der Zuwanderung und des Zugangs zum Arbeitsmarkt belässt. Die völkerrechtliche Bedeutung dieses Briefes ist unklar, zumal er erst nach der Unterzeichnung des Vertrages verfasst und übermittelt wurde. Da diese Auslegung der in dieser Arbeit gefundenen nicht widerspricht, soll eine nähere Auseinandersetzung unterbleiben.

85 *Kovács*, ZAR 2007, 403 f., 403.

86 *Hailbronner*, ZAR 2005, 349 ff., 349 f.; vgl. auch Fn. 96. *Fungueiriño-Lorenzo*, S. 81 ff., nach dessen Auslegung das sekundäre Gemeinschaftsrecht verbindlich ist, die EG nur Mindestnormen erlassen darf und die Maßnahmen der Mitgliedstaaten eine Verstärkung der gemeinschaftlichen Mindestnormen darstellen müssen; anders vgl. *Kluth*, ZAR 2006, 1 ff., 4, der den Absatz 2 zum einen nicht nur als Kompetenz zur Mindestharmonisierung versteht, zum anderen aber den Mitgliedstaaten eine vollumfängliche Abweichungsmöglichkeit zugesteht, jedoch nicht davon ausgeht, dass sie hiervon in großem Umfang Gebrauch machen werden.

von Drittstaatsangehörigen geltend gemacht hat (vgl. unten 4. Kapitel, 1. Teil, B. II.).[87] Der EuGH hat sich in der Entscheidung zwar anders als die Generalanwältin weder zur Verbindlichkeit der Richtlinie im Ganzen noch zur Bedeutung des Art. 63 Abs. 2 EGV geäußert, jedoch ausgeführt, dass eine Richtlinie auch dann nicht der Überprüfung nach Art. 230 EGV entzogen ist, wenn sie den Mitgliedstaaten bei ihrer Umsetzung einen Beurteilungsspielraum einräumt, und es ihnen erlaubt, „unter bestimmten Umständen nationale Rechtsvorschriften anzuwenden, die von den mit der Richtlinie vorgegebenen Grundsatzregelungen abweichen".[88] Entsprechend dieser letzten Formulierung ist die Bedeutung des Art. 63 Abs. 2 EGV zu verstehen, dass das auf dieser Grundlage ergangene Sekundärrecht es soweit wie möglich zulassen muss, dass die Mitgliedstaaten von Regelungen abweichen, wobei es jedoch selbst die Bedingungen hierfür festlegen können muss, etwa indem es die Gegenstände der Abweichungsbefugnis genau definiert und z. B. besondere Umsetzungsfristen für eine Abweichung aufstellt.[89]

c) Einhaltung der Kompetenzen bei Maßnahmen mit Bezug zum Arbeitsmarkt

Fraglich ist, ob die Maßnahmen, die bisher auf der Grundlage des Art. 63 Abs. 1 Nr. 3 lit. a EGV ergangen oder geplant sind und einen Bezug zum Arbeitsmarktzugang aufweisen, von den Kompetenzen der EG getragen werden.
Die bereits erlassenen Regelungen mit Berührung zum Arbeitserlaubnisrecht betreffen vor allem Drittstaatsangehörige, die jedenfalls nicht primär bzw. keinen dauerhaften Zugang zum Arbeitsmarkt eines Mitgliedstaats begehren, son-

---

87 EuGH Rs. C-540/03, Parlament/Rat, Slg. 2006, I-5769.

88 EuGH Rs. C-540/03, Parlament/Rat, Slg. 2006, I-5769, Rn. 22. Allerdings hat der EuGH bereits zwei Mal eine Vertragsverletzung gegenüber Mitgliedstaaten festgestellt, die die auf der Grundlage des Art. 63 Abs. 1 Nr. 3 EGV erlassene Richtlinie 2001/40/EG über die gegenseitige Anerkennung von Entscheidungen über die Rückführung von Drittstaatsangehörigen nicht rechtzeitig umgesetzt hatten (EuGH Rs. C-448/04, Kommission/Luxemburg sowie Rs. C-462/04, Kommission/Italien, beides ABl. 2005 C 271/10). Er muss also sekundäres Gemeinschaftsrecht, welches auf diesen Rechtsgrundlagen basiert, für verbindlich erachten.

89 Vgl. auch Schlussanträge *Kokott*, Rs. C-540/03, Parlament/Rat, Slg. 2006, I-5769, Rn. 34 ff. Die Generalanwältin hat die Bedeutung der Vorschrift im Rahmen des tauglichen Gegenstandes einer Nichtigkeitsklage gemäß Art. 230 EGV aufgegriffen. Da eine solche Klage nur gegen Rechtsakte mit rechtlicher Bindungswirkung zulässig ist, prüfte sie, ob Art. 63 Abs. 2 EGV die Bindung verhindert. Ihrer Auffassung nach verhalten sich die Regelungen des Art. 63 EGV gegenläufig, so dass ihre Wirksamkeit nur dadurch sichergestellt werden kann, dass die jeweiligen Interessen in einen angemessen Ausgleich im Wege *praktischer Konkordanz* zu bringen sind. Hiernach muss zum einen den Regelungen auf der Grundlage von Art. 63 Abs. 1 Nr. 3 und 4 EGV rechtliche Bindungswirkung zukommen, die nicht durch Absatz 2 in Frage gestellt werden kann, jedoch müssen die Regelungen selbst in besonderem Maße Gestaltungsspielräume in der Kompetenz der Mitgliedstaaten belassen.

dern aus anderen Erwägungen heraus, etwa einer bereits verfestigten Stellung in einem Mitgliedstaat oder des nur vorübergehenden Aufenthalts zu Forschungszwecken, berechtigt sein sollen, einer unselbständigen Erwerbstätigkeit nachzugehen. Hieraus lässt sich wohl erklären, warum diese Rechtsakte auf weit weniger Widerstand gestoßen sind, als die bisher nur als Vorschläge der Kommission vorliegenden Richtlinien, die in direkter Weise die Zulassung(sverfahren) Drittstaatsangehöriger im Rahmen der Wirtschaftsmigration behandeln.

aa) Richtlinien mit Regelungen zu Einreise und Aufenthalt zu einem anderen Zweck als der dauerhaften Zulassung zum Arbeitsmarkt

Regelungen zum Arbeitsmarktzugang enthält z. B. die Familiennachzugsrichtlinie 2003/86/EG, die vorsieht, dass Familienangehörige eines sich rechtmäßig in einem Mitgliedstaat aufhaltenden Drittstaatsangehörigen, der zur Familienzusammenführung befugt ist, in gleicher Weise wie dieser selbst berechtigt sind, einer Erwerbstätigkeit nachzugehen. Allerdings steht es dem Aufnahmemitgliedstaat während der ersten zwölf Aufenthaltsmonate frei, eine Arbeitsmarktprüfung durchzuführen (Art. 14). Die Regelung stellt hierdurch sicher, dass der primäre Einwanderungszweck die Familienzusammenführung und nicht die Zulassung zum Arbeitsmarkt ist.
Auch *langfristig aufenthaltsberechtigten* Drittstaatsangehörigen ist ein den eigenen Staatsangehörigen gleichberechtigter Zugang zu einer Erwerbstätigkeit gewährleistet (Art. 11 Abs. 1 lit. a der RL 2003/109/EG[90]). Die Bedeutung dieser Vorschrift beschränkt sich jedoch auf Drittstaatsangehörige, die sich zum einen seit mindestens fünf Jahren ununterbrochen rechtmäßig im Hoheitsgebiet eines Mitgliedstaats aufhalten und bei denen des Weiteren davon auszugehen ist, dass sie bereits einer regelmäßigen (selbständigen oder unselbständigen) Beschäftigung nachgehen, da die Rechtsstellung eines langfristig Aufenthaltsberechtigten nur erlangt, wer ohne die Inanspruchnahme staatlicher Sozialhilfeleistungen über ausreichende und regelmäßige Einkünfte verfügt (Art. 5 Abs. 1 a) der RL 2003/109/EG). Auch diese Richtlinie berührt daher nicht die Kompetenz der Mitgliedstaaten, das Arbeitserlaubnisrecht für den entscheidenden erstmaligen Arbeitsmarktzugang zu regeln.[91]

---

90 Richtlinie 2003/109/EG des Rates vom 25. November 2003 betreffend die Rechtsstellung der langfristig aufenthaltsberechtigten Drittstaatsangehörigen (ABl. 2004 L 16/44). Die Richtlinie war bis zum 23. Januar 2006 umzusetzen (Art. 26 der RL). Die Richtlinie gilt nicht für Großbritannien und Irland sowie Dänemark, Begründungserwägung Nr. 25 und 26; s. auch *Hauschild*, ZAR 2003, 350 ff.

91 Auch die RL 2003/9/EG des Rates zur Festlegung von Mindestnormen für die Aufnahme von Asylbewerbern in den Mitgliedstaaten (ABl. 2003 L 31/18) enthält den Arbeitsmarkt des Aufnahmemitgliedstaats betreffende Bestimmungen, obwohl die Richtlinie auf Art. 63 Abs. 1 Nr. 1 lit. b EGV beruht, der keine ausdrückliche Kompetenz der EG zur Regelung des Arbeitsmarktzugangs vorsieht. Die RL gibt z. B. vor, dass die Mitgliedstaaten einen Zeitraum festlegen müssen, der mit der Stellung des Asylantrags

Des Weiteren sind Drittstaatsangehörige, die zur Absolvierung eines Studiums innerhalb der EG zugelassen sind, grundsätzlich berechtigt, einer Erwerbstätigkeit außerhalb ihrer Studienzeiten nachzugehen.[92] Jedoch gilt dies nur vorbehaltlich der Regeln und Bedingungen für die jeweilige Tätigkeit und des Arbeitserlaubnisrechts im Aufnahmemitgliedstaat. Dieser kann zudem eine Beschäftigung von dem Bedarf auf seinem Arbeitsmarkt abhängig machen. Ferner bleibt es ihm unbenommen, den Zugang während des ersten Aufenthaltsjahres vollständig zu beschränken und für die folgende Aufenthaltszeit festzulegen, in welchem Umfang einer Tätigkeit nachgegangen werden darf.
Spezielle Regelungen sind darüber hinaus zugunsten von Forschern erlassen worden (sog. Forscherpaket).[93] Sie dienen dem Ziel, die europäische Forschungspolitik zu konsolidieren sowie zu strukturieren und sollen projektgebundene Forschungsaufenthalte von drittstaatsangehörigen Wissenschaftlern in der EG fördern. Hierzu enthält die RL 2005/71/EG von den Mitgliedstaaten näher auszugestaltende Eckpunkte für ein Verfahren, welches sowohl die Zulassung von Forschungseinrichtungen in den Mitgliedstaaten als auch die Aufnahmebedingungen für die drittstaatsangehörigen Wissenschaftler festlegt. Die Richtlinie

---

beginnt und in dem Asylbewerber noch keinen Zugang zum Arbeitsmarkt haben, und dass, wenn innerhalb eines Jahres noch keine Entscheidung in der Sache ergangen ist, unter von den Mitgliedstaaten näher festzulegenden Bedingungen Arbeitsmarktzugang gewährt werden muss. Auch kann aus Gründen der Arbeitsmarktpolitik Unionsbürgern und aufenthaltsberechtigten Drittstaatsangehörigen vorrangiger Zugang gewährt werden (Art. 11 Abs. 1, 2 und 4 der RL). Die Richtlinienbestimmungen sind aufgrund ihrer Nähe zum Aufenthaltsrecht von der Kompetenznorm „Mindestnormen für die Aufnahme von Asylbewerbern" gedeckt und greifen nicht in die Regelungszuständigkeit der Mitgliedstaaten ein, obwohl ein Arbeitsmarktbezug besteht.

92 RL 2004/114/EG über die Bedingungen für die Zulassung von Drittstaatsangehörigen zur Absolvierung eines Studiums oder zur Teilnahme an einem Schüleraustausch, einer unbezahlten Ausbildungsmaßnahme oder einem Freiwilligendienst (ABl. 2005 L 375/12). Art. 17 dieser RL enthält die Regelungen zur Erwerbstätigkeit von Studenten.

93 RL 2005/71/EG über ein besonderes Zulassungsverfahren für Drittstaatsangehörige zum Zwecke der wissenschaftlichen Forschung (ABl. 2005 L 289/15). Die Richtlinie ist bis zum 12. Oktober 2007 umzusetzen (Art. 17 der RL). Des Weiteren sind zwei Empfehlungen ergangen: zum einen die Empfehlung 2005/761/EG des Europäischen Parlaments und des Rates zur Erleichterung der Ausstellung einheitlicher Visa durch die Mitgliedstaaten für den kurzfristigen Aufenthalt an Forscher aus Drittstaaten, die sich zu Forschungszwecken innerhalb der Gemeinschaft bewegen (ABl. 2005 L 289/23), zum anderen die Empfehlung 2005/762/EG des Rates zur Erleichterung der Zulassung von Drittstaatsangehörigen in die EG zum Zwecke der wissenschaftlichen Forschung (ABl. 2005 L 289/26). Während die erste Empfehlung nur kurzfristige Aufenthalte von höchstens drei Monaten auf der Grundlage von Art. 62 Abs. 2 lit. b Ziff. ii) EGV betrifft und daher außer Betracht bleiben soll, empfiehlt die zweite z. B. eine Befreiung von der Arbeitserlaubnispflicht für Forscher, die Zulassung nicht durch Quoten zu beschränken und die Familienzusammenführung zu erleichtern. Vgl. auch *Schieffer*, ZAR 2005, 374 f.

verfolgt allerdings nicht das Ziel, den drittstaatsangehörigen Forschern einen dauerhaften Aufenthalt in der EG zu ermöglichen und sie in den regulären Arbeitsmarkt einzuführen. Vielmehr sollen gleichzeitig mit der Mobilität Maßnahmen zur Wiedereingliederung der Forscher in ihre Heimatländer ausgearbeitet werden.[94] Auch sieht die Richtlinie vor, dass sich die Wissenschaftler während des Antragsverfahrens noch in ihrem Heimatland aufhalten müssen; ob Anträge bearbeitet werden können, die gestellt werden, wenn sich der Wissenschaftler bereits im Inland befindet, fällt in die Regelungsbefugnis der Mitgliedstaaten (Art. 14 Abs. 2, 3 der RL). Des Weiteren müssen die Wissenschaftler nachweisen, dass sie über ausreichende finanzielle Mittel verfügen, um die Kosten des Aufenthalts und der Rückreise zu bestreiten, ohne dass das Sozialhilfesystem des Aufnahmemitgliedstaats in Anspruch genommen wird (Art. 6 Abs. 2 lit. b der RL).

Folgte man der restriktiven Ansicht, die es nicht in der Kompetenz der EG sieht, den Arbeitsmarktzugang von Drittstaatsangehörigen auf der Grundlage des Art. 63 Abs. 1 Nr. 3 lit. a EGV zu regeln, so müsste man die vorstehend dargestellten Regelungen als kompetenzwidrig erlassene Rechtsakte bezeichnen. Nach der hier vertretenen weiteren Auffassung entsprechen die Regelungen jedoch sowohl den Vorgaben dieser Vorschrift als auch denen des Art. 63 Abs. 2 EGV, da sie den Mitgliedstaaten ausreichend Spielraum für eigene Regelungen und Ermessensentscheidungen belassen.

bb) Richtlinienvorschläge der Kommission zur Koordinierung der Wirtschaftsmigration

Die Kommission versteht ihr Vorschlagsrecht im Sinne der weiten Auslegung der Kompetenzvorschriften unter Einschluss einer Harmonisierung des Arbeitsgenehmigungsrechts, denn sie fasst nicht nur den Arbeitsmarktzugang von Drittstaatsangehörigen unter die einwanderungspolitischen Maßnahmen, die sich langfristig und rechtmäßig in einem Mitgliedstaat aufhalten und dort bereits einer Beschäftigung nachgehen, sondern auch die *Koordinierung der Wirtschaftsmigration.*[95] In Reaktion auf die Schlussfolgerungen der Sondertagung des Europäischen Rates von Tampere am 15. und 16. Oktober 1999, der eine Annäherung der einzelstaatlichen Rechtsvorschriften zum Aufenthalt von Drittstaats-

94 Vgl. Erwägungsgrund Nr. 6 der RL 2005/71/EG.

95 Vgl. auch Mitteilung der Kommission an den Rat und das Europäische Parlament – Das Haager Programm: Zehn Prioritäten für die nächsten fünf Jahre. Die Partnerschaft zur Erneuerung Europas im Bereich der Freiheit, der Sicherheit und des Rechts (KOM(2005) 184 endg.). Hier betont die Kommission die Notwendigkeit einer gemeinsamen Einwanderungspolitik, die sich nicht auf die Regelung von Zulassungs- und Rückführungsverfahren beschränken darf. Zugleich sei es aber weiterhin Sache der Mitgliedstaaten zu entscheiden, wie viele Migranten sie aus Drittländern aufnehmen.

angehörigen für erforderlich erachtet hat,[96] hat sie hierzu vorgeschlagen, auf Gemeinschaftsebene einen zweifachen Ansatz zu verfolgen, nämlich einen gemeinsamen Rechtsrahmen für die Aufnahme von Wirtschaftsmigranten festzulegen und zugleich einen offenen Koordinierungsmechanismus für die Migrationspolitik der Gemeinschaft zu etablieren.[97] Gestützt auf Art. 63 Abs. 1 Nr. 3 lit. a EGV legte sie sodann einen entsprechenden Vorschlag für eine „Richtlinie über die Bedingungen für die Einreise und den Aufenthalt von Drittstaatsangehörigen zur Ausübung einer unselbständigen oder selbständigen Erwerbstätigkeit“ vor,[98] deren Ziel es sein sollte, die Bedingungen für die Einreise und den Aufenthalt sowie ein Verfahren zur Erteilung entsprechender Genehmigungen durch die Mitgliedstaaten festzulegen. Um die sehr unterschiedlich ausgestalteten Genehmigungsverfahren der Mitgliedstaaten zu harmonisieren, sah die Richtlinie die Schaffung eines einheitlichen innerstaatlichen Verfahrens vor. Dieses sollte auf einen bei den Vertretungen der Mitgliedstaaten in dem jeweiligen Drittstaat zu stellenden Antrag eingeleitet werden, nach dem Ermessen der Mitgliedstaaten gebührenpflichtig sein und zur Erteilung einer kombinierten Genehmigung führen, die sowohl den Aufenthaltstitel als auch die Arbeitserlaubnis in einem Verwaltungsakt einschließt (sog. „One-stop-shop“-Verfahren). Das Genehmigungsverfahren umfasste eine Prüfung der an den Bedürfnissen des inländischen Arbeitsmarktes orientierten wirtschaftlichen Notwendigkeit sowie der vorteilhaften Auswirkungen einer Zulassung des drittstaatsangehörigen Arbeitnehmers, die insbesondere den Grundsatz der Gemeinschaftspräferenz sichern sollte. Hierbei wurde den Mitgliedstaaten die Möglichkeit eingeräumt,

---

96 Der Europäische Rat hat zudem eine rasche Beschlussfassung des Rates erbeten. Da diese Beschlüsse nur auf Vorschlag der Kommission (gemäß Art. 67 EGV bis zum 20. April 2004 auch auf Vorschlag der Mitgliedstaaten) ergehen können, sah sich die Kommission als mandatiert an. Ihre Zuständigkeit für eine entsprechende Richtlinie ist dennoch nicht zweifellos, vgl. Bericht des Europäischen Parlaments v. 23.1.2003, A5-0010/2003, S. 7 und S. 45 (Stellungnahme des Ausschusses für Recht und Binnenmarkt: Hiernach trägt Art. 63 Abs. 1 Nr. 3 lit. a EGV nicht den auf eine breite Harmonisierung gerichteten Richtlinienvorschlag; zudem widerspricht er dem Subsidiaritätsprinzip, da eine gemeinschaftliche Harmonisierung nicht notwendig ist.)
Das Tampere Programm wird durch das Haager Programm fortgeführt, vgl. Mitteilung des Rates: Haager Programm zur Stärkung von Freiheit, Sicherheit und Recht in der Europäischen Union (ABl. 2005 C 53/1) sowie Mitteilung der Kommission (KOM(2005) 184 endg., Fn. 95).

97 Mitteilung der Kommission an den Rat und das Europäische Parlament über eine Migrationspolitik der Gemeinschaft (KOM(2000) 757 endg.).

98 KOM(2001) 386 endg., ABl. 2001 C 332E/248, S. 5 des Dokuments: „Zur Entwicklung einer kohärenten Migrationspolitik der Gemeinschaft ist es erforderlich, die Bedingungen für die Einreise und den Aufenthalt von Drittstaatsangehörigen zur Ausübung einer unselbständigen oder selbständigen Erwerbstätigkeit auf Gemeinschaftsebene zu behandeln. Artikel 63 Nummer 3 Buchstabe a) EG-Vertrag stellt somit die geeignete Rechtslage für diesen Vorschlag dar.“ Dieser Vorschlag ist auf geringe Resonanz bei den Mitgliedstaaten gestoßen. *Höller*, S. 98; *Kugelmann*, in: Schulze/Zuleeg, § 41, Rn. 195.

geeignete Einkommensschwellen festzulegen, die die „wirtschaftliche Notwendigkeit“ implizierten. Entsprechend den Bedürfnissen des inländischen Arbeitsmarktes sollte der „Aufenthaltstitel-Arbeitnehmer“ auf die Ausübung bestimmter Berufstätigkeiten beschränkbar sein, so dass zwar ein Wechsel des Arbeitgebers, nicht aber der Tätigkeit ermöglicht würde. Der Richtlinienvorschlag schrieb des Weiteren die Gleichbehandlung der Drittstaatsangehörigen mit Unionsbürgern u. a. in Bezug auf die Arbeitsbedingungen und die soziale Sicherheit vor.[99]

Die Kommission hat diesen Richtlinienvorschlag zurückgenommen,[100] jedoch nach der Verabschiedung des Haager Programms durch den Europäischen Rat[101] und der dort formulierten Aufforderung ein „Grünbuch über ein EU-Konzept zur Verwaltung der Wirtschaftsmigration“[102] vorgelegt sowie einen „Strategischen Plan zur legalen Zuwanderung“ entwickelt und in diesem Zusammenhang ein neues Maßnahmenpaket angekündigt, welches im Einzelnen bis zum Jahr 2009 ausgearbeitet werden soll.[103] Dieses berücksichtigt einerseits den Bedarf der EG nach einheitlichen Zugangsbedingungen für Drittstaatsangehörige und trägt gleichzeitig der zurückhaltenden Unterstützung der Mitgliedstaaten in diesem Bereich Rechnung, indem es lediglich wenige ausgewählte Kategorien von Arbeitsmigranten betrifft. Das Maßnahmenpaket beinhaltet eine allgemeine Rahmenrichtlinie und vier weitere sektorspezifische Richtlinien, die die Zugangsbedingungen und -verfahren für folgende Kategorien von Arbeitnehmern aus-

---

99 Vgl. Art. 1 bis 16 des Vorschlags, KOM(2001) 386 endg., S. 23 ff. Des Weiteren lässt der Richtlinienvorschlag günstigere Bestimmungen für Drittstaatsangehörige unberührt, nimmt Asylsuchende von seinem Anwendungsbereich aus und gestattet den Mitgliedstaaten, günstigere Regelungen für Akademiker, Geistliche, Berufssportler, Künstler, Journalisten und Vertreter gemeinnütziger Organisationen zu erlassen. Der sog. „Aufenthaltstitel-Arbeitnehmer“ sollte bei erstmaliger Erteilung für höchstens 3 Jahre gültig sein, tätigkeitsbezogen erteilt und gegebenenfalls auf eine bestimmte Region beschränkt werden können. Der Richtlinienvorschlag enthält zudem Sondervorschriften für die innerbetriebliche Arbeitnehmerversetzung von Schlüsselpersonal und Spezialisten.

100 ABl. 2006 C 64/3, 8. Die Rücknahme erfolgte im Zusammenhang mit der Überprüfung einer ganzen Reihe noch nicht verabschiedeter Gesetzgebungsvorschläge, die die Kommission als Teil ihrer Initiative zur besseren Rechtsetzung im Rahmen der Partnerschaft für Wachstum und Beschäftigung in der Europäischen Union durchgeführt hat und die nun mit Blick auf die Ziele von Lissabon nicht mehr aktuell oder aussichtsreich sind. Die Reaktionen der am Gesetzgebungsverfahren beteiligten europäischen Institutionen auf den Richtlinienvorschlag waren positiv, wenngleich sie zahlreiche Änderungsvorschläge enthielten; die Beratungen im Rat gingen jedoch nicht über eine erste Lesung hinaus (vgl. Bericht des Europäischen Parlaments v. 23.1.2003, A5-0010/2003; Wirtschafts- und Sozialausschuss: ABl. 2002 C 80/37; Ausschuss der Regionen: ABl. 2002 C 192/20 sowie Hinweis im Grünbuch, S. 2).

101 Europäischer Rat vom 4. und 5. November 2004, s. Mitteilung des Rates: Haager Programm zur Stärkung von Freiheit, Sicherheit und Recht in der Europäischen Union (ABl. 2005 C 53/1).

102 KOM(2004) 811 endg.

103 KOM(2005) 669 endg.

gestalten: hochqualifizierte Arbeitnehmer, Saisonarbeitnehmer, Arbeitnehmer, die innerbetrieblich versetzt werden, sowie bezahlte Auszubildende. Die in dem Richtlinienvorschlag aus dem Jahr 2001 entwickelten Grundsätze der verbundenen Genehmigung von Aufenthalt und Arbeitsaufnahme und die Überprüfbarkeit der wirtschaftlichen Notwendigkeit unter Gewährleistung der Gemeinschaftspräferenz wurden beibehalten. Für Saisonarbeitnehmer soll es eine Aufenthalts- und Arbeitsgenehmigung geben, die es ermöglicht, in einem Zeitraum von vier bis fünf Jahren eine bestimmte Anzahl von Monaten jährlich zu arbeiten. Kern der Richtlinie zu den innerbetrieblich versetzten Arbeitnehmern soll ein gemeinsames Verfahren zur Regelung der Einreise und des befristeten Aufenthalts sowie der Wohnsitznahme dieser Arbeitnehmer in der EU sein. Die Richtlinie zu den Auszubildenden bezweckt zudem, Missbräuchen vorzubeugen, die sich insbesondere aus der Beschäftigung von Auszubildenden als unterbezahlte Zeitarbeitnehmer ergeben können.[104]

Im Oktober 2007 hat die Kommission nun die Vorschläge für eine „Richtlinie über die Bedingungen für die Einreise und den Aufenthalt von Drittstaatsangehörigen zur Ausübung einer hochqualifizierten Beschäftigung“ [105] (EU Blue Card) sowie für eine „Richtlinie des Rates über ein einheitliches Antragsverfahren für eine kombinierte Erlaubnis für Drittstaatsangehörige zum Aufenthalt und zur Arbeit im Gebiet eines Mitgliedstaates und über ein gemeinsames Bündel von Rechten für Drittstaatsangehörige, die sich rechtmäßig in einem Mitgliedstaat aufhalten“[106] (sog. Rahmenrichtlinie) vorgestellt. Sie sollen im Folgenden kurz erläutert werden:

(1) Kommissionsvorschlag zur EU Blue Card

Der Vorschlag der Kommission zielt darauf ab, ein einheitliches beschleunigtes Verfahren für die Zulassung von hochqualifizierten Arbeitnehmern einzuführen. Die Richtlinie soll die Möglichkeit bieten, Arbeitnehmer aus Drittstaaten anzuwerben und will mit einem privilegierten Aufenthaltsstatus die EG gegenüber z. B. den USA und Kanada als Einwanderungsgebiet attraktiver gestalten.[107]

---

104 *Altmaier*, ZAR 2007, 301 ff., 303 f.

105 KOM(2007) 637 endg.

106 KOM(2007) 638 endg.

107 Erwägungsgrund Nr. 7 des Vorschlags [KOM(2007) 637 endg.]. Die Kommission betont in der Begründung des Vorschlags noch einmal den politischen Auftrag, eine umfassende Zuwanderungspolitik zu entwickeln. Der EU sollen mehr Mittel an die Hand gegeben werden, um hochqualifizierte Arbeitnehmer aus Drittstaaten anzuwerben und längerfristig zu beschäftigen, und dadurch den Beitrag der legalen Zuwanderung zur Steigerung der Wettbewerbsfähigkeit der europäischen Wirtschaft zu erhöhen. Die Kommission geht dabei von einem „Bedarfsszenario“ an Fachkräften aus. Unabhängig davon, ob man diese Einschätzung teilt, ist es in der Tat so, dass die EU überwiegend

Hochqualifiziert ist, wer eine hochqualifizierte Beschäftigung ausübt, d. h. über einen höheren (Hoch- oder Fachhochschul-)Bildungsabschluss oder über eine einschlägige Berufserfahrung von mindestens drei Jahren verfügt (Art. 2 des Vorschlags). Wer als hochqualifizierter Arbeitnehmer zugelassen wird, erhält einen besonderen Aufenthaltstitel, die EU Blue Card.[108] Sie wird mit einer Gültigkeitsdauer von zwei Jahren ausgestellt und kann um mindestens den gleichen Zeitraum verlängert werden. Die EU Blue Card berechtigt nicht nur zur Ausübung einer (hochqualifizierten) Beschäftigung und gewährt nach zwei Jahren des rechtmäßigen Aufenthalts freien Arbeitsmarktzugang, sondern vermittelt für den Fall der Arbeitslosigkeit ein dreimonatiges Verbleibrecht, währenddessen sich der Drittstaatsangehörige um eine Anschlussbeschäftigung bemühen kann (Art. 14 des Vorschlags). Der Aufenthalt als hochqualifizierter Arbeitnehmer ermöglicht darüber hinaus einen unverzüglichen und erleichterten Familiennachzug (Art. 8, 13, 16 des Vorschlags).[109] Des Weiteren sind Inhaber der EU Blue Card nach zwei Jahren rechtmäßigen Aufenthalts in einem Mitgliedstaat berechtigt, ihren Wohnsitz aus beruflichen Gründen in einen anderen Mitgliedstaat zu verlegen (Art. 19 ff. des Vorschlags). Hierdurch sollen die Mobilität und damit die Arbeitsmarkteffizienz der Arbeitskräfte gesteigert werden. Die Drittstaatsangehörigen können zudem Aufenthaltszeiten in verschiedenen Mitgliedstaaten kumulieren und so schneller die Rechtsstellung eines langfristig Aufenthaltsberechtigten nach der RL 2003/109/EG erhalten (Art. 17 des Vorschlags). Sie sind des Weiteren hinsichtlich der Arbeitsbedingungen, der Anerkennung der Berufsabschlüsse und der Gewährung von Sozialleistungen und steuerlicher Vergünstigungen mit den eigenen Staatsangehörigen gleichzubehandeln (Art. 15 des Vorschlags).

In der Zuständigkeit der Mitgliedstaaten ist nach dem Vorschlag verblieben, das Genehmigungsverfahren und die Erteilung der EU Blue Card vorzunehmen sowie die einzelnen Zulassungskriterien hinsichtlich des Arbeitsvertrags, der beruflichen Qualifikationen und des (Mindest-)Arbeitsentgelts festzulegen (Art. 5 des Vorschlags). Letzteres darf nicht geringer sein als das Dreifache des nach innerstaatlichem Recht geltenden Mindesteinkommens. Auch entscheiden die Mitgliedstaaten darüber, ob der Drittstaatsangehörige oder der Arbeitgeber den Antrag auf Erteilung der EU Blue Card zu stellen hat (Art. 11 des Vorschlags).

Arbeitnehmer ohne oder mit mittlerer Qualifikation aufnimmt, während 54 % der hochqualifizierten Wanderarbeitnehmer in die USA oder nach Kanada auswandern.

108 Die EU Blue Card soll damit das europäische Pendant zur amerikanischen Green-Card darstellen.

109 Anders als nach der RL 2003/86/EG kommt es nicht darauf an, dass der Zusammenführende eine begründete Aussicht darauf hat, ein dauerhaftes Aufenthaltsrecht zu erlangen. Auch kann die Erfüllung von Integrationsmaßnahmen erst verlangt werden, wenn den betreffenden Personen die Familienzusammenführung gewährt wurde, sie sich also schon im Aufnahmemitgliedstaat befinden. Des Weiteren dürfen die Mitgliedstaaten nicht von der 12-monatigen Wartefrist für den Zugang zum Arbeitsmarkt Gebrauch machen, wie sie in Art. 14 Abs. 2 der RL 2003/86/EG enthalten ist.

Die Richtlinie lässt die Zuständigkeit der Mitgliedstaaten unberührt, Quoten für die Zulassung von arbeitsuchenden Drittstaatsangehörigen in ihr Hoheitsgebiet festzulegen.[110] Die Quoten-Regelungen können ebenso wie die den Mitgliedstaaten offenstehende Möglichkeit der Durchführung einer Arbeitsmarktprüfung als zwingende Ablehnungsgründe herangezogen werden; es besteht also kein Anspruch auf Zulassung (Art. 9, 10 des Vorschlags).

Soweit die dargestellten Regelungen lediglich Vorgaben für das Zulassungsverfahren und den Aufenthaltstitel betreffen, sind sie von den Kompetenzen der EG im Rahmen der Einwanderungspolitik gedeckt. Die mit der EU Blue Card verbundenen Aufenthaltsrechte belassen jedoch den Mitgliedstaaten wenig Gestaltungsspielräume. Insbesondere die sofortige Berechtigung zum Familiennachzug, die erleichterten Weiterwanderungsrechte sowie die vereinfachten Möglichkeiten, den Aufenthaltsstatus eines langfristig Aufenthaltsberechtigten zu erlangen, bedeuten konkrete Vorgaben für das nationale Einwanderungsrecht. Da es aber in der Zuständigkeit der Mitgliedstaaten verbleiben würde zu entscheiden, in welchem Umfang sie diesen neuen Aufenthaltstitel vergeben, ist es nicht notwendig, zusätzliche Abweichungskompetenzen einzuräumen. Auch würden Gestaltungsspielräume der Mitgliedstaaten, die zu einem uneinheitlichen Aufenthaltsstatus führten, dem Sinn dieses Aufenthaltstitels widersprechen. Dieser soll ein Mittel darstellen, um rasch und effizient auf den fluktuierenden Bedarf an hochqualifizierten Arbeitnehmern zu reagieren und sog. Qualifikationsengpässe auszugleichen, soll gleiche Voraussetzungen schaffen, um die Arbeitskräfte wirkungsvoll auf dem gesamten Arbeitsmarkt der EG einzusetzen und der betreffenden Person einen attraktiven Aufenthaltsstatus innerhalb der EG zu bieten.[111] Dies würde durch uneinheitliche Regelungen der Mitgliedstaaten vereitelt.

(2) Vorschlag für eine Rahmenrichtlinie

Gemeinsam mit dem Vorschlag für die genannte Richtlinie zur EU Blue Card hat die Kommission einen Vorschlag für eine weitere Richtlinie unterbreitet, die in Übereinstimmung mit der Grundstrategie der Lissabon-Agenda einen allgemeinen Rahmen für einen fairen und auf Rechten basierenden Ansatz in Bezug auf die Arbeitsmigration errichten soll.[112] Hierfür sieht der Richtlinienvorschlag zum einen ein einheitliches Zulassungsverfahren für eine kombinierte Aufenthalts- und Arbeitsgenehmigung für Drittstaatsangehörige vor und beinhaltet zum anderen „ein Bündel“ an Gleichbehandlungsrechten zugunsten von Arbeitnehmern mit rechtmäßigem Aufenthalt in einem Mitgliedstaat. Mit dem letztgenannten Aspekt soll die Rechtslücke geschlossen werden, die dadurch entstan-

110 Erwägungsgrund Nr. 9 des Vorschlags [KOM(2007) 637 endg.].
111 KOM(2007) 637 endg., Begründung des Vorschlags, S. 2.
112 KOM(2007) 638 endg.

den sei, dass im Bereich der legalen Zuwanderung bisher nur spezifische Richtlinien ergangen sind, die einzelne Gruppen von Drittstaatsangehörigen begünstigen, beschäftigungsbezogene Rechte für andere Drittstaatsangehörige aber nicht bestehen.[113]

(a) Einheitliches Antragsverfahren

Der Richtlinienvorschlag sieht ein einheitliches Verfahren für die Zulassung von Drittstaatsangehörigen vor, die zum Zweck der Ausübung einer Beschäftigung in das Hoheitsgebiet eines Mitgliedstaats einreisen wollen (Art. 4 ff. des Vorschlags). Hierdurch sollen die bürokratischen Hürden der Zulassungsverfahren reduziert, die mitgliedstaatlichen Verfahren harmonisiert und der Zugang zu einschlägigen Informationen sowie die Kontrolle der Rechtsstellung der Drittstaatsangehörigen erleichtert werden.[114] Die gemeinschaftsrechtlichen Vorgaben betreffen die Art des Aufenthaltstitels sowie einige weitere verfahrensrechtliche Aspekte. So soll eine kombinierte, in einem einzigen Verwaltungsakt verkörperte Aufenthalts- und Arbeitserlaubnis erteilt werden, die den harmonisierten Vorgaben der VO (EG) Nr. 1030/2002 zur einheitlichen Gestaltung des Aufenthaltstitels für Drittstaatsangehörige[115] entspricht (Art. 6 des Vorschlags). Auch Aufenthaltstitel, die für einen anderen Zweck als den der Beschäftigungsausübung erteilt werden, müssen eine Angabe darüber enthalten, ob sie grundsätzlich zur Aufnahme einer Erwerbstätigkeit berechtigen (Art. 7 des Vorschlags). Während der Geltungsdauer der kombinierten Erlaubnis ist der Inhaber zur Einreise, Wiedereinreise und zum Aufenthalt im Hoheitsgebiet des ausstellenden Mitgliedstaats und vor allem zur Ausübung der genehmigten Tätigkeiten berechtigt (Art. 11 des Vorschlags). Die Mitgliedstaaten haben die Behörde zu benennen, die für die Entgegennahme des Antrags und die Erteilung der kombinierten Erlaubnis zuständig ist; diese muss den Antrag innerhalb von drei Monaten bearbeiten (Art. 5 des Vorschlags).

(b) Gleichbehandlungsrechte

Der Richtlinienvorschlag gewährt Drittstaatsangehörigen, die sich bereits legal in einem Mitgliedstaat aufhalten und dort arbeiten dürfen, aber noch keinen langfristigen Aufenthaltsstatus besitzen, eine Reihe von Rechten, die eine Gleichbehandlung mit den Staatsangehörigen bewirken soll. Einbezogen sind alle drittstaatsangehörigen Arbeitnehmer, gleich aus welchem Grund sie Zugang zum Arbeitsmarkt des Aufnahmemitgliedstaats gefunden haben, also auch Familienangehörige, Flüchtlinge, Studenten, Forscher.[116] Aber auch Drittstaatsange-

113 Vgl. Begründung des Richtlinienvorschlags [KOM(2007) 638 endg.], S. 3 f.

114 Art. 1, Erwägungsgrund Nr. 2 des Vorschlags.

115 ABl. 2002 L 157/1.

116 Art. 3 Nr. 1 lit. b, Erwägungsgrund Nr. 10 des Vorschlags.

hörige, die aktuell keiner Beschäftigung nachgehen, denen eine solche jedoch erlaubt werden könnte, sind vom Anwendungsbereich des Richtlinienvorschlags umfasst (Art. 2 lit. b des Vorschlags). Ausgenommen sind lediglich entsandte sowie innerbetrieblich versetzte Arbeitnehmer, Saisonarbeitnehmer, Praktikanten und die Erbringer vertraglicher Dienstleistungen, da sie wegen ihres vorübergehenden Einsatzes nicht als dem Arbeitsmarkt des Aufnahmemitgliedstaats zugehörig angesehen werden.
Das Gleichbehandlungsgebot bezieht sich u. a. auf die Arbeitsbedingungen, einschließlich Arbeitsentgelt und Entlassung, Gesundheitsschutz und Sicherheit am Arbeitsplatz, die Vereinigungsfreiheit, allgemeine und berufliche Bildung, die Einbeziehung in die Zweige der sozialen Sicherheit der VO (EWG) Nr. 1408/71 und die Gewährung steuerlicher Vergünstigungen. Die Mitgliedstaaten können die Gleichbehandlung u. a. in Bezug auf den Hochschulzugang und die Gewährung von Studienbeihilfen beschränken sowie z. B. die gleichberechtigte Teilhabe an Steuervergünstigungen und an sozialen Leistungen im Sinne der VO (EWG) Nr. 1408/71 an die Voraussetzung knüpfen, dass tatsächlich eine Beschäftigung ausgeübt wird, wobei dies nicht für Leistungen bei Arbeitslosigkeit gilt (Art. 12 des Vorschlags).

Dieser Vorschlag für eine Rahmenrichtlinie zeigt den Umfang der Bemühungen der EU um eine umfassende Migrationspolitik. Das Ziel einer Harmonisierung der einzelstaatlichen Vorschriften über die Zulassungsbedingungen und den Aufenthalt von Drittstaatsangehörigen tritt deutlich hervor. Auch kann der Umfang der angestrebten Gleichbehandlung von Drittstaatsangehörigen durchaus als „energische Integrationspolitik" bezeichnet werden, wie sie vom Europäischen Rat in Tampere verlangt wurde.[117] Angesichts der Detailliertheit des Vorschlags ist allerdings zu prüfen, ob die gewählte Rechtsgrundlage des Art. 63 Abs. 1 Nr. 3 lit. a EGV, die den Vorgaben des Art. 63 Abs. 2 EGV unterliegt, den Vorschlag trägt. Nach der hier vertretenen Auffassung verlangt Art. 63 Abs. 2 EGV, dass die einwanderungspolitischen Maßnahmen keine vollständige Harmonisierung bewirken und der Sekundärrechtsakt den Mitgliedstaaten soweit wie möglich Gestaltungsspielräume belässt.
Hinsichtlich des Antragsverfahrens werden diese Spielräume ausdrücklich genannt: so können die Mitgliedstaaten über den Antrag auf Erteilung, Änderung oder Verlängerung der kombinierten Erlaubnis in eigener Regie und auf der Grundlage der im innerstaatlichen Recht festgelegten Voraussetzungen entscheiden. Die Zulassungsbedingungen verbleiben also vollständig in der Kompetenz der Mitgliedstaaten. Die gemeinschaftsrechtlichen Vorgaben betreffen im Wesentlichen das einheitlich auszugestaltende Antragsverfahren, die Frist der Antragsbearbeitung, die Form der Erlaubniserteilung, die Möglichkeit eines Rechtsbehelfsverfahrens und den Zugang zu Informationen. Damit beziehen sie sich auf die grundlegenden Rahmenbedingungen für die angestrebte Verwal-

117 Vgl. Erwägungsgrund Nr. 2 des Richtlinienvorschlags.

tungs- und Verfahrensvereinfachung und sind geeignet und notwendig, um zugunsten einer Attraktivitätssteigerung des europäischen Arbeitsmarktes mehr Effizienz, leichte Handhabbarkeit und Transparenz zu gewährleisten. Die Richtlinie könnte daher auf der Grundlage des Art. 63 Abs. 1 Nr. 3 lit. a EGV ergehen.

Gleiches gilt im Hinblick auf das in dem Richtlinienentwurf vorgesehene Gleichbehandlungsgebot. Zwar ist die Gleichbehandlung Drittstaatsangehöriger in umfassender Weise angestrebt. Dennoch sieht der Vorschlag eine Reihe von Abweichungsmöglichkeiten für die Mitgliedstaaten vor, die die Gewährung bestimmter Leistungen entweder von zusätzlichen Bedingungen, wie z. B. Sprachkenntnissen oder Voraufenthaltszeiten, abhängig machen, sie auf Arbeitnehmer mit einem Beschäftigungsverhältnis beschränken oder Leistungen vollständig von dem Gleichbehandlungsgebot ausnehmen können. Angesichts der Ausnahmetatbestände kann kaum eine umfassende Harmonisierung der mitgliedstaatlichen Regelungen erreicht werden, so dass Art. 63 Abs. 2 EGV auch diesem Teil des Richtlinienvorschlags nicht entgegensteht.

2. Freizügigkeit Drittstaatsangehöriger innerhalb der EG (Art. 63 Abs. 1 Nr. 4 EGV)

Flankiert wird die Befugnis des Rates, einwanderungspolitische Maßnahmen zu beschließen, von seiner Kompetenz zum Erlass von Maßnahmen zur Freizügigkeit von Drittstaatsangehörigen innerhalb der EG, soweit Staatsangehörige betroffen sind, die sich bereits rechtmäßig in einem Mitgliedstaat aufhalten (Art. 63 Abs. 1 Nr. 4 EGV). Diese Kompetenz unterliegt ebenfalls den Einschränkungen des Art. 63 Abs. 2 EGV (s. oben 1 b)). Auf dieser Grundlage beruhen etwa die Vorschriften des Kapitels III der RL 2003/109/EG, die Drittstaatsangehörigen mit der Rechtsstellung eines langfristig Aufenthaltsberechtigten unter den dort geregelten Modalitäten einen längeren Aufenthalt auch in anderen Mitgliedstaaten gewähren. Kurze Aufenthalte bis zu drei Monaten unterliegen der Kompetenz des Art. 62 EGV.

Darüber hinaus beinhaltet die Festlegung der „Rechte und Bedingungen" eines Aufenthalts in einem anderen Mitgliedstaat auch die Sicherstellung von Ansprüchen auf dem Gebiet der sozialen Sicherheit. Hierzu sind Drittstaatsangehörige auf der Grundlage des Art. 63 Abs. 1 Nr. 4 EGV über die VO (EG) Nr. 859/2003 [118] in den persönlichen Anwendungsbereich der VO (EWG) Nr. 1408/71 einbezogen worden (vgl. oben unter I. 2.). Da die VO (EWG) Nr. 1408/71 koordinierendes Sozialrecht darstellt, welches im Grundsatz die Kompetenz der Mitgliedstaaten zur Ausgestaltung ihrer Sozialleistungssysteme

---

118 VO (EG) 859/2003 (ABl. 2003 L 124/1). Vor dem Erlass dieser Verordnung war ihre Notwendigkeit sowie die Geeignetheit der genannten Rechtsgrundlage überwiegende Literaturauffassung; vgl. *Höller*, S. 100.

unberührt lässt, sind die Anforderungen des Art. 63 Abs. 2 EGV an die den Mitgliedstaaten zu belassenden Ausgestaltungsspielräume erfüllt.

III. Die Kompetenzen im Bereich der Sozialpolitik (Art. 136 ff. EGV)

Die Vorschriften der Art. 136 ff. EGV koordinieren die eng mit dem Arbeitsmarkt verbundenen sozialpolitischen Fragen innerhalb der EG und dienen damit der Erfüllung der in Art. 2 EGV benannten Gemeinschaftsaufgabe, ein hohes Maß an sozialem Schutz zu fördern. Im Hinblick auf den Aufenthaltsstatus von drittstaatsangehörigen Arbeitnehmern ist fraglich, inwieweit die Kompetenzen der EG im Rahmen der Sozialpolitik die Rechtsstellung von Drittstaatsangehörigen umfassen.

Da sich die Art. 136 ff. EGV nicht ausdrücklich nur auf Unionsbürger beziehen, könnte ihr Anwendungsbereich auch für Drittstaatsangehörige eröffnet sein. Hierfür sprechen der Verweis des Art. 136 EGV auf die Europäische Sozialcharta[119] und die in der Grundrechtscharta niedergelegten sozialen Grundrechte der Arbeitnehmer[120] sowie die wirtschaftspolitische Erfahrung, dass es regelmäßig den nationalen Arbeitsmarkt schützt, wenn Arbeitgeber drittstaatsangehörige Arbeitnehmer nicht schlechter behandeln dürfen als einheimische Arbeitnehmer.[121] Aus der Zielstellung der Förderung eines angemessenen sozialen Schutzes (Art. 136 Abs. 1, Art. 2 EGV) folgt des Weiteren, dass das Niveau insgesamt für alle Arbeitnehmer angehoben werden muss, und es nicht möglich sein soll, die Diskriminierung bestimmter Gruppen von Arbeitnehmern zu verfestigen. So hat der EuGH in einer bereits 1987 ergangenen Entscheidung zu Art. 118 EWG in seiner damaligen Fassung (jetzt Art. 137 EGV) entschieden, dass Maßnahmen zur Förderung der Beschäftigung und der Arbeitsbedingungen auch die Belange von Drittstaatsangehörigen erfassen können, jedenfalls soweit sie ihre Lage in Zusammenhang mit deren Einfluss auf den Arbeitsmarkt in der Gemeinschaft und auf die Arbeitsbedingungen betreffen. Damit ist er verschiedenen Mitgliedstaaten, die die Wanderungspolitik als ausschließlich eigene Angelegenheit betrachteten, und die Ansicht vertraten, dass der Kommission die Zuständigkeit für die Einführung eines Mitteilungs- und Abstimmungsverfahrens über die Wanderungspolitik der Mitgliedstaaten gegenüber Drittstaaten fehle, entgegengetreten. Vielmehr, so der EuGH, sei es notwendig sicherzustellen, dass die Mitgliedstaaten vor allem im Rahmen der gemeinschaftlichen Arbeitsmarktpolitik den Maßnahmen der E(W)G im Hinblick auf die Wanderungspolitik Drittstaatsangehöri-

119 Europäische Sozialcharta vom 18.10.1961, BGBl. 1964 Teil II, S. 1261.

120 Charta der Grundrechte der Europäischen Union, ABl. 2000 C 364/1: Kapitel IV, Solidarität (Art. 27 ff.).

121 *Höller*, S. 83 mit Verweis auf *Schulte*, in: GTE, Art. 117 EGV Rn 19; *Vogt*, S. 130.

ger ausreichend Rechnung tragen, um das allgemeine Ziel der Verbesserung der Lebens- und Arbeitsbedingungen (Art. 117 Abs. 1 EWG, jetzt Art. 136 Abs. 1 EGV) innerhalb der Gemeinschaft nicht zu beeinträchtigen.[122] Einzige Ausnahme der ansonsten staatsangehörigkeitsneutral formulierten Bestimmungen bildet die Vorschrift des Art. 137 Abs. 1 lit. g EGV, der die *Beschäftigungsbedingungen* von Drittstaatsangehörigen, die sich rechtmäßig im Gebiet der Gemeinschaft aufhalten, zum Gegenstand hat. Aus dieser Vorschrift kann nun aber nicht gefolgert werden, dass Drittstaatsangehörige vom Anwendungsbereich der übrigen Regelungen ausgenommen werden sollen, sondern es ist eine Annäherung der Rechtsstellung drittstaatsangehöriger Arbeitnehmer an die von Unionsbürgern angestrebt. Könnten Drittstaatsangehörige zu schlechteren Bedingungen beschäftigt werden, wäre dies sowohl im Hinblick auf die Chancen der Unionsbürger auf dem Arbeitsmarkt problematisch als auch im Hinblick auf den Grundrechtsschutz (Art. 15 Abs. 3 der Grundrechte-Charta). Damit gibt Art. 137 EGV der Gemeinschaft auf, Mindeststandards für den Schutz aller Arbeitnehmer in der EG unabhängig von ihrer Staatsangehörigkeit zu schaffen, so dass alle Maßnahmen, die im Hinblick auf die in Absatz 1 dieser Vorschrift aufgezählten Materien ergehen, auch für Drittstaatsangehörige Auswirkungen haben können.[123] Die Regelung der *Beschäftigungsbedingungen* i. S. d. Art. 137 Abs. 1 lit. g EGV ist besonders aufgeführt, weil hiernach Maßnahmen ergehen können, die die spezifischen arbeits- und sozialrechtlichen Fragen drittstaatsangehöriger Arbeitnehmer wie etwa die Gleichstellung betreffen.[124]

Fraglich ist jedoch, ob über diese spezifischen Regelungen hinaus auch der Zugang von Drittstaatsangehörigen zum Arbeitsmarkt und die arbeitsrechtlichen bzw. ausländerrechtlichen Voraussetzungen, unter denen eine Erwerbstätigkeit aufgenommen werden kann, unter den Kompetenztitel der Beschäftigungsbedingungen zu fassen sind.[125] Unproblematisch kann der Bereich der Einwanderung zum Zweck der Ausübung einer Erwerbstätigkeit ausgeschlossen werden, da sich die Vorschrift nur auf Drittstaatsangehörige bezieht, die sich bereits rechtmäßig in der EG aufhalten. Da sich wiederum die Rechtmäßigkeit des Aufenthalts allein nach dem nationalen Recht der Mitgliedstaaten bestimmt, kann auch diese Materie nicht von Art. 137 Abs. 1 lit. g EGV umfasst sein. Gegen eine Einbeziehung des Arbeitsmarktzugangs spricht die Verankerung dieser Vorschrift im Bereich der Sozialpolitik und nicht in dem der einwanderungspolitischen Kompetenzen, die die Voraussetzungen des Aufenthalts beinhalten

---

122 EuGH verb. Rs. 281, 283-285 und 287/85, Bundesrepublik Deutschland u. a./Kommission, Slg. 1987, 3203, Rn. 14 ff. zu der Entscheidung 85/381 der Kommission zur Einführung eines Mitteilungs- und Abstimmungsverfahrens über die Wanderungspolitik gegenüber Drittländern, ABl. 1985 L 217/25.

123 *Höller*, S. 84.

124 *Rebhahn*, in: Schwarze, Art. 137 EGV, Rn. 20; *Höller*, S. 86.

125 Vgl. *Krebber*, in: Callies/Ruffert, Art. 137 EGV, Rn. 15.

(Art. 63 Abs. 1 Nr. 3 lit. a EGV) und als lex specialis im Hinblick auf den Aufenthaltsstatus von Drittstaatsangehörigen der Sozialpolitik vorgehen.

Daher ist festzuhalten, dass drittstaatsangehörige Arbeitnehmer grundsätzlich in den Anwendungsbereich der sozialpolitischen Maßnahmen der Art. 136 ff. einbezogen sein können, dass hierzu jedoch nicht Fragen des Arbeitsmarktzugangs und die Bedingungen des Aufenthalts gehören.

IV. Rechtsangleichung (Art. 94 f. EGV)

Für die Regelung der Aufnahme und Ausübung beruflicher Tätigkeiten durch Drittstaatsangehörige sowie ihre Einreise und den Aufenthalt kann nicht auf Art. 94 oder 95 EGV zurückgegriffen werden, denn hierauf gestützte Maßnahmen müssen das Ziel haben, Unterschiede in den Rechtsvorschriften, die sich hinderlich auf den Binnenmarkt bzw. den Gemeinsamen Markt[126] auswirken, abzuschaffen oder zumindest zu verringern. Sie kommen als Ermächtigungsgrundlage nur in Betracht, um die in den Verträgen selbst angelegten Funktionselemente des Gemeinsamen Marktes zu sichern und stärken.[127]

V. Zusammenfassung zu Abschnitt A.

Die Kompetenzen der Gemeinschaft für Regelungen betreffend den Aufenthaltsstatus von Drittstaatsangehörigen in der EG nehmen sich im Vergleich zu den Kompetenzen im Hinblick auf EU-Arbeitnehmer deutlich geringer aus. So folgen insbesondere aus den Art. 39 ff. EGV keine entsprechenden Zuständigkeiten der EG für drittstaatsangehörige Arbeitnehmer. Die mit dem Vertrag von Amsterdam in das Gemeinschaftsrecht überführte Einwanderungs- und Asylpolitik (Titel IV. des EGV) hat der EG allerdings die Kompetenz zum Erlass einwanderungspolitischer Maßnahmen verliehen (Art. 63 Abs. 1 Nr. 3 lit. a EGV). Hiernach ist die EG berechtigt, die Bedingungen und Voraussetzungen für sowohl einen langfristigen Aufenthalt als auch die Familienzusammenführung durch Drittstaatsangehörige zu regeln, einschließlich von Fragen der Rechtsstellung dieser Personen. Ob die Bestimmung es zulässt, unter dem Begriff der einwanderungspolitischen Maßnahmen auch Regelungen zu fassen, die Fragen der Ar-

126 Art. 14 wurde durch die Einheitliche Europäische Akte mit Wirkung vom 1. Juli 1987 als Art. 8a in den EWG-Vertrag eingefügt. Zu den Begriffen Gemeinsamer Markt und Binnenmarkt vgl. *von Bogdandy*, in: Grabitz/Hilf, Art. 14 EGV, Rn. 6 ff. Hiernach sind im Wesentlichen drei Auffassungen zu unterscheiden: die Termini sind Synonyme, der Binnenmarkt ist ein Minus gegenüber dem Gemeinsamen Markt oder der Binnenmarkt bildet das Konzept des Gemeinsamen Marktes im Sinne einer Vertiefung fort.

127 *Neubauer*, S. 63 f.; *Vogt*, S. 129 f.; *Krück*, S. 93 ff.

beitsberechtigung betreffen, ist der Bestimmung nicht eindeutig zu entnehmen. Einigkeit besteht darüber, dass es der EG nicht gestattet ist, die Aufnahme und Ausübung beruflicher Tätigkeiten durch Drittstaatsangehörige sekundärrechtlich auszugestalten. Dieser Bereich unterfällt der Kompetenz der Mitgliedstaaten, die allein über die (erstmalige) Zulassung von Drittstaatsangehörigen zu ihrem Arbeitsmarkt entscheiden. Die EG ist aber berechtigt, die Verfahren für die Erteilung von speziellen Aufenthaltstiteln zur Aufnahme einer Erwerbstätigkeit zu regeln. Hiervon hat die Kommission mit dem Vorschlag für eine EU Blue Card sowie mit den Bestimmungen der Rahmenrichtlinie Gebrauch gemacht.
Art. 63 Abs. 1 Nr. 4 EGV ermöglicht es der Gemeinschaft des Weiteren, die Rechte und Bedingungen eines Aufenthalts von Drittstaatsangehörigen in einem *anderen* Mitgliedstaat festzulegen.
Die vorgenannten Regelungen stehen jedoch unter der Einschränkung des Art. 63 Abs. 2 EGV, wonach die Mitgliedstaaten nicht daran gehindert sind, „innerstaatliche Bestimmungen beizubehalten". Die Vorschrift ist in der Weise zu verstehen, dass das auf dieser Grundlage ergangene Sekundärrecht es soweit wie möglich zulassen muss, dass die Mitgliedstaaten von Regelungen abweichen, wobei die EG jedoch selbst die Bedingungen hierfür festlegen können muss, etwa indem sie die Gegenstände der Abweichungsbefugnis genau definiert und z. B. besondere Umsetzungsfristen für eine Abweichung aufstellt.

Neben den einwanderungspolitischen bestehen sozialpolitische Kompetenzen (Art. 137 Abs. 1 EGV), die die Beschäftigungsbedingungen der rechtmäßig in der Gemeinschaft ansässigen Drittstaatsangehörigen dem Gemeinschaftsstandard angleicht und es den Mitgliedstaaten aufgibt, Mindestnormen für den Schutz aller Arbeitnehmer in der EG unabhängig von ihrer Staatsangehörigkeit zu erlassen.

B. Außenkompetenzen der EG

Es gibt eine Vielzahl von völkerrechtlichen Abkommen, die die EG in der Regel zusammen mit ihren Mitgliedstaaten mit Drittstaaten abgeschlossen hat, die Vereinbarungen zum Status bzw. zur Behandlung von Arbeitnehmern der jeweilig anderen Vertragspartei treffen. Diese enthalten typischer Weise Aussagen zur Gleichbehandlung der Drittstaatsangehörigen im Hinblick auf die Arbeitsbedingungen, zur Zusammenrechnung der in den einzelnen Mitgliedstaaten zurückgelegten Versicherungs-, Beschäftigungs- oder Aufenthaltszeiten in den Sozialversicherungssystemen und zum Status von Familienangehörigen.[128] Nur selten

128 Vgl. unten 4. Kapitel, 2. Teil, B.

wird in völkerrechtlichen Abkommen die Freizügigkeit der Arbeitnehmer zwischen den beteiligten Vertragsparteien hergestellt.[129]
Dass die EG dazu berechtigt ist, solche Regelungen in völkerrechtlichen Abkommen mit Drittstaaten zu treffen, beruht auf ihrer Eigenschaft als selbständiges Völkerrechtssubjekt.[130] Im Verhältnis zu ihren Mitgliedstaaten folgt diese Fähigkeit aus ihrer (völkerrechtlichen) Rechtspersönlichkeit (Art. 281 EGV) und aus den im EG-Vertrag ausdrücklich eingeräumten Handlungsbefugnissen (z. B. Art. 181 EGV). Von Seiten anderer Staaten und internationaler Organisationen ist nach dem allgemeinen Völkerrecht eine direkte oder indirekte Anerkennung als Völkerrechtssubjekt maßgeblich, die sich gegenüber der EG etwa durch zahlreiche Abkommensabschlüsse zeigt.[131] Zunehmend wird auch die Völkerrechtspersönlichkeit der Europäischen Union bejaht;[132] ob diese besteht, soll jedoch für die Zwecke der vorliegenden Arbeit dahingestellt bleiben, da die hier relevanten Abkommen von der EG geschlossen wurden und zudem die Unterscheidung zwischen der Völkerrechtssubjektivität der EG einerseits und der Europäischen Union andererseits mit dem (voraussichtlichen) Inkrafttreten des Vertrages von Lissabon[133] hinfällig sein wird.

---

129 Eine Sonderstellung nehmen das Abkommens über den Europäischen Wirtschaftsraum zwischen den Europäischen Gemeinschaften und ihren Mitgliedstaaten sowie der Republik Österreich, der Republik Finnland, der Republik Island, dem Fürstentum Liechtenstein, dem Königreich Norwegen, dem Königreich Schweden und der Schweizerischen Eidgenossenschaft (ABl. 1994 L 1/1; BGBl. 1994 Teil II, S. 266) sowie das Abkommen zwischen der Europäischen Gemeinschaft und ihren Mitgliedstaaten einerseits und der Schweizerischen Eidgenossenschaft andererseits über die Freizügigkeit (ABl. 2002 L 114/6) ein.

130 *Schweitzer/Hummer*, S. 177 ff. Die Völkerrechtsfähigkeit ist in rein formalem Sinn die Fähigkeit, Träger völkerrechtlicher Rechte und Adressat völkerrechtlicher Pflichten zu sein, vgl. *Krück*, S. 15 ff. und zur EG, S. 18 ff. Welcher Art von Völkerrechtssubjekt die EG zuzuordnen ist, ist nicht abschließend geklärt. Sie wird insbesondere wegen ihrer fortschreitenden Integration regelmäßig als Einheit eigener Art beschrieben. Die EG ist jedenfalls eine zwischenstaatliche Einheit, die durch völkerrechtliche Verträge ihrer Mitgliedstaaten geschaffen wurde und über eigene Organe verfügt, um die ihr zugewiesenen Aufgaben auszuführen. Somit erfüllt sie die Merkmale einer internationalen Organisation und die völkerrechtlichen Mindestvoraussetzungen, die für die Existenz eines Völkerrechtssubjekts gegeben sein müssen. Wie darüber hinaus ihre staatsähnlichen Merkmale, wie z. B. die Rechtssetzungskompetenzen, einzuordnen sind, kann in dieser Arbeit dahingestellt bleiben, da die EG von einer Befugnisübertragung (Prinzip der begrenzten Einzelermächtigung) durch die Mitgliedstaaten abhängig ist, und dies jedenfalls ihrer Einordnung als einer staatsähnlichen Verbindung mit prinzipiell allumfassenden Außenkompetenzen entgegensteht. Vgl. *Klabbers*, Presumptive Personality: The European Union in International Law, in: Koskenniemi, S. 231 ff.

131 EuGH Rs. 22/70, AETR, Slg. 1971, 263, Rn. 13 f.; *Schweitzer/Hummer*, S. 177 ff.; *St. Richter*, S. 46 f.; *Höller*, S. 127.

132 Hierzu ausführlich anhand der neueren Vertragspraxis insbesondere im Bereich der GASP *Thym*, ZaöRV 2006, 863 ff.

133 Vgl. Fn. 79.

I. Umfang der Außenkompetenzen der EG

Aus der Völkerrechtssubjektivität der EG folgt, dass sie als selbständige Einheit auftreten kann und nicht lediglich Beauftragte ihrer Mitgliedstaaten ist. Hierüber hinaus lassen sich aus dieser Fähigkeit allerdings keine materiellen Handlungsbefugnisse ableiten. Der Umfang der materiellen Befugnisse der EG bestimmt sich wie bei allen Völkerrechtssubjekten, die nicht Staaten sind, sondern durch andere Völkerrechtssubjekte neu geschaffene Rechtspersönlichkeiten wie z. B. internationale Organisationen darstellen, nach ihrem Statut.[134] Durch dieses werden ihre Handlungsbefugnisse definiert und begrenzt.[135] Welche inhaltlichen Fragen die EG in Abkommen regeln darf, bestimmt sich daher wieder nach den Prinzipien der begrenzten Einzelermächtigung, der Subsidiarität (sofern nicht ausschließliche Kompetenzen der EG betroffen sind) sowie der Verhältnismäßigkeit (Art. 5 EGV).[136] Eine entsprechende Vertragsschlusskompetenz der EG setzt also voraus, dass ihr diese Befugnis von den Mitgliedstaaten übertragen wurde, dass die Ziele eines entsprechenden Vertrages nicht ausreichend durch Maßnahmen der Mitgliedstaaten und daher besser auf Gemeinschaftsebene erreicht werden können sowie das Maß des Notwendigen nicht überschritten wird. Zu unterscheiden sind hierbei die im EG-Vertrag ausdrücklich vorgesehenen Vertragsschlusskompetenzen einerseits und die sog. impliziten Kompetenzen andererseits.

II. Ausdrückliche Außenkompetenzen der EG im Hinblick auf die Stellung drittstaatsangehöriger Arbeitnehmer innerhalb der EG

Ausdrückliche Außenkompetenzen der EG sind solche, die der EG-Vertrag in Form einer Handlungsermächtigung explizit benennt. Hierzu zählen z. B. die Zuständigkeitsbereiche der Gestaltung der Handelspolitik (Art. 133 EGV) sowie der Entwicklungszusammenarbeit (Art. 181 EGV).[137] Handels- und Kooperationsabkommen, die von der EG auf der Grundlage von Art. 133 oder 181 EGV geschlossen werden, enthalten bis auf wenige Ausnahmen regelmäßig keine

134 Vgl. Art. 6 Wiener Übereinkommen über das Recht der Verträge zwischen Staaten und internationalen Organisationen oder zwischen internationalen Organisationen, BGBl. 1990 Teil II, S. 1415. Das Übereinkommen ist noch nicht in Kraft getreten.

135 *Krück*, S. 17.

136 *Nakanishi*, S. 4 f.; zu den Grenzen von Regelungen in Assoziierungsabkommen durch das Subsidiaritätsgebot auch *Weber*, S. 33 ff.

137 Weitere ausdrückliche Vertragsschlusskompetenzen enthalten Art. 111 Abs. 3 EGV (Währungsfragen, Devisenregelungen), Art. 170 EGV (Forschung und technologische Entwicklung), Art. 174 Abs. 4 EGV (Umwelt), Art. 302 – 304 EGV (Beziehungen zu internationalen Organisationen).

Vereinbarungen zum Status der Angehörigen der jeweiligen Vertragsparteien, da sie nicht – anders als etwa Assoziierungsabkommen – darauf gerichtet sind, eine umfassende und dauerhafte Anbindung des Drittstaates an die EG zu erreichen.[138] Sowohl Art. 133 als auch Art. 181 EGV können zudem nicht als alleinige Rechtsgrundlage für den Abschluss von internationalen Abkommen, die die Rechtsstellung drittstaatsangehöriger Arbeitnehmer innerhalb der EG zum Gegenstand haben, herangezogen werden.[139] Insofern besteht Einigkeit darüber, dass unter die Handelspolitik nicht diejenigen Bereiche zu fassen sind, für die das primäre Gemeinschaftsrecht zwar innergemeinschaftliche Liberalisierungsmaßnahmen vorsieht, jedoch keine Harmonisierung nach außen bezweckt.[140] Auch nach Auffassung des EuGH ergibt sich aus Artikel 3 EGV, „der ‚eine gemeinsame Handelspolitik' (Buchstabe b) und ‚Maßnahmen hinsichtlich der Einreise [...] und des Personenverkehrs' (Buchstabe d) unterscheidet, daß die Behandlung von Angehörigen dritter Länder bei Überschreiten der Außengrenzen der Mitgliedstaaten nicht als unter die gemeinsame Handelspolitik fallend angesehen werden kann. Allgemein zeigt der Umstand, daß der Vertrag spezifische Kapitel über die Freizügigkeit sowohl natürlicher wie juristischer Personen enthält, daß diese Materien nicht zur gemeinsamen Handelspolitik gehören.".[141]
Dies bedeutet jedoch nicht, dass Abkommen, die auf Art. 133 und 181 EGV gestützt sind, keine Regelungen zum Status von Drittstaatsangehörigen enthalten *dürfen*, sondern nur, dass sie von weiteren Vertragsschlusskompetenzen flankiert sein müssen. Sind die Abkommen keine Assoziierungsabkommen nach Art. 310 EGV, so wird ein entsprechendes Abkommen regelmäßig zusätzlich auf Art. 308 EGV gestützt und als sog. gemischtes Abkommen geschlossen, indem die Gemeinschaft und die Mitgliedstaaten gemeinsam als eine Vertragspartei auftreten und sie auf diese Weise fehlende Kompetenzen der Gemeinschaft ausgleichen können. Ein Beispiel hierfür stellen die Partnerschafts- und Kooperationsabkommen dar, die die Gemeinschaft und ihre Mitgliedstaaten mit den GUS-Staaten geschlossen haben.[142]

138 Ein weiterer Unterschied ist, dass ihre Organe, z. B. Kooperationsräte oder gemeinsame Ausschüsse, nicht mit der Befugnis ausgestattet sind, verbindliche Beschlüsse zu fassen.

139 *Höller*, S. 128; *Krück*, S. 48 ff., 65; *Weber*, S. 25; *Vedder*, in: Grabitz/Hilf, Art. 133 EGV, Rn. 38 mit der Begründung, dass es sich bei den Freizügigkeiten um einen einseitigen Transfer von natürlichen und juristischen Personen handelt, um sich am Wirtschaftsprozess in einem anderen Staat zu beteiligen. Zurückzutransferierende Gewinne aus Arbeit sind aber keine Gegenleistungen, sondern gezogener Nutzen. Daher fehle es an dem für den Handel entscheidenden Austauschverhältnis. So auch, weil die Freizügigkeit von Personen lediglich der Teilnahme bestimmter Personengruppen am Wirtschaftsleben in einem anderen Wirtschaftsraum diene, vgl. *St. Richter*, S. 60 f.

140 *St. Richter*, S. 60; *Krück*, S. 75; differenzierend *Kim*, S. 46.

141 EuGH Gutachten 1/94, WTO/GATS/TRIPs, Slg. 1994, I-5267, Rn. 45 ff.; *Nettesheim/Duvigneau*, in: Streinz, Art. 133 EGV, Rn. 14.

142 Vgl. Fn. 853.

Es bleibt festzuhalten, dass keine Norm der EG die ausdrückliche Außenkompetenz verleiht, Vereinbarungen zum Aufenthaltsstatus von Drittstaatsangehörigen zu treffen.

III. Implizite Zuständigkeiten der EG

Für andere Sachbereiche, die die Mitgliedstaaten im EG-Vertrag an die Gemeinschaft übertragen, ihr jedoch keine ausdrückliche korrespondierende Außenkompetenz zugewiesen haben, folgt der EuGH – ohne sie ausdrücklich zu benennen – der Zuständigkeit nach der Lehre von den *implied powers*, einem sowohl im Völkerrecht als auch in staatlich-föderalistischen Systemen anerkannten Prinzip.[143] Hiernach stehen der EG all jene Kompetenzen zu, die sie zur Erfüllung der ihr nach den vertraglichen Zielsetzungen gestellten Aufgaben benötigt. Hierzu gehört auch, dass sie in allen Bereichen, in denen ihr eine Innenkompetenz übertragen wurde, über eine parallele Außenkompetenz verfügt, die sie zum Abschluss der entsprechenden völkerrechtlichen Verträge mit Drittstaaten ermächtigt, selbst wenn eine ausdrückliche diesbezügliche Bestimmung fehlt (sog. AETR-Rechtsprechung).[144] Nicht grundsätzlich notwendig ist, dass sie ihre

143 *Schweitzer*, Staatsrecht III, Rn. 412, 336a. Zur Entwicklung dieses Prinzips in Bezug auf Gesetzgebungszuständigkeiten des US-amerikanischen Kongresses und der Bundesstaaten im US-amerikanischen Verfassungsrecht sowie im Zusammenhang mit der Charta der Vereinten Nationen durch den IGH s. *Nakanishi*, S. 30 ff. Als Theorie der Reflexkompetenzen, die allerdings die Ausübung der internen Kompetenz dem Entstehen einer auswärtigen Kompetenz voraussetzt, bezeichnet in *Krück*, S. 38 ff.

144 EuGH Rs. 22/70, AETR, Slg. 1971, 263, Rn. 15 ff., 19, in dem es um die Kompetenz der EWG zum Abschluss eines Übereinkommens im Bereich des internationalen Straßenverkehrs ging. Art. 75 EWG sah eine ausdrückliche Kompetenz der EWG für Maßnahmen der Verkehrspolitik vor und die Kommission hatte bereits eine Verordnung in diesem Bereich erlassen. Gleichzeitig wollten sich die Mitgliedstaaten an dem Übereinkommen über die Arbeit der im internationalen Straßenverkehr beschäftigten Fahrzeugbesatzungen (AETR) beteiligen. Daher war streitig, ob die Mitgliedstaaten oder ausschließlich die EWG die Kompetenz zum Abschluss internationaler Abkommen auf diesem Gebiet hatten. EuGH verb. Rs. 3, 4 und 6/76, Kramer u. a., Slg. 1976, 1279, Rn. 19 ff.; EuGH Gutachten 1/76, Übereinkommen über die Errichtung eines europäischen Stilllegungsfonds für die Binnenschifffahrt, Slg. 1977, 741, Rn. 3; Gutachten 2/91, ILO, Slg. 1993, I-1061, Rn. 12 ff.; Gutachten 1/03, Neues Übereinkommen von Lugano, Slg. 2006, I-1145, Rn. 114; *Schweitzer/Hummer*, S. 108, 178 f.; *Höller*, S. 129. *Krück*, S. 22 ff. Der erste Teil der Definition ist eine auch im Völkerrecht anerkannte Auffassung. So verfügt eine internationale Organisation nicht nur über die ihr in ihrem Statut verliehenen Befugnisse, sondern kann alle Handlungen vornehmen, die zur Erreichung des ihr gesetzten Zwecks erforderlich sind. Allerdings darf diese Ermächtigung nicht umfassend verstanden werden. So weist *Krück*, S. 42, einschränkend darauf hin, dass eine allein an den Zielen der Gemeinschaft ausgerichtete völkerrechtliche Verpflichtungsfähigkeit nur insoweit besteht, als eine eigene Entscheidungsbefugnis der Gemeinschaft vorliegt. Der Abschluss völkerrechtlicher Verträge muss also immer an

internen Kompetenzen wahrgenommen haben muss, bevor sie von den korrespondierenden Außenkompetenzen Gebrauch macht, da es in der Natur der zu regelnden Materie liegen kann, dass völkerrechtliche Abkommen geschlossen werden müssen, um eine sinnvolle Aufgabenwahrnehmung sicherzustellen; allerdings geht regelmäßig die Ausübungskompetenz erst auf die Gemeinschaft über, wenn sie innergemeinschaftliche Vorschriften zur Verwirklichung der Ziele des EG-Vertrages erlassen hat, es sei denn, sie besteht von vornherein als ausschließliche Kompetenz.[145]
Unter welchen Voraussetzungen die Kompetenz der EG als eine ausschließliche oder eine zwischen der Gemeinschaft und ihren Mitgliedstaaten geteilte Zuständigkeit vorliegt, bestimmt sich im Wesentlichen danach, ob der Abschluss eines Abkommens durch die Mitgliedstaaten mit der Einheit des Gemeinsamen Marktes und der einheitlichen Anwendung des Gemeinschaftsrechts unvereinbar wäre.[146] Des Weiteren kann eine Beschränkung der innergemeinschaftlichen Kom-

---

eine interne Regelungsbefugnis anknüpfen. Dieser Auffassung ist zu folgen; es ist also vor allem auf den zweiten Teil der Definition abzustellen. Für die Einräumung implizierter Befugnisse s. Darstellung bei *Krück*, S. 34 m. w. N.; *Dashwood*, Implied External Competence of the EC, in: Koskenniemi, S. 113 ff.

145 EuGH Gutachten 1/76, Übereinkommen über die Errichtung eines europäischen Stilllegungsfonds für die Binnenschifffahrt, Slg. 1977, 741, Rn. 4; EuGH Rs. 3, 4 und 6/76, Kramer u. a., Slg. 1976, 1279, Rn. 39 ff. Allerdings ist zu unterscheiden: In dem Gutachten 1/76 ging es um die Sanierung der wirtschaftlichen Situation der Binnenschifffahrt der Stromgebiete von Rhein und Mosel sowie der gesamten niederländischen Wasserstraßen und der mit dem Stromgebiet des Rheins verbundenen deutschen Wasserstraßen. Ohne über eine völkerrechtliche Vereinbarung auch die Schweiz in die geplanten Regelungen einzubeziehen, wäre eine sinnvolle Aufgabenwahrnehmung nicht möglich gewesen. Daher bedurfte es in diesem Fall nicht erst des Erlasses eines internen Rechtsaktes, bevor die externe Zuständigkeit ausgeübt wurde. Im Gutachten des EuGH 1/94, WTO/GATS/TRIPS, Slg. 1994, I-5267, ging es hingegen um die Auslegung der Kompetenzen der EG im Bereich der Dienstleistungs- und Niederlassungsfreiheit. Da ihre Verwirklichung nicht untrennbar mit der Behandlung von Drittstaatsangehörigen verbunden ist, besaß die Gemeinschaft keine ausschließliche externe Zuständigkeit, sondern es bestand eine geteilte Zuständigkeit zwischen der Gemeinschaft und den Mitgliedstaaten. *Höller*, S. 132. Ausführlich auch *Neubauer*, S. 14 ff.; *St. Richter*, S. 64 f., ausführlich zum Kriterium der Erforderlichkeit als Tatbestandsmerkmal der Ermächtigungsnormen: S. 69 ff.; zur Anwendung des Grundsatzes der Subsidiarität und des effet utile s. *Neubauer*, S. 29, 82 ff.

146 EuGH Gutachten 1/03, Neues Übereinkommen von Lugano, Slg. 2006, I-1145, Rn. 121 ff.; *Bischoff*, EuZW 2006, 295 ff. Hier nimmt der EuGH auch zu früheren Gutachten, insbesondere zum Gutachten 1/94, WTO/GATS/TRIPS, Slg. 1994, I-5267, und Entscheidungen Stellung und klärt die nach dem genannten Gutachten entstandene Verwirrung um die Außenkompetenzen der EG: „Im Gutachten 1/94 und in den ‚Open Skies'-Urteilen hat der Gerichtshof drei Fallgestaltungen angeführt, für die er eine ausschließliche Zuständigkeit der Gemeinschaft anerkannt hat. Diese oben in Randnummer 45 in Erinnerung gerufenen drei Fallgestaltungen, die Gegenstand ausgedehnter Erörterungen im Rahmen des vorliegenden Antrags auf Gutachten gewesen sind, sind jedoch nur Beispiele, deren Formulierung auf die besonderen Zusammenhänge zurückgeht, die

petenz auf Mindestnormen das Entstehen einer ausschließlichen Zuständigkeit der Gemeinschaft nach außen hindern. In diesem Fall soll es den Mitgliedstaaten unbenommen bleiben, strengere Maßnahmen zu erlassen oder völkerrechtliche Abkommen mit strengeren Maßnahmen zu schließen.[147] Bei geteilter Zuständigkeit zwischen der Gemeinschaft und ihren Mitgliedstaaten verlangen die Aushandlung und Durchführung des Übereinkommens ein gemeinsames Vorgehen.[148]

Die Urteile und Gutachten des EuGH, in denen er zu der allgemeinen völkerrechtlichen Verpflichtungsfähigkeit der Europäischen (Wirtschafts)Gemeinschaft Stellung genommen hat, und über ihre ausdrücklichen Befugnisse hinausreichende Kompetenzen anerkannt hat, haben Anstoß zu zahlreichen Untersuchungen in der Literatur gegeben. Auf die zu den Auswirkungen dieser Entscheidungen im Einzelnen bestehenden unterschiedlichen Auffassungen soll im Rahmen der vorliegenden Arbeit daher nur insoweit eingegangen werden, wie sie für die Frage des Umfangs der Außenkompetenzen im Hinblick auf den Status von drittstaatsangehörigen Arbeitnehmern relevant sind. Untersucht werden soll daher zunächst, inwieweit sich aus den dargestellten innergemeinschaftlichen Regelungskompetenzen der EG in Bezug auf den Aufenthaltsstatus der Drittstaatsangehörigen *implizite* Außenkompetenzen ergeben, aus denen mögliche Gegenstände von völkerrechtlichen Abkommen abgeleitet werden können.

1. Gleichbehandlung in Bezug auf Arbeitsbedingungen (Art. 39 Abs. 2, Art. 40 EGV)

Fraglich ist also, ob die Bestimmung des Art. 39 Abs. 2 EGV, die die Abschaffung jeder auf der Staatsangehörigkeit beruhenden unterschiedlichen Behandlung der EU-Arbeitnehmer in Bezug auf die Arbeitsbedingungen fordert, zugleich die Außenkompetenz verleiht, Drittstaatsangehörige in den Gleichbehandlungsgrundsatz einzubeziehen. Die Anwendung der AETR-Rechtsprechung

---

der Gerichtshof in Betracht gezogen hat. Der Gerichtshof hat nämlich in viel allgemeineren Worten eine ausschließliche Zuständigkeit der Gemeinschaft u. a. dann anerkannt, wenn der Abschluss eines Abkommens durch die Mitgliedstaaten mit der Einheit des Gemeinsamen Marktes und der einheitlichen Anwendung des Gemeinschaftsrechts unvereinbar ist (AETR-Urteil, Randnr. 31) oder wenn gerade wegen der Natur der bestehenden Gemeinschaftsbestimmungen, wie etwa Rechtsetzungsakte mit Klauseln über die Behandlung der Angehörigen von Drittstaaten oder über die vollständige Harmonisierung einer bestimmten Frage, jedes Abkommen auf dem entsprechenden Gebiet zwangsläufig die Gemeinschaftsnormen im Sinne des AETR-Urteils beeinträchtigen würde (vgl. in diesem Sinne Gutachten 1/94, Randnrn. 95 und 96, sowie Urteil Kommission/Dänemark, Randnrn. 83 und 84)."

147 EuGH Gutachten 2/91, ILO, Slg. 1993, I-1061, Rn. 18; EuGH Gutachten 1/03, Neues Übereinkommen von Lugano, Slg. 2006, I-1145, Rn. 123.

148 EuGH Gutachten 2/91, ILO, Slg. 1993, I-1061, Rn. 12.

kann hier nicht zu einem bejahenden Ergebnis führen, da diese nur die vorhandenen Innenkompetenzen mit entsprechenden Außenkompetenzen ergänzt, um der EG die Erfüllung ihrer Aufgaben zu ermöglichen. Ihre Regelungskompetenzen aus Art. 39 EGV beschränken sich jedoch auf innergemeinschaftliche Sachverhalte, so dass die Herstellung der Gleichbehandlung von Drittstaatsangehörigen nicht zu den Aufgaben der EG gehört. Daher kann sie sich auf der Grundlage von Art. 39 Abs. 2 EGV völkerrechtlich nicht verpflichten, eine bestimmte Behandlung von Drittstaatsangehörigen zu gewähren.[149]
Auch aus der Kompetenz der EG, Drittstaatsangehörige im Rahmen des Art. 39 EGV als Familienangehörige eines Unionsbürgers zu privilegieren und partiell in dessen Freizügigkeitsrechte einzubeziehen, lässt sich keine materielle Befugnis für den Abschluss entsprechender völkerrechtlicher Vereinbarungen ableiten, da sich auch diese Rechte auf einen ausschließlich innergemeinschaftlichen Sachverhalt beziehen, dessen Anknüpfungspunkt die Freizügigkeit innerhalb der Gemeinschaft bleibt.

2. Arbeitsmarktzugang (Art. 39, 40 EGV)

Die obigen Ausführungen zur Kompetenz der EG im Innenverhältnis haben auch ergeben, dass sich der Arbeitsmarktzugang sowie die entsprechenden Aufenthaltsrechte des Art. 39 Abs. 3 EGV ausschließlich auf Staatsangehörige der Mitgliedstaaten sowie auf privilegierte Gruppen von Drittstaatsangehörigen, die vor allem als Familienangehörige von Unionsbürgern an der Freizügigkeit teilhaben, beziehen. Die EG ist hiernach nicht aus Art. 39 EGV befugt, Regelungen zu erlassen, die Drittstaatsangehörigen originäre Freizügigkeitsrechte innerhalb der Gemeinschaft oder erstmalige Zugangsrechte zum Arbeitsmarkt eines Mitgliedstaates verleiht. Dementsprechend kann sie sich auch nicht völkerrechtlich verpflichten, Drittstaatsangehörigen Zugang zum Arbeitsmarkt der EG zu gewähren; zudem würde es kaum dem Ziel dienen können, die Freizügigkeit der Unionsbürger innerhalb der EG herzustellen (Art. 2, 14 EGV).[150]

3. Regelungen des koordinierenden Sozialrechts (Art. 42 EGV)

Art. 42 EGV bildet keine Grundlage für die Einbeziehung drittstaatsangehöriger Arbeitnehmer in die Regelungen des koordinierenden Sozialrechts (vgl. oben A. I. 2.). Da Art. 42 EGV jedoch auf Familienmitglieder unionsangehöriger Arbeitnehmer Anwendung findet, auf deren Staatsangehörigkeit es im Rahmen der Freizügigkeitsbestimmungen regelmäßig nicht ankommt und die daher auch Drittstaatsangehörige sein können (vgl. Art. 2 Abs. 1 der VO (EWG)

149 *Krück*, S. 74 ff.; *St. Richter*, S. 80 ff.; *Neubauer*, S. 59 ff.; *Höller*, S. 134.
150 So auch *St. Richter*, S. 82 ff.; *Neubauer*, S. 59 f.; *Höller*, S. 134.

Nr. 1408/71), ist fraglich, ob zumindest in Bezug auf diese Personengruppe eine parallele Außenkompetenz besteht, die die EG ermächtigt, völkerrechtliche Vereinbarungen zur Einbeziehung der drittstaatsangehörigen Familienmitglieder drittstaatsangehöriger Arbeitnehmer in den Anwendungsbereich des Art. 42 EGV zu treffen.[151] Dies ist ausgeschlossen, denn zwar sind der Anwendungsbereich des Art. 39 und des Art. 42 EGV nicht deckungsgleich, jedoch hat Art. 42 EGV die Funktion, die in Art. 39 EGV verankerte Freizügigkeit zu unterstützen. Familienangehörige sind daher in seinen Anwendungsbereich einbezogen, weil es die Freizügigkeitsausübung des Arbeitnehmers beeinträchtigen könnte, wenn die Angehörigen ihre bereits erworbenen Leistungsansprüche oder Anwartschaften verlieren würden oder Leistungen nicht in andere Mitgliedstaaten transferiert werden müssten. Die Rechtsstellung der Familienangehörigen hängt damit davon ab, dass der Arbeitnehmer von Art. 39 EGV erfasst ist. Da Art. 39 EGV nicht die Außenkompetenz vermittelt, Drittstaatsangehörigen Freizügigkeit zu gewähren, sie des Weiteren nicht über Art. 42 EGV in das koordinierende Sozialrecht einbezogen werden können, muss dasselbe auch für ihre Familienangehörigen, die ihre Rechtsstellung von dem Arbeitnehmer ableiten, gelten.

4. Einwanderungspolitik (Art. 63 Abs. 1 Nr. 3 lit. a EGV)

Die EG verfügt im Bereich der Einwanderungspolitik über bedeutende Kompetenzen zur Regelung des Aufenthalts, der Rechtsstellung und in eingeschränktem Umfang auch zur Arbeitsberechtigung von Drittstaatsangehörigen (Art. 63 Abs. 1 Nr. 3 lit. a EGV; s. oben A. II. 1.). Aus dieser Innenkompetenz können parallele Außenzuständigkeiten abgeleitet werden, da diese, anders als bei Art. 39 EGV, nicht von vornherein auf den Binnenmarkt beschränkt sind.[152] Gleiches gilt für Regelungen zum Aufenthalt in anderen Mitgliedstaaten (Weiterwanderung; Art. 63 Abs. 1 Nr. 4 EGV). Allerdings nehmen noch nicht alle Mitgliedstaaten an der gemeinsamen Einwanderungspolitik teil, so dass ein Vertragsschluss der EG mit Drittstaaten zu einer Verpflichtung der nicht teilnehmenden Mitgliedstaaten führen würde, die über ihre Verpflichtungen für innergemeinschaftliche Sachverhalte hinausgehen. Zugleich sind die strengen Modalitäten der Rechtssetzungsbefugnisse in diesem Bereich zu beachten, die es nicht gestatten, eine vollständige Harmonisierung auf Gemeinschaftsebene vorzunehmen und die den Mitgliedstaaten besondere Ermessensspielräume belassen (Art. 63 Abs. 2 EGV). Die parallele Außenkompetenz kann über diese Vorgaben für die Innenkompetenz nicht hinausgehen.[153]

---

151 So *Neubauer*, S. 59 f.

152 *Vogt*, S. 125; *Höller*, S. 136.

153 EuGH Gutachten 1/03, Neues Übereinkommen von Lugano, Slg. 2006, I-1145, Rn. 123; Gutachten 2/91, ILO, Slg. 1993, I-1061, Rn. 18.

Zudem hat die EG bisher nur in geringem Umfang von ihren Kompetenzen aus Art. 63 Abs. 1 Nr. 3 lit. a EGV Gebrauch machen können, da die Bereitschaft der Mitgliedstaaten zu einer gemeinsamen Einwanderungspolitik noch zu gering ist und Vorschläge für Sekundärrechtsakte mehrfach auf wenig Resonanz gestoßen sind. Entsprechend der oben angeführten Rechtsprechung des EuGH, wonach im Bereich der nicht ausschließlichen Kompetenzen der EG diese zumindest parallel zur Außenkompetenz von ihrer Innenkompetenz Gebrauch machen muss, sind die Handlungsmöglichkeiten der EG in diesem Bereich noch stark eingeschränkt. Würde allerdings z. B. die Rahmenrichtlinie, wie sie von der Kommission vorgeschlagen wurde, in Kraft treten, wären völkerrechtliche Vereinbarungen zur Gleichbehandlung von drittstaatsangehörigen Arbeitnehmern hinsichtlich der Arbeitsbedingungen in der EG jedenfalls aus Sicht des Drittstaats (nicht hingegen für Unionsbürger mit Aufenthalt in dem entsprechenden Drittstaat) obsolet, da die Richtlinie die Mitgliedstaaten bereits hierauf verpflichtet.

5. Beschäftigungsbedingungen (Art. 137 Abs. 1 lit. g EGV)

Entsprechend der oben dargestellten Kompetenzen gemäß Art. 137 EGV und insbesondere Art. 137 Abs. 1 lit. g EGV, der die EG ermächtigt, Vorschriften zu den Beschäftigungsbedingungen von Drittstaatsangehörigen zu erlassen, die das Ziel der Gleichstellung mit eigenen Staatsangehörigen haben, folgt eine parallele Kompetenz der EG, in völkerrechtlichen Abkommen die Gleichbehandlung der Drittstaatsangehörigen bei einer Beschäftigung in einem Mitgliedstaat zu vereinbaren. Sie besteht aber wiederum nur im Rahmen der übertragenen Kompetenzen, für dessen Bestimmung insbesondere Art. 137 Abs. 2 und 4 EGV zu beachten sind, wonach die EG lediglich Mindestvorschriften erlassen kann und die Mitgliedstaten nicht daran gehindert sind, strengere Schutzmaßnahmen zu erlassen. Daher können die völkerrechtlichen Maßnahmen der Gemeinschaft einerseits nicht über diese Mindestvorschriften hinausgehen (wobei die Drittstaatsangehörigen bereits direkt über die Bestimmung des Art. 137 Abs. 1 lit. g EGV einbezogen sind), und andererseits müssen die Mitgliedstaaten auch im Verhältnis zu Drittstaaten strengere Maßnahmen vereinbaren können. Eine ausschließliche Kompetenz der EG zum Abschluss eines völkerrechtlichen Vertrages in diesem Bereich kann somit nicht erwachsen.[154] Strebt die Gemeinschaft strengere Schutzmaßnahmen an, so kann sie entsprechende völkerrechtliche Abkommen nur mit den Mitgliedstaaten zusammen erreichen.

154 Gutachten 2/91, ILO, Slg. 1993, I-1061, Rn. 18 ff.; *Höller*, S. 134 ff.

6. Zusammenfassung zu den impliziten Außenkompetenzen der EG

Die EG ist immer dann, wenn das Gemeinschaftsrecht ihren Organen im Hinblick auf ein bestimmtes Ziel im Inneren eine Zuständigkeit verleiht, dazu befugt, die zur Erreichung dieses Zieles erforderlichen völkerrechtlichen Verpflichtungen einzugehen, auch wenn insoweit eine ausdrückliche Bestimmung fehlt. Im Hinblick auf den Aufenthaltsstatus von drittstaatsangehörigen Arbeitnehmern ergeben sich aus den dargestellten Innenkompetenzen kaum implizite Außenkompetenzen, sei es, weil die Innenkompetenzen ausschließlich auf den Binnenmarkt gerichtet sind und daher einer völkerrechtlichen Vereinbarung, die Drittstaatsangehörige in ihren Anwendungsbereich einbeziehen würde, entgegenstünden (Art. 39, 40, 42 EGV), sei es, weil die Beschränkung auf Mindestnormen die Entstehung einer ausschließlichen Kompetenz der EG hindert (Art. 63 Abs. 1 Nr. 3 lit. a, Art. 137 Abs. 1 lit. g EGV). Im Bereich der Einwanderungspolitik kommt hinzu, dass die EG bisher nur in geringem Maße von ihren Kompetenzen Gebrauch gemacht hat.

IV. Kompetenz zum Erlass von Assoziierungsabkommen

Eine besondere Form von Abkommen der Gemeinschaft mit Drittstaaten stellen die auf der Grundlage von Art. 310 EGV geschlossenen Assoziierungsabkommen dar.[155] Eine eindeutige Definition des Begriffs der Assoziierung enthält weder der EG-Vertrag, noch wurde sie bisher in der Literatur gefunden; jedoch besteht Einigkeit darin, dass mit einer Assoziierung in der Regel eine enge, auf Dauer ausgerichtete besondere und privilegierte völkervertragliche Verbindung[156] der EG mit einem Drittstaat begründet wird, die ihn in privilegierter Weise in die Gemeinschaft einbindet und am Gemeinschaftsrecht teilhaben lässt.[157] Diese Assoziierungen stellen die umfassendste Form der Zusammenarbeit mit Drittstaaten dar und dienen regelmäßig dazu, bevorzugte Wirtschaftsbeziehungen herzustellen.[158] Sie unterscheiden sich von anderen auf wirtschaftliche Zusammenarbeit und Entwicklung gerichteten Abkommen durch die Vorga-

155 Von den vertraglichen Assoziierungen gemäß Art. 310 EGV ist die konstitutionelle Assoziierung der überseeischen Länder und Hoheitsgebiete nach Art. 182 ff. zu unterscheiden.

156 EuGH Rs. 12/86, Demirel, Slg. 1987, 3719, Rn. 9 (s. Fn. 882). *Vöneky*, in: Grabitz/Hilf, Art. 310 EGV, Rn. 1 ff.; *Knopf*, 39 f.

157 EuGH Rs. 12/86, Demirel, Slg. 1987, 3719, Rn. 9 (s. Fn. 882).

158 *Vöneky*, in: Grabitz/Hilf, Art. 310 EGV, Rn. 1; *Dienelt*, ZAR 2004, 45 ff.; *Vogt*, S. 27, 98 f.; EuGH Rs. 12/86, Demirel, Slg. 1987, 3719, Rn. 19 (s. Fn. 882). Von einem Beteiligungsverhältnis an der EG, welches über die multilateralen Rechtsbeziehungen hinaus unter den Mitgliedern eine bilateral gestaltete Mitwirkungspflicht dem Verband gegenüber enthält, spricht *Fischer*, S. 4; ausführlich zum Begriff der Assoziierung im Staatsrecht, Völkerrecht und Gemeinschaftsrecht ebenfalls *Fischer*, S. 19 ff.

ben dieser Vorschrift, die eine Vereinbarung von gegenseitigen Rechten und Pflichten, ein gemeinsames Vorgehen und ein besonderes Verfahren verlangen. Die Vereinbarung gegenseitiger Rechte und Pflichten erfordert über dieses typische Merkmal völkerrechtlicher Vereinbarungen hinaus zwar nicht, dass diese in einem ausgeglichenen Verhältnis stehen müssen, jedoch soll eine asymmetrische Vertragsbeziehung verhindert werden, die die assoziierte Vertragspartei der EG unterordnet, ohne dass sie selbst Einfluss nehmen kann.[159] Bedeutsamer sind die Kriterien des gemeinsamen Vorgehens und des besonderen Verfahrens. Diese beziehen sich auf die Schaffung eines dauerhaften institutionellen Rahmens und insbesondere von paritätisch besetzten Organen, die zur eigenen Willensbildung befähigt sind und die sekundäres Assoziationsrecht setzen sollen.[160] Hieraus muss sich in der Zusammenschau der vertraglichen Regelungen eine gewisse „kritische Masse“ ergeben, die das Vertragswerk als Assoziierung qualifiziert.[161]

1. Regelungsgegenstand der Assoziierungsabkommen nach Art. 310 EGV

Mit Assoziierungsabkommen kann die EG ganz unterschiedliche Ziele verfolgen und eine unterschiedlich intensive Anbindung der assoziierten Staaten an die Europäische Union bezwecken. Dementsprechend kann sie die Abkommen sehr verschieden ausgestalten. Zu unterscheiden sind Assoziierungsabkommen, die der Vorbereitung eines Beitritts zur Europäischen Union dienen (Beitrittsassoziierung), die Drittstaaten entwicklungspolitisch unterstützen (Entwicklungsassoziierung) und solche, mit denen eine Freihandelszone errichtet wird (Freihandelsassoziierung). Trotz ihrer Unterschiede zielen alle diese Assoziierungen in der Regel auf eine (punktuelle) Ausweitung und Einbindung der Drittstaaten in das Gemeinschaftsrecht.[162] So enthalten sie unabhängig von ihrer Typisierung neben Handelsregelungen in Form von Freihandels- oder Zollunionregimes und politischen, ökonomischen und sozialen Vereinbarungen häufig die gegenseitige Verpflichtung, rechtmäßig beschäftigten Staatsangehörigen der jeweils anderen Vertragspartei(en) eine Behandlung zu gewähren, die hinsichtlich der Arbeitsbedingungen, der Entlohnung oder der Entlassung keine auf der Staatsangehörig-

---

159 EuGH Rs. 87/75, Bresciani, Slg. 1976, 129, Rn. 22/23: Vorabentscheidungsverfahren zu den Abkommen Jaunde I (ABl. 1964 Nr. 93/1431) und Jaunde II (ABl. 1970 L 282/1). *Vöneky*, in: Grabitz/Hilf, Art. 310 EGV, Rn. 7; *Schieffer*, in: Hailbronner, 30 Jahre, S. 183 ff., 187; *St. Richter*, S. 138 ff., 148; *Vogt*, S. 100.

160 *Vöneky*, in: Grabitz/Hilf, Art. 310 EGV, Rn. 8; *Höller*, S. 137. Auch Kooperations- und Handelsabkommen, die auf der Grundlage der Art. 133, 181 oder 308 EGV geschlossen wurden, sehen die Bildung eigener Organe wie Kooperationsräte oder gemeinsame Ausschüsse vor. Diese sind in der Regel jedoch nicht mit der Befugnis ausgestattet, verbindliche Beschlüsse zu fassen.

161 Der Begriff wird gewählt von *Peers*, in Dashwood/Hillion, S. 168 ff.; er wird zitiert in: *Vöneky*, in: Grabitz/Hilf, Art. 310 EGV, Rn. 13.

162 *Vöneky*, in: Grabitz/Hilf, Art. 310 EGV, Rn. 2; *Sieveking*, ZAR 1998, 201 ff., 205.

keit beruhende Benachteiligung gegenüber den eigenen Staatsangehörigen bewirkt und vermitteln damit in einem gewissen (im 4. Kapitel näher dargestellten) Umfang Gleichbehandlungsrechte, wie sie Art. 39 Abs. 2 EGV gewährt. In den Abkommen über den EWR sowie dem entsprechenden Sektoralabkommen mit der Schweiz wird durch die völkerrechtlichen Vereinbarungen sogar ein eigenständiger Freizügigkeitsstatus innerhalb der EU begründet (s. unten 4. Kapitel, 2. Teil, A.). Daher nehmen diese Abkommen für die vorliegende Fragestellung des Aufenthaltsstatus von Drittstaatsangehörigen eine bedeutsame Stellung ein.

2. Art. 310 EGV als Verfahrensvorschrift oder Kompetenzzuweisung

Die Frage, ob die genannte Vereinbarung zur Gleichbehandlung von rechtmäßig beschäftigten Arbeitnehmern in Assoziierungsabkommen von der EG im Rahmen ihrer eigenen Kompetenz getroffen werden darf, wird in der Praxis und der Literatur kontrovers diskutiert. Für eine Antwort bedarf es zunächst der Klärung, ob Art. 310 EGV eine Kompetenznorm oder eine Verfahrensvorschrift ohne materielle Zuständigkeitszuweisung darstellt. Diese Frage stellt sich, weil die Kompetenz der EG zur Regelung der Personenfreizügigkeiten ausschließlich den innergemeinschaftlichen Binnenmarkt betrifft und ihr keine Vertragsschlusskompetenz mit Drittstaaten zugewiesen ist (s. oben II., III.). Die Kompetenz wäre damit bei den Mitgliedstaaten verblieben, wenn nicht Art. 310 EGV eine weitergehende, materiellrechtliche Regelungskompetenz darstellt und der EG die Befugnis verleiht, entsprechende Vereinbarungen in Assoziierungsabkommen zu treffen.

Für eine Einordnung als Verfahrensvorschrift hat sich u. a., allerdings in den 1970er Jahren und seither jedenfalls nicht mehr ausdrücklich, der Rat ausgesprochen,[163] der in dieser Vorschrift weder eine direkte noch eine implizite Vertragsschlusskompetenz sieht. Vielmehr sei sie eine Verfahrensvorschrift, die ausschließlich ein „Mittel zur prozeduralen und institutionellen Verdichtung völkerrechtlicher Verträge“[164] darstelle, ohne mögliche Gegenstände von Assoziierungsabkommen festzulegen. Die inhaltliche Regelungsbefugnis der Gemeinschaft beim Abschluss von Assoziierungsabkommen würde sich hiernach im weitestgehenden Fall mit den impliziten Vertragsschlusskompetenzen der EG decken bzw. die Summe der ihr andernorts im EG-Vertrag bereits zugewiesenen Befugnisse darstellen.[165] Nach dieser Auffassung birgt die Auslegung des Art. 310 EGV als materiellrechtliche Regelung mit über die vorgesehenen Ver-

---

163 *Vöneky*, in: Grabitz/Hilf, Art. 310 EGV, Rn. 16; *Fischer*, S. 98; *Oppermann, Th.*, Europarecht, 2. Aufl., Rn. 1883; *Weber*, in: Groeben/Schwarze, Art. 310 Rn 12, der in dem Abschluss gemischter Abkommen höchsten ein Indiz für eine entsprechende Auffassung des Rates sieht; *von Arnim*, ZaöRV 1970, 482 ff., 501 f.

164 *Vöneky*, in: Grabitz/Hilf, Art. 310 EGV, Rn. 16. So auch *Knopf*, S. 41 ff.

165 S. Darstellung in *Krück*, S. 64, *von Arnim*, ZaöRV 1970, 482 ff., 501 f.

tragsschlusskompetenzen hinausgehenden Befugnissen die Gefahr einer uferlosen Anwendung und damit eines Verstoßes gegen den Grundsatz der begrenzten Einzelermächtigung. Ihr kann jedoch mit dem Argument entgegengetreten werden, dass das beschwerliche Verfahren zum Abschluss von Assoziierungen des Art. 310 i. V. m. Art. 300 Abs. 2 S. 2 EGV nicht erklärbar wäre, würden für den Abschluss dieser Abkommen nicht weitergehende Befugnisse, als sie im Vertrag ohnehin – ausdrücklich oder implizit – gewährt werden, zur Verfügung stehen. Allein die Besonderheit, dass Art. 310 EGV die Einsetzung spezieller Institutionen zur Durchführung der Abkommen ermöglicht, scheint nicht ausreichend dafür, dass die Assoziierung als eigene Kategorie von Abkommen primärrechtlich verankert ist.[166]

Die gegenteilige Auffassung wendet ein, dass die Vorschrift bereits durch ihre Zielrichtung auf die Gründung einer Assoziierung hinreichend eingeschränkt ist und damit keine beliebig verwendbare Blankettbefugnis darstellen könne.[167] Der EuGH ergänzt diese Ansicht, indem er es als ausreichend ansieht, dass die Freizügigkeit der Arbeitnehmer in die Kompetenz der EG falle und es daher der EG in Erfüllung ihrer Aufgaben möglich sein müsse, mittels Assoziierungsabkommen Drittstaatsangehörige in die Freizügigkeit einzubeziehen. Jedenfalls könne nur sie hierfür zuständig sein.[168] Zwar hat sich der EuGH bisher nicht direkt zur Einordnung des Art. 310 EGV als Kompetenz- oder Verfahrensnorm geäußert, jedoch wäre die Argumentation zweifelhaft, wenn Art. 310 EGV nach seiner Auffassung eine Verfahrensvorschrift darstellen sollte, da eine Einbeziehung von Drittstaatsangehörigen in den persönlichen Anwendungsbereich des Art. 39 ff. EGV jedenfalls hinsichtlich der innergemeinschaftlichen Freizügigkeit nicht möglich ist. Eine Zuständigkeit im Wege der impliziten Vertragsschlusskompetenzen abzuleiten, wäre daher eine über die AETR-Rechtsprechung und die Parallelität von Innen- und Außenkompetenzen hinausgehende Anwendung der implied powers-Lehre.[169] Daher versteht wohl auch der EuGH die Vorschrift als materielle Kompetenzzuweisung, auf deren Grundlage die Gemeinschaft in diese Abkommen alle Bereiche einbeziehen kann, die der EG-Vertrag abdeckt.

---

166 *Krück*, S. 64.

167 *Vöneky*, in: Grabitz/Hilf, Art. 310 EGV, Rn. 17; *Krück*, S. 68, der formuliert, dass mit Art. 310 EGV eine gemeinschaftsinterne Regelung in die Außenbeziehungen übertragen wird, ohne dass es einer zusätzlichen autonomen Regelungskompetenz bedürfe; *Opperman*, S. 713, nach dessen Auffassung sich „die ursprünglich abweichende Kommissionsauffassung“ von einer über die EG-Zuständigkeiten hinausgehenden „Assoziationsgewalt“ der Gemeinschaft nicht durchgesetzt hat; noch als herrschende Meinung dargestellt in *Oppermann, Th.*, Europarecht, 2. Aufl., Rn. 1883 f.

168 EuGH Rs. 12/86, Demirel, Slg. 1987, 3747, Rn. 9 (s. Fn. 882).

169 S. auch *Hailbronner*, Privilegierte Drittstaatsangehörige in der Europäischen Union, in: Due/Lutter/Schwarze, FS Everling, S. 399 ff., 405, der das „Implied-Powers“-Argument in diesem Zusammenhang als Scheinargument bezeichnet; *St. Richter*, S. 85.

Der Ansicht des EuGH ist zu folgen. Art. 310 EGV ist ein eigenständiger Sinn beizulegen, der der Vorschrift den Charakter einer materiellen Kompetenznorm verleiht und ihr eine eigenständige materiellrechtliche Vertragsschlusskompetenz mit einem eigenen sachlichen Regelungsbereich zuweist, die über die AETR-Kriterien hinausgeht und sich nicht auf die impliziten Vertragsschlusskompetenzen als Maßstab für den Umfang der Kompetenzen aus Art. 310 EGV beschränkt, sondern alle Bereiche, die der EG-Vertrag umfasst, abdeckt.[170] Dies folgt aus dem Sinn und Zweck einer Assoziierung als einziger Handlungsform, um Drittstaaten an die Gemeinschaft heranzuführen und schrittweise in das Gemeinschaftsrecht einzubeziehen, indem Teilelemente des Gemeinsamen Marktes aus dem Zusammenhang des Innenrechts[171] herausgelöst werden können. Betrachtet man zudem das bereits erwähnte Abschlussverfahren, welches einen einstimmigen Beschluss im Rat erfordert, sowie die Stellung des Art. 310 EGV im Vertrag und seine Nähe zu den ergänzenden Handlungsbefugnissen des Art. 308 EGV, so kann die Assoziierung nicht schlichte Teilhabe an den Zielen der Gemeinschaft, sondern nur „Teilhabe durch Transponierung innergemeinschaftlicher Regelungen und Einrichtungen auf den Außenbereich“[172] bedeuten. Daher muss es möglich sein, den Anwendungsbereich des Gemeinschaftsrechts gerade im Bereich der Grundfreiheiten schrittweise zu erweitern.[173] Drittstaatsangehörige können daher in den Anwendungsbereich der Art. 39 EGV über Art. 310 EGV weitgehend einbezogen werden.[174]

---

170 *Neubauer*, S. 6.

171 *Fischer*, S. 35 und 100.

172 *Krück*, S. 66.

173 So auch *Weiß*, S. 19 f.; *Vogt*, S. 113 ff.; *Weber*, S. 31, untersucht zusätzlich, ob Art. 310 EGV eine Ausdehnung der den internen Bereich betreffenden Regelungen auf Drittstaaten nicht lediglich bei sog. Beitrittsassoziierungen zulassen sollte. Mit Blick auf die existierenden Assoziierungen, etwa mit der Türkei und im Rahmen des EWR, ist jedoch festzustellen, dass eine enge Anbindung eines Drittstaats durch die Einbeziehung in das Gemeinschaftsrecht nicht nur bei Beitrittsassoziierungen vorgenommen wird bzw. auch bei Beitrittsassoziierungen nicht immer erreicht wird. Daher hilft die Unterscheidung zwischen den verschiedenen Arten der Assoziierungen bei der Beantwortung der Frage nach der Qualifizierung des Art. 310 EGV nicht.

174 *St. Richter*, S. 120. Die Einbeziehung folge im Wege der sog. Erstreckung, d. h. das Gemeinschaftsrecht wird im vereinbarten Umfang, insbesondere im Hinblick auf die Ziele und Aufgaben der Gemeinschaft, weniger im Sinne einer wörtlichen Erstreckung einzelner Vorschriften des Gemeinschaftsrechts, auf den associatus erstreckt, woraus sich ein Verhältnis materieller Teilnahme ohne formelle Verbandszugehörigkeit ergibt, vgl. *Fischer*, S. 110 ff.; eingeschränkter *Krück*, EuR 1984, 289 ff., 297 ff. Die Grenzen des nach Art. 310 EG Möglichen sollen die Vereinbarungen des EWR-Abkommens darstellen, welches vollständig die Freizügigkeit der Arbeitnehmer für Drittstaatsangehörige herstellt. Da das EWR-Abkommen einem faktischen Beitritt zur EG in vielen Bereichen nahe kommt, wird für den Abschluss solcher Abkommen gefordert, dass die Drittstaaten grundsätzlich die Beitrittsvoraussetzungen des Art. 49 EUV erfüllen und Art. 310 EG um diese Voraussetzung erweitert auszulegen ist. Vereinbarungen nach der Art des EWR-Abkommens mit außereuropäischen Staaten seien daher nur als

In der Praxis kann nicht selten eine Antwort dahinstehen, da Assoziierungsabkommen in überwiegender Zahl als gemischte Abkommen mit sowohl der E(W)G als auch ihren Mitgliedstaaten auf einer Seite des Vertrages abgeschlossen werden.[175] Diese Abkommen ermöglichen es der Gemeinschaft, in Bereichen tätig zu werden, für die sie nach den Gründungsverträgen nicht zuständig sind, ohne dass gleichzeitig primärrechtliche Anpassungen unternommen werden müssten und ohne dass Kompetenzüberschreitungen denkbar sind.[176] Im Ergebnis hilft diese Vorgehensweise, würde man von Art. 310 EGV als einer Verfahrensvorschrift ausgehen, in Bezug auf die Vereinbarungen zur Personenfreizügigkeit auch über den Vorwurf mangelnder Außenkompetenz hinweg.

3. Von Art. 310 EGV erfasste Sachbereiche

Art. 310 EGV befähigt also die EG, alle Sachbereiche, für die ihr von den Mitgliedstaaten eine Kompetenz im Innenverhältnis übertragen wurde, im Außenverhältnis mit Drittstaaten zu regeln. In Bezug auf den Aufenthaltsstatus von drittstaatsangehörigen Arbeitnehmern kann sie daher zusätzlich zu den impliziten Kompetenzen im Bereich der Einwanderungspolitik (insbesondere Art. 63 Abs. 1 Nr. 3 lit. a, Nr. 4, Abs. 2 EGV) sowie der Sozialpolitik (Art. 137 EGV) Vereinbarungen zur Freizügigkeit dieser Personengruppe entsprechend Art. 39 EGV treffen sowie die Arbeitnehmer und ihre Familienangehörigen parallel zu Art. 42 EGV in das koordinierende Sozialrecht einbeziehen.
Die Kompetenz aus Art. 310 EGV besteht zunächst parallel zu der Kompetenz der Mitgliedstaaten, so dass diese nicht gehindert sind, selbst Abkommen zum Austausch von Arbeitnehmern oder im Bereich des Sozialrechts abzuschließen.[177] Nimmt die EG ihre Kompetenz war, so sind die Mitgliedstaaten an das Assoziationsrecht gebunden und können keine widersprechenden völkerrechtlichen Vereinbarungen eingehen.

---

gemischte Abkommen zulässig, vgl. *Weber*, S. 36 f. Dem ist insoweit zuzustimmen, als die EG im Rahmen des Art. 310 EGV nicht befugt ist, die Vorgaben des Art. 49 EUV dadurch zu umgehen, dass sie Drittstaaten einen Status gewährt, der einem Mitgliedstaat gleichzusetzen ist. Dies gilt jedoch für alle Drittstaaten, unabhängig davon, ob sie in Europa gelegen sind oder nicht.

175 Lediglich vier Abkommen wurden bisher als Assoziierungsabkommen, aber ohne Beteiligung der Mitgliedstaaten geschlossen. Dies sind das Abkommen EWG-Marokko (ABl. 1969 L 197/3), EWG-Tunesien (ABl. 1969 L 198/3), EWG-Malta (ABl. 1971 L 61/2) und EWG-Zypern (ABl. 1973 L 133/2). Sie enthalten keine Vereinbarungen zum Status von Arbeitnehmern und gehen inhaltlich nicht über Art. 133 EGV hinaus, vgl. *St. Richter*, S. 97 ff.

176 *Krück*, S. 102 f.

177 *Höller*, S. 152.

V. Zuständigkeit des EuGH zur Auslegung von völkerrechtlichen Abkommen

Die Frage nach der Kompetenzverteilung zwischen der EG und ihren Mitgliedstaaten stellt sich auch im Hinblick auf die Zuständigkeit für die Auslegung und Anwendung von völkerrechtlichen Abkommen. Besondere Bedeutung gewinnt sie im Fall der Assoziierungsabkommen; dies gilt vor allem dann, wenn man Art. 310 EGV in dem oben dargestellten weiten Sinn als Kompetenzgrundlage für den Vertragsabschluss in allen vom E(W)G-Vertrag erfassten Bereichen versteht, da in diesem Fall die Vertragsschlusskompetenz zwar der Gemeinschaft zukommt, die Durchführung des Abkommens aber Bereiche betreffen kann, die in die (insbesondere Gesetzgebungs-)Zuständigkeit der Mitgliedstaaten fällt, wie dies z. B. bei Vereinbarungen zum Status und zu den Rechten von drittstaatsangehörigen Arbeitnehmern in völkerrechtlichen Abkommen der Fall ist. Eine umfassende Auslegungszuständigkeit des EuGH darf ebenso bezweifelt werden, wenn ein sog. gemischtes Abkommen vorliegt, und sich die Auslegungsfrage auf Vereinbarungen bezieht, die von den Mitgliedstaaten im Rahmen ihrer eigenen Zuständigkeiten eingegangen wurden. Für diese Bereiche, für die der Gemeinschaft nicht einmal die Vertragsschlusskompetenz zukommt, könnte auch die Auslegungszuständigkeit des EuGH auszuschließen sein.

Der EuGH hatte bereits mehrfach Gelegenheit, im Rahmen von Vorabentscheidungsverfahren nach Art. 234 Abs. 1 lit. b EGV zu seiner Auslegungszuständigkeit Stellung zu nehmen.[178] Dieses Verfahren ist einschlägig, obwohl eine Zuständigkeit für die Auslegung von völkerrechtlichen Abkommen nicht

---

178 EuGH Rs. 181/73, Haegeman, Slg. 1974, 449, Rn. 2/6: Vorabentscheidung zum „Athener Abkommen", dem Assoziierungsabkommen EWG/Mitgliedstaaten-Griechenland; die Fragen betreffen die Erstattung von sog. Ausgleichsabgaben, die die belgischen Zollbehörden auf Einfuhren griechischen Weins erhoben haben. Da das Abkommen vom Rat gemäß Art. 228 EWG (jetzt Art. 300 EGV) geschlossen wurde, stellt es nach Auffassung des EuGH für die Gemeinschaft eine Handlung eines Gemeinschaftsorgans dar; a. A. war Generalanwalt *Warner*, der in den betreffenden Vorschriften des Assoziierungsabkommens keine „Handlung eines Gemeinschaftsorgans" sah und daher die Vorabentscheidungsfragen als unzulässig betrachtete, Slg. 1974, 472. Allerdings ohne nähere Auseinandersetzung: EuGH Rs. 87/75, Bresciani, Slg. 1976, 129: Vorabentscheidungsverfahren zur Auslegung des Begriffs der „Abgaben mit gleicher Wirkung wie Einfuhrzölle" in Art. 2 Abs. 1 der Abkommen Jaunde I (ABl. 1964 Nr. 93/1431) und Jaunde II (ABl. 1970 L 282/1); Rs. 65/77, Razanatsimba, Slg. 1977, 2229: Vorabentscheidung zum Abkommen von Lomé (ABl. 1976 L 25/1) und der Frage, ob dessen Art. 62 für einen Staatsangehörigen eines AKP-Staates das Recht begründet, sich im Hoheitsgebiet eines E(W)G-Mitgliedstaats niederzulassen; Rs. 17/81, Pabst und Richardz, Slg. 1982, 1331. *Vogt*, S. 78 m. w. N. Über Vertragsverletzungs- oder Nichtigkeitsklagen hatte der EuGH bisher nicht zu entscheiden, schließt seine Kompetenz jedoch nicht aus, vgl. EuGH Rs. 104/81, Kupferberg, Slg. 1982, 3641, Rn. 13; Rs. 12/86, Demirel, Slg. 1987, 3719, Rn. 11 (s. Fn. 882); Gutachten 1/75, Lokale Kosten, Slg. 1975, 1355, 1361.

ausdrücklich festgehalten ist, weil der EuGH den Begriff der „Auslegung der Handlungen der Organe der Gemeinschaft" sehr weit interpretiert und sowohl Assoziierungsabkommen als auch die von der Gemeinschaft und ihren Mitgliedstaaten gemeinsam abgeschlossenen völkerrechtlichen Verträge, soweit sie die Gemeinschaft betreffen, als von Art. 234 Abs. 1 lit. b EGV umfasst ansieht.

1. Assoziierungsabkommen

Im Hinblick auf Assoziierungsabkommen hat der EuGH seine Auslegungszuständigkeit umfassend bejaht. Seiner Auffassung nach verpflichtet ihn die Vorschrift des Art. 310 EGV, sämtliche eingegangenen Verbindlichkeiten eines solchen Abkommens in allen vom EG-Vertrag erfassten Bereichen sicherzustellen. Es wirke sich daher nicht einschränkend auf seine Auslegungszuständigkeit auf, wenn sich die Frage auf einen Bereich bezieht, dessen Durchführung in die Zuständigkeit der Mitgliedstaaten fällt, da auch hinsichtlich dieser Vereinbarungen eine gemeinschaftsrechtliche Pflicht der Mitgliedstaaten besteht, die Vereinbarungen aus einem von den Gemeinschaftsorganen geschlossenen Abkommen einzuhalten, wofür wiederum die Gemeinschaft die Verantwortung übernommen habe.[179] Gemäß Art. 300 Abs. 7 EGV sind sowohl die Organe der EG als auch die Mitgliedstaaten an alle auf dieser Grundlage geschlossenen völkerrechtlichen Abkommen in gleicher Weise gebunden.[180] Nach Auffassung des EuGH haben sie damit in gleicher Weise zu gewährleisten, dass die Verpflichtungen aus den Abkommen eingehalten werden.[181] Eine Vertragsaufteilung in die Gemeinschaft verpflichtende Bestimmungen und Verpflichtungen der Mitgliedstaaten ist daher nicht vorzunehmen. Indem die Einhaltung der völkerrechtlichen Vereinbarungen eine Verpflichtung der Mitgliedstaaten darstellt, die nicht nur gegenüber dem Drittstaat, sondern auch gegenüber der EG besteht, bilden die Bestimmungen des Abkommens, so der EuGH, „einen integrierenden Bestandteil der Gemeinschaftsrechtsordnung".[182] Sind die völkerrechtlichen Vereinba-

---

179 EuGH Rs. 12/86, Demirel, Slg. 1987, 3747, Rn. 9 ff. (s. Fn. 882);

180 Auf die sich in diesem Zusammenhang stellende Frage, ob hieraus zu folgern ist, dass Verträge, an denen die Gemeinschaft beteiligt ist, und die diese Bindung eintreten lassen, deswegen gleichfalls als Gemeinschaftsrecht anzusehen sind oder ob es weiter als Völkerrecht gilt, so dass zu untersuchen wäre, ob es nach dem monistischen oder dualistischen Ansatz in das Gemeinschaftsrecht einzuführen wäre, soll an dieser Stelle nicht eingegangen werden, da dieser Frage nicht allzu große Bedeutung zukommt, wendet man die von der Rechtsprechung des EuGH entwickelten Kriterien zur Geltung des Völkervertragsrechts an. Ausführlich *Krück*, S. 166 ff., *Fischer*, S. 53 ff.

181 EuGH Rs. 104/81, Kupferberg, Slg. 1982, 3641, Rn. 11. Die entsprechende Vorschrift nach der Zählung des Vertrages von Maastricht ist Art. 228 Abs. 7 EGV.

182 EuGH Rs. 104/81, Kupferberg, Slg. 1982, 3641, Rn. 13; Rs. 181/73, Haegeman, Slg. 1974, 449, Rn. 2/6: Vorabentscheidung zum „Athener Abkommen", dem Assoziierungsabkommen EWG-Griechenland.

rungen aber in diesem Sinne Normen mit gemeinschaftsrechtlichem Charakter, so können sie innerhalb der Gemeinschaft keine unterschiedlichen Rechtswirkungen entfalten. Sowohl die Gemeinschaftsorgane als auch die Mitgliedstaaten müssen die Bestimmungen einheitlich im Hinblick auf Inhalt und Stellung innerhalb der Rechtsordnung anwenden; zu ihrer Auslegung sei damit der EuGH im Rahmen seiner Zuständigkeit berufen, denn er habe die einheitliche Anwendung der Abkommen sicherzustellen.[183]
Für Abkommen, die keine Assoziierungsabkommen, sondern z. B. Handelsabkommen nach Art. 133 EGV darstellen, und von der Gemeinschaft allein abgeschlossen wurden, bejaht der EuGH seine ausschließliche Auslegungszuständigkeit nach denselben Grundsätzen, so dass diese nicht hindert, dass die Durchführung des Abkommens den Mitgliedstaaten obliegt.[184]

2. Gemischte Abkommen

Fraglich ist, ob diese Grundsätze auf völkerrechtliche Abkommen übertragbar sind, die nicht in der alleinigen Zuständigkeit der EG geschlossen wurden, und für diejenigen Vereinbarungen gelten, die die Mitgliedstaaten in eigener Zuständigkeit eingegangen sind. Der EuGH hat zu dieser Frage bisher nicht ausdrücklich Stellung genommen. Sie wurde ihm zwar zur Vorabentscheidung vorgelegt, jedoch betrafen diese Verfahren regelmäßig Assoziierungsabkommen, so dass er sich auf seine umfassende Kompetenz nach Art. 310 EGV berufen konnte, ohne dass sich „die Frage, ob der Gerichtshof für die Entscheidung über die Auslegung einer Bestimmung eines gemischten Abkommens zuständig ist, die eine Verpflichtung enthält, die nur die Mitgliedstaaten im Bereich ihrer eigenen Zuständigkeit übernehmen konnten, stellt[e]“.[185]
Eine Antwort lässt sich allerdings der Entscheidung des EuGH in der Rechtssache Simutenkov entnehmen.[186] In dem Vorabentscheidungsverfahren wird die Auslegungskompetenz zwar weder von der Generalanwältin oder den Parteien noch dem EuGH thematisiert, jedoch hatte es das Gleichbehandlungsgebot russischer Arbeitnehmer hinsichtlich der Arbeitsbedingungen zum Gegenstand. Da das Partnerschafts- und Kooperationsabkommen der EG mit der Russischen Föderation ein auf u. a. Art. 133 EGV und nicht Art. 310 EGV gestütztes und zusammen mit den Mitgliedstaaten abgeschlossenes gemischtes Abkommen darstellt, unterfällt die Vereinbarung zum Diskriminierungsverbot der Zuständigkeit

---

183 EuGH Rs. 104/81, Kupferberg, Slg. 1982, 3641, Rn. 14. *Vogt*, S. 139, führt aus, dass die assoziationsrechtliche Kompetenz der EG (und damit des EuGH zur Auslegung der Abkommen) auf dem gemeinschaftsrechtlichen Primärrecht beruhe und nicht durch im Rang unter dem EG-Vertrag stehende Abkommen geändert werden kann.

184 EuGH Rs. 104/81, Kupferberg, Slg. 1982, 3641, Rn. 14.

185 EuGH Rs. 12/86, Demirel, Slg. 1987, 3719, Rn. 9 (s. Fn. 882).

186 EuGH Rs. C-265/03, Simutenkov, Slg. 2005, I-2579.

der Mitgliedstaaten. Da der EuGH die Vorlagefragen beantwortete, ist er offensichtlich von seiner Zuständigkeit und der Zulässigkeit des Vorabentscheidungsverfahrens ausgegangen.
Im Ergebnis ist dem zuzustimmen. So ist es zwar plausibel anzunehmen, dass, da die Zuständigkeit des EuGH auf das Gemeinschaftsrecht begrenzt ist, ein Verfahren, dessen Gegenstand andere, nicht dem Gemeinschaftsrecht unterfallende Vereinbarungen bilden, als unzulässig abgewiesen werden muss (vgl. Art. 220 Abs. 1 EGV).[187] Andererseits kann die Auslegungskompetenz nicht der Regelungskompetenz folgen, da die Gemeinschaft vollumfänglich an die gemischten Abkommen gebunden ist und im Verhältnis zum Vertragspartner für die Einhaltung des Abkommens haftet; sie ist daran gebunden, auch wenn es ihre Kompetenzen im Innenverhältnis überschreitet und muss daher umfassend zu seiner Auslegung befugt sein.[188] Hieraus erwächst eine Pflicht zur Kooperation und einheitlicher Vertretung nach außen, die die Mitgliedstaaten und die Gemeinschaft zu einer engen Zusammenarbeit bei der Anwendung der Abkommensbestimmungen verpflichtet, so dass sie, wie durch den EuGH im Gutachten 1/94 dargelegt, nach einer gemeinsamen Position suchen und das Abkommen in seiner Gesamtheit beachten müssen.[189] Unklarheiten bei der Zuständigkeitsabgrenzung zwischen der EG und ihren Mitgliedstaaten brächten die Gefahr

187 Vgl. Generalanwalt *Warner*, EuGH Rs. 181/73, Haegeman, Slg. 1974, 449, 472 f.; ablehnend *Weber*, S. 22, der die Prüfungskompetenz des EuGH mit der Begründung ablehnt, sie würde eine faktische Vergemeinschaftung der in die Zuständigkeit der Mitgliedstaaten fallenden Materien bedeuten. Es sei aber eine bloße Fiktion, dass die gemischten Abkommen Bestandteil der Gemeinschaftsrechtsordnung sein könnten. Ablehnend ebenso *Fischer*, S. 91 ff., wonach die Haftung der Gemeinschaft für gemischte Abkommen nicht auch mit einer Auslegungszuständigkeit einhergeht. Für eine Vergemeinschaftung *Oehmichen*, S. 79.

188 *Oehmichen*, S. 77; vgl. Überblick bei *Fischer*, S. 80 ff.; *Rosas*, Mixed Union – Mixed Agreements, in: Koskenniemi, S. 125 ff., 139 f. Für eine strenge Aufteilung der Kompetenzen in solche der Mitgliedstaaten und solche der Gemeinschaft: *Dolmans*, S. 98 ff., wobei im Hinblick auf die konkurrierenden Kompetenzen beide Seiten gleichermaßen zuständig sind, worin eine gravierende Unsicherheit für den Drittstaat, der Vertragspartei ist, gesehen wird und weshalb für eine Offenlegung der Kompetenzverteilung für ein solches Abkommen plädiert wird. Anderer Auffassung schon *Krück*, S. 141 f.; *Bleckmann*, EuR 1976, 301 ff., 305: Hiernach ist in der Zustimmung der Staaten zum Vertragsabschluss durch die Gemeinschaften eine punktuelle Ermächtigung der Gemeinschaften durch die Staaten zum innergemeinschaftlichen Vollzug des gemischten Abkommens enthalten (hierauf baut die sog. Theorie der Vertragsdurchbrechung auf, wonach diese Abkommen eine implizite Erweiterung des E(W)G–Vertrages beinhalten).

189 Schlussanträge *Tesauro*, Rs. C-53/96, Hermès, Slg. 1998, 3603, Rn. 21; EuGH Gutachten 1/94, WTO/GATS/TRIPs, Slg. 1994, I-5267, Rn. 106 ff.; *Krück*, S. 142, sieht in der Zustimmung der Mitgliedstaaten zum Vertragsschluss durch die Gemeinschaften eine punktuelle mitgliedstaatliche Ermächtigung der Gemeinschaften zum innergemeinschaftlichen Vollzug eines gemischten Abkommens und folgert hieraus eine vollständige Bindung sowohl der Mitgliedstaaten als auch der Gemeinschaft an alle Abkommensvorschriften. A. A. etwa *Neubauer*, S. 39 f.

mit sich, dass die Koordinierung der Durchführung des Abkommens und in der Folge auch die Ziele des Abkommens selbst nicht erfüllt werden könnten.[190] Diese internen Schwierigkeiten müssen aber, will das Rechtssystem der Gemeinschaft nach außen einheitlich funktionieren und gelten, trotz des verschiedenen Ursprungs aller Rechtsnormen, seien sie völkerrechtlichen, gemeinschaftsrechtlichen oder nationalen Charakters, überwunden werden; die Einheit der Gemeinschaftsrechtsordnung durch verbindliche Vorgaben für ihre Auslegung zu sichern, ist aber alleinige Aufgabe des EuGH.[191]

3. Kompetenz des EuGH zur Entwicklung der „unmittelbaren Wirkung"

Völkerrechtliche Vereinbarungen mit Drittstaaten, deren Gegenstand die Behandlung von Arbeitnehmern der jeweilig anderen Vertragspartei bildet, haben grundsätzlich keine direkten Auswirkungen auf die Rechtsstellung der Begünstigten, da diese als Staatsangehörige einer Vertragspartei nicht Subjekt im Sinne eines Adressaten des völkerrechtlichen Vertrages sind und aus der Vereinbarung keine unmittelbar begünstigenden Rechte ableiten können. Der EuGH hält sie jedoch für geeignet, den Staatsangehörigen der Vertragsparteien unmittelbar Rechte zu verleihen, sofern die Bestimmung, aus der das Recht abgeleitet werden soll, *unmittelbar anwendbar* ist, wenn sie also unter Berücksichtigung ihres Wortlauts und im Hinblick auf den Sinn und Zweck des Abkommens eine klare und eindeutige Verpflichtung enthält, deren Erfüllung oder deren Wirkungen nicht vom Erlass eines weiteren Aktes abhängen.[192] Erfüllt eine Bestim-

190 *Oehmichen*, S.77; *Krück*, S. 142.

191 Schlussanträge *Tesauro*, Rs. C-53/96, Hermès, Slg. 1998, 3603, Rn. 21. Im Hinblick auf die Einheit der Gemeinschaftsrechtsordnung wird zudem angeführt, dass diejenigen Vereinbarungen eines Abkommens, die allein in die mitgliedstaatliche Zuständigkeit fallen, durch ihre Einbindung in das Abkommen selbst zu Gemeinschaftsrecht werden, vgl. *Oehmichen*, S. 79.

192 „Unmittelbar anwendbar" ist damit gleichbedeutend mit „self-executing", s. *Schweitzer*, Staatsrecht III, Rn. 325. Der EuGH und das EuG bezeichnen die unmittelbare Anwendbarkeit auch als unmittelbare Wirkung, vgl. EuG Rs. T-155/94, Opel Austria, Slg. 1997, II-39, Rn. 102, 107 ff; EuGH Rs. C-103/94, Krid, Slg. 1995, I-719, Rn. 24. *Breidenbach*, S. 61 ff., bemängelt die fehlende Unterscheidung nach den Normadressaten und differenziert entsprechend zusätzlich danach, ob die Bestimmung als Adressaten die Mitgliedstaaten oder Individuen nennt. Da die Prüfung der unmittelbaren Anwendbarkeit den Zweck verfolge, die fehlende Individualbezogenheit von staatengerichteten Vorschriften auszugleichen, sei sie irrelevant, wenn den Normen Geltungskraft in der Gemeinschaftsrechtsordnung zukommt und sie sich an Individuen im Sinne eines subjekiv-öffenlichen Rechts richtet. Hierzu ist anzufügen, dass sich völkerrechtliche Vereinbarungen regelmäßig nicht an die Individuen direkt richten können; daher prüft der EuGH im Rahmen des Abkommenszwecks, ob es diesem nicht widerspricht, subjektive Rechte aus einer Vereinbarung abzuleiten. Im Ergebnis unterscheiden sich die Prüfungen daher nicht.

mung diese Voraussetzung, so kann sich der Einzelne vor den staatlichen Gerichten der Mitgliedstaaten unmittelbar auf die Rechte aus dem entsprechenden Abkommen berufen. Das Institut der unmittelbaren Anwendbarkeit ist dem Gemeinschaftsrecht nicht fremd, denn dem Primärrecht wurde diese Wirkung bereits mit der Entscheidung des EuGH *Van Gend & Loos* unter den genannten Voraussetzungen und mit denselben Konsequenzen zuerkannt.[193] In einer Vielzahl von Entscheidungen hat das Gericht auch Vereinbarungen in völkerrechtlichen Verträgen mit Drittstaaten diese Eigenschaft zugewiesen. Zu der Frage, worin die hierfür notwendige Kompetenz fußt, führt der EuGH selbst aus, dass der „völkerrechtliche Ursprung [...] nicht außer acht gelassen werden darf",[194] dieser die Vertragsparteien jedoch nicht daran hindere, in dem Vertrag ebenfalls die Wirkungen der Vertragsbestimmungen in den jeweiligen internen Rechtsordnungen festzulegen. Die Stellung einer völkerrechtlichen Vereinbarung in der innerstaatlichen Rechtsordnung ist nach Ansicht des EuGH damit eine vollständig in den Händen der Vertragsparteien liegende Frage. Enthalten die Abkommen selbst keine Bestimmungen darüber, welche rechtlichen Maßnahmen zur Erreichung seiner Ziele innerhalb der Rechtsordnung jeder Vertragspartei geeignet sind und getroffen werden müssen, so obliege es den Parteien und ihren für die Umsetzung der Abkommen verantwortlichen Organen, diese festzulegen.[195] Hieraus folgert er weiter, dass, wenn die Frage, welche Wirkungen die Bestimmungen eines Abkommens innerhalb der Gemeinschaft entfalten, nicht in dem Abkommen geregelt ist, er selbst über diese Frage ebenso wie über jede andere Auslegungsfrage im Zusammenhang mit der Anwendung des Abkommens in der Gemeinschaft zu entscheiden hat, da es seine Aufgabe ist, für die vollständige Erfüllung der eingegangenen völkerrechtlichen Verpflichtungen Sorge zu tragen.[196] Neben seiner Zuständigkeit für die Auslegung eines Vertrages erklärt sich der EuGH also auch für berechtigt, die rechtlichen Maßnahmen zu bestimmen, die zur Erreichung dieses Ziels innerhalb der Gemeinschaftsrechtsordnung geeignet sind. Allein die Möglichkeit, dass Vertragsparteien ihren völkerrechtlichen Vereinbarungen unmittelbare Wirkung für die eigene Rechtsordnung verleihen können, genügt dem EuGH, dass er sie völkerrechtlichen Normen auch selbst zusprechen kann. Die Notwendigkeit der Konstruktion der unmittelbaren Wirkung begründet er mit denselben Argumenten, die auch schon seine Auslegungszuständigkeit rechtfertigen. Den Ausgangspunkt bilden wiederum die Verantwortung der EG für die Einhaltung der völkerrechtlichen Vereinbarungen und ihr Charakter als „integrierender Bestandteil der

193 Diese Eigenschaft des Gemeinschaftsrechts stellt eine wesentliche Charakteristik der Rechtsordnung der EG dar, die ihre Einordnung als Rechtsordnung sui generis begründet hat.

194 EuGH Rs. 104/81, Kupferberg, Slg. 1982, 3641, Rn. 17.

195 EuGH Rs. 104/81, Kupferberg, Slg. 1982, 3641, Rn. 18.

196 EuGH Rs. 104/81, Kupferberg, Slg. 1982, 3641, Rn. 17.

Gemeinschaftsrechtsordnung“.[197] Für ihre einheitliche Anwendung Sorge zu tragen, ist wiederum Aufgabe des EuGH, sein Instrument das der unmittelbaren Anwendbarkeit.

Dieser Argumentation kann freilich entgegengehalten werden, dass, wenn mehrere Völkerrechtssubjekte gemeinsam als eine Vertragspartei auftreten und gleichermaßen für die Umsetzung und Einhaltung der eingegangenen Verpflichtungen verantwortlich sind, die Wirkung der völkerrechtlichen Bestimmungen eines ebensolchen Konsenses im Innenverhältnis bedarf, der nicht allein durch Auslegung der völkerrechtlichen Vereinbarungen erreicht werden kann. Die Auslegung von Normen dient dem Zweck, gewisse Zweifel im Hinblick auf ihre Bedeutung und Anwendung mittels anerkannter Rechtsgrundsätze auszuräumen; sie kann jedoch nicht über die gewissermaßen in jeder Norm mitgedachten Grundsätze hinausgehen. Der EuGH geht bei der Entwicklung der unmittelbaren Wirkung davon aus, dass Normen des Gemeinschaftsrechts grundsätzlich eine solche entfalten können und diese Regel angewendet werden kann, um sie auf die rein völkerrechtlichen Abkommen zu übertragen. Angesichts des völkerrechtlichen Charakters darf aber bezweifelt werden, dass es auch unter den Mitgliedstaaten allgemeine Ansicht ist, dass völkerrechtliche Normen unmittelbare Wirkung entfalten können. Wahrscheinlicher ist es, dass, wenn eine solche Wirkung beabsichtigt gewesen wäre, diese ausdrücklich geregelt wäre. Da sie nicht vorgesehen ist, liegt der Schluss nahe, dass die Normen keine unmittelbare Wirkung entfalten können sollten. So hatten auch die Regierungen verschiedener Mitgliedstaaten in entsprechenden Vorabentscheidungsverfahren bezweifelt, dass die Kriterien, die zur Feststellung der Wirkungen von Vorschriften rein gemeinschaftsrechtlichen Ursprungs allgemein anerkannt sind, auf etwa Freihandelsabkommen zwischen der Gemeinschaft und einem dritten Land angewendet werden können.[198] Die Gemeinschaftsrechtsordnung unterscheidet sich durch ihre auf Integration und die Beseitigung von Hindernissen für den Gemeinsamen Markt gerichteten Ziele deutlich von Abkommen mit Drittstaaten, mit denen keine enge Verbindung dieser Intensität beabsichtigt ist, so dass gegenüber diesen Abkommen im Grundsatz eine an den völkerrechtlichen Prinzipien orientierte Herangehensweise Vorrang haben sollte.
Ähnlich wie bereits im Rahmen der Auslegungszuständigkeit des EuGH für gemischte Abkommen dargestellt, sind die Schlussfolgerungen des EuGH trotz ihrer nicht ganz zweifelsfreien Herleitung als plausibles pragmatisches Ergebnis zu bewerten, welches aus der Sicht der Gemeinschaft zu einer vernünftigen und effektiven Durchsetzung der eingegangenen völkerrechtlichen Vereinbarungen führt, die nicht möglich wäre, wenn ihre Umsetzung den Mitgliedstaaten in eigener Regie verbliebe. Auch liegt es in der Konsequenz der Einordnung völkerrechtlicher Verpflichtungen der Gemeinschaft als integrierenden Bestandteil des

197 EuGH Rs. 104/81, Kupferberg, Slg. 1982, 3641, Rn. 11 ff.
198 EuGH Rs. 104/81, Kupferberg, Slg. 1982, 3641, Rn. 15.

Gemeinschaftsrechts, sie den gemeinschaftsrechtlichen Auslegungsprinzipien zu unterwerfen[199] und die völkerrechtliche Natur der Abkommen zwar das Verhältnis der Gemeinschaft zum Drittstaat bestimmen zu lassen, die Verpflichtungen der Mitgliedstaaten zur Gemeinschaft aber entsprechend den Besonderheiten der Gemeinschaftsrechtsordnung zu verstärken und nicht auf die völkerrechtlichen Verpflichtungen zu reduzieren.

VI. Zusammenfassung zu Abschnitt B.

Die EG ist Völkerrechtssubjekt und kann daher völkerrechtliche Vereinbarungen schließen. Grundlage ihres Handelns bilden auch hier die Prinzipien der begrenzten Einzelermächtigung, der Subsidiarität sowie der Verhältnismäßigkeit (Art. 5 EGV). Neben die ausdrücklich eingeräumten Außenkompetenzen können sog. implizite Vertragsschlusskompetenzen treten. Dies ist der Fall, wenn der EG eine Zuständigkeit im Innenverhältnis verliehen wurde, die dazu befugt, die zur Erreichung dieses Zieles erforderlichen völkerrechtlichen Verpflichtungen einzugehen.
Im Hinblick auf den Aufenthaltsstatus von drittstaatsangehörigen Arbeitnehmern bestehen keine ausdrücklichen Außenkompetenzen der EG, wohl aber implizite Zuständigkeiten auf der Grundlage des Art. 63 Abs. 1 Nr. 3 lit. a und Nr. 4 EGV (Befugnis zum Erlass einwanderungspolitischer Maßnahmen; Aufenthalt in anderen Mitgliedstaaten) sowie des Art. 137 Abs. 1 lit. g EGV (Beschäftigungsbedingungen von Drittstaatsangehörigen). Da sich Großbritannien, Irland und Dänemark noch nicht an der Einwanderungspolitik beteiligen, empfiehlt sich allerdings ein gemeinsames Vorgehen der EG mit den Mitgliedstaaten. Auch ermächtigen die genannten Kompetenzen die EG nicht zu einer vollständigen Harmonisierung, sondern enthalten Abweichungskompetenzen der Mitgliedstaaten bzw. gestatten nur den Erlass von Mindestvorschriften, so dass auch deshalb ein gemeinsames Vorgehen der EG mit den Mitgliedstaaten notwendig ist.
Im Rahmen ihrer Kompetenz zum Abschluss von Assoziierungsabkommen (Art. 310 EGV) ist die EG berechtigt, völkerrechtliche Vereinbarungen im gesamten sachlichen Anwendungsbereich des EG-Vertrages zu treffen. Abkommen mit Drittstaaten können daher umfassende Regelungen zum Aufenthaltsstatus von Staatsangehörigen der Vertragspartei, einschließlich Mobilitäts- und Gleichbehandlungsrechte, enthalten und z. B. die Freizügigkeit der Arbeitnehmer mit dem Drittstaat herstellen.
Hat die EG ein völkerrechtliches Abkommen geschlossen, so ist sie zur Auslegung dieses Abkommens zuständig. Dies gilt auch dann, wenn die EG die völkerrechtliche Vereinbarung zusammen mit den Mitgliedstaaten eingegangen ist, also ein sog. gemischtes Abkommen vorliegt. Dieses Verständnis beruht auf der gemeinsamen Verantwortung, die die EG und die Mitgliedstaaten für die Einhal-

199 *Vogt*, S. 154.

tung ihrer völkerrechtlichen Verpflichtungen tragen, und der Notwendigkeit einer einheitlichen Anwendung dieser Abkommen innerhalb der EG. Sie stellen einen „integrierenden Bestandteil der Gemeinschaftsrechtsordnung" dar. Im Rahmen seiner Auslegungskompetenz hat der EuGH das Instrument der „unmittelbaren Wirkung" völkerrechtlicher Bestimmungen entwickelt, so dass sie, wie auch gemeinschaftsrechtliche Normen, dazu geeignet sein können, von einem Unionsbürger oder Staatsangehörigen einer Vertragspartei zur Geltendmachung von Ansprüchen direkt herangezogen zu werden.

3. Teil: Zusammenfassung zu Kapitel 1

Verglichen mit den Kompetenzen der EG im Rahmen der Freizügigkeit der Arbeitnehmer (Art. 39 ff. EGV) nehmen sich die Kompetenzen hinsichtlich des Aufenthaltsstatus drittstaatsangehöriger Arbeitnehmer innerhalb der EG deutlich geringer aus. So ist die EG in umfassender Weise befugt, Aufenthalts- und Gleichbehandlungsrechte für Unionsbürger sowie ihre Familienangehörigen, einschließlich des Arbeitsmarktzugangs, zu regeln. Drittstaatsangehörige Personen fallen jedoch nicht in diese Kompetenzen. Eine Ausnahme besteht lediglich für drittstaatsangehörige Familienmitglieder eines Unionsbürgers, da die Freizügigkeitsrechte für die Familie eines Wanderarbeitnehmers unabhängig von der Staatsangehörigkeit der einzelnen Familienmitglieder gewährt sind.

Kompetenzen zur Regelung der aufenthaltsrechtlichen Stellung von Drittstaatsangehörigen finden sich vor allem im Zusammenhang mit der Einwanderungspolitik im IV. Titel „Visa, Asyl, Einwanderung und andere Politiken betreffend den freien Personenverkehr" (Art. 61 ff. EGV). Insbesondere aus der Zuständigkeit zum Erlass einwanderungspolitischer Maßnahmen ergeben sich zum Teil weitreichende Regelungsbefugnisse in Bezug auf Einreise- und Aufenthaltsvoraussetzungen sowie Verfahren zur Erteilung von Aufenthaltstiteln für einen langfristigen Aufenthalt, einschließlich solcher zur Familienzusammenführung (Art. 63 Abs. 1 Nr. 3 lit. a EGV). Diese Kompetenzen berechtigen die EG zwar nicht zu einer vollständigen Harmonisierung des Einwanderungsrechts, denn den Mitgliedstaaten müssen in besonderem Maße Gestaltungsspielräume verbleiben (Art. 63 Abs. 2 EGV). Dennoch wäre es dem Gemeinschaftsgesetzgeber möglich, einheitliche Strukturen für das mitgliedstaatliche Einwanderungsrecht vorzugeben. Da die Einwanderung von drittstaatsangehörigen Arbeitnehmern in die EG aber bisher trotz entsprechender Zielsetzungen nicht durch eine einheitliche Politik der Mitgliedstaaten begleitet worden ist, schreitet die gemeinschaftsrechtliche Ausfüllung der Kompetenzen durch Rat und Kommission nur langsam voran und scheitert häufig an den nicht zu vereinbarenden Vorstellungen der Mitgliedstaaten.[200] Im Ergebnis fällt die Einwanderungsge-

200 S. etwa *Hailbronner*, Privilegierte Drittstaatsangehörige in der Europäischen Union, in: Due/Lutter/Schwarze, FS Everling, S. 399 ff.; *Hedemann-Robinson*, CML Rev. 2001,

setzgebung daher in vielen Bereichen noch in die alleinige Zuständigkeit der Mitgliedstaaten.[201] Dennoch sind die Bemühungen der EG unverkennbar, auf den wachsenden Einwanderungsdruck auf die EG und die Bedürfnisse des gemeinsamen Arbeitsmarktes zu reagieren sowie einheitliche Vorgaben für den Aufenthaltsstatus von sich bereits rechtmäßig in der EG aufhaltenden Drittstaatsangehörigen zu treffen. Ausdruck dessen sind das „Haager Programm zur Stärkung von Freiheit, Sicherheit und Recht in der Europäischen Union", welches das Arbeitsprogramm der EU im Bereich der Asyl- und Einwanderungspolitik bis zum Jahr 2010 festlegt und die von der Kommission ausgearbeitete „Strategie zur legalen Zuwanderung", die konkrete Schritte zur Regelung der legalen Einwanderung sowie zur Integration von Drittstaatsangehörigen vorsieht. Hieraus sind bereits das sog. Forscher-Paket, der Vorschlag für eine „Richtlinie über die Bedingungen für die Einreise und den Aufenthalt von Drittstaatsangehörigen zur Ausübung einer hochqualifizierten Beschäftigung"[202] (EU Blue Card) sowie der Vorschlag für eine „Richtlinie des Rates über ein einheitliches Antragsverfahren für eine kombinierte Erlaubnis für Drittstaatsangehörige zum Aufenthalt und zur Arbeit im Gebiet eines Mitgliedstaates und über ein gemeinsames Bündel von Rechten für Drittstaatsangehörige, die sich rechtmäßig in einem Mitgliedstaat aufhalten"[203] (sog. Rahmenrichtlinie) hervorgegangen. Die Vorschläge für die sektorspezifischen Richtlinien zu Saisonarbeitnehmern, Arbeitnehmern, die innerbetrieblich versetzt werden, sowie bezahlten Auszubildenden stehen noch aus. Wenngleich die Mitgliedstaaten bisher nur punktuelle Vorgaben des Gemeinschaftsrechts beachten müssen, lässt sich doch zusammenfassen, dass das Fundament für eine gemeinsame Einwanderungspolitik der EG gelegt wurde.

Flankiert wird die Kompetenz zum Erlass einwanderungspolitischer Maßnahmen von der Zuständigkeit der EG für Regelungen zum Aufenthalt von Drittstaatsangehörigen in *anderen* Mitgliedstaaten (Art. 63 Abs. 1 Nr. 4 EGV). Sie erweitert die einwanderungspolitischen Kompetenzen vor allem im Hinblick auf den „Raum der Freiheit", also den freien Personenverkehr innerhalb der EG.

525 ff.; *Maaßen*, ZAR 2006, 161 ff., 162, der beklagt, dass insbesondere im Bereich des Ausländer- und Asylrechts lediglich punktuelle, jeweils recht spezifische Gemeinschaftsregelungen ergehen und kein ausländerrechtlicher Gesamtansatz der Europäischen Union vorliegt. Hieraus ergibt sich nach seiner Auffassung ein Puzzle europäischer Richtlinien, welches sowohl Regelungslücken als auch Unstimmigkeiten aufweist. Die Ursache hierfür scheint weniger im fehlenden Willen der Kommission zur Vorbereitung eines Gesamtansatzes zu liegen als vielmehr in der Position der Mitgliedstaaten, deren Zustimmung nur auf dem Wege der partiellen Vereinheitlichung erreicht werden konnte.

201 Schlussanträge *Geelhoed*, Rs. C-109/01, Akrich, Slg. 2003, I-9607 (s. Fn. 25), Rn. 2.

202 KOM(2007) 637 endg.

203 KOM(2007) 638 endg.

Neben den Innenkompetenzen sind der EG Außenkompetenzen verliehen, die sie zu Maßnahmen im Hinblick auf den Aufenthaltsstatus von Drittstaatsangehörigen berechtigt. Die umfassendste Kompetenz beinhaltet die Befugnis zum Abschluss von Assoziierungsabkommen, die im gesamten sachlichen Anwendungsbereich des EG-Vertrages entsprechende Vereinbarungen mit Drittstaaten ermöglicht. Darüber hinaus verfügt die EG über implizite Zuständigkeiten im Bereich der Einwanderungspolitik einschließlich Regelungen zum Aufenthalt von Drittstaatsangehörigen in anderen Mitgliedstaaten sowie im Bereich der Sozialpolitik hinsichtlich der Beschäftigungsbedingungen von Drittstaatsangehörigen. Da diese Kompetenzen nicht auf eine vollständige Harmonisierung der EG zielen, unterliegt auch die Außenkompetenz entsprechenden Einschränkungen.

Insgesamt lässt sich festhalten, dass den Mitgliedstaaten im Bereich der Freizügigkeit der EU-Arbeitnehmer kaum eigene Kompetenzen verblieben sind. Im Hinblick auf Regelungen zum Aufenthaltsstatus von drittstaatsangehörigen Arbeitnehmern liegen die Kompetenzen im Wesentlichen noch bei den Mitgliedstaaten. Die EG verfügt in diesem Bereich zwar auch über bedeutende Regelungsbefugnisse, die aber nicht auf eine vollständige Harmonisierung des Einwanderungsrechts zielen und deren Wahrnehmung regelmäßig auf die skeptische Zurückhaltung der Mitgliedstaaten trifft. Das Haager Programm sowie die Vorschläge der Kommission, die den Bereich der legalen Einwanderung und die aufenthaltsrechtliche Stellung von Drittstaatsangehörigen in der EG betreffen, zeigen jedoch, dass die Zeiten des in rein mitgliedstaatlicher Verantwortung liegenden Einwanderungsrechts vorbei sind.

2. Kapitel: Die Freizügigkeit der Arbeitnehmer

Aufenthalt, Arbeitsmarktzugang und Eingliederung in die mitgliedstaatlichen Sozialsysteme bilden die im Rahmen der vorliegenden Arbeit zu untersuchenden Aspekte des Aufenthaltsstatus von ausländischen Arbeitnehmern. Für EU-Arbeitnehmer werden diese Rechte im Wesentlichen von den gemeinschaftsrechtlichen Bestimmungen der Art. 39 ff. EGV zur Freizügigkeit der Arbeitnehmer und dem auf dieser Grundlage ergangenen Sekundärrecht ausgestaltet. Grob skizziert umfasst die Arbeitnehmerfreizügigkeit das Unionsbürgern unmittelbar zustehende Recht, frei von Diskriminierungen und Beschränkungen im gesamten Gebiet der Europäischen Union einer unselbständigen Erwerbstätigkeit nachzugehen und sich zu diesem Zweck mit den Familienangehörigen in andere Mitgliedstaaten als dem Herkunftsmitgliedstaat zu begeben und dort aufzuhalten.[204]

Die Freizügigkeit der Arbeitnehmer stellt eine der wesentlichen Grundlagen der EG dar und bildet zusammen mit den anderen Grundfreiheiten den Kern des Binnenmarktes (Art. 2, 3 Abs. 1 lit. c EGV).[205] In dieser Funktion verfolgt sie das Ziel, einen innergemeinschaftlichen bedarfsgerechten Marktausgleich im Hinblick auf den „Produktionsfaktor Arbeit" zu ermöglichen.[206] Freier Aufenthalt und freie Arbeitsplatzwahl bilden die diesen wirtschaftlichen Zwecken dienenden Gewährleistungen der Grundfreiheit. Gleichzeitig bezweckte die Grundfreiheit – im Gegensatz zu den anderen Personenfreizügigkeiten – von Anfang an auch, den Weg zu umfassender und dauerhafter Integration im Aufnahmemitgliedstaat zu bereiten.[207] Daher verbot es sich, die Pflichten des Aufnahmestaates im Hinblick auf Gleichbehandlung und Fürsorge gering zu halten. Zu überprüfen ist daher, in welchem Verhältnis die Personenfreizügigkeiten zueinander stehen und insbesondere, welchen Einfluss die allgemeine Freizügigkeit der Unionsbürger (Art. 18 EGV) in Verbindung mit dem allgemeinen Diskriminierungsverbot (Art. 12 EGV) auf die Grundfreiheit des Art. 39 EGV hat.

---

204 *Scheuing*, EuR 2003, 744 ff., 747; zur Unmittelbarkeit EuGH Rs. C-415/93, Bosman, Slg. 1995, I-4921, Rn. 93 ff.

205 *Franzen*, in: Streinz, Art. 39 EGV, Rn. 1; *Pache*, in: Schulze/Zuleeg, § 10 Rn. 96. EuGH Rs. 118/75, Watson und Belmann, Slg. 1976, 1185, Rn. 16; Rs. C-415/93, Bosman, Slg. 1995, I-4921, Rn. 78 u. 93; Rs. C-18/95, Terhoeve, Slg. 1999, I-345, Rn. 36.

206 *Wollenschläger*, Grundfreiheit ohne Markt, S. 20; *Höller*, S. 54; *Steinmeyer*, in: Fuchs, Europäisches Sozialrecht, VO (EWG) Nr. 1612/68, Rn. 2; EuGH Rs. C-308/93, Cabanis-Issarte, Slg. 1996, I-2123, Rn. 38.

207 *Höller*, S. 57; Erwägungsgrund Nr. 5 der VO (EWG) Nr. 1612/68; EuGH Rs. C-308/89, di Leo, Slg. 1990, I-4185, Rn. 13: „Weiter ist darauf hinzuweisen, daß die Verwirklichung der von der VO (EWG) Nr. 1612/68 bezweckten Freizügigkeit der Arbeitnehmer unter Wahrung der Freiheit und Menschenwürde es erforderlich macht, die bestmöglichen Bedingungen für die Integration der Familie des EG-Arbeitnehmers im Aufnahmeland zu schaffen."

Vorausgeschickt sei, dass die Bedeutung und die Gewährleistungen des Art. 39 EGV nicht losgelöst von den zur Konkretisierung und Durchführung des Artikels ergangenen sekundärrechtlichen Bestimmungen gesehen werden können, da insbesondere die Regelungen der RL 2004/38/EG und der VO (EWG) Nr. 1612/68 zu eng mit Art. 39 EGV verwoben sind. Nach Auffassung des EuGH haben die sekundärrechtlichen Normen aber ohnehin keine über die Ermächtigungsgrundlage hinausgehende Bedeutung und verleihen keine Rechte, die nicht bereits in Art. 39 Abs. 2 EGV angelegt sind.[208] Entsprechend zieht der EuGH die Vorschriften parallel heran oder stützt sich umgekehrt nur auf die primär- oder sekundärrechtliche Bestimmung, ohne dass hieraus geschlossen werden könnte, ob erst die Verbindung der Normen oder aber ausschließlich die zitierte Bestimmung die Quelle des zu prüfenden Rechts ist.[209] Daher soll auch in dieser Arbeit der Gewährleistungsinhalt des Art. 39 EGV und der sekundärrechtlichen Vorgaben nicht getrennt, sondern in Verbindung miteinander dargestellt werden.

1. Teil: Anwendungsbereich der Freizügigkeit der Arbeitnehmer

Der Anwendungsbereich der Freizügigkeit der Arbeitnehmer (Art. 39 EGV) setzt in sachlicher Hinsicht die Arbeitnehmereigenschaft und einen grenzüberschreitenden Bezug voraus (sachlicher Anwendungsbereich) und findet auf *Unionsbürger* Anwendung (persönlicher Anwendungsbereich).

A. Sachlicher Anwendungsbereich des Art. 39 EGV

Für die Zwecke dieser Arbeit konzentrieren sich die folgenden Ausführungen im Schwerpunkt auf die Frage, unter welchen Voraussetzungen die Eigenschaft eines *Arbeitnehmers* gegeben ist. Neben den Voraussetzungen, die erfüllt sein müssen, um eine Person als Arbeitnehmer zu qualifizieren, werden die Konstellationen aufgezeigt, in denen bereits vor Aufnahme einer Beschäftigung bestimmte Freizügigkeitsrechte geltend gemacht werden können, und solche, in denen der privilegierte Status eines Arbeitnehmers aufrechterhalten wird, obwohl die Berufstätigkeit unterbrochen bzw. aufgegeben wurde.

---

208 EuGH Rs. C-171/01, Wählergruppe Gemeinsam, Slg. 2003, I-4301, Rn. 80 ff. Hiernach besteht das Ziel der Verordnung „lediglich darin, die Vorschriften des Artikels 48 zu konkretisieren; als Maßnahme des abgeleiteten Rechts kann diese Verordnung den Bestimmungen des EG-Vertrags, zu deren Durchführung sie ergangen ist und die ihre Rechtsgrundlage darstellen, nichts hinzufügen". EuGH Rs. C-213/90, Asti, Slg. 1991, I-3526, Rn. 15. Vgl. auch *Huster*, NZS 1999, 10 ff., 11; *F. Wollenschläger*, S. 32 ff.

209 So auch *Randelzhofer/Forsthoff*, in: Grabitz/Hilf, Art. 39 EGV, Rn. 132 mit entsprechenden Verweisen auf die Rechtsprechung des EuGH.

I. Der gemeinschaftsrechtliche Begriff des Arbeitnehmers

Der Begriff des Arbeitnehmers ist ein gemeinschaftsrechtlicher Begriff, der zwar weder im Primärrecht noch im Sekundärrecht definiert wird,[210] jedoch durch zahlreiche Entscheidungen des EuGH eine detaillierte Ausgestaltung erfahren hat.[211] Nach dieser Rechtsprechung ist Arbeitnehmer im Sinne des Art. 39 EGV, wer auf *Weisung* eines anderen *während eines bestimmten Zeitraumes Leistungen* erbringt, für die er als *Gegenleistung* eine *Vergütung* erhält.[212] Für die Beurteilung der Arbeitnehmereigenschaft ist die gesamte Berufstätigkeit zu berücksichtigen, die der Betroffene im Hoheitsgebiet des Aufnahmemitgliedstaats verrichtet hat.[213] Die Prüfung muss sich auf objektive Kriterien stützen und in einer Gesamtbetrachtung alle Umstände der Rechtssache würdigen, die die Art der in Rede stehenden Tätigkeiten und die des fraglichen Arbeitsverhältnisses betreffen.

Die einzelnen Merkmale des Arbeitnehmerbegriffs dürfen, da sie den Anwendungsbereich einer Grundfreiheit festlegen, nicht einschränkend ausgelegt werden[214]; auch ist es den Mitgliedstaaten verwehrt, zusätzliche Voraussetzungen für die Anwendbarkeit der Freizügigkeit aufzustellen.[215] Des Weiteren sind Umstände, die sich auf das Verhalten des Betreffenden vor und nach der Beschäftigungszeit beziehen, für die Beurteilung der Arbeitnehmereigenschaft bedeutungslos.[216] Dies gilt selbst dann, wenn z. B. aufgrund einer besonders kurzzeiti-

---

210 Insbesondere enthalten auch die VO (EWG) Nr. 1612/68 und die RL 2004/38/EG keine Begriffsdefinition, sondern bestimmen lediglich die Berechtigung jedes Unionsbürgers, *in anderen Mitgliedstaaten einer Tätigkeit im Lohn- und Gehaltsverhältnis nachzugehen* (Art. 1 der VO (EWG) Nr. 1612/68 sowie Art. 7 Abs. 1 der RL 2004/38/EG).

211 *Randelzhofer/Forsthoff*, in: Grabitz/Hilf, Art. 39 EGV, Rn. 9; *Colneric*, Entwicklungslinien in der Rechtsprechung des Gerichtshofs der Europäischen Gemeinschaften zum Status von Ausländern, in: Barwig/Beichel-Benedetti/Brinkmann, S. 49 ff., 51.

212 Erstmals EuGH Rs. 66/85, Lawrie-Blum, Slg. 1986, 2121 (vgl. Schlussanträge *Slynn*, Rs. 39/86, Lair, Slg. 1988, 3161, 3181); Rs. C-1/97, Birden, Slg. 1998, I-7747, Rn. 25.

213 Außer Betracht bleiben Tätigkeiten, die er anderswo in der EG ausgeübt hat, EuGH Rs. C-357/89, Raulin, Slg. 1992, I-1027, Nr. 1 des Tenors.

214 EuGH Rs. 53/81, Levin, Slg. 1982, 1035, Rn. 13; Rs. 66/85, Lawrie-Blum, Slg. 1986, 2121, Rn. 16; Rs. C-3/90, Bernini, Slg. 1992, I-1071, Rn. 14; Rs. C-337/97, Meeusen, Slg. 1999, I-3289, Rn. 13; Rs. C-456/02, Trojani, Slg. 2004, I-7573, Rn. 15 (s. Fn. 241); Rs. C-413/01, Ninni-Orasche, Slg. 2003, I-13187, Rn. 23.

215 EuGH Rs. 75/63, Unger, Slg. 1964, 381, 396 zu den früheren Art. 48 ff., jetzt Art. 39 ff. EGV: „Wäre die Bestimmung dieses Begriffes dem innerstaatlichen Recht überlassen worden, so wäre jeder Staat in der Lage, den Inhalt des Begriffes Wanderarbeitnehmer Veränderungen zu unterwerfen und bestimmten Personengruppen nach Belieben den Schutz des Vertrages zu entziehen ... Nach alledem wären Artikel 48 bis 51 jeglicher Bedeutung beraubt und die ... Ziele des Vertrages ernsthaft gefährdet, wenn es dem nationalen Recht freistünde, den Inhalt ... einseitig festzulegen ...“; EuGH Rs. 39/86, Lair, Slg. 1988, 3161, Rn. 41; *Schneider/Wunderlich* in Schwarze, EU-Kommentar, Art. 39 EGV, Rn. 11.

216 EuGH Rs. C-413/01, Ninni-Orasche, Slg. 2003, I-13187, Rn. 28.

gen Beschäftigung nahe liegen könnte, dass diese nur aufgenommen wurde, um künstlich den Status eines Wanderarbeitnehmers zu erlangen und sodann Aufenthaltsrechte oder soziale Vergünstigungen des Aufnahmemitgliedstaates beanspruchen zu können, die ohne den gemeinschaftsrechtlichen Bezug nicht gewährt werden müssten.[217] Zwar unterliegt auch die Freizügigkeit der Arbeitnehmer der allgemeinen Schranke des Rechtsmissbrauchs, der es verbietet, sich der Anwendung des nationalen Rechts unter Missbrauch der durch das Gemeinschaftsrecht geschaffenen Erleichterungen zu entziehen.[218] Jedoch genügt allein der Umstand, dass eine Tätigkeit in einem Mitgliedstaat aufgenommen wird, um in den Genuss vorteilhafterer Rechtsvorschriften zu gelangen, für sich nicht, um auf eine missbräuchliche Ausübung der Freizügigkeit zu schließen.[219] So darf dieser Gefahr nicht durch eine restriktive Auslegung des Arbeitnehmerbegriffs begegnet werden, die die Inanspruchnahme der Freizügigkeit im Ganzen erschweren könnte.[220] Es hat daher außer Betracht zu bleiben, dass der Unionsbürger mit seiner Einreise oder seinem Aufenthalt in erster Linie andere Ziele verfolgt bzw. ihn andere Absichten bewogen haben, als eine Erwerbstätigkeit aufzunehmen, solange er eine solche tatsächlich ausübt oder ausüben will, da die subjektive Einstellung einer Person allein einen Missbrauch nicht zu begründen vermag.[221] Die Mitgliedstaaten dürfen aus den genannten Gründen weder die Einreise noch den Aufenthalt und die Ausübung der Beschäftigung verweigern.[222] Im Ergebnis kann die Aufnahme einer Beschäftigung als solche daher nie als missbräuchlich bewertet werden.

Allerdings sind die Mitgliedstaaten berechtigt, geeignete Maßnahmen zu treffen, um Betrügereien zu verhindern und zu verfolgen, solange sie die Grundfreiheit nicht einschränken.[223] Welchen Voraussetzungen diese Maßnahmen unterliegen, ist bisher durch die Rechtsprechung des EuGH wenig geklärt. Analog zu Entscheidungen zur Niederlassungsfreiheit können nationale Maßnahmen dann gerechtfertigt sein, wenn sie sich auf rein künstliche Gestaltungen beziehen, die darauf ausgerichtet sind, der Anwendung der Rechtsvorschriften des Aufnahme-

---

217 EuGH Rs. C-413/01, Ninni-Orasche, Slg. 2003, I-13187, Rn. 31: Arbeitnehmereigenschaft bejaht bei einer *dreieinhalbmonatigen* Beschäftigung (s. Fn. 291); Rs. 39/86, Lair, Slg. 1988, 3161, Rn. 43 (s. Fn. 369); Rs. C-109/01, Akrich, Slg. 2003, I-9607 (s. Fn. 25), Rn. 55 ff.

218 EuGH Rs. C-196/04, Cadbury Schweppes, Slg. 2006, I-7995, Rn. 35 (Die Entscheidung bezieht sich auf die Niederlassungsfreiheit; dieser Grundsatz kann jedoch auf die Arbeitnehmerfreizügigkeit übertragen werden.); *Randelzhofer/Forsthoff*, in: Grabitz/Hilf, vor Art. 39-55 EGV, Rn. 126 ff.

219 EuGH Rs. C-196/04, Cadbury Schweppes, Slg. 2006, I-7995, Rn. 37.

220 EuGH Rs. 39/86, Lair, Slg. 1988, 3161, Rn. 43 (s. Fn. 369).

221 *Randelzhofer/Forsthoff*, in: Grabitz/Hilf, vor Art. 39-55 EGV, Rn. 127.

222 EuGH Rs. 53/81, Levin, Slg. 1982, 1035, Rn. 19 ff.

223 EuGH Rs. C-212/97, Centros, Slg. 1999, I-1459, Rn. 38 (Gründung einer Gesellschaft in einem anderen Mitgliedstaat, ohne dort eine Geschäftstätigkeit zu entfalten, um von dessen Gesellschaftsrecht zu profitieren; Gründung einer Zweigniederlassung im Mitgliedstaat der Geschäftstätigkeit).

mitgliedstaats zu entgehen.[224] Bei der Beurteilung einer solchen Konstruktion ist das Verhalten des Unionsbürgers im Hinblick auf das Ziel der Arbeitnehmerfreizügigkeit zu berücksichtigen.[225] Da dieses darin besteht, die unselbständige wirtschaftliche Tätigkeit innerhalb der EG zu fördern, liegt eine rein künstliche Gestaltung bei z. B. Scheinarbeitsverträgen vor.[226] Ebenso kann von einem missbräuchlichen Verhalten ausgegangen werden, wenn die Vergünstigungen für Wanderarbeitnehmer und ihre Ehegatten im Rahmen von Scheinehen geltend gemacht werden.[227]
Die Grundsätze dieser Rechtsprechung sind mittlerweile in Art. 35 der RL 2004/38/EG festgeschrieben; hiernach dürfen die Mitgliedstaaten die Maßnahmen erlassen, die notwendig sind, um die rechtsmissbräuchliche oder betrügerische Ausübung der durch die Richtlinie verliehenen Rechte zu verhindern.

Im Folgenden wird ein Überblick über die einzelnen Merkmale des Arbeitnehmerbegriffs gegeben.

1. Merkmal „während eines bestimmten Zeitraumes"

Dieses Merkmal deutet darauf hin, dass während eines allzu kurzen Zeitraums verrichtete Tätigkeiten nicht die Qualifizierung als Arbeitnehmer zulassen. Allerdings setzt Art. 39 EGV nicht voraus, dass eine Tätigkeit über einen gewissen Mindestzeitraum ausgeübt wird. Selbst ausgesprochen kurze Arbeitsverhältnisse, wie z. B. ein dreiwöchiges Praktikum, hindern seine Anwendbarkeit nicht.[228] Dementsprechend sind die Mitgliedstaaten auch nicht befugt, einzelne

---

224 EuGH Rs. C-212/97, Centros, Slg. 1999, I-1459, Rn. 38; Rs. C-196/04, Cadbury Schweppes, Slg. 2006, I-7995, Rn. 51: Im Rahmen der Niederlassungsfreiheit liegen solche rein künstlichen Gestaltungen vor, wenn sie jeder wirtschaftlichen Realität entbehren, also insbesondere nicht die Ausübung einer wirtschaftlichen Tätigkeit bezwecken, denn diese zu fördern ist das Ziel der Niederlassungsfreiheit.

225 So zur Niederlassungsfreiheit EuGH Rs. C-196/04, Cadbury Schweppes, Slg. 2006, I-7995, Rn. 52; Rs. C-212/97, Centros, Slg. 1999, I-1459, Rn. 25.

226 Hier wird es regelmäßig auch an der „Ausübung einer tatsächlichen Tätigkeit" fehlen (hierzu s. unten 3.).

227 EuGH Rs. C-109/01, Akrich, Slg. 2003, I-9607 (s. Fn. 25), Rn. 57.

228 EuGH Rs. C-169/03, Wallentin, Slg. 2004, I-6443: Der EuGH bejahte die Arbeitnehmereigenschaft i. S. v. Art. 39 EGV für ein *dreiwöchiges* studentisches Praktikum (s. Fn. 427); Rs. C-357/89, Raulin, Slg. 1992, I-1027: Arbeitnehmereigenschaft bejaht für eine knapp dreiwöchige Tätigkeit in Teilzeit auf der Grundlage eines Vertrages „auf Abruf"; Rs. C-3/90, Bernini, Slg. 1992, I-1071: Arbeitnehmereigenschaft bejaht bei *zehnwöchigem* Praktikum im Rahmen einer Berufsausbildung; Rs. C-413/01, Ninni-Orasche, Slg. 2003, I-13187: Arbeitnehmereigenschaft bejaht bei einer *dreieinhalbmonatigen* Beschäftigung (s. Fn. 291); Rs. 197/86, Brown, Slg. 1988, 3205, Rn. 22: Der EuGH bejahte das Vorliegen eines Arbeitsverhältnisses i. S. v. Art. 39 EGV bei einem *achtmonatigen* voruniversitären Praktikum (s. Fn. 444).

Rechte aus Art. 39 EGV, wie etwa die Gewährung der in Art. 7 Abs. 2 der VO (EWG) Nr. 1612/68 vorgesehenen sozialen Vergünstigungen, an Mindestarbeitszeiten zu knüpfen.[229]

2. Weisungsgebundenheit

Weisungsgebundenheit zeigt sich in einem persönlichen Abhängigkeitsverhältnis zwischen dem Dienstverpflichteten und dem Arbeitgeber, welches den Letztgenannten dazu berechtigt, die zu erbringende Leistung nach Ort, Zeit, Inhalt sowie Art und Weise zu bestimmen.[230] Fehlende Weisungsgebundenheit führt in der Regel dazu, dass eine selbständige Tätigkeit vorliegt und der Betreffende sich nicht auf die Arbeitnehmerfreizügigkeit, sondern auf die Niederlassungsfreiheit berufen kann. Die Abgrenzung zwischen den beiden Grundfreiheiten hat im Hinblick auf das Aufenthaltsrecht angesichts der umfassenden Rechte der nach Art. 39 und Art. 43 EGV freizügigen Personen wenig Bedeutung und soll daher an dieser Stelle außer Betracht bleiben.[231]

3. Erbringen einer Leistung; Ausübung einer tatsächlichen Tätigkeit

Arbeitnehmer im Sinne des Art. 39 EGV ist nur, wer *im Wirtschaftsleben tätig ist oder sein will*[232] und wer eine *tatsächliche und echte* Tätigkeit ausübt (oder ausüben will).[233] Tätigkeiten, die einen so geringen Umfang haben, dass sie sich als völlig untergeordnet und unwesentlich darstellen, bleiben außer Betracht.[234] Auch eine Teilzeitbeschäftigung entspricht grundsätzlich den Anforderungen, selbst wenn sie nur in einem Umfang von wenigen Wochenstunden erbracht wird.[235] Ebenso können Ausbildungs- und Praktikumsverhältnisse unter Art. 39 EGV fallen, wenn sie unter den Bedingungen einer tatsächlichen und

---

229 EuGH Rs. 197/86, Brown, Slg. 1988, 3205, Rn. 22 (Arbeitnehmereigenschaft eines Studierenden bejaht, der eine achtmonatige voruniversitäre praktische Ausbildung absolviert, für die die Zulassung zum Studium Voraussetzung ist.).

230 *Franzen*, in: Streinz, Art 39 EGV, Rn. 20.

231 *Randelzhofer/Forsthoff* in: Grabitz/Hilf, Art. 39 EGV, Rn. 9. Sie ist allerdings äußerst wichtig im Hinblick auf Übergangsvorschriften im Rahmen von Erweiterungsprozessen der Europäischen Union, die die Arbeitnehmerfreizügigkeit beschränken. Hier tritt regelmäßig das Problem der Scheinselbständigkeit auf.

232 EuGH Rs. 53/81, Levin, Slg. 1982, 1035, Rn. 17.

233 Schlussanträge *Geelhoed*, Rs. C-109/01, Akrich, Slg. 2003, I-9607 (s. Fn. 25), Rn. 68.

234 EuGH Rs. 53/81, Levin, Slg. 1982, 1035, Rn. 17; Rs. C-413/01, Ninni-Orasche, Slg. 2003, I-13187, Rn 25. Rs. C-337/97, Meeusen, Slg. 1999, I-3289, Rn. 13; Rs. C-456/02, Trojani, Slg. 2004, I-7573, Rn. 15 (s. Fn. 241).

235 Rs. 139/85, Kempf, Slg. 1986, 1741, Rn. 14 (Tätigkeit als Musiklehrer in einem Umfang von 12 Stunden wöchentlich).

echten Tätigkeit im Lohn- und Gehaltsverhältnis abgeleistet werden und als eine mit der eigentlichen Ausübung des Berufs verbundene praktische Vorbereitung angesehen werden können[236] bzw. einen gewissen wirtschaftlichen Wert für den Arbeitgeber haben.[237] So zählen auch die den juristischen Vorbereitungsdienst absolvierenden Referendare zu den Arbeitnehmern.[238]

Damit eine *echte* Tätigkeit vorliegt, ist nicht ausschlaggebend, ob der als Gegenleistung erzielte Lohn zur Existenzsicherung ausreicht. Auch dies gilt insbesondere für Teilzeitbeschäftigungen.[239]

Die Beurteilung der wirtschaftlichen Tätigkeit stößt bei der Einordnung solcher Beschäftigungsverhältnisse auf Schwierigkeiten, mit denen eine Eingliederung in den regulären Arbeitsmarkt erst erreicht werden soll. Diese Arbeitsverhältnisse unterliegen in der Regel der staatlichen Finanzierung und bestehen in gemeinnützigen Arbeiten, die gegebenenfalls ohne den entsprechenden Wiedereingliederungsbedarf gar nicht verrichtet würden. Der EuGH wendet das Merkmal der wirtschaftlichen Tätigkeit auch auf diese besondere Fallgruppe an. Hierbei hält er es für zunächst unerheblich, dass das Rechtsverhältnis zwischen dem Arbeitnehmer und dem Arbeitgeber nach nationalem Recht regelmäßig als ein Be-

---

236 EuGH Rs. C-3/90, Bernini, Slg. 1992, I-1071: Arbeitnehmereigenschaft bejaht bei *zehnwöchigem* Praktikum im Rahmen einer Berufsausbildung. Unerheblich sind die geringe Produktivität eines Praktikanten, dass er nur eine geringe Anzahl von Wochenstunden Arbeit leistet und dass er infolgedessen nur eine beschränkte Vergütung erhält (Rn. 16). Allerdings darf bei der Beurteilung der Frage, ob es sich um eine tatsächliche und echte Leistung handelt, geprüft werden, ob der Betreffende genügend Stunden geleistet hat, um sich mit der Arbeit vertraut zu machen (ebenfalls Rn. 16).

237 *Randelzhofer/Forsthoff* in: Grabitz/Hilf, Art. 39 EGV, Rn. 14 f.

238 EuGH Rs. C-109/04, Kranemann, Slg. 2005, I-2421, Rn. 13. In dem Vorabentscheidungsverfahren hatte der EuGH darüber zu entscheiden, ob einem Rechtsreferendar die Rechte aus Art. 39 EGV zustehen. Der Kläger des Ausgangsverfahrens absolvierte seine Wahlstation in einer Anwaltskanzlei in London. Nach § 7 Abs. 4 UAbs. 4 und 5 der Verordnung über die Gewährung von Trennungsentschädigung des Landes Nordrhein-Westfalen bemisst sich das Tages- und Übernachtungsgeld nach den Sätzen für Inlandsdienstreisen, auch wenn der Vorbereitungsdienst im Ausland geleistet wird. Ebenso werden die entstandenen Fahrtkosten nur bis zum deutschen Grenzort und zurück erstattet. Entsprechendes gilt für Reisebeihilfen für Familienheimfahrten während des Vorbereitungsdienstes (§ 5 Abs. 4 i. V. m. § 7 Abs. 7 der genannten Verordnung). Der Antrag des Klägers auf Erstattung der Fahrtkosten von seinem Heimatort Aachen nach London sowie die Kosten einer Wochenendheimfahrt wurde dementsprechend teilweise abgelehnt.

239 EuGH Rs. Unger, Slg. Rs. 53/81, Levin, Slg. 1982, 1035, Rn. 11 ff.: Es würde eine Einschränkung des Anwendungsbereichs des Art. 39 EGV darstellen, würde gefordert, dass das erzielte Arbeitsentgelt mindestens die Höhe des Existenzminimums erreichen muss; Rs. 139/85, Kempf, Slg. 1986, 1741 (Arbeitnehmereigenschaft bejaht trotz eines geringen Arbeitsentgelts, das den Empfang zusätzlicher sozialer Leistungen notwendig macht); Rs. C-413/01, Ninni-Orasche, Slg. 2003, I-13187. *Strick*, NJW 2005, 2182 ff., 2183, 2184, Fn. 21.

schäftigungsverhältnis sui generis einzuordnen ist.[240] Ebenso ist nicht von Bedeutung, wie hoch die Produktivität der betreffenden Person ist.[241] Die Tätigkeit muss aber auf dem Beschäftigungsmarkt üblich sein, so dass sie, wenn sie die entsprechenden Anforderungen erfüllt und eine angemessene Vergütung gezahlt wird, eine Beschäftigung im Sinne des Art. 39 EGV darstellt. Unter diesen Umständen ist irrelevant, dass sie im Wesentlichen sozialen Charakter hat und künstlich allein dazu geschaffen wurde, die Eingliederung in das Berufsleben zu fördern, selbst wenn die betreffenden Personen nicht mit den übrigen Arbeitneh-

---

240 EuGH Rs. C-1/97, Birden, Slg. 1998, I-7747, Rn. 25. Gegenstand dieses Vorabentscheidungsverfahrens war der Anspruch des Klägers und türkischen Staatsangehörigen auf Verlängerung seiner Aufenthaltserlaubnis in Deutschland gemäß Art. 6 Abs. 1 ARB Nr. 1/80. Fraglich war im Wesentlichen die Zugehörigkeit des Klägers zum regulären Arbeitsmarkt, da er auf der Grundlage des früheren § 19 BSHG beschäftigt war, wonach insbesondere für jüngere Menschen, die keine Arbeit finden, Gelegenheit zu gemeinnütziger Arbeit geschaffen wird. Da er zur vollen Wochenarbeitszeit und mit der für die verrichtete Tätigkeit üblichen Vergütung, die der Lohnsteuer und den Pflichtbeiträgen der Sozialversicherung unterlag, beschäftigt war, folgte der EuGH nicht der Auffassung der deutschen Regierung, die die Zugehörigkeit zum regulären Arbeitsmarkt wegen des sozialen Charakters der Beschäftigung ablehnte, sondern bejahte die Arbeitnehmereigenschaft.

241 EuGH Rs. C-1/97, Birden, Slg. 1998, I-7747, Rn. 28; Rs. C-456/02, Trojani, Slg. 2004, I-7573, Rn. 16. Gegenstand des dem Vorabentscheidungsverfahren zugrunde liegenden Rechtsstreits ist der erfolglose Antrag des Klägers auf Gewährleistung des sog. Minimex. Herr Trojani ist französischer Staatsangehöriger. Während eines Aufenthaltes in Belgien wurde er in ein Heim der Heilsarmee aufgenommen. Dort erbrachte er im Rahmen eines individuellen Projekts der gesellschaftlichen und beruflichen Wiedereingliederung etwa 30 Stunden in der Woche verschiedene Leistungen und erhielt im Gegenzug Unterkunft und etwas Taschengeld. Da Herr Trojani über keine finanziellen Mittel verfügte, beantragte er das sog. Minimex, eine soziale Leistung, die das Existenzminimum umfasst und an mittellose Personen mit Aufenthalt in Belgien gezahlt wird. Der Antrag wurde mit der Begründung abgelehnt, dass Herr Trojani nicht in den Anwendungsbereich der VO (EWG) Nr. 1612/68 falle. Die Heilsarmee hat die Aufgabe, bedürftige Personen aufzunehmen, sie unterzubringen und ihnen eine angemessene psycho-soziale Unterstützung zu bieten, um ihre Selbständigkeit, ihr physisches Wohlbefinden und ihre Wiedereingliederung in die Gesellschaft zu fördern. Dabei wird für jede Person ein individuelles Eingliederungsprojekt entwickelt, vgl. Rn. 21 des Urteils, Dekret der Commission communautaire française vom 27.5.1999 über die Anerkennung von Wohnheimen und ihre Subventionierung. Die Grundmerkmale eines Arbeitsverhältnisses liegen vor: Herr Trojani erbringt für das Wohnheim und nach dessen Weisungen Leistungen und erhält dafür Naturalleistungen und eine Barvergütung (Rn. 22 des Urteils). Ausschlaggebend für die Beurteilung, ob Herr Trojani auch Arbeitnehmer i. S. des Gemeinschaftsrechts ist, ist, ob die Tätigkeit für das Wohnheim eine „tatsächliche und echte Tätigkeit" darstellt. Diese Beurteilung hat das nationale Gericht zu treffen. EuGH Rs. 53/81, Levin, Slg. 1982, 1035, Rn. 16; Rs. 344/87, Bettray, Slg. 1989, 1621, Rn. 15 (s. Fn. 243); Rs. C-188/00, Kurz, Slg. 2002, I-10691, Rn. 32. *Colneric*, Entwicklungslinien in der Rechtsprechung des Gerichtshofs der Europäischen Gemeinschaften zum Status von Ausländern, in: Barwig/Beichel-Benedetti/Brinkmann, S. 49 ff., 50.

mern in Wettbewerb stehen.[242] Anders ist ein Beschäftigungsverhältnis nur dann zu beurteilen, wenn es ausschließlich ein Mittel der Rehabilitation darstellt und der Betreffende Tätigkeiten verrichtet, die auf seine körperlichen und geistigen Fähigkeiten zugeschnitten sind, weil er nicht in der Lage ist, unter normalen Bedingungen zu arbeiten. Bleiben bei diesen Tätigkeiten wirtschaftliche Aspekte vollständig außer Betracht, so können sie nicht als solche mit wirtschaftlichem Charakter eingeordnet werden.[243]

4. Gegen Entgelt

Die Arbeitsleistung kann durch Geld, aber auch durch Sachleistungen, wie etwa Verpflegung und Unterkunft, vergütet werden. Die Höhe der Vergütung ist grundsätzlich unerheblich. Selbst wenn der Lohn nicht ausreicht, um die Existenz zu sichern oder das Existenzminimum bzw. das für den betreffenden Sektor garantierte Mindesteinkommen nicht erreicht wird, steht dies der Arbeitnehmereigenschaft nicht entgegen.[244] Hierbei ist des Weiteren nicht relevant, ob die Einkünfte aus der Arbeitnehmertätigkeit durch andere Einkünfte, sei es aus Vermögen oder aus der Arbeit eines sie begleitenden Familienmitglieds, ergänzt werden oder sich die Person mit Existenzgrundlagen begnügt, die darunter liegen.[245] Auch ist die Herkunft der Vergütung nicht entscheidend. So widerspricht der Arbeitnehmereigenschaft nicht, dass die Vergütung, wie z. B. bei Rechtsreferendaren, in Form einer Unterhaltsbeihilfe geleistet wird[246] oder bei künst-

---

242 EuGH Rs. C-1/97, Birden, Slg. 1998, I-7747, Rn. 40 ff. (s. Fn. 240).

243 EuGH Rs. C-456/02, Trojani, Slg. 2004, I-7573, Rn. 18 (s. Fn. 241); Rs. 344/87, Bettray, Slg. 1989, 1621, Rn. 16 f. Gegenstand des Vorabentscheidungsverfahrens war die Arbeitnehmereigenschaft des deutschen Staatsangehörigen Bettray, der in den Niederlanden im Rahmen des Gesetzes über soziale Arbeitsbeschaffung für einen unbefristeten Zeitraum beschäftigt war. Der EuGH hielt nicht für entscheidend, dass die Produktivität seiner Tätigkeit gering war. Er stellte darauf ab, dass keine tatsächliche und echte wirtschaftliche Tätigkeit vorlag, da Herr Bettray wegen seiner Drogenabhängigkeit auf unbestimmte Zeit nicht in der Lage war, unter normalen Umständen zu arbeiten (so klarstellend in der späteren Entscheidung in der Rs. C-1/97, Birden, Slg. 1998, I-7747, Rn. 29 f., vgl. Fn. 240).

244 EuGH Rs. 53/81, Levin, Slg. 1982, 1035, Rn. 11 ff.: Es wäre eine Einschränkung des Anwendungsbereichs des Art. 39 EGV, würde gefordert, dass das erzielte Arbeitsentgelt mindestens die Höhe des Existenzminimums erreichen muss; Rs. 139/85, Kempf, Slg. 1986, 1741 (Arbeitnehmereigenschaft bejaht trotz eines geringen Arbeitsentgelts, das den Empfang zusätzlicher sozialer Leistungen notwendig macht); Rs. C-413/01, Ninni-Orasche, Slg. 2003, I-13187.

245 EuGH Rs. 53/81, Levin, Slg. 1982, 1035, Rn. 16; Rs. 139/85, Kempf, Slg. 1986, 1741, Rn. 16.

246 EuGH Rs. C-109/04, Kranemann, Slg. 2005, I-2421 (s. Fn. 238): Dies gilt selbst dann, wenn ein Ausbildungsabschnitt im Ausland und damit außerhalb des staatlichen Be-

lich geschaffenen Beschäftigungsverhältnissen, wie z. B. Wiedereingliederungsmaßnahmen, vollständig aus öffentlichen Mitteln bestritten wird.[247]

5. Arbeitsuchende und Verbleibeberechtigte

Für „bestimmte Zwecke" gilt als *Arbeitnehmer* auch, wer zwar nicht (mehr) in einem aktuellen Beschäftigungsverhältnis mit den oben genannten Anforderungen steht, aber entweder Arbeitnehmer war oder sich auf Arbeitsuche befindet.[248] Aus der Stellung als Arbeitnehmer folgen in diesen Fällen insbesondere Aufenthaltsrechte zum Verbleib im Aufnahmemitgliedstaat, nachdem dort eine Beschäftigung ausgeübt wurde bzw. zur Zuwanderung zum Zweck der Arbeitsuche, aber auch Gleichbehandlungsrechte (Art. 39 Abs. 2, 3 lit. a, b, d EGV, Art. 7 Abs. 3, Art. 24 Abs. 2 RL 2004/38/EG). Jedoch ist hier zu unterscheiden: während zum Verbleib berechtigte Arbeitnehmer im wesentlich selben Umfang wie in einem Beschäftigungsverhältnis stehende Arbeitnehmer Gleichbehandlung genießen, solange die Arbeitnehmereigenschaft fortwirkt bzw. Ansprüche geltend gemacht werden, die mit der früheren beruflichen Tätigkeit in Zusammenhang stehen, findet das Diskriminierungsverbot auf zur Arbeitsuche Zugewanderte zunächst nur im Hinblick auf den Zugang zum Arbeitsmarkt Anwendung (Titel I der VO (EWG) Nr. 1612/68).[249]

Auf die einzelnen Freizügigkeitsrechte von Arbeitsuchenden und zum Verbleib berechtigten Unionsbürger wird im Laufe der Arbeit genauer eingegangen. Zur Einbeziehung Arbeitsuchender in den Begriff des Arbeitnehmers sei jedoch bereits angeführt: Für den EuGH folgt diese weite Auslegung des Begriffs des Arbeitnehmers zwingend aus der VO (EWG) Nr. 1612/68, die unter ihrer Bezeichnung „[…] über die Freizügigkeit der Arbeitnehmer innerhalb der Gemeinschaft" sowohl Rechte für Arbeitsuchende (Titel I), als auch für Personen, die eine Beschäftigung aufgenommen haben (Titel II), vermittelt. Nach Auffassung des EuGH wird der Begriff des Arbeitnehmers in der Verordnung nicht einheitlich verwendet, so dass zwischen zwei verschiedenen Begriffsdefinitionen zu

---

reichs absolviert wird, und die staatlich gezahlte Beihilfe nicht als Gegenleistung für die vom Referendar erbrachten Leistungen angesehen werden kann.

247 EuGH Rs. C-1/97, Birden, Slg. 1998, I-7747, Rn. 40 ff. (s. Fn. 240).

248 Vgl. Art. 7 Abs. 3 der RL 2004/38/EG: „Für die Zwecke [...] bleibt die Erwerbstätigeneigenschaft dem Unionsbürger, der seine Erwerbstätigkeit als Arbeitnehmer [...] nicht mehr ausübt, in folgenden Fällen erhalten [...]". EuGH Rs. 39/86, Lair, Slg. 1988, 316, Rn. 36. So sind „bestimmte mit der Arbeitnehmereigenschaft zusammenhängende Rechte den Wanderarbeitnehmern auch dann garantiert […], wenn diese nicht in einem Arbeitsverhältnis stehen."; Rs. C-85/96, Sala, Slg. 1998, I-2691, Rn. 32: „[…] und zum anderen derjenige, der tatsächlich Arbeit sucht, ebenfalls als Arbeitnehmer zu qualifizieren ist."

249 EuGH Rs. C-138/02, Collins, Slg. 2004, I-2703, Rn. 31 (zum Sachverhalt s. 2. Kapitel 3. Teil, B. III.).

unterscheiden ist, nämlich Arbeitnehmern, „die zuwandern, um eine Beschäftigung zu suchen", und solchen, die einer Beschäftigung nachgehen.[250] Bei der Anwendung ihrer Normen sei daher jeweils zu prüfen, auf welchen Arbeitnehmerbegriff sie sich beziehen.[251] Für die Zwecke dieser Arbeit und zur Vermeidung begrifflicher Ungenauigkeiten sollen jedoch Personen auf Beschäftigungssuche verkürzt als Arbeitsuchende bezeichnet werden, ohne ihre begriffliche Einordnung als Arbeitnehmer durch den EuGH in Frage zu stellen.

II. Grenzüberschreitender Bezug

Die Anwendbarkeit des Art. 39 EGV setzt einen grenzüberschreitenden Bezug voraus,[252] der regelmäßig darin besteht, dass sich der Arbeitnehmer in einen anderen Mitgliedstaat begibt, um dort einer Erwerbstätigkeit nachzugehen. Das Merkmal ist auch in den sog. Rückkehrer-Fällen erfüllt, wenn also ein Arbeitnehmer in seinen Herkunftsmitgliedstaat zurückkehrt und diesem gegenüber Rechte aus der Freizügigkeit geltend macht. Nach Auffassung des Gerichtshofs könnten nämlich sonst die Freizügigkeitsrechte „ihre volle Wirkung nicht entfalten".[253] Besondere Relevanz erhalten die sog. Rückkehrer-Fälle in Zusammenhang mit Aufenthaltsrechten von drittstaatsangehörigen Familienmitgliedern.

250 EuGH Rs. C-85/96, Sala, Slg. 1998, I-2691, Rn. 32; Rs. C-138/02, Collins, Slg. 2004, I-2703, Rn. 31 f. (zum Sachverhalt s. 2. Kapitel 3. Teil, B. III.).

251 EuGH Rs. C-138/02, Collins, Slg. 2004, I-2703, Rn. 32 (zum Sachverhalt s. 2. Kapitel 3. Teil, B. III.); Rs. 316/85, Lebon, Slg. 1987, 2811, Nr. 3 des Urteilstenors, vgl. Fn. 514. Es ist jedoch nicht zwingend, von unterschiedlichen Definitionen des Arbeitnehmerbegriffs in der VO (EWG) Nr. 1612/68 auszugehen. Vielmehr würde es die Verordnung zulassen, nur Personen mit Beschäftigung als Arbeitnehmer zu qualifizieren, da sie insbesondere in ihrem Titel I Arbeitsuchende nicht als Arbeitnehmer bezeichnet.

252 *Randelzhofer/Forsthoff*, in: Grabitz/Hilf, vor Art. 39-55 EGV, Rn. 42 ff.

253 EuGH Rs. C-370/90, Singh, Slg. 1992, I-4265, Rn. 23. In diesem Vorabentscheidungsverfahren hatte der EuGH über die Rechtsstellung der sog. Rückkehrer zu entscheiden, also Unionsbürger, die in ihr Herkunftsland zurückkehren, nachdem sie sich im Rahmen ihrer Freizügigkeit in einem anderen EU-Mitgliedstaat aufgehalten hatten. Gegenstand dieses Verfahrens war das Aufenthaltsrecht des indischen Ehegatten einer britischen Staatsangehörigen, die in Deutschland als Arbeitnehmerin beschäftigt war und dann nach Großbritannien zurückkehrte, um dort einer selbständigen Erwerbstätigkeit nachzugehen. EuGH Rs. C-19/92, Kraus, Slg. 1993, I-1663, Rn. 16 (Berechtigung eines Staatsangehörigen, den in einem anderen Mitgliedstaat erworbenen akademischen Grad im Herkunftsmitgliedstaat zu führen). Der Wortlaut des Art. 39 EGV erfasst die Rückkehrer nicht ausdrücklich. Da sie sich jedoch in einer Situation befinden, die derjenigen vergleichbar ist, in der sich ein Unionsbürger in einen anderen Mitgliedstaat begibt, sollten, so der EuGH, auch dem Rückkehrer dieselben Freizügigkeitsrechte gewährt sein (s. oben genannte Entscheidungen). Die Rückkehrer-Konstellation wird auch nicht vom Anwendungsbereich der RL 2004/38/EG erfasst. Freizügigkeitsberechtigt ist hiernach nur der „Unionsbürger, der sich in einen anderen als den Mitgliedstaat, dessen Staatsangehörigkeit er besitzt, begibt oder aufhält" (Art. 3 Abs. 1).

Hier gilt, dass ihr Recht zur Begleitung des Unionsbürgers im Fall seiner Rückkehr in sein Herkunftsland zumindest die Einreise- und Aufenthaltsrechte umfasst, die das Gemeinschaftsrecht gewähren würde, wenn sie (mit dem Unionsbürger) in einen anderen Mitgliedstaat einreisen und sich dort aufhalten würden.[254] Das Begleitrecht bei der Rückkehr gilt unabhängig davon, ob der Unionsbürger im Herkunftsmitgliedstaat eine wirtschaftliche Tätigkeit ausüben wird[255] (s. ausführlich unten 3. Kapitel, 1. Teil, B. I. 3.).

B. Persönlicher Anwendungsbereich

Die Rechte des Art. 39 EGV begünstigen zum einen Unionsbürger, also Staatsangehörige der Mitgliedstaaten der EU (Art. 17 EGV), die sich als Arbeitnehmer oder Arbeitsuchende in einem anderen Mitgliedstaat aufhalten.[256] Sie können darüber hinaus von *Arbeitgebern* geltend gemacht werden, die Angehörige anderer Mitgliedstaaten als Arbeitnehmer beschäftigen wollen,[257] sowie von z. B. privaten Arbeitsvermittlern, wenn sie durch Maßnahmen des Herkunftsmitgliedstaates *an Stelle des Arbeitnehmers* beeinträchtigt sind.[258] Dass sich Drittstaatsangehörige grundsätzlich nicht auf diese Vorschrift berufen können, ergibt sich zwar insbesondere im Vergleich mit Art. 43 EGV nicht zwingend aus dem Wortlaut des Art. 39 EGV, ist jedoch ganz herrschende Auffassung (s. oben 1. Kapitel, 2. Teil, A. I. 1.).[259] Lediglich drittstaatsangehörige Familienmitglieder von EU-Arbeitnehmern können von den Bestimmungen profitieren (vgl. unten 3. Kapitel).

---

254 EuGH Rs. C-370/90, Singh, Slg. 1992, I-4265, Rn. 23.

255 EuGH Rs. C-291/05, Eind, Slg. 2007, I-10719 Rn. 35.

256 Zu den *Verpflichteten* aus Art. 39 EGV können auch Private zählen. Nach der Rechtsprechung des EuGH entfaltet das Diskriminierungsverbot des Art. 39 Abs. 2 EGV *Drittwirkung* in dem Sinne, dass Diskriminierungen auf Grund der Staatsangehörigkeit auch zwischen Privaten verboten sind. In Bezug auf Tarifverträge (EuGH Rs. C-415/93, Bosman, Slg. 1995, I-4921: zu den von Fußballverbänden aufgestellten Transferregeln) und z. B. die Satzungen größerer Sportverbände (EuGH Rs. 36/74, Walrave und Koch, Slg. 1974, 1405: zu dem Reglement eines internationalen Sportverbands) ist die Begründung, diese Verbände nähmen insbesondere auf Grund ihrer Normsetzungsbefugnis eine staatsähnliche Position ein, einleuchtend und weitgehend unstreitig. Auf überwiegende Ablehnung ist hingegen die Entscheidung des EuGH in der Rechtssache *Angonese* gestoßen, in der der EuGH das Verhalten einer italienischen privaten Bank in Südtirol gegenüber Stellenbewerbern als ungerechtfertigte mittelbare Diskriminierung qualifizierte (EuGH Rs. C-281/98, Angonese, Slg. 2000, I-4139).

257 EuGH Rs. C-350/96, Clean Car Autoservice, Slg. 1998, I-2521.

258 EuGH Rs. C-208/05, ITC, Slg. 2007, I-181 (s. Fn. 344).

259 *Randelzhofer/Forsthoff*, in: Grabitz/Hilf, Art. 39 EGV, Rn. 67; *Franzen*, in: Streinz, Art. 39 EGV, Rn. 39; auch *Reich*, S. 168 f.

C. Zusammenfassung zu Teil 1

Arbeitnehmer ist, wer auf Weisung eines anderen während eines bestimmten (wenn auch nur sehr kurzen) Zeitraumes eine echte und tatsächliche Tätigkeit verrichtet und hierfür eine (wenn auch nur geringe) Gegenleistung erhält. Arbeitnehmer ist auch, jedenfalls im Hinblick auf bestimmte Rechte, wer tatsächlich eine Arbeit sucht oder eine solche Tätigkeit ausgeübt hat.
Die weite Auslegung der einzelnen Merkmale des gemeinschaftsrechtlichen Arbeitnehmerbegriffs, wie sie sie durch die Rechtsprechung des EuGH gefunden haben, trägt der grundlegenden Bedeutung der Freizügigkeit der Arbeitnehmer Rechnung und begünstigt die angestrebte Mobilität der Unionsbürger innerhalb der EG.

2. Teil: Die Gewährleistungen des Art. 39 EGV

Art. 39 EGV gewährleistet Arbeitnehmern, die eine Beschäftigung in einem anderen Mitgliedstaat ausüben, eine solche suchen oder ausgeübt haben, umfassende Gleichbehandlungs- und Freiheitsrechte. Ihr Schutzumfang findet seine Verankerung in den Absätzen 2 und 3 der Vorschrift, die eine umfangreiche Ausgestaltung und weitgehende Konkretisierung durch die auf ihrer Grundlage erlassenen Sekundärrechtsakte gefunden haben. Für die aufenthaltsrechtlichen Privilegien des Art. 39 EGV besitzt vor allem Absatz 3 der Vorschrift unmittelbare Relevanz, da er die notwendigen Mobilitäts- und Aufenthaltsrechte gewährt. Das Diskriminierungsverbot des Absatzes 2 verbietet jede Ungleichbehandlung aus Gründen der Staatsangehörigkeit in Bezug auf Beschäftigung, Entlohnung und die sonstigen Arbeitsbedingungen und ist wegen seines umfassenden Charakters von besonderer Bedeutung für den Aufenthaltsstatus der EU-Arbeitnehmer.

A. Die Mobilitäts- und Aufenthaltsrechte des Art. 39 Abs. 3 EGV

Die Mobilitätsrechte des Art. 39 Abs. 3 EGV sichern die Freizügigkeit der Arbeitnehmer von der Ausreise aus einem Mitgliedstaat über die Einreise in einen anderen Mitgliedstaat, den dortigen Aufenthalt zur Stellensuche und während der Beschäftigungszeit sowie ein darüber hinaus bestehendes Verbleiberecht ab. Eine Einschränkung ist lediglich aus Gründen der öffentlichen Ordnung, Sicherheit und Gesundheit möglich.
Sekundärrechtlich werden die genannten Freizügigkeitsrechte vor allem durch die RL 2004/38/EG ausgestaltet, die im Gegensatz zu den früheren Sekundärrechtsakten die Vorgaben für die Ausreise aus einem Mitgliedstaat und die Einreise in einen anderen Mitgliedstaat sowie im Wesentlichen auch den Aufenthalt

während der ersten drei Monate derart zusammenfasst und vereinheitlicht, dass nach ihrem Reglement nicht zu unterscheiden ist, ob der Grenzüberschreitung ein bestimmter Zweck im Sinne der Ausübung einer Grundfreiheit zugrunde liegt oder ob sie im Rahmen der allgemeinen Freizügigkeit (Art. 18 EGV) erfolgt.[260] Zudem sind mit der Richtlinie einige bisher nur in der Rechtsprechung des EuGH entwickelte Grundsätze zum Aufenthalt arbeitsuchender Unionsbürger sowie zur Verfestigung des Aufenthaltsstatus mit steigender Aufenthaltsdauer normiert worden.

I. Einreise und dreimonatiger Aufenthalt im Aufnahmemitgliedstaat

Entsprechend den einheitlichen Vorgaben der RL 2004/38/EG gilt für die Aus- und Einreise innerhalb der EG für alle Unionsbürger, dass lediglich der Besitz eines gültigen Reisepasses oder Personalausweises notwendig ist, nicht aber ein Visum bzw. eine gleichwertige Formalität (Art. 4 Abs. 1, 2, Art. 5 Abs. 1, 2 der RL 2004/38/EG).[261] Kann sich der einreisende Unionsbürger nicht entsprechend ausweisen, so hat ihm der Aufnahmemitgliedstaat „jede angemessene Möglichkeit, sich die erforderlichen Dokumente in einer angemessenen Frist zu beschaffen oder übermitteln zu lassen oder sich mit anderen Mitteln bestätigen zu lassen oder nachzuweisen, dass er das Recht auf Freizügigkeit und Aufenthalt genießt, bevor er eine Zurückweisung verfügt" zu gewähren (Art. 5 Abs. 4 der RL 2004/38/EG). Diese gemeinschaftsrechtlichen Vorgaben gelten unbeschadet „der für die Kontrollen von Reisedokumenten an den nationalen Grenzen geltenden Vorschriften" (Art. 4 Abs. 1, Art. 5 Abs. 1 der RL 2004/38/EG).
Auch während der ersten drei Monate des Aufenthalts bedarf es über den Besitz eines gültigen Personalausweises bzw. Reisepasses hinaus keiner weiteren Dokumente bzw. Aufenthaltsbescheinigungen (Art. 6 Abs. 1 RL 2004/38/EG). Da die Ausweispflicht keine, insbesondere auch nicht konstitutive Bedeutung für das unmittelbar aus dem Gemeinschaftsrecht fließende Aufenthaltsrecht hat, kann das Aufenthaltsrecht auch dann, wenn der Nachweis der Staatsangehörig-

---

260 Inhaltlich haben sich die Einreise- und Aufenthaltsvoraussetzungen, wie sie in den verschiedenen Sekundärrechtsakten nach Aufenthaltszwecken geregelt waren, kaum unterschieden; durch die Zusammenfassung in der RL 2004/38/EG hat sich daher an den Voraussetzungen nichts geändert.

261 Da die Ausweispapiere lediglich die Funktion haben, die Identität und Staatsangehörigkeit ihres Inhabers nachzuweisen, ist es für die Einreise in den Aufnahmemitgliedstaat irrelevant, wenn ein Mitgliedstaat Personalausweise grundsätzlich mit dem Vermerk versieht, dass sein Inhaber mit diesem allein das Hoheitsgebiet des ausstellenden Staates nicht verlassen darf: EuGH Rs. C-376/89, Giagounidis, Slg, 1991, I-1069, Rn. 18 f. Unberührt bleibt die Möglichkeit der Mitgliedstaaten, einen solchen Vermerk im Einzelfall aus Gründen der öffentlichen Sicherheit einzutragen (vgl. § 2 Abs. 2 PersonalausweisG i. V. m. § 7 Abs. 1 PassG).

keit mit anderen Mitteln gelingt, nicht mit der Begründung bezweifelt werden, dass die genannten Dokumente nicht vorgelegt werden.[262] Des Weiteren darf die Ausweispflicht von Gemeinschaftsangehörigen nicht über die Verpflichtungen der eigenen Staatsangehörigen hinausgehen. So widerspricht es dem Diskriminierungsverbot, wenn das nationale Recht Angehörige anderer Mitgliedstaaten praktisch zwingt, stets ein Ausweispapier mit sich zu führen, die eigenen Staatsangehörigen dieser Pflicht jedoch nicht unterliegen.[263] Darüber hinaus stellen Haft- oder Abschiebungsmaßnahmen, die ausschließlich auf die Verletzung der Ausweispflicht gestützt werden, einen Verstoß gegen das gemeinschaftsrechtliche Aufenthaltsrecht dar, wenn sie nicht aus Gründen der öffentlichen Ordnung, Sicherheit oder Gesundheit gerechtfertigt sind.[264]

II. Der Aufenthalt als Arbeitnehmer

Nach Ablauf der ersten drei Monate obliegt es dem Unionsbürger, sich bei den zuständigen Behörden *anzumelden* (Art. 8 Abs. 1 der RL 2004/38/EG). Die Mitgliedstaaten haben hieraufhin unverzüglich[265] eine *Anmeldebescheinigung* aus-

262 *Haller*, S. 69; *Schieffer*, NVwZ 1998, 31 ff., 31. EuGH Rs. C-215/03, Oulane, Slg. 2005, I-1215, Rn. 22 f. Das Vorabentscheidungsersuchen der Rechtbank te 's-Gravenhage (Niederlande) betraf die Auslegung des Art. 4 Abs. 2 UAbs. 3 der RL 73/148/EWG, der nunmehr Art. 6 Abs. 1 der RL 2004/38/EG entspricht. Der französische Staatsangehörige Salah Oulane wurde in den Niederlanden in Abschiebungshaft genommen, nachdem er in einem nicht öffentlich zugänglichen Gütertunnel des Bahnhofs Rotterdam Centraal von der Bahnpolizei aufgegriffen wurde. Herr Oulane trug keinerlei Dokument bei sich, das seine Identität hätte nachweisen können, erklärte aber bei seiner Vernehmung, er halte sich seit achtzehn Tagen in den Niederlanden auf und wolle nach Frankreich zurückkehren. Herr Oulane hatte allerdings weder Gepäck noch Geld bei sich und konnte auch keinen Wohn- oder Aufenthaltsort angeben. Eine gegenwärtige und ernste Gefahr für die öffentliche Ordnung bestand nach Ansicht des vorlegenden Gerichts nicht.

263 EuGH Rs. C-215/03, Oulane, Slg. 2005, I-1215, Rn. 5 ff., 33: Niederländische Staatsangehörige unterliegen keiner Ausweispflicht, sondern müssen ihre Identität lediglich glaubhaft machen können. Hierzu genügen auch andere Ausweispapiere, wie etwa ein in den Niederlanden ausgestellter Führerschein. Des Weiteren kann ihre Identität durch die Einsicht in die bei den niederländischen Gemeindebehörden verfügbaren Daten festgestellt werden. Unionsbürger können ihre Identität nur mittels eines gültigen Personalausweises oder Reisepasses nachweisen. Führen sie einen solchen nicht bei sich, werden sie zum Zweck der Abschiebung in Haft genommen, bis sie die Papiere vorlegen. Die Abschiebung eines Gemeinschaftsangehörigen muss unterbleiben, solange nicht feststeht, dass diesem kein Aufenthaltsrecht zusteht oder dass dieses erloschen ist. Der EuGH stellt auf Art. 49 EGV als besondere Ausprägung des Gleichbehandlungsgrundsatzes nach Art. 12 EGV ab.

264 EuGH Rs. C-215/03, Oulane, Slg. 2005, I-1215, Rn. 36 ff., 41.

265 Art. 5 der RL 64/221/EWG sah vor, dass die entsprechende Ausländerbehörde innerhalb kürzester Frist, spätestens jedoch innerhalb von sechs Monaten über Anträge auf

zustellen, aus der Name und Anschrift des Unionsbürgers sowie der Zeitpunkt der Anmeldung hervorgehen.[266] Neben einem gültigen Personalausweis oder Reisepass dürfen die Behörden nun die Vorlage solcher Dokumente bzw. Bescheinigungen verlangen, die belegen, dass die Aufenthaltsvoraussetzungen nach Art. 7 Abs. 1 der RL 2004/38/EG gegeben sind; Arbeitnehmer müssen daher eine Einstellungsbestätigung bzw. Beschäftigungsbescheinigung des Arbeitgebers vorlegen (Art. 8 Abs. 3 der RL 2004/38/EG). Besteht ein Beschäftigungsverhältnis, so ist unerheblich, ob die erzielte Vergütung ausreichend ist, um keine Sozialhilfeleistungen des Aufnahmemitgliedstaats zu beanspruchen und um über umfassenden Krankenversicherungsschutz zu verfügen. Zum einen wird wohl vorausgesetzt, dass das Arbeitsentgelt eine genügende Absicherung darstellt, zum anderen ist der Arbeitnehmer hinsichtlich sozialer Vergünstigen mit den inländischen Arbeitnehmern gleich zu behandeln (Art. 7 Abs. 2 der VO (EWG) Nr. 1612/68), so dass die Einforderung eines entsprechenden Nachweises keinen Sinn erfüllen würde.

Von dem beschriebenen *Anmelde*verfahren ist das *Melde*verfahren zu unterscheiden, das sich vor allem auf die Anzeige der Anwesenheit im Aufnahmemitgliedstaat und eine Wohnsitznahme bezieht, ohne dass es des Aufzeigens einer Berechtigung zum Aufenthalt wie im Anmeldeverfahren bedürfte, und welches die Mitgliedstaaten in nichtdiskriminierender Weise durchführen dürfen (Art. 5 Abs. 5 der RL 2004/38/EG). Unionsbürger unterliegen somit im Meldeverfahren

---

Erteilung einer Aufenthaltserlaubnis-EG zu entscheiden hatte. Die gemeinschaftsrechtlichen Vorgaben sind insofern strenger geworden. Allerdings mangelt es weiterhin an einer Regelung, die mit geeigneten Sanktionen die Einhaltung der Bearbeitungsfrist durch die nationalen Behörden sicherstellt. Beispielhaft wurde etwa vorgeschlagen, nach Fristablauf eine (damalige) Aufenthaltserlaubnis-EG zu fingieren, vgl. *Haller*, S. 228 f. Jedoch scheint der Sinn einer fingierten, da ohnehin deklaratorischen Aufenthaltsbescheinigung fraglich.

266 Zum Nachweis des Aufenthaltsrechts sahen die durch die RL 2004/38/EG ersetzten sekundärrechtlichen Vorschriften vor, dass eine „Aufenthaltserlaubnis für Angehörige eines Mitgliedstaats der EWG" erteilt wird. Diese Aufenthaltserlaubnis war trotz ihrer missverständlichen Bezeichnung rein deklaratorischer Natur und durfte durch die nationalen Behörden nicht als konstitutiver Akt im Sinne einer verwaltungsrechtlichen Erlaubnis, d. h. eines präventiven Verbots mit Erlaubnisvorbehalt, ausgestaltet werden (vgl. hierzu etwa *Maurer*, § 9 Rn. 51 ff.). Der Sinn dieser Aufenthaltserlaubnis wurde daher von verschiedenen Seiten in Frage gestellt, vgl. *H. Groß*, ZAR 2005, 81 ff., 83: So haben sich bereits im Juli 2000 die Innenminister Deutschlands, Frankreichs, Spaniens und Italiens darauf verständigt, die Aufenthaltserlaubnispflicht für bestimmte Gruppen von Unionsbürgern, z. B. für Arbeitnehmer, abzuschaffen (BT-Drucks. 15/420, S. 101); s. jeweils Art. 4 Abs. 2 der RL 68/360/EWG und RL 68/360/EWG, Art. 4 Abs. 1 UAbs. 2 der RL 73/148/EWG, jeweils Art. 2 Abs. 1 der RL 90/364/EWG, RL 90/365/EWG und RL 93/96/EWG; vgl. auch Art. 6 der RL75/34/EWG.

regelmäßig denselben nationalen Meldepflichten, wie sie auch für die Staatsangehörigen der Mitgliedstaaten gelten.[267]

Auf die Nichterfüllung der Melde- sowie der Anmeldepflicht können die Mitgliedstaaten mit verhältnismäßigen und nichtdiskriminierenden Sanktionen reagieren (Art. 5 Abs. 5 und Art. 8 Abs. 2 S. 2 der RL 2004/38/EG). Ob hierzu auch eine Ausweisung gehören kann, geht aus dem Richtlinientext nicht eindeutig hervor, da sie weder wie bei einer Ausweispflichtverletzung im Zeitpunkt der Einreise ausdrücklich vorgesehen ist (Zurückweisung: Art. 5 Abs. 4 der RL 2004/38/EG), noch wie für den Fall, dass der Personalausweis oder Reisepass nach Ausstellung der Anmeldebescheinigung ungültig werden, ausdrücklich ausgeschlossen ist (Art. 15 Abs. 2 der RL 2004/38/EG). Gegen ein Ausweisungsrecht des Aufnahmemitgliedstaats spricht die Vorgabe der verhältnismäßigen und nichtdiskriminierenden Sanktionen, mit denen die Nichterfüllung der Melde- bzw. Anmeldepflicht geahndet werden darf. Für die Meldepflicht hat der EuGH dies bereits ausdrücklich in der Rechtssache *Watson und Belmann* entschieden; hiernach ist die Ausweisung als Sanktion für eine unterlassene Aufenthaltsanzeige, da eine solche Maßnahme das Freizügigkeits- bzw. Aufenthaltsrecht selbst verneint, grundsätzlich mit den Personenfreizügigkeiten unvereinbar.[268] Einer Übertragung der Rechtsprechung zur Unverhältnismäßigkeit einer Ausweisung auf die (ausländerrechtliche) Anmeldepflicht könnte entgegenstehen, dass die Anmeldepflicht, anders als die (polizeiliche) Meldepflicht, in

267 Vgl. § 11 Melderechtsrahmengesetz (MRRG), Art. 13 Bayerisches Meldegesetz, Art. 15 Baden-Württembergisches Meldegesetz. Seit der Föderalismusreform gehört das Meldewesen nicht mehr zur Rahmenkompetenz des Bundes, sondern fällt in seine ausschließliche Kompetenz (Art. 73 Abs. 1 Nr. 3 GG). Bis zum Erlass eines Bundesmeldegesetzes gilt das Landesrecht fort (Art. 125a Abs. 3 GG).

268 EuGH Rs. 118/75, Watson und Belmann, Slg. 1976, 1185, Rn. 17 ff. Das Vorabentscheidungsersuchen betraf die italienischen melderechtlichen Bestimmungen, wonach Ausländer verpflichtet waren, sich binnen drei Tagen nach der Einreise bei den zuständigen Behörden zu melden. Bei Verstoß gegen diese Bestimmungen konnte eine Geld-, aber auch eine Freiheitsstrafe verhängt werden sowie die Ausweisung angeordnet werden. Die Bewohner Italiens mussten die Beherbergung von Ausländern ebenfalls anzeigen. Der EuGH erkannte die Meldepflichten als grundsätzlich mit dem Vertrag vereinbar an, solange die Fristen für ihre Erfüllung sowie die Sanktionen bei Nichterfüllung angemessen sind und die Ausübung der Freizügigkeit nicht behindern.
In der Rs. 265/88, Messner, Slg. 1989, 4209, entschied der EuGH, dass die italienische Frist für eine Aufenthaltsanzeige von drei Tagen ab der Einreise unverhältnismäßig kurz ist. Daher wurde an der Rechtmäßigkeit der in Deutschland üblichen einwöchigen Meldefrist gezweifelt. Sie beginnt jedoch erst mit dem Bezug der neuen Wohnung, so dass sie als verhältnismäßig zu bewerten ist, vgl. auch *Graßhof*, VBlBW 2002, 280 ff., 282.
Im Übrigen folgt aus Art. 12 EGV, dass die Mitgliedstaaten hinsichtlich der Nichterfüllung der Meldepflichten gegenüber Unionsbürgern keine schärferen Sanktionen als gegenüber eigenen Staatsangehörigen verhängen dürfen, so dass auch hinsichtlich einer Geld- oder Freiheitsstrafe dieselben Maßstäbe zu gelten haben.

einem direkten Zusammenhang mit dem Aufenthaltsrecht des Unionsbürgers im Aufnahmemitgliedstaat steht, da sie diesem die Kontrolle darüber ermöglicht, ob die Voraussetzungen der RL 2004/38/EG für einen längerfristigen Aufenthalt tatsächlich bestehen. Werden die Nachweise nicht erbracht, so fehlt dem Aufnahmemitgliedstaat die Grundlage für eine Beurteilung des Aufenthaltsrechts und er könnte berechtigt sein, dieselben Maßnahmen zu ergreifen, die ihm zur Verfügung stünden, wenn die Bedingungen des Art. 7 der RL 2004/38/EG nicht vorlägen. Hierzu gehören auch aufenthaltsbeendende Maßnahmen, so dass eine Ausweisung eine gerechtfertigte Reaktion auf die Nichterfüllung der Nachweispflichten darstellen könnte. Dem ist jedoch entgegenzuhalten, dass die Erfüllung der Nachweispflichten keine Bedingung für das Aufenthaltsrecht darstellt.[269] Die Sanktionierung einer unterbliebenen Anmeldung mit einer Ausweisung würde daher eine ebenso das in Art. 39 Abs. 3 EGV verankerte Freizügigkeitsrecht vernichtende Reaktion darstellen wie im Fall der Meldepflichtverletzung. Daher wäre eine Ausweisung mit den Freizügigkeitsrechten des EG-Vertrages unvereinbar.
Legen die Mitgliedstaaten den Unionsbürgern korrespondierend zur Ausweispflicht der eigenen Staatsangehörigen die Pflicht auf, die Anmeldbescheinigung ständig bei sich zu führen, so können sie bei Verstößen nur solche Sanktionen verhängen, die sie auch gegen die eigenen Staatsangehörigen anwenden (Art. 26 der RL 2004/38/EG).

III. Der Aufenthalt des Arbeitsuchenden

Auch Arbeitsuchende unterfallen dem Arbeitnehmerbegriff im weiteren Sinn und genießen Freizügigkeit direkt aus Art. 39 EGV (s. oben 1. Teil, A. I. 5.). Es ist unstreitig, dass sich die Beschäftigungssuche nicht auf „tatsächlich angebotene Stellen", wie in Abs. 3 lit. a der genannten Vorschrift formuliert, beschränken muss.[270] So setzt der Aufenthalt zur Stellensuche weder voraus, dass bereits ein Bewerbungsverfahren läuft, noch dass allgemein veröffentlichte oder gar konkrete Stellenangebote vorhanden sind. Die Freizügigkeit erlaubt dem Arbeitsuchenden vielmehr, den Aufenthaltsort nach Belieben zu wählen und sich erst sodann auf Beschäftigungssuche zu begeben. Er ist also auch nicht verpflichtet, zunächst aus dem Herkunftsland Anstrengungen zu unternehmen, eine Beschäftigung in dem Zielmitgliedstaat zu finden.
Uneinigkeit herrscht in der Literatur zu der Frage, ob wenigstens eine gewisse Wahrscheinlichkeit bestehen muss, dass der Arbeitsuchende an dem neuen Aufenthaltsort eine entsprechende Beschäftigung findet. Selbstverständlich ist er

269 EuGH Rs. 157/79, Pieck, Slg. 1980, 2171 in Bezug auf Sanktionen wegen Verbleibs in einem anderen Mitgliedstaats trotz Ablaufs der Aufenthaltserlaubnis im Sinne des Art. 4 Abs. 2 der RL 68/360/EWG.

270 *Haller*, S. 22 f.

zwar berechtigt, sich trotz angespannter Arbeitsmarktlage in den Bewerberkreis einzureihen.[271] Fraglich ist, ob dies auch dann gilt, wenn objektive Gegebenheiten oder Umstände, die in der Person des Arbeitsuchenden liegen, einer erfolgreichen Suche entgegenstehen könnten. Dies verneinend wird teilweise gefordert, dass jemand zumindest nicht objektiv ungeeignet sein darf, die angestrebte Beschäftigung auszuüben, dass er sich ernsthaft um einen Arbeitsplatz bemühen muss und seine Bemühungen wiederum nicht objektiv aussichtslos erscheinen dürfen.[272] Nicht zutreffend ist diese Ansicht jedenfalls für die ersten drei Aufenthaltsmonate, da innerhalb dieses Zeitraums ein Aufenthaltsrecht bereits aus der allgemeinen Freizügigkeit (Art. 17, 18 EGV) besteht, ohne dass besondere Anforderungen an den Zweck des Aufenthalts gestellt werden dürfen, noch von dem Unionsbürger verlangt werden kann, nähere Angaben zu seinem Aufenthalt abzugeben. Ab dem vierten Aufenthaltsmonat ändern sich die Aufenthaltsbedingungen für Unionsbürger. So ist im Rahmen des bereits oben beschriebenen Anmeldeverfahrens der Nachweis zu erbringen, dass die Voraussetzungen eines Aufenthaltsrechts erfüllt sind (Art. 7, 12, 13, 14 Abs. 2 der RL 2004/38/EG). Während Arbeitnehmer (und Selbständige), die bereits eine Erwerbstätigkeit aufgenommen haben, aufgrund ihrer Erwerbstätigkeit ein vom Vorhandensein ausreichender Existenzmittel und der Einkommenshöhe unabhängiges Aufenthaltsrecht genießen,[273] müssen Unionsbürger mit einem anderen Aufenthaltszweck über ausreichende Existenzmittel und Krankenversicherungsschutz sowohl für sich selbst, als auch für ihre Familienangehörigen verfügen. Andernfalls kann ihr Aufenthalt durch den Aufnahmemitgliedstaat beendet werden.
Für Arbeitsuchende gilt hingegen eine Sonderregelung: ein Arbeitsuchender darf auch dann, wenn er nicht über ausreichende Existenzmittel verfügt, solange nicht ausgewiesen werden, wie er zum einen weiterhin Arbeit sucht und zum anderen eine begründete Aussicht hat, eingestellt zu werden (Art. 14 Abs. 4 lit. b der RL 2004/38/EG). Die Beweislast für die positiven Erfolgsaussichten der Arbeitsuche trägt der arbeitsuchende Unionsbürger; ihr muss mit Beginn des vierten Aufenthaltsmonats nachgekommen werden, da die begründeten Erfolgsaussichten der Arbeitsuche *an die Stelle der Nachweispflicht* des Art. 7 Abs. 1 der RL 2004/38/EG treten. Die Vorschrift des Art. 14 Abs. 4 lit. b der RL 2004/38/EG gibt damit teilweise die Rechtsprechung des EuGH zum Auf-

271 *Haller*, S. 22 f.

272 *Franzen*, in: Streinz, Art. 39 EGV, Rn. 123; *Haller*, S. 23 f.; Schulz, S. 124; Schlussanträge *Darmon*, Rs. C-292/89, Antonissen, Slg. 1991, I-745, Rn. 37, der an die Stelle des Merkmals der „tatsächlichen und echten Beschäftigung" bei Arbeitnehmern das der „tatsächlichen und echten Suche nach einer tatsächlichen und echten Tätigkeit" bei Arbeitsuchenden setzt.

273 Vgl. auch schon EuGH Rs. 53/81, Levin, Slg. 1982, 1035, Rn. 11 ff. mit der Begründung, dass die Ausübung der Freizügigkeit der Arbeitnehmer nicht von Bedingungen im nationalen Recht, wie etwa dem nach nationalem Recht festgesetzten Mindestlohn, abhängig gemacht und eingeschränkt werden dürfe; Rs. 139/85, Kempf, Slg. 1986, 1741, Rn. 13 f.

enthalt von Arbeitsuchenden wieder, wie sie vor Erlass der Richtlinie entwickelt wurde.[274] Der EuGH hatte in verschiedenen Verfahren die Frage, ob gegenüber einem erfolglos arbeitsuchenden Unionsbürger aufenthaltsbeendende Maßnahmen ergriffen werden dürfen, unter der Einschränkung bejaht, dass der Unionsbürger nicht nachweisen könne, dass er weiterhin und mit begründeter Aussicht auf Erfolg Arbeit sucht.[275] Des Weiteren müsse eine angemessene Frist zur Arbeitsuche gewährt worden sein, wobei der EuGH hierfür keine Mindestzeitspanne vorgab, sondern 6 bzw. auch 3 Monate für ausreichend erachtete.[276] Die Frist muss genügen, um von Stellenangeboten, die den beruflichen Qualifikationen entsprechen, Kenntnis zu nehmen und sich gegebenenfalls zu bewerben.[277] Da die Richtlinie keine Aussage über eine mindestens zu gewährende Frist trifft („solange die Unionsbürger nachweisen können...“), muss insoweit auf diese Rechtsprechung zurückgegriffen werden. Es gilt also weiterhin, dass nach Ablauf einer angemessenen Frist aufenthaltsbeendende Maßnahmen ergriffen werden dürfen, wenn nicht über diesen Zeitraum hinaus begründete Erfolgsaussichten für die Arbeitsuche bestehen. Zusätzlich können nun wohl die bereits angesprochenen Kriterien zum Tragen kommen, die in der Literatur als Aufenthaltsvoraussetzungen für die ersten Aufenthaltsmonate von Arbeitsuchenden diskutiert werden. So kann es zum einen die Erfolgsaussichten der Arbeitsuche nicht per se schmälern, dass der Arbeitsmarkt in der betreffenden Region und dem betreffenden Arbeitsfeld bereits angespannt ist. Zum anderen muss der Bewerber aber objektiv geeignet sein, den angestrebten Beruf auszuüben, also z. B. über die entsprechenden Qualifikationen verfügen.

Im Ergebnis unterfallen damit Arbeitsuchende einem höheren Ausweisungsschutz als andere nichterwerbstätige Unionsbürger. Allerdings sind auch die Vorgaben an den Nachweis eines umfassenden Krankenversicherungsschutzes[278]

---

274 Bereits das Protokoll der Ratssitzung, in der die VO (EWG) Nr. 1612/68 und die RL 68/360/EWG angenommen wurden, enthält eine Erklärung, wonach Personen mindestens 3 Monate zur Arbeitsuche zur Verfügung stehen sollten und erst nach Ablauf dieser Zeitspanne aufenthaltsbeendende Maßnahmen ergriffen werden können.

275 EuGH Rs. 292/89, Antonissen, Slg. 1991, 745 ff., Rn. 21; Rs. C-344/95, Kommission/Belgien, Slg. 1997, I-1035 ff., Rn. 12 ff.

276 EuGH Rs. C-138/02, Collins, Slg. 2004, I-2703, Rn. 37 (zum Sachverhalt s. 2. Kapitel 3. Teil, B. III.); Rs. 292/89, Antonissen, Slg. 1991, 745 ff., Rn. 21. Hiernach ist einerseits der Zeitraum von *sechs* Monaten, für den sich ein Gemeinschaftsangehöriger zur Arbeitsuche im Aufnahmemitgliedstaat aufhalten darf, angemessen und gefährdet nicht die praktische Wirksamkeit des Art. 48 EWG-Vertrag. Aber auch der Zeitraum von nur *drei* Monaten wird nicht beanstandet (EuGH Rs C-344/95, Kommission/Belgien, Slg. 1997, I-1035 ff., Rn. 12 ff.). Zum anderen hindert die begründete Aussicht auf Beschäftigung eine zulässige Ausweisung.

277 EuGH Rs. 292/89, Antonissen, Slg. 1991, 745 ff., Rn. 21.

278 EuGH Rs. C-413/99, Baumbast und R, Slg. 2002, I-7091. Gegenstand dieses Vorabentscheidungsverfahrens war das Aufenthaltsrecht des deutschen Staatsangehörigen Baumbast und seiner Familie in Großbritannien. Während Herr Baumbast für deutsche

und insbesondere an die ausreichenden Existenzmittel, den nichterwerbstätige Unionsbürger zu erbringen haben, als nicht besonders streng und daher als das Aufenthaltsrecht grundsätzlich begünstigend zu bewerten. So bestimmt das Sekundärrecht, dass der Nachweis nicht allein auf der Grundlage festgelegter Beträge erfolgen darf, sondern sich an der persönlichen Situation des Unionsbürgers orientieren muss, und in keinem Fall ein höherer Betrag als Existenzmittel festgesetzt werden darf, als die Sozialhilfe beträgt (Art. 8 Abs. 4 der RL 2004/38/EG). Nach der Rechtsprechung des EuGH dürfen die Mitgliedstaaten des Weiteren nicht verlangen, dass der Lebensunterhalt mit ausschließlich *eigenen* Mitteln des Unionsbürgers bestritten wird. Vielmehr genügt es, wenn der Unionsbürger über ausreichende Existenzmittel *verfügt* (Art. 7 Abs. 1 lit. a der RL 2004/38/EG), ohne dass es auf die Herkunft der Mittel ankommt.[279] So sind auch Einkünfte von anderen Personen, wie etwa der Eltern, zu berücksichtigen, wenn sie der betreffenden Person zugute kommen. Dies gilt selbst dann, wenn die die finanziellen Mittel bereitstellende Person (drittstaatsangehöriger Elternteil) kein eigenständiges Aufenthaltsrecht in dem betreffenden Mitgliedstaat innehat, sondern dieses erst durch den – mittellosen – Unionsbürger (die Tochter) vermittelt werden soll.[280] Des Weiteren ist es nicht notwendig, dass der Unionsbürger in einer rechtlichen oder verwandtschaftlichen Beziehung zu der die finanzielle Unterstützung leistenden Person steht; insbesondere muss keine

---

Unternehmen außerhalb der Europäischen Union arbeitete, lebte seine Familie in Großbritannien. Sie waren alle in vollem Umfang in Deutschland krankenversichert. Großbritannien lehnte den Aufenthalt ab, da die deutsche Krankenversicherung keine Notversorgung in Großbritannien abdeckte. Der EuGH erachtete es als unverhältnismäßig, das Aufenthaltsrecht eines Unionsbürgers, der jahrelang ohne finanzielle Unterstützungsmaßnahmen im Aufnahmemitgliedstaat gelebt hatte, allein wegen einer fehlenden Notkrankenversorgung im Aufnahmemitgliedstaat zu versagen.

279 EuGH Rs. C-200/02, Zhu und Chen, Slg. 2004, I-9925, Rn. 30 ff.; Rs. C-408/03, Kommission/Belgien, Slg. 2006, I-2647, Rn. 38 ff.

280 EuGH Rs. C-200/02, Zhu und Chen, Slg. 2004, I-9925, Rn. 30 f. Gegenstand dieses Vorabentscheidungsverfahrens war das Aufenthaltsrecht einer chinesischen Staatsangehörigen im Vereinigten Königreich als Familienangehörige und Sorgeberechtigte für ihre Tochter. Frau Chen war schwanger in das Vereinigte Königreich eingereist und hatte in Irland ihre Tochter Catherine zur Welt gebracht. Es war unstreitig, dass der Aufenthalt in Irland dazu bestimmt war, dem Kind mit der Geburt die irische Staatsangehörigkeit und damit Frau Chen ein Verbleiberecht im Vereinigten Königreich zu verschaffen. Catherine war selbstverständlich auf die finanzielle Unterstützung durch ihre Mutter angewiesen, die diese ohne weiteres leisten konnte. Die britischen Behörden weigerten sich, Catherine und ihrer Mutter dauerhaften Aufenthalt zu gewähren. Eine der Vorlagefragen betraf das Freizügigkeitsrecht der Tochter, also eines Unionsbürgers, dessen Existenzmittel ausschließlich von einem drittstaatsangehörigen Elternteil herrühren; sie wurde entsprechend der Ausführungen im oben stehenden Text beantwortet. Aufgrund dieses Falles wurde der Irish Nationality and Citizenship Act nach einem Referendum geändert (*Colneric*, Entwicklungslinien in der Rechtsprechung des Gerichtshofs der Europäischen Gemeinschaften zum Status von Ausländern, in: Barwig/Beichel-Benedetti/Brinkmann, S. 49 ff., 56).

rechtlich begründete Unterhaltsverpflichtung bestehen, so dass auch die freiwillige Unterhaltsgewährung in nichtehelichen Lebensgemeinschaften als Existenzsicherung anzuerkennen ist.[281] Der EuGH hält daher eine nationale Regelung, die eine notarielle Vereinbarung mit einer Beistandsklausel des freiwillig Unterhalt Leistenden fordert, für unverhältnismäßig, da sie über das zum Schutz der öffentlichen Finanzen Notwendige hinausgeht.[282] Insbesondere könne nicht angeführt werden, dass das Risiko, dass der Unionsbürger Leistungen der Sozialhilfe in Anspruch nehmen müsste, erheblich höher ist, wenn Mittel dritter, nicht unterhaltsverpflichteter Personen berücksichtigt würden. Vielmehr, so der EuGH, wirke sich die Herkunft der Mittel nicht ohne weiteres auf das Risiko ihres Wegfalls aus.[283] Die Mitgliedstaaten dürfen daher im Rahmen der Überprüfung, ob ausreichende Existenzmittel vorliegen, zwar einen geeigneten Nachweis über die finanzielle Unterstützung der dritten Person verlangen, wie z. B. eine Erklärung dieser Person. Die Einforderung vertraglicher Verpflichtungen ist jedoch unverhältnismäßig.

IV. Aufenthalt als Arbeitnehmer nach Beendigung eines Beschäftigungsverhältnisses

Mit der Beendigung eines Arbeitsverhältnisses geht grundsätzlich der Verlust der Arbeitnehmereigenschaft einher.[284] Gleichwohl enthält das Gemeinschaftsrecht Regelungen, die z. B. für die Zwecke des Aufenthaltsrechts die Arbeitnehmereigenschaft fingieren, so dass es nicht wie bei Nichterwerbstätigen vom Vorliegen eines gesicherten Unterhalts und dem Bestehen einer ausreichenden Krankenversicherung abhängt. Dies gilt für die Fälle einer vorübergehenden Arbeitsunfähigkeit, der unfreiwilligen Arbeitslosigkeit und der Aufnahme einer Berufsausbildung (Art. 7 Abs. 3 der RL 2004/38/EG). Die Bestimmung bildet die Rechtsprechung des EuGH zu den sog. „mit der Arbeitnehmereigenschaft

---

281 EuGH Rs. C-408/03, Kommission/Belgien, Slg. 2006, I-2647, Rn. 46. Gegenstand dieser Aufsichtsklage waren die belgischen Regelungen als auch die Verwaltungspraxis in Bezug auf die Voraussetzungen des Aufenthalts nach der RL 90/364/EWG und Ausweisungsverfügungen gegenüber Unionsbürgern. Besonderes Interesse hatte der Fall einer portugiesischen Staatsangehörigen erregt, die mit ihren drei Kindern zu ihrem belgischen Lebensgefährten gezogen war. Dieser hatte schriftlich erklärt, er komme für ihren Unterhalt auf. Dennoch war eine Ausweisungsverfügung ergangen, die mit fehlenden *eigenen* Existenzmitteln der Portugiesin begründet wurde.

282 EuGH Rs. C-408/03, Kommission/Belgien, Slg. 2006, I-2647, Rn. 32: unter dieser Voraussetzung wollte Belgien sich bereit erklären, die finanziellen Leistungen dritter Personen zu berücksichtigen.

283 EuGH Rs. C-408/03, Kommission/Belgien, Slg. 2006, I-2647, Rn. 47.

284 EuGH Rs. C-43/99, Leclere u. a., Slg. 2001, I-4265 (s. Fn. 388), Rn. 55; Rs. C-85/96, Sala, Slg. 1998, I-2691, Rn. 32.

zusammenhängenden Rechte", die den „Wanderarbeitnehmern auch dann garantiert sind, wenn diese nicht in einem Arbeitsverhältnis stehen" ab.[285]
Die Regelung zur vorübergehenden Arbeitsunfähigkeit wegen Krankheit oder Unfalls erschließt sich von selbst. Hinzugefügt sei, dass bei dauerhafter Arbeitsunfähigkeit das Daueraufenthaltsrecht bereits nach zwei Aufenthaltsjahren erworben werden kann (Art. 17 Abs. 1 lit. b der RL 2004/38/EG). Von besonderem Interesse für die vorliegende Arbeit sind die Varianten der unfreiwilligen Arbeitslosigkeit sowie die Aufnahme einer Berufsausbildung; diese werden im Folgenden näher dargestellt.

1. Unfreiwillige Arbeitslosigkeit

Die Erwerbstätigeneigenschaft wird fingiert und das Aufenthaltsrecht als Arbeitnehmer aufrechterhalten,[286] wenn der Arbeitnehmer seine Beschäftigung nach mehr als mindestens einjähriger Tätigkeit verloren hat, dies jedoch unfreiwillig geschah und er sich „dem zuständigen Arbeitsamt zur Verfügung" stellt (Art. 7 Abs. 3 lit. b der RL 2004/38/EG). Ist die Arbeitslosigkeit früher eingetreten, so wird die Erwerbstätigeneigenschaft für einen Mindestzeitraum von weiteren sechs Monaten (Art. 7 Abs. 3 lit. c RL 2004/38/EG) fingiert; hiernach verliert der Betreffende die privilegierte aufenthaltsrechtliche Stellung als Arbeitnehmer und unterliegt den allgemeinen Aufenthaltsvoraussetzungen.

Unter welchen Bedingungen eine unfreiwillige Arbeitslosigkeit vorliegt, definiert die Richtlinie nicht. Jedoch lassen sich einige Kriterien der vor dem Erlass der Richtlinie ergangenen Rechtsprechung des EuGH entnehmen. So kann Freiwilligkeit in diesem Sinne nicht allein bedeuten, dass der Verlust des Arbeitsplatzes auf eine Eigenkündigung zurückzuführen ist, da es die praktische Wirksamkeit des Rechts auf freien Zugang zu jeder selbstgewählten Beschäftigung aushöhlen würde, wenn nicht eine Tätigkeit aufgegeben werden dürfte, um eine neue Beschäftigung zu suchen.[287] Maßgeblich ist daher, ob tatsächlich eine neue

---

285 EuGH Rs. 39/86, Lair, Slg. 1988, 3161, Rn. 31, 36; Rs. C-43/99, Leclere u. a., Slg. 2001, I-4265 (s. Fn. 388), Rn. 55; Rs. C-138/02, Collins, Slg. 2004, I-2703, Rn. 27.

286 Art. 7 Abs. 3 der RL 2004/38/EG formuliert, dass die Erwerbstätigeneigenschaft für „die Zwecke des Absatzes 1 Buchstabe a", also für das Aufenthaltsrecht, aufrechterhalten wird.

287 EuGH Rs. C-171/95, Tektik, Slg. 1997, I-329, Rn. 31 f. Das Vorabentscheidungsverfahren betraf das Aufenthaltsrecht eines türkischen Staatsangehörigen in der Bundesrepublik Deutschland, der nach mehr als vier Jahren ordnungsgemäßer Beschäftigung im Sinne des Art. 6 Abs. 1 dritter Gedankenstrich ARB Nr. 1/80 selbst gekündigt hatte, um sich eine neue Beschäftigung zu suchen. Ihm war lediglich ein Zeitraum von wenigen Tagen zwischen dem Ablauf seines Arbeitsvertrages und dem seiner Aufenthaltserlaubnis zur Verfügung gestellt worden, der vom EuGH als nicht angemessen betrachtet wurde. Vgl. auch *Randelzhofer/Forsthoff*, in: Grabitz/Hilf, Art. 39 EGV, Rn. 47, der

Arbeitsstelle gesucht wird und die Formalitäten des Aufnahmemitgliedstaats für Arbeitslose, insbesondere die Meldung bei den entsprechenden Behörden der Arbeitsverwaltung, eingehalten werden.
Es schließt sich die Frage an, für welchen Zeitraum die Erwerbstätigeneigenschaft im Fall der unfreiwilligen Arbeitslosigkeit nach mehr als einjähriger Beschäftigung fingiert wird. Die Richtlinie sieht, ebenso wie bereits die Vorgängerregelung, keine zeitliche Obergrenze vor.[288] Sie verlangt nur die Meldung beim zuständigen Arbeitsamt. Fraglich ist, ob in entsprechender Anwendung des Art. 14 Abs. 4 der RL 2004/38/EG die Fiktion auf den Zeitraum beschränkt werden darf, solange eine begründete Aussicht auf Wiedereinstellung besteht.[289] Zu beachten ist jedoch die unterschiedliche aufenthaltsrechtliche Situation des erstmals Arbeitsuchenden im Vergleich zu einem arbeitslos gewordenen Arbeitnehmer: während letzterer bereits Zugang zum Arbeitsmarkt des Aufnahmemitgliedstaats gefunden hat und umfassende Gleichberechtigung im Hinblick auf soziale Vergünstigungen genießt sowie im Regelfall eigene Ansprüche aus einer Arbeitslosenversicherung ableiten können wird, hat ersterer weder ein Aufenthaltsrecht, sondern genießt über Art. 14 Abs. 4 der RL 2004/38/EG lediglich Schutz vor aufenthaltsbeendenden Maßnahmen, noch ein Teilhaberecht an den Sozialleistungen des Aufnahmemitgliedstaats (Art. 24 Abs. 2 RL 2004/38/EG). So ist es nicht zu rechtfertigen, einen arbeitslos gewordenen Arbeitnehmer auf den Status eines erstmals Arbeitsuchenden zurückzustufen.
Diese Ansicht bestätigt die Rechtsprechung des EuGH in der Rechtssache Collins, wonach die Berufung auf eine frühere Tätigkeit als Arbeitnehmer (und damit die Arbeitnehmereigenschaft) erst ausgeschlossen ist, wenn kein Zusammenhang zwischen der damaligen Beschäftigung und der aktuellen Arbeitsuche und daher keine hinreichend enge Verbindung mit dem Arbeitsmarkt des Aufnah-

darauf abstellt, dass ein Arbeitnehmer aus einem anderen Mitgliedstaat nicht vor die Alternative gestellt werden darf, entweder in einem unerwünschten Arbeitsverhältnis zu verbleiben bzw. ggf. eine Kündigung durch den Arbeitgeber zu erwirken oder seine Freizügigkeitsrechte zu verlieren.

288 Art. 7 Abs. 2 der RL 68/360/EWG: Dieser bestimmte, dass zum einen eine gültige Aufenthaltserlaubnis nicht allein wegen unfreiwilliger Arbeitslosigkeit entzogen werden und zum anderen die zeitliche Befristung bei ihrer ersten Verlängerung nicht weniger als zwölf Monate betragen darf. Da diese Bestimmung nicht in die RL 2004/38/EG übernommen wurde, in der RL 2004/38/EG nun aber eine gesonderte Regelung für die beschränkte Fiktion des Aufenthaltsrechts bei Arbeitslosigkeit nach weniger als einem Jahr der Beschäftigung getroffen wurde, ist davon auszugehen, dass eine zeitliche Beschränkung für die Fortgeltung der Arbeitnehmereigenschaft zumindest nicht pauschal durch die RL 2004/38/EG vorgegeben werden sollte.

289 Eine direkte Anwendung scheidet aus, weil Art. 14 Abs. 4 der RL 2004/38/EG eine zu Art. 7 abweichende Regelung trifft, hier das Aufenthaltsrecht nach Art. 7 Abs. 1 lit. a aber fingiert wird, so dass keine abweichende Bestimmung notwendig ist.

memitgliedstaats mehr besteht.[290] Die Verbindung zum Arbeitsmarkt wird bei Arbeitslosigkeit aber dadurch aufrechterhalten, dass eine Meldung beim Arbeitsamt vorliegt. Daher besteht das Aufenthaltsrecht nach Art. 7 Abs. 1 der RL 2004/38/EG, solange dieser Bedingung nachgekommen wird.

2. Aufnahme einer Berufsausbildung nach Ausübung einer Beschäftigung

Über die vormals ausgeübte Erwerbstätigkeit hinaus fortgeltende Rechte bestehen auch für Arbeitnehmer, die vor der Aufnahme einer Berufsausbildung in einem Beschäftigungsverhältnis standen, sofern zwischen dem Gegenstand der Berufsausbildung und der früheren Berufstätigkeit ein *Zusammenhang* besteht (Art. 7 Abs. 3 lit. d der RL 2004/38/EG). Die neu eingeführte Bestimmung spiegelt die Rechtsprechung des EuGH wider, die vor allem zu dem Bereich der Hochschulausbildungsförderung ergangen ist[291] und trägt dem Umstand Rechnung, dass die aktuellen Arbeitsmarktentwicklungen es mit sich bringen, kontinuierliche Laufbahnen durch Zeiten der Ausbildung, Umschulung oder Weiterbildung zu unterbrechen.[292] In die Beurteilung des Zusammenhangs zwischen ausgeübter Tätigkeit und dem aufgenommenen Hochschulstudium hat das nationale Gericht z. B. die Art der ausgeübten Tätigkeiten sowie die Dauer der Zeitspanne, die zwischen dem Ende dieser Tätigkeiten und dem Beginn des Studiums liegt, einzubeziehen.[293] Der Zusammenhang ist nicht gegeben, wenn die Ausbildung nicht der weiteren Qualifizierung bzw. dem Erwerb einer gegenüber der ausgeübten Beschäftigung höheren Qualifikation dient, insbesondere wenn die Beschäftigung lediglich ausgeübt wurde, um sich das Studium zu finanzieren.

Das Kriterium der Kontinuität kann allerdings zugunsten einer aufgrund der Arbeitsmarktsituation gegebenenfalls notwendigen Flexibilität der Arbeitnehmer entfallen: so hindern unfreiwillige Arbeitslosigkeit und erforderlich gewordene

---

290 EuGH Rs. C-138/02, Collins, Slg. 2004, I-2703, Rn. 28 f. Die Entscheidung bezieht sich auf berufliche Tätigkeiten, die ca. sechs Monate ausgeübt wurden und die über 17 Jahre zurückliegen (zum Sachverhalt s. 2. Kapitel, 3. Teil, B. III.).

291 EuGH Rs. C-413/01, Ninni-Orasche, Slg. 2003, I-13187, Rn. 35. Der dem Vorabentscheidungsverfahren zugrunde liegende Rechtsstreit vor dem Verwaltungsgerichtshof (Österreich) betrifft den Antrag der Klägerin auf eine staatliche Studienbeihilfe. Eine solche wird österreichischen Staatsangehörigen sowie ihnen gleichgestellten Ausländern gewährt (§ 2 des Studienförderungsgesetzes). Für den Begriff der gleichgestellten Ausländer wird auf das Gemeinschaftsrecht verwiesen. Die Klägerin ist Italienerin; sie ist mit einem österreichischen Staatsangehörigen verheiratet und lebt in Österreich. EuGH Rs. 39/86, Lair, Slg. 1988, 3161, Rn. 27 f.; staatliche Studienförderung wie das BAföG stellt eine soziale Vergünstigung im Sinne des Art. 7 Abs. 2 VO (EWG) Nr. 1612/68 dar; EuGH Rs. C-357/89, Raulin, Slg. 1992, I-1027, Rn. 20 f., Tenor Nr. 4.

292 EuGH Rs. 39/86, Lair, Slg. 1988, 3161, Rn. 38 f.

293 EuGH Rs. C-3/90, Bernini, Slg. 1992, I-1071, Rn. 19 f.

Umorientierungen in andere Berufszweige nicht die Fortgeltung der Arbeitnehmereigenschaft.[294]

Die Rechtsprechung zu den sog. „mit der Arbeitnehmereigenschaft zusammenhängenden Rechten“[295] war deshalb von besonderer Bedeutung, weil die fortgeltende Arbeitnehmereigenschaft neben der privilegierten aufenthaltsrechtlichen Stellung einen Anspruch auf dieselben sozialen und steuerlichen Vergünstigungen versprach, wie sie eigenen Staatsangehörigen gewährt werden (Art. 7 Abs. 2 der VO (EWG) Nr. 1612/68), wozu auch z. B. Leistungen der Studienförderung gehören.[296] Diese Vorzüge blieben sonst verwehrt, da zum einen das Aufenthaltsrecht von Studierenden gleich dem der nichterwerbstätigen Unionsbürger den Nachweis ausreichender Existenzmittel und eines umfassenden Krankenversicherungsschutzes bedingt (Art. 7 Abs. 1 lit. c der RL 2004/38/EG) und Studierende zum anderen keinen Anspruch auf Studienbeihilfen des Aufnahmemitgliedstaats haben (Art. 24 Abs. 2 der RL 2004/38/EG).[297] Da gerade, wenn die Berufstätigkeit zugunsten einer Fortbildung unterbrochen wird, die staatliche Unterstützung für den Lebensunterhalt von besonderer Wichtigkeit ist, ist diese neue Bestimmung von besonderer Bedeutung.

---

294 Art. 7 Abs. 3 lit. d der RL 2004/38/EG, die auch in diesem Punkt die Rechtsprechung des EuGH widerspiegelt, vgl. Rs. 39/86, Lair, Slg. 1988, 3161, Rn. 37; Rs. C-357/89, Raulin, Slg. 1992, I-1027, Rn. 21, Nr. 2 des Tenors; Rs. C-413/01, Ninni-Orasche, Slg. 2003, I-13187, Rn. 35 ff. Nach der Rechtsprechung sind bei der Prüfung, ob eine freiwillige oder unfreiwillige Arbeitslosigkeit vorliegt, die Gepflogenheiten in dem Sektor der fraglichen Wirtschaftstätigkeit, die Möglichkeiten, in diesem Sektor eine nicht befristete Beschäftigung zu finden oder die Existenz von Verlängerungsmöglichkeiten des Arbeitsvertrags zu berücksichtigen.

295 EuGH Rs. 39/86, Lair, Slg. 1988, 3161, Rn. 31, 36.

296 Vgl. etwa EuGH Rs. 39/86, Lair, Slg. 1988, 3161; Rs. C-357/89, Raulin, Slg. 1992, I-1027.

297 EuGH Rs. 39/86, Lair, Slg. 1988, 3161, Rn. 43; Rs. C-413/01, Ninni-Orasche, Slg. 2003, I-13187, Rn. 36. Begibt sich ein Unionsbürger nur in der Absicht in einen anderen Mitgliedstaat, um dort nach einer sehr kurzen Berufstätigkeit eine Förderung für Studenten in Anspruch zu nehmen, so liegt ein Missbrauch vor, der durch die in Rede stehenden gemeinschaftsrechtlichen Bestimmungen nicht gedeckt ist. In die Prüfung, ob ein Missbrauch vorliegt, können die persönlichen Umstände des Unionsbürgers, wie z. B. der Erwerb eines zur Aufnahme eines Universitätsstudiums im Aufnahmemitgliedstaat befähigenden Abschlusses unmittelbar nach dem Ende seines Arbeitsvertrags, die Suche nach einer neuen Beschäftigung umgehend nach dem Ende des Arbeitsverhältnisses sowie die Art und das Niveau der gesuchten neuen Beschäftigung, einbezogen werden. Nicht hingegen darf die Gewährung von sozialen Vergünstigungen von einem bestimmten Zeitraum der Berufstätigkeit abhängig gemacht werden, da dies eine Modifizierung des gemeinschaftsrechtlichen Arbeitnehmerbegriffs bedeuten würde.

V. Befugnis der Mitgliedstaaten zur Überprüfung der Rechtmäßigkeit des Aufenthalts

Eine Überprüfung des Fortbestands der Aufenthaltsvoraussetzungen darf nur „in bestimmten Fällen, in denen begründete Zweifel bestehen, ob der Unionsbürger oder seine Familienangehörigen die Voraussetzungen der Artikel 7, 12 und 13 erfüllen", vorgenommen werden; zudem darf die Prüfung nicht *systematisch* stattfinden (Art. 14 Abs. 2 UAbs. 2 der RL 2004/38/EG). Sind die Mitgliedstaaten zu einer Überprüfung nur aus besonderem Anlass berechtigt, so stellt sich die Frage, ob es dem Mitgliedstaat gestattet ist, die Anmeldebescheinigung zu befristen. Die Befristung hätte zwar keine Auswirkung auf das Aufenthaltsrecht, da die Anmeldebescheinigung dieses lediglich deklaratorisch bestätigt, jedoch könnte der Mitgliedstaat über die Befristung erreichen, dass er in gewissen Zeiträumen das Vorliegen der Aufenthaltsvoraussetzungen kontrollieren könnte, indem diese ihm für eine Verlängerung glaubhaft gemacht werden müssten (vgl. Art. 8 Abs. 3 der RL 2004/38/EWG).
Dass eine solche Befristungsmöglichkeit dem Sinn der Anmeldebescheinigung widersprechen würde, ergibt sich aus einem Vergleich mit den durch die RL 2004/38/EG ersetzten sekundärrechtlichen Normen, welche entweder eine Mindestgültigkeitsdauer der Aufenthaltserlaubnis von fünf Jahren vorsahen, wobei der Aufenthalt grundsätzlich unbefristet zu gewähren und die Erlaubnis ohne weiteres zu verlängern war,[298] oder den Mitgliedstaaten gewährten, die Erlaubnis auf den Aufenthaltszweck zu begrenzen.[299] Diese Vorgaben zur Gültigkeitsdauer wurden nicht in die RL 2004/38/EG übernommen. Zudem ersetzt die Anmeldepflicht die Beantragung einer – wenn auch nur deklaratorischen – Aufenthalts*erlaubnis*, so dass die aufgrund der Anmeldung ausgestellte Bescheinigung grundsätzlich unbefristet gelten muss.[300] Da eine Befristung zumindest die Möglichkeit einer systematischen und nicht nur auf begründete Zweifel gestützten Kontrolle, wie sie Art. 14 Abs. 2 UAbs. 2 verbietet, einräumen würde, ist sie mit dem Gemeinschaftsrecht unvereinbar.

VI. Das Daueraufenthaltsrecht nach Gemeinschaftsrecht

Zu den neuen aufenthaltsrechtlichen Privilegien für Unionsbürger und ihre Familienangehörigen, die durch die Art. 16 ff. der RL 2004/38/EG eingeführt wur-

298 Art. 4 Abs. 1 der RL 73/148/EWG; Art. 2 der RL 90/364/EWG, wobei die Mitgliedstaaten die Erneuerung der Aufenthaltserlaubnis nach den ersten zwei Jahren verlangen können, wenn sie dies für erforderlich halten.

299 Art. 2 Abs. 1 der RL 93/96/EWG: Beschränkung des Aufenthaltsrechts von Studierenden auf die Dauer der Ausbildung oder, wenn die Dauer der Ausbildung länger als 1 Jahr beträgt, auf 1 Jahr.

300 *Hailbronner*, ZAR 2004, 259 ff., 261.

den, gehört das Daueraufenthaltsrecht. Mit seiner Verankerung in der RL 2004/38/EG soll der graduellen Integration des Unionsbürgers in die Gesellschaft des Aufnahmemitgliedstaats Rechnung getragen werden.[301] Das Daueraufenthaltsrecht verfestigt das Aufenthaltsrecht, da es, einmal verliehen, nicht mehr den Voraussetzungen des allgemeinen Aufenthaltsrechts unterliegt sowie mit höherem Ausweisungsschutz und ausnahmslos gleichberechtigter Teilhabe an dessen staatlichen Sozialleistungssystemen verbunden ist. Eine zum Daueraufenthalt berechtigte Person hat mit diesem Aufenthaltsstatus die höchste Stufe der Aufenthaltsberechtigung erreicht, der nur noch das Recht auf Einbürgerung auf dem Weg zur vollständigen rechtlichen Integration folgt.[302]
Bis zur Einführung der genannten Richtlinienbestimmungen fanden sich auf gemeinschaftsrechtlicher Ebene keinerlei sekundärrechtliche Vorgaben, wonach die Dauer des Aufenthalts zu einer verfestigten Rechtsstellung des Unionsbürgers im Aufnahmemitgliedstaat führen musste. Im Hinblick auf den Ausweisungsschutz wurde eine Verfestigung allerdings mittelbar durch die Rechtsprechung des EuGH erreicht, der eine längere Aufenthaltsdauer als ein im Rahmen der Verhältnismäßigkeitsprüfung zugunsten des Betroffenen zu wertendes Argument berücksichtigte.[303] Auch konnten Arbeitnehmer und Selbständige bei Ausscheiden aus dem Erwerbsleben und damit nach Wegfall des Aufenthaltszwecks ein in Bezug auf die weitgehend voraussetzungslose und unbeschränkte Verweildauer dem Daueraufenthaltsrecht ähnliches Verbleiberecht erwerben, wenn sie z. B. das gesetzliche Rentenalter erreichten (Art. 39 Abs. 3 lit. d EGV, VO (EWG) Nr. 1251/70; Art. 2 Abs. 1 lit. a der RL 75/34/EWG).[304] Das Verbleiberecht ersetzte aber lediglich die allgemeinen Voraussetzungen des Aufenthaltsrechts als Arbeitnehmer und sah keine darüber hinausgehenden Privilegierungen im Aufenthaltsstatus vor.

1. Mit der Daueraufenthaltsberechtigung verbundene Privilegien

Das Daueraufenthaltsrecht vermittelt eine Reihe von Vorrechten gegenüber dem allgemeinen Aufenthaltsrecht. So besteht es unabhängig vom Vorliegen der allgemeinen Freizügigkeitsvoraussetzungen; der Verlust der Arbeitnehmereigen-

301 *F. Wollenschläger*, S. 154; *Schönberger*, ZAR 2006, 226 ff., 227, der unter Verweis auf die 17. Begründungserwägung der RL 2004/38/EG das Daueraufenthaltsrecht als ihren systematischen Kern bezeichnet.

302 *Th. Groß*, ZAR 2007, 315 ff., 316.

303 *Brechmann*, in: Callies/Ruffert, Art. 39 EGV, Rn. 93.

304 Art. 6 der VO (EWG) 1251/70 und Art. 6 der RL 75/34/EWG bestimmten, dass die zum Verbleib berechtigende Aufenthaltserlaubnis mindestens fünf Jahre gültig sein und ohne weiteres verlängert werden musste. Diese VO (EWG) Nr. 1251/70 wurde durch die VO (EG) Nr. 635/2006 mit Wirkung zum 30. April 2006, dem Ende der Umsetzungsfrist der RL 2004/38/EG, aufgehoben. Die RL 75/34/EWG wurde durch die RL 2004/38/EG ersetzt.

schaft etwa ist daher für das Aufenthaltsrecht nicht mehr von Bedeutung. Des Weiteren gewährt es einen höheren Ausweisungsschutz, indem eine Ausweisung nur aus *schwerwiegenden* Gründen der öffentlichen Ordnung oder Sicherheit erfolgen darf (Art. 28 Abs. 2 der RL 2004/38/EG; vgl. unten VII.). Daueraufenthaltsberechtigte Studierende und Auszubildende genießen zudem Gleichbehandlung im Hinblick auf Studienbeihilfen und Beihilfen zur Berufsausbildung (Art. 24 Abs. 2 der RL 2004/38/EG).
Im Hinblick auf den Aufenthaltsschutz wird eine weitere Stufe nach zehn Jahren des Aufenthalts erreicht: hier müssen *zwingende* Gründe der öffentlichen Sicherheit vorliegen, die die Ausweisungsentscheidung rechtfertigen. Diese Gründe müssen durch die Mitgliedstaaten festgelegt werden (Art. 28 Abs. 3 lit. a der RL 2004/38/EG).[305]

2. Voraussetzungen des Daueraufenthaltsrechts

Ist ein Unionsbürger seit *fünf Jahren ununterbrochen rechtmäßig* in einem anderen Mitgliedstaat ansässig, so erhält er ein Daueraufenthaltsrecht (Art. 16 der RL 2004/38/EG). Vorübergehende Abwesenheiten von bis zu sechs Monaten im Jahr hindern die Entstehung des Daueraufenthaltsrechts nicht. Selbst längere Aufenthaltszeiten außerhalb des Aufnahmemitgliedstaats von bis zu zwölf Monaten stehen dem unbeschränkten Aufenthaltsrecht nicht entgegen, wenn sie aus wichtigem Grund erfolgen, z. B. durch eine Berufsausbildung veranlasst sind (Art. 16 Abs. 3 der RL 2004/38/EG).
Die Voraussetzungen der *Rechtmäßigkeit* des Aufenthalts sind in der Richtlinie nicht näher definiert. Es ist daher davon auszugehen, dass ein rechtmäßiger Aufenthalt vorliegt, wenn das Aufenthaltsrecht nicht erloschen ist. Hierfür bestehen grundsätzlich zwei Möglichkeiten. Zum einen unterliegt das Aufenthaltsrecht den Beschränkungen aus Gründen der öffentlichen Ordnung, Sicherheit und Gesundheit, wie sie in Kapitel VI der RL 2004/38/EG dargelegt sind. Zum anderen steht das Aufenthaltsrecht unter den Bedingungen des Art. 7 dieser Richtlinie, d. h. ist der Unionsbürger nicht erwerbstätig und wird die Erwerbstätigeneigenschaft auch nicht fingiert, so muss er über ausreichende Existenzmittel für sich und seine Familie verfügen. Für arbeitslos gewordene Arbeitnehmer besteht das Aufenthaltsrecht fort, solange sie sich dem Arbeitsamt zur Verfügung stellen, auch wenn sie auf finanzielle staatliche Unterstützungsmaßnahmen angewiesen sind (Art. 7 Abs. 3 lit. b der RL 2004/38/EG). Des Weiteren darf eine Ausweisung nicht allein wegen der Inanspruchnahme von Sozialhilfeleistungen erfolgen (Art. 14 Abs. 2, 3 der RL 2004/38/EG), so dass auch dann, wenn Sozialhilfeleistungen bezogen werden, ein rechtmäßiger Aufenthalt vorliegt, der nach fünf Jahren zum Daueraufenthaltsrecht führen kann.

---

305 Minderjährige Unionsbürger dürfen nur aus diesen zwingenden Gründen ausgewiesen werden (§ 28 Abs. 3 lit. b der RL 2004/38/EG).

Ein zum Daueraufenthaltsrecht führender rechtmäßiger Aufenthalt kann aber auch jenseits der Aufenthaltsvoraussetzungen des Art. 7 der Richtlinie begründet sein. Dies folgt aus der Entscheidung des EuGH in der Rechtssache *Martínez Sala*, in der der Gerichtshof entschied, dass es gegen das allgemeine Diskriminierungsverbot des Art. 12 EGV verstößt, einer Unionsbürgerin die Zahlung von Erziehungsgeld mit der Begründung zu verweigern, sie besitze kein auf dem Gemeinschaftsrecht beruhendes Aufenthaltsrecht, sondern genieße allein auf dem Europäischen Fürsorgeabkommen beruhenden Ausweisungsschutz.[306] Nach Auffassung des EuGH genügt es für die Bejahung eines rechtmäßigen Aufenthalts und die Geltendmachung gemeinschaftsrechtlicher Ansprüche also, wenn sich der Unionsbürger auf ein Aufenthaltsrecht berufen kann, ohne dass es darauf ankommt, woraus es abgeleitet wird (im Einzelnen s. unten 3. Teil, B. II. 2.).

Weil das Daueraufenthaltsrecht nicht von den allgemeinen Bedingungen des Art. 7 der RL 2004/38/EG abhängt und es damit weniger strengen Voraussetzungen unterliegt als das Aufenthaltsrecht von mehr als drei Monaten, hat es Kritik auf sich gezogen. Es bestehe „die Gefahr einer Aufenthaltsverfestigung für dauernd sozialhilfeabhängige Unionsbürger, die nicht oder nur geringfügig zur Solidargemeinschaft der Steuerzahler beigetragen haben".[307] Diese Gefahr mag tatsächlich bestehen. Jedoch ist zu beachten, dass die Mitgliedstaaten einer solchen Verfestigung nicht mit der Verweigerung von Leistungen oder Rechten begegnen können, sondern auf eine übermäßige Inanspruchnahme von Sozialhilfeleistungen grundsätzlich nur durch aufenthaltsbeendende Maßnahmen reagieren können. Nur im Verhältnis zu Arbeitnehmern und Selbständigen unterliegen sie strengeren Vorgaben; im Hinblick auf Arbeitsuchende besteht zumindest die Einschränkung, dass sie auf dem Arbeitsmarkt nicht chancenlos sind.[308] Auf das Verhältnis von Aufenthaltsrecht und Inanspruchnahme von Sozialleistungen soll erst in einem späteren Abschnitt eingegangen werden (s. unten B.). Jedoch sei bereits angeführt, dass, solange keine aufenthaltsbeendenden Maßnahmen ergriffen werden, ein Aufenthalt trotz fehlender Existenzmittel rechtmäßig ist.[309] Dass die Mitgliedstaaten die Aufenthaltsvoraussetzungen nur bei begründeten Zweifeln und nicht systematisch überprüfen dürfen, erschwert selbstverständlich

306 EuGH Rs. C-85/96, Sala, Slg. 1998, I-2691.

307 *Hailbronner*, ZAR 2004, 299 ff., 301.

308 Von einer Gefahr durch Arbeitnehmer, deren Arbeitsentgelt derart gering ist, dass sie sich in einer finanziellen Notlage befinden, die durch staatliche Mittel abgemildert werden muss, auszugehen, die die Solidargemeinschaft der Steuerzahler in ein Ungleichgewicht zu bringen vermag, ist kaum vorstellbar.

309 *F. Wollenschläger*, S. 154 f.; *Schönberger*, S. 374 ff., der insbesondere auf die paradox anmutende Situation aufmerksam macht, in der sich die Mitgliedstaaten und Unionsbürger wegen der Rechtsprechung des EuGH befinden: da der geduldete Aufenthalt Ansprüche auf Sozialleistungen vermittelt, steigt die Motivation der Mitgliedstaaten, den Aufenthalt bei Inanspruchnahme zu beenden; *Hailbronner*, ZAR 2004, 299 ff., 301.

eine Aufenthaltsbeendigung. Jedoch erhalten sie von der Inanspruchnahme von Sozialleistungen Kenntnis, da entsprechende Anträge gestellt werden müssen bzw. die Bundesagentur für Arbeit beteiligt ist, sollte jemand Unterstützung anfordern. Insofern sollte es auch möglich sein, rechtzeitig aufenthaltsbeendende Maßnahmen einzuleiten. Dulden sie den Aufenthalt trotz Mittellosigkeit, so müssen sie auch die zunehmende Aufenthaltsverfestigung hinnehmen.[310] Die Regelungen der Richtlinie zum Daueraufenthaltsrecht verdeutlichen somit den Zusammenhang zwischen gewährtem Aufenthalt und dem Gleichbehandlungsgebot, indem sie nur die Rechtmäßigkeit des Aufenthalts voraussetzen und nicht auf Art. 7 verweisen. Die Kritik mag daher zwar plausibel erscheinen, verfehlt jedoch ihren Zweck, wenn sie nicht beachtet, dass es nicht dem aufenthaltsrechtlichen Konzept der Freizügigkeitsrechte entspricht, „Aufenthalt ohne Gleichbehandlung“ zu gewähren.

3. Das Daueraufenthaltsrecht für aus dem Erwerbsleben ausgeschiedene Arbeitnehmer

Arbeitnehmer, die aus dem Erwerbsleben ausscheiden, weil sie in Rente oder Vorruhestand gehen oder arbeitsunfähig geworden sind, können zusammen mit ihren Familienmitgliedern bereits vor Ablauf der fünfjährigen Aufenthaltszeit das Daueraufenthaltsrecht erwerben (Art. 17 der RL 2004/38/EG[311]). Arbeitslos gewordene Arbeitnehmer unterfallen keiner besonderen Regelung; jedoch sind auch sie insofern privilegiert, dass Zeiten unfreiwilliger Arbeitslosigkeit, auch wenn sie unmittelbar vor Erreichen des Renteneintrittsalters oder Verlust der Erwerbsfähigkeit liegen, als Zeiten der Erwerbstätigkeit gelten.
Als Voraussetzungen des frühzeitigen Erwerbs der Daueraufenthaltsberechtigung wählt die RL 2004/38/EG dieselben Kriterien, die bereits in der VO (EWG) Nr. 1251/70 verwendet wurden, dort allerdings für die Verbleibeberechtigung nach Ausscheiden aus dem Erwerbsleben. Ihre Bestimmungen werden nunmehr durch Art. 17 der RL 2004/38/EG wiedergegeben bzw. wurden dahingehend geändert, dass den Inhabern eines Verbleiberechts das Recht auf Daueraufenthalt eingeräumt wird.[312]

---

310 *F. Wollenschläger*, S. 154 f.

311 Art. 17 der RL 2004/38/EG gilt auch für Selbständige.

312 VO (EWG) Nr. 1251/70 über das Recht der Arbeitnehmer, nach Beendigung einer Beschäftigung im Hoheitsgebiet eines Mitgliedstaats zu verbleiben (ABl. 1975 L 324/31. Aufhebung durch die VO (EG) Nr. 635/2006 (ABl. 2006 L 112/9). Nach der 19. Begründungserwägung der RL 2004/38/EG werden die nach der VO (EWG) Nr. 1251/70 erworbenen Rechte, die eine Daueraufenthaltsberechtigung bereits vor Ablauf von fünf Jahren gestatten, aufrechterhalten.

a) Rente oder Vorruhestand

Bereits nach *dreijährigem* Aufenthalt sind Arbeitnehmer und Selbständige dauerhaft aufenthaltsberechtigt, wenn sie zum Zeitpunkt des Ausscheidens das Rentenalter erreicht haben oder in den Vorruhestand gehen. Sie müssen während der letzten zwölf Monate eine Erwerbstätigkeit ausgeübt haben; Zeiten unfreiwilliger Arbeitslosigkeit und krankheits- oder unfallbedingte Fehlzeiten gelten als Zeiten der Erwerbstätigkeit (Art. 17 Abs. 1 lit. a der RL).
Besitzt der Ehegatte bzw. der Lebenspartner des Arbeitnehmers die Staatsangehörigkeit des Aufnahmemitgliedstaats oder hat er diese durch die Eheschließung verloren, so besteht das Daueraufenthaltsrecht unabhängig von der Dauer des Voraufenthalts und der Erwerbstätigkeit (Art. 17 Abs. 2 der RL).

b) Arbeitsunfähigkeit

Muss die Erwerbstätigkeit aufgegeben werden, weil eine dauerhafte Arbeitsunfähigkeit vorliegt, so kann bereits nach *zweijährigem* Aufenthalt eine Daueraufenthaltsberechtigung eintreten. Jedoch entfällt auch diese Voraussetzung, wenn die Arbeitsunfähigkeit durch einen Arbeitsunfall oder eine Berufskrankheit hervorgerufen wurde. Zudem zählen unfreiwillige Arbeitslosigkeit und krankheits- oder unfallbedingte Fehlzeiten als Zeiten der Erwerbstätigkeit (Art. 17 Abs. 1 lit. b der RL).
Besitzt der Ehegatte bzw. der Lebenspartner des Arbeitnehmers die Staatsangehörigkeit des Aufnahmemitgliedstaats oder hat er diese durch die Eheschließung verloren, so besteht das Daueraufenthaltsrecht unabhängig von der Dauer des Voraufenthalts (Art. 17 Abs. 2 der RL).

c) Anrechnung von Erwerbszeiten als Grenzgänger

Die Ausnahmeregelungen begünstigen auch Arbeitnehmer, die nur *im Aufnahmemitgliedstaat* aus dem Erwerbsleben ausgeschieden sind in dem Sinne, dass sie nun eine Beschäftigung als sog. Grenzgänger in einem anderen Mitgliedstaat aufgenommen haben. Allerdings muss die Beschäftigungszeit in dem Aufnahmemitgliedstaat mindestens drei Jahre betragen haben, der Arbeitnehmer muss seinen Aufenthalt in dem Aufnahmemitgliedstaat behalten und mindestens einmal wöchentlich hierher zurückkehren (Art. 17 Abs. 1 lit. c der RL).

VII. Vorbehalt der öffentlichen Ordnung, Sicherheit und Gesundheit

Die Rechte nach Art. 39 Abs. 3 EGV unterliegen dem Vorbehalt der öffentlichen Sicherheit, Ordnung und Gesundheit. Dieser sog. ordre-public Vorbehalt des

Art. 39 Abs. 3 EGV stellt nach der Rechtsprechung des EuGH eine (nachträgliche) Beschränkung der Arbeitnehmerfreizügigkeit dar, die die Entstehung des Aufenthaltsrechts nicht berührt, sondern dem Aufnahmemitgliedstaat die Möglichkeit gibt, die Einreise zu verweigern oder aufenthaltsbeendende Maßnahmen zu ergreifen.[313] Eine auf dieser Grundlage vorgenommene Beschränkung setzt voraus, dass „außer der Störung der öffentlichen Ordnung, die jede Gesetzesverletzung darstellt, eine tatsächliche und hinreichend schwere Gefährdung vorliegt, die ein Grundinteresse der Gesellschaft berührt".[314] Weitere sekundärrechtliche Vorgaben fasst die RL 2004/38/EG zusammen.[315] So dürfen die Mitgliedstaaten die ordre-public-Maßnahmen nicht zu wirtschaftlichen Zwecken geltend machen, wie etwa zur Erhaltung von Arbeitsplätzen oder dem Schutz staatlicher Finanzen vor fremder Inanspruchnahme.[316] Des Weiteren ist der Grundsatz der Verhältnismäßigkeit zu wahren, und es darf ausschließlich das persönliche Verhalten des Betroffenen ausschlaggebend sein.[317]

Für zwei Gruppen von Unionsbürgern sieht die Richtlinie einen privilegierten Ausweisungsschutz vor, indem die Ausweisung nur aus *besonderen* Gründen der öffentlichen Ordnung oder Sicherheit verfügt werden darf. So dürfen daueraufenthaltsberechtigte Unionsbürger und ihre Familienangehörigen nur aus *schwerwiegenden* Gründen der öffentlichen Ordnung und Sicherheit ausgewiesen werden. Höchsten Ausweisungsschutz genießen minderjährige Unionsbürger sowie Unionsbürger, deren Aufenthaltsdauer in dem Aufnahmemitgliedstaat bereits zehn Jahre beträgt, da ihnen gegenüber Ausweisungen nur aus *zwingenden* Gründen der öffentlichen Sicherheit verfügt werden können (Art. 28 Abs. 2 und 3 der RL 2004/38/EG).[318]

---

313 EuGH Rs. 48/75, Royer, Slg. 1976, 497, Rn. 28/29; Rs. 157/79, Pieck, Slg. 1980, 2171, Rn. 9.

314 EuGH Rs. 30/77, Slg. 1977, 1999, Bouchereau, Rn. 33/35. Vgl. auch Art. 27 Abs. 2 UAbs. 2 der RL 2004/38/EG.

315 RL 64/221/EWG. Der näheren Konkretisierung diente bis zum 29. April 2006 die RL 64/221/EWG, die seither durch die Regelungen der RL 2004/38/EG ersetzt wurde. Die Vorgaben der RL 64/221/EWG bezweckten eine Koordinierung der Einreise- und Aufenthaltsbedingungen für Unionsbürger, die von der Arbeitnehmerfreizügigkeit oder der Niederlassungsfreiheit Gebrauch machten oder sich als Dienstleistungsempfänger in einen anderen Mitgliedstaat begaben.

316 Art. 27 Abs. 1 der RL 2004/38/EG; *Scheuing*, EuR 2003, 744 ff., 748 f.

317 Die die RL 64/221/EWG ergänzende Rechtsprechung des EuGH zur Berücksichtigung der persönlichen Umstände bei einer aufenthaltsbeendenden Maßnahme hat Eingang in den Text der RL 2004/38/EG gefunden. So schreibt sie ausdrücklich fest, dass z. B. die Dauer des Aufenthalts im Aufnahmemitgliedstaat, der Gesundheitszustand sowie die familiäre Lage des betreffenden Unionsbürgers den Interessen des Staates an der Ausweisung gegenüberzustellen sind (Art. 28 Abs. 1 der RL 2004/38/EG).

318 Die zwingenden Gründe im Sinne des Art. 28 Abs. 3 der RL 2004/38/EG wurde durch das Gesetz zur Umsetzung aufenthalts- und asylrechtlicher Richtlinien der Europäischen Union vom 19. August 2007 (BGBl. 2007 Teil I, S. 1970 ff., S. 2008) umgesetzt, vgl. § 6 Abs. 5 FreizügG/EU. Sie liegen bei bestimmten Straftaten vor, wenn die Sicher-

Gegen die aufenthaltsbeschränkende Maßnahme muss das nationale Verfahrensrecht einen gerichtlichen und gegebenenfalls einen behördlichen Rechtsbehelf vorsehen (Art. 31 Abs. 1 der RL 2004/38/EG).[319] Überprüfungsgegenstand des Rechtsbehelfsverfahrens sind die Rechtmäßigkeit der Entscheidung sowie „die Tatsachen und Umstände, auf denen die Entscheidung beruht“, einschließlich des Verhältnismäßigkeitsgrundsatzes (Art. 31 Abs. 3 RL 2004/38/EG). Der Rechtsbehelf muss also den Weg zu einer Rechts- als auch Tatsacheninstanz öffnen. Die nationalen Gerichte sind des Weiteren verpflichtet, Tatsachen zu berücksichtigen, die erst nach der letzten Behördenentscheidung eingetreten sind und die den Wegfall oder eine nicht unerhebliche Verminderung der gegenwärtigen Gefährdung für die öffentliche Ordnung bedeuten würden.[320] So ist auch der

---

heit der Bundesrepublik Deutschland betroffen ist oder von dem Unionsbürger eine terroristische Gefahr ausgeht.

319 Die Ausgestaltung von Gerichtsverfahren, die den Schutz der dem Unionsbürger aus dem Gemeinschaftsrecht erwachsenden Rechte gewährleisten sollten, ist zwar, wie der EuGH in seinen Entscheidungen ausdrücklich betont, „Sache der innerstaatlichen Rechtsordnung der einzelnen Mitgliedstaaten [...]; gleichwohl dürfen diese Verfahren die Ausübung der durch die Gemeinschaftsrechtsordnung verliehenen Rechte nicht praktisch unmöglich machen oder übermäßig erschweren.“ (EuGH Rs. 33/76, Rewe, Slg. 1976, 1989, Rn. 5; Rs. C-129/00, Kommission/Italien, Slg. 2003, I-14637, Rn. 18). Die durch die RL 2004/38/EG ersetzte RL 64/221/EWG beinhaltete eine andere Formulierung. Hiernach musste ein Unionsbürger gegen eine freizügigkeitsbeschränkende Entscheidung die Rechtsbehelfe einlegen können, die Inländern gegenüber Verwaltungsakten zustehen (Art. 8 der RL 64/221/EWG). Sah das nationale Rechtsschutzsystem keine Rechtsmittel vor, beinhalteten diese nur eine Rechtmäßigkeitskontrolle oder entfalteten sie keine aufschiebende Wirkung, durfte die freizügigkeitsbeschränkende Entscheidung erst ergehen, nachdem eine weitere Stelle eingeschaltet worden war, vor der sich der Unionsbürger entsprechend verteidigen konnte (Art. 9 der RL 64/221/EWG). Die RL 2004/38/EG belässt es nicht dabei, eine behördliche Überprüfung vorzuschreiben, sondern führt den gerichtlichen Schutz obligatorisch ein. Hierneben ist behördlicher Rechtsschutz fakultativ.

320 EuGH verb. Rs. C-482/01 und C-493/01, Orfanopoulos und Oliveri, Slg. 2004, I-5257. Hintergrund dieser Vorabentscheidung war die bundesdeutsche Rechtslage. Nach Auffassung des vorlegenden Verwaltungsgerichts Stuttgart durften Erkenntnismittel, die nach Erlass der letzten Behördenentscheidung entstanden oder zugänglich geworden sind, nur dann in einem gerichtlichen Verfahren zur Überprüfung der Rechtmäßigkeit der Behördenentscheidung herangezogen werden, „wenn diesen Erkenntnismitteln Anhaltspunkte für die Richtigkeit der im Zeitpunkt der letzten Behördenentscheidung getroffenen Einschätzung entnommen werden könnten.“ Nachträglich eintretende Entwicklungen, die nicht lediglich die anfängliche Prognose retrospektiv bestätigten, wurden regelmäßig der Geltendmachung in einem nachfolgenden Befristungsverfahren vorbehalten, vgl. Urteil vom 3. August 2004, BVerwG 1 C 30.02 (S. 9). Hierzu erklärte die deutsche Regierung, dass neue Tatsachen oder positive Entwicklungen des Unionsbürgers zwar nicht bei der Überprüfung der Behördenentscheidung, wohl aber z. B. bei der Vollstreckung der Ausweisungsentscheidung zu berücksichtigen seien und ein Abschiebungshindernis darstellen könnten. Der EuGH hat diese innerstaatliche Praxis für mit Art. 3 der RL 64/221/EWG unvereinbar erklärt. Das BVerwG hat seine entge-

Zeitraum zwischen behördlicher und (letzter) gerichtlicher Entscheidung, insbesondere wenn dies ein längerer Zeitraum ist, für das Rechtsbehelfsverfahren relevant.

Da die RL 2004/38/EG die Ausweisung von Unionsbürgern einheitlichen Voraussetzungen unterstellt, ohne Arbeitnehmer in Bezug auf ordre-public-Maßnahmen zu privilegieren,[321] soll im Rahmen dieser Arbeit auf die Voraussetzungen dieser Maßnahme nicht weiter eingegangen werden.

B. Gleichbehandlung im Hinblick auf den Zugang zum Arbeitsmarkt und die Teilhabe an sozialen Vergünstigungen: Das Gleichbehandlungsgebot des Art. 39 Abs. 2 EGV

Es wurde bereits dargestellt, dass der Begriff des Aufenthaltsstatus verwendet wird, um den Verfestigungsgrad des Arbeitnehmers in der aufnehmenden Gesellschaft zu beschreiben. Er soll gleichzeitig Ausdruck der rechtlichen Integration des Arbeitnehmers sein. Hierfür spielen der gleichberechtigte Arbeitsmarktzugang sowie die diskriminierungsfreie Teilhabe an staatlichen sozialen Vergünstigungen die maßgebliche Rolle, da dem ausländischen Arbeitnehmer hierdurch dieselben Lebensbedingungen wie Staatsangehörigen im Aufnahmemitgliedstaat ermöglicht werden.[322] Unionsbürgern wird Gleichbehandlung im Hinblick auf diese beiden Bereiche durch das Gleichbehandlungsgebot des Art. 39 Abs. 2 EGV gewährt.

---

genstehende Rechtsprechung aufgegeben; so sind entscheidungserhebliche Tatsachen, einschließlich solcher, die für die an den Grundrechten und am Verhältnismäßigkeitsgrundsatz zu orientierende Interessenabwägung bedeutsam sind, nun umfassend zu berücksichtigen, BVerwGE 121, 296. Entsprechend hat das Gericht der Behörde Gelegenheit zur Anpassung ihrer Entscheidung in entsprechender Anwendung des § 114 S. 2 VwGO zu geben, BVerwGE 121, 296. Hierzu ausführlich *Marx*, ZAR 2007, 142 ff.

321 Der erhöhte Ausweisungsschutz für Arbeitnehmer und Selbständige und ihre Familienangehörigen gemäß Art. 14 Abs. 4 der RL 2004/38/EG bezieht sich nur auf den Wegfall des Aufenthaltsrechts nach Art. 7, 12 und 13 dieser Richtlinie. Liegen Gründe der öffentlichen Ordnung und Sicherheit vor, so gelten für eine Ausweisung keine besonderen Regelungen.

322 *Schönberger*, ZAR 2006, 226 ff., 229. Nach seiner Auffassung rechtfertigt sich die Teilhabe von zuwandernden Unionsbürgern an staatlichen Leistungen vor allem dadurch, „dass diese als Erwerbstätige zur wirtschaftlichen Leistungskraft des Aufenthaltsstaats beitragen".

I. Der Gleichbehandlungsgrundsatz des Art. 39 Abs. 2 EGV

Der Gleichbehandlungsgrundsatz des Art. 39 Abs. 2 EGV verbietet jede in der Staatsangehörigkeit motivierte Differenzierung zwischen Arbeitnehmern aus anderen Mitgliedstaaten und inländischen Arbeitnehmern in Bezug auf Beschäftigung, Entlohnung und sonstige Arbeitsbedingungen. Der Begriff der Arbeitsbedingungen geht dabei über die Aspekte des Arbeitsverhältnisses hinaus und umfasst alle Bereiche, die mit der Beschäftigung zusammenhängen. Er ist im „weitesten Sinne" zu verstehen.[323] Das Gleichbehandlungsgebot greift zudem nicht nur, wenn eine Beschäftigung schon bzw. noch ausgeübt wird. Es betrifft bereits den Zugang zu einer Beschäftigung, indem es z. B. speziell für Ausländer geltende Bedingungen für die Aufnahme einer Tätigkeit verbietet und die Rechtsgrundlage für zahlreiche Rechtsakte bildet, die die gegenseitige Anerkennung von Diplomen, Examen und sonstigen Berufsabschlüssen und Befähigungsnachweisen einem einheitlichen Reglement unterwerfen.[324] Des Weiteren sichert es die Rechtsstellung eines Arbeitnehmers nach seinem Ausscheiden aus dem Arbeitsverhältnis.

Eine Ungleichbehandlung liegt vor, wenn rechtlich gleiche Lebenssachverhalte ungleich oder ungleiche Sachverhalte gleich behandelt werden.[325] Der EuGH hat auf das Gleichbehandlungsgebot des Art. 39 Abs. 2 EGV eine den anderen Grundfreiheiten ähnliche Systematik übertragen. So sind nicht nur direkte Diskriminierungen, also Regelungen oder Maßnahmen, die wegen der Differenzierung nach der Staatsangehörigkeit eine unterschiedliche Behandlung bedeuten, verboten. Auch indirekte (mittelbare, versteckte) Ungleichbehandlungen, die durch die Anwendung anderer Unterscheidungsmerkmale als der

---

323 *Schlachter*, in: Schulze/Zuleeg, § 39, Rn. 16. Zunächst diente das Diskriminierungsverbot auch dem Schutz der inländischen Arbeitnehmer und sollte negative Folgen für die Beschäftigung der eigenen Staatsangehörigen verhindern, vgl. EuGH Rs. 167/73, Slg. 1974, 359, Rn. 45/47: „Dieses vorbehaltlose Verbot hat im übrigen nicht bloß den Zweck, in jedem Mitgliedstaat den Angehörigen der anderen Mitgliedstaaten gleichen Zugang zu den Arbeitsplätzen zu verschaffen, sondern darüber hinaus auch, wie es dem in Artikel 117 [jetzt Art. 136] des Vertrages gesteckten Ziel entspricht, Inländer vor den Nachteilen zu bewahren, die sich daraus ergeben können, dass Angehörige anderer Mitgliedstaaten ungünstigere Arbeitsbedingungen oder Entlohnung anbieten oder annehmen, als das geltende nationale Recht sie vorsieht, denn dergleichen anzubieten oder anzunehmen ist ebenfalls verboten."

324 Zu nennen sind hier vor allem die RL 89/48/EWG des Rates über eine allgemeine Regelung zur Anerkennung der Hochschuldiplome, die eine mindestens dreijährige Berufsausbildung abschließen (ABl. 1989 L 19/16), sowie die RL 92/51/EWG des Rates über eine zweite allgemeine Regelung zur Anerkennung beruflicher Befähigungsnachweise in Ergänzung zur RL 89/48/EWG (ABl. 1992 L 209/25). Hierneben gibt es zahlreiche spezielle Regelungen für einzelne Berufe, wie z. B. Ärzte, Apotheker, Rechtsanwälte, Architekten.

325 *Franzen*, in: Streinz, Art. 39 EGV, Rn. 4 m. w. N.

Staatsangehörigkeit zu einem diskriminierungsgleichen Ergebnis führen, indem sie ausschließlich oder weit überwiegend Unionsbürger aus anderen Mitgliedstaaten benachteiligen, sind am Maßstab des Art. 39 Abs. 2 EGV zu beurteilen.[326] Diese versteckten Formen von Diskriminierungen sind gerechtfertigt, wenn sie dem Schutz zwingender Gründe des Allgemeininteresses dienen,[327] die betreffende Regelung damit sachliche Unterschiede in der Lage der Arbeitnehmer berücksichtigt und nicht über das erforderliche Maß hinausgeht.[328]
Des Weiteren hat der EuGH das Diskriminierungsverbot des Art. 39 Abs. 2 EGV zu einem Beschränkungsverbot ausgedehnt. Daher sind auch unterschiedslos anwendbare innerstaatliche Vorschriften untersagt, soweit sie die Freizügigkeit der Arbeitnehmer gezielt oder rein faktisch beeinträchtigen und nicht durch zwingende Gründe des Allgemeininteresses gerechtfertigt sind.[329]

II. Gleichbehandlung beim Zugang zum Arbeitsmarkt

Im Hinblick auf Maßnahmen des *aufnehmenden* Mitgliedstaats, die den Zugang von Unionsbürgern zu einer Erwerbsbeschäftigung in seinem Hoheitsgebiet betreffen, präzisieren vor allem die Bestimmungen der Art. 1 ff. der VO (EWG) Nr. 1612/68 den Inhalt des Diskriminierungsverbotes des Art. 39 Abs. 2 EGV.
Aber auch Regelungen des *Herkunfts*staates, die den Wegzug zur Beschäftigungsaufnahme in einem anderen Mitgliedstaat beeinträchtigen, sind am Maßstab des Art. 39 Abs. 2 EGV in seiner Ausformung als Beschränkungsverbot zu messen. Die Dimension, die das Beschränkungsverbot dem Gleichbehandlungsgebot des Art. 39 Abs. 2 EGV in dieser Konstellation verleiht, verdeutlicht die Rechtsposition, die EU-Arbeitnehmern bei der Arbeitsplatzsuche innerhalb der EG zukommt. Da der Arbeitstitel dieser Untersuchung die Bundesrepublik

---

326 EuGH Rs. 152/73, Sotgiu, Slg. 1974, 153, Rn. 11; Rs. C-237/94, O'Flynn, Slg. 1996, I-2617, Rn. 18; Rs. C-57/96, Meints, Slg. 1997, I-6689 (s. Fn. 387), Rn. 45; *Franzen*, in: Streinz, Art. 39 EGV, Rn. 4 m. w. N.

327 Als solche hat der EuGH anerkannt: Schutz der öffentlichen Gesundheit, Rs. C-111/91, Kommission/Luxemburg, Slg. 1993, I-817, Rn. 11 f.; ordnungsgemäße Verwaltung der Universitäten: verb. Rs. C-259/91, C-331, 332/91, Allué und Coonan II, Slg. 1993, I-4309, Rn. 16 ff.; *Brechmann*, in: Callies/Ruffert, Art. 39 EGV, Rn. 51 m. w. N.; *Franzen*, in: Streinz, Art. 39 EGV, Rn. 85 ff.

328 EuGH Rs. 152/73, Sotgiu, Slg. 1974, 153, Rn. 12 f.; Rs. C-57/96, Meints, Slg. 1997, I-6689 (s. Fn. 387), Rn. 45. Die Ungleichbehandlung muss grundsätzlich nicht erst eine gewisse Intensität erreichen, damit sie als solche qualifiziert werden kann. EuGH Rs. 167/73, Kommission/Frankreich, Slg. 1974, 359: „Aus der Allgemeinheit des Verbots und dem damit verfolgten Zweck ergibt sich, dass jegliche Diskriminierung untersagt ist, auch wenn sie in Bezug auf Arbeitsplatzzugang und Arbeitsbedingungen die Gleichheit kaum nennenswert beeinträchtigt."

329 EuGH, Rs. C-415/93, Bosman, Slg. 1995, I-4921; Rs. C-190/98, Graf, Slg. 2000, I-493; *Franzen*, in: Streinz, Art. 39 EGV, Rn. 88 ff.; *Brechmann*, in: Callies/Ruffert, Art. 39 EGV, Rn. 52 ff.

Deutschland als *Aufnahmestaat* für ausländische Arbeitnehmer und nicht als Herkunftsstaat betrifft, soll hierauf nur im Rahmen eines Exkurses eingegangen werden.
Besonderheiten gelten nach wie vor im Hinblick auf den Arbeitsmarktzugang für Arbeitnehmer aus den mittel- und osteuropäischen Mitgliedstaaten; die Ausführungen hierzu beschränken sich wegen ihres vorübergehenden Charakters auf einen kurzen Überblick.

1. Diskriminierungsverbot

Art. 39 Abs. 2 EGV wird im Hinblick auf den diskriminierungsfreien Zugang zum Arbeitsmarkt in anderen Mitgliedstaaten durch die sekundärrechtlichen Bestimmungen der Art. 1 bis 6 der VO (EWG) Nr. 1612/68 präzisiert. So ist jeder Unionsbürger nach den für die eigenen Staatsangehörigen geltenden Bedingungen zur Aufnahme einer Erwerbstätigkeit in den Mitgliedstaaten berechtigt, ohne dass die eigenen Staatsangehörigen vorrangig behandelt oder zusätzliche Bedingungen aufgestellt werden dürften.[330] Die genannten Bestimmungen der Verordnung führen des Weiteren aus, inwieweit der Aufnahmemitgliedstaat Unionsbürgern dieselbe Hilfe wie eigenen Staatsangehörigen bei der Arbeitsuche zukommen lassen muss. Sie betreffen vor allem den Austausch von Stellengesuchen, den Abschluss und die Erfüllung von Arbeitsverträgen sowie die von den Arbeitsämtern zu gewährende Hilfe.
Ein Anspruch auf (steuerfinanzierte) finanzielle Leistungen wird in den genannten Vorschriften nicht ausdrücklich benannt. Daher könnte im Umkehrschluss zu Art. 7 Abs. 1 und 2 der VO (EWG) Nr. 1612/68, die eine Gleichbehandlung bei der Wiedereingliederung und im Hinblick auf soziale Vergünstigungen Arbeitnehmern vorbehalten, die bereits eine Beschäftigung aufgenommen haben, zu folgern sein, dass finanzielle Leistungen für den Arbeitsmarktzugang nicht gewährt werden müssen. Jedoch hat das System der VO (EWG) Nr. 1612/68 mit der neueren Rechtsprechung des EuGH zu Art. 39 EGV in Zusammenhang mit der Unionsbürgerschaft eine Modifizierung erfahren, da er unter bestimmten Bedingungen nunmehr auch Arbeitsuchenden finanzielle Unterstützung gewährt. Im Einzelnen wird hierauf im 3. Teil dieses Kapitels eingegangen.

---

330 Art. 1, 3 der VO (EWG) Nr. 1612/68. Vgl. z. B. zur zeitlichen Befristung von Verträgen für Fremdsprachenlektoren: EuGH verb. Rs. C-259/91, C-331, 332/91, Allué und Coonan II, Slg. 1993, I-4309; Rs. C-272/ 92, Spotti, Slg. 1993, I-5185, Rn. 20 f.; zur erschwerten Anerkennung von Beschäftigungszeiten im öffentlichen Dienst EuGH, Rs. C-419/92, Scholz, Slg. 1994, I-505; Rs. C-15/96, Schöning-Kougebetopoulou, Slg. 1998, I-47.

2. Exkurs: Beschränkungsverbot

Auch wenn die Bestimmungen über die Freizügigkeit der Arbeitnehmer nach ihrem Wortlaut insbesondere die Inländerbehandlung im Aufnahmemitgliedstaat sichern sollen, verbieten sie doch auch, dass der Herkunftsstaat die freie Annahme und Ausübung einer Beschäftigung durch in seinem Hoheitsgebiet ansässige Unionsbürger in einem anderen Mitgliedstaat behindert.[331] Neben dem Diskriminierungsverbot enthält die Arbeitnehmerfreizügigkeit somit zugleich ein Verbot unverhältnismäßiger *Beschränkungen,* welches der EuGH in seiner Rechtsprechung nunmehr zu allen Grundfreiheiten entwickelt hat (Konvergenz der Grundfreiheiten).[332] Demnach unterfallen auch *unterschiedslos anwendbare,* d. h. Arbeitnehmer unabhängig von ihrer Staatsangehörigkeit betreffende innerstaatliche Rechtsvorschriften dem Anwendungsbereich des Art. 39 Abs. 2 EGV. Sie sind verboten, soweit sie geeignet sind, die Freizügigkeit der Arbeitnehmer zu behindern oder weniger attraktiv zu machen und nicht durch *zwingende Gründe des Allgemeinwohls* gerechtfertigt werden können.[333]

Da das Beschränkungsverbot nicht zum Ziel hat, den Binnenmarkt an sich zu liberalisieren, sondern die grenzüberschreitende Standortwahl vor unverhältnismäßigen Hindernissen zu schützen,[334] sind im Rahmen der Freizügigkeit der Arbeitnehmer ähnliche Tendenzen in der Rechtsprechung des EuGH zur Begrenzung des Beschränkungsverbotes zu beobachten, wie schon im Rahmen der Warenverkehrsfreiheit.[335] So hat der EuGH zu jener Grundfreiheit entwickelte

---

331 EuGH Rs. C-385/00, de Groot, Slg. 2002, I-11819, Rn. 79; Rs. C-345/05, Kommission/Portugal, Slg. 2006, I-10633, Rn. 17; Rs. C-18/95, Terhoeve, Slg. 1999, I-345, Rn. 27 ff. S. auch *Classen*, EuR 2004, 416 ff., 423 ff.; a. A. *Rothfuchs*, S. 61 f.

332 EuGH Rs. C-208/05, ITC, Slg. 2007, I-181 (s. Fn. 344, Unvereinbarkeit der Vermittlungsgutscheine nach § 421g SGB III mit Art. 39 EGV); Rs. C-415/93, Bosman, Slg. 1995, I-4931; *Randelzhofer/Forsthoff* in: Grabitz/Hilf, vor Art. 39-55 EGV, Rn. 86 ff.

333 EuGH Rs. C-415/93, Bosman, Slg. 1995, I-4921, Rn. 95 ff.; Rs. C-19/92, Kraus, Slg. 1993, I-1663, Rn. 32 (Vorlagefrage zur Vereinbarkeit eines nationalen Verfahrens zur Genehmigung des Führens von im Ausland erworbenen akademischen Graden mit Art. 48 und 52 EWG); Rs. C-18/95, Terhoeve, Slg. 1999, I-345, Rn. 39; Rs. C-190/98, Graf, Slg. 2000, I-49, Rn. 23 (s. Fn. 336); Rs. C-224/01, Köbler, Slg. 2003, I-10239, Rn. 74, 77; Rs. C-232/01, Van Lent, Slg. 2003, I-11525, Rn. 16; Rs. C-109/04, Kranemann, Slg. 2005, I-2421 , Rn. 26 (s. Fn. 238).

334 *Franzen*, in: Streinz, Art. 39 EGV, Rn. 90; *Randelzhofer/Forsthoff*, in: Grabitz/Hilf, vor Art. 39-55 EGV, Rn. 100: hiernach gelten die Grundfreiheiten nur dann als Beschränkungsverbote, wenn „dies erforderlich ist, um die freie Zirkulation von Produkten und Personen innerhalb der Gemeinschaft zu ermöglichen und hierdurch nicht zu sehr die Marktneutralität berührt wird".

335 EuGH verb. Rs. C-267 und C-268/91, Keck und Mithouard, Slg. 1993, I-6097, Rn. 14 ff.: „Da sich die Wirtschaftsteilnehmer immer häufiger auf Artikel 30 EWG-Vertrag berufen, um jedwede Regelung zu beanstanden, die sich als Beschränkung ihrer geschäftlichen Freiheit auswirkt, auch wenn sie nicht auf Erzeugnisse aus anderen Mitgliedstaaten gerichtet ist, hält es der Gerichtshof für notwendig, seine

Grundsätze auf die Freizügigkeit der Arbeitnehmer übertragen und damit auch für staatliche Maßnahmen, die in ihrer Auswirkung auf die Freizügigkeit der Arbeitnehmer *zu ungewiss* und *zu indirekt* sind und von denen der Arbeitnehmer allenfalls indirekt beeinflusst werden kann, die Annahme einer Beschränkung abgelehnt.[336] Im Rahmen von Wegzugsfällen muss in spezifischer Weise die Aufnahme einer Tätigkeit in einem anderen Mitgliedstaat, also der *Zugang zu dessen Arbeitsmarkt*, behindert werden;[337] bloße Modalitäten, die die Art und Weise der Berufsausübung berühren, stellen analog zur Rechtsprechung des EuGH zur Warenverkehrsfreiheit keine Beschränkung der Arbeitnehmerfreizügigkeit dar.[338] Eine solche Beschränkung liegt bei Maßnahmen des Herkunftsstaates allerdings bereits dann vor, wenn die Möglichkeit des Zugangs zu einer Stelle in einem anderen Mitgliedstaat negativ beeinflusst wird, indem eigene Staatsangehörige daran gehindert werden oder davon abgehalten werden, ihr Herkunftsland zu verlassen.[339]

Rechtsprechung auf diesem Gebiet zu überprüfen [...]". EuGH Rs. C-69/88, Krantz, Slg. 1990, I-583, Rn. 11 (Vorlagefrage zur Vereinbarkeit der Befugnis des Fiskus zur Pfändung von auf Raten unter Eigentumsvorbehalt verkaufter Sachen mit Art. 30 EWG).

336 EuGH Rs. C-190/98, Graf, Slg. 2000, I-493, Rn. 25. Dem durch das Oberlandesgericht Linz (Österreich) eingeleiteten Vorabentscheidungsverfahren lag folgender Sachverhalt zugrunde: Der Kläger kündigte sein Beschäftigungsverhältnis in Österreich, um eine neue Anstellung in der Bundesrepublik Deutschland aufzunehmen. Nach § 23 des österreichischen Angestelltengesetzes gebührt jedem Arbeitnehmer bei Auflösung des Dienstverhältnisses eine sog. Abfertigung, deren Höhe sich nach der Beschäftigungsdauer bestimmt. Dieser Anspruch besteht nicht, wenn der Angestellte selbst kündigt. Mit der Begründung, dass die Vorschrift gegen Art. 39 EGV verstößt, verlangte der Kläger erfolglos die Zahlung der Abfertigung. Der EuGH sah in der Regelung keine Beschränkung der Arbeitnehmerfreizügigkeit.

337 EuGH Rs. C-190/98, Graf, Slg. 2000, I-49, Rn. 23 (s. Fn. 335). Die Keck-Rechtsprechung, die grundsätzlich Maßnahmen des Zielstaats und nicht des Herkunftsstaates betrifft, ist dem Gedanken nach daher auch für Wegzugsfälle bedeutsam; vgl. auch *Haratsch/Koenig/Pechstein*, Rn 790 f.

338 *Franzen*, in: Streinz, Art. 39 EGV, Rn. 92; *Brechmann*, in: Callies/Ruffert, Art. 39 EGV, Rn. 54.

339 EuGH Rs. C-208/05, ITC, Slg. 2007, I-181 (Vermittlungsgutschein, s. Fn. 344); Rs. C-345/05, Kommission/Portugal, Slg. 2006, I-10633 (Nationale Regelung, wonach eine Steuerbefreiung für Gewinne aus der entgeltlichen Veräußerung von Immobilien, die dem Steuerpflichtigen oder Angehörigen seines Haushalts dauerhaft zu eigenen Wohnzwecken dienen sollen, davon abhängig gemacht wird, dass die erzielten Gewinne in den Erwerb von in Portugal gelegenen Immobilien reinvestiert werden.); Rs. C-109/04, Kranemann, Slg. 2005, I-2421 , Rn. 26 (s. Fn. 238). Mit diesen Entscheidungen des EuGH muss auch die teilweise in der Literatur vertretene Auffassung aufgegeben werden, dass die Mitgliedstaaten die Arbeitsaufnahme in anderen Mitgliedstaaten lediglich nicht mit zusätzlichen Belastungen belegen dürfen (mit Verweis auf EuGH Rs. C-415/93, Bosman, Slg. 1995, I-4931), wohl aber bestimmte finanzielle Begünstigungen verweigern dürften (mit Verweis auf EuGH Rs. C-190/98, Graf, Slg. 2000, I-493), *Haratsch/Koenig/Pechstein*, Rn. 787.

Maßnahmen, die die Freizügigkeit der Arbeitnehmer in dieser Weise beeinträchtigen, sind gerechtfertigt, wenn sie einem mit dem Gemeinschaftsrecht vereinbaren zwingenden Allgemeininteresse dienen und verhältnismäßig sind.[340] Im Hinblick auf den aufenthaltsrechtlichen Status sind vor allem Regelungen zum Schutz des nationalen Sozialversicherungssystems von Interesse. Diese stellen zwar eine grundsätzlich in der Kompetenz der Mitgliedstaaten verbliebene Materie dar, die sich jedoch in ihren Auswirkungen an den Bestimmungen des Gemeinschaftsrechts messen lassen muss. Da zudem rein wirtschaftliche Gründe die Beschränkung einer Grundfreiheit nicht begründen können,[341] erkennt der EuGH solche Maßnahmen erst dann als einen Rechtfertigungsgrund an, wenn das finanzielle Gleichgewicht eines Sozialversicherungssystems erheblich gefährdet ist.[342] Eine solche Gefährdung konnte bei Maßnahmen der Arbeitspolitik bisher noch nicht nachgewiesen werden.[343]

So wurde durch den EuGH etwa die Regelung zum sog. Vermittlungsgutschein (§ 421g SGB III), einer Maßnahme der Arbeitsförderung, als eine unzulässige Beschränkung des Art. 39 EGV eingeordnet.[344] Den Vermittlungsgutschein er-

---

340 EuGH Rs. C-208/05, ITC, Slg. 2007, I-181 (s. Fn. 344), Rn. 37; Rs. C-345/05, Kommission/Portugal, Slg. 2006, I-10633, Rn. 24. In Bezug auf die Einrichtung und den Bestand von Systemen der sozialen Sicherheit wird davon ausgegangen, dass die Grundfreiheiten nur als Diskriminierungs- und nicht als Beschränkungsverbot gelten, vgl. *Randelzhofer/Forsthoff*, in: Grabitz/Hilf, vor Art. 39-55 EGV, Rn. 194 ff. mit Verweis auf u. a. EuGH Rs. 238/82, Duphar, Slg. 1984, 523, Rn. 16 f., Rs. C-70/95, Sodemare, Slg. 1997, I-3395, Rn. 27. Diese Aussage betrifft die Berechtigung der Mitgliedstaaten, ihre Sozialversicherungssysteme selbständig zu gestalten, so dass die allein in der Existenz eines solchen Systems liegende Beschränkung grundsätzlich nicht an den Grundfreiheiten zu messen ist, vgl. Schlussanträge *Fenelly*, C-70/95, Sodemare, Slg. 1997, I-3395, Rn. 28 ff. Für die *Ausgestaltung* der Sozialversicherungssysteme sind jedoch die Grundfreiheiten sowohl in ihrer Dimension als Diskriminierungs- als auch Beschränkungsverbote zu beachten.

341 EuGH Rs. 352/85, Adverteerders u. a., Slg. 1988, 2085, Rn. 34; Rs. C-288/89, Gouda, Slg. 1991, I-4007, Rn. 11; Rs. C-398/95, SETTG, Slg. 1997, I-3091, Rn. 23; Rs. C-35/98, Verkooijen, Slg. 2000, I-4071, Rn. 48; Rs. C-109/04, Kranemann, Slg. 2005, I-2421, Rn. 34 (s. Fn. 238).

342 EuGH Rs. C-158/96, Kohll, Slg. 1998, I-1931, Rn. 41; Rs. C-208/05, ITC, Slg. 2007, I-181 (s. Fn. 344), Rn. 43.

343 Wohl aber im Rahmen von in anderen Mitgliedstaaten erbrachten Heilbehandlungen, deren Kostenerstattung durch das Krankenversicherungssystem des eigenen Mitgliedstaats begehrt wird.

344 EuGH Rs. C-208/05, ITC, Slg. 2007, I-181. Dem Vorabentscheidungsersuchen des Sozialgerichts Berlin lag folgender Sachverhalt zugrunde: Die Klägerin, eine private Arbeitsvermittlungsgesellschaft, hatte einen deutschen Arbeitnehmer in ein sozialversicherungspflichtiges Beschäftigungsverhältnis vermittelt, jedoch nicht im Inland, sondern an einen Arbeitgeber in den Niederlanden. Für den Arbeitnehmer wurden daher Sozialversicherungsbeiträge an die niederländischen Träger der Sozialversicherung abgeführt. Während alle sonstigen Voraussetzungen der Einlösung des Vermittlungsgutscheins vorlagen, verweigerte die Bundesagentur für Arbeit die Auszahlung der Vergütung mit

halten Arbeitnehmer, die Anspruch auf Arbeitslosengeld haben und die von der Bundesagentur für Arbeit nach Ablauf bestimmter Zeiträume noch nicht in eine neue Beschäftigung vermittelt wurden (§ 421g Abs. 1 S. 1 SGB III). Findet der Arbeitsuchende sodann über einen privaten Vermittler in ein sozialversicherungspflichtiges Beschäftigungsverhältnis, kann der Vermittlungsgutschein bis zur Höhe von 2.000 Euro zur Vergütung des Vermittlers eingesetzt werden; es handelt sich um einen gesetzlichen Schuldbeitritt der Bundesagentur für Arbeit (§ 421g SGB III i. V. m. § 267 Abs. 1 Satz 1 BGB). Im Ausgangsverfahren vor dem Sozialgericht Berlin war fraglich, ob die Bundesagentur für Arbeit den Vermittler auch dann vergüten muss, wenn in ein sozialversicherungspflichtiges Beschäftigungsverhältnis in einem anderen Mitgliedstaat vermittelt wird. Der Gesetzeswortlaut schließt diese Möglichkeit nicht ausdrücklich aus, umfasst nach seinem Anwendungsbereich jedoch nur die Sozialversicherung im Geltungsbereich des Gesetzes (§§ 1, 2, 3 SGB IV). Des Weiteren sind Maßnahmen zur Arbeitsförderung, wenn sie auch für eine Beschäftigungsaufnahme im Ausland gelten, im Sozialgesetzbuch III besonders aufgeführt (§§ 29 Abs. 3, 48 Abs. 2, 53 Abs. 3, 62 SGB III), so dass davon auszugehen war, dass die Vermittlungsvergütung nicht für eine Vermittlung ins Ausland übernommen werden soll.

Der EuGH sah in der Konsequenz der Regelung, dass ein Arbeitnehmer die Vermittlungsvergütung vollständig selbst leisten muss, wenn er ein Angebot im Ausland annimmt, jedoch einen staatlichen Zuschuss in Höhe von 2000 Euro erhält, wenn er sich im Inland vermitteln lässt, ein Hemmnis für die Arbeitnehmerfreizügigkeit, da es nicht ausgeschlossen ist, dass er sich gegen den Arbeitsplatz in einem anderen Mitgliedstaat und für den Arbeitsplatz im Inland entscheidet, und des Weiteren auch der Arbeitsvermittler sich durch die Regelung davon abhalten lassen könnte, in einem anderen Mitgliedstaat nach Stellen zu suchen, beide also die Rechte aus der Freizügigkeit nicht effektiv nutzen können.[345]

Als zwingende Gründe des Allgemeinwohls wurden die Ziele des Gesetzes vorgetragen, durch eine effektive Vermittlung die Arbeitslosenzahlen und die Ausgaben der Sozialversicherungssysteme zu verringern, durch die staatliche Förderung privater Vermittlung der deutschen Sozialversicherung Beitragszahler zuzuführen, um die Einnahmen der inländischen Sozialsysteme zu erhöhen sowie den Verlust von Fachkräften zu verhindern, der den deutschen Arbeitsmarkt wei-

der Begründung, dass der Arbeitnehmer in keine sozialversicherungspflichtige Beschäftigung im Inland vermittelt wurde. Da das SG Berlin an der Zulässigkeit einer solchen Auslegung des § 421g Abs. 1 S. 2 SGB III zweifelte, legte es dem EuGH entsprechende Vorlagefragen vor.

345 EuGH Rs. C-208/05, ITC, Slg. 2007, I-181 (s. Fn. 344), Rn. 36 f. Im Ausgangsverfahren hat sich der private Arbeitsvermittler auf die Freizügigkeit der Arbeitnehmer berufen. Der EuGH sah auch diesen unproblematisch vom Anwendungsbereich des Art. 39 Abs. 2 EGV erfasst, da dieser nur dann seine volle Wirkung entfalten kann, wenn auch der Vermittler das Recht hat, Arbeitnehmer entsprechend zu vermitteln, Rn. 26.

ter schwächen könnte. Alle diese Gründe, die Förderung von Einstellungen ebenso wie die Sicherung des finanziellen Gleichgewichts des Sozialversicherungssystems einschließlich der Verhinderung von Abwanderungen, hat der EuGH zwar als unbestreitbar legitime Ziele der Sozialpolitik anerkannt, die Beschränkungen der Arbeitnehmerfreizügigkeit rechtfertigen können.[346] Allerdings konnte aus seiner Sicht nicht bewiesen werden, dass die genannten Regelungen in verhältnismäßiger Weise der Zielerreichung dienen. Angesichts der hohen Arbeitslosigkeit sei weder ersichtlich, dass durch die Vermittlung ins Ausland die Ausgaben nicht verringert würden, da wohl im Inland gar nicht hätte vermittelt werden können, der Arbeitslose also weiter Arbeit suchen und Arbeitslosengeld beziehen würde, noch dass freie Stellen unbesetzt blieben. Auch widerspreche es in direkter Weise dem Wesen der Arbeitnehmerfreizügigkeit, die auf einen Austausch der Fachkräfte und damit darauf gerichtet ist, dass die Abwanderung eines Arbeitnehmers durch die Zuwanderung aus anderen Mitgliedstaaten ausgeglichen wird, Abwanderungen in systematischer Weise zu verhindern.[347] Die sich aus den Regelungen ergebende Einschränkung der Arbeitnehmerfreizügigkeit sei daher unverhältnismäßig.

3. Überblick über die Besonderheiten für Arbeitnehmer aus den am 1. Mai 2004 und 1. Januar 2007 beigetretenen mittel- und osteuropäischen Mitgliedstaaten der Europäischen Union

Die Staatsangehörigen aus den am 1. Mai 2004 und am 1. Januar 2007 der Europäischen Union beigetretenen Mitgliedstaaten Mittel- und Osteuropas (sog. MOE-Mitgliedstaaten) können sich noch nicht auf den gleichberechtigten Zugang zur Erwerbsbeschäftigung berufen.[348] Grundlage hierfür sind die in der Beitrittsakte festgeschriebenen Übergangsregelungen,[349] die bis zu sieben Jahre

346 EuGH Rs. C-208/05, ITC, Slg. 2007, I-181 (s. Fn. 344), Rn. 39. Ausführlich zu Rechtfertigungsgründen und Grundfreiheiten vgl. *Randelzhofer/Forsthoff*, in: Grabitz/Hilf, vor Art. 39-55 EGV, Rn. 137 ff.

347 EuGH Rs. C-208/05, ITC, Slg. 2007, I-181 (s. Fn. 344), Rn. 43.

348 Zum 1. Mai 2004 sind Tschechien, Estland, Lettland, Litauen, Ungarn, Polen, Slowenien und die Slowakai sowie Malta und Zypern beigetreten, zum 1. Januar 2007 Bulgarien und Rumänien. Für Malta und Zypern gilt Art. 39 EGV grundsätzlich unbeschränkt. Malta kann während der ersten sieben Jahre nach dem Beitritt für Arbeitnehmer aus anderen Mitgliedstaaten die Anwendung der Art. 1 bis 6 der VO (EWG) Nr. 1612/68 aussetzen, wenn schwerwiegende Störungen des Arbeitsmarktes drohen (Anhang XI zur Beitrittsakte, Nr. 2). Keinerlei Übergangsregelungen im Bereich der Arbeitnehmerfreizügigkeit unterliegt Zypern (Anhang VII zur Beitrittsakte).

349 Akte betreffend den Beitritt der Tschechischen Republik, der Republik Estland, der Republik Zypern, der Republik Lettland, der Republik Litauen, der Republik Ungarn, der Republik Malta, der Republik Polen, der Republik Slowenien und der Slowakischen Republik zur Europäischen Union (ABl. 2003 L 236/1). Die Übergangsregelungen zur Arbeitnehmerfreizügigkeit ergeben sich aus Art. 24 der Akte *über die Bedingungen des*

nach dem Beitritt aufrechterhalten werden können [350] und die die Alt-Mitgliedstaaten berechtigen, im Verhältnis zu den Staatsangehörigen der neuen Mitgliedstaaten die Art. 1 bis 6 der VO (EWG) Nr. 1612/68 auszusetzen.[351] Den Alt-Mitgliedstaaten ist daher das Recht verblieben, den Zugang zum Arbeitsmarkt über nationale und sich aus bilateralen Abkommen ergebende Maßnahmen zu regulieren. Hierzu gehört, dass sie eine Erwerbstätigkeit unter Erlaubnisvorbehalt stellen, eine Arbeitsmarktprüfung durchführen und die Arbeitserlaubnis zeitlich und räumlich befristen dürfen. Gleichzeitig können die Alt-Mitgliedstaaten den Zugang auf bestimmte Kontingente und für bestimmte Tätigkeitsfelder beschränken. Soweit es notwendig ist, auch den Aufenthalt zu beschränken, können die Mitgliedstaaten von den Regelungen der RL 68/360/EWG abweichen.[352] Des Weiteren darf die Arbeitsberechtigung von

---

Beitritts der Tschechischen Republik etc. (ABl. 2003 L 236/33) in Verbindung mit den Anhängen V bis XIV. Jeder der genannten Anhänge betrifft jeweils einen der neuen Mitgliedstaaten, wobei für Zypern und Malta keine Einschränkungen bei der Arbeitnehmerfreizügigkeit bestehen. Für Bulgarien und Rumänien s. ABl. 2005 L 157/203.

350 Hintergrund der Einschränkungen sind die Befürchtungen der Alt-Mitgliedstaaten, der Beitritt dieser Staaten könne zu einem Ungleichgewicht auf ihren Arbeitsmärkten führen. Zu den Beschränkungen und deren Umsetzung in das deutsche Recht sowie den ökonomischen Befürchtungen vor dem Beitritt und ihrer Berechtigung aus der Sicht nach dem Beitritt vgl. z. B.: *Adinolfi*, CML Rev. 2005, 469 ff.; *Cremona*, E.L.Rev. 2005, 3 ff.; *Dienelt*, ZAR 2004, 393 ff.; *Fehrenbacher*, ZAR 2004, S. 22 ff. sowie S. 240 ff.; *Hänlein*, EuZW 2005, 165 ff. (auch zu den vorangegangenen Süderweiterungen der EWG); *Husmann*, ZIAS 1999, 419 ff. (insbesondere zu den Determinanten der Arbeitsmigration); *Niedobitek*, JZ 2004, 369 ff.; *Nowak*, EuZW 2003, 101 ff.; *Pfaff*, EWS 2004, 193 f.; *Sodann*, JZ 2002, 53 ff. (zur Gefahr für die sozialen Sicherungssysteme Deutschlands durch die EU-Osterweiterung); *Sieg*, AuA 2004, 8 ff.; *Tichy/Tschäpe*, EWS 2005, 1 ff.; Das befürchtete Sozialdumping durch den Beitritt der neuen Mitgliedstaaten relativierend: *Padoan*, in: Monar/Wessels, S. 207 ff., 217 ff.; Zur Situation in Großbritannien, welches seinen Arbeitsmarkt von Anfang an für osteuropäische Arbeitnehmer geöffnet hat s. *Currie*, E.L.Rev. 2006, 207 ff.

351 Die Regelungen der Art. 1 bis 6 der VO (EWG) Nr. 1612/68 stellen den Titel I „Zugang zur Beschäftigung“ der Verordnung dar. Sie verbieten verschiedene Maßnahmen, mittels derer es den Mitgliedstaaten gelingen könnte, ihre Arbeitsmärkte gegenüber Arbeitnehmern aus anderen Mitgliedstaaten zu verschließen. So ist es den Mitgliedstaaten nicht gestattet, eigenen Staatsangehörigen vorrangigen Zugang zum Arbeitsmarkt zu gewähren (Art. 1 Abs. 2), die Unterstützung bei der Arbeitsuche zu verweigern (Art. 5) oder zusätzliche Hindernisse, zahlenmäßige Beschränkungen oder besondere Anforderungen für Arbeitnehmer aus anderen Mitgliedstaaten aufzustellen (Art. 3, 4, 6).

352 Nr. 9 des jeweiligen Anhangs zur Liste nach Artikel 24 der Beitrittsakte, Kapitel Freizügigkeit. Die RL 68/360/EWG ist zum 30. April 2006 durch die RL 2004/38/EG aufgehoben und ersetzt worden, Art. 38 Abs. 2 der RL 2004/38/EG. Im Verhältnis zu Bulgarien und Rumänien werden die entsprechenden Vorschriften der RL 2004/38/EG ausgesetzt. Die Bestimmungen des Schengen-Besitzstandes, die Grenzüberschreitungen ohne Personenkontrollen ermöglicht, sind gegenüber den MOE-Mitgliedstaaten noch nicht anzuwenden (Art. 3 Abs. 1 der Akte über die Beitrittsbedingungen i. V. m. Anhang I zu dieser Akte, ABl. 2003 L 236/33, 50). In diesem Zusammenhang ist fraglich,

Familienangehörigen von Wartefristen abhängig gemacht werden. An dieser Einschränkung entsponn sich ein Streit über die Bedeutung einer Vereinbarung in den Europa-Abkommen, die den sich rechtmäßig im Aufnahmemitgliedstaat aufhaltenden Ehegatten und Kindern Zugang zum Arbeitsmarkt dieses Mitgliedstaats gewährt.[353] Wer hierin eine unmittelbar wirkende Abkommensbestimmung sieht, muss die in der Beitrittsakte vorgesehenen Wartefristen für einen Verstoß gegen die ebenfalls in der Beitrittsakte enthaltene sog. Standstill-Klausel halten, die die Einführung restriktiverer Maßnahmen, als sie zum Zeitpunkt der Unterzeichnung des Beitrittsvertrages bestanden, verbietet.[354]
Ausnahmen von der Zugangsbeschränkung bestehen für Arbeitnehmer, die am Tag des Beitritts rechtmäßig in einem Alt-Mitgliedstaat gearbeitet haben und über einen Zeitraum von mindestens zwölf Monaten zum Arbeitsmarkt dieses Mitgliedstaats zugelassen waren.[355]

Die Bundesrepublik Deutschland hat von den Möglichkeiten der Marktzugangsbeschränkungen für Staatsangehörige aus den mittel- und osteuropäischen Mitgliedstaaten umfassend Gebrauch gemacht. So unterliegen die osteuropäischen Arbeitnehmer der Arbeitsgenehmigungspflicht mit nur geringfügigen Erleichte-

---

ob gegenüber den Angehörigen der am 1. Mai 2004 bzw. 1. Januar 2007 beigetretenen Mitgliedstaaten Ausnahmen von dem grundsätzlich unbeschränkten Einreiserecht vorgenommen werden dürfen. Zwar ist ihnen nach den in den Beitrittsakten vorgesehenen Übergangsregelungen lediglich die genehmigungsfreie Arbeitsaufnahme in den Alt-Mitgliedstaaten verwehrt, jedoch wird diskutiert, ob mit dem eingeschränkten Arbeitsmarktzugang nicht gleichzeitig eine Beschränkung der Mobilitätsrechte aus Art. 39 Abs. 3 EGV verbunden werden darf. Nach dieser Ansicht wäre es den Alt-Mitgliedstaaten insbesondere nicht verwehrt, bei der Einreise nach dem Aufenthaltszweck zu fragen und, so dieser in der Arbeitsuche besteht, die Einreise zu verweigern. Dies widerspricht jedoch den Bestimmungen der Beitrittsverträge. Die Übergangsregelungen erfassen ausdrücklich nicht das Recht der Staatsangehörigen der MOE-Mitgliedstaaten, sich um Arbeitsstellen zu bewerben, sich zu diesem Zweck in den Zielmitgliedstaat zu begeben und dort einem entsprechenden Genehmigungsverfahren zu unterziehen. Auch ist nicht zu erkennen, dass die Übergangsregelungen ihrer effektiven Anwendung beraubt würden, wenn nicht gleichzeitig die Mobilitätsrechte beschränkt werden könnten, so dass sie besonders extensiv ausgelegt werden dürften. Nicht zuletzt verbietet es daher Art. 18 EGV, die Einreise aus den MOE-Mitgliedstaaten und den Aufenthalt zu beschränken. Die Unionsbürgerschaft wurde durch den Beitrittsvertrag nicht eingeschränkt und kommt zur vollen Anwendung. Damit dürfen MOE-Staatsangehörige sich aber auch unbeschränkt in die Alt-Mitgliedstaaten begeben und dort aufhalten. Eine Frage nach dem Grund der Einreise ist damit grundsätzlich unzulässig.

353 Z. B. Art. 37 Europa-Abkommen mit Polen (ABl. 1993 L 348/1). Wortgleiche Formulierungen finden sich in den anderen Europa-Abkommen.

354 Vgl. *Dienelt*, ZAR 2004, 393 ff., 396; *Fehrenbacher*, ZAR 2004, 240 ff., 245; *Tschäpe*, EWS 2005, 511 ff.

355 Zu den Ausnahmebestimmungen ausführlich und einem Vergleich mit den Beitrittsakten Griechenlands, Spaniens und Portugals s. *Dienelt*, Freizügigkeit, Rn. 188 ff.

rungen im Vergleich zu Drittstaatsangehörigen.[356] Sie können darüber hinaus aufgrund von völkerrechtlichen Übereinkommen in der Bundesrepublik eine Beschäftigung z. B. als Gastarbeitnehmer[357] oder Werkvertragsarbeitnehmer[358]

---

356 § 284 SGB III, geändert durch Art. 9 des Zuwanderungsgesetzes, BGBl. 2004 Teil I, S. 1950, 2001. Die Erteilung einer unbefristeten Arbeitsberechtigung-EU bestimmt sich nach § 12a ArGV (§ 284 Abs. 5 SGB III).

357 § 40 BeschV bzw. § 2 Abs. 3 ASAV. Gastarbeitnehmer sind nach dieser Definition ausländische Arbeitnehmer mit einer mindestens zweijährigen Berufsausbildung und -erfahrung, die zur sprachlichen und beruflichen Fortbildung eine vorübergehende Beschäftigung in der Bundesrepublik Deutschland ausüben. Der Austausch beruht auf zwischenstaatlichen Vereinbarungen, die von der Bundesrepublik mit überwiegend mittel- und osteuropäischen Staaten abgeschlossen wurden und die über den Zeitpunkt des EU-Beitritts der neuen Mitgliedstaaten hinaus fortgelten (vgl. z. B. Gastarbeitnehmer-Vereinbarung der Bundesrepublik mit Estland BGBl. 1995 Teil II, S. 981). Die Vermittlung erfolgt durch die Zentralstelle für Arbeitsvermittlung (ZAV) im Rahmen festgelegter Kontingente, wobei der Einsatz von Gastarbeitnehmern nicht bedarfsabhängig vom deutschen Arbeitsmarkt erfolgt. Vgl. auch *Dienelt*, Freizügigkeit, Rn. 237 ff.

358 Werkvertragsarbeitnehmer sind ausländische Arbeitnehmer, die zur Ausführung von Werkverträgen zwischen ihrem Arbeitgeber mit Sitz im Ausland und einem Unternehmen mit Sitz in Deutschland in der Bundesrepublik beschäftigt werden. Grundlage sind die seit Ende 1988 von der Bundesrepublik geschlossenen bilateralen Regierungsvereinbarungen über die Entsendung und Beschäftigung von Arbeitnehmern ausländischer Unternehmen auf der Grundlage von Werkverträgen. Die Abkommen bestehen mit den Regierungen der Länder Bosnien und Herzegowina, Bulgarien, Kroatien, Lettland, Mazedonien, Polen, Rumänien, Serbien und Montenegro, Slowakei, Slowenien, Tschechien, Türkei und Ungarn (vgl. z. B. die „Vereinbarung über die Beschäftigung bulgarischer Arbeitnehmer zur Ausführung von Werkverträgen", BGBl. 1991 Teil II, S. 864 ff.). Ihre Bedeutung beschränkt sich seit dem Beitritt der mittel- und osteuropäischen Staaten zur EU auf die Sektoren, für die die Dienstleistungsfreiheit noch nicht die arbeitserlaubnisfreie Entsendung eigener Arbeitnehmer gestattet. Für die Bundesrepublik sind dies das Baugewerbe, Reinigung von Gebäuden, Inventar und Verkehrsmitteln sowie die Tätigkeit von Innendekorateuren (Anhänge zu Art. 24 der Beitrittsakte, Abschnitt Freizügigkeit, Nr. 13). Ob ein Werkvertrag vorliegt, bestimmt sich nach §§ 631 ff. BGB. In den Werkvertragsübereinkommen sind für bestimmte Sektoren, vorwiegend des Baugewerbes, regelmäßig neu festzulegende Höchstzahlen vorgesehen, die die maximale Zahl von Arbeitnehmern, die entsandt werden können, bestimmen (vgl. Art. 2 Werkvertragsabkommen Bundesrepublik-Polen, BGBl. 1990, Teil II, S. 602). Die Arbeitnehmer erhalten zwar einen Aufenthaltstitel (Aufenthaltstitel zur Ausübung einer Beschäftigung auf der Grundlage einer zwischenstaatlichen Vereinbarung für die Beschäftigung im Rahmen von Werkverträgen, § 39 BeschV bzw. Aufenthaltsbewilligung, bleiben aber Arbeitnehmer des Entsende-Arbeitgebers. Obwohl die Arbeitserlaubnis für einen Zeitraum von bis zu drei Jahren erteilt werden darf, ist mit dem Einsatz keine Aufenthaltsverfestigung verbunden. Vielmehr wird bereits der wiederholte Einsatz derselben Arbeitnehmer dadurch erschwert, dass der zwischen Ausreise und erneuter Einreise liegende Zeitraum in der Regel der Gesamtgeltungsdauer der früheren Aufenthaltsbewilligung entsprechen muss (§ 39 BeschV bzw. § 3 Abs. 12 AAV, § 3 Abs. 1 ASAV). Vgl. auch *Dienelt*, Freizügigkeit, Rn. 222 ff.

aufnehmen oder als Saisonarbeitnehmer[359] zugelassen werden. Angesichts der aktuellen Diskussionen zur frühzeitigen Öffnung des Arbeitsmarktes[360] und des insgesamt vorübergehenden Charakters der entsprechenden Sonderregelungen soll auf Einzelheiten nicht näher eingegangen werden.

III. Die Gleichbehandlung im Hinblick auf die Teilhabe an sozialen Vergünstigungen

Zugunsten einer optimalen Integration des Arbeitnehmers und seiner Familienangehörigen in den Aufnahmemitgliedstaat gewährt der Grundsatz der Gleichbehandlung ab dem Zeitpunkt der Aufnahme einer Beschäftigung gleichberechtigte Teilhabe an den *sozialen Vergünstigungen* dieses Staates (Art. 39 Abs. 2 EGV, Art. 7 Abs. 2 der VO (EWG) Nr. 1612/68).[361]

Bevor auf den Begriff der sozialen Vergünstigungen und die Gewährleistungen dieses Gleichbehandlungsgebotes näher eingegangen wird, sei vorausgeschickt, dass dieser Anspruch zu trennen ist von dem die Freizügigkeit der Arbeitnehmer flankierenden koordinierenden Sozialrecht der VO (EWG) Nr. 1408/71, nach deren Regelungen im Wesentlichen *erworbene* Ansprüche auf Leistungen der *sozialen Sicherheit* unabhängig vom Wohnort des Betreffenden innerhalb der Gemeinschaft aufrechterhalten und geltend gemacht werden können bzw. eine Zusammenrechnung von Beschäftigungs- oder Anwartschaftszeiten für den Erwerb solcher Ansprüche stattfindet. Die VO (EWG) Nr. 1408/71 beruht auf Art. 42 EGV. Die koordinierenden Regelungen der VO (EWG) Nr. 1408/71 sind vorrangig gegenüber Art. 7 Abs. 2 der VO (EWG) Nr. 1612/68; die Ansprüche auf soziale Vergünstigungen im Sinne des Art. 7 Abs. 2 der VO (EWG) Nr. 1612/68 vervollständigen demgegenüber den sozialen Schutz der Arbeitnehmer.[362] Für die Ausübung der Freizügigkeit innerhalb der EG spielt das Koordinationsrecht der VO (EWG) Nr. 1408/71 eine äußerst wichtige Rolle. Dennoch ist es für die im Rahmen dieser Arbeit zu behandelnde Frage der rechtlichen *Integration* eines Arbeitnehmers *in den Aufnahmemitgliedstaat* und seine Teilhabeberechtigung an staatlichen Leistungen von untergeordneter Bedeutung gegenüber dem Anspruch auf die gleichen sozialen Vergünstigungen nach Art. 7 Abs. 2 der VO (EWG) Nr. 1612/68, da es zwar die Frage des zuständigen Mit-

---

359 Saisonarbeitnehmer werden auf der Grundlage von Vermittlungsabsprachen der Bundesagentur für Arbeit mit den Herkunftsländern für höchstens auf drei Monate befristete Tätigkeiten etwa in der Landwirtschaft bedarfsabhängig zugelassen.

360 Vgl. z. B. Tagesschau vom 30. Juli 2007: http://www.tagesschau.de/wirtschaft/meldung7950.html; des Weiteren http://www.eu-info.de/dpa-europaticker/129434.html (17. März 2008).

361 Art. 7 Abs. 2 der VO (EWG) Nr. 1612/68, vgl. Begründungserwägung Nr. 3, 5 dieser VO sowie EuGH Rs. 152/73, Sotgui, Slg. 1974, 153, Rn. 8.

362 EuGH Rs. 1/72, Frilli, Slg. 1972, 457, Rn. 4; Rs. 122/84, Scrivner/CPAS Chastre, Slg. 1985, 1027, Rn. 16.

gliedstaats beantwortet, aber keine originären Leistungsansprüche vermittelt.[363] Wegen seiner Vorrangigkeit gegenüber Art. 7 Abs. 2 der VO (EWG) Nr. 1612/68 und um darzustellen, welche Rechtsposition der Arbeitnehmer durch das Koordinationsrecht im Beschäftigungsstaat erlangt, sollen sich die Ausführungen hierzu auf einen Überblick über die Funktionsweise des Koordinationsrechts mit besonderem Augenmerk auf die für den Arbeitnehmer bedeutsamen Regelungen zu den Leistungen bei Arbeitslosigkeit beschränken.

1. Begriff der sozialen Vergünstigungen im Sinne des Art. 7 Abs. 2 der VO (EWG) Nr. 1612/68

Unter dem Begriff der sozialen Vergünstigungen im Sinne des Art. 7 Abs. 2 der VO (EWG) Nr. 1612/68 sind nicht nur solche Leistungen zu verstehen, die einen Bezug zu der Tätigkeit des Arbeitnehmers aufweisen und mit der Ausübung der Beschäftigung in Zusammenhang stehen, sondern auch alle anderen staatlichen Unterstützungsmaßnahmen, die in keinerlei Form ein Arbeitsverhältnis voraussetzen, also etwa an den Wohnort im Inland anknüpfen.[364] Sie umfassen daher „alle staatlich gewährten Vergünstigungen, die geeignet sind, die Eingliederung eines Arbeitnehmers und seiner Familie in den Aufnahmestaat zu fördern und somit zur Verwirklichung des Ziels der Freizügigkeit der Arbeitnehmer beizutragen“.[365] Hierzu zählen ganz unterschiedliche Leistungen, wie z. B. das nach belgischem Recht gewährte Überbrückungsgeld für junge Arbeitslose[366], das Recht auf eine andere Verfahrenssprache in einem gerichtlichen Strafverfahren[367], das Erziehungsgeld nach dem deutschen Bundeserziehungsgesetz[368], Leistungen nach dem deutschen BAföG[369], Fahrpreisermäßigungen für kinder-

---

363 *Steinmeyer*, in: Schulze/Zuleeg, § 40, Rn. 28.

364 *Huster*, NZS 1999, 10 ff., 11; *F. Wollenschläger*, S. 32 ff. Art. 7 Abs. 2 der VO (EWG) Nr. 1612/68 geht aber nicht über den Anwendungsbereich des Art. 39 Abs. 2 EGV hinaus (vgl. EuGH Rs. C-171/01, Wählergruppe Gemeinsam, Slg. 2003, I-4301, Rn. 82 f.).

365 Der Begriff ist der sozialen Vergünstigung weit auszulegen: EuGH Rs. C-57/96, Meints, Slg. 1997, I-6689 (s. Fn. 387), Rn. 39; Rs. 32/75, Cristini, Slg. 1975, 1085, Rn. 12; Rs. 59/89, Reed, Slg. 1986, 1283, Rn. 25; *Brechmann*, in: Callies/Ruffert, Art. 39 EGV, Rn. 62. S. auch Erwägungsgrund Nr. 5 zur VO (EWG) Nr. 1612/68.

366 EuGH Rs. 94/84, Deak, Slg. 1985, 1873.

367 EuGH Rs. 137/84, Mutsch, Slg. 1985, 2681.

368 EuGH Rs. C-85/96, Sala, Slg. 1998, I-2691.

369 EuGH Rs. 39/86, Lair, Slg. 1988, 3161. Frau Lair, französische Staatsangehörige mit Wohnsitz in Hannover und Klägerin des Ausgangsverfahrens, begehrte Leistungen nach dem BAföG, nachdem sie zunächst zweieinhalb Jahre als Bankangestellte in der Bundesrepublik Deutschland gearbeitet hatte. Hiernach folgten drei Jahre, in denen Frau Lair im Wesentlichen arbeitslos war, Arbeitslosenunterstützung erhielt und an einem Umschulungskurs teilnahm. Zwischendurch lagen kurze Beschäftigungszeiten. Bevor Frau Lair ihr Studium der Romanistik und Germanistik aufnahm, war sie 14 Monate ar-

reiche Familien[370], Bestattungsgelder[371] und sogar das Aufenthaltsrecht der Lebensgefährtin eines Wanderarbeitnehmers[372]. Dem hohen Grad der gemeinschaftsrechtlichen Gleichstellung liegt das Anliegen zugrunde, den Unionsbürgern, die über lange Zeit in einem Mitgliedstaat leben und dort mit ihrer Erwerbstätigkeit zum Wohlstand der Gesellschaft beitragen, die Gleichbehandlung nicht in einem über die Ausübung einer Erwerbstätigkeit hinausgehenden Kontext zu versagen.[373]

2. Leistungen der Sozialhilfe

Art. 7 Abs. 2 der VO (EWG) Nr. 1612/68 vermittelt einen Anspruch auf Leistungen der Sozialhilfe.[374] Welche Leistungen unter den gemeinschaftsrechtlichen Begriff der Sozialhilfe zu fassen sind, ist mangels einer sekundärrechtlichen Definition des Begriffs der Sozialhilfe bisher weitgehend unklar geblieben. Die Rechtsprechung hat jedoch in zahlreichen Entscheidungen versucht, geeignete Kriterien zu finden, mit denen sich die Sozialhilfe von den Leistungen der sozialen Sicherheit trennen lässt. Da in den Urteilen zumeist die Einordnung einer konkreten nationalen Maßnahme im Kontext ihres nationalen Systems zu erfolgen hat, ist eine allgemeine Begriffsklärung, die auf die sehr unterschiedlich ausgestalteten Sozialleistungssysteme aller Mitgliedstaaten übertragbar wäre, nach wie vor schwierig. Zunächst wurden dem Bereich der Sozialhilfe staatliche Maßnahmen zugeordnet, „die im Rahmen eines beitragsfreien, steuerfinanzierten Systems gewährt werden und für eine Leistungsgewährung eine typischerweise der Sozialhilfe eigene Bedürftigkeit im Einzelfall voraussetzen, so dass ein Anspruch nicht von dem gesetzlichen Status des Arbeitnehmers, sondern von der Ermessensentscheidung der zuständigen Behörde abhängt“.[375] Die Sozialhilfe bildete damit das zunächst leicht abgrenzbare Gegenstück zu den Leistungen der sozialen Sicherheit, die das Äquivalent der von den Anspruchsberechtigten erbrachten Beiträge und eines aus der Beitragszahlung erworbenen Rechts-

---

beitslos gewesen. Ihr Antrag auf BAföG-Leistungen wurde zunächst abgelehnt, vom EuGH aber auf der Grundlage des Art. 7 Abs. 2 der VO (EWG) Nr. 1612/68 bejaht. EuGH Rs. 235/87, Matteuci, Slg. 1988, 5589; Rs. C-308/89, di Leo, Slg. 1990, I-4185.

370 EuGH Rs. 32/75, Cristini, Slg. 1975, 1085; Rs. 65/81, Reina, Slg. 1982, 33: Gewährung von Geburtsbeihilfen.

371 EuGH Rs. C-237/94, O'Flynn, Slg. 1996, I-2617.

372 EuGH Rs. 59/85, Reed, Slg. 1986, 1283; vgl. ausführliche Darstellung der einzelnen Fälle bei *Lippert*, S. 76 ff.

373 *F. Wollenschläger*, S. 38.

374 Leistungen der Sozialhilfe unterfallen nicht den Koordinierungsregeln der VO (EWG) 1408/71, sondern sind von ihrem sachlichen Anwendungsbereich ausdrücklich ausgenommen (Art. 4 Abs. 4 VO (EWG) Nr. 1408/71), da sie allein auf eine vorübergehende Absicherung einer Notlage gerichtet sind und sich an der Bedürftigkeit orientieren.

375 *Steinmeyer*, in: Schulze/Zuleeg, § 40 Rn. 342.

anspruchs darstellten.[376] Je mehr jedoch die Mitgliedstaaten auch im Bereich der Sozialhilfe Rechtsansprüche normierten und ihre Leistungssysteme um Mischformen der sozialen Sicherheit und der Sozialhilfe ergänzten, desto schwieriger gestaltete sich die Abgrenzung beider Leistungsarten. Aufgrund der wesentlichen Unterschiede zwischen den nationalen Systemen orientiert der EuGH die Einordnung nunmehr daran, welchem Sinn und Zweck die Maßnahme dient: ist die Leistung dazu bestimmt, einen dauerhaften Anspruch z. B. in Form eines zusätzlichen Alterseinkommens zu vermitteln, dann ist sie der sozialen Sicherheit zuzuordnen.

Es sei darauf hingewiesen, dass Mischformen aus Leistungen der sozialen Sicherheit und der Sozialhilfe unter die Koordinierungsregeln der VO (EWG) Nr. 1408/71 fallen, wenn sie eine beitragsunabhängige Sonderleistung im Sinne von Art. 4 Abs. 2a dieser Verordnung darstellen, also zwar weder Absatz 1 noch 4 der Vorschrift zuzuordnen sind, aber den in Absatz 1 aufgeführten Leistungen entsprechen, sie ersetzen oder ergänzen oder zusätzlich gewährt werden und gleichzeitig Sozialhilfecharakter tragen (Art. 4 Abs. 2a lit. b).[377] Allerdings findet auf Maßnahmen nach Absatz 2a der Grundsatz der Exportierbarkeit keine Anwendung, wenn sie von den Mitgliedstaaten gemeldet sind; sie werden nach der Notifizierung in Anhang IIa der Verordnung aufgeführt (Art. 10a der VO (EWG) Nr. 1408/71).[378]

---

376 *Fuchs*, in: Fuchs, Europäisches Sozialrecht, Art. 4, Rn. 33.

377 Als Leistungen dieser Art wurden qualifiziert: eine Zusatzbeihilfe nach französischem Recht zur Erhöhung der Altersrente (EuGH Rs. C-265/05, Naranjo, Slg. 2007, I-347, in früheren Entscheidungen hat der EuGH die Mischleistung wie die Hauptleistung eingeordnet und daher die fehlende Exportierbarkeit dieser Beihilfe als mit Art. 10 der VO (EWG) Nr. 1408/71 unvereinbar bewertet, s. EuGH verb. Rs. 379/85 bis 381/85 und 93/86, Giletti u. a., Slg. 1987, 955 sowie C-236/88, Kommission/Frankreich, Slg. 1990, I-3163. Seit der Einführung der Art. 4 Abs. 2a und 10a und der Aufnahme der Beihilfe in Anhang IIa muss sie jedoch nicht mehr exportiert werden.); eine nach dem niederländischen Gesetz über die Arbeitsunfähigkeitsversicherung junger Behinderter gewährte Leistung (EuGH Rs. C-154/05, Kersbergen-Lap u. a., Slg. 2006, I-6249); nach den britischen Rechtsvorschriften gewährtes Pflegegeld für Behinderte (EuGH Rs. C-297/96, Partridge, Slg. 1998, I-3467); eine nach britischem Recht gewährte Unterhaltsbeihilfe für Behinderte (EuGH Rs. C-20/96, Snares, Slg. 1997, I-6057).

378 Da die Mitgliedstaaten von dieser Möglichkeit Gebrauch machten und Unionsbürger bestimmte Leistungen nicht mehr exportieren konnten, wurde die Neuregelung verschiedentlich auf ihre Zulässigkeit durch den EuGH überprüft und bestätigt: EuGH Rs. C-20/96, Snares, Slg. 1997, I-6057, Rn. 41 ff.; Rs. C-43/99, u. a., Slg. 2001, I-4265 (s. Fn. 388), Rn. 26 ff.; Rs. C-154/05, Kersbergen-Lap u. a., Slg. 2006, I-6249, Rn. 33. Nach Auffassung des EuGH ist der Gemeinschaftsgesetzgeber berechtigt, die Exportierbarkeit einzuschränken. Dies gilt insbesondere für eng an das soziale Umfeld gebundene Leistungen. Einen Verstoß gegen das Rückwirkungsverbot sah der EuGH nicht, obwohl die Leistungsansprüche zum Teil bereits erworben worden waren.

3. Anwendbarkeit des Art. 7 Abs. 2 der VO (EWG) Nr. 1612/68 auf Arbeitnehmer, die nicht mehr in einem Beschäftigungsverhältnis stehen

Wie bereits im Zusammenhang mit dem Aufenthaltsrecht dargestellt, hat der EuGH in seiner Rechtsprechung „mit der Arbeitnehmereigenschaft zusammenhängende Rechte" entwickelt, die den „Wanderarbeitnehmern auch dann garantiert sind, wenn diese nicht in einem Arbeitsverhältnis stehen"[379], die also über die Dauer des Beschäftigungsverhältnisses fortwirken und damit den Aufenthaltsstatus eines Unionsbürgers *als Arbeitnehmer* aufrechterhalten. Vor allem im Hinblick auf die gleichberechtigte Teilhabe an sozialen Vergünstigungen im Sinne des Art. 7 Abs. 2 VO (EWG) Nr. 1612/68 ist die Fiktion der Arbeitnehmereigenschaft von besonderer Bedeutung, da der Unionsbürger so von den besonderen Privilegien der Wanderarbeitnehmer profitieren kann. Dies gilt z. B. für Leistungen zur Sicherung des Unterhalts während eines Hochschulstudiums oder für arbeitslos gewordenen Arbeitnehmer (s. oben A. IV. 1. und 2.). Während für erstgenannte aus Art. 7 Abs. 2 der VO (EWG) Nr. 1612/68 Ansprüche auf Studienbeihilfen bestehen können, können Arbeitslose insbesondere solche Ansprüche aus Art. 7 Abs. 2 der VO (EWG) Nr. 1612/68 ableiten, die wegen der Beendigung des Arbeitsverhältnisses gewährt werden, deren Gewährung in einem inneren Zusammenhang mit der Arbeitnehmereigenschaft des Berechtigten steht oder die er während seines Arbeitsverhältnisses erworbenen hat.[380] Darüber hinaus dürfen sie im Hinblick auf ihre berufliche Wiedereingliederung oder Wiedereinstellung nicht anders behandelt werden als die inländischen Arbeitnehmer (Art. 7 Abs. 1 der VO (EWG) Nr. 1612/68).

4. Verbot unmittelbarer und mittelbarer Diskriminierungen

Parallel zu den für alle Grundfreiheiten anerkannten Grundsätzen verbietet auch der Gleichbehandlungsanspruch des Art. 7 Abs. 2 der VO (EWG) Nr. 1612/68 „nicht nur offene Diskriminierungen aufgrund der Staatsangehörigkeit, sondern auch alle verdeckten Formen der Diskriminierung, die durch die Anwendung anderer Unterscheidungsmerkmale tatsächlich zum gleichen Ergebnis führen", d. h. sofern sie sich eher auf Wanderarbeitnehmer als auf inländische Arbeitnehmer auswirken und folglich die Gefahr besteht, dass sie erstere besonders benachteiligen.[381] Hiervon sind Klauseln berührt, die die Entstehung des Leis-

---

379 EuGH Rs. 39/86, Lair, Slg. 1988, 3161, Rn. 31, 36; Rs. C-43/99, Leclere u. a., Slg. 2001, I-4265 (s. Fn. 388), Rn. 55; Rs. C-413/01, Ninni-Orasche, Slg. 2003, I-13187, Rn. 34.

380 EuGH Rs. C-43/99, Leclere, Slg. 2001, I-4265 (s. Fn. 388), Rn. 56 f.; Rs. C-85/96, Sala, Slg. 1998, I-2691, Rn. 32; Rs. C-57/96, Meints, Slg. 1997, I-6689 (s. Fn. 387), Rn. 40 f.; *Randelzhofer/Forsthoff*, in: Grabitz/Hilf, Art. 39 EGV, Rn. 62 f.

381 EuGH Rs. C-57/96, Meints, Slg. 1997, I-6689 (s. Fn. 387), Rn. 44 f.; Rs. C-237/94, O'Flynn, Slg. 1996, I-2617, Rn. 17 ff.; Rs. 152/73, Sotgiu, Slg. 1974, 153, Rn. 11; Rs.

tungsanspruchs an bestimmte Aufenthaltszeiten im Inland knüpfen und damit eine Voraussetzung aufstellen, die von inländischen Arbeitnehmern leichter zu erfüllen ist als von ausländischen.

Allerdings ist zu beachten, dass Art. 7 Abs. 2 der VO (EWG) Nr. 1612/68 bezweckt, den ausländischen Arbeitnehmer soweit wie möglich durch die Gleichstellung mit den inländischen Arbeitnehmern *im Mitgliedstaat der Beschäftigung* zu integrieren und einen benachteiligungsfreien Aufenthalt zur Ergänzung der grenzüberschreitenden Arbeitnehmerfreizügigkeit zu gewähren.[382] Entsprechend unterliegen soziale Vergünstigungen grundsätzlich nicht dem Exportgebot, wie es der VO (EWG) Nr. 1408/71 zugrunde liegt, die zudem für zu exportierende Leistungen eine abschließende Regelung trifft, die bedeutungslos würde, wenn auch Art. 7 Abs. 2 der VO (EWG) Nr. 1612/68 zu einem Leistungsexport verpflichten könnte.[383] Das Kriterium des Wohnsitzes im Inland als Anspruchsvoraussetzung muss daher keine mittelbare Diskriminierung darstellen.[384] Hierin unterscheidet sich die Verordnungsbestimmung von den Zielen der Grundfreiheiten, sämtliche Hindernisse für den grenzüberschreitenden (Waren-, Personen-, Dienstleistungs- und Kapital-)Verkehr zu beseitigen, für die die Wohnsitzerfordernisse regelmäßig Beeinträchtigungen darstellen.[385]

Sinnvoll ist das Verbot, Leistungen an den Wohnsitz zu knüpfen, aber bei Grenzgängern, deren Beschäftigungsverhältnis im die Leistung gewährenden Mitgliedstaat besteht. Diese Gruppe von Arbeitnehmern würde bei einer Ver-

---

C-27/91, Le Manoir, Slg. 1991, I-5531, Rn. 10; C-111/91, Kommission/Luxemburg, Slg. 1993, I-817, Rn. 9, Rs. C-419/92, Scholz, Slg. 1994, I-505, Rn. 7. Als mittelbar diskriminierend sind daher Voraussetzungen des nationalen Rechts anzusehen, die zwar unabhängig von der Staatsangehörigkeit gelten, aber im wesentlichen (Rs. 41/84, Pinna, Slg. 1986, 1, Rn. 24, Rs. 33/88, Allué u. a., Slg. 1989, 1591, Rn. 12) oder ganz überwiegend (Rs. C-279/89, Kommission/Vereinigtes Königreich, Slg. 1992, I-5785, Rn. 42 und Rs. C-272/92, Spotti, Slg. 1993, I-5185, Rn. 18) Wanderarbeitnehmer betreffen sowie unterschiedslos geltende Voraussetzungen, die von inländischen Arbeitnehmern leichter zu erfüllen sind als von Wanderarbeitnehmern (Rs. C-349/87, Paraschi, Slg. 1991, I-4501, Rn. 23). Eine mittelbare Diskriminierung ist auch in Voraussetzungen zu sehen, bei denen die Gefahr besteht, dass sie sich besonders zum Nachteil von Wanderarbeitnehmern auswirken (Rs. C-175/88, Biehl, Slg. 1990, I-1779, Rn. 14 und Rs. C-204/90, Bachmann, Slg. 1992, I-249, Rn. 9).

382 So auch Schlussanträge *Lenz*, Rs. 375/85, Slg. 1987, 2387, Rn. 39: Über Art. 7 Abs. 2 der VO (EWG) Nr. 1612/68 kann eine Gleichbehandlung durch Berücksichtigung ausländischer Beitragszeiten nicht erreicht werden. Insbesondere bezweckt der Grundsatz der Inländergleichbehandlung der VO (EWG) Nr. 1612/68 nicht, Ansprüche aufgrund in einem anderen Mitgliedstaat zurückgelegter Versicherungszeiten zu schaffen, wenn diese für Inländer nach innerstaatlichen Bestimmungen nicht bestehen, mit Verweis auf EuGH Rs. 110/79, Coonan, Slg. 1980, 1445. Dies regelt allein die VO (EWG) Nr. 1408/71.

383 *Eichenhofer*, ZIAS 2003, 405 ff., 410 f. Zum mittelbaren Diskriminierungsverbot und Wohnsitzklauseln EuGH Rs. C-124/99, Borawitz, Slg. 2000, I-7293, Rn. 23 f.

384 EuGH Rs. C-57/96, Meints, Slg. 1997, I-6689 (s. Fn. 387), Rn. 46.

385 *Huster*, NZS 1999, 10 ff. 11.

weigerung der Leistung allein wegen des fehlenden Wohnsitzes unverhältnismäßig benachteiligt, zumal sie im Wohnsitzstaat ebenso von Leistungen ausgeschlossen wären, die an ein Arbeitsverhältnis anknüpfen. Der Wortlaut der Vorschrift bedarf daher einer ergänzenden Auslegung für die Gewährung von Leistungen an Grenzgänger. Der EuGH hat hierfür auf die vierte Begründungserwägung der Verordnung zurückgegriffen, nach der das Recht auf Freizügigkeit gleichermaßen Grenzgängern zusteht.[386]
Ebenso kann es sich verhalten, wenn der Wohnsitz nicht nur Voraussetzung für die Entstehung des Anspruchs ist, sondern auch Voraussetzung des Leistungsbezugs. Denn Ansprüche müssen auch dann geltend gemacht werden können, wenn ihre Voraussetzungen während der Aufenthalts- und Beschäftigungszeit im Aufnahmemitgliedstaat vollständig erfüllt wurden, hiernach aber ein Aufenthaltswechsel erfolgt.[387] Nicht hingegen können Gleichbehandlungsrechte bestehen, deren tatbestandliche Voraussetzungen erst eintreten, nachdem der Aufenthaltswechsel bereits erfolgt ist. Verlegt z. B. ein Rentner seinen Wohnsitz in einen anderen Mitgliedstaat als den, von dessen zuständigem Träger er Rentenzahlungen erhält, so kann er nicht aufgrund des Rentenbezugs weiterhin als Arbeitnehmer im Sinne der VO (EWG) Nr. 1612/68 gelten. Da er nicht mehr in einem Arbeitsverhältnis steht, kann er auch nicht unter Berufung auf den Gleichbehandlungsgrundsatz Ansprüche aus einem solchen Verhältnis entgegen einer Wohnortklausel herleiten.[388]
Keinesfalls ergibt sich aber aus Art. 7 Abs. 2 der VO (EWG) Nr. 1612/68 ein generelles Exportgebot für soziale Vergünstigungen.[389]

---

386 EuGH Rs. C-57/96, Meints, Slg. 1997, I-6689 (s. Fn. 387), Rn. 50; Rs. C-35/97, Kommission/Frankreich, Slg. 1998, I-5325, Rn. 40; *Franzen*, in: Streinz, Art. 39, Rn. 109

387 EuGH Rs. C-57/96, Meints, Slg. 1997, I-6689: Nach niederländischem Recht gewährte Einmalzahlung an Arbeitnehmer in der Landwirtschaft, deren Beschäftigungsverhältnis wegen Flächenstilllegungen, also aus agrarpolitischen Gründen, endete, und die zurückzuzahlen ist, wenn der Arbeitnehmer innerhalb von zwölf Monaten erneut bei seinem früheren Arbeitgeber Beschäftigung findet. Der Leistungsanspruch hing nicht von der Dauer der Arbeitslosigkeit ab, die Leistung wurde einmalig und zusätzlich zu den Leistungen bei Arbeitslosigkeit gezahlt. Die Höhe der Leistung hing ausschließlich vom Alter des Berechtigten ab. Hätte Herr Meints seinen Wohnsitz erst nach der Beschäftigungsbeendigung verlegt, hätte er dennoch Anspruch auf die Entschädigungszahlung haben müssen.

388 EuGH Rs. C-43/99, Leclere u. a., Slg. 2001, I-4265, Rn. 59 ff. Das Vorabentscheidungsersuchen betraf den Anspruch eines Rentners, der nach der Beendigung seines Arbeitsverhältnisses in einen anderen Mitgliedstaat gezogen und Vater geworden ist, auf Beihilfen, die nach dem Recht des für die Zahlung seiner Rente zuständigen früheren Wohnsitzmitgliedstaats für Arbeitnehmer anlässlich der Geburt eines Kindes vorgesehen sind.

389 Für den weitgehenden Ausschluss von Grenzgängern: *Schumacher*, in: Hailbronner, 30 Jahre, S. 199 ff., 212 ff.; ein umfassendes Verbot mittelbarer Diskriminierungen analysierend: *Huster*, NZS 1999, 10 ff., 13.

5. Exkurs: Das Koordinationsrecht nach der VO (EWG) Nr. 1408/71

Die Vorschriften der VO (EWG) Nr. 1408/71 *koordinieren* in Umsetzung des Art. 42 EGV die mitgliedstaatlichen Systeme der sozialen Sicherheit.[390] Unter Systemen der *sozialen Sicherheit* ist die Gesamtheit der durch Steuern oder Beiträge finanzierten, dem Einzelnen bei der Verwirklichung eines sozialen Risikos gewährten staatlichen Leistungen zu verstehen, auf die ein individueller Rechtsanspruch besteht, der vom Vermögen oder der Bedürftigkeit des Berechtigten unabhängig ist; erfasst sind die Risiken Krankheit, Mutterschaft, Invalidität, Alter, Verwitwung, Verwaisung, Arbeitsunfall, Berufskrankheit, Tod, Arbeitslosigkeit sowie Leistungen, die zur Abgeltung von Pflichten zum Familienunterhalt gewährt werden (vgl. Art. 4 der VO (EWG) Nr. 1408/71).[391] Eine gemeinschaftsrechtliche Definition der Systeme der sozialen Sicherheit ist bisher nicht gefunden, jedoch hat der EuGH drei Kriterien entwickelt, die vorliegen müssen, um eine Maßnahme als zu einem solchen System zugehörig zu qualifizieren: fehlendes Gewinnstreben, Verfolgung eines sozialen Ziels und Anwendung des Solidargrundsatzes. Ein auf dem Solidaritätsgedanken beruhendes System liegt insbesondere vor, wenn die Berechtigten dem System über Pflichtmitgliedschaften angeschlossen sind.[392]

Die Verordnung findet auf Arbeitnehmer Anwendung, die gegen mindestens ein Risiko, das von einem System der sozialen Sicherheit erfasst ist, pflicht- oder freiwillig versichert sind.[393] Zu beachten ist, dass der in der Verordnung verwen-

---

390 In der Entscheidung EuGH Rs. C-135/99, Elsen, Slg. 2000, I-10409 (Gleichbehandlung bei der Berücksichtigung von Kindererziehungszeiten trotz Wohnsitzverlegung in einen anderen Mitgliedstaat) führte der EuGH in Bezug auf das Ziel der VO (EWG) Nr. 1408/EWG aus: „Diese Bestimmungen tragen nicht nur zur Gewährleistung der Freizügigkeit der Arbeitnehmer nach Artikel 48 EG-Vertrag (nach Änderung jetzt Artikel 39 EG), sondern auch zur Gewährleistung der Freizügigkeit der Unionsbürger in der Gemeinschaft nach Artikel 8a EG-Vertrag bei." Da es aber eine Arbeitnehmerin war, die sich auf die Bestimmungen berief, die lediglich ihren Wohnsitz aus privaten Gründen ins Ausland verlegt hatte, aber weiterhin (als Grenzgängerin) im Herkunftsstaat arbeitete, kann nicht davon ausgegangen werden, dass der EuGH mit dieser Entscheidung den Anwendungsbereich der Verordnung erweitern wollte.

391 Da der Begriff der Leistung der sozialen Sicherheit gemeinschaftsrechtlich zu bestimmen ist, ist unerheblich, ob die Leistung auch von den nationalen Rechtsvorschriften als solche der sozialen Sicherheit eingeordnet wird, vgl. EuGH Rs. C-78/91, Hughes, Slg. 1992, I-4839, Rn. 14; verb. Rs. C-245/94 und C-312/94, Hoever u. a., Slg. 1996, I-4895, Rn. 17.

392 *Randelzhofer/Forsthoff*, in: Grabitz/Hilf, vor Art. 39-55 EGV, Rn. 189 ff. m. w. N., insbesondere auf die Rechtsprechung des EuGH.

393 Art 1 lit. a Ziff. i), Art. 2 der VO (EWG) Nr. 1408/71. Sie findet des Weiteren auf Selbständige Anwendung. Bei Arbeitnehmern muss das anspruchsbegründende Ereignis nicht in einem unmittelbaren Zusammenhang mit dem Arbeitsverhältnis stehen (Unfall außerhalb der Arbeit, vgl. EuGH Rs. 44/65, Singer et fils, Slg. 1965, 1274). Auch genügt es, wenn nicht der Arbeitnehmer selbst, sondern die Familienangehörigen den Bezug zu mehreren Mitgliedstaaten aufweisen (vgl. EuGH Rs. 115/77, Laumann,

dete Begriff des Arbeitnehmers ein sozialrechtlicher und damit ein anderer ist als der des Art. 39 EGV.[394] Weiteren Anforderungen unterliegt die Arbeitnehmereigenschaft hier nicht. Insbesondere ist unerheblich, ob tatsächlich (noch) eine Erwerbstätigkeit ausgeübt wird.[395] Dennoch überschneiden sich die verschiedenen Definitionen selbstverständlich weitgehend. Familienangehörige und Hinterbliebene genießen abgeleitete Rechte (Art. 2 Abs. 1, 2 der VO (EWG) Nr. 1408/71).

a) Prinzipien der Koordination: Zusammenrechnung und Export

Die Verordnung dient dazu, Arbeitnehmer auf dem Gebiet der Sozialversicherung vor Benachteiligungen zu schützen, die aus der Zugehörigkeit zu mehreren nationalen Systemen der sozialen Sicherheit resultieren können.[396] Sie trägt damit dem Gedanken Rechnung, dass die vom Gemeinschaftsrecht gewährte Arbeitnehmerfreizügigkeit nichts nützen würde, wenn die Sozialleistungen der

---

Slg. 1978, 807, 814 f.). Die Verordnung findet zudem auf Drittstaatsangehörige, die ausschließlich aufgrund ihrer Staatsangehörigkeit nicht bereits unter diese Bestimmungen fallen, sowie auf ihre Familienangehörigen und ihre Hinterbliebenen Anwendung, wenn sie ihren rechtmäßigen Wohnsitz in einem Mitgliedstaat haben und ihre Situation mit einem Element über die Grenzen eines Mitgliedstaats hinausweist (Art. 1 der VO (EG) Nr. 859/2003); vgl. auch *Eichenhofer*, JZ 2005, 558 ff., 12.

394 *Langer*, in: von der Groeben/Schwarze, Art. 42 EGV, Rn. 37. Dass der Begriff des Arbeitnehmers im Gemeinschaftsrecht nicht einheitlich verwendet wird, sondern „entsprechend der jeweils anwendbaren Rechtsmaterie" variiert, entspricht der ständigen Rechtsprechung des EuGH; vgl. EuGH Rs. C-543/03, Dodl u. a., Slg. 2005, I-5049, Rn. 49; Rs. C-85/96, Sala, Slg. 1998, I-2691, Rn. 31; Schlussanträge *Alber*, Rs. C-184/99, Grzelczyk, Slg. 2001, I-6193, Rn. 65. Dem Vorabentscheidungsverfahren lag folgender Sachverhalt zugrunde: Der Kläger des Ausgangsverfahrens, der französische Staatsangehörige Rudy Grzelczyk, nahm nach Abschluss der höheren Schulbildung ein Sportstudium in Belgien auf. Um sich das Studium sowie seinen Lebensunterhalt zu verdienen, ging er während der ersten drei Studienjahre verschiedenen Beschäftigungen nach. Zu Beginn des vierten und letzten Studienjahres beantragte der Kläger beim C.P.A.S., dem kommunalen Centre public d'aide sociale Ottignies-Louvain-la-Neuve und Beklagten des Ausgangsverfahrens, finanzielle Unterstützung in Form der Gewährleistung des Existenzminimums (Minimex). Ansprüche auf Unterhaltszahlungen gegen seine Eltern hatte er vermutlich nicht, da sein Vater arbeitslos und seine Mutter schwer krank war. Wegen der hohen Arbeitsbelastung im letzten Studienjahr sah der Kläger sich außerstande, sich den Lebensunterhalt weiterhin selbst zu verdienen. Der Antrag des Klägers wurde mit der Begründung abgelehnt, dass der Kläger nicht belgischer Staatsangehöriger ist.

395 *Steinmeyer*, in: Schulze/Zuleeg, § 40, Rn. 28.

396 *Fuchs*, in: Fuchs, Europäisches Sozialrecht, Art. 4, Rn. 1; *Huster*, NZS 1999, S. 10 ff., 10.

Mitgliedstaaten nicht koordiniert würden und erworbene Ansprüche nicht in andere Mitgliedstaaten „mitgenommen" werden könnten bzw. verloren gingen.[397] Die Aufrechterhaltung und der Erwerb von Leistungsansprüchen richten sich im Wesentlichen nach den Koordinierungsprinzipien der Zusammenrechnung von Zeiten einerseits und des Exports andererseits. Das *Prinzip der Zusammenrechnung* betrifft die Voraussetzungen eines Leistungsanspruchs und bestimmt, dass z. B. Beitrags- und Anwartschaftszeiten, die für den Erwerb, die Aufrechterhaltung und die Inanspruchnahme von Leistungsansprüchen bzw. -berechnungen in einem Mitgliedstaat notwendig sind, jedoch (auch) in einem anderen Mitgliedstaat erbracht wurden, für die genannten Zwecke zusammengerechnet werden. Das *Exportprinzip* bezieht sich auf die Gewährung der Leistung und beinhaltet, dass erworbene (Geldleistungs-)Ansprüche in einem Mitgliedstaat, in dem der Betroffene nicht versichert ist bzw. der nicht finanziell für die Leistung zuständig ist, erfüllt werden müssen; ausgenommen sind allerdings Leistungen bei Krankheit[398] und Mutterschaft sowie bei Arbeitslosigkeit und Familienleistungen (Art. 10 der VO (EWG) Nr. 1408/71).[399]

---

397 *Waltermann*, Sozialrecht, Rn. 75 ff.; zu sozialen Rechten als Eigentum nach Völker- und Verfassungsrecht, insbesondere zur Rechtsprechung des EGMR im Fall Gaygusuz (EGMR, Urt. v. 16.9.1996, Nr. 39/1995/545/631 (Gaygusuz/Österreich), InfAuslR 1997, 1, vgl. *Kokott*, Die Staatsangehörigkeit als Unterscheidungsmerkmal für soziale Rechte von Ausländern, in: Hailbronner, Die allgemeinen Regeln, S. 25 ff., 41 ff.; *Sieveking*, ZAR 1998, 201 ff., 209. Der EGMR stellte in dieser Entscheidung fest, dass die Ablehnung der Gewährung eines Pensionsvorschusses in Form einer Notstandshilfe aufgrund der Staatsangehörigkeit eine Verletzung des Diskriminierungsverbots gemäß Art. 14 EMRK in Verbindung mit Art. 1 Abs. 1 des 1. Zusatzprotokolls darstellt.

398 Zu den Leistungen bei Krankheit gehören auch die Leistungen der deutschen Pflegeversicherung, EuGH Rs. C-160/96, Molenaar, Slg. 1998, I-843.

399 Die Exportierbarkeit bezieht sich nur auf Geldleistungen bei Invalidität, Alter, für Hinterbliebene, Renten bei Arbeitsunfällen oder Berufskrankheiten und Sterbegelder; ausgenommen sind also die Ansprüche bei Mutterschaft und Arbeitslosigkeit sowie Familienleistungen. Diese unterfallen der Zuständigkeit des Aufnahmemitgliedstaats. Es sind damit nur diejenigen Leistungen exportpflichtig, „für die ihrer Struktur nach die Leistungsverpflichtung des bisherigen Wohnsitzstaates fortbesteht, deren Voraussetzungen von den leistungspflichtigen Trägern auch bei Aufenthalt des Berechtigten in einem anderen Mitgliedstaat festgestellt und überprüft werden können und bei denen es nicht gerechtfertigt, sinnvoll und möglich ist, dass mit dem Wechsel des Wohnsitzes (nach dem sog. Integrationsprinzip) auch ein Wechsel des «Statuts» (der anzuwendenden Rechtsvorschriften) und damit des leistungspflichtigen Trägers verbunden ist" (*Schuler*, in: Fuchs, Europäisches Sozialrecht, Art. 10 VO (EWG) Nr. 1408/71, Rn. 2). Zur Exportpflicht und der Abgrenzung von Geld- zu Sachleistungen vgl. *Huster*, NZS 1999, S. 10 ff.

Das Exportprinzip steht in engem Zusammenhang mit dem Prinzip des Wohnortes. Zu beachten ist allerdings, dass beide lediglich eine Aussage darüber treffen, ob die Leistungsgewährung auch erfolgen muss, wenn der Betreffende in einem anderen Mitgliedstaat wohnt, nicht hingegen darüber, welcher Mitgliedstaat letztlich die finanzielle Last zu tragen hat, ob also eine Erstattung durch den Mitgliedstaat erfolgt, gegenüber dem

b) Leistungen bei Arbeitslosigkeit (Art. 67 bis 71 der VO (EWG) Nr. 1408/71)

„Leistungen bei Arbeitslosigkeit“ im Sinne von Art. 4 Abs. 1 lit. g, Art. 67 ff. der VO (EWG) Nr. 1408/71 umfassen sämtliche Leistungen bei Voll- oder Teilarbeitslosigkeit. In erster Linie zählen hierzu Leistungen, die den aufgrund der Arbeitslosigkeit verlorenen Arbeitslohn ersetzen sollen und damit für den Unterhalt des arbeitslosen Arbeitnehmers bestimmt sind. Diese Maßnahmen sind in der Regel dadurch gekennzeichnet, dass die Entstehung und Höhe des Leistungsanspruchs von der Dauer des Beschäftigungsverhältnisses, ggf. auch von der der Arbeitslosigkeit, abhängen, die Leistungen nicht zurückzuzahlen sind und in regelmäßigen Abständen erfolgen. Daher sind z. B. solche Maßnahmen nicht erfasst, die den Charakter von Entschädigungszahlungen tragen und den Eintritt eines strukturellen Risikos ausgleichen[400] oder die Zahlungsunfähigkeit des Arbeitgebers abfedern sollen.[401] Neben den reinen Unterhaltsleistungen können auch Maßnahmen zur Förderung der beruflichen Bildung als Leistung bei Arbeitslosigkeit einzuordnen sein. Dies gilt mit Blick auf Art. 39 EGV selbst dann, wenn diese nicht erst bei bestehender Arbeitslosigkeit greifen, sondern vorbeugend deren Eintritt verhindern sollen, sofern sie einen deutlichen, konkreten und engen Bezug zur Bekämpfung der Arbeitslosigkeit ausweisen, die drohende Arbeitslosigkeit also die „rechtliche causa“ für die Gewährung der Leistung ist.[402] Anknüpfungspunkt für die anzuwendenden Rechtsvorschriften ist auch bei einem arbeitslosen Arbeitnehmer der Ort der (letzten) regelmäßigen Beschäftigung (Art. 13 ff. der VO (EWG) Nr. 1408/71). Versicherungszeiten, die nach den Rechtsvorschriften anderer Mitgliedstaaten zurückgelegt wurden, werden zusammengerechnet (Art. 67 der VO).

---

der Anspruch ursprünglich erworben wurde oder vom Wohnsitzstaat übernommen wird (sog. Integrationsprinzip, wobei unter Umständen eine Erstattung durch den zuständigen Staat erfolgt); vgl. *Langer*, in: Fuchs, Europäisches Sozialrecht, Art. 42 EGV, Rn. 28.

400 EuGH Rs. C-57/96, Meints, Slg. 1997, I-6689 (s. Fn. 387), Rn. 27 ff.

401 EuGH Rs. 39/76, Mouthaan, Slg. 1976, 1901, Rn. 21 (Zahlung von rückständigem Arbeitsentgelt).

402 EuGH Rs. 375/85, Campana, Slg. 1987, 2387, Rn. 11 (Vorlage des Bundessozialgerichts zu § 46 Abs. 1 Satz 1 und Abs. 2 des Arbeitsförderungsgesetzes (AFG), welcher die Übernahme der Kosten und die Gewährung von Unterhaltsgeld für die Zeit der Teilnahme an einem Vorbereitungslehrgang für die Meisterprüfung eines Handwerks regelt.); So auch Schlussanträge *Lenz* in derselben Rechtssache, Rn. 29 ff., nach dessen Auffassung es „absurd erscheinen müsse, etwa Maßnahmen bei unmittelbar bevorstehender Arbeitslosigkeit in Ansehung von Arbeitnehmern mit nicht ausreichenden inländischen Beschäftigungszeiten zu versagen, hier also erst nach Eintritt der Arbeitslosigkeit einzugreifen.“

c) Vereinbarkeit der eingeschränkten Exportierbarkeit von Leistungen bei Arbeitsuche in einem anderen Mitgliedstaat

Der für (Geld-)Leistungen der sozialen Sicherheit geltende Grundsatz der Exportierbarkeit findet keine Anwendung auf Leistungen bei Arbeitslosigkeit; hier verbleibt es der Entscheidung der Mitgliedstaaten, den Aufenthalt im zuständigen Mitgliedstaat zu fordern (sog. Wohnortklauseln). Die Sonderstellung der Leistungen bei Arbeitslosigkeit in den Systemen der sozialen Sicherheit wird jedoch durch zwei Ausnahmen zugunsten der Exportierbarkeit und damit auch zugunsten der Freizügigkeit der Arbeitnehmer abgemildert. Sie betreffen zum einen Arbeitslose, die während ihrer letzten Beschäftigung in einem anderen als dem zuständigen Mitgliedstaat wohnten (Art. 71 der VO (EWG) Nr. 1408/71). Diese Vorschrift koordiniert die Systeme der sozialen Sicherheit für die spezielle Situation von Grenzgängern und anderen Arbeitnehmern, die in einem anderen als dem zuständigen Mitgliedstaat wohnen, und legt den zuständigen Sozialversicherungsträger fest, ohne dass der Anspruch dem Grunde nach eingeschränkt wird.
Zum anderen besteht in beschränktem Rahmen ein Anspruch auf Leistungsexport, wenn sich jemand zur Arbeitsuche in einen anderen Mitgliedstaat begibt (Art. 69 f. der VO (EWG) Nr. 1408/71).[403] Hierfür muss der Arbeitslose für eine Karenzzeit von mindestens vier Wochen bei der Arbeitsverwaltung des zuständigen Staates gemeldet gewesen sein, dieser zur Verfügung gestanden haben sowie sich innerhalb von sieben Tagen bei den entsprechenden Behörden im Aufnahmemitgliedstaat als Arbeitsuchender melden und sich deren Kontrolle unterwerfen. Der Leistungsanspruch besteht im Aufnahmemitgliedstaat höchstens für drei weitere Monate fort. Über einen längeren Zeitraum kann der Arbeitslose staatliche Unterstützung nur im Beschäftigungsstaat erhalten; hierfür hat er in diesen zurückzukehren (Art. 69 der VO (EWG) Nr. 1408/71).[404]
Die grundsätzliche Beschränkung des Exports von Leistungen bei Arbeitslosigkeit dient mehreren Zwecken. Zum einen sollen diese Leistungen die Notsituation des Arbeitsuchenden abfedern und vorübergehende Hilfe für eine erfolgreiche Beschäftigungssuche leisten. Hierfür ist es unabdingbar, dass der Betreffende bei der entsprechenden Einrichtung des Aufenthaltsmitgliedstaats registriert ist und sich bereithält, sobald wie möglich eine Beschäftigung aufzunehmen. Zur Verhinderung einer unsachgemäßen Inanspruchnahme dieser Leistun-

---

403 Darüber hinausgehend, dass der Anspruch trotz Aufenthalts in einem anderen als dem zuständigen Mitgliedstaat gewährt werden muss, bedeutet der Leistungsexport hier, dass die Leistung durch Vermittlung des Trägers des Aufenthaltsstaats auf Kosten des zuständigen Staates erbracht wird (Art. 70 der VO (EWG) Nr. 1408/71).

404 Vgl. Art. 64 der VO (EG) Nr. 883/2004. Die Gesamtdauer der Leistungsgewährung darf durch den Wohnsitzwechsel selbstverständlich nicht die Anspruchsdauer überschreiten, Art. 69 Abs. 1 lit. c der VO (EWG) Nr. 1408/71. Der Beschäftigungsmitgliedstaat hat die Leistungen gegenüber dem Aufnahmemitgliedstaat zu erstatten, Art. 70 der VO (EWG) Nr. 1408/71.

gen muss die Einrichtung kontrollieren können, ob die Voraussetzungen des Leistungsbezugs vorliegen und zumutbare Beschäftigungen angenommen werden.[405] Deshalb sind regelmäßige Überprüfungen etwa der Familien- und Wohnsituation des Arbeitsuchenden notwendig. Es muss die Möglichkeit bestehen, Arbeitsangebote zu unterbreiten, und es muss kontrolliert werden können, ob entgeltliche Tätigkeiten ausgeübt werden. Eine organisierte Zusammenarbeit zwischen den Behörden der Mitgliedstaaten zur Gewährleistung solcher Überprüfungen gemeinschaftsweit ist noch nicht vorhanden, so dass effektive Kontrollen im und durch den zuständigen Mitgliedstaat nicht erreicht werden können.[406] Zum anderen stellen diese Leistungen regelmäßig Instrumente der Arbeitsmarkt- und Beschäftigungspolitik dar, die die Wiedereingliederung des Arbeitsuchenden in den Arbeitsmarkt bezwecken. Dies setzt voraus, dass der Mitgliedstaat über ausreichende Informationen über die Arbeitsmarktstruktur verfügt, um sinnvolle Maßnahmen anordnen zu können. Von den Mitgliedstaaten kann es kaum zu leisten sein, entsprechende Analysen gemeinschaftsweit durchzuführen, ohne dass es einen gemeinschaftsrechtlichen Rahmen für diese Zusammenarbeit gibt. Im Übrigen muss der Betroffene in der Lage sein, flexibel an z. B. Umschulungsmaßnahmen teilzunehmen. Es würde ein bedeutendes Hindernis darstellen, wenn er in dieser Zeit seinen Aufenthalt in der EG frei wählen könnte. Des Weiteren sollte zwischen der Finanzierung und der Gewährung der Leistungen besondere Transparenz bestehen, da ihnen der Gedanke der Solidarität zugrunde liegt und sie ein Mittel zur Vermeidung gesellschaftlicher Ausgrenzung darstellen.[407] Bei fehlender Kontrollmöglichkeit würde dieser Aspekt des gesellschaftlichen Zusammenhalts verloren gehen.

Indem die Regelung die Mitgliedstaaten verpflichtet, die Beschäftigungssuche zumindest für drei Monate bei fortdauerndem Leistungsbezug zu ermöglichen, dient sie der Erleichterung der Arbeitsuche in anderen Mitgliedstaaten. Obwohl es dem Arbeitsuchenden unbenommen bleibt, sich aus dem Herkunftsmitgliedstaat in anderen Mitgliedstaaten zu bewerben, ist der Rahmen, in dem dem Beschäftigungssuchenden Mobilität innerhalb der Gemeinschaft eingeräumt wird, vor dem Hintergrund der Art. 39 EGV nicht unwesentlich eingeschränkt. Der Vorschrift wird daher entgegengehalten, sie verkenne die Tragweite des Art. 39 EGV, indem sie die Freizügigkeit der Arbeitnehmer für arbeitsuchende Unionsbürger, die auf das Freizügigkeitsrecht weitaus stärker angewiesen sind als diejenigen, die Arbeit haben, verkürze.[408] Der EuGH hingegen teilt die An-

405 Schlussanträge *Geelhoed*, Rs. C-406/04, De Cuyper, Slg. 2006, I-6947, Rn. 58 ff.

406 Vorgetragen durch das Office national de l'emploi (Belgien; Beklagter im Ausgangsrechtsstreit), Frankreich und Deutschland, Schlussanträge *Geelhoed*, Rs. C-406/04, De Cuyper, Slg. 2006, I-6947, Rn. 87.

407 Vorgetragen durch die Niederlande, Schlussanträge *Geelhoed*, Rs. C-406/04, De Cuyper, Slg. 2006, I-6947, Rn. 91.

408 *Eichenhofer*, ZIAS 1991, 161 ff., 185 f., der sich im Übrigen für eine generelle Bevorzugung des Wohnsitzprinzips ausspricht und einen Missbrauch von Leistungen bei Arbeitslosigkeit bei einer Arbeitsuche im Ausland für unwahrscheinlich hält, S. 190 ff.; so

sicht nicht, die zeitliche Beschränkung sei primärrechtlich problematisch, und hat die bereits in mehreren Verfahren vorgetragenen Bedenken verworfen.[409] Vielmehr trage die Regelung dazu bei, die Freizügigkeit der Arbeitnehmer zu verwirklichen. Diese verbiete es nicht, Vergünstigungen von bestimmten Voraussetzungen abhängig zu machen, die der Gemeinschaftsgesetzgeber festzulegen hat. Da mit der Regelung sichergestellt werde, dass nur tatsächlich Beschäftigungssuchende Leistungen erhalten, habe der Rat von seinem Ermessensspielraum in zulässiger Weise Gebrauch gemacht.
Letztgenannter hat in der Zwischenzeit jedoch die Initiative ergriffen und dem zusammenwachsenden Arbeitsmarkt dadurch Rechnung getragen, dass die Dreimonatsfrist durch die zuständige Arbeitsverwaltung bzw. den zuständigen Träger auf höchstens sechs Monate verlängert werden kann (Art. 64 Abs. 1 lit. c der VO (EG) Nr. 883/2004).

Der EuGH gestattet die sog. Wohnortklauseln zur Sicherung einer hohen Kontrollmöglichkeit selbst für den Fall, dass eine nationale Regelung von der Verpflichtung, dem Arbeitsmarkt zur Verfügung zu stehen und sich gegenüber den Behörden bereitzuhalten, befreit. So hat er in der bereits erwähnten Rechtssache *De Cuyper*[410] eine belgische Regelung für mit dem Gemeinschaftsrecht vereinbar erklärt, die zwar den gewöhnlichen und tatsächlichen Aufenthalt in Belgien fordert, von allen wesentlichen Verpflichtungen eines Arbeitsuchenden jedoch befreit. Dem Ausgangsrechtsstreit lag folgender Sachverhalt zugrunde:

> Der belgische Staatsangehörige Gérald De Cuyper, Kläger des Ausgangsverfahrens, war in Belgien beschäftigt, bevor er arbeitslos wurde und Leistungen bei Arbeitslosigkeit erhielt. Obwohl das nationale Recht die Leistungsgewährung von einem Aufenthalt in Belgien abhängig machte und entgegen einer von ihm abgegebenen Erklärung verlegte er seinen Aufenthaltsort von Belgien nach Frankreich. Hieraufhin wurde ihm zum einen die weitere Leistungsgewährung versagt und zum anderen wurden die gewährten Leistungen zurückgefordert. Da sich der Kläger durch die Aufenthaltsklausel in seiner allgemeinen Freizügigkeit beeinträchtigt fühlte, fragte das vorlegende Tribunal du travail Brüssel nach ihrer Vereinbarkeit mit Art. 17 und 18 EGV.

Für den EuGH bedeutet die Pflicht zum tatsächlichen Aufenthalt in Belgien eine Beschränkung der allgemeinen Freizügigkeit,[411] die jedoch durch die im Allgemeininteresse liegende notwendige „Überwachung" der beruflichen und familiä-

auch vorgetragen vom vorlegenden Social Security Appeal Tribunal in seiner Vorlagefrage, Rs. C-62/91, Gray, Slg. 1992, I-2737, Rn. 9 (Art. 67 Abs. 3 und Art. 69 Abs. 1 der VO (EWG) Nr. 1408/71 enthielten entgegen den Erfordernissen des Art. 51 EWG-Vertrag nicht die für die Herstellung der Freizügigkeit der Arbeitnehmer notwendigen Maßnahmen).

409 EuGH Rs. C-272/90, van Noorden, Slg. 1991, I-2543, Rn. 11; Rs. C-62/91, Gray, Slg. 1992, I-2737, Rn. 10.

410 EuGH Rs. C-406/04, De Cuyper, Slg. 2006, I-6947.

411 EuGH Rs. C-406/04, De Cuyper, Slg. 2006, I-6947, Rn. 39.

ren Situation von Arbeitslosen gerechtfertigt ist. Diese sei notwendig, werde unabhängig von der Staatsangehörigkeit des Betroffenen und unter Beachtung des Verhältnismäßigkeitsprinzips durchgeführt und stelle daher einen mit dem Gemeinschaftsrecht vereinbaren Kontrollmechanismus dar.[412] Insbesondere beruhe die Effektivität der nationalen Regelung darauf, dass die Kontrollen für den Arbeitslosen überraschend erfolgen könnten, so dass der Aufenthalt im Staat des leistungspflichtigen Trägers gefordert werden könne.[413]
Die Kommission vertrat eine andere Auffassung. Da die belgische Regelung den Arbeitsuchenden von allen wesentlichen Verpflichtungen gegenüber den staatlichen Behörden, die seine Anwesenheit erfordern (Verfügbarkeit für den Arbeitsmarkt und Registrierung als Arbeitsuchender), befreit, hielt sie die Rechtfertigungsgründe für eine Beschränkung des Exports der Leistungen für entfallen.[414] Dem ist im Grunde zuzustimmen, denn der Arbeitsuchende erhält die Leistung, ohne dass er die üblichen Pflichten zu erfüllen hätte und seine Anwesenheit im zuständigen Mitgliedstaat erforderlich wäre. Jedoch sind die Mitgliedstaaten nach der VO (EWG) Nr. 1408/71 im Hinblick auf Leistungen bei Arbeitslosigkeit nicht verpflichtet, die Exportierbarkeit zu ermöglichen; diese sind von dem Grundsatz der Exportierbarkeit nicht erfasst. Des Weiteren hat das Gemeinschaftsrecht die Zuständigkeit der Mitgliedstaaten für die Ausgestaltung ihrer Systeme der sozialen Sicherheit bisher unberührt gelassen. Daher können die Mitgliedstaaten Beschränkungen im Aufenthalt, die sich aus der fehlenden Exportierbarkeit ergeben und die sie daher aufstellen dürfen, auch nicht rechtfertigen müssen.[415] Zudem bedarf es zur Missbrauchsvermeidung trotz der erteilten Befreiungen der genannten Kontrollen im Hinblick auf die Familien- und Erwerbssituation des Arbeitsuchenden, da diese Aspekte den Anspruch nach nationalem Recht beeinflussen, bei einem Aufenthalt im Ausland aus aufgeführten Gründen jedoch nicht möglich sind.

d) Zusammenfassung zur VO (EWG) Nr. 1408/71

Für die Freizügigkeit der Arbeitnehmer und ihre Rechtsposition im Aufnahmemitgliedstaat ist das Koordinationsrecht der VO (EWG) Nr. 1408/71 von größter Bedeutung, sichert es ihnen doch den Erhalt und die Kumulierung erworbener sozialrechtlicher Ansprüche, auch wenn sie aus den Sozialversicherungssystemen mehrerer Mitgliedstaaten stammen, und regelt, welcher Mitgliedstaat für bestimmte Leistungen der sozialen Sicherheit zuständig ist. Für die Leistungen bei Arbeitslosigkeit gilt der Grundsatz der Exportierbarkeit nur eingeschränkt, da die Ansprüche regelmäßig an die Verfügbarkeit für den Arbeitsmarkt des die Unterstützung leistenden Mitgliedstaats gebunden sind und den

---

412 EuGH Rs. C-406/04, De Cuyper, Slg. 2006, I-6947, Rn. 41.
413 EuGH Rs. C-406/04, De Cuyper, Slg. 2006, I-6947, Rn. 45.
414 Schlussanträge *Geelhoed*, Rs. C-406/04, De Cuyper, Slg. 2006, I-6947, Rn. 80.
415 Vgl. Schlussanträge *Geelhoed*, Rs. C-406/04, De Cuyper, Slg. 2006, I-6947, Rn. 81 f.

Mitgliedstaaten daher höhere Kontrollmöglichkeiten eingeräumt werden müssen. Dies gilt selbst dann, wenn die Verpflichtung zur Aufnahme jeder zumutbaren Tätigkeit aufgrund des Alters des Anspruchsberechtigten eingeschränkt ist. Der Leistungsbezug bei einer Arbeitsplatzsuche in einem anderen Mitgliedstaat ist daher beschränkt, wenngleich sich hieraus eine Verkürzung der Freizügigkeitsrechte ergibt.

6. Verhältnis der sozialen Vergünstigungen (Art. 7 Abs. 2 der VO (EWG) Nr. 1612/68) zu den sozialen Leistungen (VO (EWG) Nr. 1408/71)

Im Grundsatz ist das Verhältnis zwischen Art. 7 Abs. 2 der VO (EWG) 1612/68 und der VO (EWG) Nr. 1408/71 eindeutig zu beschreiben und wurde lange Zeit von der Rechtsprechung des EuGH im Sinne eines Ausschließlichkeitsverhältnisses angewendet: so sollte die VO (EWG) Nr. 1408/71 vorrangig sein mit dem Ergebnis, dass Leistungen in ihrem Anwendungsbereich nicht ebenso als soziale Vergünstigungen im Sinne des Art. 7 Abs. 2 eingestuft werden können und eine Einordnung unter letztere Vorschrift erst in Betracht kommen konnte, wenn feststand, dass es sich nicht um eine Leistung im Sinne der VO (EWG) Nr. 1408/71 handelte.[416] Zwischendurch hat der EuGH jedoch immer wieder beide Verordnungen kumulativ angewendet und staatliche Leistungen auch dann am Maßstab der „sozialen Vergünstigung" geprüft, wenn er sie zuvor als Leistung im Sinne der VO (EWG) Nr. 1408/71 qualifiziert hat.[417] Diese Vorgehensweise stellt allerdings nicht zwangsläufig einen Widerspruch dar, sondern ist in der Regel in der Natur der einzuordnenden Rechtsvorschriften begründet, die nach ihrem persönlichen Anwendungsbereich und ihren Zielen beiden Verordnungen gleich nahe stehen können.[418] Die Abgrenzung erfolgt in den Entscheidungen des EuGH daher eher aus dem Kontext und dem Begehren der einen Anspruch geltend machenden Person heraus: besteht ihr Anliegen darin, als Arbeitnehmerin im Aufnahmemitgliedstaat an einer Leistung gleichermaßen teilzuhaben, so

416 EuGH Rs. 1/72, Frilli, Slg. 1972, 457, Rn. 4; Rs. 122/84, Scrivner/CPAS Chastre, Slg. 1985, 1027, Rn. 16: „Die Prüfung ihrer möglichen Einordnung unter die ‚sozialen Vergünstigungen' im Sinne von Artikel 7 der Verordnung Nr. 1612/68 kommt nämlich erst in Betracht, wenn feststeht, daß es sich nicht um eine Leistung der sozialen Sicherheit im Sinne der Verordnung Nr. 1408/71 handelt." Die Literatur formuliert ähnlich, wenn auch eher in die Richtung eines Spezialitätsverhältnisses: der Begriff der sozialen Vergünstigung soll weiter gefasst sein als der Begriff der sozialen Sicherheit im Sinne der VO (EWG) Nr. 1408/71, da „eine Leistung der sozialen Sicherheit stets eine spezielle Form der sozialen Vergünstigung darstellt.", *Steinmeyer*, in Fuchs, Europäisches Sozialrecht, S. 574, Rn. 4.

417 EuGH Rs. C-111/91, Kommission/Belgien, Slg. 1993, I-35, Rn. 21; Rs. C-185/96, Kommission/Griechenland, Slg. 1998, I-6601, Rn. 19; Rs. C-85/96, Sala, Slg. 1998, I-2691, Rn. 27; in der Sache auch schon EuGH Rs. 63/76, Inzirillo, Slg. 1976, 2057

418 *Wölker*, in: GTE, Art. 48 EGV, Rn. 55.

muss sie sich auf Art. 7 Abs. 2 der VO (EWG) Nr. 1612/68 berufen.[419] Begehrt sie hingegen aus dem grenzüberschreitenden Element ihrer Tätigkeit eine Leistung eines Mitgliedstaats, weil zu diesem der stärkere Bezug besteht, wobei gleichzeitig die Zuständigkeit eines anderen Mitgliedstaats verneint wird, so ist das koordinierende Sozialrecht der VO (EWG) Nr. 1408/71 einschlägig.[420] Soweit in der Literatur ein weiteres Verschwimmen der Konturen zwischen den Regelungen bemängelt wird, weil der EuGH in einigen Entscheidungen die Exportierbarkeit der sozialen Vergünstigungen bejaht hat, kann auf die besonderen Konstellationen der dem EuGH vorgelegten Verfahren verwiesen werden, da es jeweils um die besondere Situation von Grenzgängern ging (s. oben 4.). Dass das Koordinationssystem der VO (EWG) Nr. 1408/71 zu Lasten der mitgliedstaatlichen Kompetenzen mit dieser Rechtsprechung unterlaufen werde, steht daher nicht zu befürchten.[421]

Im Ergebnis ist festzuhalten, dass der Anspruch auf gleiche soziale (und steuerliche) Vergünstigungen den EU-Arbeitnehmern im Aufnahmemitgliedstaat umfassende Teilhabe nicht nur an den beschäftigungsbezogenen staatlichen Leistungen, sondern darüber hinaus im Hinblick auf sämtliche Leistungen sichert, die geeignet sind, die Integration des Arbeitnehmers und seiner Familienangehörigen zu fördern. Im Ergebnis können Arbeitnehmer daher eine nahezu unbeschränkte Solidarität mit den Angehörigen des Aufnahmestaates beanspruchen.

C. Zusammenfassung zu Teil 2

Das Recht der Unionsbürger, sich wie Inländer in der gesamten Europäischen Union um eine Beschäftigung zu bemühen und diese auszuüben, stellt ein Kern-

419 EuGH Rs. 157/84, Frascogna, Slg. 1985, 1739, Rn. 22: Einordnung einer besonderen Altersbeihilfe nach belgischem Recht als soziale Vergünstigung im Sinne des Art. 7 Abs. 2 der VO (EWG) Nr. 1612/68. Geltend gemacht wurde der Anspruch von der (italienischen) Mutter eines (italienischen) Wanderarbeitnehmers in Belgien. Die Zahlung der Beihilfe konnte sie nicht auf der Grundlage der VO (EWG) Nr. 1408/71 verlangen, da die Altersbeihilfe kein abgeleitetes Recht im Sinne dieser Verordnung darstellt.

420 EuGH Rs. 1/72, Frilli, Slg. 1972, 457, Rn. 8 ff. Einordnung einer besonderen Altersbeihilfe nach belgischem Recht als Leistung der sozialen Sicherheit im Sinne der VO (EWG) Nr. 3/58 (der Vorgängerverordnung der VO (EWG) Nr. 1408/71). Geltend gemacht wurde der Anspruch von einer italienischen Staatsangehörigen, die in Belgien aufgrund einer dort ausgeübten Berufstätigkeit eine Arbeitnehmer-Altersrente erhält. Sie erfüllte die gesetzlichen Voraussetzungen der Altersbeihilfe, jedoch bestand zwischen Belgien und Italien kein Gegenseitigkeitsabkommen.

421 EuGH Rs. C-57/96, Meints, Slg. 1997, I-6689 (s. Fn. 387). Diese Entscheidung betrifft einen Grenzgänger und kann als Ausnahme zur grundsätzlich fehlenden Exportierbarkeit betrachtet werden, zumal sich der EuGH ausdrücklich auf die besondere Situation des Klägers als Grenzgänger beruft. Nicht grundsätzlich ablehnend: *Huster*, NZS 1999, 10 ff.

stück des Europäischen Binnenmarktes dar.[422] Zu diesem Zweck gewährleistet die Freizügigkeit der Arbeitnehmer umfassende Mobilitäts- und Aufenthaltsrechte sowie Gleichbehandlung hinsichtlich der Beschäftigungsaufnahme und -ausübung. Zugleich sind die Arbeitnehmer in die staatlichen Sozialleistungssysteme einbezogen und können darüber hinaus in gleichberechtigter Weise all jene Leistungen beanspruchen, die die Eingliederung eines Arbeitnehmers und seiner Familie in den Aufnahmestaat zu fördern geeignet sind.
Der Aufenthaltsstatus, den EU-Arbeitnehmern mit der Ausübung der Freizügigkeit eingeräumt wird, ist damit hinsichtlich des Aufenthaltsrechts und der gleichberechtigten Teilhabe an staatlichen Leistungen den Rechten der eigenen Staatsangehörigen durchaus vergleichbar, sieht man von der Möglichkeit der Aufenthaltsbeendigung aus Gründen der öffentlichen Ordnung, Sicherheit oder Gesundheit ab. Wie sich der Aufenthaltsstatus des Arbeitnehmers zu dem Aufenthalt aus anderen Gründen verhält und inwieweit die Einführung der Unionsbürgerschaft auf die Beseitigung der Hindernisse für den freien Personenverkehr Einfluss genommen hat, soll im folgenden Teil dargestellt werden.

3. Teil: Das Verhältnis des Art. 39 EGV zu anderen Freizügigkeitsrechten, insbesondere zu Art. 12 und 18 EGV und die besondere Stellung des Arbeitsuchenden

Neben den Freizügigkeitsrechten für Arbeitnehmer (Art. 39 ff.) vermittelt das Gemeinschaftsrecht auch anderen Personengruppen besondere Aufenthalts- und Gleichbehandlungsrechte in den Mitgliedstaaten der EG. Privilegiert sind vor allem die selbständig Erwerbstätigen (Art. 43 ff. EGV), Dienstleistungserbringer und -empfänger (Art. 49 ff. EGV) sowie Studierende (Art. 7 Abs. 1 lit. c RL 2004/38/EG). Da ihre Freizügigkeitsrechte *für* die Ausübung einer bestimmten Tätigkeit (Niederlassung zur Ausübung einer selbständigen Erwerbstätigkeit, Dienstleistungserbringung, Ausbildung) verliehen werden, spricht man von zweckgebundenen Aufenthalts- und Gleichbehandlungsrechten.[423] Hintergrund der Zweckgebundenheit ist, dass das Recht der Unionsbürger, sich in den Mitgliedstaaten frei zu bewegen und aufzuhalten, in der Geschichte der EG an der Errichtung einer Wirtschaftsgemeinschaft ausgerichtet und daher an die Ausübung einer wirtschaftlichen Tätigkeit geknüpft war. Grenzüberschreitende *wirtschaftliche* Tätigkeit wurde privilegiert, indem die Personenfreizügigkeiten der

---

422 *Th. Oppermann*, S. 517.

423 Der Begriff des „Zwecks“ ist hierbei nicht im Sinne eines Motivs zu verstehen, welches in der Regel irrelevant für die Ausübung einer Freizügigkeit ist, sondern beschreibt den Katalog der Freizügigkeitsrechte, die vom Gemeinschaftsrecht für die Erfüllung verschiedener Aufenthaltsgründe gewährt werden. Die zweckorientierte Erteilung von Aufenthaltsrechten findet sich auch in der deutschen Rechtsordnung seit der Einführung des Aufenthaltsgesetzes.

Arbeitnehmerfreizügigkeit sowie die Niederlassungs- und Dienstleistungsfreiheit mit besonderen Ausreise- und Einreise-, Aufenthalts- und Gleichbehandlungsrechten versehen wurden. Aus dieser Verknüpfung mit der Ausübung einer im Sinne des Binnenmarktes relevanten Tätigkeit resultiert der so genannte zweckbezogene Gehalt der Freizügigkeitsrechte. Erst seit der Einführung der Unionsbürgerschaft durch den Vertrag von Maastricht ist ein von wirtschaftlicher Betätigung losgelöstes allgemeines Freizügigkeitsrecht hinzugetreten (Art. 17, 18 EGV),[424] welches grenzüberschreitende Bewegungs- und Aufenthaltsfreiheit vermittelt, ohne dass sie in einem besonderen (wirtschaftlichen) Grund motiviert sein müsste; dieses Recht steht allerdings unter dem Vorbehalt

---

424 Vertrag über die Europäische Union, BGBl. 1992 Teil II, S. 1253; geschlossen am 7. Februar 1992, in Kraft getreten am 1. November 1993. Die Einführung der Unionsbürgerschaft stellt einen wichtigen Schritt auf dem Weg zu einem Europa der Bürger dar, welches den Unionsbürger als solchen und keinesfalls nur den *homo oeconomicus* in den Mittelpunkt rückt, vgl. auch *Schroeder*, S. 468 f. Die Einführung der allgemeinen Freizügigkeit ist Ergebnis einer mehrere Jahrzehnte andauernden Entwicklung der EG von einer reinen Wirtschaftsgemeinschaft zu einem Europa der Bürger. Den ersten Richtlinienvorschlag, der den Staatsangehörigen der Mitgliedstaaten der EWG, die nicht unter die auf wirtschaftliche Tätigkeit ausgerichteten Freizügigkeitsregelungen fielen, freie Ein- und Ausreise innerhalb der EWG gestatten sollte, legte die Kommission dem Europäischen Parlament im Jahre 1979 vor. Während das Parlament die weitere Liberalisierung begehrte und z. B. forderte, das Aufenthaltsrecht dürfe nicht an den Nachweis ausreichender Existenzmittel geknüpft werden, stieß der Richtlinienvorschlag bei den Mitgliedstaaten auf anhaltenden Widerstand, da sie eine Belastung ihrer Sozialsysteme befürchteten und der Kommission zudem mangelnde Zuständigkeit vorwarfen (*Schulz*, S. 53). Konkrete Diskussionen um die Freizügigkeit für nicht erwerbstätige Personen ergaben sich aus den neuen Zielsetzungen, die die am 1. Juli 1987 in Kraft getretene Einheitliche Europäische Akte aufstellte. Auf ihrer Grundlage wurde der heutige Art. 14 EGV in den EWG-Vertrag aufgenommen, der die schrittweise Verwirklichung des Binnenmarktes bis zum 31. Dezember 1992 vorsah. Dieser sollte nicht lediglich einen Wirtschaftsraum beschreiben, sondern darüber hinaus die Mitgliedstaaten zu einem Europa mit auch politischen und sozialen Dimensionen zusammenführen (s. *Magiera*, DÖV 1987, 221 ff.). Demnach sollte sich der freie Personenverkehr gleichermaßen auf erwerbstätige und nicht erwerbstätige Personen beziehen. Erst nach vielerlei Kompromisssuche (ausführlich hierzu s. *Schulz*, S. 60.) und mit einiger zeitlichen Verzögerung, nämlich drei Jahre nach Inkrafttreten der EEA, konnte die mit Art. 8a EWG-Vertrag geschaffene Möglichkeit umgesetzt werden, ein allgemeines Aufenthaltsrecht auf sekundärrechtlicher Ebene einzuführen. Es entstanden drei neue Richtlinien, die jeweils ein bestimmtes, selbständiges Aufenthaltsrecht verliehen: die RL 90/364/EWG über das Aufenthaltsrecht (ABl. 1990 L 180/26), die RL 90/365 über das Aufenthaltsrecht der aus dem Erwerbsleben ausgeschiedenen Arbeitnehmer und selbständig Erwerbstätigen (ABl. 1990 L 180/28) und die RL 93/96/EWG über das Aufenthaltsrecht der Studenten (ABl. 1993 Nr. L 317/59). Zuvor war zunächst die RL 90/366/EWG über das Aufenthaltsrecht der Studenten erlassen worden. Da diese jedoch auf der Grundlage von Art. 235 EWG-Vertrag (jetzt Art. 308 EGV) gestützt worden war und nicht auf Art. 7 Abs. 2 EWG-Vertrag, wurde sie vom EuGH für nichtig erklärt (EuGH Rs. C-295/90, Parlament/Rat, Slg. 1992, I-4193).

anderer Bestimmungen des Primär- und Sekundärrechts, die vor allem finanzielle Selbständigkeit fordern.[425]

A. Konkurrenzverhältnis zu anderen zweckgebunden vermittelten Aufenthaltsrechten

Die genannten Freizügigkeitsrechte unterscheiden sich – je nach dem Aufenthaltszweck, für den sie gewährt werden – in ihren Zielen und begründen ein unterschiedliches Ausmaß an Aufenthaltsverfestigung und Integration der Personengruppen im Aufnahmemitgliedstaat. Während etwa Arbeitnehmern und selbständig Erwerbstätigen ein dauerhafter Verbleib ermöglicht werden soll, wird Studierenden nur ein zeitlich begrenztes Aufenthaltsrecht gewährt. Den höchsten Integrationsstatus genießen Arbeitnehmer und Selbständige. Letztere waren im Hinblick auf die Gleichbehandlungsrechte zunächst weniger privilegiert, sind jedoch inzwischen den Wanderarbeitnehmern gleichgestellt (vgl. z. B. Art. 7 Abs. 1 lit. a, Art. 24 Abs. 2 der RL 2004/38/EG).

I. Parallele und exklusive Freizügigkeitsrechte

Da jede Freizügigkeit nicht exklusiv in Anspruch genommen werden muss, sondern z. B. die Privilegierungen der Freizügigkeit der Arbeitnehmer auch dann greifen, wenn die Beschäftigungsaufnahme und -ausübung nicht den alleinigen Zweck der Grenzüberschreitung darstellen,[426] können einem Aufenthalt mehrere Aufenthaltszwecke im Sinne des Gemeinschaftsrechts zugrunde liegen, so dass sich eine Parallelität von Aufenthaltsrechten ergibt. Diese ist solange unschädlich, wie nicht die einzelnen Rechtsgrundlagen jeweils verschiedene Bedingungen und Beschränkungen des Aufenthaltsstatus vorsehen und zueinander in Konkurrenz treten, die durch den Vorrang eines der Aufenthaltszwecke aufgelöst werden muss.

---

425 Dass es das Ziel des europäischen Gesetzgebers ist, mittels der Art. 17 und 18 EGV sowie der RL 2004/38/EG Freizügigkeit innerhalb der EG herzustellen, die der Mobilität der Unionsbürger in ihrem jeweiligen Herkunftsmitgliedstaat vergleichbar ist, lässt sich z. B. der Mitteilung des Rates: Haager Programm zur Stärkung von Freiheit, Sicherheit und Recht in der Europäischen Union (ABl. 2005 C 53/1, 3) entnehmen. Hier erbittet der Rat die Kommission, einen Bericht, gegebenenfalls mit Vorschlägen, darüber vorzulegen, wie es den Unionsbürgern ermöglicht werden könnte, sich nach den anerkannten Grundsätzen des Gemeinschaftsrechts unter ähnlichen Bedingungen innerhalb der EG zu bewegen, wie dies der Fall ist, wenn Staatsangehörige eines Mitgliedstaats sich innerhalb des eigenen Landes bewegen oder den Wohnort wechseln.

426 EuGH Rs. 53/81, Levin, Slg. 1982, 1035, Rn. 19 ff.; Schlussanträge *Alber*, Rs. C-184/00, Grzelczyk, Slg. 2001, I-6193, Rn. 100.

Kein Konkurrenzverhältnis besteht in der Regel zwischen den genannten Freizügigkeiten hinsichtlich derjenigen *Aufenthalts- und Gleichbehandlungsrechte*, die sich *unmittelbar auf die auszuübende Tätigkeit* beziehen bzw. eng mit dem Zweck des Aufenthalts verbunden sind. So verbietet die Freizügigkeit der Arbeitnehmer jede auf der Staatsangehörigkeit beruhende unterschiedliche Behandlung in Bezug auf Beschäftigung, Entlohnung und sonstige Arbeitsbedingungen (Art. 39 Abs. 2 EGV). Die Niederlassungsfreiheit gewährt die Aufnahme und Ausübung selbständiger Tätigkeiten (Art. 43 Abs. 2 EGV) und die Dienstleistungsfreiheit ermöglicht hindernisfreie grenzüberschreitende Leistungserbringung (Art. 49 Abs. 1 EGV). Diese im Hinblick auf die gleichberechtigte Ausübung einer wirtschaftlichen Tätigkeit gewährten Rechte sind in ihrer Bedeutung auf die jeweilige Grundfreiheit beschränkt und müssen sich demnach nicht gegenseitig ausschließen. Zu dem Aufenthaltsrecht als Arbeitnehmer können daher unproblematisch solche Rechte hinzutreten, die durch die zusätzliche Ausübung der Niederlassungs- oder Dienstleistungsfreiheit entstehen. Auch liegt z. B. kein Konkurrenzverhältnis zwischen dem Aufenthaltszweck *Arbeitnehmer* einerseits und *Studierender* andererseits vor, wenn ein Student in Bezug auf die Einkünfte aus einem studentischen Kurzpraktikum unter Berufung auf Art. 7 Abs. 2 der VO (EWG) Nr. 1612/68 dieselben *steuerlichen* Vergünstigungen begehrt, wie sie den Staatsangehörigen des Aufnahmemitgliedstaats gewährt werden.[427] Auf dieses Gleichbehandlungsrecht kann er sich als Arbeitnehmer berufen, ohne dass eine Parallelität zu den Sonderregelungen für Studierende entstehen könnte, die mangels Notwendigkeit für den Aufenthaltszweck Studium kein entsprechendes Diskriminierungsverbot im Hinblick auf die Arbeitsbedingungen vorsehen.

Denkbar ist ein Nebeneinander mehrerer Aufenthaltszwecke und damit verbundener Privilegien auch bei Familienangehörigen von Arbeitnehmern, die neben diesem abgeleiteten Status eigene Freizügigkeitsrechte erlangen. Nimmt etwa

---

427 EuGH Rs. C-169/03, Wallentin, Slg. 2004, I-6443. Die Entscheidung des EuGH betrifft die Steuerpflicht für Einkommen, das in einem anderen Mitgliedstaat erworben wurde. Der Kläger, deutscher Staatsangehöriger und Student in der Bundesrepublik Deutschland, absolvierte ein dreiwöchiges bezahltes Praktikum bei der Kirche von Schweden. In der Bundesrepublik verfügte der Kläger im entsprechenden Veranlagungszeitraum über kein steuerpflichtiges Einkommen. Dennoch stuften die schwedischen Finanzbehörden den Kläger als in Schweden beschränkt steuerpflichtig ein und erhoben auf das Praktikantengehalt Einkommensteuer in Höhe von 25 %. Während die nationalen Vorschriften für im Inland ansässige und unbeschränkt steuerpflichtige Personen einen Grundfreibetrag vorsehen und weitere, die persönlichen Verhältnisse des Steuerpflichtigen berücksichtigende Freibeträge geltend gemacht werden können, stehen diese Steuererleichterungen Personen, die steuerlich als nicht im Inland wohnend angesehen werden, nicht zur Verfügung. Hierin sah der EuGH eine Verletzung von Art. 39 EGV. Insbesondere widmete er der Prüfung, ob eine Tätigkeit im Sinne des Art. 39 EGV vorlag, nur wenig Raum, obwohl die Tätigkeit eines Praktikanten nicht zwangsläufig eine „tatsächliche und echte wirtschaftliche Tätigkeit“ darstellt, die nicht „völlig untergeordnet und unwesentlich“ ist.

das Kind eines Arbeitnehmers, das selbst Unionsbürger ist, eine Erwerbstätigkeit auf, so ist es hierzu sowohl als Familienangehöriger gemäß Art. 23 der RL 2004/38/EG berechtigt als auch als freizügigkeitsberechtigter Unionsbürger. Da der Arbeitnehmerstatus weitergehende Rechte vermittelt als der Status als Familienangehöriger, verliert letztgenannter an Bedeutung, tritt jedoch wieder in den Vordergrund, wenn die Arbeitnehmereigenschaft erlischt.[428] Die so entstehende Parallelität muss also nicht aufgelöst werden, die aufenthaltsberechtigte Person sich nicht notwendiger Weise entscheiden.

Anders verhält es sich regelmäßig mit den durch die Freizügigkeiten vermittelten Rechte, die die Verfestigung des Aufenthalts im Aufnahmemitgliedstaat begünstigen. Hier verbindet das Gemeinschaftsrecht mit den einzelnen Freizügigkeitsrechten unterschiedliche Privilegien, die über die spezifisch tätigkeitsbezogenen Rechte hinausgehen, und den Aufenthaltsstatus durch zusätzliche Freiheits- und Gleichbehandlungsrechte definieren. Da die Arbeitnehmerfreizügigkeit und die Niederlassungsfreiheit ein gewisses Maß an Integration in dem Aufnahmemitgliedstaat erfordern und ermöglichen sollen, begründet das Sekundärrecht ein z. B. über die Dauer der Tätigkeit hinaus währendes Aufenthaltsrecht sowie Teilhaberechte an den Sozialleistungen des Aufnahmemitgliedstaats. Hier können Konkurrenzen zwischen den durch die Grundfreiheiten und den durch die allgemeine Freizügigkeit vermittelten Rechte entstehen. Begehrt etwa ein Studierender, der neben dem Studium einer Erwerbstätigkeit nachgeht, die aus der Arbeitnehmereigenschaft resultierenden Privilegien insbesondere auf gleichberechtigte Teilhabe an sozialen Vergünstigungen, die ihm der Studierendenstatus gerade verwehrt, muss einem der Aufenthaltszwecke Vorrang vor dem anderen eingeräumt werden. Unter welchen Umständen das Studium den vorrangigen Aufenthaltszweck bildet, soll im Folgenden dargestellt werden.

II. Vorrang des Studiums vor der Erwerbstätigkeit

Studierende leiten, sofern das Studium den Hauptzweck ihres Aufenthalts bildet, ihr Aufenthaltsrecht aus Art. 7 Abs. 1 lit. c der RL 2004/38/EG[429] ab; dieses ist grundsätzlich an den Nachweis eines umfassenden Krankenversicherungsschutzes und ausreichender Existenzmittel gebunden. Ein Anspruch auf Studienbeihilfen kann von den Mitgliedstaaten bis zum Erwerb des Daueraufenthaltsrechts ausgeschlossen werden (Art. 24 Abs. 2 der RL 2004/38/EG). Damit wird Studierenden hinsichtlich der Teilhabe an den staatlichen sozialen Sicherungssystemen ein deutlich weniger privilegierter Status als Arbeitnehmern gewährt. Hintergrund ist, dass der grenzüberschreitende Hochschulzugang und das Aufenthalts-

428 Schlussanträge *Alber*, Rs. C-184/00, Grzelczyk, Slg. 2001, I-6193, Rn. 91.

429 Die RL 2004/38/EG hat die RL 93/96/EWG über das Aufenthaltsrecht der Studenten (ABl. 1993 L 317/59) ersetzt.

recht von Studierenden auf dem Grundprinzip beruhen, dass die Studierenden sich selbst finanzieren können und die öffentlichen Finanzen des Aufnahmemitgliedstaats nicht über Gebühr belasten.[430] Gehen Studierende gleichzeitig einer Nebenerwerbstätigkeit nach, stellt sich die Frage, welche Aufenthaltsregeln maßgeblich sind. Ist die Tätigkeit nach gemeinschaftsrechtlicher Definition eine solche, die die Studierenden als Arbeitnehmer qualifiziert, so scheint es nur gerecht, dass sie sich zugleich auf die gemeinschaftsrechtlich verankerten Diskriminierungsverbote und Gleichbehandlungsgebote der grenzüberschreitend tätigen Arbeitnehmer berufen können.[431] Die Differenzierung zwischen Studierenden einerseits und Arbeitnehmern andererseits aufrechtzuerhalten, Studierenden also nur wegen ihrer Immatrikulation Leistungen nicht zu gewähren, auf die sie einen Anspruch hätten, würden sie sich exmatrikulieren, scheint dabei den Grundsätzen der Freizügigkeit zu widersprechen. Anderseits ist zu bedenken, dass das Grundprinzip der Eigenständigkeit in der Finanzierung des Studiums nicht dadurch umgangen werden darf, dass sich Studierende über eine Nebentätigkeit die den Arbeitnehmern vorbehaltenen sozialen Vergünstigungen verschaffen.[432] Aus diesem Gedanken heraus wird argumentiert, dass die nur gelegentliche Verrichtung von Studentenjobs mit geringen Verdiensten für die Qualifizierung als Arbeitnehmer nicht ausreichend sei.[433]

Welchen der beiden Ansätze die Rechtsprechung des EuGH verfolgt, ist mangels entsprechendem Verfahren vor dem EuGH nicht feststellbar. So hätte sich zwar die Rechtssache Grzelczyk[434] für eine Vorlage zur Klärung dieser Frage angebo-

430 Begründungserwägungen der Richtlinie 93/96/EWG. Vorausgeschickt sei, dass die „Tatsache, dass das Studium der Qualifizierung für eine spätere Berufstätigkeit dient, nicht ausreicht, um dem Studierenden schon im Vorgriff auf seine spätere potentielle Arbeitnehmereigenschaft die entsprechenden Freizügigkeitsrechte zukommen zu lassen"; *Bode*, S. 146. Dort wiederum Verweis auf *Schweitzer*, Zur Rechtsstellung der Studenten nach Europäischem Gemeinschaftsrecht, in: Matscher, FS Schwind, S. 327 ff., 330.

431 Dies gilt vor allem deshalb, weil die Anforderungen an die Erfüllung der Voraussetzungen des Art. 39 EGV im Hinblick auf die Eigenschaft eines Arbeitnehmers sehr gering sind, und insbesondere keine Mindestbedingungen an die Arbeitszeit, die Arbeitsdauer oder das Entgelt gestellt werden dürfen. Dass es für Studierende sehr attraktiv wäre, einen Aufenthaltsstatus als Arbeitnehmer zu erlangen, liegt auf der Hand: Art. 7 Abs. 2 VO (EWG) Nr. 1612/68 gewährt Arbeitnehmern im selben Umfang Teilhabe an den sozialen Vergünstigungen, wie sie inländischen Arbeitnehmern zur Verfügung stehen. Unter den Begriff der sozialen Vergünstigung fasst der EuGH auch staatliche Förderung, die für den Lebensunterhalt und die Ausbildung zur Durchführung eines Hochschulstudiums gewährt wird, das zu einem berufsqualifizierenden Abschluss führt, wie z. B. Leistungen nach dem BAföG, da solche Leistungen aus der Sicht des Arbeitnehmers besonders geeignet sind, zur beruflichen Qualifikation beizutragen und den sozialen Aufstieg zu erleichtern.

432 *Bode*, S. 149.

433 Schlussanträge *Alber*, Rs. C-184/00, Grzelczyk, Slg. 2001, I-6193, Rn. 94; *Bode*, S. 148.

434 EuGH Rs. C-184/99, Grzelczyk, Slg. 2001, I-6193.

ten. Da das vorlegende Gericht jedoch den klagenden Studenten trotz seiner Erwerbstätigkeit nicht als Arbeitnehmer einordnete und entsprechend nicht nach seinen Gleichbehandlungsansprüchen als Arbeitnehmer fragte, konnte der EuGH hierzu nicht Stellung nehmen.[435] So hatte er lediglich darüber zu entscheiden, ob der Kläger als Student Anspruch auf Gewährung des Existenzminimums, das sog. Minimex,[436] welches einen beitragsunabhängigen Sozialleistungsanspruch auf ein garantiertes Einkommen darstellt, hat. Die sich eigentlich aufdrängende Frage, ob sich jemand, der gleichzeitig von mehreren Freizügigkeitsrechten Gebrauch macht und damit aus verschiedenen Rechtsgrundlagen ein Aufenthaltsrecht herleiten kann, auf die jeweils günstigeren aufenthaltsrechtlichen Bestimmungen berufen kann, musste er außer Acht lassen.[437] In den zu dem Verfahren abgegebenen Erklärungen nahmen die Mitgliedstaaten sowie der Rat eine den Vorrang des Arbeitnehmerstatus überwiegend ablehnende Haltung ein.[438] Allein

435 EuGH Rs. C-184/99, Grzelczyk, Slg. 2001, I-6193. Obwohl sich der Kläger während der ersten drei Jahre seines Studiums seinen Lebensunterhalt und die Studienkosten vollständig selbst erarbeitet hat, hatte das vorlegende Gericht den Kläger nicht als Arbeitnehmer i. S. des Gemeinschaftsrechts eingeordnet.

436 Belgisches Gesetz vom 7. August 1974 zur Einführung eines Anspruchs auf Gewährung des Existenzminimums; Schlussanträge *Alber*, Rs. C-184/99, Grzelczyk, Slg. 2001, I-6193, Rn. 12 f.

437 EuGH Rs. C-184/99, Grzelczyk, Slg. 2001, I-6193, Rn. 15 ff. Die starke Eingrenzung der Vorlagefragen muss insofern verwundern, als zum einen keine ernstlichen Zweifel daran bestehen konnten, dass die Tätigkeit, die der Kläger ausgeübt hatte, eine Erwerbstätigkeit im Sinne des Art. 39 EGV darstellte und zum anderen das Minimex durch den EuGH bereits als eine soziale Vergünstigung i. S. d. Art. 7 Abs. 2 der VO (EWG) Nr. 1612/68 eingeordnet wurde (vgl. Schlussanträge *Alber*, Rn. 20 mit Verweis auf EuGH Rs. 249/83, Hoeckx, Slg. 1985, 973). Der Qualifizierung des Klägers als Arbeitnehmer konnten nach Auffassung des Generalanwalts nur zwei Aspekte entgegenstehen: zum einen könnten Tätigkeiten vorliegen, die einen so geringen Umfang haben, dass sie sich als völlig untergeordnet und unwesentlich darstellen, zum anderen könnte eine besondere Art von Beschäftigungsverhältnissen ausgeübt worden sein, die nach der belgischen Regelung besonderen Bestimmungen unterliegen, und damit nicht als regelmäßige Arbeitsverhältnisse eingeordnet werden. Obwohl sich die Art, Dauer und Intensität der vom Kläger verübten Tätigkeiten trotz ausdrücklicher schriftlicher Nachfrage des EuGH nicht vollständig aufklären ließen, kann kein Zweifel daran bestehen, dass die Tätigkeiten nicht als völlig untergeordnet und unwesentlich anzusehen waren, da sich der Kläger während der ersten drei Studienjahre seinen gesamten *Lebensunterhalt, das Studium sowie die Studiengebühren* selbst verdient hat. Die besonderen belgischen Regelungen, die sog. Werkstudenten bei der Ausübung typischer Studentenjobs unterliegen, haben den Hintergrund, dass die Tätigkeiten nicht auf Dauer angelegt sind und vor allem versicherungs- und steuerrechtliche Aspekte betreffen. Im Rahmen des Arbeitnehmerbegriffs der VO (EWG) Nr. 1612/68 spielen solche Erwägungen nach Auffassung des Generalanwalts in der Regel keine Rolle. Der Kläger war also als Arbeitnehmer zu qualifizieren (Rn. 66 ff.)

438 Es wurde vertreten, dass unregelmäßige Studentenjobs keine Tätigkeit im Sinne des Art. 39 EGV darstellen würden, die Arbeitnehmereigenschaft und der Studierendenstatus sich gegenseitig ausschlössen bzw. die RL 93/96/EWG ein Sonderregime für Studie-

die portugiesische Regierung und die Kommission gingen davon aus, dass der Kläger während der ersten drei Studienjahre als Arbeitnehmer einzustufen gewesen ist und prüfen, ob diese Eigenschaft nicht für das vierte Studienjahr im Sinne der Lair-Rechtsprechung[439] aufrechterhalten werden müsse, da ansonsten eine Ungleichbehandlung gegenüber arbeitslosen Arbeitnehmern eintrete, denen die Rechte aus Art. 7 Abs. 2 der VO (EWG) Nr. 1612/68 zustünden;[440] auch könne der Arbeitnehmerstatus dem Aufenthaltsrecht als Student vorgehen.[441] Nach Auffassung des Generalanwalts sollten im Interesse der Freizügigkeit die jeweils günstigeren Folgen für den Aufenthaltsberechtigten zum Tragen kommen. Daher ist ein Nacheinander als auch eine Parallelität der Aufenthaltsberechtigung aus verschiedenen Rechtsgrundlagen möglich.[442] Das Aufenthaltsrecht als Student hindert also nicht daran, Rechte aus der Eigenschaft als Arbeitnehmer abzuleiten.[443]

Dafür, dass der EuGH nicht ohne weiteres dem Aufenthaltsstatus als Arbeitnehmer vor dem des Studierenden Vorrang eingeräumt hätte, spricht seine Entschei-

---

rende aufstelle, die die Berufung auf Arbeitnehmerrechte nicht zulasse. Daher sei ausschließlich die RL 93/96/EWG für den Aufenthaltsstatus des Klägers maßgeblich, die Gleichbehandlungsansprüche für Studierende nicht vorsehe. Vgl. Schlussanträge *Alber*, Rs. C-184/99, Grzelczyk, Slg. 2001, I-6193; die so die belgische Regierung (Rn. 32 ff.); die dänische Regierung (Rn. 42 ff.); die französische Regierung (Rn. 46 ff.); die Regierung des Vereinigten Königreichs (Rn. 54 ff.); der Rat (Rn. 58).

439 EuGH Rs. 39/86, Lair, Slg. 1988, 3161.

440 Schlussanträge *Alber*, Rs. C-184/99, Grzelczyk, Slg. 2001, I-6193, Rn. 49 ff.

441 Schlussanträge *Alber*, Rs. C-184/99, Grzelczyk, Slg. 2001, I-6193, Rn. 94 ff.; zur Arbeitnehmereigenschaft führt auch er an, dass eine nur gelegentliche Verrichtung von „Studentenjobs" den Anforderungen nur schwerlich genügen kann.

442 Schlussanträge *Alber*, Rs. C-184/99, Grzelczyk, Slg. 2001, I-6193, Rn. 92 f.

443 Somit hätte der Kläger nach seiner Auffassung jedenfalls dann einen Anspruch auf Gewährung des Existenzminimums zur Vervollständigung seiner Einkünfte, wenn er im vierten Studienjahr seine Erwerbstätigkeit zumindest teilweise aufrechterhalten haben sollte. Da jedoch eher davon auszugehen war, dass der Kläger seine Erwerbstätigkeit zugunsten seines Studiums im vierten Studienjahr vollständig aufgegeben hatte, stellte sich die Frage, ob sich der Kläger auf die einmal erworbene Arbeitnehmereigenschaft berufen könne, um das Minimex zu erhalten. Ob die Fortgeltung der Arbeitnehmereigenschaft an die Bedingung geknüpft werden kann, dass zwischen der Berufstätigkeit und dem Studium ein entsprechender Zusammenhang bestehen muss, ist zweifelhaft, da jene Fallgruppe ein zeitliches Nacheinander von Berufsausübung und Studium behandelt und in dem Studium eine Fortführung der bereits ausgeübten Tätigkeit im Sinne des Erwerbs einer Qualifikation sieht. Im Fall des Herrn Grzelczyk ist die Konstellation fast als umgekehrt zu bezeichnen, da die Erwerbstätigkeit dazu diente, das Studium überhaupt zu finanzieren, sie also nicht den Beruf weiterführen, sondern die Ausbildung ermöglichen sollte. Da das Motiv der Erwerbstätigkeit nach der Rechtsprechung des EuGH irrelevant für die Eigenschaft eines Arbeitnehmers ist, folgert der Generalanwalt hieraus, dass die Arbeitnehmereigenschaft fortgelten müsse. Schlussanträge *Alber*, Rs. C-184/99, Grzelczyk, Slg. 2001, I-6193, Rn. 95 ff., mit Verweis auf EuGH Rs. 139/85, Kempf, Slg. 1986, 1741.

dung in der Rechtssache *Brown*, in der er die Ansicht vertrat, dass ein Studierender, der eine voruniversitäre praktische Ausbildung absolviert, für die die Zulassung zum Studium Voraussetzung ist, zwar Arbeitnehmer ist, die Arbeitnehmereigenschaft jedoch im Verhältnis zu dem Studium, welches durch das begehrte Stipendium finanziert werden soll, von lediglich *untergeordneter Bedeutung* ist mit der Folge, dass ein Anspruch auf Ausbildungsförderung nach Art. 7 Abs. 2 der VO (EWG) Nr. 1612/68 nicht besteht.[444] Der Studierende war also wegen seiner Tätigkeit als Arbeitnehmer im Sinne dieser Vorschrift anzusehen, jedoch nicht im Hinblick auf sich an die Ausübung der Tätigkeit anschließende Rechte auf soziale Vergünstigungen für Arbeitnehmer, die ihm als Studierendem nicht zustehen würden.[445] Für den Fall einer Konkurrenz scheint der EuGH also die Arbeitnehmereigenschaft hinter die des Studierenden zurücktreten zu lassen. Allerdings ist die Entscheidung in der Rechtssache Brown vor Einführung der Unionsbürgerschaft ergangen.

Da der EuGH zum Anspruch des Herrn Grzelczyk entschieden hat, dass er aus Art. 12 EGV einen Anspruch auf das Minimex für die Zeit der vorübergehenden finanziellen Notlage hat, verblassen die Unterschiede zwischen den beiden Aufenthaltsrechten. Jedoch kann die Frage nach dem Vorrang eines der beiden nicht dahingestellt bleiben, da sich die Unterschiede z. B. auch bei dem Kreis der zum Familiennachzug berechtigten Personen niederschlagen. Es sollte nach dem Hauptzweck des Aufenthalts unterschieden werden. Dem Studierendenstatus ist demnach grundsätzlich Vorrang vor dem des Arbeitnehmers einzuräumen, so-

---

444 EuGH Rs. 197/86, Brown, Slg. 1988, 3205, Rn. 27. Der Kläger des Ausgangsverfahrens, Herr Brown, besitzt die französische und britische Staatsangehörigkeit. Nachdem er 1983 in Frankreich sein Abitur abgelegt hatte, wurde er von der Universität Cambridge zum Studium der Elektrotechnik zugelassen. Vor Aufnahme des Studiums im Herbst 1984 war der Kläger von Januar bis September 1984 als Ingenieurpraktikant bei einem Unternehmen in Edinburgh beschäftigt. Die Zulassung zur Universität war dabei Voraussetzung für die Absolvierung dieser sog. voruniversitären praktischen Ausbildung, bei der der Kläger nach einem zwölfwöchigen Einführungsprogramm Aufgaben praktischer Art erfüllte, die Teil des normalen Geschäftsbetriebs des Unternehmens waren. Für die Zeit der Beschäftigung erhielt der Kläger Gehalt und gehörte der Sozialversicherung an. Der Kläger beantragte im Frühjahr 1984 für sein Studium Ausbildungsförderung nach den schottischen Bestimmungen, deren Leistung jedoch abgelehnt wurde.

445 Schlussanträge *Slynn*, Rs. 39/86, Lair, Slg. 1988, 3161, 3182 ff.: Ähnlich beurteilte der Generalanwalt den Status nebenerwerbstätiger Studierender. Begibt sich ein Unionsbürger in den Aufnahmemitgliedstaat, um zu studieren, so soll er selbst dann nicht als Arbeitnehmer im Sinne der Art. 7 Abs. 2 und 3 der VO (EWG) Nr. 1612/68 anzusehen sein, wenn er während des Studiums einer echten und tatsächlichen Erwerbstätigkeit nachgeht, die sämtliche Anforderungen, die an die Tätigkeit eines Arbeitnehmers zu stellen sind, erfüllt. Den Grund hierfür sieht der Generalanwalt darin, dass sich der Betreffende in dem Aufnahmemitgliedstaat nicht in der Eigenschaft eines *echten Arbeitnehmers* aufhält. Nach seiner Auffassung kann es nicht hingenommen werden, dass jemand arbeitet, um nach kürzester Zeit Anspruch auf Ausbildungsförderung zu haben.

lange das Studium den wesentlichen Grund des Aufenthalts bildet und die Erwerbstätigkeit dem Studium nachgeordnet ist. Zwar wäre es wünschenswert, die Studierenden ähnlich Nichterwerbstätigen in die Sozialsysteme bzw. Studienfördermaßnahmen einzubeziehen, jedoch scheint, wie sich aus Art. 24 Abs. 2 der RL 2004/38/EG ergibt, dies nicht dem Grad an Solidarität zu entsprechen, den die Mitgliedstaaten derzeit bereit sind anzuwenden. Über den Umweg der Arbeitnehmereigenschaft eine Inländergleichbehandlung für nebenerwerbstätige Studierende zu erreichen, kann hingegen nicht die Lösung darstellen, da dieser Ansatz die Studienförderung keiner einheitlichen Regelung zuführt. Eine Einbeziehung erwerbstätiger Studierender unter Beibehaltung des Ausschlusses nicht erwerbstätiger Studierender trägt nicht zu einer befriedigenden Integration bei.

B. Verhältnis zu Art. 12 und Art. 18 EGV

Fraglich ist des Weiteren das Verhältnis der Grundfreiheit der Freizügigkeit der Arbeitnehmer gegenüber der allgemeinen Freizügigkeit des Art. 18 EGV im Zusammenspiel mit dem allgemeinen Diskriminierungsverbot des Art. 12 EGV. Im Grundsatz besteht in Rechtsprechung und Literatur Einigkeit darüber, dass die Freizügigkeitsgewährleistungen der Grundfreiheiten, also insbesondere die Art. 39 ff., 43 ff. und 56 ff. EGV leges speciales zu den Regelungen der allgemeinen Freizügigkeit des Art. 18 EGV und zu dem allgemeinen Diskriminierungsverbot des Art. 12 EGV sind.[446] Das Verhältnis dieser Vorschriften lässt sich hiernach einfach beschreiben, da allgemeine Regelungen durch spezielle Regelungen verdrängt werden. Auf das allgemeine Diskriminierungsverbot ist daher nur zurückzugreifen, wenn keine der spezielleren Vorschriften einschlägig sind, so dass im Ergebnis Art. 12 EGV die Lücken füllt, die diese Vorschriften lassen.[447] Hieraus folgt, dass eine Vorschrift, die mit den speziellen Diskriminierungsverboten vereinbar ist, weil sie in einer Weise diskriminiert, die sich im Rahmen des nach diesen Vorschriften Erlaubten bewegt, nicht gegen

446 *Franzen*, in: Streinz, Art. 39 EGV, Rn. 5; *F. Wollenschläger*, S. 208; *Schulz*, S. 250 ff.; EuGH Rs. C-281/98, Angonese, Slg. 2000, I-4139 Rn. 35.
Art. 12 Abs. 1 EGV wird als *allgemeines* Diskriminierungsverbot bezeichnet, weil es für den gesamten Anwendungsbereich des Vertrages gilt und sich hierin von den speziellen Regelungen des EG-Vertrages unterscheidet, die Ungleichbehandlungen für einen bestimmten Zweck, etwa die Ausübung einer Grundfreiheit, verbieten (Art. 39 Abs. 2, 43 Abs. 1, 49 Abs. 1 EGV). Allgemein ist nicht im Sinne eines *allgemeinen* Gleichheitssatzes zu verstehen, der auch andere Unterscheidungskriterien wie etwa Geschlecht, Rasse, Religion umfasst. So gedeutet wäre die Bezeichnung als *allgemeines* Diskriminierungsverbot tatsächlich verwirrend, wie etwa von *Rossi*, EuR 2000, 197 ff. kritisiert.

447 So formuliert Generalanwalt *Jacobs*, verb. Rs. C-92/92 und Rs. C-326/92, Phil Collins, Slg. 1993, I-5145, Rn. 13.

Art. 12 EGV verstoßen kann.[448] Hingegen kann eine Vorschrift, die nicht in den Anwendungsbereich eines der speziellen Gleichbehandlungsgebote fällt, sehr wohl an den Vorgaben des Art. 12 EGV scheitern. Dasselbe gilt für die allgemeine Freizügigkeit: greifen die Regelungen der spezielleren Grundfreiheiten, so tritt Art. 18 EGV zurück; sind sie nicht einschlägig, kann gegebenenfalls die allgemeine Freizügigkeit Rechte vermitteln.

Die Schwierigkeiten in der gegenseitigen Abgrenzung resultieren aus der Unklarheit darüber, inwieweit Art. 18 EGV und das allgemeine Diskriminierungsverbot des Art. 12 EGV die Exklusivität der grundsätzlich ausschließlich für Arbeitnehmer (und gegebenenfalls Selbständigen) geltenden Privilegierungen relativiert, indem in zunehmendem Maße allein aus dem Aufenthalt *als Unionsbürger* im Aufnahmemitgliedstaat Ansprüche auf Inländergleichbehandlung abgeleitet werden, und nicht mehr die grenzüberschreitende wirtschaftliche Tätigkeit als maßgebliche Bedingung dient.[449] Da das Recht, sich in andere Mitgliedstaaten zu begeben, sich dort frei zu bewegen und aufzuhalten, zunächst ein für die Ausübung der wirtschaftlichen Freiheiten unabdingbares Begleitrecht mit eher dienendem als selbständigem Charakter darstellte, das losgelöst von der Ausübung eines wirtschaftlichen Zwecks keine primärrechtliche Verankerung fand, erwartete man von der Einführung der Unionsbürgerschaft überwiegend keine großen Veränderungen für die Rechtspositionen der Unionsbürger.[450] Vielmehr erblickte man in den Bestimmungen eine Bündelung bereits zuvor bestehender Rechte, die „obgleich nun mit Verfassungsrang verbürgt, wenig Neues brächten und denen aufgrund ihrer prominenten Stellung im Vertrag allenfalls eine gewisse Symbolkraft zukäme".[451] Vor allem sollte ihre Einführung eher eine Ergänzung der Grundfreiheiten insgesamt darstellen und keine Ersetzung in den überschneidenden Bereichen bedeuten.[452] Jedoch stellt die primärrechtliche Verankerung der allgemeinen Freizügigkeit bei weitem nicht nur einen rein formalen Aspekt ohne materielle Auswirkungen dar.[453] Vielmehr gewährleistet die allgemeine Freizügigkeit ein gegenüber den Grundfreiheiten selbständiges Bewegungs- und Aufenthaltsrecht und hat das dem EG-Binnenmarkt zugrunde liegende Konzept der zweckgebundenen Aufenthaltsrechte zugunsten einer Stär-

448 Schlussanträge *Jacobs*, verb. Rs. C-92/92 und Rs. C-326/92, Phil Collins, Slg. 1993, I-5145, Rn. 13.

449 EuGH Rs. C-224/98, D'Hoop, Slg. 2002, I-6194; Rs. C-138/02, Collins, Slg. 2004, I-2703 (näher hierzu unten 2. Kapitel, 3. Teil B. III.).

450 *Becker*, EuR 1999, 522 ff., 522, 523.

451 *Bode*, S. 169 m. w. N. Sekundärrechtlich hat die RL 90/364/EWG über das Aufenthaltsrecht (ABl. 1990 L 180/26) bereits ein gutes Jahr vor Inkrafttreten des Vertrages von Maastricht ein von wirtschaftlicher Betätigung unabhängiges Aufenthaltsrecht für Unionsbürger und ihre Familienangehörigen eingeführt. Die Richtlinie beruhte auf Art. 308 EGV (früher Art. 235 EGV) und war bis zum 30. Juni 1992 von den Mitgliedstaaten umzusetzen (Art. 5 der RL).

452 *Scheuing*, EuR 2003, 744 ff., 763.

453 *Hilf*, in: Grabitz/Hilf, Art. 18 EGV, Rn. 21.

kung der Rechtsposition des Unionsbürgers im Hinblick auf die Bewegungs- und Aufenthaltsfreiheit verändert. Den bedeutendsten Gewinn erhielt die Unionsbürgerschaft durch die sozialrechtliche Komponente, die ihr der EuGH im Zusammenhang mit dem allgemeinen Diskriminierungsverbot in den letzten Jahren verliehen hat. Damit hat sie zugleich dem allgemeinen Gleichbehandlungsgebot eine enorme Aufwertung beschert, dessen Selbständigkeit sich neben den Grundfreiheiten zunächst nur in geringem Umfang darstellte und dessen Bedeutung sich in Zusammenhang mit den Rechten aus der Unionsbürgerschaft erheblich erweitert hat.[454] Hier tritt die Verselbständigung der allgemeinen Freizügigkeit vor allem in Fallkonstellationen hervor, die vor Einführung der Unionsbürgerschaft nicht einem vom Gemeinschaftsrecht erfassten Bereich unterlegen hätten bzw. zumindest nicht unter den Anwendungsbereich einer Grundfreiheit gefallen wären. Der EuGH entwickelte z. B. aus dem allgemeinen Diskriminierungsverbot im Zusammenhang mit dem Zugang zu Bildungseinrichtungen Aufenthaltsrechte.[455] Des Weiteren verzeichnen die Art. 17, 18 i. V. m. Art. 12 EGV gegenüber den speziellen und zweckbezogenen Freizügigkeitsgewährleistungen der Grundfreiheiten in Konstellationen einen Bedeutungsgewinn, die vorher nur durch eine sehr integrationsfreundliche, weite Auslegung dem Anwendungsbereich einer Grundfreiheit hätten zugeordnet werden können.[456] Beispielsweise ist es nicht mehr notwendig, die passive Dienstleistungsfreiheit zu einer nahezu unbeschränkten Freizügigkeit auszudehnen, indem es für ihre Anwendbarkeit genügt, sich als Empfänger einer Dienstleistung in einen anderen Mitgliedstaat zu begeben.[457]

Von der Verschiebung der Anwendungsbereiche sind sowohl das den Grundfreiheiten innewohnende Element der Freizügigkeit im engeren Sinn, also die Bewegungs- und Aufenthaltsfreiheit, als auch das Verbot von Diskriminierung und Beschränkung betroffen. Fallkonstellationen, deren Schwerpunkt sich von z. B. der Freizügigkeit der Arbeitnehmer entfernt und sich zu einem Aspekt der allgemeinen Freizügigkeit wandelt, unterliegen damit einem anderen Gewährleistungsregime. Auf welcher Rechtsgrundlage ein Aufenthaltsrecht beruht, kann zwar in Situationen, in denen sowohl die Voraussetzungen des Art. 18 EGV als auch einer speziellen Grundfreiheit vorliegen, unklar sein, bei demselben Gewährleistungsumfang gar unerheblich. Wegen der Unterschiede in Struktur und Gewährleistungsumfang der Unionsbürgerschaft einerseits und der Grundfreiheiten andererseits ist eine Abgrenzung der Anwendungsbereiche jedoch in der Regel erforderlich.

---

454 *Wollenschläger*, EuZW 2005, 309 ff., 309; *Streinz*, in Streinz, Art. 12 EGV, Rn. 17.

455 EuGH Rs. 293/83, Gravier, Slg. 1985, 593.

456 *Becker*, EuR 1999, 522 ff., 522, 525; *Schönberger*, ZAR 2006, 226 ff., 226.

457 EuGH verb. Rs. 286/82 und 26/83, Luisi und Carbone, Slg. 1984, 377, Rn. 16; Rs. C-247/96, Slg. 1998, I-7637, Bickel und Franz. In dieser Entscheidung sieht *Scheuing* einen behutsamen Abschied von der früheren Ausdehnung der Dienstleistungsfreiheit zu einer nahezu grenzenlosen Reise- und Touristenfreiheit, EuR 2003, 744 ff., 764 f.

Um das Verhältnis der speziellen Freizügigkeitsgewährleistung der Art. 39 ff. EGV zu der allgemeinen Freizügigkeit und des allgemeinen Diskriminierungsverbots darzustellen, muss ein Überblick über den Anwendungsbereich der Art. 12 und 18 EGV gegeben und der materielle Gehalt dieser Bestimmungen aufgezeigt werden. Vorausgeschickt sei, dass die Definition des Anwendungsbereichs der Art. 18 i. V. m. Art. 12 EGV und seine Abgrenzung zu den speziellen Grundfreiheiten bereits deswegen Schwierigkeiten bereitet, weil sich in der Zitierweise dieser Artikel und der speziellen Grundfreiheiten, wie sie der EuGH vornimmt, nicht immer ein einheitlicher Weg ableiten lässt. So stiftet er zuweilen Verwirrung, indem er Art. 12 EGV zusammen mit den Vorschriften eines speziellen Diskriminierungsverbots zitiert, ohne dass sich aus der Entscheidung ergibt, ob die Anwendungsbereiche kumulativ herangezogen werden sollen, die spezielleren Vorschriften die allgemeinen verdrängen oder ob die begehrten Rechte sowohl aus der Grundfreiheit als auch aus der allgemeinen Freizügigkeit abgeleitet werden. Zuweilen wird auch nur auf Art. 12 und 18 EGV verwiesen und offen gelassen, ob spezielle Freizügigkeitsgewährleistungen einschlägig sind, da jedenfalls Art. 18 Abs. 1 EGV zur Verfügung steht.[458]

I. Die allgemeine Freizügigkeit (Art. 18 EGV)

Art. 18 Abs. 1 EGV gewährt allen Unionsbürgern Bewegungs- und Aufenthaltsfreiheit im Hoheitsgebiet der Mitgliedstaaten.[459] Hiermit geht das Recht auf Einreise in einen anderen Mitgliedstaat, auf Ausreise aus dem Herkunftsmitgliedstaat, auf vorübergehende oder dauerhafte Wohnsitzverlegung in den Aufnahmemitgliedstaat sowie ein gewisser Ausweisungsschutz einher.[460]
Die allgemeine Freizügigkeit steht unter dem Vorbehalt „der in diesem Vertrag und in den Durchführungsvorschriften vorgesehenen Beschränkungen und Bedingungen". Hieraus wurde anfangs geschlussfolgert, dass die Norm nicht un-

---

458 *Hühn*, ELR 2002, 314 ff., 318; *Sander*, DVBl. 2005, 1014 ff., 1015; *Rossi*, EuR 2000, 197 ff., 205. Vgl. EuGH Rs. C-224/98, D'Hoop, Slg. 2002, I-6194; Rs. C-138/02, Collins, Slg. 2004, I-2703 (zum Sachverhalt s. 2. Kapitel, 3. Teil, B. III.); Rs. C-258/04, Ioannidis, Slg. 2005, I-8275.

459 Der persönliche Anwendungsbereich ist allen Unionsbürgern und damit allen Staatsangehörigen der Mitgliedstaaten eröffnet (Art. 17 Abs. 1 EGV).

460 Vgl. Art. 1, 4, 5, 6, 7, 16 ff., 27 ff. der RL 2004/38/EG; *Bode*, S. 214; *Schulz*, S. 90 f., der auch das Recht auf Einreise in einen Mitgliedstaat aus einem Drittstaat, nicht aber die Ausreise aus der EG Art. 18 Abs. 1 EGV unterfallen lässt. Wegen des Wortlauts des Art. 18 Abs. 1 EGV („im Hoheitsgebiet der Mitgliedstaaten") ist aber von der allgemeinen Freizügigkeit weder die Ausreise in einen Drittstaat noch die Einreise aus einem Drittstaat erfasst. Hierfür spricht auch die nicht vorhandene Kompetenz der EG zur Regelung von Fragen der Ein- und Ausreise aus bzw. in Drittstaaten. Zur Problematik der doppelten Staatsangehörigkeit bei einer bestehenden Drittstaatsangehörigkeit s. z. B. *Kubicki*, EuR 2006, 489 ff., 490 f.

mittelbar anwendbar sei,[461] die primärrechtliche Verankerung der allgemeinen Freizügigkeit daher keine über die bis zur Einführung des Art. 18 EGV lediglich sekundärrechtlich begründeten Bewegungs- und Aufenthaltsrechte Bedeutung haben könne[462] und ihre Anwendung vom Erlass weiterer Rechtsakte abhinge.[463] Diese Ansicht berücksichtigt jedoch nicht, dass nur solche Vorbehalte der unmittelbaren Anwendbarkeit einer Norm entgegenstehen, die der Legislative oder Exekutive einen (Umsetzungs-, Ermessens-)Spielraum eröffnen, ohne dessen Ausgestaltung eine Rechtsbegründung unmöglich ist.[464] Ähnlich wie bei dem im nationalen Recht zu findenden Grundsatz der hinreichenden Bestimmtheit einer Norm setzt die unmittelbare Anwendbarkeit lediglich voraus, dass die Bedingungen und Rechtsfolgen der Norm bestimmbar, d. h. insbesondere ohne Einschränkung gerichtlich überprüfbar sein müssen.[465] Verweise auf andere Normen

---

461 Als *unmittelbar anwendbar* soll hier ebenso wie im Rahmen der völkerrechtlichen Verträge (4. Kapitel, 2. Teil) beschrieben die Fähigkeit einer Norm bezeichnet werden, dem Einzelnen subjektive Rechte zu verleihen, die dieser gerichtlich geltend machen kann und die innerstaatliche Gerichte zu wahren haben (s. auch *Becker*, EuR 1999, 522 ff., 523). Die Bezeichnungen variieren aber. So wird auch der Ausdruck der *unmittelbaren Wirkung* verwendet (z. B. *Bode*, EuZW 2003, 552 ff., 554), um die genannte Eigenschaft einer Norm zu beschreiben. Die unmittelbare Wirkung bezeichnet jedoch nur die Fallgruppe, die vom EuGH für Bestimmungen von Richtlinien aus Gründen der Staatshaftung entwickelt wurden und nach der diese Bestimmungen entgegen ihrer Natur (Art. 249 Abs. 3 EGV) und ohne Umsetzung durch die Mitgliedstaaten Rechte für den Einzelnen entfalten können. Die unmittelbare Anwendbarkeit ist in dieser Fallgruppe eine Voraussetzung der unmittelbaren Wirkung.

462 *Pechstein/Bunk*, EuGRZ 1997, 547 ff., die zu dem Ergebnis kommen, dass Art. 18 EGV (früher: 8a Abs. 1 EG-Vertrag) nicht unmittelbar anwendbar ist. Es bestünde, so die Autoren, keine Notwendigkeit, die Vorschrift als unmittelbar anwendbar zu qualifizieren, da dies – anders als bei den Grundfreiheiten – keinerlei Verbesserung der Rechtsstellung der Unionsbürger mit sich bringt. Vielmehr vermitteln bereits die Aufenthaltsrichtlinien in Verbindung mit Art. 12 EGV (früher Art. 6 EG-Vertrag) einen Anspruch der Unionsbürger auf Vollintegration und umfassende Inländergleichbehandlung; die Aufenthaltsbegriffe der Richtlinien und des Art. 18 EGV sind identisch. Anders, die unmittelbare Anwendbarkeit bejahend, EuGH Rs. C-413/99, Baumbast und R, Slg. 2002, I-7091, Rn. 84; Rs. C-456/02, Trojani, Slg. 2004, I-7573, Rn. 31.

463 Vgl. z. B. Vorbringen der Regierung des Vereinigten Königreichs und der Bundesrepublik Deutschland in EuGH Rs. C-413/99, Baumbast und R, Slg. 2002, I-7091, Rn. 78; *Rossi*, EuR 2000, 197 ff., 197.

464 *Schönberger*, S. 320 ff. Wird aber z. B. in einen völkerrechtlichen Vertrag ein Vorbehalt zugunsten nur einiger der vertragschließenden Parteien aufgenommen, so kann dieser in der Tat die unmittelbare Anwendbarkeit der Norm verhindern. *Becker*, EuR 1999, 522 ff., 528 f.: Gegen den Einwand, das Freizügigkeitsrecht folge nur aus den Durchführungsvorschriften, nicht aber aus dem Vertrag, führt er an, dass es das Ziel der neuen primärrechtlichen Verbürgung ist, dem zuvor bestehenden Recht einen anderen Platz in der Normenhierarchie zuzuweisen.

465 EuGH Rs. C-413/99, Baumbast und R, Slg. 2002, I-7091, Rn. 86; Rs. C-456/02, Trojani, Slg. 2004, I-7573, Rn. 31: „Es ist daran zu erinnern, dass das Recht zum Aufenthalt im Hoheitsgebiet der Mitgliedstaaten jedem Unionsbürger durch Artikel 18 Ab-

des Primär- oder Sekundärrechts hindern daher die unmittelbare Anwendbarkeit genauso wenig wie etwa die Verwendung unbestimmter Rechtsbegriffe.
Der Vorbehalt bewirkt, dass das Aufenthaltsrecht nicht absolut gilt, sondern der Ausgestaltung durch das Primär- und Sekundärrecht unterliegt.[466] Primärrechtlich sind vor allem die Vorschriften zu den Personenfreizügigkeiten der Art. 39 und 43 EGV; sekundärrechtlich ist vor allem die RL 2004/38/EG von Bedeutung.[467] Der Vorbehalt verweist des Weiteren auf den in den Regelungen der Art. 39 Abs. 3, 46 Abs. 1 und 55 EGV und in der RL 2004/38/EG näher ausgestalteten ordre-public-Vorbehalt, der Beschränkungen aus Gründen der öffentlichen Ordnung, Sicherheit und Gesundheit rechtfertigt.[468] Ob es die Differenzierung des Vorbehalts zwischen *Bedingungen* und *Beschränkungen* erfordert, die primär- und sekundärrechtlichen Einschränkungen in das Aufenthaltsrecht begründende Voraussetzungen (Bedingungen), deren Fehlen die Entstehung eines Aufenthaltsrechts hindert, und nachträgliche Erlöschensgründe (Beschränkungen) zu unterteilen,[469] soll, da sich die Rechtsprechung des EuGH nicht auf diese Kategorien festlegt, dahingestellt bleiben und allein geprüft werden, unter welchen Voraussetzungen ein Aufenthaltsrecht wegen unzureichender Existenzmittel nicht (mehr) besteht, und welche Maßnahmen die Mitgliedstaaten zur Aufenthaltsbeendigung ergreifen dürfen bzw. müssen.
Der Wortlaut des Art. 7 Abs. 1 lit. b der RL 2004/38/EG („jeder Unionsbürger hat das Recht […], wenn er für sich und seine Familienangehörigen […], so dass sie während ihres Aufenthalts keine Sozialhilfeleistungen des Aufnahmemit-

---

satz 1 EG unmittelbar zuerkannt wird […]. Der Kläger ist daher bereits aufgrund seiner Unionsbürgerschaft berechtigt, sich auf diese Bestimmung zu berufen."

466 EuGH Rs. C-413/99, Baumbast und R, Slg. 2002, I-7091, Rn. 85; Rs. C-456/02, Trojani, Slg. 2004, I-7573, Rn. 32; *Dienelt*, Freizügigkeit, Rn. 86 ff., 92 ff.

467 Die sekundärrechtlich festgeschriebene Notwendigkeit ausreichender Existenzmittel und ausreichenden Krankenversicherungsschutzes, die dazu dienen zu verhindern, dass die öffentlichen Finanzen über Gebühr belastet werden, erkennt der EuGH als grundsätzlich gemeinschaftsrechtskonform an, vgl. EuGH Rs. C-413/99, Baumbast und R, Slg. 2002, I-7091, Rn. 90 ff.; Rs. C-456/02, Trojani, Slg. 2004, I-7573, Rn. 32.

468 *F. Wollenschläger*, EuZW 2005, 309 ff., 310; *Dienelt*, Freizügigkeit, Rn. 93 ff.

469 Die Begriffe „Beschränkungen" und „Bedingungen" hat der EuGH bisher nicht definiert. In der Literatur wird unter „Beschränkung" häufig eine Ausübungsvoraussetzung für das grundsätzlich bestehende materielle Recht und unter „Bedingung" ein Umstand verstanden, der das Recht zumindest zeitweise nicht zur Entstehung gelangen lässt. Dem Bedingungsvorbehalt komme damit die Bedeutung einer Wirksamkeits- und Geltungsvoraussetzung zu, vgl. *Hilf*, in: Grabitz/Hilf, Art. 18 EGV, Rn. 11; *Dienelt*, Freizügigkeit, Rn. 93 ff., 96 ff.; ausführlicher *Borchardt*, NJW 2000, 2057 ff., 2060, der die zweite Variante favorisiert und das gemeinschaftsrechtliche Aufenthaltsrecht auch ohne das Vorliegen der Voraussetzungen des Art. 18 EGV solange als gegeben ansieht, als der Aufnahmemitgliedstaat keine aufenthaltsbeendenden Maßnahmen ergreift. Mit demselben Ergebnis als einheitlicher Schrankenvorbehalt bezeichnet in *Sander*, DVBl. 2005, 1014 ff., 1016; *Hailbronner*, ZaöRV 2004, 603 ff., 606.; *F. Wollenschläger*, EuZW 2005, 309 ff., 310 f.

gliedstaats in Anspruch nehmen müssen") spricht dafür, dass ein direkter Zusammenhang zwischen dem Vorhandensein ausreichender Existenzmittel und dem Aufenthaltsrecht besteht. Auch in der Rechtsprechung des EuGH finden sich Formulierungen, die für eine echte Aufenthaltsvoraussetzung sprechen, so wenn er z. B. feststellt, dass, wenn ein Unionsbürger zu Beginn seines (länger als dreimonatigen) Aufenthalts nicht nachweisen kann, über ausreichende Existenzmittel zu verfügen, er *kein* Recht zum Aufenthalt im Hoheitsgebiet eines Mitgliedstaats habe, dessen Staatsangehörigkeit er nicht besitzt.[470] Der EuGH formuliert aber ebenso im Sinne einer auflösenden Bedingung: so erfülle ein Unionsbürger, „der Sozialhilfe in Anspruch genommen hat, die Voraussetzungen für sein Aufenthaltsrecht nicht mehr".[471] Allerdings relativiert der EuGH die Strenge dieser Aussagen, indem er es als Option der Mitgliedstaaten darstellt, den Nachweis der finanziellen Selbständigkeit zu verlangen.[472] Machen sie von dieser Möglichkeit keinen Gebrauch, sondern gestatten einen Aufenthalt ohne einen entsprechenden Nachweis bzw. trotz eines fehlenden Nachweises, so verliert die finanzielle Selbständigkeit ihre konstitutive Wirkung und ihr Fehlen wandelt sich in einen Aufenthaltsbeendigungsgrund. Um wegen fehlender Existenzmittel einen Aufenthalt zu beenden, müssen nun die Mitgliedstaaten nachweisen, dass die Voraussetzungen des Aufenthaltsrechts nicht mehr erfüllt sind. Dabei darf, wie der Entscheidung in der Rechtssache Grzelczyk zu entnehmen ist, die Inanspruchnahme von Sozialhilfeleistungen nicht automatisch zu einer Ausweisung führen.[473] Diese Formulierung findet sich nun auch in Art. 14 Abs. 3 der RL 2004/38/EG, allerdings ohne nähere Bestimmung der Einzelheiten

470 EuGH Rs. C-456/02, Trojani, Slg. 2004, I-7573, Rn. 36: „Unter solchen Umständen erwächst dem Unionsbürger [...] kein Recht zum Aufenthalt im Hoheitsgebiet eines Mitgliedstaats, dessen Staatsangehörigkeit er nicht besitzt, da es ihm an ausreichenden Existenzmitteln [...] fehlt." *F. Wollenschläger*, EuZW 2005, 309 ff., 310, der hierin einen Widerspruch zur Rechtsprechung zum Vorbehalt der öffentlichen Ordnung, Sicherheit und Gesundheit gemäß Art. 39 Abs. 3 EGV sieht und fragt, warum ein mittelloser Unionsbürger gar kein Aufenthaltsrecht, eine Person, die eine Gefahr für z. B. die öffentliche Ordnung darstellt, hingegen ein beschränkbares Aufenthaltsrecht erhalten solle; der EuGH hat ausgeführt, dass es „nicht Vorbedingung für den Erwerb des Rechts auf Einreise und Aufenthalt [ist], dass der den Schutz der öffentlichen Ordnung, Sicherheit und Gesundheit betreffende Vorbehalt nach Art. 48 III und nach Art. 56 I des Vertrages nicht eingreift; vielmehr ist dieser Vorbehalt aufzufassen als eine Handhabe, im Einzelfall bei Vorliegen geeigneter Gründe die Ausübung eines unmittelbar aus dem Vertrag fließenden Rechts einzuschränken" (Rs. EuGH Rs. 48/75, Royer, Slg. 1976, 497, Rn. 28/29).

471 EuGH Rs. C-184/99, Grzelczyk, Slg. 2001, I-6197, Rn. 42.

472 EuGH Rs. C-184/99, Grzelczyk, Slg. 2001, I-6197, Rn. 38, zu Art. 1 der RL 93/96/EWG, ersetzt durch Art. 7 Abs. 1 lit. c der RL 2004/38/EG: „Hinsichtlich der Beschränkungen und Bedingungen ergibt sich aus Artikel 1 der Richtlinie 93/96, dass die Mitgliedstaaten [...] zunächst verlangen können, dass sie der nationalen Behörde glaubhaft machen, dass sie über Existenzmittel verfügen [...]."

473 EuGH Rs. C-184/99, Grzelczyk, Slg. 2001, I-6197, Rn. 43.

dieses Erfordernisses. Nach der Rechtsprechung sowie der 16. Begründungserwägung der Richtlinie liegt kein Automatismus vor, wenn aufenthaltsbeendende Maßnahmen die vom Gemeinschaftsrecht gezogenen Grenzen einhalten, insbesondere also der Verhältnismäßigkeitsgrundsatz hinreichend beachtet wurde.[474] Für die Beurteilung einer unangemessenen Inanspruchnahme sollte der Mitgliedstaat berücksichtigen, worin die Ursache der Notlage besteht, ob die Bedürftigkeit vorübergehender Natur ist, wie lange sich der Unionsbürger bereits im Aufnahmemitgliedstaat befindet und in welcher Höhe ein Sozialleistungsbeitrag benötigt wird.[475] Des Weiteren kann in die Prüfung der Umstand einbezogen werden, über welchen Zeitraum der Aufenthalt selbst finanzierte wurde,[476] so dass, wie etwa im Fall Grzelczyk, Anhaltspunkte dafür bestehen, dass der Grund der Notlage behebbar ist und keine strukturelle Bedürftigkeit besteht, die die vom EuGH herangezogene „gewisse Solidarität" übersteigt. In Anlehnung an die Entscheidungen des EuGH zu dem der Arbeitnehmerfreizügigkeit innewohnenden Beschränkungsverbot[477] sowie zur Waren- und Dienstleistungsfreiheit[478] ist darüber hinaus eine unangemessene Inanspruchnahme anzunehmen, wenn eine erhebliche Gefährdung des finanziellen Gleichgewichts des Systems der sozialen Sicherheit, welches einen zwingenden Grund des Allgemeininteresses darstellt, droht und daher Einschränkungen rechtfertigen kann. Die unangemessene Inanspruchnahme kann freilich nicht an ihren Auswirkungen auf das gesamte Sozialleistungssystem zu messen sein, da ein Einzelner ein Ungleichgewicht des Ganzen wohl nie hervorrufen könnte.[479] Führt die Berücksichtigung all dieser Umstände zu dem Ergebnis, dass keine ausreichenden Existenzmittel vorliegen und eine unangemessene Inanspruchnahme der Sozialleistungen droht, so ist das Aufenthaltsrecht noch nicht automatisch im Sinne einer auflösenden Bedingung entfallen. Vielmehr bedarf es einer entsprechenden feststellenden Entscheidung, dass die Voraussetzungen für das Aufenthaltsrecht nicht mehr erfüllt sind, und aufenthaltsbeendender Maßnahmen des Aufnahmemitgliedstaats.[480] Ein einmal begründetes gemeinschaftsrechtliches Aufenthaltsrecht be-

---

474 EuGH Rs. C-184/99, Grzelczyk, Slg. 2001, I-6197, Rn. 42 f.; Rs. C-456/02, Trojani, Slg. 2004, I-7573, Rn. 45.

475 16. Begründungserwägung der RL 2004/38/EG.

476 *Höfler*, NVwZ 2002, 1206 ff., 1208, die allerdings nur bei unverschuldeten Notlagen ein grundsätzliches Ausweisungshindernis anerkennt; *Fehrenbacher*, ZAR 2004, 240 ff., 242.

477 EuGH Rs. C-208/05, ITC, Slg. 2007, I-181 (s. Fn. 344).

478 EuGH Rs. C-120/95, Decker, Slg. 1998, I-1831; Rs. C-158/96, Kohll, Slg. 1998, I-1931.

479 *Hailbronner*, JZ 2005, 1138 ff., 1142; anders *Becker*, ZESAR 2002, 8 ff., 12, der formuliert, dass denkbar ist, dass sich der Einwand der übermäßigen finanziellen Belastung „nicht nur auf einen finanziellen Staatsnotstand bezieht, sondern auch dann zum Tragen kommen kann, wenn in Einzelfällen hohe Summen für den Lebensunterhalt von Unionsbürgern aufgebracht werden müssen."; *Golynker*, E.L.Rev. 2006, 390 ff., 399.

480 EuGH Rs. C-456/02, Trojani, Slg. 2004, I-7573, Rn. 45; *Bode*, EuZW 2003, 552 ff., 554.

steht also solange fort, bis es vom Mitgliedstaat aufgehoben, widerrufen oder nicht mehr verlängert wird.[481]

II. Das allgemeine Diskriminierungsverbot (Art. 12 EGV)

Art. 12 Abs. 1 EGV normiert ein umfassendes Verbot, aus Gründen der Staatsangehörigkeit zu diskriminieren. Das Verbot greift „unbeschadet besonderer Bestimmungen dieses Vertrags" und setzt die Eröffnung des Anwendungsbereichs des EG-Vertrages voraus. Beide Tatbestandsmerkmale sind durch die Rechtsprechung des EuGH nicht abschließend geklärt und Gegenstand zahlreicher Beiträge in der Literatur geworden. So entspannen sich sowohl an der Anwendbarkeit des allgemeinen Diskriminierungsverbots im Fall des Eingreifens anderer gemeinschaftsrechtlicher Gleichbehandlungsgebote, wie z. B. den Grundfreiheiten, als auch am sachlichen Geltungsbereich des Verbots zahlreiche Diskussionen.[482]

1. Persönlicher Anwendungsbereich

In den persönlichen Anwendungsbereich des allgemeinen Diskriminierungsverbots fallen Unionsbürger, die sich in einem anderen als dem Herkunftsmitgliedstaat aufhalten bzw. in ihren Herkunftsstaat zurückkehren, ohne dass wie z. B. im Rahmen der Freizügigkeit der Arbeitnehmer weitere Voraussetzungen (Arbeitnehmereigenschaft) in der Person vorliegen müssten.[483]

---

481 *Schönberger*, S. 347.

482 Vgl. *Schweitzer*, Art. 12 EGV – Auf dem Weg zum allgemeinen Gleichheitssatz?, in: Arndt/Knemeyer/Kugelmann/Meng/Schweitzer, FS Rudolf, S. 189 ff. sowie Darstellungen bei *Bode*, EuZW 2003, 552 ff.; *Schönberger*, S. 395 ff.

483 *Bode*, EuZW 2003, 552 ff., 556, die das Element des grenzüberschreitenden Bezugs ausdrücklich hervorhebt. Die sog. Inländerdiskriminierung, also die Schlechterstellung von Inländern gegenüber EU-Ausländern als Folge des gemeinschaftsrechtlichen Anwendungsvorrangs, ist damit nicht durch Art. 12 EGV verboten. Auf Drittstaatsangehörige findet Art. 12 EGV grundsätzlich keine Anwendung, es sei denn, dass sie sich in einer gemeinschaftsrechtlich geregelten Situation befinden und sich z. B. auf abgeleitete Rechte als Familienangehörige berufen können. Die fehlende Anwendbarkeit folgt aus der Systematik der Personenfreizügigkeiten, die eine wechselseitige Inländerbehandlung nur den Staatsangehörigen der Mitgliedstaaten gewähren wollen. Vgl. ausführlich *von Bogdandy*, in: Grabitz/Hilf, Art. 12 EGV, Rn. 30 ff.; *Schönberger*, S. 391 ff.

2. Sachlicher Anwendungsbereich

Das Gleichbehandlungsgebot des Art. 12 EGV verbietet unmittelbare und mittelbare Diskriminierungen und wurde durch die Rechtsprechung des EuGH zugleich zu einem Beschränkungsverbot ausgedehnt.[484] Der Anwendungsbereich des Diskriminierungsverbots des Art. 12 EGV findet eine Einschränkung in den *besonderen Bestimmungen* des Primär- und Sekundärrechts. Es ist demnach gegenüber spezielleren Vorschriften subsidiär, kommt aber als allgemeiner Grundsatz und Leitmotiv des Gemeinschaftsrechts bei der Auslegung der speziellen Diskriminierungsverbote neben diesen zur Anwendung.[485] Des Weiteren gilt es im Anwendungsbereich „dieses Vertrags". Einigkeit besteht in Literatur und Rechtsprechung insofern, dass hierunter nicht nur der Regelungsbereich „dieses (EG-)Vertrages" zu verstehen ist, sondern das gesamte Gemeinschaftsrecht einschließlich des Sekundärrechts.[486] Unterschiedliche Auffassungen entspannen sich an der Definition des Merkmals „in seinem Anwendungsbereich". Verschiedene Anknüpfungspunkte wurden gewählt, um den Umfang zu bestimmen, zu dem mitgliedstaatliche Bestimmungen der Kontrolle durch das allgemeine Diskriminierungsverbot unterliegen. Während Art. 12 Abs. 1 EGV nach einer besonders restriktiven Auslegung nur für die Regelungsgebiete der tatsächlich ausgeübten Gemeinschaftskompetenzen gelten soll, halten andere den Anwendungsbereich der Vorschrift in allen Aufgabenbereichen der Gemeinschaft, wie sie Art. 2, 3 und 4 EGV bestimmen, für eröffnet.[487] Erforderlich ist nach letzter Auffassung lediglich eine Verbindung zu solchen Bereichen, die zumindest punktuell im EG-Vertrag geregelt sind, solange nur ein Zusammenhang mit der Errichtung und dem Funktionieren des Gemeinsamen Marktes besteht.[488] Für das Verhältnis zu den Grundfreiheiten bedeutet diese Auffassung, dass das all-

---

484 EuGH Rs. C-209/03, Bidar, Slg. 2005, I-2119, Rn. 51; Rs. C-57/96, Meints, Slg. 1997, I-6689 (s. Fn. 387), Rn. 44; Rs. C-212/99, Kommission/Italien, Slg. 2001, I-4923, Rn. 24; anders noch *von Bogdandy*, in: Grabitz/Hilf, Art. 12 EGV, Rn. 19.

485 *Schweitzer*, Art. 12 EGV – Auf dem Weg zum allgemeinen Gleichheitssatz?, in: Arndt/Knemeyer/Kugelmann/Meng/Schweitzer, FS Rudolf, S. 189 ff., 190; *Schönberger*, S. 388.

486 *Rossi*, EuR 2000, 197 ff., 202.

487 *Hailbronner*, ZaöRV 2004, 603 ff., 605; *Höfler*, NVwZ 2002, 1206 ff., 1207; *Hühn*, ELR 2002, 314 ff., 317; *Kadelbach*, JZ 2005, 1163 ff., 1165 m. w. N.; *Kanitz/Steinberg*, EuR 2003, 1013 ff., 1017 ff., 1024. *Schweitzer*, Art. 12 EGV – Auf dem Weg zum allgemeinen Gleichheitssatz?, in: Arndt/Knemeyer/Kugelmann/Meng/Schweitzer, FS Rudolf, S. 189 ff., 193. Die Eröffnung des Anwendungsbereichs des Art. 12 EGV an die der EG übertragenen Kompetenzen zu knüpfen, kann deswegen missverständlich sein, weil das allgemeine Diskriminierungsverbot die Mitgliedstaaten zur Gleichbehandlung verpflichtet, und nicht der EG Regelungsmaterien überträgt, die sie auszugestalten hätte. Andererseits kann die Frage des Anwendungsbereichs auch nicht vollständig von der der Kompetenzverteilung getrennt werden, da die Mitgliedstaaten über den Anwendungsbereich des Vertrages hinaus nicht zur Gleichbehandlung verpflichtet sind.

488 *Streinz*, Europarecht, Rn. 668.

gemeine Diskriminierungsverbot sogar dann anwendbar ist, wenn die Grundfreiheiten zwar berührt, aber nicht einschlägig sind; so erfahren die Grundfreiheiten eine doppelte Relevanz, indem sie als „besondere Bestimmungen" den Anwendungsbereich des Art. 12 EGV zunächst einschränken und gleichzeitig den Anwendungsbereich „dieses Vertrags" und damit auch den des Art. 12 EGV indizieren.[489] Des Weiteren soll Art. 12 EGV im Sinne einer akzessorischen Freiheitssicherung auch in den Bereichen Anwendung finden, die in der Kompetenz der Mitgliedstaaten verblieben sind, soweit dies zur effektiven Gewährleistung der im EG-Vertrag gesicherten Rechte erforderlich ist.[490] Diese weite Auffassung vertritt im Ergebnis auch der EuGH. So wendet er seit einiger Zeit eine Formel an, die zwar weder direkt an der Kompetenz noch am Aufgabenbereich der Gemeinschaft anknüpft, um Art. 12 Abs. 1 EGV zu öffnen, jedoch Gleichbehandlung für alle Personen gebietet, die sich in einer „gemeinschaftsrechtlich geregelten Situation"[491] befinden. Dies ist für sich gesehen noch keine für die Beurteilung des Anwendungsbereichs hilfreiche Definition. Jedoch folgert der EuGH in Verbindung mit den Vertragsbestimmungen über die Unionsbürgerschaft, in deren Zusammenhang das allgemeine Diskriminierungsverbot zu sehen ist, dass es allen Unionsbürgern, „die sich in der gleichen Situation befinden, erlaubt [sei], unabhängig von ihrer Staatsangehörigkeit und unbeschadet der insoweit ausdrücklich vorgesehenen Ausnahmen die gleiche rechtliche Behandlung zu genießen".[492]

Das Augenmerk soll zunächst auf den zweiten Teilsatz des Zitats gelegt werden. Eine „gemeinschaftsrechtlich geregelte Situation" liegt also vor, wenn die angestrebte Gleichbehandlung einem Bereich unterfällt, der nicht ausdrücklich von gemeinschaftsrechtlichen Kompetenzen ausgeschlossen ist, ohne dass es darauf ankommt, ob die EG für die betreffende Materie Kompetenzen besitzt und diese gar ausgeübt hat; es genügt, wenn die Materie nicht bei den Mitgliedstaaten verblieben ist. So lässt sich formulieren, dass der sachliche Anwendungsbereich des allgemeinen Diskriminierungsverbots „jede grenzüberschreitende rechtliche Berührung des Unionsbürgers mit der Staatsgewalt eines anderen Mitgliedstaats" erfasst, es sei denn, dass ein vom Gemeinschaftsrecht ausdrücklich aus-

489 *Streinz*, Europarecht, Rn. 668 mit Verweis auf EuGH verb. Rs. C-92/92 und Rs. C-326/92, Phil Collins, Slg. 1993, I-5145 Rn. 27. In diesem Rechtsstreit hatte der EuGH über die Anwendbarkeit des früheren Art. 7 Abs. 1 EWG-Vertrag, jetzt Art. 12 EGV, auf Urheberrechte und verwandte Schutzrechte zu entscheiden. *Zuleeg*, in: von der Groeben/Schwarze, Art. 12 EGV, Rn. 11; *Rossi*, EuR 2000, 197 ff., 205.

490 *Bode*, EuZW 2005, 279 ff., 280; *von Bogdandy*, in: Grabitz/Hilf, Art. 12 EGV, Rn. 33 f.

491 EuGH Rs. 186/87, Cowan, Slg. 1989, 195, Rn. 10; Verb. Rs. C-92/92 und Rs. C-326/92, Collins, Slg. 1993, I-5145, Rn. 32 (zum Sachverhalt s. 2. Kapitel, 3. Teil, B. III.).

492 EuGH Rs. C-184/99, Grzelczyk, Slg. 2000, I-6193, Rn. 31; Rs. C-209/03, Bidar, Slg. 2005, I-2119, Rn. 31.

genommener Bereich vorliegt.[493] Der EuGH hat den Anwendungsbereich des Diskriminierungsverbotes daher z. B. für Studienbeihilfen oder Leistungen der sozialen Sicherheit bejaht.[494]
Des Weiteren müssen vergleichbare Situationen vorliegen. Dass allein der Aufenthalt in einem anderen Mitgliedstaat im Rahmen der allgemeinen Freizügigkeit des Art. 18 EGV genügt, ist nach der Rechtsprechung des EuGH unproblematisch; hiernach schließt die „gemeinschaftsrechtlich geregelte Situation" auch solche Situationen ein, „die zur Ausübung der durch den Vertrag garantierten Grundfreiheiten, und die, die zur Ausübung der durch den Artikel 8a EG-Vertrag verliehenen Freiheit, sich im Hoheitsgebiet der Mitgliedstaaten zu bewegen und aufzuhalten, gehören".[495] Daher kann ein Unionsbürger, der von seiner allge-

493 *Schönberger*, S. 404, für den die Frage der Eröffnung des sachlichen Anwendungsbereichs des Art. 12 EGV keine der Kompetenzverteilung zwischen der EG und ihren Mitgliedstaaten darstellt, da die Anwendung des allgemeinen Diskriminierungsverbots keine Kompetenzen auf die EG verlagert, die bei den Mitgliedstaaten verblieben sind, sondern die Mitgliedstaaten in ihrer Kompetenzausübung dahingehend beschränkt, dass sie keine Ungleichbehandlungen vorsehen dürfen. Dem ist insoweit zuzustimmen, als den Mitgliedstaaten die Kompetenz zur Ausgestaltung der entsprechenden Sachbereiche verbleibt und Art. 12 EGV keine Kompetenzübertragung *des Sachbereichs* bewirkt. Es müssen jedoch auch diese gemeinschaftsrechtlichen Vorgaben für die Rechtssetzungstätigkeit der Mitgliedstaaten von einer Kompetenz der EG getragen sein.

494 EuGH Rs. C-209/03, Bidar, Slg. 2005, I-2119, Rn. 38 ff.: Der EuGH gesteht zu, dass er noch in den „Urteilen Lair und Brown entschieden hat, dass ‚beim gegenwärtigen Entwicklungsstand des Gemeinschaftsrechts eine Förderung, die Studenten für den Lebensunterhalt und die Ausbildung gewährt wird, grundsätzlich außerhalb des Anwendungsbereichs des EWG-Vertrags im Sinne von dessen Artikel 7 [Artikel 6 EG-Vertrag, nach Änderung jetzt Artikel 12 EG] liegt.'" Seit Verkündung dieser Urteile seien jedoch sowohl die Unionsbürgerschaft als auch das Kapitel 3 zur Allgemeinen und Beruflichen Bildung in den EG-Vertrag aufgenommen worden. Art. 149 Abs. 1 EG weise der EG sogar die Aufgabe zu, Fördermaßnahmen zur Mobilität von Lernenden und Lehrenden zu erlassen. Daher fielen Studienbeihilfen in den Anwendungsbereich des Vertrages. Wegen der in Art. 149 f. EGV enthaltenen Kompetenzvorbehalte und Beschränkungen, die die Einbeziehung von Maßnahmen der Studienförderung ausschlössen, anderer Auffassung: *Bode*, EuZW 2005, 279 ff., 280; im Ergebnis auch *Kadelbach* JZ 2005, 1163 ff., 1165; *F. Wollenschläger*, NVwZ 2005, 1023 ff., 1024, bemerkt zu Recht, dass auf Art. 149 EGV nicht hätte zurückgegriffen werden müssen, da nach der Rechtsprechung des EuGH bereits die Inanspruchnahme der Freizügigkeit nach Art. 18 EGV für die Eröffnung des Anwendungsbereichs genügt. So auch *Düsterhaus*, EuZW 2005, 325 f. und Kubicki, EuR 2006, 489 ff., 499 f. Zum geschichtlichen Hintergrund der besonderen aufenthaltsrechtlichen Stellung von Studierenden, die vor allem aus ihrem auf nur vorübergehende Anwesenheit angelegten Aufenthalt resultiert s. *Schönberger*, S. 345 ff. Des Weiteren wurde der Anwendungsbereich für das Erziehungsgeld bejaht (EuGH Rs. C-85/96, Sala, Slg. 1998, I-2691 sowie für Leistungen der Sozialhilfe (EuGH Rs. C-184/99, Grzelczyk, Slg. 2000, I-6193).

495 EuGH Rs. C-184/99, Grzelczyk, Slg. 2000, I-6193, Rn. 31 ff. Der grenzüberschreitende Bezug muss nicht notwendiger Weise mit einem Ortswechsel verbunden sein, denn auf Art. 18 EGV können sich z. B. auch Unionsbürger berufen, die (auch) die Staatsangehö-

meinen Freizügigkeit Gebrauch macht und sich im Aufnahmemitgliedstaat innerhalb der Vorrausetzungen des Art. 18 EGV aufhält, Inländergleichbehandlung verlangen. Der Anwendungsbereich des Diskriminierungsverbots ist in diesem Fall auch nicht nur in Bezug auf Sachverhalte eröffnet, die in einem Zusammenhang mit dem Aufenthaltszweck stehen. Denn da der Aufenthalt nach Art. 18 EGV nicht zweckgebunden ist, kann eine Beschränkung nun nicht über eine nur zweckgebundene Öffnung des Art. 12 EGV erfolgen.[496]

Dass eine „gemeinschaftsrechtlich geregelte Situation" auch dann vorliegt, wenn Unionsbürger ihr Aufenthaltsrecht nicht aus dem Gemeinschaftsrecht ableiten, sondern aus einem mitgliedstaatlichen Akt, egal ob dieser gemeinschaftsrechtlich veranlasst war oder nicht, hat der EuGH erstmals in der Rechtssache Sala entschieden und damit den Wandel im Verständnis der allgemeinen Freizügigkeit i. V. m. dem allgemeinen Diskriminierungsverbot eingeleitet.[497] Folgender Sachverhalt lag dem Vorabentscheidungsersuchen zugrunde:

> Frau Sala, eine 1956 geborene spanische Staatsangehörige, lebte seit ihrem 12. Lebensjahr in der Bundesrepublik Deutschland. In den Jahren 1976 bis 1986 war sie mit einigen Unterbrechungen als Arbeitnehmerin beschäftigt, ebenso im September und Oktober 1989. Seit letztgenanntem Zeitpunkt bezog sie Sozialhilfe. Frau Sala hielt sich durchgehend rechtmäßig in der Bundesrepublik auf. Bis 1984 war sie im Besitz einer Aufenthaltserlaubnis, hiernach wurden lediglich Bescheinigungen über die Verlängerungsanträge ausgestellt. Im Januar 1993 brachte Frau Sala ihr zweites Kind zur Welt, für das sie gemäß dem BErzGG Erziehungsgeld beantragte. Das Erziehungsgeld ist eine beitragsunabhängige, familienpolitisch motivierte soziale Leistung, die an Personen gezahlt wird, die neben anderen Voraussetzungen vor allem ihren Wohnsitz bzw. ihren gewöhnlichen Aufenthalt in der Bundesrepublik haben. Für den Anspruch eines Ausländers bedeutet das, dass er im Besitz einer Aufenthaltsberechtigung oder Aufenthaltserlaubnis sein muss. Unionsbürger erfüllten diese Bedingung nach der damaligen Rechtslage, wenn sie über ein Aufenthaltsrecht nach dem AufenthG/EWG verfügten, sich also insbesondere als Arbeitnehmer in der Bundesrepublik aufhielten. Frau Sala hatte während ihres Aufenthalts keinen in diesem Sinne verfestigten Aufenthaltsstatus begründet, sondern wurde lediglich auf der Grundlage des Art. 6a des Europäischen Fürsorgeabkommens nicht nach Spanien ausgewiesen.[498] Dieser Status

---

rigkeit eines anderen Mitgliedstaats haben, ohne jemals dort gewesen zu sein (EuGH Rs. C-148/02, Avello, Slg. 2003, I-11613, Rn. 27 f.; Rs. C-200/02, Chen und Zhu, Slg. 2004, I-9925 f., Rn. 17 f.).

496 *Schönberger*, S. 403; *Bode*, EuZW 2005, 279 ff., 280, die eine umfassende Gleichbehandlungspflicht aber ablehnt und fordert, dass die in Streit stehende Leistung zur effektiven Verwirklichung des gemeinschaftsrechtlich gewährten Rechts erforderlich ist; nicht umfasst sind ihrer Meinung nach daher bereits Rechtspositionen, die lediglich Auswirkungen auf den Aufenthalt im Sinne der Dassonville-Formel haben können, da dies den Anwendungsbereich des EG-Vertrages unterlaufe.

497 EuGH Rs. C-85/96, Sala, Slg. 1998, I-2691.

498 Zum Europäischen Fürsorgeabkommen des Europarates vom 11. Dezember 1953, BGBl. 1956 Teil II, S. 564 ff. s. Fn. 570. Die Bundesrepublik Deutschland hat zum Europäischen Fürsorgeabkommen einen Vorbehalt erklärt, wonach sie sich nicht verpflichtet „die in dem Bundessozialhilfegesetz in der jeweils geltenden Fassung vorgesehene

genügte nach deutschem Recht nicht, um einen Anspruch auf Erziehungsgeld nach § 1a BErzGG zu begründen.

In seiner Entscheidung ordnete der EuGH das Erziehungsgeld sowohl als Familienleistung im Sinne von Art. 4 Abs. 1 lit. h der VO (EWG) Nr. 1408/71 als auch als soziale Vergünstigung im Sinne von Art. 7 Abs. 2 der VO (EWG) Nr. 1612/68 ein. Ob die Klägerin einen Anspruch aus diesen Vorschriften ableiten konnte, war der EuGH jedoch mangels ausreichender Angaben zur Arbeitnehmereigenschaft der Klägerin nicht in der Lage zu entscheiden und verwies die Prüfung der Eröffnung des jeweiligen persönlichen Anwendungsbereichs der Verordnungen an das nationale Vorlagegericht zurück.[499] Selbst wenn jedoch Frau Sala nicht als Arbeitnehmerin einzuordnen gewesen sei, hielte sie sich, so der EuGH, in erlaubter Weise in der Bundesrepublik auf und fiele bereits deshalb in den Anwendungsbereich der Vertragsbestimmungen über die Unionsbürgerschaft. Hieraus folgte sodann die in der Literatur viel diskutierte Herleitung eines Gleichbehandlungsanspruchs direkt aus Art. 12 EGV, die deswegen eine Neuheit darstellte, weil bislang Gleichbehandlungsansprüche stets in einem Zusammenhang mit den auf wirtschaftliche Betätigung ausgerichteten speziellen Freizügigkeitsvorschriften und -privilegierungen bzw. einem im Gemeinschaftsrecht begründeten Aufenthaltsrecht stehen mussten.[500]
Im Ergebnis ist der Entscheidung Sala zu entnehmen, dass sich ein auf Grund nationaler Vorschriften rechtmäßig in einem anderen als dem Herkunftsmitgliedstaat der Gemeinschaft aufhaltender Unionsbürger in allen vom sachlichen Anwendungsbereich des Gemeinschaftsrechts erfassten Fällen auf Art. 12 EGV berufen kann, ohne dass das Aufenthaltsrecht selbst im Gemeinschaftsrecht begründet sein müsste. Die Grundlage des Aufenthaltsrechts ist damit für die Geltendmachung des Anspruchs auf Inländergleichbehandlung irrelevant; durch die nach Gemeinschaftsrecht notwendigen, aber fehlenden Aufenthaltsvoraussetzungen wird er nicht beeinträchtigt.

Ihre Fortsetzung fand die Entscheidung Sala mit den Rechtssachen Grzelczyk[501] und insbesondere Trojani[502], die beide Ansprüche auf das belgische Minimex

Hilfe zum Aufbau oder zur Sicherung der Lebensgrundlage oder Hilfe zur Überwindung besonderer Schwierigkeiten an Staatsangehörige der übrigen Vertragsstaaten in gleicher Weise und unter den gleichen Bedingungen wie den eigenen Staatsangehörigen zuzuwenden“, Anhang II Ziff. 2 zum EFA. S. auch *Kokott*, Die Staatsangehörigkeit als Unterscheidungsmerkmal für soziale Rechte von Ausländern, in: Hailbronner, Die allgemeinen Regeln, S. 25 ff., 33.

499 Die dargestellte Ungleichbehandlung wäre aber mit Art. 39 und 42 EGV unvereinbar, wenn die Grundfreiheit eröffnet wäre: EuGH Rs. C-85/96, Sala, Slg. 1998, I-2691, Rn. 58.

500 Vgl. z. B. *Hailbronner*, ZaöRV 2004, 603 ff., 608, der den Verweis auf die Unionsbürgerschaft als klassische petitio principii bezeichnet.

501 EuGH Rs. C-184/99, Grzelczyk, Slg. 2001, I-6193.

betrafen. Während sich Herr Grzelczyk in Belgien als Student aufhielt, konnte der französische Staatsangehörige Trojani ein Aufenthaltsrecht aus einer Aufenthaltsbescheinigung, hier von der Stadt Brüssel erteilt, ableiten, ohne die Voraussetzung der finanziellen Selbständigkeit im Sinne des Art. 18 EGV zu erfüllen. Im Gegensatz zu Frau Sala hatte er allerdings niemals eine Tätigkeit ausgeübt, die die Arbeitnehmereigenschaft im Sinne von Art. 39 EGV begründet hätte; vor allem war er aber auch nicht in der Lage, eine solche aufzunehmen. Da ihm jedoch trotz fehlender Existenzmittel der Aufenthalt in Belgien gestattet wurde, befand der EuGH, dass die Verweigerung des Minimex, die mit der Begründung ausgesprochen wurde, er sei als nichtbelgischer Staatsangehöriger nicht anspruchsberechtigt, gegen das Diskriminierungsverbot verstoße.
Der EuGH verdeutlicht in dieser Entscheidung die bereits angedeutete Dimension des Anwendungsbereichs des Gleichbehandlungsgebotes, indem er die Grundlage des Aufenthaltsrechts von der Anwendbarkeit des Art. 12 EGV entkoppelt und in einer Gesamtschau mit der Unionsbürgerschaft verbindet. Hinsichtlich des Aufenthaltsrechts sind die Mitgliedstaaten daher zwar berechtigt, es bei einem nicht wirtschaftlich aktiven Unionsbürger von der Verfügbarkeit ausreichender Existenzmittel abhängig zu machen (Art. 18 EGV) und entsprechende Maßnahmen zu ergreifen. Gewähren sie es trotz finanzieller Unselbständigkeit, so sind sie an den Gleichbehandlungsgrundsatz nach Art. 12 EGV gebunden und können nicht mit Verweis auf Art. 18 EGV und die Möglichkeit, dass das Aufenthaltsrecht hätte verwehrt werden dürfen, die Teilhabe an in den Anwendungsbereich des Art. 12 EGV fallenden sozialen Leistungen verweigern.

3. Erfordernis der „in gewissem Grad vollzogenen Integration" für den Bezug einer sozialen Leistung

Auch wenn der Wortlaut nicht dafür spricht, stellt dennoch das Diskriminierungsverbot des Art. 12 EGV ein relatives Verbot dar, welches die Rechtfertigung jedenfalls mittelbarer Diskriminierungen zulässt.[503] Ungleichbehandlungen

---

502 EuGH Rs. C-456/02, Trojani, Slg. 2004, I-7573 (s. Fn. 241); *F. Wollenschläger*, EuZW 2005, 309 ff., 311.

503 Die Dogmatik und Terminologie, die der EuGH auf den Tatbestand des Art. 12 EGV anwendet, bereiten Schwierigkeiten, insbesondere wenn man sich vom Aufbau einer Prüfung des Art. 3 GG leiten lässt, wonach die Bildung der Vergleichsgruppen zur Feststellung einer Ungleichbehandlung sowie ihre Rechtfertigung streng unterschieden werden. Der EuGH tendiert eher dazu, sachliche Unterscheidungen nicht erst im Rahmen der Rechtfertigung zu prüfen, sondern bei der Auslegung und Anwendung des Diskriminierungsbegriffs (s. *von Bogdandy*, in: Grabitz/Hilf, Art. 12 EGV, Rn. 17). Da eine nähere Analyse der Rechtsprechung des EuGH über den Rahmen dieser Arbeit hinausgeht, soll lediglich auf die ausführliche Darstellung z. B. in *F. Wollenschläger*, S. 250 ff. verwiesen werden. Ob eine Rechtfertigung unmittelbarer Diskriminierungen möglich ist, wird nicht einheitlich beurteilt und vom EuGH bisher nicht eindeutig be-

können aus zwingenden Gründen des Allgemeinwohls gerechtfertigt sein. Zu diesen zählt auch die Leistungsfähigkeit der Sozialsysteme.[504] Als ein Kriterium, welches die Mitgliedstaaten anwenden dürfen, um beitragsunabhängige soziale Leistungen nicht uneingeschränkt auf aus anderen Mitgliedstaaten zuwandernde nichterwerbstätige Unionsbürger mit Beginn ihres Aufenthalts erstrecken zu müssen, hat der EuGH eine bis zu einem gewissen Grad vollzogene Integration in die Gesellschaft des Aufnahmestaates anerkannt, wie in der Rechtssache Bidar entschieden.[505]

Den Gegenstand dieses Vorabentscheidungsverfahrens bildete der Anspruch eines in England studierenden Franzosen, der vor Aufnahme des Studiums bereits längere Zeit im Vereinigten Königreich gelebt und dort die Schulausbildung abgeschlossen hatte, auf eine Studienbeihilfe. Die Regelung des Vereinigten Königreichs stellte die Gewährung der Studienbeihilfe unter die Bedingung, dass die betreffende Person im Sinne des innerstaatlichen Rechts im Vereinigten Königreich ansässig ist und dass sie bestimmte Wohnsitzvoraussetzungen erfüllt, nämlich am ersten Tag des ersten Studienjahres ihren Wohnsitz in England oder Wales hat, dass sie ihren Wohnsitz in den drei Jahren vor diesem Tag im Vereinigten Königreich oder auf den Inseln hatte und den Status einer auf Dauer ansässigen Person erlangt hat. Auf Dauer ansässig ist, wer seit vier Jahren im Vereinigten Königreich wohnt. Zeiten, während derer eine Vollzeitausbildung zurückgelegt wurde, werden bei der Berechnung nicht berücksichtigt. Daher erfüllte Herr Bidar die letzte Voraussetzung nicht. Sein Aufenthaltsrecht selbst stand in dem Verfahren dennoch nicht in Frage und wurde vom EuGH wegen des längeren Voraufenthalts auf Art. 18 EGV i. V. m. der RL 90/364/EWG und nicht auf die insoweit nachrangige RL 93/96/EWG gestützt.[506] Damit erhielt Herr Bidar einen Aufent-

---

antwortet: EuGH Rs. C-323/95, Hayes, Slg. 1997, I-1711, Rn. 24 (Verstoß „bereits gegen den Verhältnismäßigkeitsgrundsatz"); Rs. C-122/96, Saldanha, Slg. 1997, I-5325, Rn. 27 ff. (der Zweck der Bestimmung, die von Ausländern eine Prozesskostensicherheit verlangt, ist „als solcher nicht mit Art. 6 EG-Vertrag vereinbar"); Rs. C-85/96, Sala, Slg. 1998, I-2691, Rn. 64. Mittelbare Diskriminierungen: EuGH Rs. C-398/92, Mund & Fester, Slg. 1994, I-467, Rn. 17; Rs. C-274/96, Bickel und Franz, Slg. 1998, I-7637, Rn. 27. Ausführlich zu den Rechtfertigungsgründen: *von Bogdandy*, in: Grabitz/Hilf, Art. 12 EGV, Rn. 20 ff.; *Hühn*, ELR 2002, 314 ff., 318 (zur Systematik der Rechtfertigungsgründe bei sog. versteckten und offensichtlichen Ungleichbehandlungen); *Becker*, ZESAR 2002, 8 ff., 12; *Rossi*, EuR 2000, 197 ff., 198, 212 ff.

504 EuGH Rs. C-209/03, Bidar, Slg. 2005, I-2119, Rn. 56; Rs. C-158/96, Kohll, Slg. 1998, I-1931, Rn. 41; Rs. C-120/95, Decker, Slg. 1998, I-1831, Rn. 39 f.; Rs. C-208/05, ITC, Slg. 2007, I-181 (s. Fn. 344).

505 EuGH Rs. C-209/03, Bidar, Slg. 2005, I-2119. Dass der EuGH die Integration in die aufnehmende Gesellschaft als eine „objektive, von der Staatsangehörigkeit unabhängige Erwägung" sieht, ist eigentlich verwunderlich, denn die fehlende Verbindung zum Aufnahmemitgliedstaat betrifft typischer Weise nur Ausländer. S. auch *Schönberger*, S. 418, der die Unabhängigkeit des Kriteriums der Integration von der Staatsangehörigkeit bestreitet und es als ein legitimes und typisches Kriterium in Systemen abgestufter Solidarität bezeichnet.

506 EuGH Rs. C-209/03, Bidar, Slg. 2005, I-2119, Rn. 45 f. Der EuGH führte hierzu aus, dass „Studenten, die sich in einen anderen Mitgliedstaat begeben, *um dort ein Studium*

haltsstatus mit weitergehenden Gleichbehandlungsansprüchen, als der Studierendenstatus vermittelt hätte.[507]

Die indirekte Diskriminierung, die in der Regelung zweifellos zu sehen ist, könne, so der EuGH, entsprechend der Systematik der Grundfreiheiten nur dann gerechtfertigt sein, wenn sie auf objektiven und von der Staatsangehörigkeit unabhängigen Erwägungen beruht und verhältnismäßig ist.[508] Hierbei stehe den Mitgliedstaaten ein Ermessenspielraum zur Verfügung, der berücksichtige, dass Studienbeihilfen grundsätzlich nicht beansprucht werden können. So formuliert der EuGH, dass die Mitgliedstaaten zwar dazu aufgerufen seien, „bei der Organisation und Anwendung ihres Sozialhilfesystems eine gewisse finanzielle Solidarität mit den Angehörigen anderer Mitgliedstaaten zu zeigen ..., [jedoch] steht es jedem Mitgliedstaat frei, darauf zu achten, dass die Gewährung von Beihilfen zur Deckung des Unterhalts von Studenten aus anderen Mitgliedstaaten nicht zu einer übermäßigen Belastung wird, die Auswirkungen auf das gesamte Niveau der Beihilfe haben könnte...". Daher stelle es ein legitimes Mittel dar, „dass ein Mitgliedstaat eine derartige Beihilfe nur solchen Studenten gewährt, die nachgewiesen haben, dass sie sich bis zu einem gewissen Grad in die Gesellschaft dieses Staates integriert haben".[509] Dem Erfordernis des dreijährigen Voraufent-

---

aufzunehmen oder fortzusetzen, und die dort zu diesem Zweck nach der Richtlinie 93/96 aufenthaltsberechtigt sind, auf der Grundlage dieser Richtlinie keinen Anspruch auf eine Unterhaltsbeihilfe haben... [dass jedoch ein Angehöriger] eines Mitgliedstaats, der sich gemäß Artikel 18 EGV und der Richtlinie 90/364 rechtmäßig im Hoheitsgebiet eines anderen Mitgliedstaats aufhält, wo er *beabsichtigt, ein Studium aufzunehmen* oder fortzuführen, nicht daran [gehindert ist], sich während dieses Aufenthalts auf den in Artikel 12 Absatz 1 EGV aufgestellten Gleichbehandlungsgrundsatz zu berufen."

507 Hieraus ergibt sich, dass die allgemeine Freizügigkeit trotz ihres Vorbehalts gegenüber anderen, speziellen Freizügigkeitsrechten wie denen der Studierenden Vorrang haben kann. Die auch von Generalanwalt *Geelhoed* vorgenommene Differenzierung zwischen Studierenden, die sich erst zum Studium in einen anderen Mitgliedstaat begeben, und solchen, die sich bereits zuvor in diesem Mitgliedstaat aufhielten, begegnet in den Reaktionen auf das Urteil zum Teil starker Kritik. So erweise sich diese Unterscheidung nicht nur als gekünstelt und ergebnisorientiert, sondern auch als systemwidrig, da die RL 93/96/EWG Studierende gegenüber Aufenthaltsberechtigten nach der RL 90/364/EWG privilegieren soll. Des Weiteren nähme die RL 93/96/EWG Studienbeihilfen gänzlich aus dem Anwendungsbereich des EG-Vertrages heraus, so dass sie auch nicht Studierenden zustehen kann, die bereits eine längere Zeit im Aufnahmemitgliedstaat ansässig sind (*Bode*, EuZW 2005, 279 ff., 281 f.; *Düsterhaus*, EuZW 2005, 325 f.).

508 EuGH Rs. C-209/03, Bidar, Slg. 2005, I-2119, Rn. 52 ff

509 EuGH Rs. C-209/03, Bidar, Slg. 2005, I-2119, Rn. 52 ff. Angesichts dessen, dass es ausgeschlossen sein dürfte, dass die Inanspruchnahme der Studienbeihilfen durch eine geringere Zahl von Studierenden zu einer Überbelastung des Sozialleistungssystems führt, die Mitgliedstaaten also nachweisen müssten, dass ein stärkerer Zustrom aus den anderen Mitgliedstaaten zu erwarten ist, ist die Differenzierungsmöglichkeit zwischen in- und ausländischen Studierenden als großzügige Rechtfertigungsmöglichkeit zu wer-

halts vor dem Studium schien der EuGH nicht grundsätzlich abgeneigt gegenüber zu stehen.[510] Die zusätzliche Bedingung des Aufenthaltsstatus einer auf Dauer ansässigen Person konnte jedoch nicht seine Zustimmung finden, da die Voraussetzungen der Erlangung dieses Status regelmäßig als Student nicht erfüllt werden können, insbesondere auch dann nicht, wenn man einen großen Teil seiner Schulausbildung in Großbritannien absolviert hat.[511] Das Kriterium sah er daher als unverhältnismäßig an.

Das Urteil in der Rechtssache Bidar darf nicht dahingehend missverstanden werden, dass Studierende aus anderen Mitgliedstaaten nun in die Studienförderungssysteme des Aufnahmemitgliedstaats einbezogen werden müssen.[512] Die Anwendung des Art. 12 EGV beruht in diesem Fall auf dem insoweit atypischen Sachverhalt, dass das Aufenthaltsrecht nicht allein auf dem Studierendenstatus beruht. Die Entscheidung ist vielmehr deswegen von Bedeutung, weil der EuGH die Grenzen der finanziellen Fürsorge aufzeigt und es als ein legitimes Anliegen der Mitgliedstaaten anerkennt, soziale Leistungen von einem gewissen Integrationsgrad in die Gesellschaft des Aufnahmemitgliedstaats abhängig zu machen. Hierfür darf, als Ausdruck der allmählichen Integration, das temporale Kriterium einer Voraufenthaltszeit verlangt werden.

III. Erweiterung des Art. 39 Abs. 2 EGV i. V. m. Art. 12 und 18 EGV auf Sozialleistungen, die den Zugang zum Arbeitsmarkt erleichtern: Öffnung der Sozialleistungssysteme

Bisher wurde die Rechtsprechung des EuGH in Bezug auf Teilhaberechte von nichterwerbstätigen Personen aufgezeigt, ohne auf die Besonderheiten der arbeitsuchenden Unionsbürger einzugehen. Sie befinden sich als potentielle Akteure des Binnenmarktes in einer janusköpfigen Situation, da ihr Aufenthaltsrecht aus der Freizügigkeit der Arbeitnehmer folgt, sie aber in Bezug auf Teilhaberechte grundsätzlich der Gruppe der Nichterwerbstätigen zugerechnet werden.[513] Im Hinblick auf soziale Leistungen ist ihre Rechtsstellung daher von dem veränderten Verständnis der allgemeinen Freizügigkeit und des allgemeinen

---

ten, vgl. auch *Bode*, EuZW 2005, 279 ff., 281, einschränkend *Lindner*, BayVBl. 2005, 498 ff., 500.

510 EuGH Rs. C-209/03, Bidar, Slg. 2005, I-2119, Rn. 59 f. Die nunmehr geltende RL 2004/38/EG ermöglicht es den Mitgliedstaaten sogar, Studienbeihilfen erst nach Erlangung der Daueraufenthaltsberechtigung zu gewähren (Art. 24 Abs. 2). Das Kriterium des dreijährigen Voraufenthalts bleibt unter dieser Grenze und wäre mit der Richtlinie vereinbar.

511 EuGH Rs. C-209/03, Bidar, Slg. 2005, I-2119, Rn. 61 f.

512 *F. Wollenschläger*, NVwZ 2005, 1023 ff.

513 *F. Wollenschläger*, S. 261.

Diskriminierungsverbotes in besonderer Weise berührt. So war lange Zeit unbestritten, dass Art. 39 Abs. 2 EGV nicht die Gleichbehandlung in Bezug auf finanzielle Leistungen umfasst, die den Zugang zum Arbeitsmarkt erleichtern sollen. Die Mitgliedstaaten konnten daher zur Arbeitsuche eingereiste Unionsbürger von diesen Unterstützungsmaßnahmen ausnehmen. Eine Berufung auf Art. 7 Abs. 2 der VO (EWG) Nr. 1612/68 scheiterte regelmäßig ebenso, weil dessen Anwendungsbereich nur für Personen eröffnet ist, die bereits einer Erwerbstätigkeit im Aufnahmemitgliedstaat nachgehen und daher Unionsbürgern verschlossen ist, die zur Arbeitsuche zuwandern.[514] Zwar kann sich auch der arbeitsuchende Unionsbürger auf die Arbeitnehmerfreizügigkeit berufen, da ihm gemäß Art. 39 Abs. 3 das Recht gewährt ist, sich in anderen Mitgliedstaaten um Arbeitsstellen zu bewerben und sich zu diesem Zweck im Hoheitsgebiet der Mitgliedstaaten frei zu bewegen (lit. a, b). Zudem hat er Anspruch auf gleichberechtigten Zugang zu einer Beschäftigung (Art. 1 bis 6 der VO (EWG) Nr. 1612/68). Hierin sollte sich der Schutz des Art. 39 EGV erschöpfen. Seit der Entscheidung des EuGH in der Rechtssache Collins[515] scheinen diese Grundsätze im Hinblick auf die Gleichbehandlungsansprüche von Arbeitsuchenden jedoch neu beurteilt werden zu müssen.

> In dem Vorabentscheidungsverfahren hatte der EuGH über den Anspruch eines Unionsbürgers, Brian Francis Collins, auf eine Beihilfe für Arbeitsuchende zu entscheiden, die der Aufnahmemitgliedstaat eigenen Staatsangehörigen gewährt, die noch keinen Zugang zum Arbeitsmarkt gefunden haben, dem Arbeitsmarkt aber zur Verfügung stehen und auf der Suche nach einer Beschäftigung sind. Herr Collins besitzt sowohl die irische als auch die amerikanische Staatsangehörigkeit. Bevor er im Jahre 1998 im Vereinigten Königreich die Beihilfe für Arbeitsuchende beantragte, war er vorwiegend in den USA tätig gewesen und hatte sich nur für kurze Zeiträume im Vereinigten Königreich aufgehalten. Der Antrag wurde abgelehnt, da die Beihilfe an arbeitsuchende Unionsbürger aus anderen Mitgliedstaaten nur geleistet wird, wenn sie ihren *gewöhnlichen Aufenthalt* im Vereinigten Königreich haben.

Der EuGH ordnete die Beihilfe als eine soziale Vergünstigung im Sinne des Art. 7 Abs. 2 der VO (EWG) Nr. 1612/68 ein. Hierauf konnte Herr Collins sich jedoch nicht berufen, da kein Zusammenhang mehr zwischen der aktuellen Arbeitsuche und der über 17 Jahre zurückliegenden Tätigkeit im Vereinigten Königreich bestand. Daher war er als erstmalig Arbeitsuchender einzustufen,[516] der

---

514 So heißt es in Nr. 3 des Urteilstenors in der Rs. 316/85, Lebon, Slg. 1987, 2811: „Die in Art. 7 Abs. 2 der VO Nr. 1612/68 verankerte Gleichbehandlung hinsichtlich der sozialen und steuerlichen Vergünstigungen kommt nur Arbeitnehmern zugute, nicht dagegen Staatsangehörigen der Mitgliedstaaten, die zuwandern, um eine Beschäftigung zu suchen.“

515 EuGH Rs. C-138/02, Collins, Slg. 2004, I-2703.

516 Der EuGH geht davon aus, dass der Begriff des Arbeitnehmers in der VO (EWG) Nr. 1612/68 nicht einheitlich gebraucht wird (s. oben 2. Teil B. I). In Teil II dieser Verordnung erfasst er nur Personen, die bereits Zugang zum Arbeitsmarkt gefunden haben,

Anspruch auf Gleichbehandlung nur hinsichtlich des Zugangs zur Beschäftigung genießt, nicht aber im Hinblick auf soziale Vergünstigungen im Sinne des Art. 7 Abs. 2 der VO (EWG) Nr. 1612/68. Aus Art. 39 EGV i. V. m. dieser Verordnungsvorschrift lehnte der EuGH einen Anspruch auf die Beihilfe daher mit Verweis auf seine Rechtsprechung in der Sache Lebon ab.[517]
Da die nationale Regelung den Anspruch auf die Beihilfe an den *gewöhnlichen Aufenthalt* im Vereinigten Königreich knüpft, prüfte der EuGH sodann, ob in dieser Klausel eine mittelbare Diskriminierung zu sehen ist, der der *allgemeine Grundsatz der Gleichbehandlung* (Art. 12 EGV) entgegensteht, auf den sich Herr Collins wegen seines rechtmäßigen Aufenthalts berufen konnte. Hierbei zeigte er zwar wiederum auf, dass Art. 39 Abs. 2 EGV eine „besondere Bestimmung" darstellt, die vorrangig ist, und aus der ein Anspruch für Arbeitsuchende nicht ableitbar ist. Jedoch müssen sich Unionsbürger in allen Situationen, die in den sachlichen Anwendungsbereich des Vertrages fallen, auf den Gleichbehandlungsgrundsatz berufen können, so dass die genannten gemeinschaftsrechtlichen Vorschriften wiederum im Licht insbesondere von Art. 12 EGV auszulegen sind. Sodann formulierte der EuGH:

> „Angesichts der Einführung der Unionsbürgerschaft und angesichts der Auslegung, die das Recht der Unionsbürger auf Gleichbehandlung in der Rechtsprechung erfahren hat, ist es nicht mehr möglich, vom Anwendungsbereich des Artikels 48 [jetzt: Art. 39] Absatz 2 EG-Vertrag, der eine Ausprägung des in Art. 6 [jetzt: Art. 12] EG-Vertrag garantierten tragenden Grundsatzes der Gleichbehandlung ist, eine finanzielle Leistung auszunehmen, die den Zugang zum Arbeitsmarkt eines Mitgliedstaats erleichtern soll. Die Auslegung der Tragweite des Grundsatzes der Gleichbehandlung in Bezug auf den Zugang zur Beschäftigung muss diese Weiterentwicklung gegenüber der in den Urteilen Lebon und vom 12. September 1996 (Kommission/Belgien) vorgenommenen Auslegung widerspiegeln."[518]

Im Weiteren führte der EuGH aus, dass das Erfordernis des gewöhnlichen Aufenthalts nur dann gerechtfertigt ist, wenn es auf objektiven, von der Staatsangehörigkeit unabhängigen Erwägungen beruht und angemessenen ist. So gehöre es zu den legitimen Interessen der Mitgliedstaaten, eine *tatsächliche Verbindung zum Arbeitsmarkt* zu fordern, wenn eine Beihilfe für Arbeitsuchende begehrt wird. Der Nachweis dieser Verbindung könne sich etwa aus der Feststellung ergeben, dass der Betroffene während eines angemessenen Zeitraums tatsächlich eine Beschäftigung in dem Aufnahmemitgliedstaat gesucht hat. Somit dürften die Mitgliedstaaten eine Beihilfe für Arbeitsuchende von einem tatsächlichen

---

während der Begriff in den anderen Teilen in einem weiteren Sinn zu verstehen ist und auch Arbeitsuchende erfasst, EuGH Rs. C-138/02, Collins, Slg. 2004, I-2703, Rn. 32. Insofern bezeichnet der EuGH Herrn Collins nicht als Arbeitsuchenden, sondern als Arbeitnehmer in dem genannten weiteren Sinn.

517 EuGH Rs. C-138/02, Collins, Slg. 2004, I-2703, Rn. 58; Rs. 316/85, Lebon, Slg. 1987, 2811, Rn. 26.

518 EuGH Rs. C-138/02, Collins, Slg. 2004, I-2703, Rn. 63 f.

Wohnort im Inland als auch von einer Mindestaufenthaltsdauer abhängig machen, sofern die Grenzen der Erforderlichkeit nicht überschritten werden.[519]
Ein arbeitsuchender Unionsbürger kann sich also auf Art. 39 Abs. 2 i. V. m. Art. 12 EGV berufen, um eine Beihilfe für Arbeitsuchende zu erhalten. Die Entscheidung bedeutet eine faktische Ausdehnung des Anwendungsbereichs des Art. 39 Abs. 2 EGV. Gleichzeitig stellt der EuGH aber eine neue Rechtfertigungsmöglichkeit zur Seite, indem er die Pflicht zur Gewährung von Sozialleistungen davon abhängig macht, dass der betreffende Unionsbürger eine *tatsächliche Verbindung zu dem Aufnahmemitgliedstaat* aufweist.
Die in der Rechtssache Collins vorgenommene Ausdehnung des Anwendungsbereichs des Art. 39 Abs. 2 EGV hat der EuGH in jüngeren Entscheidungen fortgeführt. Besonders hervorzuheben ist hierbei die Rechtssache Ioannidis,[520] die gleichfalls den Anspruch eines Unionsbürgers, der sich zur Arbeitsuche in einen anderen Mitgliedstaat begibt, auf eine soziale Leistung für Arbeitsuchende behandelt. Da sich das Ausgangsverfahren auf das belgische Überbrückungsgeld bezieht, zu dem der EuGH bereits in früheren Entscheidungen Stellung genommen hat, ist anhand dieses Urteils die Änderung der Rechtsprechung des EuGH sehr gut erkennbar. Das Überbrückungsgeld wird jungen Arbeitslosen gewährt, die nach Abschluss ihres Studiums oder ihrer Berufsausbildung keine Arbeit finden, und stellt damit eine Sozialleistung für Personen dar, die noch keinen Zugang zum Arbeitsmarkt gefunden haben, dem Arbeitsmarkt aber zur Verfügung stehen und auf der Suche nach einer Beschäftigung sind.[521] Es war Gegenstand der folgenden vier Entscheidungen:

> Dem Vorabentscheidungsersuchen in der Rechtssache Deak[522] aus dem Jahre 1984 lag das Begehren des ungarischen Staatsangehörigen Deak zugrunde, der als Sohn einer Italienerin, die in Belgien als Arbeitnehmerin beschäftigt war, in Belgien wohnte. Das Überbrückungsgeld wurde ihm mit Verweis auf seine ungarische Staatsangehörigkeit verweigert. Der EuGH ordnete das Überbrückungsgeld als soziale Vergünstigung im Sinne des Art. 7 Abs. 2 der VO (EWG) Nr. 1612/68 ein, die dem Arbeitnehmer mit der Staatsangehörigkeit eines anderen Mitgliedstaats für seine Kinder zu gewähren ist. Nach diesem Urteil wurden die belgischen Regelungen zwar zugunsten unterhaltsberechtigter Kinder von Wanderarbeitnehmern geändert, jedoch knüpfte der Anspruch auf das Überbrückungsgeld nun daran an, dass diese ihre höhere Schulbildung in Belgien abgeschlossen haben. Im Rahmen einer Aufsichtsklage der Kommission wurde auch die Neufassung für mit Art. 7 Abs. 2 der VO (EWG) Nr. 1612/68 unvereinbar erklärt.[523] Belgien hat die Vorschrift sodann dahingehend geändert, dass das Überbrückungsgeld Kindern von Wanderarbeitnehmern unabhängig vom Ort ihrer Schulbildung gewährt wird.

519 EuGH Rs. C-138/02, Collins, Slg. 2004, I-2703, Rn. 72.
520 EuGH Rs. C-258/04, Ioannidis, Slg. 2005, I-8275.
521 Art. 124 der königlichen Verordnung vom 20. Dezember 1963 über die Beschäftigung und die Arbeitslosigkeit.
522 EuGH Rs. 94/84, Deak, Slg. 1985, 1873.
523 EuGH Rs. C-278/94, Kommission/Belgien, Slg. 1996, I-4307.

Die nun folgenden Entscheidungen des EuGH betrafen nicht Personen, die das Überbrückungsgeld als unterhaltsberechtigte Kinder von Wanderarbeitnehmern begehrten, sondern die es – mangels eines entsprechenden Status – als eigenen Anspruch geltend machten. Da das Überbrückungsgeld für diese Personen weiterhin einen belgischen Schulabschluss voraussetzte, wurde es wie etwa in der dem EuGH vorgelegten Rechtssache D'Hoop[524] verweigert, wenn der Abschluss in einem anderen Mitgliedstaat erworben wurde. So erhielt die Klägerin des Ausgangsverfahrens, die belgische Staatsangehörige Frau D'Hoop, kein Überbrückungsgeld, obwohl sie ihre *Hoch*schulbildung in Belgien abgeschlossen hatte und sich nun auf Arbeitsuche befand, die Schule jedoch nicht in Belgien, sondern in Frankreich besucht hatte. Der EuGH fand auch hier zu einem Anspruch auf das Überbrückungsgeld: er leitete ihn zwar nicht aus Art. 39 Abs. 2 EGV i. V. m. Art. 7 Abs. 2 der VO (EWG) Nr. 1612/68 ab, da Frau D'Hoop als Hochschulabsolventin auf der Suche nach einer ersten Beschäftigung nicht als Arbeitnehmerin zu qualifizieren war und sich nicht auf diese Vorschriften berufen konnte.[525] Jedoch entwickelte er ihn in Fortführung der Entscheidung in der Rechtssache Grzelczyk[526] aus Art. 18 EGV in Verbindung mit dem aus der Unionsbürgerschaft erwachsenden Anspruch auf gleiche rechtliche Behandlung.[527] Es wäre, so der EuGH, mit dem Recht auf Freizügigkeit unvereinbar, wenn der Mitgliedstaat, dessen Staatsangehörigkeit eine Person besitzt, sie deshalb weniger günstig behandeln würde, weil sie von ihrem Recht auf Freizügigkeit Gebrauch gemacht hat. Dies gelte besonders im Bereich der Bildung. Zwar erkannte es der EuGH als legitimes Interesse des nationalen Gesetzgebers an, sich eines *tatsächlichen Zusammenhangs* zwischen dem Antragsteller und dem betroffenen räumlichen Arbeitsmarkt zu vergewissern wollen.[528] Jedoch sei es unangemessen, auf den Ort der Schulbildung abzustellen, da dieses Kriterium nicht geeignet sei, den tatsächlichen und effektiven Grad der *Verbundenheit einer*

524 EuGH Rs. C-224/98, D'Hoop, Slg. 2002, I-6194.

525 EuGH Rs. C-224/98, D'Hoop, Slg. 2002, I-6194, Rn. 18: Zur Anwendbarkeit des Art. 7 Abs. 2 der VO (EWG) Nr. 1612/68: „Nach ständiger Rechtsprechung ist das Gemeinschaftsrecht über die Freizügigkeit der Arbeitnehmer im Hinblick auf eine nationale Regelung, die die Arbeitslosenversicherung betrifft, jedoch nur auf Personen anwendbar, die durch die Ausübung einer tatsächlichen und echten Tätigkeit, die ihr die Eigenschaft als Arbeitnehmer im gemeinschaftsrechtlichen Sinne verschafft, bereits Zugang zum Arbeitsmarkt gefunden hat… So verhält es sich bei Schulabgängern auf der Suche nach einer ersten Beschäftigung nicht…"

526 EuGH Rs. C-184/99, Grzelczyk, Slg. 2001, I-6193.

527 EuGH Rs. C-224/98, D'Hoop, Slg. 2002, I-6194, Rn. 27 ff. Anderer Auffassung *Kubicki*, EuR 2006, 489 ff., der in dieser Entscheidung die Entwicklung eines allein aus der Unionsbürgerschaft resultierenden Diskriminierungsverbots sieht, welches in seiner Struktur dem des Art. 12 EGV ähnlich ist; Differenzierungsmerkmal ist hier aber nicht die Staatsangehörigkeit, sondern der grenzüberschreitende Sachverhalt. Hierin sieht er die entscheidende Komponente der subjektivrechtlichen Dimension der Unionsbürgerschaft.

528 EuGH Rs. C-224/98, D'Hoop, Slg. 2002, I-6191, Rn. 38.

Person mit dem räumlichen Arbeitsmarkt zu repräsentieren.[529] Im Ergebnis konnte Frau D'Hoop damit als Arbeitsuchende eine soziale Leistung für Arbeitsuchende trotz der Nichtanwendbarkeit von Art. 7 Abs. 2 der VO (EWG) Nr. 1612/68 beanspruchen, obwohl diese Art der Leistung nach den insbesondere in der Rechtssache Lebon aufgestellten Grundsätzen lediglich Arbeitnehmer mit Arbeitsmarktzugang zustand. Aus der Entscheidung in dieser Rechtssache wurde nun vielfach geschlussfolgert, die Rechtsprechung des EuGH zu den Art. 12 und 18 EGV würde die Systematik der Freizügigkeit der Arbeitnehmer aushebeln und allen Unionsbürgern einen umfassenden Gleichbehandlungsanspruch gewähren, der zugleich den Vorrang der speziellen Grundfreiheiten gegenüber der allgemeinen Freizügigkeit beseitige. Diese Ansicht konnte jedoch nur bis zu der Entscheidung des EuGH in der Rechtssache Ioannidis gelten, die, wie bereits erwähnt, in Fortsetzung der Rechtssache Collins den Anwendungsbereich des Art. 39 Abs. 2 EGV weiter ausdehnt.

> Herr Ioannidis, ein griechischer Staatsangehöriger, befand sich in einer der von Frau D'Hoop vergleichbaren Lage. Nach seinem Schulabschluss in Griechenland absolvierte er in Belgien eine dreijährige Ausbildung zum Physiotherapeuten. Hiernach meldete er sich in Belgien als Vollzeitarbeitsloser, absolvierte in Frankreich im Rahmen eines Arbeitsverhältnisses eine knapp einjährige bezahlte Ausbildung und kehrte sodann nach Belgien zurück. Auch sein Antrag auf Überbrückungsgeld wurde mit der Begründung abgelehnt, dass die Schulausbildung nicht an einer belgischen Schule erfolgte.[530]

Den Ausgangspunkt der Beantwortung der Vorabentscheidungsfrage in dieser letzten Rechtssache bildete die mit dem Urteil Collins vorgenommene Rechtsprechungsänderung zum Anwendungsbereich des Art. 39 Abs. 2 EGV. Während der EuGH jedoch in dem Urteil Collins zunächst den Anwendungsbereich des Art. 39 Abs. 2 EGV für Arbeitsuchende nicht für eröffnet erachtete und erst in einem zweiten Schritt über Art. 12 EGV den Maßstab des Art. 39 EGV heranzog, entwickelte er in dem Urteil Ioannidis einen Gleichbehandlungsanspruch für nicht wirtschaftlich tätige, aber arbeitsuchende Unionsbürger unmittelbar aus Art. 39 Abs. 2 EGV und formulierte, dass darüber hinaus das Verfahren keinen Anlass bietet, zu den Art. 12, 17 und 18 EGV Stellung zu nehmen.[531] Trotz des

---

529 EuGH Rs. C-224/98, D'Hoop, Slg. 2002, I-6194, Rn. 38 f.

530 EuGH Rs. C-258/04, Ioannidis, Slg. 2005, I-8275.

531 EuGH Rs. C-258/04, Ioannidis, Slg. 2005, I-8275, Rn. 37. Eine andere Lösung vertrat der Generalanwalt: Schlussanträge *Colomer*, Rs. C-258/04, Ioannidis, Slg. 2005, I-8275, Rn. 61. Der Generalanwalt hat in der Begründung der Antragsablehnung eine nicht gerechtfertigte Ungleichbehandlung und damit einen Verstoß gegen Art. 12 EGV gesehen. Zwar sei es ein legitimes Anliegen, den Anspruch auf das Überbrückungsgeld an das Vorhandensein eines Zusammenhangs mit dem inländischen Arbeitsmarkt zu knüpfen. Kann der Nachweis eines Zusammenhangs allein durch einen Schulabschluss in Belgien erbracht werden, so ist die nationale Regelung „nicht nur zu allgemein und einseitig, sondern auch nicht für den tatsächlichen und effektiven Grad des Zusammen-

schlichten Verweises des EuGH auf das Urteil Collins, der zu der Annahme verleitet, der EuGH hätte bereits in dieser Entscheidung derartig verfahren, bedeutet erst das Urteil Ioannidis, dass der Gleichbehandlungsgrundsatz des Art. 39 Abs. 2 EGV auch auf Unionsbürger anzuwenden ist, die sich zur Arbeitsuche in einen anderen Mitgliedstaat begeben. Im Rahmen der Rechtfertigung kommt der EuGH auf die oben dargestellte in den Entscheidungen D'Hoop und Collins entwickelte Systematik zurück, die eine unterschiedliche Behandlung bei der Gewährung sozialer Maßnahmen dann zulässt, wenn der Unionsbürger keine hinreichende *Verbindung zum Arbeitsmarkt* bzw. zum Mitgliedstaat nachweisen kann.

IV. Bedeutung der Rechtsprechung des EuGH für die Handhabung des Art. 24 Abs. 2 der RL 2004/38/EG

Die Unsicherheiten, die die Rechtsprechung des EuGH zu den aus der Unionsbürgerschaft resultierenden Ansprüchen auf soziale Leistungen hervorgebracht hat,[532] resultieren nicht zuletzt daraus, dass die zu ziehenden Schlussfolgerungen nur schwerlich mit dem geltenden Sekundärrecht in Einklang zu bringen scheinen. Die Widersprüche treten insbesondere mit den Regelungen der neuen Unionsbürger-Richtlinie zu Tage. So gewährt das Gleichbehandlungsgebot des Art. 24 Abs. 1 der RL 2004/38/EG, vorbehaltlich der im Primär- und Sekundärrecht vorgesehenen Bestimmungen, jedem Unionsbürger, der sich rechtmäßig in einem anderen Mitgliedstaat aufhält, „im Anwendungsbereich des Vertrags die gleiche Behandlung" wie sie den Staatsangehörigen zukommt. Hiervon ausgenommen sind allerdings Leistungen der Sozialhilfe, zu deren Gewährung die Mitgliedstaaten während der ersten drei Aufenthaltsmonate nicht verpflichtet sind; darüber hinaus sind Arbeitsuchende, solange sie ihr Aufenthaltsrecht aus Art. 14 Abs. 4 lit. b der Richtlinie ableiten, von den Sozialhilfeleistungen ausgenommen.[533] Nur Arbeitnehmer und Selbständige sowie ihre Familienangehörigen genießen im Bedarfsfall vom ersten Aufenthaltstag an auch in dieser Hinsicht Gleichbehandlung (Art. 24 Abs. 2).[534] Die Richtlinienbestimmung scheint

hangs repräsentativ". Den Anwendungsbereich des Art. 39 EGV hielt er für nicht eröffnet, da Herr Ioannidis noch keinen Zugang zum Arbeitsmarkt Belgiens gefunden hatte, dies aber die Voraussetzung von Ansprüchen nach Art. 39 EGV insbesondere in Verbindung mit Art. 7 Abs. 2 der VO Nr. 1612/68 sei.

532 S. vorgehend I., II., III.

533 Ausführlich zum kompetentiellen Rahmen dieser Vorschrift mit dem Ergebnis, dass nicht Art. 18 Abs. 3, sondern Art. 12 Abs. 2 EGV einschlägig ist, s. *F. Wollenschläger*, S. 264 f.

534 Da ein solcher Anspruch bereits aus Art. 7 Abs. 2 der VO (EWG) Nr. 1612/68 folgt, ist fraglich, wie sich die beiden Vorschriften zueinander verhalten. Zunächst ist davon auszugehen, dass die Verordnungsvorschrift ihre selbständige Bedeutung gegenüber der Richtlinie behalten soll, da sie sonst in die von der Richtlinie aufgehobenen Vorschrif-

damit deutlich die Grenzen aufzuzeigen, innerhalb derer die Mitgliedstaaten bereit sind, Nichterwerbstätigen Leistungen der Sozialhilfe zu gewähren.[535] Die dargestellte Rechtsprechung geht über diese Grenzen insofern hinaus, als sie Leistungen der Sozialhilfe bereits für den Zeitraum der Arbeitsuche zuerkannt hat.[536] Ob die Richtlinie von der Rechtsprechung nun bereits „überholt" wurde oder ob ihnen ein gemeinsames System inne wohnt, soll im Folgenden untersucht werden.

1. Der eingeschränkte Gleichbehandlungsanspruch von Arbeitsuchenden nach Art. 24 Abs. 2 der RL 2004/38/EG

Ob die Bestimmung des Art. 24 Abs. 2 der RL 2004/38/EG, die Arbeitsuchende von der Sozialhilfeberechtigung ausschließt, einer Überprüfung durch den EuGH noch standhalten könnte, ist angesichts der dargestellten Rechtsprechung zum Anspruch von Arbeitsuchenden auf gleichberechtigte Teilhabe fraglich.[537] Auch wenn die Richtlinie keine Definition des Begriffs der Sozialhilfe enthält,[538] weisen doch sowohl das belgische Minimex als auch die nach britischem Recht gewährte Beihilfe für Arbeitsuchende Elemente auf,[539] die sie der Sozial-

---

ten einbezogen worden wäre. Aus der Formulierung des Art. 24 Abs. 1 der Richtlinie kann des Weiteren geschlossen werden, dass sie das sekundärrechtliche Pendant zum allgemeinen Diskriminierungsverbot des Art. 12 EGV im Hinblick auf die allgemeine Freizügigkeit darstellt. Der in Art. 24 der RL 2004/38/EG formulierte Vorbehalt spricht daher für einen Vorrang der speziellen Ausgestaltung der Inländergleichbehandlung im Rahmen der Arbeitnehmerfreizügigkeit, wie sie die Verordnungsbestimmung vornimmt, so dass Art. 24 der RL 2004/38/EG hinter ihr zurücktritt und lediglich für von Art. 7 der VO (EWG) Nr. 1612/68 nicht erfasste Bereiche an Bedeutung gewinnt (s. auch *Schönberger*, S. 371). Auch im Hinblick auf Studienbeihilfen sind Arbeitnehmer und Selbständige privilegiert, da sie anders als Unionsbürger, die keiner Erwerbstätigkeit nachgehen, nicht erst mit Erwerb des Daueraufenthaltsrechts einen Anspruch auf diese Unterstützungsleistungen erhalten, Art. 24 Abs. 2 der RL 2004/38/EG.

535 *Sieveking*, RdJB 2004, 256 ff., 262; *Golynker*, E.L.Rev. 2006, 390 ff., 397; *Sander*, DVBl. 2005, 1014 ff., 1017, der in Art. 24 Abs. 2 der RL 2004/38/EG ein fortbestehendes Bedürfnis erkennt, Unionsbürgerschaft und Sozialhilfeberechtigung deutlich zu unterscheiden.

536 EuGH Rs. C-138/02, Collins, Slg. 2004, I-2703; Rs. C-258/04, Ioannidis, Slg. 2005, I-8275; Rs. C-224/98, D'Hoop, Slg. 2002, I-6194.

537 Noch schwieriger scheint eine Auflösung der im Hinblick auf Studienbeihilfen bestehenden scheinbaren Diskrepanz zwischen Art. 24 Abs. 2 der RL 2004/38/EG und der Rechtsprechung des EuGH in den Rechtssachen C-184/99, Grzelczyk, Slg. 2001, I-6193 und C-209/03, Bidar, Slg. 2005, I-2119, s. hierzu *Golynker*, E.L.Rev. 2006, 390 ff., 396 ff.; *Sieveking*, RdJB 2004, 256 ff., 262.

538 Insbesondere wurde nicht der Begriff der „beitragsunabhängigen Geldleistung", wie z. B. in Art. 70 der VO (EG) Nr. 884/2004 verwendet, gewählt.

539 EuGH Rs. C-138/02, Collins, Slg. 2004, I-2703; Rs. C-258/04, Ioannidis, Slg. 2005, I-8275; Rs. C-224/98, D'Hoop, Slg. 2002, I-6194.

hilfe zuordnen, da sie den Lebensunterhalt sichernde, beitragsunabhängige Leistungen darstellen. Sie nur deswegen, weil sie zugleich den Zugang zum Arbeitsmarkt erleichtern sollen, nicht als „Sozialhilfe“ zu qualifizieren und nicht unter die Ausnahmeregelung zu fassen, widerspräche dem Zweck der Einschränkung des Art. 24 Abs. 2 EGV und trüge dem Umstand, dass die Mitgliedstaaten ihre Sozialleistungssysteme sehr unterschiedlich ausgestalten, nicht ausreichend Rechnung.

Kann nun also die Richtlinienbestimmung mit den Aussagen insbesondere des Urteils Collins, wonach eine Beihilfe für Arbeitsuchende versagt werden darf, solange keine „tatsächliche Verbindung“ zum Arbeitsmarkt besteht, in Einklang gebracht werden oder würde der EuGH ihrer Anwendung widersprechen? Es liegt auf der Hand, dass die Dauer der Arbeitsuche, wenngleich sie einen erfolgversprechenden Charakter tragen muss, durchaus einen längeren Zeitraum betragen kann, als es bedarf, um die „tatsächliche Verbindung“ zum Arbeitsmarkt des Aufnahmemitgliedstaats aufzunehmen. Für die zwischen diesen beiden Anknüpfungspunkten liegende Zeit ist demnach unklar, ob Sozialhilfeleistungen in Anspruch genommen werden können.

a) Die Intention des Richtliniengebers

Ein Blick in die Entstehungsgeschichte der RL 2004/38/EG kann zumindest die beabsichtigte Systematik der Richtlinie hinsichtlich der Einbeziehung von Nichterwerbstätigen in die Sozialleistungssysteme der Mitgliedstaaten aufklären, wenngleich nicht vollständig das Spannungsverhältnis zur Rechtsprechung auflösen. So sah der ursprüngliche Entwurf der Kommission vor, dass allen sich im Hoheitsgebiet des Aufnahmemitgliedstaats aufhaltenden Unionsbürgern die gleiche Behandlung wie den Staatsangehörigen zu gewähren ist.[540] Hiermit sollte das Urteil in der Rechtssache Sala widergespiegelt und der direkte Bezug zwischen Diskriminierungsverbot und Aufenthaltsrecht hergestellt werden.[541] Die

540 KOM (2001) 257 endg.; der jetzige Art. 24 war in diesem Entwurf noch Art. 21. Absatz 2 lautete: In Abweichung von Absatz 1 ist der Aufnahmemitgliedstaat jedoch nicht gehalten, anderen Personen als abhängig oder selbständig Erwerbstätigen oder ihren Familienmitgliedern das Recht auf gesetzliche Sozialhilfe oder – wenn es sich um Personen handelt, die sich zu einem Studium in seinem Hoheitsgebiet aufhalten – das Recht auf Unterhaltsbeihilfe zu gewähren, bevor sie das Recht auf Daueraufenthalt erworben haben.

541 In der jetzigen Fassung ist Absatz 1 strenger formuliert, da ein Aufenthaltsrecht „aufgrund dieser Richtlinie“ vorausgesetzt wird. Es ist kaum denkbar, dass der Richtliniengeber die Vorschrift entgegen der Entscheidung Sala abändern wollte, nachdem er ihr zunächst ausdrücklich Rechnung getragen hat. Denkbar ist daher, dass er der Auffassung folgt, dass gemeinschaftsrechtliche Aufenthaltsrecht bestehe, solange aufenthaltsbeendende Maßnahmen nicht vollzogen werden, auch wenn die Grundlage des Aufenthaltsrechts auf nationalem Recht oder Völkerrecht fußt. Vgl. *F. Wollenschläger*, S. 266 f.

Einschränkung des Absatzes 2 nahm alle Gruppen von Nichterwerbstätigen bis zum Erwerb des Daueraufenthaltsrechts von Sozialhilfeleistungen aus. In der Begründung des Richtlinienentwurfs zu dem entsprechenden Artikel heißt es:

> „Der allgemeine Gleichbehandlungsgrundsatz wird durch diese Bestimmung abgeschwächt: sie sieht vor, dass Unionsbürger und ihre Familienangehörigen, die sich im Aufnahmemitgliedstaat aufhalten, ohne dort eine Erwerbstätigkeit auszuüben, keinen Anspruch auf Sozialhilfe haben. Damit soll vermieden werden, dass dem Aufnahmemitgliedstaat eine übermäßige finanzielle Belastung entsteht. Im Übrigen sieht Artikel 7 ausdrücklich vor, dass sie über ausreichende Existenzmittel und eine Krankenversicherung verfügen müssen, folglich könnte der Antrag auf Sozialhilfe das Aufenthaltsrecht für diese Personen in Frage stellen."

Zum Erfordernis der ausreichenden Existenzmittel und einer Krankenversicherung führte die Kommission des Weiteren aus, dass diese Voraussetzung notwendig ist, damit die Betreffenden nicht zu einer *unangemessen* hohen finanziellen Belastung für den Aufnahmemitgliedstaat werden. Der Nachweis soll durch eine einfach eidesstattliche Erklärung erbracht werden, der nur dann überprüft werden soll, wenn der betreffende Unionsbürger Sozialhilfe bzw. Krankenhilfe in Anspruch nimmt.[542]

Die Erwägungen der Kommission spiegeln die Verbindung von Aufenthaltsrecht und Inanspruchnahme von Sozialhilfe im Sinne der oben dargestellten Grundsätze deutlich wider, denn *der Antrag auf Sozialhilfe* sollte das *Aufenthaltsrecht* in Frage stellen können. Der fehlende Anspruch auf Sozialhilfeleistungen sollte also nicht dazu führen, dass diese nicht gewährt werden müssen, sondern dazu, dass das Aufenthaltsrecht endet. Erst mit dem Erwerb des Daueraufenthaltsrechts sollte die Inanspruchnahme von Sozialhilfe für das Aufenthaltsrecht folgenlos bleiben können.

Nachdem das Urteil in der Rechtssache Grzelczyk ergangen war, legte die Kommission mit Rücksicht auf diese Entscheidung einen überarbeiteten Richtlinienvorschlag vor.[543] Hiernach lautete der Absatz 2 des Artikels 21 (nunmehr Art. 24):

> „In Abweichung von Absatz 1 ist der Mitgliedstaat jedoch nicht gehalten, Personen, die sich zu einem Studium in seinem Hoheitsgebiet aufhalten, das Recht auf Unterhaltsbeihilfe zu gewähren, bevor sie das Recht auf Daueraufenthalt erworben haben."

Mit dieser Regelung sollten nach der Intention der Kommission nichterwerbstätige Unionsbürger vor Erlangung des Rechts auf Daueraufenthalt nicht mehr von der Sozialhilfe ausgeschlossen sein. Dennoch blieben die Aufenthaltsvoraussetzungen des Art. 7 der RL, also der Nachweis ausreichender Existenzmittel und umfassenden Krankenversicherungsschutzes bestehen, so dass davon ausgegan-

---

542 KOM (2001) 257 endg.

543 KOM (2003) 199 endg.

gen werden muss, dass sich diese Vorschriften nicht widersprechen sollen. Keinen Widerspruch zu sehen, gelingt aber nur, wenn man erkennt, dass das Aufenthaltsrecht und die Inanspruchnahme von Sozialhilfe an unterschiedliche Voraussetzungen (Freizügigkeit und Inländergleichbehandlung) geknüpft sind, und es erst eine Konsequenz der Inanspruchnahme darstellt, dass das Aufenthaltsrecht durch den Aufnahmemitgliedstaat beendet werden kann.[544] Die Implementierung dieser Grundsätze aus der Grzelczyk-Rechtsprechung erfolgt in der Fassung der Richtlinie, wie sie in Kraft getreten ist, weiter durch Art. 14 Abs. 3, wonach die Inanspruchnahme von Sozialhilfe nicht automatisch zu einer Ausweisung führen darf. Auch an dieser Regelung zeigt sich, dass die Bedürftigkeit eines Unionsbürgers nicht mit einem Verweis auf den vermeintlich fehlenden Anspruch auf Inländergleichbehandlung beantwortet werden darf, sondern nur mit aufenthaltsbeendenden Maßnahmen.
Im Ergebnis spiegelt die Richtlinienbestimmung damit die Rechtsprechung des EuGH wider, die für den Zeitraum ab dem vierten Aufenthaltsmonat bis zum Erwerb des Daueraufenthaltsrechts nur eine bedingte Solidarität des Aufnahmemitgliedstaats einfordert, indem die Inanspruchnahme von Sozialhilfe zu aufenthaltsbeendenden Maßnahmen führen kann.

b) Der Zeitraum der Arbeitsuche

Artikel 24 Abs. 2 der RL 2004/38/EG gleicht den erhöhten Ausweisungsschutz von Nichterwerbstätigen zu Lasten der Teilhabe an Sozialhilfeleistungen aus.[545] Damit sind Arbeitsuchende im Hinblick auf den Gleichbehandlungsanspruch wie Nichterwerbstätige während der ersten drei Aufenthaltsmonate gestellt. Für diesen Zeitraum gilt der Grundsatz, dass das Aufenthaltsrecht besteht, solange Sozialhilfeleistungen nicht unangemessen in Anspruch genommen werden (Art. 14 Abs. 1 der RL 2004/38/EG) und keine Verpflichtung besteht, Sozialhilfe zu gewähren. Die Rechtsprechung des EuGH hat Ausnahmen von der Leistungsgewährung gestattet, wenn sie dazu dienten, dass sich der Mitgliedstaat, wie es sein legitimes Interesse ist, vergewisserte, dass der betreffende Unionsbürger eine „tatsächliche Verbindung“ zum Arbeitsmarkt aufweist, die durch einen Aufenthalt von gewisser Dauer und die ernsthafte Stellensuche begründet werden kann. Der Zeitraum darf dabei vor dem Hintergrund der primärrechtlichen Freizügigkeitsverbürgungen sowie des Grundsatzes der Verhältnismäßigkeit nicht länger als notwendig sein. Dass eine Sozialhilfeleistung für die gesamte Dauer der Arbeitsuche ausgeschlossen werden kann, auch wenn ei-

544 *Schönberger*, S. 375.
545 Es liegt nahe, einem Arbeitsuchenden zu empfehlen, das Aufenthaltsrecht nicht mit dem Zweck der Arbeitsuche zu begründen, sondern sich als Nichterwerbstätiger aufzuhalten, kann er doch so nach dreimonatigem Aufenthalt Sozialhilfeleistungen in Anspruch nehmen. Freilich muss er dann damit rechnen, dass aufenthaltsbeendende Maßnahmen ergriffen werden.

ne gewisse Integration in die aufnehmende Gesellschaft vollzogen ist und eine tatsächliche Verbindung zum Arbeitsmarkt besteht, scheint daher den Vorgaben des Art. 39 Abs. 2 EGV, wie sie der EuGH entnimmt, nicht zu entsprechen; ob er sie akzeptiert, bleibt daher abzuwarten.[546]
Die Mitgliedstaaten müssen daher in ihren nationalen Rechtsordnungen versuchen, die Kriterien der „tatsächlichen Verbindung" festzulegen und vor allem die Erfolgsaussichten der Arbeitsuche als Aufenthaltsvoraussetzung festschreiben, denn nur dieses Kriterium berechtigt sie, das Aufenthaltsrecht zu beenden und Sozialhilfebegehren zu begegnen.

2. Praktikabilität der Vorgaben der RL 2004/38/EG

Insgesamt bleibt ein gewisses Unbehagen hinsichtlich der Praktikabilität dieser sekundärrechtlichen Vorgaben. Abgesehen davon, dass nun die Motivation der Mitgliedstaaten steigen muss, auf Sozialleistungsanträge mit aufenthaltsbeendenden Maßnahmen zu reagieren, welches an sich ein Umstand ist, der der Mobilität und Integration nicht förderlich ist, hätte es einen effektiveren Schutz der Sozialleistungssysteme der Mitgliedstaaten bedeutet, wenn Zeiten der finanziellen Bedürftigkeit nicht als Zeiten zum Erwerb des Daueraufenthaltsrechts, und damit als Zeiten der wachsenden Fürsorgeverantwortung des Aufnahmemitgliedstaats, zählen würden.[547] Auch wären anstelle der vagen Formulierungen der Richtlinie und der Rechtsprechung zum Grad der Integration („tatsächliche Verbindung") sowie den Voraussetzungen aufenthaltsbeendender Maßnahmen („unangemessene Inanspruchnahme") deutlichere Regelungen denkbar und z. B. ein System vorzugswürdig gewesen, welches eine genauere zeitliche Zäsur oder mehrere Zeitabschnitte vorsieht, mit deren Ablauf Ansprüche schrittweise erwachsen.

V. Art. 18 Abs. 1 EGV als Grundfreiheit

Um die Bedeutung hervorzuheben, die die allgemeine Freizügigkeit durch die Rechtsprechung des EuGH erfahren hat, soll noch ein Blick auf ihre Stellung innerhalb der Rechtsinstitute des Gemeinschaftsrechts geworfen werden. Die diesbezügliche Diskussion in der Literatur konzentriert sich auf die Frage, ob sich die allgemeine Freizügigkeit – ggf. in Verbindung mit dem allgemeinen Diskriminierungsverbot – zu einer eigenständigen Grundfreiheit gewandelt hat oder ob sie ein Gemeinschaftsgrundrecht darstellt. Die Rechtsprechung des EuGH ist ambivalent: In dem Urteil D'Hoop bezeichnet der EuGH die Bestim-

546 *F. Wollenschläger*, EuZW 2005, 665 ff., 667.
547 *Schönberger*, S. 378.

mung des Art. 18 EGV als *eine der Grundfreiheiten*.[548] Der anschließende Verweis auf die Entscheidungen Bickel und Franz sowie Grzelczyk bestätigt diese Einordnung allerdings nicht, da er die allgemeine Freizügigkeit in den genannten Urteilen neben die Grundfreiheiten stellt, aber nicht als solche bezeichnet.[549] In späteren Entscheidungen formuliert der EuGH z. B.: „Zu den Situationen, die in den Geltungsbereich des Gemeinschaftsrechts fallen, gehören diejenigen, die sich auf die Ausübung der durch den EG-Vertrag garantierten Grundfreiheiten beziehen, insbesondere auch die, in denen es um das durch Art. 18 EG verliehene Recht geht, sich im Hoheitsgebiet der Mitgliedstaaten frei zu bewegen und aufzuhalten".[550] Als Grundrecht und fundamentalen Grundsatz zugleich bezeichnet er sie hingegen in der Rechtssache Zhu und Chen.[551]
Die Zuordnung zu einem der beiden Rechtsinstitute bereitet Schwierigkeiten, weil die Abgrenzung von Grundfreiheiten und Gemeinschaftsgrundrechten als solche wegen des beiden Rechtsinstituten innewohnenden freiheitlichen Gehalts nicht einfach vorzunehmen ist.[552] Bei der allgemeinen Freizügigkeit tritt hinzu, dass sie einerseits eine binnenmarktbezogene Freiheit gewährt, während andererseits die Ausübung dieser Freiheit gerade von wirtschaftlichen, marktorientierten Aspekten losgelöst ist, da sie unabhängig von der Ausübung einer Erwerbstätigkeit gewährt wird. Erstgenanntes rückt sie in die Nähe der Grundfreiheiten, Letztgenanntes weist eine Parallele zu nationalen und völkerrechtlichen Freiheitsrechten auf, die als Grundrecht oder Menschenrecht einzuordnen sind.[553]

548 EuGH Rs. C-224/98, D'Hoop, Slg. 2002, I-6194, Rn. 29: „In den Geltungsbereich des Gemeinschaftsrechts fallen u. a. Situationen, in denen es um die Ausübung der im EG-Vertrag garantierten Grundfreiheiten, namentlich der in Artikel 8a EG-Vertrag (nach Änderung jetzt Artikel 18 EGV) verliehenen Freiheit geht, sich im Hoheitsgebiet der Mitgliedstaaten zu bewegen und aufzuhalten [...]."

549 EuGH Rs. C-184/99, Grzelczyk, Slg. 2001, I-6193, Rn. 33: „Diese Situationen schließen auch die ein, die zur Ausübung der durch den Vertrag garantierten Grundfreiheiten, und die, die zur Ausübung der durch Artikel 8a verliehenen Freiheit, sich im Hoheitsgebiet der Mitgliedstaaten zu bewegen und aufzuhalten, gehören [...].". EuGH Rs. C-274/96, Bickel und Franz, Slg. 1998, I-7637, Rn. 15: „Im Übrigen bestimmt Artikel 8a des Vertrages: [...]".

550 EuGH verb. Rs. C-11/06 und 12/06, Morgan und Bucher, Slg. 2007, I-9161 Rn. 23; Rs. C-76/05, Schwarz und Gootjes-Schwarz, Slg. 2007, I-6849, Rn. 87.

551 EuGH Rs. C-200/02, Zhu und Chen, Slg. 2004, I-9925, Rn. 33.

552 *Schönberger*, S. 327; Leopold/Semmelmann, ZEuS 2008, 275 ff., 285 ff.

553 Vgl. Art. 11 Abs. 1 GG; Art. 2 Abs. 2, 3 des Protokolls Nr. 4 zur EMRK. Wird Art. 18 EGV als Grundrecht eingeordnet, so erfolgt dies häufig aus dem Argument heraus, dass die allgemeine Freizügigkeit keinen erwerbswirtschaftlichen Anknüpfungspunkt fordert und damit in ihrer objektivrechtlichen Bedeutung über die Schaffung des Binnenmarktes hinausgeht. Zugleich bezwecke die allgemeine Freizügigkeit die Verbesserung der Rechte und Interessen des einzelnen Unionsbürgers, wodurch die subjektivrechtliche Komponente in den Vordergrund rücke und als absolutes Recht die Freiheitssphäre des Bürgers vor hoheitlichen Eingriffen schütze. Des Weiteren schütze Art. 18 EGV als absolutes Recht sowohl inländische als auch ausländische Unionsbür-

Betrachtet man allerdings nicht nur die inhaltlich gewährte Freiheit, sondern sucht eine Unterscheidung danach zu treffen, ob sie auf die Beseitigung von Hemmnissen für den Binnenmarkt (und damit mitgliedstaats-)bezogen ist oder die Freiheitssphäre eines Individuums gegenüber der „Gemeinschaftsgewalt" betrifft, so rückt die allgemeine Freizügigkeit eindeutig in die Nähe der Grundfreiheiten. Denn wie den Grundrechten, die in ihrer klassischen Konzeption Abwehrrechte des Bürgers gegen den Staat darstellen,[554] wohnt die Vermittlung von Freiheits- und Gleichheitsrechten des Bürgers gegenüber hoheitlicher Gewalt auch den Gemeinschaftsgrundrechten inne, die „für die Organe, Einrichtungen und sonstigen Stellen der Union [...] und für die Mitgliedstaaten ausschließlich bei der Durchführung des Rechts der Union" gelten.[555] Die allgemeine Freizügigkeit richtet sich jedoch nicht gegen die Freiheitsbeschränkungen durch gemeinschaftliche oder mitgliedstaatliche Gewalt. Sie dient der Öffnung der Mitgliedstaaten untereinander, der Überwindung mitgliedstaatlicher Grenzen und der Schaffung eines gemeinsamen Wirtschaftsraums; zu diesem Zweck soll sie die entsprechenden staatlichen Hindernisse abwehren – um des Binnenmarktes, nicht der Eingriffsfreiheit der Bürger willen.[556] Sie ergänzt mit dem ihr innewohnenden Diskriminierungs- und Beschränkungsverbot[557] die Grundfreiheiten und vermittelt hierfür, vor allem aus dem Effektivitätsgedanken heraus, ein subjektives Recht gegen die Hindernisse der Freizügigkeit. Selbst wenn man in ihr also persönlichkeitsorientierte, über den Binnenmarkt hinausgehende Verbürgungen erkennen will, erfüllt sie nicht primär die Aufgabe eines individuellen Abwehrrechts gegen hoheitliche Maßnahmen im Sinne eines Grundrechts, sondern tritt funktionell neben die Grundfreiheiten als den konstituierenden Prinzipien des Gemeinsamen Marktes.[558]

---

ger vor Freiheitsbeeinträchtigungen und beschränkt sich nicht auf ein Gleichbehandlungsgebot (*Schulz*, S. 98 f.).

554 Sie sind „in erster Linie dazu bestimmt, die Freiheitssphäre des einzelnen vor Eingriffen der öffentlichen Gewalt zu sichern." (BVerfGE 7, 198 ff., Lüth-Urteil).

555 Art. 51 der Charta der Grundrechte der Europäischen Union (ABl. 2007 C 303/1). Die Gemeinschaftsgrundrechte sind im Wesentlichen durch die Rechtsprechung des EuGH entwickelt worden und haben mittlerweile ihre – wenn auch rechtlich nicht verbindliche – Niederschrift in der Charta der Grundrechte gefunden. Sie gleichen in ihrer Konzeption den nationalen Grundrechten und gründen auf den unteilbaren und universellen Werten der Würde des Menschen, der Freiheit, der Gleichheit und der Solidarität (Präambel der Charta der Grundrechte der Europäischen Union).

556 *Schönberger*, S. 329 f.

557 EuGH Rs. C-406/04, De Cuyper, Slg. 2006, I-6947; Rs. C-192/05, Tas-Hagen, Slg. 2006, I-10451; EuGH verb. Rs. C-11/06 und 12/06, Morgan und Bucher, Slg. 2007, I-9161.

558 Anderer Auffassung kann man daher nur sein, wenn man von der Existenz gemeinschaftsrechtlicher Grundrechte ausgeht, die die Mitgliedstaaten auch dann binden, wenn es nicht um die Durchführung von Gemeinschaftsrecht geht (vgl. ausführlich *Schönberger*, S. 329 f.). *Wenger*, NVwZ 2002, 1342 ff., 1343; BVerwGE 110, 40 ff., 53: Hier

Angesichts ihres grundfreiheitlichen Charakters sowie der dargestellten Rechtsprechung des EuGH zu den Freizügigkeitsrechten Nichterwerbstätiger würde es eine gewinnbringende Lösung darstellen, die allgemeine Freizügigkeit nicht mehr nur als eine *Auffang*freizügigkeit für Unionsbürger anzusehen, die sich nicht aus einem durch die Grundfreiheiten privilegierten Anlass in einen anderen Mitgliedstaat begeben, sondern als eine Grund-Freizügigkeit oder ein Basis-Recht, welches zur Anwendung gelangt, solange nicht auf die speziellen Freizügigkeitsgewährleistungen der Grundfreiheiten, wie z. B. Verbleibe- und besondere Gleichbehandlungsrechte, zurückgegriffen werden muss.[559] Dies gilt vor allem vor dem Hintergrund, dass in zunehmendem Maße aus dem *Aufenthalt als Unionsbürger* im Aufnahmemitgliedstaat Ansprüche auf Inländergleichbehandlung abzuleiten sind, und nicht mehr die grenzüberschreitende wirtschaftliche Tätigkeit als maßgebliche Bedingung dient.[560] Ein solches Verständnis würde auch der Systematik der RL 2004/38/EG folgen, die Freizügigkeit zuallererst wegen des Status als Unionsbürger einräumt (Art. 6), und die Bedeutung der mit Art. 17 EGV verliehenen Unionsbürgerschaft unterstreichen, die „bestimmungsgemäß der grundlegende Status der Staatsangehörigen der Mitgliedstaaten sein" soll. Eine Zeit lang sah es so aus, als würde der EuGH zu diesem Ansatz tendieren und damit einer uferlosen Ausdehnung der Anwendungsbereiche der Grundfreiheiten Einhalt gebieten. Die neuere Rechtsprechung zur Einbeziehung Arbeitsuchender in den Anwendungsbereich des Art. 39 EGV *wegen der Einführung der Unionsbürgerschaft* bestätigt eine entsprechende Absicht des EuGH jedoch nicht vollständig. Im Gegenteil führen die Erweiterung von Anwendungsbereich und Rechtfertigungsmöglichkeiten wieder zu einem Verschwimmen der Konturen zwischen der allgemeinen und den speziellen Freizügigkeiten.[561]

VI. Zusammenschau und Bewertung

Die Rechtsprechung des EuGH zum allgemeinen Diskriminierungsverbot und zur Unionsbürgerschaft hat, so lässt sich zusammenfassend feststellen, zu einer Öffnung der Sozialleistungssysteme der Mitgliedstaaten und zu einer Relativierung der ökonomischen Aufenthaltsvoraussetzungen für Nichterwerbstätige geführt. Von diesem Ergebnis aus betrachtet musste die Freizügigkeit der Arbeitnehmer ihren privilegierenden Charakter zugunsten eines erweiterten Diskriminierungsschutzes auch Nichterwerbstätiger zu einem nicht unbedeutenden

heißt es, die allgemeine Freizügigkeit sei eine Grundfreiheit, welche das aus den wirtschaftlich motivierten Verkehrsfreiheiten folgende Aufenthaltsrecht überlagert.

559 *Scheuing*, EuR 2003, 744 ff., 744, 765.

560 EuGH Rs. C-224/98, D'Hoop, Slg. 2002, I-6194; Rs. C-85/96, Sala, Slg. 1998, I-2691; Rs. C-184/99, Grzelczyk, Slg. 2001, I-6193.

561 Vgl. oben unter IV.

Teil einbüßen. Aus Sicht des Integrationsprozesses der EG ist diese Entwicklung zu begrüßen. Sie hat allerdings dazu geführt, dass die Konturen zwischen der (grundsätzlich spezielleren) Freizügigkeit der Arbeitnehmer und der allgemeinen Freizügigkeit der Unionsbürger verschwimmen. Da der Aufenthaltsstatus von Nichterwerbstätigen und Arbeitnehmern keine vollständige Angleichung erfahren hat, ist eine Trennung nach dem Aufenthaltsgrund für die Bestimmung der Freizügigkeitsrechte weiterhin von Bedeutung. Während Arbeitnehmer über einen weitgehend uneingeschränkten Inländergleichbehandlungsanspruch von der Vollintegration in den Aufnahmemitgliedstaat und damit auch in seine Sozialsysteme profitieren, verfolgt der EuGH gegenüber Nichterwerbstätigen, die zunächst gänzlich von den sozialen Leistungen des Aufnahmemitgliedstaats ausgeschlossen waren, nunmehr ein abgestuftes Solidarsystem, indem er es den Mitgliedstaaten nicht gestattet, sich in finanziellen Notlagen eines Unionsbürgers gänzlich zurückzunehmen, ihnen jedoch den Rechtfertigungsgrund des „gewissen Maßes an Integration“ in die aufnehmende Gesellschaft zur Verfügung stellt. Die Kriterien, die die Mitgliedstaaten zum Nachweis der Integration verlangen dürfen, können an die Aufenthaltsdauer im Aufnahmemitgliedstaat anknüpfen oder aber, entsprechend der Zielrichtung der begehrten Leistung, von einer *tatsächlichen Verbindung zu dem Arbeitsmarkt* abhängig gemacht werden. Anders als bei Arbeitnehmern ist es den Mitgliedstaaten damit vorgegeben und gestattet, Nichterwerbstätige *schrittweise* in ihre Gesellschaft zu integrieren. Dieses „Modell der abgestuften Solidarität“[562] ist, soweit es die Teilhabe an sozialen Leistungen betrifft, dem Gemeinschaftsrecht an sich fremd, da bisher insbesondere Voraufenthaltszeiten bzw. Vorerwerbszeiten als zusätzliche Voraussetzungen für die Gewährung einer Leistung wegen der Unbedingtheit des marktfreundlichen Inländergleichbehandlungsanspruchs strikt abgelehnt wurden.[563] So hat denn auch die Interpretation der Art. 12 und 18 EGV durch den EuGH überwiegend Kritik nach sich gezogen und wird als system- und kompetenzwidrige Ausdehnung ihres Anwendungsbereiches bezeichnet, die wegen ihrer grundlegenden Bedeutung der Einbeziehung politischer Entscheidungsträger bedürfe, und einen Mangel an nachvollziehbarer Methodik aufweise.[564] Die Rechtsprechung wird

562 „Konzept einer gestuften Integration“ genannt von *F. Wollenschläger*, EuZW 2006, 503 ff., 504; *Golynker*, E.L.Rev. 2006, 390 ff., 396 f.

563 EuGH Rs. 249/83, Hoeckx, Slg. 1985, 973, Rn. 23 ff.; Rs. 157/84, Frascogna, Slg. 1985, 1739, Rn. 24. Rs. C-413/01, Ninni-Orasche, Slg. 2003, I-13187, Rn. 25.

564 *Hailbronner*, NJW 2004, 2185 ff. und JZ 2005, 1138 ff.; *Wollenschläger*, EuZW 2005, 309 ff.; *Höfler*, NVwZ 2002, 1206 ff., die in der Anknüpfung des EuGH an den Unionsbürgerstatus zur Herleitung von Sozialleistungen eine qualitative Änderung der Unionsbürgerschaft sieht, die im Vertrag selbst nicht vorgesehen sei; *Bode*, EuZW 2005, 279 ff., 280, die bestreitet, dass allein der rechtmäßige Aufenthalt eines Unionsbürgers in einem anderen Mitgliedstaat genügen kann, um eine umfassende Gleichbehandlungspflicht des Aufnahmemitgliedstaats zu begründen, da so jede Abgrenzung zu den speziellen Grundfreiheiten obsolet und damit die thematische Begrenzung des EG-Vertrages unterlaufen würde. Von nur wenigen wird die Rechtsprechung und die

als eine Umgehung des Art. 18 EGV i. V. m. den sekundärrechtlichen Beschränkungen gesehen, und eine Auseinandersetzung mit der Systematik des einschlägigen sekundären Gemeinschaftsrechts vermisst, die zwischen Erwerbstätigen und Nichterwerbstätigen unterscheidet.[565] Die Mitgliedstaaten fühlen sich vor allem in der autonomen Ausgestaltung ihrer Sozialleistungssysteme bedroht, die sie im Gemeinschaftsrecht in der Unterscheidung zwischen privilegierten erwerbstätigen und nicht privilegierten nichterwerbstätigen Unionsbürgern verankert sehen. Sie befürchten, dass die Ausweitung der Freizügigkeit und Teilhabe an sozialen Leistungen wegen der bestehenden Unterschiede in den Sozialsystemen der Mitgliedstaaten zu einer Wohlfahrtsmigration führen könnte, der die Mitgliedstaaten nicht gewachsen sind.[566]
Dieser Kritik kann nur eingeschränkt zugestimmt werden. So wäre es selbstverständlich überaus wünschenswert, dass der EuGH die ursprüngliche Vertragsintention, die keine sozialrechtliche Eingliederung aller Unionsbürger in den Aufnahmemitgliedstaat außerhalb der marktorientierten Freizügigkeit vorsah, stärker problematisieren würde, wenn er im Wege einer „Unionsteleologie" genannten Interpretation das Gemeinschaftsrecht fortbildet.[567] Auch ist nicht von der Hand zu weisen, dass die Anwendung der von ihm entwickelten Grundsätze auf enorme Schwierigkeiten bei den nationalen Gerichten und Behörden stoßen muss, weil die Aussagekraft der Rechtsprechungskriterien gering ist und zu wenige Anhaltspunkte für eine ausreichende Implementierung in die nationale Rechtsordnung liefern. Wie soll z. B. beurteilt werden, wann die Voraussetzungen einer nur vorübergehenden Notlage wie in der Rechtssache Grzelczyk vorliegen und wann diese als dauerhaft zu bewerten ist. Des Weiteren ist die Sorge der Mitgliedstaaten vor einer ungewissen Belastung ihrer Sozialleistungssysteme durch eine substanzielle Beeinträchtigung ihrer Regelungskompetenz legitim und ein ernst zu nehmendes Anliegen, da sie die alleinige Verantwortung für deren Funktionieren tragen. Auch ist es unter rechtsstaatlichen Gesichtspunkten ganz und gar nicht unproblematisch, wenn die dynamische Interpretation des Primär- und Sekundärrechts durch den EuGH dazu führt, dass wesentliche Teile des Gemeinschaftsrechts allein durch die Judikative gesetzt werden. Dennoch vernachlässigt die Kritik vor allem die notwendige Trennung zwischen den Voraussetzungen des gemeinschaftsrechtlichen Aufenthaltsrechts und dem Gleichbehandlungsgebot. Aus Art. 18 EGV folgt, dass das gemeinschaftsrechtliche Aufenthaltsrecht unter dem Vorbehalt der „Bedingungen und Beschränkungen" steht, der es den Mitgliedstaaten gestattet, durch geeignete Kontrollen zu überprüfen, ob insbesondere ausreichende finanzielle Mit-

---

Ausdeutung der Unionsbürgerschaft als „social citizenship" begrüßt, vgl. z. B. *Borchardt*, NJW 2000, 2057 ff.; *Sander*, DVBl. 2005, 1014 ff., 1014; *Golynker*, E.L.Rev. 2006, 390 ff., 399.

565 *Hailbronner*, NJW 2004, 2185 ff., 2188 und JZ 2005, 1138 ff., 1139 f.

566 *Hailbronner*, JZ 2005, 1138 ff., 1138; *Sander*, DVBl. 2005, 1014 ff., 1016 ff.

567 *Sander*, DVBl. 2005, 1014 ff., 1017.

tel sowie ein umfassender Krankenversicherungsschutz vorliegen. Sind sie nicht vorhanden, ist der Aufnahmemitgliedstaat berechtigt, aufenthaltsbeendende Maßnahmen zu ergreifen. Entscheidet er sich dagegen und beendet den Aufenthalt nicht, so ist der Aufenthalt nicht rechtswidrig, denn die Mitgliedstaaten gewähren ihn nun im Rahmen ihrer eigenen Kompetenz. In diesem Fall muss er die Verfestigung des Aufenthaltsstatus bis zum Daueraufenthaltsrecht hinnehmen.

Unabhängig hiervon ist das Diskriminierungsverbot zu betrachten. Das Gemeinschaftsrecht verfolgt das Ziel, Personen, die sich längerfristig in einem anderen Mitgliedstaat aufhalten, in dessen Gesellschaft zu integrieren.[568] Diesem Ziel dient das Diskriminierungsverbot, indem es Inländergleichbehandlung zusichert. Daher haben die Mitgliedstaaten zwar das Recht, das Aufenthaltsrecht zu kontrollieren und gegebenenfalls zu beenden, sie können jedoch nicht über ihre Verpflichtung zur Inländergleichbehandlung verfügen. Ihr Handlungsspielraum ist auf das Aufenthaltsrecht beschränkt. Somit ist die Frage, ob die Mitgliedstaaten für den Fall, dass die gemeinschaftsrechtlichen Aufenthaltsvoraussetzungen nicht vorliegen, der Aufenthalt aber dennoch gestattet bzw. nicht beendet wird, das Recht haben sollten, die betreffende Person von ihren Sozialleistungssystemen mit der Begründung auszuschließen, dass ihr Aufenthalt finanzielle Selbständigkeit voraussetzt, zu verneinen. Denn bejahendenfalls ergäbe sich ein neues aufenthaltsrechtliches System: die Mobilität der Unionsbürger würde nicht die finanzielle Selbständigkeit bedingen, sondern hiervon unabhängig bestehen, und die Mitgliedstaaten wären nicht verpflichtet, ihre Sozialleistungssysteme zu öffnen. Auf diese Weise könnten sie Unionsbürgern einen zeitlich unbeschränkten Aufenthalt gestatten, ohne ihnen einen im Sinne des Inländergleichbehandlungsanspruchs privilegierten Status zu gewähren. Dass ein solches Vorgehen dem Gedanken der Integration der sich langfristig aufhaltenden Unionsbürger widerspräche, verdeutlicht insbesondere die Entscheidung in der Rechtssache Sala, wäre es doch ein Widerspruch gewesen, hätte Frau Sala, die sogar Sozialhilfe bezog, ohne dass aufenthaltsbeendende Maßnahmen ergriffen wurden, von einer Familienleistung ausgeschlossen werden dürfen, die allen Aufenthaltsberechtigten in Deutschland zusteht, ohne dass es auf die Bedürftigkeit ankommt. Daher ist es konsequent, den Mitgliedstaaten zu Beginn des länger als drei Monate dauernden Aufenthalts ein fortlaufendes Kontrollrecht einzuräumen und ihnen zu gestatten, aufenthaltsbeendende Maßnahmen zu ergreifen, wenn Sozialleistungen in unangemessener Weise in Anspruch genommen werden, sie

568 *F. Wollenschläger*, NVwZ 2005, 1023 ff., 1025 (er spricht vom Postulat einer möglichst umfassenden Gleichstellung aller Unionsbürger); *Borchardt*, NJW 2000, 2057 ff., 2060 (hiernach ist das Aufenthaltsrecht des Art. 18 EGV auf Vollintegration des Unionsbürgers gerichtet); *Bode*, EuZW 2003, 552 ff., 553, zur Relativierung der wirtschaftlichen Betätigung als Voraussetzung, aber auch Rechtfertigung einer nahezu umfassenden Inländergleichbehandlung; *Pechstein/Bunk*, EuGRZ 1997, 547 ff., 553; *Kubicki*, EuR 2006, 489 ff., 500 f., *Höfler*, NVwZ 2002, 1206 ff., 1208.

jedoch nicht zu berechtigen, die Einbeziehung der Unionsbürger in die Sozialleistungssysteme zu unterbinden. Im Ergebnis muss es dementsprechend auch unerheblich sein, ob das Aufenthaltsrecht nach den gemeinschaftsrechtlichen Voraussetzungen besteht oder auf nationalem Recht beruht. Der Ansatz des EuGH ist daher gegenüber dem der opponierenden Mitgliedstaaten vorzugswürdig, auch wenn er dadurch, dass er den Nachweis der ausreichenden Existenzmittel von einer gemeinschaftsrechtlichen Bedingung in eine durch das nationale Recht auszufüllende Regelungsoption wandelt, das Risiko der Inanspruchnahme von Sozialleistungen deutlich zu Lasten der aufnehmenden Mitgliedstaaten verlagert.

Das System der abgestuften Solidarität, welches den Ansatz verfolgt, die Aufenthaltsdauer und die wachsende Integration des Unionsbürgers in den Aufnahmemitgliedstaat bei der Gewährung sozialer Leistungen zu berücksichtigen, ist dem bisherigen Alles-oder-Nichts-Prinzip vorzuziehen. Der schrittweisen Integration korrespondiert so eine mitwachsende Verantwortung des Aufnahmemitgliedstaats, während der Herkunftsstaat aus der Fürsorgepflicht ebenso schrittweise entlassen wird. Das System der abgestuften Solidarität verändert das ursprüngliche Konzept aber nicht dahingehend, dass nun alle Unionsbürger unbedingten Zugang in die Sozialleistungssysteme der Mitgliedstaaten fänden. Insbesondere führt es nicht dazu, dass Art. 18 EGV insoweit teleologisch zu reduzieren ist, dass das Erfordernis ausreichender Existenzmittel nur noch in Extremfällen und zur Vermeidung des Missbrauchs von Sozialleistungen anzuwenden ist, wenn das Aufenthaltsrecht also ausschließlich zur Erschleichung von Sozialleistungen wahrgenommen wird und z. B. falsche Angaben zu dem Umfang der zur Verfügung stehenden Existenzmittel gemacht wurden.[569] Hierfür können weder dem Primär- noch dem Sekundärrecht Anhaltspunkte entnommen werden. Die Gründe, die einen anfänglichen Ausschluss rechtfertigen, müssen allerdings wahrgenommen werden können. Hierzu ist nicht nur notwendig, dass die Mitgliedstaaten deutlicheres Augenmerk auf die Aufenthaltsvoraussetzungen legen und die Konsequenzen der Inanspruchnahme öffentlicher Unterstützung im Aufenthaltsrecht verankern, nicht hingegen im Sozialrecht.[570] Auch, und hier

569 So *Borchardt*, NJW 2000, 2057 ff., 2060; als faktische Konsequenz *Höfler*, NVwZ 2002, 1206 ff., 1208; a. A. *Schönberger*, S. 339 ff.

570 Für die Bundesrepublik Deutschland kann sich grundsätzlich ein Verbot aufenthaltsbeendender Maßnahmen aus dem Europäischen Fürsorgeabkommen ergeben (BGBl. 1956 Teil II, S. 564 ff.). Gemäß dessen Art. 6 (a) dürfen Staatsangehörige eines Vertragschließenden, die erlaubt ihren gewöhnlichen Aufenthalt im Aufnahmestaat haben, nicht allein aus dem Grunde der Hilfsbedürftigkeit rückgeschafft werden. Dem Abkommen sind die meisten Mitgliedstaaten der EU beigetreten. Da dem Schutz allerdings Personen, die ihren gewöhnlichen Aufenthalt in der Bundesrepublik noch nicht seit mindestens fünf Jahren haben, nicht unterfallen, sofern sie auch keine engen Bindungen zur Bundesrepublik aufweisen (Art. 7), dürften sich die aufenthaltsrechtliche Bedeutung des EFA relativieren. Grundsätzlich kann das EFA aber einen stärkeren Ausweisungsschutz als das Gemeinschaftsrecht gewährleisten. S. auch *Kokott*, Die Staatsan-

liegen sicher die Gründe für die große Unzufriedenheit mit der Rechtsprechung des EuGH, müssen klarere Regelungen getroffen werden, die das Hineinwachsen in die Aufnahmegesellschaft messbar und transparent machen. Die RL 2004/38/EG, insbesondere ihr Art. 24 zum Gleichbehandlungsgebot, kann diesen Anforderungen nur bedingt genügen.

Eine konsequentere Lösung könnte herbeigeführt werden, indem die allgemeine Freizügigkeit – gegebenenfalls in Verbindung mit dem allgemeinen Diskriminierungsverbot – einen Freizügigkeitsstatus vermittelt, der auf einer einheitlichen Grundlage Aufenthalts- und Gleichbehandlungsrechte für alle Unionsbürger nach einem abgestuften System gewährt. Den damit weitgehend voraussetzungslos gewährten Freizügigkeitsrechten könnten Rechtfertigungsgründe wie z. B. das „gewisse Maß an Integration“ gegenüberstehen, um den mitgliedstaatlichen Interessen Rechnung zu tragen. Weitergehende Privilegien, insbesondere ein Aufenthaltsstatus mit sofortiger „Vollintegration“, sollten die enger gefassten Anwendungsbereiche der speziellen Grundfreiheiten vorbehalten. Arbeitsuchende würden zwar auch bei diesem Ansatz eine Sonderstellung einnehmen, da sie Mobilitätsrechte aus der Freizügigkeit der Arbeitnehmer ableiten könnten, für Gleichbehandlungsrechte aber auf die allgemeine Freizügigkeit in Verbindung mit dem allgemeinen Diskriminierungsverbot verwiesen werden könnten. Dies entspräche jedoch der Intention der RL 2004/38/EG, die einen „Aufenthalt mit eingeschränkten Gleichbehandlungsrechten“ zum Ziel hat und der Anwendungsbereich sowie die Rechtfertigungsebene des Art. 39 EGV unterlägen in geringerem Maße einem Anpassungsbedarf, der aus der zunehmenden Integration der Nichterwerbstätigen resultiert.

4. Teil: Die Regelungen des nationalen Rechts

Für die Frage, inwieweit die gemeinschaftsrechtlich begründeten Freizügigkeitsrechte von EU-Arbeitnehmern auf Aufenthalt, Arbeitsmarktzugang und soziale Teilhabe ausreichende Verankerung im deutschen Recht erfahren haben, sind verschiedene gesetzliche Regelungen zu untersuchen.

Die Modalitäten des *Aufenthalts* von Unionsbürgern in der Bundesrepublik Deutschland sind vor allem im Gesetz über die allgemeine Freizügigkeit von Unionsbürgern (FreizügG/EU) geregelt. Es wurde als Art. 2 des am 1. Januar 2005 in Kraft getretenen Zuwanderungsgesetzes[571] eingeführt und hat mit seinen Regelungen zu Einreise und Aufenthalt von Unionsbürgern sowohl das frühere Aufenthaltsgesetz/EWG (AufenthG/EWG) als auch die Freizügig-

gehörigkeit als Unterscheidungsmerkmal für soziale Rechte von Ausländern, in: Hailbronner, Die allgemeinen Regeln, S. 25 ff., 33; *Schönberger*, S. 337 f.

571 Gesetz zur Steuerung und Begrenzung der Zuwanderung und zur Regelung des Aufenthalts und der Integration von Unionsbürgern und Ausländern (Zuwanderungsgesetz - ZuwG) vom 30. Juli 2004, BGBl. 2004 Teil I, S. 1950.

keitsverordnung/EG (FreizügV/EG) ersetzt.[572] Das neue Gesetz beschränkt sich nicht auf eine redaktionelle Zusammenfassung der früheren Regelungen, sondern vollzieht eine Gesamtrevision des Aufenthaltsrechts der Unionsbürger und ihrer Familienangehörigen in der Bundesrepublik Deutschland, was sich vor allem in dem Verhältnis des Freizügigkeitsrechts zum allgemeinen Ausländerrecht widerspiegelt.[573] Das FreizügG/EU ist seit seinem Inkrafttreten mehrfach geändert worden, wobei die Anpassung an die gemeinschaftsrechtlichen Vorgaben im Vordergrund stand. Die erste Fassung des Gesetzes hatte zwar bereits einige Neuerungen der auf Gemeinschaftsebene parallel ausgearbeiteten Richtlinie 2004/38/EG übernommen, diese genügten jedoch nicht der vollständigen Umsetzung der Richtlinie.[574] Umsetzungsmängel bestanden aber noch vor allem im Hinblick auf die Aufenthaltsvoraussetzungen während der ersten drei Aufenthaltsmonate, auf die Regelungen zum Daueraufenthaltsrecht und zum Kreis der aufenthaltsberechtigten Familienangehörigen sowie zu ihrem fortbestehenden Aufenthaltsrecht nach dem Tod oder dem Fortzug des Unionsbürgers, von dem sie ihr Aufenthaltsrecht ableiten, sowie zu den Bestimmungen zu den Aufenthaltsdokumenten.

Auch die Bestimmungen zu staatlichen Unterstützungsmaßnahmen haben in dem für die vorliegende Arbeit relevanten Bereich der Beschäftigungslosigkeit umfassende Reformen erfahren. Neben Änderungen hinsichtlich der Maßnahmen der Arbeitsförderung (SGB III) wurden im Zuge der sog. Hartz-Gesetzgebung mit dem neuen SGB II alle erwerbsfähigen Sozialhilfeempfänger in ein einheitliches steuerfinanziertes Sozialleistungssystem überführt und die Arbeitslosenhilfe und Sozialhilfe als zwei nebeneinander bestehende staatliche Fürsorgesysteme zu einer Grundsicherung für Arbeitsuchende zusammengefasst.[575]

---

572 Vgl. Art. 15 des Zuwanderungsgesetzes; Gesetz über Einreise und Aufenthalt von Staatsangehörigen der Mitgliedstaaten der Europäischen Wirtschaftsgemeinschaft (Aufenthaltsgesetz/EWG - AufenthG/EWG) in der Fassung der Bekanntmachung vom 31. Januar 1980, BGBl. 1980 Teil I, S. 116; Verordnung über die allgemeine Freizügigkeit von Staatsangehörigen der Mitgliedstaaten der Europäischen Union (FreizügV/EG) vom 17. Juni 1997, BGBl. 1997 Teil I, S. 1810. Zur Entstehungsgeschichte des Zuwanderungsgesetzes s. *Renner*, ZAR 2004, 266 ff., 266 f. Seit seinem Inkrafttreten ist das Regelwerk bereits mehrfach geändert worden, in weiten Teilen zuletzt durch das Gesetz zur Umsetzung aufenthalts- und asylrechtlicher Richtlinien der Europäischen Union vom 19. August 2007 (BGBl. 2007 Teil I, S. 1970 ff.).

573 BT Drucks. 15/420, S. 101.

574 Die RL 2004/38/EG war zum 30. April 2006 umzusetzen (Art. 40). Bis zum Erlass des Gesetzes zur Umsetzung aufenthalts- und asylrechtlicher Richtlinien der Europäischen Union vom 19. August 2007 war die unmittelbare Wirkung von Richtlinienbestimmungen zu beachten (vgl. *Hailbronner*, ZAR 2007, 6 ff.).

575 Die Bezeichnung der Hartz-Gesetzgebung meint die von der Kommission „Moderne Dienstleistungen am Arbeitsmarkt", die unter Leitung von Peter Hartz stand, ausgearbeiteten Gesetzesvorschläge, die als vier Gesetze (Hartz I bis IV) einzeln und schrittweise in Kraft getreten sind. Die Zusammenführung von Arbeitslosenhilfe und Sozial-

Die Unterschiede in den Anspruchsvoraussetzungen beider Leistungsformen resultieren aus ihrer unterschiedlichen Konzeption als Versicherungsleistung (Maßnahmen der Arbeitsförderung) und steuerfinanzierter Leistung (Grundsicherung für Arbeitsuchende). Zu prüfen ist, inwieweit Unionsbürger in gleicher Weise wie deutsche Staatsangehörige im Hinblick auf die staatlichen Unterstützungsmaßnahmen anspruchsberechtigt sind.

A. Aufenthalt und Erwerbsberechtigung: Das FreizügG/EU

Das FreizügG/EU regelt „die Einreise und den Aufenthalt" von nach Gemeinschaftsrecht freizügigkeitsberechtigten Unionsbürgern und ihren Familienangehörigen in die bzw. in der Bundesrepublik Deutschland (§§ 1, 2 Abs. 1 FreizügG/EU). Damit unterfallen grundsätzlich alle Unionsbürger, die sich in die Bundesrepublik Deutschland begeben, dem FreizügG/EU, sofern und solange sie unter dem Schutz der gemeinschaftsrechtlichen Freizügigkeit stehen. Über die Regelungen zu Einreise und Aufenthalt hinaus enthält das Gesetz kaum Bestimmungen, die die Freizügigkeitsrechte betreffen, wie z. B. das Recht zur Beschäftigungsaufnahme oder zur Niederlassung. Dies wird zum Teil als Mangel der neuen, mit dem Zuwanderungsgesetz eingeführten Bestimmungen vorgetragen, da der Eindruck entstehe, auch Unionsbürger bedürften einer solchen Genehmigung.[576] Jedoch ist eine solche ausdrückliche Anordnung der genannten Rechte nicht notwendig, da das Aufenthaltsgesetz keine Anwendung auf Unionsbürger findet (§ 1 Abs. 2 Nr. 1 AufenthG) und es auch sonst keine Vorschrift gibt, die die Ausübung einer Erwerbstätigkeit von Unionsbürgern grundsätzlich unter einen Erlaubnisvorbehalt stellen würde. Hierin verdeutlicht sich die strengere Trennung des allgemeinen Ausländerrechts und des Freizügigkeitsrechts für Unionsbürger.

I. Das FreizügG/EU als dynamisches Recht

Das nationale Recht zum Aufenthaltsstatus von Unionsbürgern unterliegt einem ständigen Anpassungsbedarf an die gemeinschaftsrechtlichen Vorgaben, vor al-

---

hilfe erfolgte durch das Vierte Gesetz über moderne Dienstleistungen am Arbeitsmarkt vom 24. Dezember 2003 (BGBl. 2003 Teil I, S. 2954 ff.). Maßgeblicher Grund für die Zusammenführung war das unter finanziellen Gesichtspunkten als ineffizient erachtete Nebeneinander der beiden Leistungen. In dieser Zeit sind auch die Bestimmungen des früheren Bundessozialhilfegesetzes durch die Bestimmungen des Zwölften Buches Sozialgesetzbuch abgelöst worden (BGBl. 2003 Teil I, S. 3022 ff.). *Steck/Kossens*, FPR 2005, 424 ff.; *Oppermann, D.*, DVBl. 2005, 1008 ff., 1009; *Eicher/Spellbrink*, S. VII; *Löschau/Marschner*, S. V; zu den Besonderheiten bei ausländischen Personen für den Bezug der früheren Arbeitslosenhilfe: *Davy*, ZIAS 2001, 221.

576 *Gutmann*, InfAuslR 2006, 165 ff., 165 f.

lem auch an die Rechtsprechung des EuGH. Um diesem Umstand gerecht zu werden, orientiert sich das FreizügG/EU im Unterschied zu dem ersetzten AufenthG/EWG unmittelbar am Gemeinschaftsrecht und ist als so genanntes dynamisches Recht konzipiert. So enthält es zum einen keine eigenständigen Definitionen für gemeinschaftsrechtliche Begriffe, wie z. B. des Arbeitnehmers, des Rentners oder des Nichterwerbstätigen, sondern übernimmt die gemeinschaftsrechtlichen Definitionen ohne sie zu modifizieren.[577] Des Weiteren verweist das Gesetz direkt auf die gemeinschaftsrechtlichen Rechtsgrundlagen, indem es wie z. B. in § 2 Abs. 2 Nr. 3 FreizügG/EU „Dienstleistungen im Sinne des Artikels 50 EGV" als Tatbestandsmerkmal aufführt, so dass Änderungen im Gemeinschaftsrecht auch in die nationale Rechtsordnung übergehen.[578]

II. Das Verhältnis des FreizügG/EU zu den allgemeinen ausländerrechtlichen Regelungen

Eine der wichtigsten konzeptionellen Änderungen des FreizügG/EU betrifft das Verhältnis der Regelungen zum Aufenthaltsstatus von Unionsbürgern zu den für Drittstaatsangehörige geltenden ausländerrechtlichen Regelungen. Während das frühere AufenthG/EWG als sog. begünstigendes Sondergesetz konzipiert war und lediglich die vom allgemeinen Ausländerrecht abweichenden aufenthaltsrechtlichen Privilegien der Unionsbürger festschrieb, so weit wie möglich jedoch auf die Vorschriften des AuslG und die auf seiner Grundlage erlassenen Verordnungen verwies,[579] verkörpert das FreizügG/EU nun ein vom allgemeinen Ausländerrecht *losgelöstes* Freizügigkeitsrecht für Unionsbürger. Die den Aufenthaltsstatus von drittstaatsangehörigen Personen bestimmenden Regelungen des AufenthG haben daher keine Auffangfunktion im Sinne einer subsidiären Anwendbarkeit mehr.[580] Zwar sind auch im FreizügG/EU Bezugnahmen auf das AufenthG noch vorgesehen, jedoch nicht in Form eines Generalverweises, son-

577 Vgl. Gesetzesbegründung zum FreizügG/EU, BT-Drucks. 15/420, S. 102 („Gemeinschaftsrechtliche Begriffe [...] und die tatbestandlichen Voraussetzungen, die durch die Rechtsprechung des Europäischen Gerichtshofs konkretisiert worden sind, werden vom Freizügigkeitsgesetz/EU vorausgesetzt und nicht modifiziert."); *H. Groß*, ZAR 2005, 81 ff., 82; *Zimmermann-Kreher* in: Storr/Wenger/Eberle/Albrecht/Zimmermann-Kreher, § 1 FreizügG/EU Rn. 2.

578 *Zimmermann-Kreher* in: Storr/Wenger/Eberle/Albrecht/Zimmermann-Kreher, § 1 FreizügG/EU Rn. 2.

579 § 15 AufenthG/EWG: „Soweit dieses Gesetz keine abweichenden Vorschriften enthält, finden das Ausländergesetz und die auf Grund des Ausländergesetzes erlassenen Verordnungen in der jeweils geltenden Fassung Anwendung.", § 9 FreizügV/EG; *Zimmermann-Kreher* in: Storr/Wenger/Eberle/Albrecht/Zimmermann-Kreher, § 1 FreizügG/EU Rn. 1.

580 *H. Groß*, ZAR 2005, 81 ff., 82; *Schönberger*, ZAR 2006, 226 ff., 227.

dern nur auf einzelne Bestimmungen des AufenthG.[581] Dies sind überwiegend Regelungen, die Unionsbürger an günstigen Bestimmungen für Drittstaatsangehörige teilhaben lassen (z. B. Ausnahmen von der Passpflicht, § 3 Abs. 2, vom Einreise- und Aufenthaltsverbot, § 11 Abs. 2, die Ausstellung von Ausnahme-Visa und Passersatzpapieren, § 14 Abs. 2, den Nachzug nicht privilegiert nachzugsberechtigter Familienangehöriger zur Vermeidung einer außergewöhnlichen Härte, § 36, die Berechtigung zur Teilnahme an einem Integrationskurs, § 44 Abs. 4) sowie allgemeine Vorschriften, die die Unionsbürger nicht benachteiligen (die Einreise bzw. Ausreise über die zugelassenen Grenzübergangsstellen, § 13 Abs. 1, die Handlungsfähigkeit Minderjähriger). So finden z. B. anders als nach dem früheren AufenthG/EWG die allgemeinen Regelungen zur Ausweisung von Ausländern keine Anwendung mehr, da die Aufenthaltsbeendigung nun umfassend durch eine eigenständige Norm im FreizügG/EU enthalten ist. Das FreizügG/EU regelt daher das Freizügigkeitsrecht nun in neu geordneter und abschließender Form und weist Unionsbürgern nicht mehr den Status von Ausländern mit besonderen Privilegien zu, sondern unterstreicht ihren im Vergleich zu Drittstaatsangehörigen eigenständigen Status.[582] Hiermit wird der zunehmenden Angleichung der Rechtsstellung von Unionsbürgern an die der Staatsangehörigen eines Mitgliedstaats, die sie immer weniger als Ausländer wahrnehmen lässt, Rechnung getragen.[583] Auch verdeutlicht die neue Struktur, die den Unionsbürgern von vornherein einen gegenüber drittstaatsangehörigen Personen besonderen Status gewährt, dass mit der Einführung der Unionsbürgerschaft und der allgemeinen Freizügigkeit (Art. 17, 18 EGV) die Marktbezogenheit der Personenfreizügigkeiten und ihre Ausrichtung auf die Ausübung einer wirtschaftlichen Tätigkeit an Bedeutung verliert und Unionsbürger unabhängig hiervon Rechtspositionen genießen, die sie den eigenen Staatsangehörigen annähern.

Als Nachteil der strengeren Trennung von allgemeinem Ausländerrecht und dem Freizügigkeitsrecht für Unionsbürger wird zum Teil vorgetragen, dass Unionsbürger nun nicht alle Vergünstigungen in Anspruch nehmen können, die Drittstaatsangehörigen gewährt werden. Ein Beispiel hierfür ist das Recht zur Teilnahme an Integrationskursen, welches für Unionsbürger auf eine Teilnahmemöglichkeit bei verfügbaren Kursplätzen reduziert ist (§ 11 Abs. 1 S. 1 FreizügG/EU i. V. m. § 44 Abs. 4 AufenthG).[584] In dieser Regelung liegt je-

---

581 Das AufenthG kommt nur noch in den ausdrücklich aufgezählten Fällen des § 11 Abs. 1 FreizügG/EU zur Anwendung, sodann wenn es eine günstigere Rechtsstellung als das FreizügG/EU vermittelt sowie wenn die Ausländerbehörde das Nichtbestehen oder den Verlust des Rechts nach § 2 Abs. 1 oder Abs. 5 festgestellt hat und das FreizügG/EU wiederum keine abweichenden Regelungen vorsieht (§ 11 Abs. 2 FreizügG/EU). Besondere Regelungen enthalten lediglich die §§ 6 und 7 des FreizügG/EU, die jedoch keine Verfahrensvorschriften vorsehen.

582 *H. Groß*, ZAR 2005, 81 ff., 81.

583 *H. Groß*, ZAR 2005, 81 ff., 82 sowie ZAR 2006, 61 ff., 62.

584 Vgl. *Welte*, InfAuslR 2005, 8 ff., 8; *Feldgen*, ZAR 2003, 132 ff., 133.

doch keine gemeinschaftsrechtswidrige Ungleichbehandlung von Unionsbürgern. Zum einen zielen die Diskriminierungsverbote der Art. 39 Abs. 2, 43, 49 und 12 EGV darauf ab, Unionsbürgern die gleiche Behandlung zu gewähren, wie sie die Mitgliedstaaten eigenen Staatsangehörigen zuteil werden lassen. Da auch Deutsche keinen Anspruch auf Teilnahme an den Integrationskursen haben, liegt keine Benachteiligung der Unionsbürger vor. Es ist also äußerst fraglich, ob der Anwendungsbereich der Diskriminierungsverbote überhaupt eröffnet ist. Aber selbst wenn man dem weiten Wortlaut des Art. 12 EGV entnehmen möchte, dass eine Gleichbehandlung mit den eigenen Staatsangehörigen nicht ausreichend ist, sondern auch jede Besserstellung von Drittstaatsangehörigen gemeinschaftsrechtswidrig ist, muss die Regelung zur Teilnahmeberechtigung an Integrationskursen in ihrem Kontext gesehen werden. Für Drittstaatsangehörige steht die Teilnahme an einem Integrationskurs in direktem Zusammenhang mit der Erfüllung der Aufenthaltsvoraussetzungen, denn die Verlängerung der Aufenthaltserlaubnis kann abgelehnt werden, wenn kein Integrationskurs absolviert wird. Das Aufenthaltsrecht von Unionsbürgern ist an keine derartigen Voraussetzungen geknüpft und kann daher auch nicht entzogen werden, wenn keine Integrationsmaßnahmen wahrgenommen werden. In der Gesamtbetrachtung ist die aufenthaltsrechtliche Position der Unionsbürger daher deutlich stärker als die der Drittstaatsangehörigen, so dass die Annahme einer gemeinschaftsrechtswidrigen Benachteiligung abzulehnen ist.

III. Der Aufenthalt nach dem FreizügG/EU

Die Regelung der Aufenthaltsvoraussetzungen durch das FreizügG/EU entspricht mittlerweile im Wesentlichen den Vorgaben der RL 2004/38/EG. Bis zu einer Dauer von drei Monaten sind der Besitz eines gültigen Personalausweises oder Reisepasses ausreichend (§ 2 Abs. 5 FreizügG/EU), bei einem längerfristigen Aufenthalt sind die Voraussetzungen entsprechend Art. 7 der RL 2004/38/EG nachzuweisen.[585] Art. 2 Abs. 2 des Gesetzes benennt die freizü-

585 Das FreizügG/EU unterschied zunächst nicht wie die RL 2004/38/EG zwischen dem Aufenthalt bis zu drei Monaten, der lediglich gültige Ausweispapiere erfordert, und dem längerfristigen Aufenthalt mit den besonderen Aufenthaltsvoraussetzungen. Es setzte sogleich bei dem länger als drei Monate dauernden Aufenthalt an, indem es das Recht auf Einreise und Aufenthalt nur dem gemeinschaftsrechtlich privilegierten Personenkreis unter den Bedingungen des längerfristigen Aufenthaltsrechts zugestand (§ 2 Abs. 2 FreizügG/EU). So verlangte das Gesetz, dass ein Unionsbürger von Anfang an und unabhängig von der Dauer des Aufenthalts zu einer der freizügigkeitsberechtigten Gruppen zugeordnet werden konnte und die entsprechenden Voraussetzungen erfüllte. Auch konnte die Ausländerbehörde die Glaubhaftmachung „innerhalb angemessener Frist“ und nicht erst nach drei Monaten verlangen, wenngleich die Verwaltungspraxis in Übereinstimmung mit dem sekundären Gemeinschaftsrecht diese Frist einhielt, s. auch *H. Groß*, ZAR 2006, 61 ff., 52. Die entsprechend notwendigen Änderungen wurden mit

gigkeitsberechtigten Personengruppen. Da es die gemeinschaftsrechtlichen Begrifflichkeiten übernommen hat, braucht nicht überprüft zu werden, ob die Definitionen des deutschen Rechts einer gemeinschaftskonformen Anwendung entgegenstehen. Dies erleichtert insbesondere die Subsumtion unter den Begriff des Arbeitnehmers, der, wie aufgezeigt, durch die Rechtsprechung des EuGH eine besondere Ausprägung erfahren hat.
Liegen die Voraussetzungen eines Aufenthaltsrechts nicht mehr vor, so *kann* die Ausländerbehörde dies unter Ingebrauchnahme ihres Ermessensspielraums feststellen und die Bescheinigung über das Aufenthaltsrecht einziehen (§ 5 Abs. 5 EGV). Bis zur Feststellung gilt die Vermutung für ein Freizügigkeitsrecht.[586]

1. Melde- und Anmeldepflichten

Die RL 2004/38/EG gestattet es den Mitgliedstaaten, von Unionsbürgern zu verlangen, ihre Anwesenheit im Hoheitsgebiet des Aufnahmemitgliedstaats innerhalb eines angemessenen und nichtdiskriminierenden Zeitraums zu *melden*. Diese meldebehördliche Pflicht besteht gemäß § 11 Abs. 1 und 2 Melderechtsrahmengesetz (MRRG) immer dann, wenn eine Wohnung bezogen oder aus einer Wohnung ausgezogen wird. Für Unionsbürger besteht keine gesonderte Regelung. Die Meldefrist ist in den einzelnen Bundesländern unterschiedlich festgelegt und beträgt ein bis zwei Wochen nach Ein- bzw. Auszug.[587] Sie ist somit nichtdiskriminierend und angemessen ausgestaltet und stellt keine weitere Bedingung oder Formalität im Sinne des Art. 6 Abs. 1 RL 2004/38/EG dar.[588]
Das FreizügG/EU sieht die *Ausstellung* einer *Bescheinigung* über das Aufenthaltsrecht von Amts wegen vor, nachdem Unionsbürger und ihre Familienangehörigen die Aufenthaltsvoraussetzungen nach § 2 Abs. 1 des Gesetzes *glaubhaft* gemacht haben. Darüber hinaus soll es in der Regel nicht erforderlich sein,

dem Änderungsgesetz vom 19. August 2007 eingeführt (§ 2 Abs. 5, § 5 Abs. 3 Satz 1 FreizügG/EU).

586 *H. Groß*, ZAR 2005, 81 ff., 82. Bis zur Änderung durch das Gesetz zur Umsetzung aufenthalts- und asylrechtlicher Richtlinien der Europäischen Union sah das FreizügG/EU vor, dass Unionsbürger erst dann ausreisepflichtig sind, wenn die Unanfechtbarkeit der Feststellungsentscheidung der Ausländerbehörde eingetreten ist. Das Erfordernis der Unanfechtbarkeit wurde nun wieder gestrichen. In der Gesetzesbegründung heißt es hierzu, dass sich die zeitliche Verzögerung als zusätzliche Hürde erwiesen hat, die insbesondere beim Verlust des Freizügigkeitsrechts aus Gründen der öffentlichen Sicherheit und Ordnung zu größeren Problemen in der Praxis führte. Da die RL 2004/38/EG die Unanfechtbarkeit nicht verlangt und die Vorgaben des Art. 31 Abs. 2 der RL nun eingefügt wurde, wonach die Entscheidung über einen Antrag auf einstweiligen Rechtsschutz abzuwarten ist, ist die Regelung gemeinschaftsrechtskonform.

587 Vgl. hierzu sowie den Änderungen durch die Föderalismusreform Fn. 267.

588 S. 2. Teil A. II., zur Angemessenheit von Fristen EuGH Rs. 118/75, Watson und Belmann, Slg. 1976, 1185, Rn. 17 ff.; Rs. 265/88, Messner, Slg. 1989, 4209.

Dokumente oder andere Beweismittel vorzulegen.[589] Hieraus wird deutlich, dass entsprechend den Vorgaben der RL 2004/38/EG keine Aufenthalts*erlaubnis* mehr notwendig ist und die Funktion der Bescheinigung darauf beschränkt ist, das glaubhaft gemachte Aufenthaltsrecht zu bestätigen.[590] Zuständig ist die Ausländerbehörde; die Angaben können bereits (bei der meldebehördlichen Meldung) gegenüber der Meldebehörde gemacht werden, die sie an die Ausländerbehörde weiterleitet. Zumindest der Gang zur Ausländerbehörde für die ausländerrechtliche Registrierung wird Unionsbürgern durch diese Regel abgenommen.[591] Allerdings hat die Möglichkeit der ausländerrechtlichen Anmeldung im Rahmen der meldebehördlichen Meldung in der Praxis zu Schwierigkeiten geführt, die im Wesentlichen auf fehlende Koordinierung von Melde- und Ausländerbehörden zurückzuführen sind. Daher wird diskutiert, eine ausländerrechtliche Registrierung für Unionsbürger vollständig entfallen zu lassen.[592]
Da es sich bei der Bescheinigung über das Aufenthaltsrecht um ein Dokument handelt, welches der gebührenfreien Meldebestätigung für Inländer vergleichbar ist, wird auch für ihre Ausstellung keine Gebühr erhoben. Dies entspricht der Vorgabe des Art. 25 Abs. 2 der RL 2004/38/EG, wonach Kosten nur in einem Umfang verlangt werden dürfen, der dem für die Ausstellung entsprechender Dokumente an Inländer nicht übersteigt. Allerdings hat der Gesetzgeber die Gebührenfreiheit nur im Rahmen der gemeinschaftsrechtlichen Vorgaben aufrechterhalten und die großzügigere Regelung des FreizügG/EU wieder aufgehoben, so dass auch das Visum für drittstaatsangehörige Familienmitglieder unentgeltlich erteilt, für alle anderen Dokumente jedoch eine Gebühr erhoben wird.[593]

2. Besonderer Aufenthaltsstatus für Arbeitnehmer und Arbeitsuchende

Das FreizügG/EU enthält keine dem Art. 14 Abs. 4 der RL 2004/38/EG vergleichbare Vorschrift, die den Aufenthalt von Arbeitnehmern und Arbeitsuchenden derart ausdrücklich und strikt von aufenthaltsbeendenden Maßnahmen wegen der unangemessenen Inanspruchnahme von Sozialleistungen während der ersten drei Aufenthaltsmonate bzw. des Wegfalls der Aufenthaltsvoraussetzungen ausnimmt. Jedoch schlägt sich ihr Fehlen nicht in einem weniger geschütz-

589 *H. Groß*, ZAR 2005, 81 ff., 84.

590 Die Zweifel an der Sinnhaftigkeit der früheren Aufenthalts*erlaubnis*-EG, die auf gemeinschaftsrechtlicher Ebene bereits seit längerer Zeit bestanden, teilte der Gesetzgeber in der Gesetzesbegründung, nach der die Aufenthaltserlaubnis zum einen zunehmend als zeitaufwendiges, bürokratisches Relikt mit fragwürdigem praktischen Nutzen gesehen wurde und deren Abschaffung ein „nachhaltiges Zeichen fortschreitender Integration und Angleichung der Rechtsstellung der Unionsbürger aus anderen Mitgliedstaaten“ darstellt, BT-Drucks. 15/420, S. 101.

591 BR-Drucks. 921/01 S. 226.

592 *Cernota*, ZAR 2006, 388, 391.

593 BT-Drucks. 16/5065, S. 209 mit Verweis auf die Belastung der öffentlichen Haushalte.

ten Aufenthaltsstatus nieder. So hat die fortbestehende Freizügigkeitsberechtigung von Erwerbstätigen bei Aufnahme einer Berufsausbildung, die mit der früheren Tätigkeit in einem Zusammenhang steht, Eingang in den Gesetzestext gefunden (§ 2 Abs. 3 S. 1 Nr. 3 FreizügG/EU). Für unfreiwillig arbeitslos gewordene Arbeitnehmer führen die Regelungen des FreizügG/EU zu einem prinzipiell unbeschränkten Aufenthaltsrecht, wenn sie mehr als ein Jahr lang beschäftigt gewesen sind; im Falle einer kürzeren Beschäftigungsdauer bleibt das Freizügigkeitsrecht zumindest für weitere sechs Monate unberührt (§ 2 Abs. 3 S. 1 Nr. 2, S. 2 FreizügG/EU).[594] Unter welchen Bedingungen die Arbeitslosigkeit unfreiwillig ist, definiert das Gesetz nicht. Das Gemeinschaftsrecht stellt auf die Erfolgsaussichten einer Wiedereingliederung in den Arbeitsmarkt ab. Demnach behält der Betreffende die Arbeitnehmereigenschaft, solange er eine neue Arbeitsstelle sucht und die Obliegenheiten gegenüber der Arbeitsverwaltung erfüllt (s. oben, 2. Teil, A. IV. 2.). Zur Bestimmung des Umfangs dieser Obliegenheiten kann auf § 144 SGB III zurückgegriffen werden, der die Fälle aufzählt, in denen fehlende Mitwirkung zu einem Ruhen des Anspruchs auf Leistungen der Arbeitsförderung führt. Keine „Unfreiwilligkeit" liegt demnach vor, wenn der Betreffende z. B. keine Eigenbemühungen zur Arbeitsuche nachweist oder Beschäftigungen bzw. Eingliederungsmaßnahmen ablehnt.[595]
Auch zur Arbeitsuche eingereisten Unionsbürgern wird ein gegenüber anderen Nichterwerbstätigen privilegierter Status gewährleistet. So unterliegen sie nicht den Regelungen für Nichterwerbstätige, sondern sind der Gruppe der Arbeitnehmer und Selbständigen zugeordnet (§ 2 Abs. 2 Nr. 1 FreizügG/EU) und müssen daher nach Ablauf der ersten drei Aufenthaltsmonate weder ausreichende Existenzmittel noch umfassenden Krankenversicherungsschutz nachweisen. Es fehlt sogar eine Regelung, wonach sie wenigstens die begründeten Erfolgsaussichten ihrer Arbeitsuche darlegen müssten, so dass sie ein unbefristetes Aufenthaltsrecht genießen.[596] Im Ergebnis entsprechen damit die Bestimmungen des FreizügG/EU den Vorschriften der RL 2004/38/EG und gehen zum Teil sogar über deren Vorgaben hinaus.

---

594 Die frühere Regelung ließ das Freizügigkeitsrecht generell für von der Arbeitsagentur bestätigte Zeiten unfreiwilliger Arbeitslosigkeit unberührt, ohne die Frist auf sechs Monate zu begrenzen, wenn die Beschäftigungsdauer weniger als 1 Jahr betrug. Hier liegt eine Schlechterstellung der Arbeitnehmer vor, indem ihre Position auf die gemeinschaftsrechtlichen Vorgaben reduziert wird.

595 § 144 Abs. 1 Nr. 3 SGB III: Sperrzeit bei unzureichenden Eigenbemühungen, des Weiteren z. B. Sperrzeit bei Arbeitsablehnung. S. auch Dienelt, InfAuslR 2004, 45 ff., 47.

596 § 5 Abs. 3 i. V. m. § 5a Abs. 1 Nr. 1 FreizügG/EU; *Strick*, NJW 2005, 2182 ff., 2184; Landessozialgericht Nordrhein-Westfalen, Beschluss vom 3.11.2006, L 20 B 248/06 AS ER. Die in den früheren §§ 8 Abs. 1, 3 Abs. 1 AufenthG/EWG enthaltene pauschale Dreimonatsgrenze für die Stellensuche entsprach nicht den gemeinschaftsrechtlichen Vorgaben.

Allerdings darf der Fortbestand der Ausstellungsvoraussetzungen während der ersten fünf Jahre des Aufenthalts *aus besonderem Anlass* überprüft werden (§ 5 Abs. 4, 5 des FreizügG/EU). Diese Formulierung widerspricht nicht notwendiger Weise der Vorgabe von Art. 14 Abs. 2 UAbs. 2 der RL 2004/38/EG, die eine Überprüfung bei begründeten Zweifeln am Vorliegen der Aufenthaltsvoraussetzungen zulässt. Jedoch sieht die Gesetzesbegründung zum FreizügG/EU vor, dass die Bescheinigung über das Aufenthaltsrecht mit der Angabe eines Gültigkeitszeitraums versehen werden kann, und ein *besonderer Anlass* gegeben ist, wenn über die Verlängerung einer befristeten Bescheinigung zu entscheiden ist.[597] Die Eintragung eines auf weniger als fünf Jahre begrenzten Gültigkeitszeitraums soll nach der Gesetzesbegründung unter anderem bei Arbeitnehmern möglich sein, die ein erstmaliges Beschäftigungsverhältnis antreten, das auf weniger als ein Jahr befristetet ist; hier soll die Gültigkeitsdauer mit dem voraussichtlichen Ende der Beschäftigung auslaufen.[598] Sodann ist vorgesehen, dass die Ausländerbehörde bei der Entscheidung über die Verlängerung der Gültigkeit der Aufenthaltsbescheinigung von Amts wegen berechtigt ist, alle für den Fortbestand oder die anderweitige oder erneute Begründung des Freizügigkeitsrechts in Betracht kommenden Rechtsgrundlagen zu prüfen. Die vorläufigen Anwendungshinweise des Bundesministeriums des Innern, ebenfalls zu der ersten in Kraft getretenen Fassung des FreizügG/EU, relativieren diese vorgeschlagene Handhabe der eingeschränkten Gültigkeitsdauer mit dem Hinweis, dass das sekundäre Gemeinschaftsrecht mit Inkrafttreten der RL 2004/38/EG keinen Gültigkeitszeitraum für die Bescheinigung mehr kennt und sie daher von Anfang an ohne die Angabe eines solchen Zeitraums ausgestellt werden *kann* bzw. auf die zeitliche Beschränkung verzichtet werden *sollte*, wenn der Aufenthalt nicht von vornherein vorübergehender Natur ist.[599] Jedoch lassen sie die Möglichkeit der Angabe eines beschränkten Gültigkeitszeitraums weiterhin zu.

Die Befristung der Aufenthaltsbescheinigung ist eine vor dem Hintergrund des durch die RL 2004/38/EG bezweckten Wegfalls der Aufenthaltstitelpflicht einerseits und des Verbots einer systematischen Kontrolle des Fortbestands der Aufenthaltsvoraussetzungen i. S. d. Art. 14 Abs. 2 der RL 2004/38/EG andererseits

---

597 BT-Drucks. 15/420, S. 104.

598 Zum Zeitpunkt der Veröffentlichung der Gesetzesbegründung am 7. Februar 2003 war die RL 2004/38/EG noch nicht ausgearbeitet, so dass das für sechs Monate fortbestehende Freizügigkeitsrecht für arbeitslos gewordene Unionsbürger nach weniger als einem Jahr Beschäftigung, wie es in der RL vorgesehen ist, nicht bewertet werden konnte. Die Beschränkung der Gültigkeitsdauer ist ebenso für Studierende, Nichterwerbstätige sowie Familienangehörige dieser Personengruppen einschließlich der Arbeitnehmer mit auf weniger als ein Jahr befristeten Arbeitsverträgen vorgesehen.

599 Punkt B. 5.1.2 der Vorläufigen Anwendungshinweise des Bundesministeriums des Innern zum Aufenthaltsgesetz und zum Freizügigkeitsgesetz/EU vom 22. Dezember 2004, abrufbar im Internet auf der Seite des Ausländerbeauftragten Prof. Dr. Martiny, Europa-Universität Viadrina: http://www.intrecht.euv-frankfurt-o.de/Beauftragter/recht.htm.

fragliche Vorgehensweise (s. oben 2. Teil, A. V).[600] Zwar hat die Gültigkeit der Aufenthaltsbescheinigung in keinerlei Weise Auswirkungen auf das originär bestehende Aufenthaltsrecht, da die Unionsbürgerrichtlinie hierfür lediglich die Einhaltung der in den Art. 7, 12 und 13 genannten Voraussetzungen statuiert. Jedoch widerspricht die Befristung zum einen dem Charakter einer Bescheinigung mit nur deklaratorischer Bedeutung und wandelt sie zu einer Aufenthaltserlaubnis in neuer Gestalt. Zum anderen ermöglicht sich die Bundesrepublik Deutschland mit der Befristung der Aufenthaltsbescheinigung, den Fortbestand der Aufenthaltsvoraussetzungen zu kontrollieren. Beides widerspricht den Vorgaben der RL 2004/38/EG.
Allein die in der Gesetzesbegründung als weiteren Fall eines *besonderen Anlasses* vorgesehene Inanspruchnahme von Sozialhilfe ist daher mit den Vorgaben des Art. 14 Abs. 2 der RL 2004/38/EG vereinbar.

3. Das Daueraufenthaltsrecht

Das deutsche Recht enthielt bereits vor Einführung des gemeinschaftsrechtlichen Daueraufenthaltsrechts durch die RL 2004/38/EG Regelungen zum Daueraufenthalt von Unionsbürgern. Mit der Erteilung einer unbefristeten Aufenthaltserlaubnis-EG nach mindestens fünfjährigem ununterbrochenem Aufenthalt (§ 7a AufenthG/EWG) wollte der deutsche Gesetzgeber Unionsbürgern ein gefestigtes Aufenthaltsrecht zur Verfügung stellen, welches einen erhöhten Ausweisungsschutz bedeutet, und ihnen damit die Vorteile sichern, die drittstaatsangehörigen daueraufenthaltsberechtigten Ausländern nach § 27 AuslG gewährt wurden.[601] Die tatsächlichen Vorteile der unbefristeten Aufenthaltserlaubnis-EG wurden allerdings zu Recht bezweifelt, da insbesondere der erhöhte Ausweisungsschutz bereits über eine gemeinschaftsrechtskonforme Auslegung des § 12 AufenthG/EWG hätte gewährt werden müssen und sich die Erleichterung lediglich auf den Wegfall der Prozedur zur Verlängerung der befristeten Aufenthaltsrechte beschränkte. Das nunmehr durch die RL 2004/38/EG vorgesehene Daueraufenthaltsrecht stellt somit eine deutliche Verbesserung auch gegenüber der bis zu seiner Einführung geltenden nationalen Rechtslage dar.[602]

---

600 Für die Vereinbarkeit zum einen der Befristung der Aufenthaltsbescheinigung, zum anderen der automatischen Überprüfung des Fortbestands der Aufenthaltsvoraussetzungen mit Art. 14 Abs. 2 der RL 2004/38/EG (das Verbot der systematischen Kontrolle): *Zimmermann-Kreher*, § 5 FreizügG/EU, Rn. 6. Gegen eine Befristung *Welte*, InfAuslR 2005, 8 ff., 8.

601 § 12 Abs. 1 S. 2 AufenthG/EWG stellte die Ausweisung von Unionsbürgern mit unbefristeter Aufenthaltserlaubnis-EG unter die Bedingung, dass *schwerwiegende* Gründe der öffentlichen Sicherheit oder Ordnung vorlagen; *Haller*, S. 65.

602 § 7a Abs. 1 AufenthG/EWG: Die Erteilung der unbefristeten Aufenthaltserlaubnis-EG stand unter der Voraussetzung, dass der Unionsbürger über ausreichenden Wohnraum und ausreichende Existenzmittel verfügte und dass er sich auf einfache Art in deutscher

Das FreizügG/EU hat die Erlangung des Daueraufenthaltsrechts zunächst nur teilweise den Vorgaben der RL 2004/38/EG entsprechend erleichtert. Umsetzungsmängel bestanden vor allem in Bezug auf den Kreis der begünstigten Familienangehörigen; so war allein für Ehegatten, Lebenspartner und unterhaltsberechtigte Kinder ein Daueraufenthaltsrecht vorgesehen. Die über den fünfjährigen rechtmäßigen Voraufenthalt im Bundesgebiet hinausgehenden Voraussetzungen des § 7a AufenthG/EWG wurden jedoch nicht übernommen. Das nunmehr in § 4a FreizügG/EU geregelte Daueraufenthaltsrecht entspricht den Vorgaben der RL 2004/38/EG, insbesondere auch im Hinblick auf die Voraussetzungen für ein vor Ablauf von fünf Jahren entstehendes Daueraufenthaltsrecht bei Aufgabe der Erwerbstätigkeit bzw. Verlust der Erwerbsfähigkeit.

B. Anspruch auf Gleichbehandlung und Teilhabe an sozialen Leistungen

Der Begriff der staatlichen Sozialleistungen umschreibt regelmäßig eine Fülle von Maßnahmen, die sich durch unterschiedliche Zielrichtungen, die Absicherung verschiedener Risiken und unterschiedliche Leistungsvoraussetzungen auszeichnen. Im Sozialrecht wird eine Systemeinteilung anhand der Sozialleistungsbereiche unternommen, die zwischen sozialer Vorsorge, sozialer Entschädigung sowie allgemeiner und besonderer sozialer Hilfe und Förderung unterscheidet.[603] Die im Rahmen der vorliegenden Arbeit zu beantwortende Frage,

---

Sprache mündlich verständigen konnte. Letzte Voraussetzung ist ein Kriterium, das dem Gemeinschaftsrecht fremd ist, und mit der Rechtsprechung des EuGH, wonach Sprachkenntnisse nur in besonders zu rechtfertigenden Fällen, wie z. B. für die Zulassung zu einem bestimmten Beruf, nicht aber als Aufenthaltsvoraussetzung gefordert werden dürfen (EuGH Rs. C-424/97, Salomone Haim, Slg. 2000, I-5123, Rn. 59 ff.; Rs. C-193/05, Kommission/Luxemburg, Slg. 2006, I-8673, Rn. 34 ff., 40), als unzulässig einzustufen ist. Es wurde mit der Begründung aufrechterhalten, dass das Gemeinschaftsrecht ein unbefristetes Aufenthaltsrecht nicht vorsieht und daher keinerlei Vorgaben für dessen nationale Ausgestaltung treffen kann, vgl. *Haller*, S. 65. Da diese Voraussetzung keinen Eingang in das FreizügG/EU gefunden hat, soll der Meinungsstreit dahingestellt bleiben. Der Kreis der Familienangehörigen, die ein unbefristetes Aufenthaltsrecht erlangen konnten, war beschränkt auf die Kernfamilie, die in häuslicher Gemeinschaft mit dem Unionsbürger lebt. Im Hinblick auf das Erfordernis der wirtschaftlichen Unabhängigkeit genügte eine Unterhaltssicherung durch finanzielle Mittel des Unionsbürgers (§ 7a Abs. 2 AufenthG/EWG).

603 *Schulin/Igl*, Rn. 75. Mit sozialer Vorsorge sind hiernach Systeme gemeint, die kalkulierbare Risiken einem vorweg geplanten Schutz unterstellen, indem wie bei den Sozialversicherungssystemen eine Absicherung mittels Beitragsleistungen erfolgt. Soziale Entschädigung bedeutet hingegen einen aus öffentlichen Mitteln gewährten Schadensausgleich für Gesundheitsschäden, für welche die Allgemeinheit eine besondere Verantwortung trägt (z. B. Kriegsfolgen). Besondere soziale Hilfe und Förderung beinhaltet vor allem sog. Entfaltungshilfen, die ohne vorherige Beitragsleistungen bezogen werden

inwieweit Arbeitnehmer aus anderen Mitgliedstaaten im Hinblick auf soziale Leistungen Deutschen gleichgestellt sind, soll auf den Bereich der staatlichen Leistungen für Erwerbsfähige bei Arbeitslosigkeit bzw. finanzieller Not beschränkt werden. Außer Betracht bleiben daher staatliche Maßnahmen, die z. B. der Familienförderung, der allgemeinen Chancengleichheit oder der sozialen Entschädigung zuzurechnen sind.[604]

I. Arten staatlicher Unterstützungsmaßnahmen für Nichterwerbstätige und die Einbeziehung ausländischer Personen

Das deutsche Sozialrecht gewährt erwerbsfähigen Personen ohne Beschäftigungsverhältnis eine Grundsicherung. Es stehen zwei verschiedene Formen des Leistungsbezugs bereit, die die soziale Notlage abfedern sollen. Zum einen kann der Betreffende Leistungen einer Sozialversicherung[605] erhalten. Hierzu zählt z. B. das Arbeitslosengeld als Maßnahme der Arbeitsförderung und Versicherungsleistung nach dem SGB III (§ 3 Abs. 1 Nr. 8 SGB III, sog. Arbeitslosengeld I). Greift die Versicherung nicht, kann auf die nachrangigen steuerfinanzierten Sozial*leistungen* zurückgegriffen werden. Hierunter fallen Leistungen nach dem SGB II (Grundsicherung für Arbeitsuchende, insbesondere Arbeitslosengeld II) und ggf. dem SGB XII (Sozialhilfe). Ziel aller Maßnahmen ist die Rückführung des Betroffenen in die wirtschaftliche Selbständigkeit und Unabhängigkeit von staatlichen Unterstützungsmaßnahmen.[606] Der Unterschied zwischen den beiden Systemen besteht darin, dass Leistungen der Sozialversicherung auf dem Solidargedanken der Versichertengemeinschaft beruhen, anspruchsbegründend also insbesondere eine Mitgliedschaft und eigene Beitragsleistungen sind. Steuerfinanzierte Sozialleistungen, wie z. B. die Sozialhilfe, setzen allein an der Notlage an und bedingen keinerlei Vorleistungen. Dementsprechend ist der Schutz vor übermäßiger Inanspruchnahme bei den Sozialversicherungssystemen grundsätzlich leichter zu erreichen als bei den steuerfinanzierten Sozialleistungen. Setzt das Versicherungssystem z. B. eine gewisse Anzahl von Beitragsleistungen voraus und bewirkt auf diese Weise Wartezeiten für eine Leistungsbe-

---

können und die Chancengleichheit ermöglichen sollen. Die allgemeine Hilfe und Förderung dient der Bekämpfung von Notlagen und orientiert sich dabei an der individuellen Bedürftigkeit.

604 Z. B. Elterngeld nach dem BEEG; Erziehungsgeld gem. §§ 1 ff. BErzGG, Kindergeld gem. §§ 62 ff. EStG, §§ 1 ff. BKGG; Mutterschaftsgeld gem. § 13 MuSchG, § 200 RVO; Leistungen nach dem SGB VIII, insb. Leistungen zum Unterhalt gem. § 39 SGB VIII; Leistungen nach dem BAföG; Wohngeld (§ 1 SGB I).

605 Arbeitslosenversicherung (SGB III); andere Sozialversicherungen sind die gesetzliche Krankenversicherung (SGB V) oder die Rentenversicherung (SGB VI).

606 *Strick*, NJW 2005, 2182 ff., 2182.

rechtigung, so ist es grundsätzlich ausreichend dagegen geschützt, dass es durch neu hinzutretende Versicherungsmitglieder überfordert wird.[607]
Entsprechend unterschiedlich gestaltet sich die Teilhabe von ausländischen Personen an den beiden Leistungsformen. Den Sozialversicherungssystemen sind sie in der Regel, wenn sie einer Erwerbstätigkeit nachgehen, über gesetzliche Mitgliedschaften angeschlossen, die an der Beschäftigung auf dem inländischen Arbeitsmarkt anknüpfen und daher nicht nach der Staatsangehörigkeit des Versicherten differenzieren; sie erwerben auf eigenen Beitragszahlungen beruhende Ansprüche.[608] Ausländischen Personen wird daher grundsätzlich keine andere Behandlung zuteil als Inländern. Hingegen findet bei beitragsfreien und steuerfinanzierten Leistungen teilweise das Differenzierungskriterium der Staatsangehörigkeit Anwendung.[609]
Neben den unterschiedlichen Leistungsvoraussetzungen für Maßnahmen nach den Büchern II, III und XII des SGB muss der Anspruchsberechtigte grundsätzlich einen Wohnsitz bzw. einen gewöhnlichen Aufenthalt in der Bundesrepublik Deutschland nachweisen. Dieses Kriterium ist Voraussetzung für die Anwendung der einzelnen Bücher des Sozialgesetzbuchs (§ 30 Abs. 1 SGB I).

II. Geltungsbereich des Sozialgesetzbuchs: Voraussetzung des Wohnsitzes oder gewöhnlichen Aufenthalts in der Bundesrepublik Deutschland (§ 30 SGB I)

Nach dem Allgemeinen Teil des Sozialgesetzbuches (SGB I) gelten die Vorschriften des Sozialgesetzbuches für alle Personen, die ihren Wohnsitz oder gewöhnlichen Aufenthalt in der Bundesrepublik Deutschland haben (§ 30 Abs. 1 SGB I). Der *Wohnsitz* besteht dort, wo jemand eine Wohnung unter Umständen innehat, die darauf schließen lassen, dass er die Wohnung beibehalten

607 *Strick*, NJW 2005, 2182 ff., 2182. §§ 35 ff., 50 ff. SGB VI (Rentenversicherung); §§ 118, 123 ff. SGB III (Arbeitslosenversicherung). Jedoch ist es nicht bei allen Sozialversicherungssystemen möglich, einen solchen Schutzmechanismus vorzusehen. Besonders schwierig gestaltet sich die Situation z. B. bei den gesetzlichen Krankenversicherungssystemen.

608 § 2 SGB IV, Krankenversicherung: § 5 SGB V, Pflegeversicherung: § 1 SGB XI i. V. m. § 5 SGB V, Rentenversicherung: § 2 SGB VI, Unfallversicherung: § 2 SGB VII, Arbeitslosenversicherung: § 24 SGB III.

609 Besondere Regelungen für Ausländer enthalten z. B.: § 7 Abs. 1 S. 2 SGB II (Grundsicherung für Arbeitsuchende); § 23 SGB XII (Sozialhilfe); § 63 SGB III (Förderung der Berufsausbildung); § 55 Abs. 2 Nr. 6, 7 AufenthG, der zwar die Ansprüche auf die Leistungen nach dem SGB VIII (Kinder- und Jugendhilfe) und SGB XII (Sozialhilfe) nicht nimmt, aber Ausweisungsmaßnahmen rechtfertigen kann. *Gutmann*, InfAuslR 2006, 142 ff., 147. Umgekehrt sind die Voraussetzungen, unter denen Deutsche Sozialhilfeleistungen im Ausland in Anspruch nehmen können, ebenfalls sehr eng (§ 24 SGB XII).

und benutzen wird (§ 30 Abs. 3 S. 1 SGB I).[610] Seinen *gewöhnlichen Aufenthalt* hat jemand dort, wo er sich unter Umständen aufhält, die erkennen lassen, dass er an diesem Ort nicht nur vorübergehend verweilt (§ 30 Abs. 3 S. 2 SGB I).[611]

1. Das Territorialitätsprinzip

Die Bestimmungen des § 30 Abs. 1 und 3 SGB I sind Ausdruck des Territorialitätsprinzips des Sozialrechts in der Ausprägung als Wohnortprinzip. Entscheidend für die *Anwendbarkeit* des SGB ist also in der Regel nicht die Staatsangehörigkeit der betreffenden Person. Der Wohnort bzw. der gewöhnliche Aufenthalt ist in den Büchern des Sozialgesetzbuches in unterschiedlicher Weise relevant: er kann z. B. Voraussetzung für die Entstehung eines Anspruchs, für die Auszahlung einer Leistung oder für die Entstehung der Versicherungs- oder Beitragspflicht sein.[612] Das Wohnortprinzip tritt in einigen Bereichen aber auch zugunsten des Beschäftigungslandprinzips zurück; so bildet z. B. das Beschäftigungsverhältnis im Inland den Anknüpfungspunkt für die Versicherungspflicht im Hinblick auf Maßnahmen der Arbeitsförderung nach dem SGB III (vgl. §§ 1, 2, 3 SGB IV).

Die oben genannten Definitionen finden grundsätzlich einheitliche Anwendung in den einzelnen Büchern des Sozialgesetzbuches, können aber durch zusätzliche Kriterien präzisiert werden.[613] Für den Bezug von Leistungen der Grundsicherung für Arbeitsuchende nach dem SGB II soll z. B. *jeder berechenbare Aufenthalt* in der Bundesrepublik, an dem der erwerbsfähige Hilfebedürftige auch nur „greifbar" ist, genügen.[614] Leistungen der Arbeitsförderung nach dem SGB III hingegen, die eine Verfügbarkeit gegenüber der zuständigen Agentur für Arbeit bedingen, setzen einen Aufenthalt vor Ort voraus.[615] In jedem Fall genügt es aber, wenn der Betreffende sich an einem Ort „bis auf weiteres" im Sinne eines zukunftoffenen Verbleibs aufhält und dort den Mittelpunkt seiner Lebens-

---

610 *Brühl*, in: Münder, SGB II, § 7, Rn. 13.

611 *Brühl*, in: Münder, SGB II, § 7, Rn. 16; *Löschau/Marschner*, Rn. 144; *Löns/Herold-Tews*, § 7, Rn. 2; *Seewald*, in: Kasseler Kommentar, § 30 SGB I, Rn. 19 ff.; Begründung des Gesetzesentwurfs (BT-Drucks. 15/1516, S. 52).

612 *Seewald*, in: Kasseler Kommentar, § 30 SGB I, Rn. 3 f.

613 *Spellbrink*, in: Eicher/Spellbrink, SGB II, § 7 Rn. 9; vgl. aber *Seewald*, in: Kasseler Kommentar, § 30 SGB I, Rn. 10 f.: Seine frühere Rechtsprechung, wonach der Begriff des gewöhnlichen Aufenthalts im Kontext der verschiedenen Bücher des SGB eine unterschiedliche Auslegung finden konnte und somit zu einem *bereichsspezifischen Verständnis* des gewöhnlichen Aufenthalts gelangte, hat das BSG allerdings aufgegeben. Der Begriff ist also einheitlich auszulegen.

614 *Spellbrink*, in: Eicher/Spellbrink, SGB II, § 7 Rn. 9.

615 Die Verfügbarkeit bedeutet vor allem, dass den Vorschlägen der Arbeitsagenturen zeit- und ortsnah Folge geleistet und jede zumutbare Beschäftigung aufgenommen werden kann sowie an Maßnahmen der Wiedereingliederung teilgenommen wird (§ 119 Abs. 5 Nr. 2 bis 4 SGB III).

verhältnisse hat.[616] Dies müssen tatsächliche Umstände beweisen.[617] Im Ergebnis ist daher eine Einzelfallprüfung vorzunehmen, die den tatsächlichen Aufenthalt und die Verweildauer sowie die Umstände des Aufenthalts in tatsächlicher und rechtlicher Hinsicht berücksichtigt und sodann den dauerhaften oder vorübergehenden Charakter des Aufenthalts feststellt.[618]

2. Ausnahme vom Territorialitätsprinzip zugunsten über- oder zwischenstaatlichen Rechts

Eine Modifizierung des Territorialitätsprinzips enthält Absatz 2 des § 30 SGB I, wonach Regelungen des über- oder zwischenstaatlichen Rechts unberührt bleiben. Unter den Vorbehalt fallen speziell die – vorrangig geltenden – Regelungen des europäischen koordinierenden Sozialrechts.[619] Implementiert sind auf diese Weise z. B. die bereits dargestellten Vorschriften der Art. 69 f. der VO (EWG) Nr. 1408/71, die eine dreimonatige Arbeitsuche in einem anderen als dem zuständigen Mitgliedstaat mit fortwährendem Leistungsbezug zulassen und die ein Beispiel für eine Abweichung vom Territorialitätsprinzip darstellen (vgl. oben 2. Teil, B. III. 5. b)).

Darüber hinaus kann sich aus den über- bzw. zwischenstaatlichen Bestimmungen aber auch (lediglich) ein anderes Verständnis der Begrifflichkeiten „Wohnsitz“ und „gewöhnlicher Aufenthalt“ ergeben.[620] So ist z. B. im Zusammenhang mit den Leistungen der Grundsicherung für Arbeitsuchende nach dem SGB II zu beachten, dass dem Gemeinschaftsrecht ein spezifisches Verständnis des Begriffs „gewöhnlicher Aufenthalt“ zugrunde liegt: Der EuGH gestattet es, die Gewährung staatlicher Leistungen, die den Zugang zum Arbeitsmarkt erleichtern sollen und unter die das Arbeitslosengeld II subsumiert werden kann (vgl. unten IV.), davon abhängig zu machen, dass eine tatsächliche Verbindung mit dem betreffenden Arbeitsmarkt besteht. Um sich einer solchen Verbindung zu vergewissern, darf das Kriterium des gewöhnlichen Aufenthalts angewendet werden, sofern es auf objektiven, von der Staatsangehörigkeit unabhängigen Erwägungen beruht und in einem angemessenen Verhältnis zu dem Zweck steht, der mit den nationalen Rechtsvorschriften zulässigerweise verfolgt wird.[621] Entsprechend ist die Definition des (§ 7 Abs. 1 SGB II i. V. m.) § 30 Abs. 1, 3 SGB III zu überprüfen. Ein gewöhnlicher Aufenthalt liegt hiernach vor, wenn

---

616 *Brühl*, in: Münder, SGB II, § 7, Rn. 13.

617 BSGE 27, 88, 89; 49, 254, 256. Nur der Wille ist nicht ausreichend.

618 *Löschau/Marschner*, Rn. 146; *Seewald*, in: Kasseler Kommentar Sozialversicherungsrecht, § 30, Rn. 19 ff.

619 *Seewald*, in: Kasseler Kommentar Sozialversicherungsrecht, § 30, Rn. 29; *Brand*, in: Niesel, SGB III, § 118, Rn. 7; *Mrozynski*, SGB I, § 30, Rn. 26 ff.

620 *Seewald*, in: Kasseler Kommentar Sozialversicherungsrecht, § 30, Rn. 29.

621 EuGH Rs. C-138/02, Collins, Slg. 2004, I-2703, Rn. 66 ff. (zum Sachverhalt s. 2. Kapitel, 3. Teil, B. III.).

tatsächliche Umstände dafür sprechen, dass der Aufenthalt nicht nur vorübergehender Natur ist und der Aufenthaltsort den Mittelpunkt der Lebensverhältnisse bildet (s. oben). Diese Kriterien sind hinreichend gesetzlich bestimmt. Sie beruhen auf von der Staatsangehörigkeit unabhängigen Erwägungen, denn mit der Anknüpfung an den gewöhnlichen Aufenthalt lässt das Sozialrecht die Staatsangehörigkeit gerade in den Hintergrund treten; zudem umschreibt § 30 SGB I als Kollisionsnorm lediglich den Geltungsbereich des SGB. Da insbesondere keine Mindestaufenthaltszeiten vorgesehen sind, und die Beurteilung auf der Grundlage einer vorausschauenden Betrachtungsweise erfolgt, die Anzeichen für einen nicht nur vorübergehenden Aufenthalt genügen lässt, gehen die Anforderungen nicht über das notwendige Maß heraus. Auch ist ein Rechtsbehelfsverfahren vorgesehen (§ 62 SGB X). Daher muss von der üblichen Definition nicht nach § 30 Abs. 2 SGB I abgewichen werden.

III. Maßnahmen der Arbeitsförderung (SGB III)

Die Maßnahmen der Arbeitsförderung dienen insbesondere dazu, Arbeitslosigkeit zu vermeiden oder die Dauer der Arbeitslosigkeit zu verkürzen (§ 1 Abs. 1 SGB III). Hierzu gehören z. B. die Ausbildungs- und Arbeitsvermittlung, Mobilitätshilfen zur Aufnahme einer Beschäftigung und Entgeltersatzleistungen, insbesondere in Form des Arbeitslosengeldes (§ 3 SGB III). Der Bezug von Arbeitslosengeld setzt vor allem (drohende) Beschäftigungslosigkeit, Verfügbarkeit gegenüber der Agentur für Arbeit sowie die Erfüllung der Anwartschaftszeit von zwölf Monaten in einem sozialversicherungspflichtigen Beschäftigungsverhältnis (vgl. §§ 117 ff. SGB III) voraus. Da die Maßnahmen Versicherungsleistungen darstellen, bestehen grundsätzlich keine besonderen Voraussetzungen für ausländische Arbeitnehmer; wie die Versicherungspflicht knüpfen die Leistungen nicht an die Staatsangehörigkeit an.[622]
Eine Ausnahme bildet die Berufsausbildungsbeihilfe (§§ 59 ff. SGB III), die bereits Auszubildenden zugute kommt und daher im Grundsatz nicht an Vorerwerbszeiten anknüpft. Des Weiteren bestehen im Hinblick auf die Gemeinschaftsrechtskonformität der Mobilitätsbeihilfen (§§ 53 ff. SGB III) unter dem Aspekt des *Beschränkungsverbotes* Zweifel, da die Förderung einer beruflichen Ausbildung im Ausland strengeren Vorgaben unterliegt (§ 62 SGB III).

622 Arbeitnehmer und Selbständige entrichten von ihrem Lohn in der Regel Beiträge zu einer Sozial*versicherung* (Renten-, Arbeitslosenversicherung, gesetzliche Krankenversicherung), aus der sie im Fall der Bedürftigkeit eigene Ansprüche ableiten können.

1. Berufsausbildungsbeihilfe (§§ 59 ff. SGB III)

Eine im Hinblick auf die Anspruchsvoraussetzungen besondere Maßnahme stellt die Berufsausbildungsbeihilfe dar, die zur Unterstützung des Lebensunterhalts während einer beruflichen Erstausbildung entsprechend der BAföG-Regelungen für Studierende geleistet wird. Ihr Ziel ist es, dem Arbeitsmarkt qualifizierten Nachwuchs im erforderlichen Umfang zur Verfügung zu stellen. Während durch das Zuwanderungsgesetz Unionsbürger in den förderungsfähigen Personenkreis gleich Deutschen aufgenommen wurden, sind die Anspruchsvoraussetzungen seit dem 1. Januar 2008 erschwert worden.[623] So sind gemäß § 63 Abs. 1 Nr. 2, 3 und 4 SGB III nunmehr nur noch drei Gruppen von Unionsbürgern förderungsfähig:

- Unionsbürger, die ein Recht auf Daueraufenthalt im Sinne des FreizügG/EU haben,
- Ehegatten und Kinder von Unionsbürgern, die unter den Voraussetzungen des § 3 Abs. 1 und 4 des FreizügG/EU gemeinschaftsrechtlich freizügigkeitsberechtigt sind oder denen diese Rechte als Kinder nur deshalb nicht zustehen, weil sie 21 Jahre oder älter sind und von ihren Eltern oder deren Ehegatten keinen Unterhalt erhalten oder
- Unionsbürger, die vor dem Beginn der Ausbildung im Inland in einem Beschäftigungsverhältnis gestanden haben, dessen Gegenstand mit dem der Ausbildung in einem inhaltlichen Zusammenhang steht.

Die neue gesetzliche Regelung ist offensichtlich dazu bestimmt, Art. 24 Abs. 2 der RL 2004/38/EG für die Berufsausbildungsbeihilfe umzusetzen, indem – abgesehen von den Familienangehörigen – nur langfristig aufenthaltsberechtigte Unionsbürger sowie Arbeitnehmer gefördert werden, deren Arbeitnehmereigenschaft aufgrund der Aufnahme einer Berufsausbildung, die mit einer früheren Erwerbstätigkeit in Zusammenhang steht, fortwirkt.[624] Der Gesetzestext widerspricht der Richtlinienbestimmung nicht, jedoch wird vor dem Hintergrund der Entscheidung des EuGH in der bereits dargestellten Rechtssache Bidar[625] in Zweifel gezogen, ob der Spielraum der Richtlinie von den Mitgliedstaaten ausgeschöpft werden darf bzw. entsprechende mitgliedstaatliche Regelungen einer Überprüfung des EuGH am Maßstab des Art. 12 EGV standhalten würden. Die genannte Entscheidung betraf zwar das Begehren eines Studierenden auf eine Studienbeihilfe. Auf Berufsbeihilfen findet aber, ebenso wie auf Studienbeihilfen, der Gleichbehandlungsgrundsatz des Art. 24 Abs. 1 der RL 2004/38/EG nur

---

623 Art. 4 des 22. Gesetz zur Änderung des Bundesausbildungsförderungsgesetzes vom 23. Dezember 2007 (BGBl. 2007 Teil I, S. 3254 ff.).

624 Art. 7 Abs. 3 lit. d der RL 2004/38/EG sowie EuGH Rs. 39/86, Lair, Slg. 1988, 316, Rn. 36. Vgl. oben 1. Teil A. I.5.

625 EuGH Rs. C-209/03, Bidar, Slg. 2005, I-2119 (s. oben 3. Teil B. II. 3.).

eingeschränkt Anwendung (Art. 24 Abs. 2 der RL 2004/38/EG). Daher lässt das Urteil in der Rechtssache Bidar Rückschlüsse für beide Beihilfearten zu. Allerdings ist zu beachten, dass der EuGH die Verweigerung der Studienbeihilfe nicht deshalb beanstandete, weil sie nur zum dauerhaften Aufenthalt berechtigten Personen gewährt wurde – diese Bedingung kann vielmehr dem legitimen Zweck dienen sicherzustellen, dass der Beihilfeantragsteller einen gewissen Grad an Integration in die Gesellschaft dieses Staates nachgewiesen hat –, sondern vor allem deshalb, weil dieser Status *als Student* nicht erlangt werden konnte, insbesondere auch dann nicht, wenn man einen großen Teil seiner Schulausbildung in Großbritannien absolviert hat.[626] Es ist daher nicht ausgeschlossen, dass die Berufsausbildungsbeihilfe entsprechend der Regelung der Richtlinie an den Aufenthaltsstatus mit dem höchsten Verfestigungsgrad anknüpfen darf, auch wenn hierdurch das Maß des „gewissen Grades an Integration" überschritten zu sein scheint. Es bleibt abzuwarten, wie der EuGH die Ausnahmevorschrift des Art. 24 Abs. 2 der RL 2004/38/EG in der Zukunft behandeln wird.

2. Mobilitätshilfen (§§ 53 ff. SGB III) zur Eingliederung in den Arbeitsmarkt eines anderen Mitgliedstaats

Maßnahmen der Arbeitsförderung beziehen sich grundsätzlich auf die Wiedereingliederung in den *einheimischen* Arbeitsmarkt. Hierin dürfen sich die Hilfen, die mit Blick auf das neu gefundene Beschäftigungsverhältnis gewährt werden, aber nicht erschöpfen. Dies folgt aus der bereits dargestellten Entscheidung des EuGH in der Rechtssache ITC, die die Regelungen zum Vermittlungsgutschein betraf (§ 421g SGB III, s. B. II. 2.). Hiernach konnte der private Arbeitsvermittler den Gutschein nur dann gegenüber der Agentur für Arbeit einlösen, wenn er den Arbeitslosen in ein inländisches sozialversicherungspflichtiges Beschäftigungsverhältnis vermittelt hatte. Die Begründung, dass sich nur bei einer Beschäftigung im Inland und die hierdurch hinzugewonnenen Beitragszahlungen in die Sozialversicherungssysteme die Auszahlung des Gutscheins rentiert, hat der EuGH wegen des zu ungewissen Zusammenhangs und der zu minimalen Auswirkungen auf die Sozialversicherungssysteme insgesamt nicht zugelassen.[627] Diese Entscheidung des EuGH hat nicht nur Auswirkungen auf die Regelungen zum Vermittlungsgutschein, sondern auch auf die Mobilitätshilfen (§§ 53, 54 SGB III), die die Erleichterung regionaler und beruflicher Mobilität zum Ziel haben.[628] Sie umfassen neben Leistungen für den Lebensunterhalt bis zur ersten Arbeitsentgeltzahlung auch z. B. Reise-, Trennungs- und Umzugskostenbeihilfen; bei den Leistungen bestehen mit Ausnahme der Fahrkostenbeihilfe Förderhöchstgrenzen. Zur Aufnahme einer Beschäftigung im Inland werden sie sowohl

626 EuGH Rs. C-209/03, Bidar, Slg. 2005, I-2119, Rn. 61 f.
627 EuGH Rs. C-208/05, ITC, Slg. 2007, I-181 (s. Fn. 344), Rn. 37 ff.
628 *Stratmann*, in: Niesel, SGB III, § 53, Rn. 1.

an Arbeitslose als auch an von Arbeitslosigkeit bedrohte Arbeitsuchende geleistet; bei einer Beschäftigungsaufnahme im Ausland sind jedoch nur Arbeitslose, nicht aber von Arbeitslosigkeit bedrohte Arbeitnehmer anspruchsberechtigt, da, so die Gesetzesbegründung, nur in solchen Fällen „der Leistung Einsparungen gegenüberstehen".[629] Der Unterschied zwischen einer Beschäftigungsaufnahme im Inland zu der im Ausland besteht aus Sicht des Sozialversicherungsträgers darin, dass bei einer Inlandsbeschäftigung als belastende Ausgabe nur die Mobilitätshilfe zu gewähren ist, Sozialversicherungsbeiträge insbesondere aus der neuen Beschäftigung aber eingenommen werden können. Bei einer Beschäftigungsaufnahme im Ausland entfallen die Sozialversicherungsbeiträge aus der neuen Beschäftigung als Einnahme und es treten die Mobilitätshilfen hinzu. Andererseits müssten im Fall der Arbeitslosigkeit aber auch weitere Ausgaben, vor allem in Form des Arbeitslosengeldes I, getätigt werden. Nun ist es schwer abzuschätzen, wie sich die Mobilitätshilfen zur Höhe des Arbeitslosengeldes im Einzelfall verhalten, jedoch ist das Unterscheidungskriterium wohl nicht geeignet, den Schutz der Sozialleistungssysteme zu gewähren. Zum einen scheinen die Auswirkungen wie in der Rechtssache ITC zu gering, um die Beschränkung der Freizügigkeit rechtfertigen zu können. Zum anderen stellen die Höchstgrenzen der möglichen Förderung bereits einen effektiven Schutz der Sozialleistungssysteme dar.

IV. Die Grundsicherung für Arbeitsuchende (SGB II)

Die Maßnahmen der Grundsicherung für Arbeitsuchende fasst das Zweite Buch des Sozialgesetzbuches (SGB II) zusammen. Es wurde als Artikel 1 des Vierten Gesetzes für moderne Dienstleistungen am Arbeitsmarkt vom 24. Dezember 2003, auch „Hartz IV" genannt, erlassen.[630] Die Maßnahmen der Grundsicherung richten sich an *erwerbsfähige Hilfebedürftige* und greifen ein, wenn keine vorrangige Leistungspflicht anderer Sozialleistungsträger besteht, so dass sie insbesondere zum Tragen kommen, wenn kein Anspruch (mehr) auf Maßnahmen der Arbeitsförderung nach dem SGB III besteht. Zu den Leistungsarten der Grundsicherung zählen die „Leistungen zur Eingliederung in Arbeit" (§§ 14 bis 18 SGB II) sowie die „Leistungen zur Sicherung des Lebensunterhalts", zu denen vor allem das Arbeitslosengeld II gehört (§§ 19 bis 35 SGB II, § 22 Abs. 4 SGB III). Das Arbeitslosengeld II ersetzt als Maßnahme der Grundsicherung für Arbeitsuchende die frühere Arbeitslosenhilfe, die im Anschluss an das Arbeitslosengeld als an den früheren Bruttolohn anknüpfende

629 BT-Drucks. 14/6944, S. 32.
630 BGBl. 2003 Teil I, S. 2954 ff.

Entgeltersatzleistung gezahlt wurde, und teilweise die sozialhilferechtliche Hilfe zum Lebensunterhalt.[631]

Neben dem gewöhnlichen Aufenthalt in der Bundesrepublik Deutschland (§ 7 Abs. 1 S. 1 Nr. 4 SGB II i. V. m. § 30 Abs. 1 SGB I) setzen die Maßnahmen der Grundsicherung für Arbeitsuchende des SGB II Erwerbsfähigkeit und Hilfebedürftigkeit voraus (§ 7 Abs. 1 S. 1 Nr. 2 und 3, §§ 8, 9 SGB II).[632] Für Ausländer sieht § 8 Abs. 2 SGB II im Hinblick auf die Erwerbsfähigkeit eine Sonderregelung vor, wonach neben den allgemeinen Voraussetzungen[633] erforderlich ist, dass die Aufnahme einer Beschäftigung erlaubt ist oder erlaubt werden könnte. Mit dieser Voraussetzung soll die Erwerbsfähigkeit bei Ausländern nicht nur durch das gesundheitliche Können, sondern auch das rechtliche Dürfen bestimmt werden.[634] Da Unionsbürger einen genehmigungsfreien Zugang zum Arbeitsmarkt genießen (§ 2 Abs. 2 Nr. 1 FreizügG/EU), folgen für sie keine zusätzlich Anforderungen.[635]

---

631 Die frühere Arbeitslosenhilfe hatte eine Zwitterstellung zwischen Versicherungs- und Fürsorgeleistung inne, indem sie einerseits steuerfinanziert wurde, an einen ausgelaufenen Anspruch auf Arbeitslosengeld anknüpfte, aber zeitlich unbefristet gezahlt wurde, und zugleich bezogen auf das zuletzt erzielte Nettoarbeitsentgelt ausgestaltet war (vgl. *Steck/Kossens*, FPR 2005, 424 ff.).

632 Zudem gilt die Altersgrenze von mindestens 15 bis einschließlich 64 Jahren (§ 7 Abs. 1 S. 1 Nr. 1 SGB II).

633 Erwerbsfähig ist, wer nicht wegen Krankheit oder Behinderung auf absehbare Zeit außerstande ist, unter den üblichen Bedingungen des allgemeinen Arbeitsmarktes mindestens drei Stunden täglich erwerbstätig zu sein (§ 8 Abs. 1 SGB II).

634 *Blüggel*, in: Eicher/Spellbrink, SGB II, § 8 Rn. 42.

635 Ausgenommen sind die Staatsangehörigen der mittel- und osteuropäischen Mitgliedstaaten, solange die Übergangsregelungen in Kraft sind. Anders aber für Selbständige, da insoweit keine Sonderregelungen bestehen (vgl. Strick, NJW 2005, 2181 ff.). Die frühere Regelung des § 8 formulierte, dass der *gewöhnliche Aufenthalt* eines Ausländers in der Bundesrepublik vorlag, wenn ihm *die Aufnahme einer Beschäftigung erlaubt ist oder erlaubt werden könnte* (§§ 7 Abs. 1 S. 2, 8 Abs. 2 SGB II). Daher war streitig, ob für Unionsbürger der Verweis auf das Arbeitsgenehmigungsrecht als zusätzliche Bedingung zu der des gewöhnlichen Aufenthalts in der Bundesrepublik zu sehen war (vgl. *Schreiber*, info also 2008, 3 ff., 4; *Spellbrink*, in: Eicher/Spellbrink, SGB II, § 7 Rn. 11, der mit dem für Unionsbürger genehmigungsfreien Zugang zum Arbeitsmarkt den ständigen Aufenthalt als gegeben ansah. *Brühl*, in: Münder, SGB II, § 7, Rn. 27, der die Voraussetzung des gewöhnlichen Aufenthalts damit begründete, dass die Rechte der Unionsbürger nicht weiter gehen können, als die der Staatsangehörigen; dies ist unter dem Aspekt der grundsätzlich zulässigen Inländerdiskriminierung allerdings fraglich.). Fraglich ist jedoch bereits, ob Unionsbürger überhaupt unter die Sonderregelungen für (drittstaatsangehörige) Ausländer fielen und nicht vielmehr gemäß dem Gleichbehandlungsgebot des Art. 39 Abs. 2 i. V. m. Art. 12 EGV denselben Voraussetzungen wie deutsche Staatsangehörige unterlagen, so dass sie wie diese den gewöhnlichen Aufenthalt (Art. 7 Abs. 1 S. 1 SGB II) und nicht die Arbeitsberechtigung nachweisen mussten. Hierfür spricht auch, dass sich die Begründung des Gesetzesentwurfs im Hinblick auf den „gewöhnlichen Aufenthalt“ im Sinne des § 7 Abs. 1 S. 1 Nr. 4, S. 2 SGB II nur auf

Allerdings gelten mehrere Ausnahmen von der Leistungsberechtigung. So legt § 7 Abs. 1 SGB II eine Reihe von Personengruppen fest, die trotz Vorliegens der genannten Voraussetzungen von den Leistungen des SGB II ausgenommen sind. Es ist unverkennbar, dass der Gesetzgeber mit der Einführung der genannten Ausnahmen des § 7 SGB II von der Option des Art. 24 Abs. 2 der RL 2004/38/EG Gebrauch machen wollte und versucht hat, entsprechend der dort vorgesehenen Beschränkungsmöglichkeit des sozialhilfeberechtigten Personenkreises die Anspruchsberechtigten im Hinblick auf die Grundsicherung für Arbeitsuchende zu verringern.[636] Ob der Gesetzgeber hierbei innerhalb der von der Richtlinie belassenen Spielräume geblieben ist, soll im Folgenden untersucht werden. Zunächst stellt sich die Frage, ob die Grundsicherung für Arbeitsuchende eine Leistung der „Sozialhilfe" im Sinne des Art. 24 Abs. 2 der RL 2004/38/EG darstellt und von der nur eingeschränkten Anwendbarkeit des Gleichbehandlungsgrundsatzes erfasst ist. Sodann ist zu überprüfen, ob den von der Ausnahme erfassten Personen entsprechend den Vorgaben der Richtlinie die Leistungen verwehrt werden dürfen.

1. Einordnung der Grundsicherung für Arbeitsuchende als Sozialhilfe

Die Leistungen der Grundsicherung müssten solche der Sozialhilfe im Sinne des Art. 24 Abs. 2 der RL 2004/38/EG darstellen, damit entsprechend der Regelungsoption bestimmte Personengruppen aus dem Kreis der Anspruchsberechtigten ausgenommen werden können.

Der Begriff der Sozialhilfe ist im Gemeinschaftsrecht noch nicht ausreichend bestimmt (s. oben 2. Teil, B. III. 2). Es wurden lediglich einige Kriterien festgelegt, die Leistungen der Sozialhilfe umschreiben und die eine staatliche Maßnahme der Sozialhilfe zuordnen. Dies sind vor allem Leistungen, „die im Rahmen eines beitragsfreien, steuerfinanzierten Systems gewährt werden und für eine Leistungsgewährung eine typischerweise der Sozialhilfe eigene Bedürftig-

---

drittstaatsangehörige Personen, nicht aber auf Unionsbürger bezieht, vgl. BT-Drucks. 15/1516, S. 52 zum Vierten Gesetz über moderne Dienstleistungen am Arbeitsmarkt (BGBl. 2003 Teil I, S. 2954). Aber auch dann, wenn sich die Anspruchsberechtigung aus den besonderen Bestimmungen für Ausländer ergeben sollte, konnte die Arbeitsberechtigung bei Unionsbürgern nicht das Erfordernis des gewöhnlichen Aufenthalts ersetzen, da das Recht zur Beschäftigungsaufnahme nach den für Drittstaatsangehörige geltenden Vorschriften nicht unabhängig vom Aufenthalt erteilt werden kann, sondern einen solchen voraussetzt. Der gewöhnliche Aufenthalt blieb daher Anspruchsbedingung und die Arbeitsgenehmigung trat als zusätzliche Voraussetzung hinzu (*Löns/Herold-Tews*, § 7, Rn. 2, hier ist die Beschäftigungserlaubnis als „zusätzlich erforderlich" zum Aufenthalt bezeichnet). Demnach konnte der genehmigungsfreie Zugang von Unionsbürgern nur über das Erfordernis einer Arbeitsgenehmigung hinweghelfen, nicht aber auch von einem entsprechenden Nachweis des Aufenthalts entbinden.

636 Begründung des Gesetzesentwurfs, BT-Drucks. 16/5065, S. 234.

keit im Einzelfall voraussetzen, so dass ein Anspruch nicht von dem gesetzlichen Status des Arbeitnehmers, sondern von der Ermessensentscheidung der zuständigen Behörde abhängt".[637]

Des Weiteren stellt es ein Indiz gegen die Einordnung als Sozialhilfeleistung dar, wenn eine Maßnahme in den Anwendungsbereich der sozialrechtlichen Koordination der VO (EWG) Nr. 1408/71 fällt und einem Zweig der sozialen Sicherheit im Sinne des Art. 4 Abs. 1 der VO (EWG) Nr. 1408/71 zuzuordnen ist, da die Sozialhilfe von ihrem Anwendungsbereich ausgenommen ist (Art. 4 Abs. 4 der VO (EWG) Nr. 1408/71). In Betracht kommt die Einordnung der Grundsicherung für Arbeitsuchende als Leistung bei Arbeitslosigkeit (Art. 4 Abs. 1 lit. g) oder als beitragsunabhängige Sonderleistung (Art. 4 Abs. 2a). Beitragsunabhängige Sonderleistungen sind Leistungen, die weder unter eine Leistungsart im Sinne des Art. 4 Abs. 1 der VO (EWG) Nr. 1408/71 fallen, auf die die Verordnung ausdrücklich Anwendung findet, noch einer Leistungsart zuzuordnen sind, die nach Absatz 4 nicht zum sachlichen Geltungsbereich der VO (EWG) Nr. 1408/71 zählt (Sozialhilfe und Kriegsopferentschädigung), aber den in Absatz 1 aufgeführten Leistungen entsprechen, sie ersetzen oder ergänzen oder zusätzlich zu ihnen gewährt werden und daher in den Anwendungsbereich der VO (EWG) Nr. 1408/71 einbezogen wurden.[638]

Zweifellos weisen die Maßnahmen der Grundsicherung sowohl starke Bezüge zu einer Hilfe für Arbeitslose als auch zur Sozialhilfe auf.[639] Für ihre Einordnung als Sozialhilfe spricht, dass das Arbeitslosengeld II entsprechend der Sozialhilfe nach dem SGB XII als Fürsorgeleistung ausgestaltet ist, das heißt keine beitragsfinanzierte Versicherungsleistung, sondern eine *beitragsunabhängig* gewährte staatliche Geldleistung darstellt, die keine Vorerwerbszeit als Arbeitnehmer in einem sozialversicherungspflichtigen Beschäftigungsverhältnis voraussetzt. Des Weiteren sieht das Arbeitslosengeld II eine dem Regelsatz der Sozialhilfe vergleichbare Regelleistung zur Sicherung des Lebensunterhalts sowie die Übernahme der tatsächlichen Aufwendungen für Unterkunft und Verpflegung vor (§§ 20, 22 SGB II); zudem besteht in bestimmten Situationen ein Anspruch auf Leistungen für Mehrbedarfe (§ 21 SGB II). Damit stellt das Arbeitslosengeld II keine am früheren Einkommen des Hilfebedürftigen orientierte Einkommensersatzleistung dar, so dass ihm der Bezug zum Risiko der Arbeitslosigkeit fehlt.

Andererseits hat die Grundsicherung mit den Leistungen bei Arbeitslosigkeit gemein, dass sie sich nur an Erwerbsfähige richtet und ihr Leitprinzip in der Wiedereingliederung des Hilfebedürftigen in den Arbeitsmarkt besteht (§§ 7, 8; §§ 1, 14 SGB II). Hierfür stehen ihm weitgehend die Leistungen des SGB III zur Verfügung, soweit sie zur Vermeidung oder Beseitigung, Verkürzung oder Verminderung der Hilfebedürftigkeit erforderlich sind (Arbeitsförderung; §§ 3,

637 *Steinmeyer*, in: Schulze/Zuleeg, § 40 Rn. 342.

638 Vgl. oben 2. Teil B. 5.

639 *Fuchs*, NZS 2007, 1 ff., 4.

16 SGB II). Des Weiteren hat er eine Eingliederungsvereinbarung mit der Agentur für Arbeit zu schließen (§ 15 SGB II), deren Nichteinhaltung ebenso wie z. B. die Weigerung, eine zumutbare Arbeit anzunehmen, zur Absenkung des Arbeitslosengeldes II führen kann (§§ 29 ff., 31 SGB). Somit ist nicht von der Hand zu weisen, dass das SGB II gleichermaßen von Arbeitseingliederungsleistungen, die für eine Leistung bei Arbeitslosigkeit sprechen, dominiert wird.[640]
Bei isolierter Betrachtung nur des engen Zusammenhangs der Leistungen mit der Überwindung des Risikos der Arbeitslosigkeit bzw. nur der starken Elemente der Sozialhilfe ließe sich zweifellos die Einordnung der Grundsicherung als Leistung bei Arbeitslosigkeit oder als Sozialhilfe rechtfertigen. In der Gesamtschau bliebe bei diesem Vorgehen jedoch die jeweils andere bedeutsame Komponente der Grundsicherung außer Betracht, so dass weder die Einordnung unter die eine noch unter die andere ihrem Wesen ausreichend Rechnung trägt. Daher bleibt nur, die Grundsicherung der Sache nach als eine „Sozialhilfe für Arbeitslose" zu bezeichnen und sie den beitragsunabhängigen Sonder- bzw. Mischleistungen im Sinne des Art. 4 Abs. 2a der VO (EWG) Nr. 1408/71 zuzurechnen.[641]
Vernachlässigt wurde bei der Einordnung des Arbeitslosengeldes II bisher die Vorschrift des § 24 SGB II, welche dem Hilfebedürftigen, der innerhalb von zwei Jahren nach dem Ende des Bezugs von Arbeitslosengeld das Arbeitslosengeld II erhält, einen monatlichen Zuschlag gewährt. Hiermit kann das Arbeitslosengeld II in einem begrenzten Umfang aufgestockt werden. Die Höhe des Zuschlags orientiert sich an dem zuvor bezogenen Arbeitslosengeld und damit an der Höhe des früheren Einkommens. In der Begründung des Gesetzesentwurfs heißt es, dass der befristete Zuschlag berücksichtigen soll, „dass der ehemalige Arbeitslosengeldempfänger durch häufig langjährige Erwerbstätigkeit – im Unterschied zu solchen Empfängern der neuen Leistung – einen Anspruch in der Arbeitslosenversicherung erworben hat. Er soll in vertretbarem Umfang einen Teil der Einkommenseinbußen abfedern, die in der Regel beim Übertritt in die neue Leistung entstehen werden".[642] Durch diese Regelung erhält das Arbeitslosengeld II einen starken Bezug zum Recht der Arbeitsförderung des SGB III und damit zum Risiko der Arbeitslosigkeit, da es zumindest teilweise die Merkmale einer Einkommensersatzleistung aufweist, für das das frühere Einkommen die Berechnungsgrundlage darstellt. Der Charakter einer Sozialhilfe wird hierdurch abgeschwächt und verliert in der Gesamtbetrachtung der Leistung an Bedeutung. Daher ist die Grundsicherung für Arbeitsuchende, wenn das Arbeitslosengeld II unter den Voraussetzungen des § 24 SGB II mit einem Zuschlag gewährt wird, als Leistung bei Arbeitslosigkeit im Sinne des Art. 4 Abs. 1 lit. g der VO (EWG) Nr. 1408/71 einzuordnen und den koordinierenden Regelungen der

---

640 *Brühl*, in: Münder, SGB II, § 7, Rn. 27.

641 *Strick*, NJW 2005, 2182 ff., 2184; Nachrangigkeit bei Erwerbsfähigkeit gegenüber der Sozialhilfe, § 5 Abs. 2 Satz 1 SGB II; *Fuchs*, NZS 2007, 1 ff., 4.

642 BT-Drucks. 15/1516, S. 58.

Art. 67 ff. der Verordnung unterworfen.[643] Wird das Arbeitslosengeld II ohne Zuschlag gezahlt, so stellt die Grundsicherung eine beitragsunabhängige Sonderleistung im Sinne des Art. 4 Abs. 2a der VO (EWG) Nr. 1408/71 dar und gilt damit weder als Leistung der sozialen Sicherheit nach Abs. 1 noch als Sozialhilfe im Sinne des Absatzes 4 der Bestimmung.[644]
Somit ist fraglich, ob die Maßnahmen der Grundsicherung für Arbeitsuchende, die aus einer überwiegend von Elementen der Sozialhilfe geprägten finanziellen Leistung und den Leistungen bei Arbeitslosigkeit bestehen und vergleichbaren Wiedereingliederungsmaßnahmen zuzuordnen sind, als Leistung der Sozialhilfe im Sinne von Art. 24 Abs. 2 der RL 2004/38/EG erstmalig arbeitsuchenden Unionsbürgern vorenthalten werden darf. Dem steht entgegen, dass Art. 24 Abs. 2 der RL 2004/38/EG ausdrücklich nur die Sozialhilfe anführt, aus keiner anderen Vorschrift aber hervorgeht, dass auch die Hilfen bei der Arbeitsaufnahme eingeschränkt werden dürfen. Vielmehr haben Unionsbürger einen Anspruch auf die Gewährung derselben (nicht finanziellen) Unterstützungsmaßnahmen, wie sie Staatsangehörige erhalten (Art. 5 VO (EWG) Nr. 1612/68). Daher dürfen die Eingliederungsleistungen nicht an zusätzliche Voraussetzungen geknüpft werden. Hieraus folgt, dass zwar das Arbeitslosengeld II als finanzielle Leistung mit überwiegendem Sozialhilfecharakter dem Anwendungsbereich des Art. 24 Abs. 2 der RL 2004/38/EG unterfällt und in dem beschriebenen Umfang nicht gezahlt werden muss. Arbeitsuchende Unionsbürger dürfen aber nicht von den Eingliederungsmaßnahmen des SGB II ausgenommen werden, wenn sie die übrigen Anspruchsvoraussetzungen, also vor allem das des gewöhnlichen Aufenthalts, erfüllen.

643 Unionsbürger haben daher sowohl einen Anspruch auf die Leistungen der Eingliederung als auch auf das Arbeitslosengeld II, sofern sie als im Sinne des Art. 1 lit. a Ziff. i) der VO (EWG) Nr. 1408/71 Versicherte in ihren Anwendungsbereich fallen. Fraglich ist allerdings, ob die Ausgestaltung des Arbeitslosengeldes II, insbesondere die fehlende Notwendigkeit von Versicherungs- oder Beschäftigungszeiten nicht insofern die Art. 67 und 69 der VO (EWG) Nr. 1408/71 modifiziert, als die Bundesrepublik ihre Zuständigkeit nicht wegen dieser fehlenden Zeiten und auch nicht auf drei Monate bei Zuständigkeit eines anderen Mitgliedstaats beschränken kann. Vgl. *Fuchs*, NZS 2007, 1 ff., 5.

644 Dies hat auch der deutsche Gesetzgeber anerkannt, indem er von der Möglichkeit des Art. 10a der VO (EWG) Nr. 1408/71 Gebrauch gemacht hat, wonach die Leistung nur bei Wohnsitz im Inland gewährt werden muss, wenn sie in Anhang IIa der VO (EWG) Nr. 1408/71 aufgeführt ist; insoweit geändert durch die VO (EG) Nr. 629/2006 (ABl. 2006 L 114/1), der Eintrag lautet: Leistungen zur Sicherung des Lebensunterhalts im Rahmen der Grundsicherung für Arbeitsuchende, soweit für diese Leistungen nicht dem Grunde nach Voraussetzungen für den befristeten Zuschlag nach Bezug von Arbeitslosengeld (§ 24 Absatz 1 des Zweiten Buches Sozialgesetzbuch) erfüllt sind. So auch die Kommission, vgl. 3.4 des Kommissionsvorschlags KOM/2004/830.

2. Der Kreis der (nicht) anspruchsberechtigten Personen

Mit mehreren Änderungen des § 7 SGB II hat der Gesetzgeber versucht, die Gruppe der Anspruchsberechtigten entsprechend der Option des Art. 24 Abs. 2 der RL 2004/38/EG zu verringern.[645] So wurden zunächst die „Ausländer, deren Aufenthaltsrecht sich allein aus dem Zweck der Arbeitsuche ergibt“, von den Leistungen ausgeschlossen (§ 7 Abs. 1 S. 2 Nr. 2 SGB II).[646] Hierunter sind nach der Gesetzesbegründung Unionsbürger zu fassen, die sich allein zum Zweck der Arbeitsuche in Deutschland aufhalten und ihr Aufenthaltsrecht auf Art. 14 Abs. 4 lit. b der RL 2004/38/EG gründen.[647] Können sie einer anderen Gruppe freizügigkeitsberechtigter Personen als der des § 2 Abs. 2 Nr. 1 Var. 3 FreizügG/EU zugeordnet werden, unterfallen sie nicht dem Ausschluss der Maßnahmen zu Grundsicherung für Arbeitsuchende. Mit einer weiteren Änderung hat der Gesetzgeber den Leistungsbezug für Unionsbürger während der ersten drei Aufenthaltsmonate ausgeschlossen, sofern sie weder Arbeitnehmer noch Selbständige sind, noch sich auf ein fortgeltendes Freizügigkeitsrecht im Sinne des § 2 Abs. 3 FreizügG/EU berufen können (§ 7 Abs. 1 S. 2 Nr. 1 SGB II).[648] Nicht anspruchsberechtigt sind also Unionsbürger, die sich (nur) auf das dreimonatige voraussetzungslos gewährte Aufenthaltsrecht berufen können.[649]

a) Vereinbarkeit mit dem Gemeinschaftsrecht

Im Ergebnis haben Unionsbürger einen Anspruch auf Leistungen nach dem SGB II, wenn sie entweder als Arbeitnehmer oder Selbständige freizügigkeitsberechtigt sind oder aber unter § 2 Abs. 3 FreizügG/EU fallen, sich also auf die fortgeltende Freizügigkeitsberechtigung wegen vorübergehender Erwerbsminderung infolge Krankheit oder Unfall, unfreiwilliger Arbeitslosigkeit oder der Aufnahme einer Berufsausbildung, die in einem Zusammenhang mit der früheren Erwerbstätigkeit steht, berufen können. Eingeschlossen sind auch die Familienangehörigen dieser Personengruppen. Ausgenommen sind andere als die aufgezählten Personen während der ersten drei Aufenthaltsmonate sowie Arbeitsuchende, die ihr Freizügigkeitsrecht allein auf die Arbeitsuche stützen, während ihres gesamten Aufenthalts. Damit entsprechen die Regelungen des § 7 Abs. 1 S. 2 Nr. 1 und 2 SGB II den Vorgaben des Art. 24 Abs. 2 der RL 2004/38/EG, die

645 Begründung des Gesetzesentwurfs, BT-Drucks. 16/5065, S. 234.

646 Gesetz zur Änderung des Zweiten Buches Sozialgesetzbuch und anderer Gesetze (BGBl. 2006 Teil I, S. 558); die Regelung ist seit dem 1. April 2006 in Kraft.

647 BT-Drucks. 16/688, S. 13.

648 Gesetz zur Umsetzung aufenthalts- und asylrechtlicher Richtlinien der Europäischen Union vom 19. August 2007 (BGBl. 2007 Teil I, S. 1970 ff., S. 2008), s. Begründung in BT-Drucks. 16/5065, S. 234.

649 § 2 Abs. 5 FreizügG/EU.

es gestatten, Leistungen der Sozialhilfe bestimmten Personengruppen vorzubehalten.
Ob die fehlende Leistungsberechtigung von Arbeitsuchenden einer Überprüfung des EuGH am Maßstab des Art. 39 Abs. 2 und Art. 12 i. V. m. Art. 18 EGV standhalten würde, ist angesichts der integrationsfreundlichen Rechtsprechung des EuGH zu Ansprüchen von Unionsbürgern auf soziale Leistungen, die den Arbeitsmarktzugang erleichtern, allerdings fraglich (vgl. den 3. Teil dieses Kapitels).[650] Die Untersuchung dieser Rechtsprechung des EuGH hat ergeben, dass die Mitgliedstaaten in ihren nationalen Rechtsordnungen versuchen müssen, die Kriterien der „tatsächlichen Verbindung“ zum Arbeitsmarkt, derer sich der Mitgliedstaat vergewissern darf, um seine Sozialsysteme vor übermäßiger Belastung zu schützen, festzulegen und vor allem die Erfolgsaussichten der Arbeitsuche als Aufenthaltsvoraussetzung festzuschreiben, denn nur diese Bedingung berechtigt sie, das Aufenthaltsrecht zu beenden und Sozialhilfebegehren zu begegnen. Hingegen ist es ihnen nach der Rechtsprechung des EuGH nicht gestattet, zwar einen Aufenthalt zu gewähren, aber Gleichbehandlung hinsichtlich sozialer Leistungen zu versagen. Diesem System folgen jedoch das FreizügG/EU, welches Arbeitsuchenden einen unbegrenzten, sogar von den Erfolgsaussichten der Arbeitsuche unabhängigen Aufenthalt gestattet, sie jedoch von der Grundsicherung für Arbeitsuchende nach dem SGB II ausnimmt. Daher entspricht die Ausnahmeregelung nicht den Vorgaben der Rechtsprechung des EuGH.

b) Handhabung des § 7 Abs. 1 S. 2 Nr. 2 SGB II durch die Sozialgerichte

Die Schwierigkeiten, die sich aus der Zusammenschau der Rechtsprechung des EuGH zu den Ansprüchen auf soziale Leistungen für Arbeitsuche einerseits, den Bestimmungen der RL 2004/38/EG, insbesondere ihrem Art. 24, sowie den Regelungen des FreizügG/EU und des § 7 Abs. 1 SGB II ergeben, zeigen sich in der Anwendung der letztgenannten Normen durch die Behörden und Gerichte. Soweit ersichtlich, handhaben die Sozialgerichte die Bestimmung des § 7 Abs. 1 S. 2 Nr. 2 SGB II, der „Ausländer, deren Aufenthaltsrecht sich allein aus dem Zweck der Arbeitsuche ergibt“, von den Leistungen der Grundsicherung ausnimmt, bisher durchaus unterschiedlich. So werden unter die Regelung teilweise nur Arbeitsuchende gefasst, die sich *erstmals* in der Bundesrepublik aufhalten, so dass auch bei einer Rückkehr in die Bundesrepublik nach einer Abwesenheit von mehreren Jahren, während derer entsprechend der Rechtssache Collins die Verbindung zum inländischen Arbeitsmarkt verloren gegangen sein und der Unionsbürger wie ein zur Arbeitsuche Eingereister qualifiziert werden kann, die Vorschrift nicht für anwendbar gehalten wird.[651] Andererseits werden auch Uni-

---

650 EuGH Rs. C-138/02, Collins, Slg. 2004, I-2703; Rs. C-258/04, Ioannidis, Slg. 2005, I-8275; Rs. C-224/98, D'Hoop, Slg. 2002, I-6194.

651 EuGH Rs. C-138/02, Collins, Slg. 2004, I-2703, Rn. 29 (zum Sachverhalt s. 2. Kapitel, 3. Teil, B. III.): „In Ermangelung einer hinreichend engen Verbindung mit dem Arbeits-

onsbürger unter die Regelung gefasst, die arbeitslos geworden und nun wieder arbeitsuchend sind.[652] Des Weiteren bestehen unterschiedliche Auffassungen darüber, ob die Sozialgerichte überprüfen dürfen, ob sich der Unionsbürger tatsächlich zur Arbeitsuche in der Bundesrepublik aufhält und, sofern dies nicht gegeben ist, die Rechtmäßigkeit des Aufenthalts ablehnen darf.[653] Andere Gerichte halten die Regelung nicht für mit dem (primären) Gemeinschaftsrecht vereinbar und verweisen insbesondere auf die Entscheidung des EuGH in der Rechtssache Collins. Mit der Begründung, dass sich nach diesem Urteil jeder

---

markt im Vereinigten Königreich ist die Situation von Herrn Collins im Jahr 1998 mit der jedes anderen Angehörigen eines Mitgliedstaats zu vergleichen, der eine erste Beschäftigung in einem anderen Mitgliedstaat sucht." Landessozialgericht Niedersachsen-Bremen, Beschluss vom 27.06.2007, L 6 AS 444/07 ER. Antragsteller war ein spanischer Staatsangehöriger, der in der Bundesrepublik aufgewachsen ist. Er hatte zunächst in der Bundesrepublik und sodann „mehrere Jahre" in Spanien gearbeitet; er hatte einen Rentenanspruch in der Bundesrepublik erworben. Nach seiner Rückkehr in die Bundesrepublik beantragte er Leistungen nach dem SGB II. Das Gericht ging offensichtlich davon aus, dass der Antragsteller ein Aufenthaltsrecht als Verbleibeberechtigter hat („Denn der Antragsteller hat nicht zum ersten Mal in einem anderen Mitgliedstaat Arbeit gesucht, sondern ist nach einem längeren Aufenthalt in das Mitgliedsland zurückgekehrt, in dem er geboren und aufgewachsen ist. Er hat auch bereits vor der erneuten Einreise im Bundesgebiet gearbeitet und offenbar ausreichende Rentenanwartschaften erworben, da der Rentenversicherer eine Überprüfung des Rentenanspruchs auf medizinischem Gebiet vornimmt.") und lehnt daher zu Recht die Anwendung der Ausnahmeregelung ab. Anders z. B. Sozialgericht Reutlingen, Beschluss vom 3. August 2007, welches die (aber nicht glaubhaft gemachte) Abwesenheit zwischen den Jahren 2003 und 2007 als Zäsur ansieht, die eine Ausnahme vom Anspruchsausschluss nicht rechtfertigen würde.

652 So die Behördenentscheidung, die Gegenstand des Verfahrens im einstweiligen Rechtsschutz vor dem Sozialgericht Osnabrück war (Beschluss vom 2. Mai 2006, S 22 AS 263/06 ER). Die Antragstellerin ist italienische Staatsangehörige, die sich seit ihrer Geburt 1969 bis Mai 2003 in der Bundesrepublik aufhielt und auch arbeitete. Hiernach lebte sie bis Januar 2006 in Italien; nach ihrer Rückkehr war sie für einen Monat als Arbeitnehmerin tätig und beantragte im April 2006 Leistungen nach dem SGB II. Diese wurden unter Hinweis auf § 7 Abs. 1 S. 2 SGB II abgelehnt. Die Entscheidung des Gerichts, die Leistungen zu gewähren, beruhten nicht auf einer Einordnung der Antragstellerin als Arbeitnehmerin, sondern darauf, dass sie sich mit ihrer Rückkehr nicht zum ersten Mal in der Bundesrepublik aufhielt.

653 Landessozialgericht Nordrhein-Westfalen, Beschluss vom 16.04.2007, L 19 B 13/07 AS ER. Antragsteller war ein österreichischer Staatsangehöriger. Das Gericht bezweifelte die Rechtmäßigkeit des Aufenthalts jedenfalls ab dem Zeitpunkt, ab dem die ersten drei Monate abgelaufen waren, weil der Antragsteller, der auch das ihm angebotene Quartier abgelehnt hatte, offensichtlich keine Arbeit suchte. Entscheidend war allerdings, dass er über keine Bescheinigung über sein Aufenthaltsrecht gemäß § 5 FreizügG/EU verfügte. Landessozialgericht Nordrhein-Westfalen, Beschluss vom 3.11.2006, L 20 B 248/06 AS ER: Das Gericht weist die beigeladene Behörde ausdrücklich darauf hin, dass es selbst an die Tatbestandswirkung der Aufenthaltsbescheinigung nach § 5 Abs. 1 FreizügG/EU gebunden ist, die Behörde jedoch in der Lage wäre, diese Bescheinigung aufzuheben, wenn Sozialleistungen unangemessen in Anspruch genommen werden.

sich rechtmäßig in einem Mitgliedstaat aufhaltende und arbeitsuchende Unionsbürger auf Art. 12 und 39 EGV berufen könne, um eine Leistung zum erleichterten Arbeitsmarktzugang zu erhalten, wird die Regelung des § 7 Abs. 1 S. 2 SGB II nicht angewendet.[654]

Die unterschiedliche Handhabe der Ausnahmeregelung des § 7 Abs. 1 S. 2 SGB II liegt wohl darin begründet, dass zum einen der Rechtssache Collins ein allgemeiner Rechtssatz entnommen wird, wonach nach dreimonatigem Aufenthalt auch Arbeitsuchende mit gewöhnlichem Aufenthalt im Aufnahmemitgliedstaat in das staatliche Sozialleistungssystem einzubeziehen sind. Hierbei wird übersehen, dass die Vorlagefrage lautete, ob eine nationale Regelung mit dem Gemeinschaftsrecht vereinbar ist, die eine staatliche Sozialleistung von einem dreimonatigen Voraufenthalt abhängig macht. Eine allgemeine Aussage zu der Frage, unter welchen Voraussetzungen Unionsbürgern ein Gleichbehandlungsanspruch zusteht, kann der Antwort des EuGH daher nicht entnommen werden. Des Weiteren wird in den Entscheidungen nicht streng nach dem Aufenthaltsrecht von Arbeitsuchenden und ihrem Anspruch auf Gleichbehandlung getrennt, wie dies aber notwendig ist (Art. 14, 24 der RL 2004/38/EG; s. oben 3. Teil, B.). Erschwerend kommt hinzu, dass § 2 Abs. 1 FreizügG/EU ein von den fortbestehenden Erfolgsaussichten der Arbeitsuche unabhängiges und unbefristetes Aufenthaltsrecht als Arbeitsuchender gewährt; es ist nur geregelt, dass bei Beantragung einer Unterstützungsleistung nach dem SGB II (oder SGB XII) der Fortbestand der Voraussetzungen für das Aufenthaltsrecht überprüft werden darf (§ 5 Abs. 4 FreizügG/EU).[655] Somit kann die Konstellation auftreten, dass der Aufenthalt über lange Zeit hinweg gewährt wird, gleichzeitig aber Grundsicherungsleistungen ausgeschlossen werden.[656] Diese Vorgehensweise entspricht jedoch, wie auch oben unter a) dargestellt, nicht den gemeinschaftsrechtlichen Vorgaben, die es den Mitgliedstaaten nur gestatten, das Aufenthaltsrecht bei fehlenden Erfolgsaussichten der Arbeitsuche oder bei unangemessener Inanspruchnahme von Sozialleistungen zu beenden, nicht aber den Aufenthalt gewähren und gleichzeitig Sozialleistungen dauerhaft verwehren können (Art. 14 Abs. 3, 4 der RL 2004/38/EG). Eine entsprechende gesetzliche Klarstellung ist daher notwendig.

---

654 Landessozialgericht Berlin-Brandenburg, Beschluss vom 25.04.2007, L 19 B 116/07 AS ER. Antragsteller war ein 15jähriger schwedischer Staatsangehöriger bosnischer Herkunft, der zusammen mit seinem sorgeberechtigten Großvater in die Bundesrepublik einreiste und eine Schule besucht. Die Leistungen nach dem SGB II wurden unter Verweis auf § 7 Abs. 1 S. 2 SGB II verweigert.

655 Vgl. im Einzelnen *Sieveking*, Das Freizügigkeitsgesetz/EU als Teil des Zuwanderungsgesetzes von 2004 – Aspekte der Umsetzung der Richtlinie 2004/38/EG, in: Barwig/Beichel-Benedetti/Brinkmann, S. 537 ff.

656 Landessozialgericht Nordrhein-Westfalen, Beschluss vom 15.06.2007, L 20 B 59/07 AS ER. Das Verfahren betraf eine Litauerin, die sich seit dem 1. Mai 2004 in der Bundesrepublik aufhält und sich gegen die Ablehnung ihres Antrags auf Leistungen nach dem SGB II wendete.

V. Sozialhilfe

Im Rahmen dieser Arbeit tritt die Relevanz der Sozialhilfe hinter den Maßnahmen der Grundsicherung für Arbeitsuchende zurück, weil bei bestehender Erwerbsfähigkeit kein Anspruch auf Sozialhilfe besteht (§ 21 SGB XII). Daher soll nur ein kurzer Überblick gegeben werden.

Im Recht der Bundesrepublik Deutschland bezeichnet der Begriff der Sozialhilfe eine steuerfinanzierte staatliche Leistung, die jeder sich tatsächlich in der Bundesrepublik aufhaltenden und bedürftigen Person zusteht (§ 23 Abs. 1 S. 1 SGB XII).[657] Die Sozialhilfe ist eine subsidiäre Grundsicherung für jedermann und greift in nahezu allen denkbaren Bedarfssituationen insbesondere wirtschaftlicher Art.[658] Der rechtfertigende Grund der staatlichen Hilfegewährung liegt vor allem im Verfassungsgebot der Sozialstaatlichkeit (Art. 20 Abs. 1, 28 Abs. 1 Satz 1 GG) in Verbindung mit dem allgemeinen Gleichheitssatz (Art. 3 Abs. 1 GG) sowie in den Grundrechten auf Schutz der Menschenwürde (Art. 1 GG) und auf freie Persönlichkeitsentfaltung (Art. 2 Abs. 1 GG). Sie ist dem Prinzip der *iustitia distributiva* und nicht dem Prinzip der *iustitia commutativa* verpflichtet.[659] Sozialhilfe wird ohne vorherige oder im Anschluss an die Inanspruchnahme entstehende Gegenleistung gewährt. So setzt sie insbesondere nicht voraus, dass zuvor Steuern gezahlt wurden.[660]

Die Sozialhilfe beschränkt sich darauf, durch wirtschaftliche Leistungen zur Sicherung eines menschenwürdigen Daseins beizutragen, wenn der Lebensunterhalt nicht aus eigenen Kräften bestritten werden kann.[661] Ihre wesentlichen Merkmale, die sie von anderen und vor allem den Versicherungsleistungen unterscheidet, sind ihre *Subsidiarität*, d. h. Nachrangigkeit gegenüber der Selbsthilfe und Hilfeleistungen anderer, sowie die *Individualisierung* der Hilfe, d. h. ihre Orientierung an den Besonderheiten und dem Bedarf im einzelnen Fall.[662]

Sozialhilfe gewährt Hilfe zum Lebensunterhalt (§§ 27 ff. SGB XII), Grundsicherung im Alter und bei Erwerbsminderung (§§ 41 ff. SGB XII) sowie Hilfe in sog. besonderen und anderen Lebenslagen. Zu den Leistungen zur *Hilfe zum Lebensunterhalt* gehören die Kosten des notwendigen Lebensunterhalts, wie Ernährung, Unterkunft und Kleidung, sowie z. B. die Übernahme von Kranken- und Pflegeversicherungsbeiträgen. Die *Hilfe in besonderen Lebenslagen* hat weniger die Vermeidung von Armut als die Absicherung in bestimmten Lebenslagen, wie z. B. die Eingliederung behinderter Menschen oder die Überwindung besonderer sozialer Schwierigkeiten, zum Gegenstand.

---

657 *Strick*, NJW 2005, 2182 ff., 2185.

658 *Bley/Kreikebohm*, Rn. 1093.

659 *Bley/Kreikebohm*, Rn. 1094 mit Verweis auf BVerwGE 66, 29 ff, 32.

660 *Bley/Kreikebohm*, Rn. 1094.

661 Vgl. § 1 S. 1 SGB XII, § 1 Abs. 1 Satz 2, § 9 SGB I.

662 §§ 2, 9 SGB XII. *Schulin/Igl*, Rn. 944 ff.

Bezugsvoraussetzungen für ausländische Personen (ohne Differenzierung nach Unionsbürgern und Drittstaatsangehörigen) ist grundsätzlich nur der *tatsächliche Aufenthalt* in der Bundesrepublik (§ 23 Abs. 1 S. 1 SGB XII); auch Personen, die keinen *gewöhnlichen* Aufenthalt an einem bestimmten Ort haben, steht die Hilfe zum Lebensunterhalt offen. Grundsätzlich wird Sozialhilfe an Ausländer nur beschränkt auf bestimmte Leistungen gewährt (§ 23 Abs. 1 S. 1 SGB XII). Unionsbürger haben jedoch einen umfassenden Anspruch (§ 23 Abs. 1 S. 5 SGB XII).[663] Generell gelten allerdings zwei Einschränkungen (§ 23 Abs. 3 S. 1 SGB XII). So erhalten zum einen Ausländer, die allein aus dem Grund eingereist sind, Sozialhilfe zu erlangen, keinen Anspruch.[664] Des Weiteren sind von der Sozialhilfe Personen und ihre Familienangehörigen ausgeschlossen, deren Aufenthaltszweck sich allein aus dem Zweck der Arbeitsuche ergibt. Diese zweite Einschränkung wurde erst durch das Gesetz zur Änderung des Zwölften Buches Sozialgesetzbuch und anderer Gesetze vom 2. Dezember 2006 eingeführt.[665] Mit der Regelung soll sichergestellt werden, dass Ausländer, die nach § 7 Abs. 1 S. 2 SGB II keinen Anspruch auf Leistungen haben, auch aus dem SGB XII keine Ansprüche ableiten können; sie dient der Umsetzung von Art. 24 Abs. 2 i. V. m. Art. 14 Abs. 4 lit. b der RL 2004/38/EG.[666] Vor der Gesetzesänderung war umstritten, ob Unionsbürger trotz der Ausnahmeregelung in § 7 Abs. 1 S. 2 SGB II und der Subsidiarität von Sozialhilfe gemäß § 21 S. 1 SGB XII für dem Grunde nach leistungsberechtigte Personen nach dem SGB II nicht dennoch Anspruch auf Sozialhilfe während der Zeit der Arbeitsuche haben. Die Befürworter eines Sozialhilfeanspruchs verwiesen hierfür auf die Rechtsprechung des EuGH zu den Gleichbehandlungsansprüchen von sich rechtmäßig aufhaltenden Unionsbürgern, wie insbesondere in der Rechtssache Collins dargelegt.[667] Angesichts der Vorrangigkeit von Leistungen

663 *Kunkel*, in: Klinger/Kunkel/Peters, Rn. 132.

664 *Strick*, NJW 2005, 2182 ff., 2185 mit Verweis auf BVerwG NJW 1993, 215, wonach der Zweck der Erlangung von Sozialhilfe von prägender Bedeutung für den Einreiseentschluss gewesen sein muss.

665 BGBl. 2006 Teil I, S. 2670.

666 S. BT-Drucks. 16/2711, S. 10.

667 Landessozialgericht Nordrhein-Westfalen, Beschluss vom 3.11.2006, L 20 B 248/06 AS ER. Es gewährte den Anspruch auf Sozialhilfe trotz des auch in den Gesetzesmaterialien formulierten Willens des Gesetzgebers, diesen auszuschließen: „Der nur in den Gesetzesmaterialien zum Ausdruck gekommene gesetzgeberische Wille ist allerdings ein zwar beachtlicher, nicht jedoch der allein entscheidende Gesichtspunkt bei der Auslegung einer gesetzlichen Vorschrift, sofern der Wortlaut der anzuwendenden Vorschrift auch eine andere, ggf. sogar gegenläufige Lesart erlaubt. Ein weiterer Auslegungsgesichtspunkt ist ein einem solchen Falle auch, ob eine nach dem Wortlaut mögliche Interpretation auch den gemeinschaftsrechtlichen Anforderungen genügen kann.“ Der 20. Senat des Gerichts, der diesen Beschluss gefasst hat, hat sich selbst nach Änderung des § 23 SGB XII korrigiert. So zweifelt er weiterhin an der Vereinbarkeit des Art. 24 Abs. 2 der RL 2004/38/EG mit den Art. 12, 18 EGV, hat sich eine Entscheidung jedoch für das Hauptsacheverfahren vorbehalten und im Verfahren des einstweili-

nach dem SGB II für Erwerbsfähige kann auf eine Streitentscheidung verzichtet werden.

5. Teil: Zusammenfassung zu Kapitel 2

Die gemeinschaftsrechtliche Grundfreiheit der Freizügigkeit der Arbeitnehmer hat mit der Zeit eine Ausgestaltung erfahren, die weit darüber hinaus geht, lediglich die grenzüberschreitende Mobilität der Arbeitnehmer sowie ihre Gleichbehandlung hinsichtlich der Arbeitsbedingungen sicherzustellen. Sie sichert nicht nur weitestgehend die freie, von der Staatsangehörigkeit unabhängige Standortwahl für die Ausübung einer Erwerbstätigkeit.[668] Der EuGH hat zudem das beschäftigungsbezogen formulierte Gleichbehandlungsgebot des Art. 39 Abs. 2 EGV ausgedehnt und ein allein an die Ansässigkeit des Arbeitnehmers im Aufnahmemitgliedstaat geknüpftes Gebot der Inländergleichbehandlung entwickelt.[669] Arbeitnehmer, die von einer Freizügigkeit Gebrauch machen, sind daher in nahezu absoluter Weise mit den Angehörigen des Aufnahmestaates gleichgestellt.[670]

Während Arbeitnehmer *aufgrund ihrer Erwerbstätigkeit* Freizügigkeit genießen, unterliegt das Aufenthaltsrecht Nichterwerbstätiger weiteren Bedingungen. Allerdings ist die deutliche Trennung zwischen den Privilegierungen der wirtschaftlich aktiven Unionsbürger gegenüber den Nichterwerbstätigen zugunsten einer *Freizügigkeit aufgrund des Unionsbürgerstatus* weitgehend aufgehoben worden. Der Status von Nichterwerbstätigen hat sich dem hohen Integrationsgrad der Arbeitnehmer (und Selbständigen) angenähert. Zwar müssen die Nichterwerbstätigen ihre finanzielle Selbständigkeit glaubhaft machen. Ist diese Hürde überwunden, treten die Unterschiede jedoch nur noch in der aufenthaltsrechtlichen Rechtsgrundlage und kaum in den faktischen Auswirkungen zu Tage, da es die einzige Möglichkeit der Mitgliedstaaten ist, die Verfestigung des Aufenthaltsstatus eines Nichterwerbstätigen zum Daueraufenthaltsrecht nach fünfjährigem Aufenthalt zu verhindern, den Aufenthalt zu beenden. Bedürftige Unionsbürger rasch aus dem Staatsgebiet zu entfernen, entspricht aber nur selten der tatsächlichen Praxis. Besonders deutlich wird diese praktische Gleichstellung bei Arbeitsuchenden, die nach der Rechtsprechung nunmehr ebenfalls in den Anwendungsbereich des Diskriminierungsverbots des Art. 39 Abs. 2 EGV einbezogen sind und für die Zeit einer erfolgversprechenden Arbeitsuche nach den sekundärrechtlichen Vorgaben nicht ausgewiesen werden dürfen.

---

gen Rechtsschutzes den Leistungsanspruch nach § 7 Abs. 1 S. 2 SGB II und § 23 SGB XII abgelehnt (L 20 B 59/07 AS ER).

668 *Th. Oppermann*, S. 518.

669 *F. Wollenschläger*, S. 35.

670 *F. Wollenschläger*, S. 38.

Die Rechtslage der Bundesrepublik Deutschland entspricht nach mehreren bedeutenden Änderungen im Wesentlichen den gemeinschaftsrechtlichen Vorgaben. Defizite ergeben sich vor allem bei der Einbeziehung in die Grundsicherung für Arbeitsuchende (SGB II).

Trotz dieser äußerst günstigen Bedingungen für die Arbeitskräftemobilität ist die mit dem Ziel eines dauerhaften Aufenthalts angestrengte Migration zum Zweck der Arbeitsaufnahme faktisch sehr gering.[671] Die Wanderungsbewegungen beschränken sich überwiegend auf die Zwecke der Familienzusammenführung sowie der Berufsausbildung. Hier nimmt die Mobilität bedeutende Ausmaße an, wenngleich die Binnenmigration von Unionsbürgern nur einen geringen Anteil an der Gesamtwanderung in die und innerhalb der EG hat.[672] Angesichts der zugleich bestehenden strukturellen Arbeitslosigkeit innerhalb der EG bildet die Erhöhung der Arbeitskräftemobilität einen wichtigen Gegenstand der europäischen Beschäftigungspolitik. Ihr Ziel ist es, so hat es der Europäische Rat im März 2000 in Lissabon ehrgeizig formuliert, die EU bis zum Jahr 2010 zum wettbewerbsfähigsten und dynamischsten wissensbasierten Wirtschaftsraum in der Welt zu etablieren.[673] Neben den Zielen der Anhebung des Beschäftigungsniveaus, der Arbeitsplatzqualität und Arbeitsproduktivität sowie der Stärkung des sozialen und territorialen Zusammenhalts ist es z. B. Bestandteil dieser sog. Lissabon-Strategie, die Arbeitsmarktinfrastruktur zu fördern, wie etwa durch das EURES-Netz, und einen europäischen Raum der Forschung und Innovation zu

---

671 Vgl. Veröffentlichung des Statistischen Bundesamtes, Bevölkerung und Erwerbstätigkeit, ausländische Bevölkerung 2007. Anzahl der im Jahre 2007 nach Deutschland zugezogenen Ausländer aus EU-Staaten 207710 Personen bei insgesamt 7,3 Mio. Ausländern, davon 2,34 Mio. aus anderen EU-Mitgliedstaaten.

672 *Kraus*, ZAR 2005, 41 ff., 43; *M. Wollenschläger*, EuGRZ 2001, 354 ff.; *Stiegnitz*, Asyl und EU-Erweiterung, in: Wollenschläger/Kreßel/Egger, FS Hablitzel, S. 309 ff. Mit der EU-Osterweiterung hat die Binnenmigration aber deutlich zugenommen (ca. 30 % an der Gesamtmigration, wobei hier die meisten Zuzüge befristet sind, da sie im Rahmen von Werkvertrags- oder Saisonarbeitnehmerverträgen erfolgen, vgl. Sechster Migrationsbericht der Bundesregierung, S. 43, verabschiedet am 19. Dezember 2007, einsehbar unter http://www.bmi.bund.de/cln_028/nn_122688/Internet/Content/Common/Anlagen/Themen/AuslaenderFluechtlingeAsyl/DatenundFakten/Migrationsbericht2006,templateId=raw,property=publicationFile.pdf/Migrationsbericht_2006.pdf). Vgl. auch *Landsberg/Stange,* ZAR 2006, S. 392 ff. sowie *Kraus*, ZAR 2005, 41 ff. zu früheren Migrationsberichten.

673 Sog. Lissabon-Strategie, vgl. Schlussfolgerungen des Vorsitzes, Europäischer Rat (Lissabon), 23. und 24. März 2000, SN 100/00, Nr. 5. S. auch Entscheidung des Rates vom 12. Juli 2005 über Leitlinien für beschäftigungspolitische Maßnahmen der Mitgliedstaaten (2005/600/EG), ABl. 2005 L 205/21. Hierin führt der Rat aus, dass die Ziele der Lissabon-Strategie, die vor allem in einer auf Vollbeschäftigung, Steigerung der Arbeitsplatzqualität und -produktivität sowie Stärkung des sozialen und territorialen Zusammenhalts ausgerichteten Beschäftigungspolitik bestehen, noch lange nicht erreicht sind. Die Entscheidung enthält entsprechende Vorschläge zur Umsetzung der Strategie. Zum Aktionsplan der Kommission vgl. KOM(2005) 24 endg.

schaffen, in dem insbesondere hochqualifizierte Forscher eine attraktive Perspektive erhalten.

3. Kapitel: Mobilität „im Familienverbund" für EU-Arbeitnehmer

Die Familie spielt im gesamten Migrationsgeschehen eine überragende Rolle. Die Familienzusammenführung stellt den häufigsten Einwanderungsgrund dar, weshalb die Annahme gerechtfertigt ist, dass die Berechtigung zur Migration im Familienbund bzw. zum Familiennachzug eine wesentliche Grundlage dafür darstellt, dass Migration stattfinden kann.[674] Da Ehe und Familie in fast jeder nationalen Rechtsordnung der Mitgliedstaaten mit Verfassungsrang ausgestattete Rechtsgüter darstellen, die besonderen staatlichen Schutz genießen, gelten für Familienangehörige in der Regel erleichterte Migrationsbedingungen.[675] Die Förderung der Familie ist zudem Gegenstand verschiedener internationaler Abkommen und Erklärungen zum Schutz der Menschenrechte, wenngleich die völkerrechtlichen Abkommen weit davon entfernt sind, den Vertragsstaaten konkrete Pflichten in Bezug auf Einreise- und Aufenthaltsrechte zu übertragen.[676] Vielmehr sind diese berechtigt, ihre öffentlichen Interessen wie z. B. Aufnahmekapazitäten den familiären voranzustellen.[677]

Im Recht der Europäischen Union ist der Schutz der Familie in Art. 8 EMRK, zu dessen Achtung sich die EU verpflichtet hat (Art. 6 Abs. 2 EUV), sowie in Art. 7 der Charta der Grundrechte verankert. Darüber hinaus wurden die Rechte von Familienangehörigen von Anfang an an den zusätzlichen Bedürfnissen, die aus der Förderung des Gemeinsamen Marktes resultieren, ausgerichtet. Dies gilt vor allem für die Personenfreizügigkeiten, die eine erhöhte Mobilität der Unionsbürger ermöglichten und erforderten, und von der EG besondere Schutzmaßnahmen verlangten, um der Bedeutung der Familie gerecht zu werden.[678] So heben die Erwägungsgründe der RL 2004/38/EG wie auch schon die der VO (EWG) Nr. 1612/68 hervor, dass die Freizügigkeit der Arbeitnehmer nur dann „in Frei-

674 *Renner*, NVwZ 2004, 792 ff., 792, 795. Auch verläuft die Integration in den Aufnahmestaat in der Regel erfolgreicher, wenn sie im Familienverbund erfolgen kann.

675 Vgl. Art. 6 Abs. 1 GG. Das Grundrecht ist sowohl Abwehrrecht, indem es die Verpflichtung des Staates enthält, Störungen für Ehe und Familie abzuwenden, als auch Institutsgarantie und Teilhaberecht, woraus eine staatliche Förderungspflicht für Ehe und Familie resultiert. Art. 41 Abs. 3 Ziff. 1 irische Verfassung; Art. 21 Abs. 1 griechische Verfassung; Art. 18 polnische Verfassung; Art. 67 Abs. 1 portugiesische Verfassung. Vgl. Überblick bei *Tettinger/Geerlings*, EuR 2005, 419 ff., 422 f.

676 Vgl. Art. 8 und 12 EMRK; Art. 16 der Allgemeinen Erklärung der Menschenrechte vom 10. Dezember 1948, der die Freiheit der Eheschließung und Familiengründung sowie den Anspruch auf Schutz durch Gesellschaft und Staat betrifft; Art. 23 Abs. 1, 17 des Internationalen Pakts über bürgerliche und politische Rechte vom 19. Dezember 1966 (BGBl. 1973 Teil II, S. 1534), der die Familie als die natürliche Kernzelle der Gesellschaft bezeichnet und ebenso unter den Schutz durch Gesellschaft und Staat stellt.

677 *Renner*, NVwZ 2004, 792 ff., 793.

678 EuGH Rs. C-60/00, Carpenter, Slg. 2002, I-6279, Rn. 38; Rs. C-459/99, MRAX, Slg. 2002, I-6591 (vgl. Fn. 694), Rn. 53.

heit und Menschenwürde" möglich ist, wenn sich auch die Familie im Aufnahmemitgliedstaat aufhalten und integrieren kann.[679]
Aus der Anknüpfung an die Mobilität eines Unionsbürgers folgt, dass die Rechte der Familienangehörigen keine originären, sondern so genannte derivative Rechte darstellen. Sie basieren auf der Verbindung zu dem Unionsbürger und knüpfen an dessen Stellung innerhalb des Gemeinschaftsrechts an. Dies bedeutet, dass der Unionsbürger selbst in den Anwendungsbereich des Gemeinschaftsrechts fallen, also in einer vom Gemeinschaftsrecht privilegierten Form grenzüberschreitend tätig sein und einen (gemeinschaftsrechtlichen) Anknüpfungspunkt zu mindestens einem Mitgliedstaat der EG herstellen muss. Hierfür genügt, dass er von eigenen Freizügigkeitsrechten Gebrauch macht.[680] Mit fortschreitender Aufenthaltsdauer im Herkunftsstaat verliert die Akzessorietät der Freizügigkeitsrechte des Unionsbürgers und seiner Familienangehörigen allerdings an Bedeutung und der Familienangehörige erhält einen selbständigen Aufenthaltsstatus. Der abgeleitete Charakter bedeutet des Weiteren, dass die Staatsangehörigkeit des Familienangehörigen für die Ausübung der Freizügigkeitsrechte keine Rolle spielt. Allerdings unterliegen Drittstaatsangehörige im Vergleich zu Unionsbürgern einigen besonderen Regelungen. Diese betreffen vor allem zusätzliche Formalitäten bei Ein- und Ausreise sowie dem Aufenthalt und der Ausübung einer Erwerbstätigkeit.

1. Teil: Gemeinschaftsrechtliche Vorgaben

Die gemeinschaftsrechtlichen Vorgaben zu den Freizügigkeitsrechten der Familienangehörigen von EU-Arbeitnehmern basieren auf Art. 39 EGV und haben ihre sekundärrechtliche Ausgestaltung zunächst in den Art. 10 und 11 der VO (EWG) Nr. 1612/68 gefunden, die mittlerweile durch die RL 2004/38/EG ersetzt wurden.[681]

---

679 Jeweils Erwägungsgrund Nr. 5. Der EuGH formuliert z. B.: „Begibt sich ein in einem Mitgliedstaat ansässiger Unionsbürger, der mit einem zum Aufenthalt in diesem Mitgliedstaat berechtigten Drittstaatsangehörigen verheiratet ist, in einen anderen Mitgliedstaat, um dort eine unselbständige Berufstätigkeit auszuüben, so darf aufgrund dieses Ortswechsels nicht die Möglichkeit verloren gehen, rechtmäßig zusammen zu leben, weshalb Artikel 10 der VO Nr. 1612/68 dem Ehegatten das Recht verleiht, sich in diesem anderen Mitgliedstaat niederzulassen."

680 Schlussanträge *Geelhoed*, Rs. C-109/01, Akrich, Slg. 2003, I-9607 (s. Fn. 25), Rn. 72; EuGH Rs. 35/82 und 36/82, Morson und Jhanjan, Slg. 1982, 3723, Rn. 16 f.

681 S. Art. 38 Abs. 1 der RL 2004/38/EG.

A. Der Kreis der Familienangehörigen

Familienangehörige sind der Ehegatte[682] und die Verwandten in gerader absteigender Linie sowie gerader aufsteigender Linie des Unionsbürgers selbst als auch seines Ehegatten.[683] Die Verwandten absteigender Linie können nur bis zur Vollendung des 21. Lebensjahres die besonderen Rechte für Familienangehörige in Anspruch nehmen, es sei denn, ihnen wird durch den Unionsbürger oder seinen Ehegatten Unterhalt gewährt.[684] Selbiges gilt für die Verwandten in aufsteigender Linie, denen die Freizügigkeitsrechte als Familienangehörige ebenfalls zustehen, wenn der Unionsbürger oder sein Ehegatte Unterhalt gewähren.[685] Die

---

682 EuGH Rs. 267/83, Diatta, Slg. 1985, 567, Rn. 20: geschützt ist die Ehe, solange sie besteht. Leben die Ehegatten getrennt, hindert das nicht grundsätzlich die Eigenschaft als Familienangehöriger. Nicht geschützt sind eheähnliche Lebensgemeinschaften. Räumt das nationale Recht ausländischen nichtehelichen Lebenspartnern eines Inländers jedoch ein Aufenthaltsrecht ein, so muss dies auch für Unionsbürger gelten, die sich auf Art. 7 Abs. 2 der VO (EWG) Nr. 1612/68 berufen können (EuGH Rs. 59/85, Reed, Slg. 1986, 1283, Rn. 28 f.). Zu den Anforderungen an die Ehe Schlussanträge *Geelhoed* Rs. C-109/01, Akrich, Slg. 2003, I-9607 (s. Fn. 25), Rn. 73: „Im Einklang mit der weiten Auslegung des Rechts des Arbeitnehmers stellt der Gerichtshof auch keine allzu strengen Anforderungen an die Art der Verbindung zum Wanderarbeitnehmer. So müssen Ehegatten nicht dauerhaft zusammenleben."

683 Zu Studierenden sind lediglich der Ehegatte, der eingetragene Lebenspartner sowie Unterhalt empfangende Kinder nachzugsberechtigt. Für andere Familienangehörige sowohl des Studierenden selbst als auch seines Ehegatten bzw. Lebenspartners gilt die Erleichterungspflicht hinsichtlich Einreise und Aufenthalt gemäß Art. 7 Abs. 4, Art. 3 Abs. 2 der RL 2004/48/EG.

684 EuGH Rs. 316/85, Lebon, Slg. 1987, 2811, Nr. 2 des Tenors: „Die Eigenschaft des Familienangehörigen, dem Unterhalt gewährt wird, im Sinne des Art. 10 Abs. 1 und 2 der VO Nr. 1612/68 ergibt sich aus einer tatsächlichen Situation - der Unterstützung durch den Arbeitnehmer -, ohne daß es erforderlich wäre, die Gründe für die Inanspruchnahme dieser Unterstützung zu ermitteln. Insbesondere bedarf es weder eines Unterhaltsanspruchs noch ist erforderlich, daß der Betroffene seinen Lebensunterhalt nicht durch Ausübung einer entgeltlichen Tätigkeit bestreiten kann."

685 EuGH Rs. C-1/05, Jia, Slg. 2007, I-1, Rn. 37. Dem durch den schwedischen Utlänningsnämnd (Ausschuss für Ausländerangelegenheiten) eingeleiteten Vorabentscheidungsersuchen lag folgender Sachverhalt zugrunde: Klägerin des Ausgangsverfahrens war Frau Jia, eine im Ruhestand befindliche chinesische Staatsangehörige. Ihr Sohn, ebenfalls chinesischer Staatsangehöriger, lebte mit seiner deutschen Ehefrau in Schweden, wo sie als selbständige Unternehmerin tätig war. Während eines Besuches in Schweden, für den Frau Jia ein befristetes Besuchervisum erhalten hatte, beantragte Frau Jia eine Aufenthaltserlaubnis als Familienangehörige einer Unionsbürgerin, die ihr Unterhalt gewährt. Der Antrag wurde mit der Begründung abgelehnt, es fehle ein von der zuständigen Behörde des Heimatlandes ausgestelltes Dokument, aus dem hervorgeht, dass Frau Jia auf die Unterstützung ihrer in Schweden lebenden Verwandten angewiesen ist. Streitig war, ob auf einen entsprechenden Bedarf im *Herkunftsland* abgestellt werden kann. Der EuGH bejahte dies: „Um zu ermitteln, ob den Verwandten in aufsteigender Linie des Ehegatten eines Gemeinschaftsangehörigen von diesem der er-

RL 2004/38/EG hat den Kreis der von der Freizügigkeit der Unionsbürger begünstigten Familienangehörigen gegenüber der Regelung der VO (EWG) Nr. 1612/68 erweitert.[686] Auch der (gleichgeschlechtliche) Lebenspartner eines Unionsbürgers zählt nun dazu, vorausgesetzt die Lebenspartner sind nach den Vorschriften eines Mitgliedstaats eine eingetragene Partnerschaft eingegangen. Zusätzlich bedarf es der Gegenseitigkeit in dem Sinne, dass auch der Aufnahmemitgliedstaat das Institut der gleichgeschlechtlichen Partnerschaft vorsieht und der Ehe gleichgestellt hat sowie die in dessen einschlägigen Rechtsvorschriften vorgesehenen Bedingungen erfüllt sind. Auch hatten die Verwandten des Ehegatten in absteigender Linie bisher kein gemeinschaftsrechtlich begründetes Nachzugsrecht.[687]

Andere Angehörige als die genannten unterfallen nicht dem besonderen Status der RL 2004/38/EG. Die Mitgliedstaaten sind jedoch verpflichtet, ihnen die Einreise und den Aufenthalt zu erleichtern, wenn ihnen der aufenthaltsberechtigte Unionsbürger im Herkunftsland Unterhalt gewährt, sie mit ihm im Herkunftsland in häuslicher Gemeinschaft gelebt haben oder ihre persönliche Pflege durch den Unionsbürger aus schwerwiegenden gesundheitlichen Gründen, die in ihrer Person liegen, zwingend erforderlich ist.[688] Der Umfang der Erleichterung hat jedoch lediglich nach Maßgabe der *innerstaatlichen* Rechtsvorschriften zu erfolgen und der Aufnahmemitgliedstaat ist berechtigt, eine eingehende Untersuchung der persönlichen Umstände durchzuführen (Art. 3 Abs. 2 UAbs. 2 der RL 2004/38/EG).

Weggefallen ist mit der RL 2004/38/EG das Kriterium des ausreichenden Wohnraumes, über den der Unionsbürger verfügen musste, damit seine Familienangehörigen nachzugsberechtigt waren.[689]

Die Entstehung der gemeinschaftsrechtlichen Begleit- und Aufenthaltsrechte bedingt kein zeitliches Vorangehen der Begründung eines familiären Verhältnisses gegenüber der Ausübung einer Freizügigkeit. Vielmehr kann der Unionsbürger diese auch geltend machen, wenn er sich bereits im Aufnahmemitgliedstaat befindet und z. B. dort heiratet. Dies gilt insbesondere auch für drittstaatsangehörige Familienmitglieder; so spielt keine Rolle, ob die familiäre Bindung vor oder nach ihrer Einreise in die EU entstanden ist und ob ihre Einreise einen an-

---

forderliche Unterhalt gewährt wird, muss der Aufnahmemitgliedstaat prüfen, ob sie in Anbetracht ihrer wirtschaftlichen und sozialen Lage nicht in der Lage sind, ihre Grundbedürfnisse selbst zu decken. Der Unterhaltsbedarf muss im Herkunftsland dieser Verwandten in dem Zeitpunkt bestehen, in dem sie beantragen, dem Gemeinschaftsangehörigen zu folgen."

686 Art. 3 Abs. 1, Art. 2 Nr. 2 der RL 2004/38/EG haben Art. 10, 11 der VO (EWG) Nr. 1612/68 ersetzt.

687 Vgl. Art. 10 Abs. 1 lit. a der VO (EWG) Nr. 1612/68; *Renner*, NVwZ 2004, 792 ff., 794.

688 Letztgenannte Möglichkeit bestand nach Art. 10 der VO (EWG) Nr. 1612/68 nicht.

689 Vgl. Art. 10 Abs. 3 der VO (EWG) Nr. 1612/68. Die Wohnung musste „den für die inländischen Arbeitnehmer geltenden normalen Anforderungen" entsprechen.

deren Aufenthaltszweck verfolgte.[690] Der Begriff des Begleitens darf also nicht eng ausgelegt werden.

B. Der Aufenthaltsstatus der Familienangehörigen

Nahen Familienangehörigen wird zum einen der Aufenthalt bei dem Arbeitnehmer gewährleistet, zum anderen haben sie Zugang zum Arbeitsmarkt des Aufnahmemitgliedstaats.

I. Einreise und Aufenthalt der Familienangehörigen

Familienangehörige haben ein umfassendes Begleitrecht; sie können mit dem Unionsbürger in andere Mitgliedstaaten einreisen und sich dort aufhalten, ohne dass besondere Formalitäten verlangt werden dürfen (Art. 4 Abs. 1 und 2, 5 Abs. 1, Art. 6 Abs. 2 sowie Art. 7 Abs. 2 der RL 2004/38/EG). Lediglich für die im Anmeldeverfahren auszustellende Anmeldebescheinigung darf der Aufnahmemitgliedstaat von Familienangehörigen neben Personalausweis oder Reisepass die Vorlage besonderer Dokumente verlangen, mit denen sie ihre Aufenthaltsberechtigung als Familienangehörige nachweisen, wie z. B. eine Bescheinigung über das Bestehen einer familiären Beziehung oder einer häuslichen Gemeinschaft im Herkunftsland (Art. 8 Abs. 5 der RL 2004/38/EG).
Drittstaatsangehörige Familienangehörige benötigen ebenso wie Unionsbürger lediglich einen Reisepass oder einen Personalausweis als Ausreiseberechtigung (Art. 4 Abs. 1 der RL 2004/38/EG). Für die Einreise in einen Mitgliedstaat dürfen die Mitgliedstaaten ein Einreisevisum fordern (Art. 5 Abs. 1, 2 der RL 2004/38/EG).[691] Sind die Familienangehörigen bereits im Besitz einer Aufenthaltskarte nach Art. 10 der RL 2004/38/EG, entbindet diese von der Visumspflicht (Art. 5 Abs. 2 der RL 2004/38/EG).[692] Führt ein drittstaatsangehöriges Familienmitglied bei der Einreise die notwendigen Dokumente nicht bei sich, so darf er *nicht* an der Grenze zurückgewiesen werden, wenn er seine Identität und die Ehe nachweisen kann und es keine Anhaltspunkte einer Gefahr für die öf-

---

690 Urteil des EuGH vom 25. Juli 2008, Rs. C-127/08, noch nicht in der amtlichen Sammlung veröffentlicht, Rn. 70.

691 Einreisevisum gemäß der VO (EG) Nr. 539/2001 oder den nationalen Rechtsvorschriften. Zur Anwendbarkeit der RL 2004/38/EG auf den Zuzug von drittstaatsangehörigen Familienmitgliedern aus dem Drittstaat in den Aufnahmemitgliedstaat s. Urteil des EuGH vom 25. Juli 2008, Rs. C-127/08, Metock u. a., noch nicht in der amtlichen Sammlung veröffentlicht.

692 Die Erwägungsgründe der RL 2004/38/EG bestimmen, dass drittstaatsangehörige Familienmitglieder von der Visumpflicht befreit werden *sollten*.

fentliche Ordnung, Sicherheit und Gesundheit gibt.[693] Ebenso wie Unionsbürgern muss auch dem drittstaatsangehörigen Familienmitglied eine angemessene Frist sowie die Möglichkeit gewährt werden, die erforderlichen Reisedokumente zu beschaffen oder nachzuweisen, dass er das Recht auf Freizügigkeit und Aufenthalt genießt, bevor eine Zurückweisung verfügt wird (Art. 5 Abs. 4 der RL 2004/38/EG).[694]

Ist ein Aufenthalt von über drei Monaten geplant, so ist innerhalb dieses Zeitraums eine Aufenthaltskarte zu beantragen. Unterbleibt die Beantragung, kann eine verhältnismäßige, nicht diskriminierende Sanktion ausgesprochen werden (Art. 9 der RL 2004/38/EG).[695]

---

693 EuGH Rs. C-157/03, Kommission/Spanien, Slg. 2005, I-2911. Das Vertragsverletzungsverfahren ging auf zwei bei der Kommission eingegangene Beschwerden von Gemeinschaftsbürgern zurück, die das ihnen durch den EG-Vertrag verliehene Recht auf Freizügigkeit ausgeübt haben und deren Ehefrauen eine Aufenthaltserlaubnis in Spanien versagt wurde, weil sie zuvor ein Aufenthaltsvisum beim spanischen Konsulat ihres letzten Wohnsitzes hätten beantragen müssen.

694 EuGH Rs. C-459/99, MRAX, Slg. 2002, I-6591. Gegenstand dieses Vorabentscheidungsverfahrens sind die Rechtsfolgen, die ein Mitgliedstaat an die rechtswidrige Einreise oder den rechtswidrigen Aufenthalt eines drittstaatsangehörigen Ehegatten eines Unionsbürgers knüpfen darf. Die Vorlagefragen stellten sich in einem Rechtsstreit vor dem Conseil d'État de Belgique, der durch die ASBL Mouvement contre le racisme, l'antisemitisme et la xénophobie (MRAX) gegen den belgischen Staat mit dem Ziel geführt wurde, die Nichtigerklärung eines Runderlasses des Innen- und Justizministers zu erreichen. Das Gesetz, zu dessen Durchführung der Runderlass herausgegeben wurde, enthält in dem hier interessierenden Kapitel Regelungen zur Einreise, zum Aufenthalt und zur Ausweisung von Unionsbürgern und ihren Familienangehörigen. Der Runderlass sah vor, dass ein Drittstaatsangehöriger, der bei der Einreise nach Belgien keine gültigen Ausweispapiere einschließlich eines gegebenenfalls notwendigen Visums vorweisen kann, zurückgewiesen wird bzw. sein Antrag auf Aufenthaltserlaubnis grundsätzlich für unzulässig erklärt wird. Ein solcher Antrag sollte nur dann Berücksichtigung finden können, wenn das Visum zwar abgelaufen ist, die Ausweispapiere jedoch gültig sind und die Verwandtschaft zu einem Unionsbürger durch entsprechende Dokumente nachgewiesen werden kann. Des Weiteren enthielten die Regelungen die Befugnis, einem nicht ordnungsgemäß eingereisten Ehegatten eines Gemeinschaftsbürgers die Aufenthaltserlaubnis zu versagen und Maßnahmen zu seiner Ausreise zu ergreifen.

695 Die „Aufenthaltskarte für Familienangehörige eines Unionsbürgers" ist innerhalb von sechs Monaten nach Antragstellung auszustellen; eine Bescheinigung über die Antragstellung ist unverzüglich auszufertigen. Folgende Dokumente dürfen bei der Antragstellung verlangt werden: gültiger Reisepass, Bescheinigung über das Bestehen einer familiären Beziehung oder einer eingetragenen Partnerschaft sowie eine Anmeldebescheinigung des Unionsbürgers, den sie begleiten. Zudem darf, wie bei Unionsbürgern auch, weiterer Nachweis verlangt werden, der die Familienzugehörigkeit bestätigt, wie z. B. dass im Herkunftsstaat eine häusliche Gemeinschaft bestand (Art. 10 der RL 2004/38/EG). Die Aufenthaltskarte gilt in Abhängigkeit des geplanten Aufenthalts des Unionsbürgers, zunächst maximal für fünf Jahre (Art. 11 der RL 2004/38/EG). Vgl.

Das Aufenthaltsrecht der Familienangehörigen setzt nicht voraus, dass sie selbst über ausreichende Existenzmittel verfügen. Ist der Unionsbürger Arbeitnehmer oder Selbständiger, so impliziert dieser Status finanzielle Unabhängigkeit sowohl für ihn selbst als auch seine Familienangehörigen. Aber auch Familienangehörigen eines nicht erwerbstätigen Unionsbürgers oder eines Studierenden obliegt kein Nachweis ausreichender finanzieller Mittel; vielmehr müssen diesen ausschließlich die Unionsbürger sowohl für sich selbst als auch für ihre Familienangehörigen erbringen (Art. 7 Abs. 1 der RL 2004/38/EG). Da es auf die Herkunft der ausreichenden Existenzmittel des Unionsbürgers nicht ankommt, genügt es, wenn der Unionsbürger deshalb über genügend hohe Eigenmittel verfügt, weil sie ihm von den Familienangehörigen, die wiederum ihr Aufenthaltsrecht von ihm ableiten, zur Verfügung gestellt werden.[696]

1. Verbleiberecht

Verstirbt der Unionsbürger, beendet er seinen Aufenthalt in dem Aufnahmemitgliedstaat oder wird die Ehe geschieden, entfallen die abgeleiteten Freizügigkeitsrechte der Familienangehörigen. Ihr Aufenthaltsrecht beruht nun auf persönlicher Grundlage und ist grundsätzlich an die Voraussetzungen des Art. 7 Abs. 1 der RL 2004/38/EG, wie etwa den Nachweis ausreichender Existenzmittel, gebunden (Art. 12 Abs. 1 der RL 2004/38/EG). Dies gilt auch für drittstaatsangehörige Familienmitglieder. Es bestehen allerdings eine Reihe von Ausnahmen zugunsten der Aufrechterhaltung des Aufenthaltsrechts; für drittstaatsangehörige Familienmitglieder gelten hierfür gewisse Voraufenthaltszeiten (Art. 12, 13 der RL 2004/38/EG). Beendet der Unionsbürger seinen Aufenthalt in dem Aufnahmemitgliedstaat, haben die Kinder und das die elterliche Sorge ausübende Elternteil ein Verbleiberecht, bis die Ausbildung der Kinder abgeschlossen ist, sofern sie in einer Bildungseinrichtung bereits eingeschrieben sind (Art. 12 Abs. 3 der RL 2004/38/EG).[697]

2. Daueraufenthaltsrecht

Familienangehörige, die selbst Unionsbürger sind, erhalten das Daueraufenthaltsrecht aus eigenem Recht nach fünfjährigem Aufenthalt (Art. 16 Abs. 1 der

---

EuGH Rs. C-157/03, Kommission/Spanien, Slg. 2005, I-2911 (Vertragsverletzung wegen langer Bearbeitungsdauer für die Ausstellung einer Aufenthaltserlaubnis, im konkreten Beschwerdefall erst nach mehr als zehn Monaten).

696 S. oben 2. Kapitel, 2. Teil, A. III. zu EuGH Rs. C-200/02, Zhu und Chen, Slg. 2004, I-9925 (zum Sachverhalt vgl. oben Fn. 280).

697 EuGH Rs. 389/87, 390/87, Slg. 1989, 723 (s. Schlussanträge *Geelhoed,* Rs. C-109/01, Akrich, Slg. 2003, I-9607 (s. Fn. 25), Rn. 79, 80).

RL 2004/38/EG). Drittstaatsangehörige Familienmitglieder müssen zusätzlich nachweisen, dass sie sich während dieses Zeitraums *mit dem Unionsbürger* im Aufnahmemitgliedstaat aufgehalten haben (Art. 16 Abs. 2 der RL 2004/38/EG). Somit besteht grundsätzlich nur bei drittstaatsangehörigen Familienangehörigen eine gewisse Akzessorietät zum Daueraufenthaltsrecht des Unionsbürgers in dem Sinne, dass es nicht vor ihm und nicht ohne ihn erlangt werden kann. Auch für den Erwerb des Daueraufenthaltsrechts gelten Ausnahmen zugunsten eines frühzeitigen Erwerbs (Art. 17 der RL 2004/38/EG).
Daueraufenthaltsberechtigte Familienmitglieder erhalten eine auf zehn Jahre gültige, automatisch zu verlängernde Daueraufenthaltskarte. Diese ist vor Ablauf der Aufenthaltskarte zu beantragen und sodann binnen sechs Monaten auszustellen.

3. Rückkehrer

Kehrt ein Unionsbürger in seinen Herkunftsmitgliedstaat zurück, nachdem er sich in Ausübung einer Grundfreiheit in einen anderen Mitgliedstaat begeben hat, sollen nach der Rechtsprechung des EuGH auch auf diese Konstellation die Freizügigkeitsregeln anwendbar sein.[698] Die Bedeutung dieser Rechtsprechung tritt regelmäßig im Rahmen eines Familiennachzugs zu Tage. Denn während das Recht auf Einreise und Aufenthalt gegenüber dem Herkunftsmitgliedstaat aus der Staatsangehörigkeit fließt, hierfür also nicht auf gemeinschaftsrechtliche Freizügigkeitsregeln zurückgegriffen werden muss, gewähren letztgenannte die Begleitrechte der Familienangehörigen in den Herkunftsmitgliedstaat.[699] Dass dies selbst dann gilt, wenn der Unionsbürger im Herkunftsmitgliedstaat keiner Erwerbstätigkeit nachgeht und somit auf staatliche Unterstützung angewiesen ist, also nicht über ausreichende Existenzmittel für sich und seine Familienangehörigen verfügt, folgt allerdings wiederum aus der Staatsangehörigkeit.[700] Der

698 EuGH Rs. C-370/90, Singh, Slg. 1992, I-4265, Rn. 20 ff. (s. oben, 2. Kapitel, 1. Teil, A. II.; s. Fn. 253).

699 EuGH Rs. C-370/90, Singh, Slg. 1992, I-4265, Rn. 22 f.; Barrett, CML. Rev. 2003, 369 ff., 378 ff.

700 EuGH Rs. C-291/05, Eind, Slg. 2007, I-10719, Rn. 31, 35 (Vorabentscheidungsersuchen des Minister voor Vreemdelingenzaken en Integratie): Herr R. R. L. Eind, niederländischer Staatsangehöriger, begab sich im Februar 2000 von den Niederlanden in das Vereinigte Königreich, wo er als Arbeitnehmer tätig war. Im Dezember zog seine damals noch minderjährige Tochter, Staatsangehörige von Surinam, direkt aus Surinam zu ihm. Sie erhielt ein Aufenthaltsrecht als Familienangehörige eines Gemeinschaftsarbeitnehmers. In dem Vorabentscheidungsverfahren konnte nicht aufgeklärt werden konnte, ob dieses Recht als ein nationales Aufenthaltsrecht oder auf der Grundlage von Art. 10 der VO (EWG) Nr. 1612/68 erteilt wurde. Wegen der Formulierung der Vorlagefragen ist der EuGH von der letztgenannten Variante ausgegangen. Im Oktober kehrte Herr Eind in Begleitung seiner Tochter in die Niederlande zurück. Die niederländischen Behörden verweigerten Frau Eind das Aufenthaltsrecht als Familienangehörige eines

Bereich der sich überschneidenden Zuständigkeiten für die Einreise von Drittstaatsangehörigen (s. oben, 1. Kapitel, 1. Teil, A. II.) berührt die Frage, ob die Grundlage des Aufenthaltsrechts des Familienangehörigen im Aufnahmestaat von Bedeutung ist und ob der Herkunftsstaat an die Entscheidung des Aufnahmemitgliedstaats gebunden ist, falls dieser die erstmalige Einreise in die EG gestattet hat. Sie kann nur zugunsten des Gemeinschaftsrechts beantwortet werden. Denn würden die Mitgliedstaaten untereinander ihre den Familiennachzug aus einem Drittstaat gewährenden Entscheidungen anhand ihres eigenen Maßstabs überprüfen können, könnte das Freizügigkeits(Rückkehr)recht erhebliche Beeinträchtigungen erfahren. Dies gilt für die Konstellation, dass der Nachzug in den Mitgliedstaat erfolgt, dessen Staatsangehörigkeit der Zusammenführende hat und kann nicht anders beurteilt werden, wenn der Aufnahmemitgliedstaat den Nachzug gestattet hat und nun eine Rückkehr in den Herkunftsmitgliedstaat des Zusammenführenden erfolgt.[701] Maßgeblich ist damit allein, dass der Arbeitnehmer von seinen Freizügigkeitsrechten Gebrauch gemacht hat und dass die ihn bei seiner Rückkehr in den Herkunftsmitgliedstaat begleitenden Familienangehörigen sich mit ihm im Aufnahmemitgliedstaat aufhielten.

II. Erwerbstätigkeit

Familienangehörige, die einen Unionsbürger in einen anderen Mitgliedstaat begleiten, sind im Aufnahmemitgliedstaat zur Aufnahme einer unselbständigen oder selbständigen Erwerbstätigkeit berechtigt (Art. 23 RL 2004/38/EG). Für drittstaatsangehörige Familienmitglieder gelten dieselben Bedingungen, so dass ihre Erwerbstätigkeit insbesondere nicht von einer Arbeitserlaubnis abhängig gemacht werden darf.[702] Im Vergleich zur früheren Regelung des Art. 11 der VO (EWG) Nr. 1612/68 besteht die Neuerung der RL 2004/38/EG darin, dass der Kreis der erwerbsberechtigten Familienangehörigen identisch mit dem Kreis der zum Aufenthalt berechtigten Angehörigen ist. Die einstige Privilegierung des Ehegatten sowie der Kinder[703] des Unionsbürgers gegenüber den (nur) aufenthaltsberechtigten sonstigen Familienangehörigen (des Unionsbürgers und

---

Gemeinschaftsangehörigen, weil ihr Vater bei seiner Rückkehr in die Niederlande keine echte und tatsächliche Arbeit verrichtet habe und daher nicht als wirtschaftlich tätig im Sinne des EG-Vertrages und als EU-Arbeitnehmer betrachtet werden könne. Fraglich war u. a., ob die niederländischen Behörden daran gebunden waren, dass Frau Eind ein Aufenthaltsrecht „als Familienangehörige eines Gemeinschaftsangehörigen“ gewährt worden war bzw. sie ihr unter Berufung darauf, dass kein rechtmäßiger Aufenthalt im Sinne der Akrich-Rechtsprechung (s. Fn. 25) vorlag, den Aufenthalt verweigern konnten.

701 EuGH Rs. C-291/05, Eind, Slg. 2007, I-10719, Rn. 41 ff.

702 EuGH Rs. C-165/05, Kommission/Großherzogtum Luxemburg (ABl. 2005 C 330/7).

703 Nur Kinder, die noch nicht 21 Jahre alt sind oder Unterhalt von dem Unionsbürger beziehen, waren erwerbsberechtigt, vgl. Art. 11 der VO (EWG) Nr. 1612/68.

seines Ehegatten) wurde damit zugunsten einer Erwerbsberechtigung aller Familienmitglieder aufgehoben.

Daraus, dass die Aufenthalts- und Erwerbsberechtigung der Familienangehörigen als abgeleitetes Begleitrecht konzipiert ist, resultiert, dass sich die Berechtigung zur Aufnahme einer Erwerbstätigkeit nur auf den Aufenthaltsstaat des Unionsbürgers und nicht auf das gesamte Gemeinschaftsgebiet bezieht. So haben drittstaatsangehörige Familienmitglieder keinen automatischen Zugang zum Arbeitsmarkt eines anderen Mitgliedstaats, sondern können dort auf das nationale Arbeitsgenehmigungsrecht verwiesen werden, auch wenn es sich bei diesem Mitgliedstaat um den Herkunftsstaat des Unionsbürgers handelt.[704]

Des Weiteren sind die Kinder des Arbeitnehmers zur Teilnahme am allgemeinen Unterricht sowie an der Lehrlings- und Berufsausbildung berechtigt.

III. Anspruch auf Gleichbehandlung und Teilhabe an sozialen Leistungen

Zu den von dem Unionsbürger abgeleiteten Rechten von Familienangehörigen gehört das Recht auf Gleichbehandlung und die Teilhabe an sozialen Leistungen. Auch hier hat die RL 2004/38/EG die Rechte für die Familienangehörigen gestärkt, indem sie sie ausdrücklich in Art. 24 Abs. 1 erwähnt und damit die Rechtslage widerspiegelt, wie sie zuvor zwar weniger durch die VO (EWG) Nr. 1612/68 selbst als im Wesentlichen durch umfangreiche Rechtsprechung des EuGH ausgestaltet worden war.[705] In das Koordinationsrecht der VO (EWG) Nr. 1408/71 sind die Familienangehörigen einbezogen (Art. 2 Abs. 1 der VO).

C. Besonderheiten für Angehörige der MOE-Mitgliedstaaten

Der Aufenthaltsstatus von Arbeitnehmern aus den MOE-Mitgliedstaaten wurde im Vergleich zu Staatsangehörigen aus den Alt-Mitgliedstaaten zusätzlich dadurch geschmälert, dass ihre Familienangehörigen, die nach dem Beitritt der MOE-Mitgliedstaaten zu dem Arbeitnehmer nachgezogen sind, zunächst nicht erwerbstätig sein durften. Erst nach 18 Monaten rechtmäßigen Aufenthalts erlangten sie freien Zugang zum Arbeitsmarkt des Aufnahmemitgliedstaats. Ab

704 EuGH Rs. C-10/05, Mattern und Cikotic: Frau Mattern ist luxemburgische Staatsangehörige mit Wohnsitz in Belgien, wo sie eine Berufsschulausbildung und ein Berufsschulpraktikum absolvierte. Ihr Ehemann, Herr Cikotic, ist Drittstaatsangehöriger. Er wohnt ebenso in Belgien und hatte sich in Luxemburg um eine Anstellung bemüht, jedoch keine Genehmigung erhalten. Der Entscheidung lag noch Art. 11 der VO (EWG) Nr. 1612/68 zugrunde; an dieser Rechtslage hat die RL 2004/38/EG nichts geändert.

705 Vgl. oben 2. Kapitel, 2. Teil, B. II.

dem dritten Jahr nach dem Beitritt, also seit 1. Mai 2006, gilt diese Beschränkung jedoch nicht mehr.[706]

2. Teil: Die Regelungen des nationalen Rechts

Wichtigste gesetzliche Grundlage für die aufenthaltsrechtliche Stellung der Familienangehörigen eines Unionsbürgers bildet das am 1. Januar 2005 in Kraft getretene FreizügG/EU. Gerade im Bereich des Familiennachzugs wurde es durch das Gesetz zur Umsetzung aufenthalts- und asylrechtlicher Richtlinien der Europäischen Union vom 19. August 2007 in vielen Punkten geändert, um das FreizügG/EU an das Gemeinschaftsrecht anzupassen.[707] Die RL 2004/38/EG hat Gesetzesänderungen insbesondere bei der Definition des Begriffs der Familienangehörigen, dem von ausreichendem Wohnraum unabhängigen Nachzugsrecht, den Regelungen zum Daueraufenthaltsrecht, beim Verbleiberecht von Familienangehörigen nach dem Tod oder Wegzug des Unionsbürgers, von dem die Rechte abgeleitet werden, sowie hinsichtlich der Dokumente, die zum Nachweis des Freizügigkeitsrechts verlangt werden dürfen, erforderlich gemacht.[708]

---

706 An dieser nur eingeschränkten Erwerbsberechtigung von Familienangehörigen entspann sich der Streit, ob hierin ein Verstoß gegen die sog. Standstill-Klausel (Nr. 14 der jeweiligen Liste nach Art. 24, Freizügigkeit) zu sehen ist. Ausgangspunkt sind die Europa-Abkommen, nach denen Familienangehörige „während der Geltungsdauer der Arbeitserlaubnis" des Arbeitnehmers Zugang zum Arbeitsmarkt des Aufnahmemitgliedstaats haben. Zwar gilt die Regelung in den Europa-Abkommen nur „vorbehaltlich der in den einzelnen Mitgliedstaaten geltenden Bedingungen und Modalitäten", vor dem Hintergrund der Rechtsprechung des EuGH zur Verbindlichkeit und unmittelbaren Geltung von Vorschriften völkerrechtlicher Abkommen kann aus diesem Vorbehalt jedoch nur schwerlich eine tatsächliche Einschränkungsberechtigung der Mitgliedstaaten abgeleitet werden.

707 BGBl. 2007 Teil I, S. 1970 ff. Die RL hätte schon zum 30. April 2006 umgesetzt werden müssen. Auch im Hinblick auf die Bedingungen der Familienzusammenführung enthielt das Rundschreiben des Bundesministeriums des Innern vom 13. April 2006 Hinweise zur unmittelbaren Wirkung der RL 2004/38/EG und der noch nicht vorgenommenen Umsetzung (*Schweitzer*, Rechtssicherheit versus Legalität, in: Heckmann, GS Kopp, S. 360 ff., 365; *Maaßen*, ZAR 2006, 161 ff., 166).

708 *Maaßen*, ZAR 2006, 161 ff., 166. Zum Beispiel hatte das FreizügG/EU im Hinblick auf das Daueraufenthaltsrecht den Kreis der begünstigten Familienangehörigen zu klein gefasst. Es erhielten nach fünfjährigem rechtmäßigem Aufenthalt nur der Ehegatte, Lebenspartner sowie ihre unterhaltsberechtigten Kinder das Recht auf dauerhaften Verbleib. Für Kinder unter 16 Jahren galt dies sogar nur, wenn ein Erziehungsberechtigter sich rechtmäßig im Bundesgebiet aufhält. Die Vorschrift sollte die Betreuung durch die Familie sicherstellen (vgl. Gesetzesbegründung zum FreizügG/EU, BT-Drucks. 15/420, S. 103). Auch sollten drittstaatsangehörige Familienmitglieder eine deklaratorische Aufenthaltserlaubnis-EU erhalten. Die Bezeichnung dieses Dokuments ließ erkennen, dass die Aufenthaltsbescheinigung weiterhin einen Aufenthaltstitel im Sinne einer Aufenthalts*erlaubnispflicht* darstellen sollte. Dieser Eindruck wurde hinsichtlich der

Auch nach den Änderungen enthält das FreizügG/EU, anders als noch das AufenthG/EWG, keine klarstellende Formulierung, dass Familienangehörige *ungeachtet ihrer Staatsangehörigkeit* Freizügigkeit genießen (vgl. § 1 Abs. 2 S. 1 AufenthG/EWG). Jedoch sind Sonderregelungen für Familienangehörige, die keine Unionsbürger sind, in dem Gesetz getroffen (vgl. § 3 Abs. 6, § 5 Abs. 2). Zudem ergibt sich aus der Gesetzesbegründung, dass der Gesetzgeber diesen Aspekt bedacht hat, so dass davon ausgegangen werden kann, dass auf einen entsprechenden Hinweis absichtlich verzichtet wurde.[709]
Eine Abweichung von der Richtlinie findet sich nun noch hinsichtlich der Rechtsstellung von gleichgeschlechtlichen Lebenspartnern, die im FreizügG/EU nicht *als Familienangehörige* aufgeführt sind. Nicht freizügigkeitsberechtigte Lebenspartner von *erwerbstätigen* Unionsbürgern können lediglich unter den für den Familiennachzug zu Deutschen geltenden Bedingungen nach den Vorschriften des Aufenthaltsgesetzes nachziehen (§ 2 Abs. 2 Nr. 1 bis 4, § 3 Abs. 6 FreizügG/EU). Somit gelten die allgemeinen Erteilungsvoraussetzungen eines Aufenthaltstitels (§§ 27 Abs. 2, 28 Abs. 1 AufenthG).[710] Der Aufenthalt ist daher zunächst nur befristet (§ 28 Abs. 2 AufenthG); erst nach dreijährigem Aufenthalt kann eine Niederlassungserlaubnis erteilt werden, sofern die familiäre Lebensgemeinschaft fortbesteht und einfache Sprachkenntnisse vorhanden sind. Die Erteilung einer Niederlassungserlaubnis setzt zudem eine (prognostisch) gesicherte Altersversorgung eines der Lebenspartner voraus (§§ 27 Abs. 2, 9 Abs. 3 i. V. m. Abs. 2 Nr. 3, 28 AufenthG). Lebenspartner, die selbst Unionsbürger sind, genießen zwar Freizügigkeit, können jedoch nicht auf das besondere Begleitrecht zurückgreifen, das oben dargestellte Privilegien vermittelt. Des Weiteren gewährt das FreizügG/EU Lebenspartnern von *nicht erwerbstätigen* Unionsbürgern ein Nachzugsrecht, wenn ausreichende Existenzmittel und Krankenversicherungsschutz vorliegen (§ 4 FreizügG/EU). Aus dieser letztgenannten Vorschrift wird zum Teil geschlussfolgert, dass der Verweis auf das AufenthG nicht als Rechtsfolgenverweis in dem Sinne zu verstehen ist, dass der drittstaatsangehörige Lebenspartner einen Titel nach dem AufenthG erhalten soll, da sonst Lebenspartner von erwerbstätigen und nichterwerbstätigen Unionsbürgern einen unterschiedlichen Status hätten.[711] Jedenfalls darf bezweifelt werden, ob durch diese Regelungen die Vorgaben der Richtlinie eingehalten wurden, die eine Gleichbehandlung der Lebenspartner vorsieht, sofern der Aufnah-

---

Aufenthaltsbescheinigung für Unionsbürger mit der neuen gesetzlichen Regelung beseitigt, bei Drittstaatsangehörigen jedoch aufrecht erhalten werden (vgl. die Gesetzesbegründung zum FreizügG/EU, BT-Drucks. 15/420, S. 101 f.).

709 Vgl. BT-Drucks. 15/420, S. 101 f.; vgl. aber *Fischer-Lescano*, ZAR 2005, 298 ff, 290, der Drittstaatsangehörige jedenfalls über den Anwendungsvorrang des Gemeinschaftsrechts in die gesetzlichen Regelungen einbezogen sieht.

710 § 27 Abs. 2 AufenthG entspricht inhaltlich dem früheren § 27a AuslG, der allerdings nur eine Ermessensentscheidung vorsah, während nunmehr ein Anspruch vermittelt wird.

711 *H. Groß*, ZAR 2005, 81 ff, 86.

memitgliedstaat die eingetragene Lebenspartnerschaft der Ehe gleichgestellt hat (Art. 2 Nr. 2 lit. b der RL), was nach bundesdeutschem Recht für weite Bereiche der Fall ist.

Im Hinblick auf die Erwerbsberechtigung gilt dasselbe wie bereits zu den Unionsbürgern ausgeführt: zwar trifft das FreizügG/EU hierzu keine Regelung, jedoch folgt aus dem Umkehrschluss zum Anwendungsbereich des AufenthG, dass eine Erwerbstätigkeit keiner Genehmigung bedarf (§ 1 Abs. 2 Nr. 1 AufenthG). Ebenso kann auf das bereits zur Teilhabe an sozialen Leistungen sowie zur Einbeziehung in die Sozialversicherungssysteme zu den Unionsbürgern Gesagte verwiesen werden, um den Aufenthaltsstatus der Familienangehörigen eines Unionsbürgers zu beschreiben. Hinzugefügt sei, dass auch die Regelungen des BAföG den Vorgaben des EuGH angepasst wurden und Kindern von Unionsbürgern nun eine gleichberechtigte Inanspruchnahme gewährt wird (§ 8 Abs. 1 Nr. 3 BAföG).[712]

A. Aufenthaltsrechte der Familienangehörigen eines Rückkehrers

Ein deutscher Staatsangehöriger, der von Freizügigkeitsrechten Gebrauch gemacht hat und in die Bundesrepublik Deutschland zurückkehrt, kann sich nach Gemeinschaftsrecht als sog. Rückkehrer gegenüber der Bundesrepublik im selben Umfang wie Unionsbürger anderer Mitgliedstaaten auf die gemeinschaftsrechtlichen Freizügigkeitsregelungen berufen.[713] Das Recht der Bundesrepublik Deutschland scheint diesen Fall jedoch den strengeren Regelungen des allgemeinen Ausländerrechts, nämlich den §§ 27 ff. AufenthG, zu unterwerfen.[714] Das FreizügG/EU, das die Vorgaben der gemeinschaftsrechtlichen Freizügigkeit abschließend umsetzt und daher für diese Konstellation eröffnet sein müsste, ist auf deutsche Staatsangehörige nach seinem Wortlaut nicht anwendbar: dessen § 1 regelt nur die Einreise und den Aufenthalt „von Staatsangehörigen anderer Mitgliedstaaten der Europäischen Union (Unionsbürger) und ihrer Familienangehörigen“. Die hierzu korrespondierende Vorschrift des AufenthG schließt wiederum Familienangehörige deutscher Rückkehrer nicht von seinem Anwendungsbereich aus, da es den Aufenthalt all jener Ausländer regelt, die nicht durch das FreizügG/EU privilegiert sind (§ 1 Abs. 2 AufenthG). Der Widerspruch zum Gemeinschaftsrecht ist somit nach den Grundsätzen über dessen Anwendungsvorrang aufzulösen.

712 Vgl. Fn. 623.

713 EuGH Rs. C-370/90, Singh, Slg. 1992, I-4265, Rn. 24 (s. oben, 2. Kapitel, 1. Teil, A. II.).

714 *Fischer-Lescano*, ZAR 2005, 288 ff.

B. Einreise und Aufenthalt der Familienangehörigen von Unionsbürgern und Inländerdiskriminierung

Auf die Einreise und den Aufenthalt von drittstaatsangehörigen Familienmitgliedern findet das FreizügG/EU Anwendung. Dies gilt insbesondere auch für den (gegebenenfalls erstmaligen) Zuzug der Familienangehörigen aus dem Drittstaat in die EU, wie vor allem aus dem Urteil des EuGH in der Rechtssache Metock folgt, in der er entschied, dass der Zuzug von drittstaatsangehörigen Familienmitgliedern in das Gebiet der EU der RL 2004/38/EG unterfällt (1. Kapitel, 1. Teil, A. II.).[715] Der anderslautende § 2 Abs. 4 FreizügG/EU, der die Visumerteilung den Bestimmungen des AufenthG unterwirft, verstößt gegen Gemeinschaftsrecht und findet daher keine Anwendung.

Hieraus ergibt sich, dass sich Unionsbürger mit ihren Familienangehörigen in der Bundesrepublik Deutschland leichter niederlassen können als Deutsche mit ihren (drittstaatsangehörigen) Familienmitgliedern. Diese Ungleichbehandlung wird unter dem Stichwort der Inländerdiskriminierung diskutiert.[716] In der Tat sind die Voraussetzungen eines Familiennachzugs zu einem Deutschen aus einem Drittstaat strenger (§ 28 AufenthG) als die Freizügigkeitsregelungen des FreizügG/EU, welche auf den Zuzug zu Unionsbürgern Anwendung finden. Auch unterliegt der Aufenthaltsstatus der Familienangehörigen eines Unionsbürgers weniger strengen Einschränkungen als der eines drittstaatsangehörigen Familienmitglieds eines Deutschen, der gemäß einen § 28 Abs. 2 AufenthG einen unbefristeten Aufenthaltstitel, die Niederlassungserlaubnis nach § 9 AufenthG, erst nach dreijährigem Aufenthalt und unter den Voraussetzungen des Fortbestands der familiären Lebensgemeinschaft sowie des Nachweises einfacher Sprachkenntnisse erhält.
Zu beachten ist jedoch zunächst, dass sich hier zwei verschiedene Konstellationen gegenüberstehen: einerseits das Recht jedes Unionsbürgers zur (soweit wie möglich hindernisfreien) Ausübung der Freizügigkeit und andererseits das Nachzugsrecht aus einem Drittstaat zu einem Unionsbürger ohne Berührung zum Gemeinschaftsrecht. Die Vergleichbarkeit der Sachverhalte ist problematisch, wenn außer Acht bleibt, dass für den (erstmaligen) Zuzug des *mit*reisenden Familienangehörigen eines Unionsbürgers in den Ausgangsmitgliedstaat aus einem Drittstaat bereits die nationalen Vorschriften des Staates Anwendung gefunden haben, in den der Nachzug erfolgt ist. Würde sich aber der Unionsbürger zu dem Zeitpunkt, in dem der Familiennachzug aus dem Drittstaat begehrt wird, bereits in der Bundesrepublik aufhalten, würde sich die Nachzugsberechtigung nicht wie bei dem Deutschen aus deutschem Recht ergeben, sondern aus den

---

715 Urteil des EuGH vom 25. Juli 2008, Rs. C-127/08, Metock u. a., noch nicht in der amtlichen Sammlung veröffentlicht, Rn. 48 ff.

716 s. *Borrmann*, ZAR 2004, 61 ff.

günstigeren Regelungen der RL 2004/38/EG (bzw. des FreizügG/EU).[717] Von einer Diskriminierung der Inländer kann daher durchaus gesprochen werden, und es wäre wünschenswert, wenn bei der innerstaatlichen Ausgestaltung des Familiennachzugs der nachzugsfreundlichen Rechtsprechung auf Gemeinschaftsebene Beachtung geschenkt würde.

3. Teil: Zusammenfassung zu Kapitel 3

Die Mobilität im Familienverbund bildet eine wesentliche Grundlage für die Ausübung der Personenfreizügigkeiten. Dem Schutz der Kernfamilie hat das Gemeinschaftsrecht daher besonderes Augenmerk gewidmet. Die Rechte für die Familienangehörigen tragen derivativen Charakter; sie dienen der Ausübung der Arbeitnehmerfreizügigkeit und leiten sich von dem Arbeitnehmer ab. Die Familienangehörigen erlangen durch ihre Einbeziehung in die Freizügigkeitsrechte des Arbeitnehmers denselben Status wie dieser im Hinblick auf Aufenthalts- und Gleichbehandlungsrechte im Aufnahmemitgliedstaat. Für sie bringt der Status als Familienangehöriger keine wesentlichen Verbesserungen zu ihrem Unionsbürgerstatus mit sich. In Bezug auf drittstaatsangehörige Familienmitglieder gelten einige Besonderheiten, die insbesondere in zusätzlichen Formalitäten bei der Einreise und beim Aufenthalt bestehen. Allerdings dürfen diese nicht über die Vorgaben der RL 2004/38/EG hinausgehen. Wegen des gemeinschaftsrechtlichen Anwendungsvorrangs kann der Verweis des § 2 Abs. 4 FreizügG/EU auf das AufenthG daher nicht dazu führen, dass die drittstaatsangehörigen Familienmitglieder bei der Einreise in die EU strengeren Vorgaben unterliegen, als im Rahmen der innergemeinschaftlichen Freizügigkeit.

717 Der erste Vorschlag der Kommission für eine Richtlinie zur Familienzusammenführung hatte in ihren Anwendungsbereich auch Unionsbürger eingeschlossen, die ihr Recht auf Freizügigkeit nicht in Anspruch genommen haben und hätte eine Rechtsvereinheitlichung der Nachzugsberechtigung auch zu den eigenen Staatsangehörigen bedeutet (Art. 1, KOM(1999) 638 endg.).

4. Kapitel: Der Aufenthaltsstatus von drittstaatsangehörigen Arbeitnehmern

Obwohl der Aufenthaltsstatus von drittstaatsangehörigen Arbeitnehmern bisher in weitaus geringerem Maße durch den Gemeinschaftsgesetzgeber ausgestaltet worden ist, als dies für Unionsbürger gilt, resultiert aus den gemeinschaftsrechtlichen Vorgaben ein hoher Umsetzungsbedarf für das nationale Aufenthalts- und Arbeitsgenehmigungsrecht. Die Vorgaben basieren zum einen auf der Kompetenz der EG zum Erlass einwanderungspolitischer Maßnahmen (Art. 63 Abs. 1 Nr. 3 lit. a EGV). Zum anderen ergeben sich aus völkerrechtlichen Abkommen der EG (und ihrer Mitgliedstaaten) Verpflichtungen im Hinblick auf die rechtliche Stellung drittstaatsangehöriger Arbeitnehmer.

1. Teil: Gemeinschaftsrechtliche Vorgaben aus dem IV. Titel „Visa, Asyl, Einwanderung und andere Politiken betreffend den freien Personenverkehr"

Für den Aufenthaltsstatus von drittstaatsangehörigen Arbeitnehmern sind vor allem zwei als einwanderungspolitische Maßnahmen (Art. 63 Abs. 1 Nr. 3 lit. a EGV) im Rahmen des IV. Titels des EG-Vertrages ergangene Richtlinien von Bedeutung: zum einen die RL 2003/109/EG (Daueraufenthaltsrichtlinie) und zum anderen die RL 2003/86/EG (Familiennachzugsrichtlinie). Sie betreffen die (Aufenthalts- bzw. Familiennachzugs-) Rechte drittstaatsangehöriger Personen, die sich bereits über einen längeren Zeitraum im Hoheitsgebiet der Mitgliedstaaten der EG aufhalten und daher über einen verfestigten Aufenthaltsstatus verfügen. Beide Richtlinien, die im Folgenden näher dargestellt werden, weisen eine lange Entstehungsgeschichte auf, die von zähen Verhandlungen zwischen den Mitgliedstaaten geprägt ist, aber gleichsam von der Einsicht in die Notwendigkeit getragen wurde, den Status von Drittstaatsangehörigen auf Gemeinschaftsebene zu verbessern.[718]

Im Rahmen der Kompetenzverteilung zwischen der EG und den Mitgliedstaaten wurde bereits dargestellt, dass es bisher in der Zuständigkeit der Mitgliedstaaten verblieben ist, über die (erstmalige) Zulassung von Drittstaatsangehörigen zum einheimischen Arbeitsmarkt zu entscheiden. Die Kompetenzen der EG reichen in diesem Bereich nicht über koordinierende Regelungen hinaus (s. oben 1. Kapitel, 2. Teil, A. II. 1.). In diesem Zusammenhang wurde auch bereits ein Überblick über die Regelungen der RL 2005/71/EG (sog. Forscher-RL) gegeben. Daher soll für die sich hieraus ergebenden Vorgaben für das Recht der Mit-

718 *Hailbronner*, ZAR 2004, 163 ff.; *Hauschild*, ZAR 2003, 266 ff. sowie 350 ff.; *Langenfeld/Mohsen*, ZAR 2003, 398 ff.

gliedstaaten auf die dortigen Ausführungen verwiesen werden (s. oben 1. Kapitel, 2. Teil, A. II. 1 c) aa)). Die entsprechenden Bestimmungen der RL 2003/109/EG (langfristig aufenthaltsberechtigte Drittstaatsangehörige) sowie der RL 2003/89/EG (Familiennachzug zu Drittstaatsangehörigen) werden im Folgenden dargestellt. Weitere Vorgaben trifft das Gemeinschaftsrecht im Rahmen der einwanderungspolitischen Maßnahmen des Art. 63 Abs. 1 Nr. 3 lit. a EGV bisher nicht.
Entsprechend dem Arbeitstitel sollen die speziellen Fragen der Einreise von Drittstaatsangehörigen in die EG sowie des Aufenthalts in der EG im Rahmen des Schengen-Acquis außer Betracht bleiben, da sich aus diesen Vorgaben keine speziellen Regelungen für den Aufenthaltsstatus von Arbeitnehmern im Vergleich zu anderen Drittstaatsangehörigen ergeben.[719]

A. Die Rechtsstellung von langfristig aufenthaltsberechtigten Drittstaatsangehörigen

Die Rechtsstellung der langfristig aufenthaltsberechtigten Drittstaatsangehörigen wird durch die RL 2003/109/EG[720], die auf die Art. 63 Abs. 2 Nr. 3 und 4 EGV gestützt ist, ausgestaltet. Die Richtlinie verfolgt zwei Ziele. Zum einen sollen die Bedingungen harmonisiert werden, unter denen Drittstaatsangehörige, die sich rechtmäßig und längerfristig in einem Mitgliedstaat aufhalten, die Rechtsstellung eines langfristig Aufenthaltsberechtigten erhalten und wieder entzogen bekommen können. Zum anderen dient die Richtlinie der erleichterten sog. Weiterwanderung der langfristig aufenthaltsberechtigten Drittstaatsangehörigen in andere Mitgliedstaaten.
Die Richtlinie nimmt eine Reihe von Personengruppen von ihrem Anwendungsbereich aus. Hierzu gehören Drittstaatsangehörige, die sich für ein Studium oder eine Berufsausbildung in der EG aufhalten, denen der Aufenthalt zum vorübergehenden oder subsidiärer Schutz genehmigt wurde, sowie Flüchtlinge (Art. 3 Abs. 2). Des Weiteren fallen Personen nicht unter die Richtlinie, die sich ausschließlich vorübergehend in der EG befinden; beispielhaft sind Saisonarbeitnehmer und Au-pairs oder im Rahmen einer Dienstleistungserbringung entsendete Arbeitnehmer aufgeführt.

I. Voraussetzungen und Wirkungen

Den Status des langfristig aufenthaltsberechtigten Drittstaatsangehörigen erlangt, wer sich unmittelbar vor Antragstellung fünf Jahre lang ununterbrochen

---

719 Vgl. Fn. 58.
720 S. Fn. 90.

rechtmäßig im Hoheitsgebiet eines Mitgliedstaats aufgehalten hat[721] und in ausreichendem Umfang Existenzmittel und Krankenversicherungsschutz nachweisen kann (Art. 4, 5 der RL).[722] Bei der Beurteilung der Existenzmittel können die Mitgliedstaaten die Höhe der Mindestlöhne und -renten berücksichtigen. Des Weiteren sind die Mitgliedstaaten berechtigt, von den Drittstaatsangehörigen die Erfüllung von Integrationsanforderungen zu verlangen.[723]
Es wird eine mindestens fünf Jahre gültige „langfristige Aufenthaltserlaubnis - EG" ausgestellt, die, gegebenenfalls auf Antrag, ohne weiteres zu verlängern ist (Art. 8 der RL). Die Rechtsstellung wird dauerhaft erlangt; auch resultiert der Aufenthaltsstatus nicht mehr aus dem Aufenthaltszweck, für den ein Aufenthaltsrecht erteilt wurde, wie z. B. die Ausübung einer Beschäftigung, sondern aus der Voraufenthaltszeit, und besteht unabhängig von der Ausübung einer Erwerbstätigkeit. Der Status eines langfristig Aufenthaltsberechtigten wird nicht allein durch den Ablauf der langfristigen Aufenthaltsberechtigung bewirkt; er kann jedoch entzogen werden, wenn der Drittstaatsangehörige sich z. B. für längere Zeit außerhalb der EG (12 Monate) oder in einem anderen Mitgliedstaat (6 Jahre) aufhält oder er eine Bedrohung für die öffentliche Ordnung darstellt, ohne dass die Ausweisungsvoraussetzungen vorliegen (Art. 9).[724]
Langfristig Aufenthaltsberechtigte genießen Gleichbehandlung u. a. im Hinblick auf den Zugang zu einer Erwerbstätigkeit, soweit diese nicht mit der Ausübung öffentlicher Gewalt verbunden ist. Allerdings können die Mitgliedstaaten den eigenen Staatsangehörigen und Unions-/EWR-Bürgern einen bevorrechtigten

721 Art. 4 der RL 2003/109/EG: bestimmte Aufenthaltszeiten zählen in die Berechnung des 5-Jahres-Zeitraums entsprechend des eingeschränkten Anwendungsbereichs der Richtlinie nicht (z. B. Saisonarbeitnehmer) oder nur teilweise (Studium) hinein. Des Weiteren sind Abwesenheiten bis zu sechs Monaten unter bestimmten Bedingungen unschädlich.

722 Darüber hinaus sollen wirtschaftliche Erwägungen bei der Zuerkennung des Status als langfristig Aufenthaltsberechtigter keine Rolle spielen (9. Begründungserwägung). Gemeint sind wohl vor allem Arbeitsmarktinteressen der Mitgliedstaaten, vgl. *Hailbronner*, ZAR 2004, 163 ff., 164.

723 *Thiele*, EuR 2007, 419 ff., 439. In Zusammenhang mit dem Erfordernis, Integrationsanforderungen zu erfüllen, entspricht das Integrationskonzept dem der schrittweisen Integration, wonach ein Daueraufenthaltstitel die Anerkennung für eine erfolgreich abgeschlossene Integration darstellt; dieses Konzept steht in der Tradition des Einwanderungsrechts der meisten Mitgliedstaaten.

724 Schwere und Art des Verstoßes gegen die öffentliche Ordnung oder die öffentliche Sicherheit einerseits und andererseits Dauer des Aufenthalts sowie das Bestehen von Bindungen im Aufenthaltsstaat sind angemessen zu berücksichtigen. Der Begriff der öffentlichen Ordnung kann die Verurteilung wegen der Begehung einer schwerwiegenden Straftat umfassen (vgl. 8. Begründungserwägung). Daher scheint nicht die strenge Definition der Ordre-Public-Klausel des EG-Rechts ausschlaggebend zu sein.

Arbeitsmarktzugang gewähren. Lediglich gegenüber nicht daueraufenthaltsberechtigten Drittstaatsangehörigen besteht somit Vorrang.[725]
Hinsichtlich der Beschäftigungs- und Arbeitsbedingungen einschließlich der Entlassungsbedingungen und des Arbeitsentgelts unterfallen die Daueraufenthaltsberechtigten dem Gleichbehandlungsgebot (Art. 11 Abs. 1 lit. a, Abs. 3 lit. a der RL). Dies gilt auch für Leistungen der sozialen Sicherheit, der Sozialhilfe und des Sozialschutzes; die Leistungen dürfen jedoch auf die Kernleistungen beschränkt und von einem Wohnsitz bzw. gewöhnlichen Aufenthalt des langfristig Aufenthaltsberechtigten sowie seiner Familienangehörigen, für die Leistungen beansprucht werden, im Inland abhängig gemacht werden (Art. 11 Abs. 1 lit. d, Abs. 2 und 4 der RL). Der Begriff der Kernleistungen beschreibt nach den Begründungserwägungen der Richtlinie nur die Gewährung eines Mindesteinkommens sowie Unterstützung bei Krankheit, Schwangerschaft, Elternschaft und Langzeitpflege, deren Modalitäten den nationalen Rechtsordnungen überlassen bleiben sollte.[726] Des Weiteren sind die Mitgliedstaaten lediglich dazu verpflichtet, minderjährigen Kindern in *ähnlicher* Weise wie eigenen Staatsangehörigen den Zugang zum Bildungssystem zu gestatten. Stipendien und Ausbildungsbeihilfen im Bereich der Berufsbildung, die im Rahmen von Sozialhilferegelungen finanziert werden, sind nicht erfasst. Außerdem kann der Zugang zu Stipendien und Ausbildungsbeihilfen davon abhängig gemacht werden, dass die antragstellende Person die Voraussetzungen für die Erlangung der Rechtsstellung eines langfristig Aufenthaltsberechtigten selbst erfüllt.[727] Die Voraussetzung des Aufenthalts im Bezugsstaat soll die Mitgliedstaaten ermächtigen, die Verpflichtung zur exterritorialen Gewährung sozialer Leistungen auszuschließen.[728] Mit diesen Regelungen bleibt die Richtlinie deutlich hinter dem ersten Kommissionsvorschlag zurück, der ein bedingungsloses Gleichbehandlungsgebot formulierte und damit den Drittstaatsangehörigen sowie ihren Familienangehörigen annähernd dieselbe Rechtsstellung wie Unionsbürgern eingeräumt hätte.[729]
Die langfristig Aufenthaltsberechtigten genießen erhöhten Ausweisungsschutz, indem eine Ausweisung nur verfügt werden darf, wenn eine hinreichend schwere Gefahr für die öffentliche Ordnung und Sicherheit besteht und die Berücksichtigung der Dauer des Aufenthalts sowie z. B. die Auswirkungen auf die familiäre Situation einer Aufenthaltsbeendigung nicht entgegen stehen. Des Wei-

725 Vgl. Grünbuch über ein EU-Konzept zur Verwaltung der Wirtschaftsmigration (KOM(2004) 811 endg., S. 5).

726 Begründungserwägung Nr. 13 zur RL 2003/109/EG.

727 So die 14. Und 15. Begründungserwägung der RL 2003/109/EG. Wenngleich sich letztgenannte Einschränkung nicht im Richtlinientext wiederfindet und es daher zweifelhaft scheint, ob eine solche Bedingung auf die Akzeptanz des EuGH stoßen würde, spiegelt sie doch die nur eingeschränkte Pflicht zur Gleichbehandlung der langfristig Aufenthaltsberechtigten wider.

728 *Hailbronner*, ZAR 2004, 163 ff., 165.

729 Art. 12 KOM (2001) 127 endg.

teren darf die Ausweisungsentscheidung nicht auf wirtschaftlichen Gründen beruhen (Art. 12).[730] Auch hier spiegelt die Richtlinie nicht mehr das ursprüngliche Ziel der Kommission wider, den langfristig Aufenthaltsberechtigten denselben Aufenthaltsschutz zu gewähren, wie ihn Unionsbürger genießen.[731]

II. Der Aufenthalt in einem anderen Mitgliedstaat

Die Rechtsstellung als langfristig Aufenthaltsberechtigter ist nicht nur in dem Mitgliedstaat mit Privilegien verbunden, in dem dieser Status erlangt wird, sondern birgt auch für das Hoheitsgebiet der anderen Mitgliedstaaten Freizügigkeitsrechte, die allerdings hinter den im ersten Mitgliedstaat bestehenden zurückbleiben. So sind die Drittstaatsangehörigen berechtigt, sich in dem anderen Mitgliedstaat *für bestimmte Zwecke* über einen Zeitraum von mehr als drei Monaten aufzuhalten. In Betracht kommen z. B. die Ausübung einer selbständigen oder unselbständigen Beschäftigung sowie die Aufnahme eines Studiums oder einer Berufsausbildung. Die Aufnahme einer unselbständigen Beschäftigung darf allerdings von einer Arbeitsmarktprüfung abhängig gemacht werden, die Unionsbürger und andere sich rechtmäßig aufhaltende Drittstaatsangehörige vorrangig berücksichtigt. Auch können die Mitgliedstaaten die bei Erlass der Richtlinie bereits nach ihren nationalen Rechtsvorschriften geltenden zahlenmäßigen Beschränkungen beibehalten (Art. 14 der RL).
Der Aufenthalt in dem zweiten Mitgliedstaat muss innerhalb von drei Monaten nach der Einreise beantragt werden; er darf nur von ausreichenden Existenzmitteln, umfassendem Krankenversicherungsschutz und der Erfüllung von Integrationsmaßnahmen abhängig gemacht werden. Außer der Teilnahme an Sprachkursen kann die Erfüllung weiterer Integrationsanforderungen allerdings nur verlangt werden, wenn sie nicht bereits zur Erlangung des Rechtsstatus als langfristig Aufenthaltsberechtigter absolviert werden mussten (Art. 15). Familienangehörige im Sinne der Familiennachzugsrichtlinie, d. h. Ehegatten und minderjährige Kinder (Art. 4 der RL 2003/86/EG), können den Drittstaatsangehörigen begleiten, sofern die Familie schon im ersten Mitgliedstaat bestanden hat.[732]

---

730 *Hailbronner*, ZAR 2004, 163 ff., 164.

731 Der Richtlinienvorschlag orientierte sich an den Rechtsvorschriften der Gemeinschaft über die Freizügigkeit der Unionsbürger, so dass eine Gefährdung der öffentlichen Ordnung oder inneren Sicherheit ausschließlich vom persönlichen Verhalten des Betreffenden ausgehen musste, um eine Ausweisung zu rechtfertigen (vgl. Art. 13 KOM (2001) 127 endg.).

732 In ihrem ersten Richtlinienentwurf hatte die Kommission den Kreis der zur Begleitung des Arbeitnehmers berechtigten Familienangehörigen in den zweiten Mitgliedstaat auf alle Familienangehörigen erstreckt, die im ersten Mitgliedstaat als Familienangehörige gelten (Art. 18 KOM (2001) 127 endg.). Somit hätte der drittstaatsangehörige Arbeitnehmer eine privilegiertere Position eingenommen als Unionsbürger, für die die Regeln

Von ihnen kann der Nachweis verlangt werden, dass sie über ausreichende Existenzmittel für sich selbst verfügen bzw. dass der Lebensunterhalt durch den langfristig Aufenthaltsberechtigten gedeckt ist. Ob der Nachzug von weiteren Familienmitgliedern gestattet wird, liegt im Ermessen des zweiten Mitgliedstaats. Der Nachzug von Familienangehörigen, mit denen im ersten Mitgliedstaat noch keine Familie bestand, richtet sich nach den allgemeinen Voraussetzungen der RL 2003/86/EG.
Mit Erteilung des Aufenthaltstitels im zweiten Mitgliedstaat genießen die Drittstaatsangehörigen dort im selben Umfang Gleichbehandlung wie bereits oben für den ersten Mitgliedstaat dargestellt. Der Zugang zum Arbeitsmarkt darf allerdings für die ersten 12 Aufenthaltsmonate auf die Ausübung der im Aufenthaltstitel genannten Tätigkeit beschränkt werden (Art. 21). Die Erlangung der Rechtsstellung eines langfristig aufenthaltsberechtigten Drittstaatsangehörigen erfolgt im zweiten Mitgliedstaat unter denselben Voraussetzungen wie im ersten Mitgliedstaat (Art. 23). Bis dahin kann der zweite Mitgliedstaat, wenn die Aufenthaltsbedingungen nicht mehr vorliegen, den Drittstaatsangehörigen zur Ausreise aus seinem Hoheitsgebiet verpflichten; wenn nicht aus schwerwiegenden Gründen der öffentlichen Ordnung oder Sicherheit die Rückführung aus dem Gebiet der Europäischen Union verfügt wird, so ist der erste Mitgliedstaat zur Rückübernahme verpflichtet (Art. 22).

B. Familienzusammenführung

Die Familienzusammenführung durch Drittstaatsangehörige wird durch die Richtlinie 2003/86/EG[733] ausgestaltet. Sie betrifft ausschließlich Drittstaatsangehörige als Zusammenführende[734] und findet, wie auch die RL 2003/109/EG, keine Anwendung auf Flüchtlinge oder andere Schutzsuchende, über deren Status noch nicht abschließend entschieden wurde (Art. 3 Abs. 2, 3).[735] Die Richtli-

---

des Art. 10 der VO (EWG) Nr. 1612/68 bzw. nunmehr des Art. 2 Nr. 2 RL 2004/38/EG gelten.

733 Die Familienzusammenführung stellt mittlerweile den Hauptgrund der Einwanderung in westeuropäische Länder dar (ca. 40 bis 50 % aller Einwanderungen), vgl. *Groenendijk*, ZAR 2006, 191 ff.

734 Der erste Vorschlag der Kommission für diese Richtlinie sah ihre Anwendung auch in Bezug auf Unionsbürger vor, die ihr Recht auf Freizügigkeit nicht in Anspruch nehmen (Art. 1, KOM (1999) 638 endg.). Dies wurde jedoch nicht übernommen. Personen, die sowohl die Staatsangehörigkeit eines Drittstaats als auch die eines Mitgliedstaats der EG haben, sollen nicht in den Anwendungsbereich der RL 2003/86/EG fallen (vgl. die Definition des „Drittstaatsangehörigen" als jede Person, die nicht Unionsbürger ist, Art. 2 lit. a der RL 2003/86/EG; EuGH Rs. C-179/98, Mesbah, Slg. 1999, I-7955).

735 Ist jemand als Flüchtling anerkannt, so unterliegt der Familiennachzug erleichterten Voraussetzungen hinsichtlich des Elternnachzugs, der finanziellen Unabhängigkeit und der Nachweisbarkeit familiärer Beziehungen (Art. 9 bis 12 der RL).

nie enthält eine Reihe von Ausgestaltungsspielräumen für die Mitgliedstaaten, den Familiennachzug zu erschweren oder zu erleichtern und die damit gleichzeitig den mühsamen Einigungsprozess der Mitgliedstaaten bis zum Erlass der Richtlinie erahnen lassen.[736] Insgesamt konnte die Richtlinie nur punktuell eine Angleichung der nationalen Rechtsvorschriften in den Mitgliedstaaten und des Schutzniveaus ausländischer Familien erreichen.

I. Einzelheiten der RL 2003/86/EG

Der sich am stärksten auf das Familienleben auswirkende Unterschied zum Familiennachzug von Unionsbürgern besteht darin, dass die Familie keinen Anspruch darauf hat, gemeinsam in den Aufnahmemitgliedstaat einzureisen, sondern die Mitgliedstaaten eine zweijährige Voraufenthaltszeit des Zusammenführenden[737] verlangen können (Art. 8).[738] Des Weiteren bestehen sowohl im Hinblick auf die finanzielle Selbständigkeit und die Integration des Zusammenführenden im Aufnahmemitgliedstaat als auch den Verwandtschaftsgrad der nachziehenden Familienmitglieder wesentlich strengere Voraussetzungen als beim Familiennachzug zu Unionsbürgern. So hat der Zusammenführende nachzuweisen, dass er über ausreichenden Wohnraum, Krankenversicherungsschutz und entsprechende Einkünfte für sich und seine Familie verfügt (Art. 7); auch muss er begründete Aussicht darauf haben, ein Daueraufenthaltsrecht im Aufnahmemitgliedstaat zu erlangen (Art. 3 Abs. 1).[739]

---

736 Die Entstehungsgeschichte der Richtlinie wurde von zähen Verhandlungen begleitet; erst der dritte Kommissionsentwurf wurde von den Mitgliedstaaten gebilligt, vgl. *Dienelt*, Auswirkungen der Familienzusammenführungsrichtlinie, S. 12 ff.; *Hailbronner*, FamRZ 2005, 1 ff. Der Erlass von aus Sicht der Familienangehörigen ungünstigeren Regelungen ist auf „im Zeitpunkt der Umsetzung der Richtlinie" vorhandene nationale Rechtsvorschriften begrenzt. Maßstab ist der Ablauf der Umsetzungsfrist, nicht der Zeitpunkt des Erlasses der Richtlinie, um den Interessen einiger Mitgliedstaaten Rechnung zu tragen, in denen zur selben Zeit Änderungen des Ausländergesetzes diskutiert wurden. Es ist daher auch ausgeschlossen anzunehmen, der „Zeitpunkt der Umsetzung" sei der der tatsächlichen (ggf. verspäteten) Umsetzung. Vgl. EuGH C-540/03, Europäisches Parlament/Rat, Slg. 2006, I-5769, Rn. 51; *Hailbronner*, FamRZ 2005, 1 ff., 4.

737 Zum Begriff vgl. Art. 2 lit. d der RL 2003/86/EG.

738 Die Begründungserwägung Nr. 7 verlangt lediglich, dass die Mitgliedstaaten die Richtlinie auch dann anwenden können *sollten*, wenn die Familie gemeinsam einreist. Die Vereinbarkeit des Art. 8 der RL mit Art. 8 EMRK wurde in einer vom Europäischen Parlament eingereichten Nichtigkeitsklage durch den EuGH bestätigt (EuGH Rs. C-540/03, Parlament/Rat, Slg. 2006, I-5769).

739 Die Vorgaben, die die Richtlinie mit dieser Formulierung aufstellt, sind nicht leicht zu bestimmen, jedoch kann zumindest geschlussfolgert werden, dass Aufenthalte, die von vornherein nur auf eine kürzere Zeit angelegt sind, nicht zum Familiennachzug berechtigen. Gleichzeitig soll ein Nachzug nicht von vornherein ausgeschlossen sein, wenn der

Die von der Richtlinie begünstigten Familienmitglieder sind der Ehegatte[740], gemeinsame minderjährige unverheiratete Kinder bzw. die des Zusammenführenden oder des Ehegatten, sofern sie das Sorgerecht besitzen und Unterhalt leisten. Damit ist der Nachzug auf die sog. Kernfamilie beschränkt. Für Kinder, die über 12 Jahre alt sind und die nicht im Familienverband nachziehen, können Integrationskriterien festgelegt werden, deren Erfüllung nachzuweisen ist.[741] Bei über 15jährigen Kindern kann sogar bestimmt werden, dass Einreise und Aufenthalt nur aus anderen Gründen als der Familienzusammenführung genehmigt werden.[742] Die Familienzusammenführung mit Verwandten in gerader aufsteigender Linie und Lebenspartnern in eingetragener Lebenspartnerschaft unterliegt der alleinigen Ausgestaltung der Mitgliedstaaten (Art. 4).

Die Familienangehörigen haben grundsätzlich im selben Umfang wie der Zusammenführende selbst Zugang zu allgemeiner Bildung, zur Ausübung einer Beschäftigung und beruflicher Beratung (Art. 14 Abs. 1). Den Mitgliedstaaten verbleibt es jedoch festzulegen, unter welchen Bedingungen eine selbständige oder unselbständige Erwerbstätigkeit aufgenommen werden kann. Auch eröffnet die Richtlinie ausdrücklich die Möglichkeit, den Zugang zum Arbeitsmarkt während des ersten Aufenthaltsjahres von einer Arbeitsmarktprüfung abhängig zu machen; die Mitgliedstaaten können also eine Arbeitserlaubnis verlangen (Art. 14 Abs. 2).[743] Bezweifelt wird, ob die Höchstdauer von zwölf Monaten, während derer eine Arbeitsmarktprüfung durchgeführt werden darf, gleichsam für den Absatz 1 der Vorschrift gilt, der die Rechtsstellung des Familienangehö-

---

Aufenthaltstitel mit einer Befristung versehen ist. S. auch *Hailbronner*, FamRZ 2005, 1 ff., 2. Als Hinweis darauf, dass Ausländer mit befristeter bzw. jedenfalls nicht unbegrenzt verlängerbarer Aufenthaltserlaubnis von der Berechtigung zum Familiennachzug ausgeschlossen sein sollen, wertet er die Entschließung der Einwanderungsminister vom 1. Juni 1993, wonach die Familienangehörigen von insbesondere Personen mit befristeter Arbeitserlaubnis oder Studierenden nicht nachreisen dürfen und sich die Aussicht auf ein ständiges oder langfristiges Aufenthaltsrecht nach den nationalen Rechtsvorschriften bestimmen soll. Dass auch der EuGH in der Vorschrift einen Verweis auf das nationale Recht sehen würde, bezweifelt er und schließt sogar aus, dass dieser einen Auslegungsspielraum zulassen würde.

740 Es kann ein Mindestalter von 21 Jahren für beide Ehegatten festgelegt werden (Art. 4 Abs. 5 der RL). Bei Mehrehen darf nur ein Ehegatte nachziehen; es können Einschränkungen für den Nachzug von Kindern eines weiteren Ehegatten getroffen werden (Art. 4 Abs. 4 der RL).

741 Die Vorschrift besteht, um eine Motivation für den frühen Nachzug von Kindern zu schaffen, um ihrer Integrationsfähigkeit in den ersten Lebensjahren Rechnung zu tragen und zu gewährleisten, dass sie die erforderliche Allgemeinbildung und Sprachkenntnisse während der Schulzeit erwerben können (Begründungserwägung Nr. 12).

742 Art. 4 Abs. 1 letzter UAbs. und Abs. 6 der RL 2003/86/EG. Diese beiden Vorschriften wurden ebenfalls durch den EuGH auf ihre Rechtmäßigkeit überprüft und für mit Art. 8 und 14 (Diskriminierung wegen des Alters) EMRK vereinbar befunden (EuGH Rs. C-540/03, Parlament/Rat, Slg. 2006, I-5769, vgl. auch Fn. 738).

743 *Groenendijk*, ZAR 2006, 191 ff., 192; *Knauff*, ZEuS 2004, 11 ff., 33.

rigen an die des Zusammenführenden bindet. Bejahendenfalls könnte dem Familienangehörigen, der von dem Zusammenführenden einen nachrangigen Arbeitsmarktzugang ableitet, nach dem ersten Aufenthaltsjahr einen weiterreichenden aufenthaltsrechtlichen Status erlangen – nämlich einen unbeschränkten Arbeitsmarktzugang –, als der Zusammenführende innehat, für den sich ein Anspruch auf zustimmungsfreie Erwerbstätigkeit allein nach nationalem Recht bestimmt.[744] Darin liegt jedoch ein beabsichtigtes Ergebnis, da die Familienangehörigen mit fortschreitender Aufenthaltsdauer eine von dem Zusammenführenden unabhängige Rechtsstellung erhalten sollen.[745] Hinsichtlich der Beschäftigungserlaubnis von Verwandten in aufsteigender Linie haben die Mitgliedstaaten vollständige Entscheidungsfreiheit (Art. 14 Abs. 3).
Nach fünfjährigem Aufenthalt erhalten volljährige Kinder einen eigenen Aufenthaltstitel; bei Ehegatten kann dies auf den Fall der Ehescheidung beschränkt werden (Art. 15).
Einreise und Aufenthalt der Familienangehörigen können aus Gründen der öffentlichen Ordnung[746], Sicherheit und Gesundheit abgelehnt werden (Art. 6). Gegen Entscheidungen, die eine Familienzusammenführung ablehnen bzw. den Aufenthalt beenden, müssen Rechtsbehelfe eingelegt werden können; ihre Ausgestaltung verbleibt in der Regelungskompetenz der Mitgliedstaaten (Art. 18).

II. Ausreichende Berücksichtigung von Art. 8 EMRK

Einige Regelungen der RL 2003/86/EG sind in ihrer Vereinbarkeit mit dem Grundrecht auf Ehe und Familie im Sinne von Art. 8 EMRK bzw. Art. 7 der Charta der Grundrechte nicht unumstritten.[747] Dies betrifft vor allem die den

744 *Hailbronner*, FamRZ 2005, 1 ff., 5; *Dienelt*, Auswirkungen der Familienzusammenführungsrichtlinie, S. 121.

745 Vgl. Vgl. Erwägungsgrund Nr. 15 der RL 2003/86/EG.

746 Gemäß Begründungserwägung Nr. 14 umfasst der Begriff der öffentlichen Ordnung auch eine Verurteilung wegen der Begehung einer schwerwiegenden Straftat.

747 Gemäß Art. 6 Abs. 2 EUV hat die Europäische Union die Grundrechte, wie sie in der EMRK gewährleistet sind und wie sie sich aus den gemeinsamen Verfassungsüberlieferungen der Mitgliedstaaten als allgemeine Grundsätze des Gemeinschaftsrechts ergeben, zu achten. Art. 7 der Charta der Grundrechte ist, soweit hier von Belang, mit Art. 8 Abs. 1 EMRK identisch. Hierzu s. *Beschorner/Petrowsky*, ZAR 2007, 87 ff., 92 f. Völkerrechtliche Vereinbarungen zum Schutz der Familie finden sich in verschiedenen völkerrechtlichen Abkommen; sie können jedoch keinen weitergehenden Schutz vermitteln als die EMRK und die Grundrechte-Charta. So haben sich die Vertragsparteien der ebenfalls unter der Ägide des Europarates ausgehandelten Europäischen Sozialcharta verpflichtet, die Familienzusammenführung von zur Niederlassung berechtigten Wanderarbeitnehmern zu erleichtern und den Familien Schutz und Beistand auf ihrem Hoheitsgebiet zu gewähren (Teil I, Nr. 19 der Europäischen Sozialcharta vom 18.10.1961, BGBl. 1964 Teil II, S. 1261); *Ipsen*, Rn. 13 ff. Die Europäische Sozialcharta wurde bisher von 23 Staaten ratifiziert. 17 Unterzeichnerstaaten haben noch nicht ratifiziert. Vgl.

Mitgliedstaaten eingeräumten Möglichkeiten, den Nachzug von Kindern über 12 Jahren, die später als die übrige Familie nachreisen, an die Erfüllung von sog. Integrationskriterien zu knüpfen (Art. 4 Abs. 1 der RL), den Nachzug von Kindern, die mindestens 15 Jahre alt sind, nicht mehr aus Gründen der Familienzusammenführung zuzulassen (Art. 4 Abs. 6 der RL) und eine Familienzusammenführung erst nach zweijährigem Voraufenthalt des Zusammenführenden zu gestatten bzw. unter Berücksichtigung der Aufnahmefähigkeit des Aufnahmemitgliedstaats eine bis zu dreijährige Voraufenthaltszeit festzulegen (Art. 8 der RL).

Die Vorgaben des Europäischen Gerichtshofs für Menschenrechte lassen sich in Bezug auf die in Rede stehenden Richtlinienbestimmungen wie folgt zusammenfassen: Art. 8 EMRK verpflichtet die Staaten weder, die Entscheidung verheirateter Paare für ihren gemeinsamen Wohnort zu respektieren und die Familienzusammenführung zu gestatten, noch die Familienzusammenführung zu ermöglichen, nur um dem Wunsch von Familien zu entsprechen, in einem bestimmten Land zu leben. Dies gilt insbesondere dann, wenn ein gemeinsames Familienleben auch im Herkunftsland möglich ist. Vielmehr ist es das Recht jedes Staates, die Einreise von Staatsangehörigen anderer Staaten in sein Staatsgebiet zu beschränken. Jedoch muss der Familiennachzug möglich sein, wenn er unter angemessener Abwägung aller beteiligten Interessen die allein zumutbare Alternative darstellt, die Ehe- und Familieneinheit herzustellen.[748] Gegen die Bestimmung wird jedoch verstoßen, „wenn einer Person die Einreise in ein Land, in dem ihre nahen Verwandten leben, oder der Aufenthalt dort verweigert wird“, es sei denn, dass der Eingriff „gesetzlich vorgesehen, von einem oder mehreren berechtigten Zielen getragen und in einer demokratischen Gesellschaft notwendig, d. h., durch ein zwingendes gesellschaftliches Bedürfnis gerechtfertigt ist und insbesondere in einem angemessenen Verhältnis zu dem berechtigten Ziel steht, das mit ihm verfolgt wird“.[749] Ein Verstoß gegen die Einwanderungs-

---

ausführlich zu den völkerrechtlichen Vorgaben für die Regelung des Familiennachzugs *Langenfeld/Mohsen*, ZAR 2003, 398 ff., 399 ff.; *Renner*, NVwZ 2004, 792 ff., 793 ff.

748 Amtsblattmitteilung zur Klageschrift des Europäischen Parlaments, Rs. C-540/03 (ABl. 2004 C 47/22); Urteil des EGMR vom 28. Mai 1985, Rs. Abdulaziz, Cabales and Balkandali/Vereinigtes Königreich (Series A no. 94, §§ 68); vom 19. Februar 1996, Rs. Gül/Schweiz (Recueil des arrêts et décisions 1996-I, § 39); vom 28. November 1996, Rs. Ahmut/Niederlande (Recueil des arrêts et décisions 1996-VI, §§ 70); Schlussanträge *Kokott*, Rs. 540/03, Rn. 59 ff. Zur aktuellen Rechtsprechung des EGMR, die die Position ausländischer Familienangehöriger erneut gestärkt hat, s. *Thym*, NJW 2006, 3249 ff., 3251 mit Verweis auf die Entscheidungen EGMR, Urteil vom 31. Januar 2006 - 50434/99 - Da Silva & Hoogkamer/Niederlande, und Urteil vom 1. Dezember 2005 - 60665/00 - Tuquabo-Tekle/Niederlande, in denen der EGMR den Schutzbereich der EMRK nicht auf den Schutz vor Ausweisung und Abschiebung sowie den Nachzug zur Familienzusammenführung begrenzt hat, sondern Art. 8 EMRK auch auf die Erteilung von Aufenthaltstiteln in innerstaatlichen Sachverhalten angewendet hat.

749 EuGH Rs. C-109/01, Akrich, Slg. 2003, I-9607 (s. Fn. 25), Rn. 58 ff., Nr. 4 der Entscheidungsformel; Rs. C-60/00, Carpenter, Slg. 2002, I-6279, Rn. 39 ff. mit Verweis

gesetze kann einen Verstoß gegen die öffentliche Sicherheit und Ordnung bedeuten, jedoch nicht automatisch und insbesondere dann nicht, wenn keine weiteren Gesetzesverstöße begangen wurden bzw. keine Auffälligkeiten vorliegen, die die Wahrscheinlichkeit nahe legen, dass eine solche (aktuelle) Gefahr auftreten könnte.

Die Unvereinbarkeit der genannten Richtlinienbestimmungen mit Art. 8 EMRK soll sich daraus ergeben, dass die Richtlinienvorschriften die Berücksichtigung von Härtefällen nicht hinreichend sicherstellen. Die Richtlinie müsse die Anforderungen des Art. 8 EMRK deutlicher zum Ausdruck bringen und die Mitgliedstaaten an die Beachtung seiner Vorgaben ausdrücklich erinnern.[750] Die Generalanwältin folgt dieser Argumentation in Bezug auf Art. 8 der Richtlinie (Erfüllung von Voraufenthaltszeiten), da dieser die Mitgliedstaaten nicht ausreichend zur Beachtung der Vorgaben des Art. 8 EMRK anhalte. Die Vorschrift erwecke den Anschein, dass das Abwarten der Wartefrist auch verlangt werden darf, wenn ein Härtefall im Sinne der EGMR-Rechtsprechung vorliegt. Der 2. Erwägungsgrund der Richtlinie leiste dieser Auslegung Vorschub, weil er die Vereinbarkeit der Richtlinie mit Art. 8 EMRK feststelle.[751] Die Mitgliedstaaten dürften also davon ausgehen, dass sie selbst keine weitere Prüfung menschenrechtlicher Vorgaben bei der Umsetzung der Richtlinie anstellen müssten; da die Vorschrift die Mitgliedstaaten nicht ausdrücklich an die EGMR-Rechtsprechung erinnere,

---

auf die Urteile des EGMR in den Rechtssachen Boultif/Schweiz (Application no. 54273/00), Urteil des EGMR v. 2. August 2001; Amrollahi v. Denmark (Application no. 56811/00), Urteil des EGMR vom 11. Juli 2002.

750 Die Mitgliedstaaten haben die „wirksame Anwendung aller Bestimmungen" der EMRK zu gewährleisten (vgl. Art. 52 EMRK), auch wenn die Konvention aufgrund ihres völkerrechtlichen Charakters nicht unmittelbar in die staatlichen Rechtsordnungen einwirkt, sondern es den Mitgliedstaaten erlaubt, selbst zu entscheiden, in welcher Weise sie ihrer Pflicht zur Beachtung der Konvention genügen. So können sich auch im Recht der Bundesrepublik Deutschland die Verwaltungsbehörden und Gerichte nicht unter Berufung auf eine Entscheidung des EGMR von der rechtsstaatlichen Kompetenzordnung und der Bindung an Gesetz und Recht (Art. 20 Abs. 3 GG) lösen. Es sind aber die Gewährleistungen der EMRK und die Entscheidungen des EGMR im Rahmen methodisch vertretbarer Gesetzesauslegung zu berücksichtigen, da „sowohl die fehlende Auseinandersetzung mit einer Entscheidung des Gerichtshofs als auch deren gegen vorrangiges Recht verstoßende schematische ‚Vollstreckung' (…) gegen Grundrechte in Verbindung mit dem Rechtsstaatsprinzip verstoßen" können, BVerfGE 111, S. 307 ff., Rn. 46 ff. Zu der Tendenz einer gemeinsamen Linie von EGMR, EuGH und BVerfG im Hinblick auf die EMRK s. *Hoppe*, ZAR 2008, 251 ff.

751 Die Generalanwältin hält die Vorschrift zumindest für missverständlich formuliert; jedenfalls erhöhe sie wegen der fehlenden Berücksichtigung von Härtefällen das Risiko von Menschenrechtsverletzungen. Schlussanträge *Kokott*, Rs. C-540/03, Europäisches Parlament/Rat, Slg. 2006, I-5769, Rn. 103 ff.

verstoße sie gegen die Gebote eines effektiven Rechtsschutzes sowie der Rechtsklarheit und sei daher rechtswidrig.[752]
Nach Auffassung des EuGH sind diese Bedenken unbegründet und beruhen auf einem unrichtigen Verständnis der Regelungstechnik bei Richtlinien. So belassen die genannten Bestimmungen den Mitgliedstaaten zwar Umsetzungsspielräume. Jedoch sind diese aufgrund der Verbindlichkeit der EMRK in einer Weise wahrzunehmen, die ihr ausreichend Rechnung trägt.[753] Nicht notwendig ist, dass ihre Anforderungen direkt in der Richtlinie niedergelegt sind. Daher sind die Vorschriften, solange sie eine mit Art. 8 EMRK vereinbare Auslegung zulassen, also eine Familienzusammenführung im Aufnahmemitgliedstaat als einzig zumutbare Alternative möglich bleibt, rechtmäßig.[754] Eine entsprechende Interessenabwägung, die die Belange der Familie, wie z. B. die Art und Stärke der familiären Bindungen untereinander sowie zum Herkunfts- und Aufnahmestaat, sowie insbesondere die Interessen der minderjährigen Kinder gebührend berücksichtigt und Härtefällen ausreichend Rechnung trägt, ist zwar nicht in jeder der genannten Richtlinienbestimmungen vorgesehen, wird jedoch durch die Vorgaben der Art. 5 Abs. 5 und Art. 17 der RL sichergestellt. Diese Vorschriften verhindern, dass die Mitgliedstaaten allein unter Hinweis auf eine beschränkte Aufnahmekapazität oder die fehlende Erfüllung eines Integrationskriteriums und unter Außerachtlassung der Besonderheiten des Einzelfalls eine Familienzusammenführung untersagen. Daher stellen die Vorschriften nach Auffassung des EuGH sämtliche Kriterien zur Verfügung, um in jedem Einzelfall zu einem EMRK-konformen Ergebnis zu gelangen.

Dem EuGH ist zuzustimmen. Die EMRK steht weder der Prüfung von Integrationskriterien noch Voraufenthaltszeiten entgegen; auch verbietet sie nicht, den Nachzug von mindestens 15 Jahre alten Kindern auf andere Gründe als die Familienzusammenführung zu beschränken. Die Mitgliedstaaten haben bei der Umsetzung der Richtlinie eine einfach-gesetzliche Interessenabwägung zu treffen, die die Vorgaben des Art. 8 EMRK einbezieht; nur diese bildet den Ausgangspunkt für die Beurteilung eines konkreten ausländerrechtlichen Sachverhalts.[755] Auch für eine entsprechende Einzelfallprüfung unter Berücksichtigung aller relevanten Interessen lässt die Richtlinie ausreichend Raum, so dass Härtefälle angemessen gelöst werden können.

752 Schlussanträge *Kokott*, Rs. C-540/03, Europäisches Parlament/Rat, Slg. 2006, I-5769, Rn. 104 f.

753 EuGH Rs. C-540/03, Europäisches Parlament/Rat, Slg. 2006, I-5769, Rn. 62.

754 Schlussanträge *Kokott*, Rs. C-540/03, Europäisches Parlament/Rat, Slg. 2006, I-5769, Rn. 80 mit Verweis auf EuGH Rs. 5/88, Wachauf, Slg. 1989, 2609, Rn. 19.

755 *Thym*, NJW 2006, 3249 ff., 3252; *Thiele*, EuR 2007, 419 ff., 436 f.; *Fremuth*, EuZW 2006, 566, 572.

C. Zusammenfassung zu Teil 1

Ein Vergleich zwischen dem Aufenthaltsstatus von Unionsbürgern und dem von langfristig aufenthaltsberechtigten Drittstaatsangehörigen zeigt deutlich die Unterschiede auf, die hinsichtlich der Integration und der Aufenthaltsverfestigung im Aufnahmemitgliedstaat auch nach einem mindestens fünfjährigen rechtmäßigen Aufenthalt noch bestehen. Langfristig aufenthaltsberechtigte Drittstaatsangehörige sind bei weitem nicht in dem Maße den eigenen Staatsangehörigen der Mitgliedstaaten gleichgestellt, wie dies für Unionsbürger der Fall ist. Deutlich wird aus dem Vergleich auch, wie stark sich der Status der Unionsbürger bereits aus dem allgemeinen Ausländerrecht, welches im Wesentlichen in die Kompetenz der Mitgliedstaaten fällt, emanzipiert hat.
Gleiches gilt für die Familienzusammenführung. Der nachzugsberechtigte Personenkreis ist bei zusammenführenden Drittstaatsangehörigen deutlich enger definiert und die Voraussetzungen für einen Nachzug sind wesentlich strenger gefasst. Der Mobilität im Familienverbund wird bei weitem nicht dieselbe Bedeutung beigemessen, wie dies für Unionsbürger gilt, die von ihren Freizügigkeitsrechten Gebrauch machen.

2. Teil: Vorgaben aus völkerrechtlichen Abkommen der EG und ihrer Mitgliedstaaten

Die bisher behandelten Aufenthalts- und Gleichbehandlungsrechte drittstaatsangehöriger Personen finden ihre Grundlage im gemeinschaftsrechtlichen Primär- und Sekundärrecht. Das nationale Recht hat hierneben eine weitere Quelle gemeinschaftsrechtlicher Vorgaben zu beachten, die sich unmittelbar auf den Aufenthaltsstatus von Drittstaatsangehörigen auswirken können: Sie resultieren aus den völkerrechtlichen Abkommen, die die EG mit Drittstaaten in einer nicht unbedeutenden Anzahl geschlossen hat. Erschöpfen sich die Abkommen nicht lediglich in z. B. handelspolitischen Vereinbarungen, treffen sie in der Mehrzahl Regelungen zum Status von Arbeitnehmern und sehen zumindest ein Benachteiligungsverbot für sich rechtmäßig im Zielstaat aufhaltende Arbeitnehmer vor, welches untersagt, Arbeitnehmer der anderen Vertragspartei wegen ihrer Staatsangehörigkeit gegenüber eigenen Staatsangehörigen hinsichtlich der Arbeitsbedingungen, der Entlohnung oder der Entlassung zu benachteiligen. Dabei stehen die Arbeitnehmer betreffenden Vereinbarungen nicht selten unter der Überschrift der „Freizügigkeit der Arbeitnehmer", beinhalten aber nur in Ausnahmefällen Mobilitäts- und Aufenthaltsrechte für die Hoheitsgebiete der Vertragsparteien sowie Zugangsrechte zu deren Arbeitsmarkt.[756] Zudem sind diese Vereinbarungen in den meisten Abkommen nicht abschließend gedacht und lassen Raum für

756 In den englischen Vertragstexten heißt es regelmäßig zutreffender „Movement of Workers" anstelle von „Freedom of Movement".

eine weitere Ausgestaltung innerhalb der Assoziation oder ergänzende weitere Abkommen.[757] Zur Feststellung des beabsichtigten Integrationsgrades der ausländischen Personen im Aufnahmestaat eröffnet sich die Trennlinie dabei weniger zwischen den Assoziierungsabkommen und Abkommen anderer Art als zwischen Assoziierungen, die auf einen Beitritt zur Europäischen Union hinführen, und Abkommen ohne eine solche Perspektive.[758]

Im Folgenden soll die Bedeutung derjenigen Vereinbarungen in den verschiedenen völkerrechtlichen Abkommen bzw. Abkommenstypen dargestellt werden, die für den Aufenthaltsstatus drittstaatsangehöriger Arbeitnehmer maßgeblich sind.

A. Assoziierungsabkommen, die die Freizügigkeit der Arbeitnehmer herstellen

Zwei Assoziierungssysteme der EG in der Form der Freihandelsassoziierungen stellen zwischen den EG-Mitgliedstaaten und den Vertragsparteien die Freizügigkeit der Arbeitnehmer her und gestatten eine Beschäftigungsaufnahme im Vertragsstaat ohne Zulassungsbeschränkungen im Sinne einer staatlichen Erlaubnis. Dies sind das Abkommen über den Europäischen Wirtschaftsraum und das Freizügigkeitsabkommen mit der Schweiz. Sie bewirken aus Sicht der aufnehmenden Mitgliedstaaten eine weitgehende Gleichstellung mit Arbeitnehmern aus den anderen EG-Staaten, so dass sie wie eigene Staatsangehörige in das nationale Rechtssystem eingegliedert werden müssen. Aufgrund ihrer Reichweite bilden sie im Assoziationsrecht der EG die Ausnahme.

---

757 So sah das Kooperations- und Partnerschaftsabkommen von Lomé (ABl. 1976 L 25/2) vor, die rechtliche Ausgestaltung der Freizügigkeit von Personen bilateralen Abkommen zu überlassen (Anhang VI Nr. 4 des Vierten Lomé-Abkommens).

758 Zu beachten ist, dass aus der Bezeichnung des Abkommens nicht auf die Art des völkerrechtlichen Abkommens geschlossen werden kann. Insbesondere für die Gründung einer Assoziierung wählen die Vertragsparteien häufig eine andere Abkommensbezeichnung, wie z. B. *Kooperations-* oder *Partnerschaftsabkommen*. Zusätzliche Schwierigkeiten bewirkt, dass diese beiden Titel zugleich für Abkommen auf der Grundlage der Art. 181, 181a oder 133 i. V. m. Art. 308 EGV verwendet werden, die keine Assoziierung im Sinne des Art. 310 EGV darstellen, wie z. B. das eine Assoziierung begründende AKP-Abkommen von Cotonou (ABl. 2000 L 317/3) einerseits und das (Handels)Partnerschaftsabkommen mit der Russischen Föderation andererseits (ABl. 1997 L 327/1). Vgl. die Übersicht bei *Vöneky*, in: Grabitz/Hilf, Art. 310 EGV, Rn. 6. *Vöneky* ist der Auffassung, dass der Grund für die abweichende Bezeichnung darin zu sehen ist, dass keine Abhängigkeit der assoziierten Partei impliziert werden soll.

I. Das Abkommen über den Europäischen Wirtschaftsraum

Dem Europäischen Wirtschaftsraum (EWR) gehören die EG und ihre Mitgliedstaaten sowie die EFTA-Staaten mit Ausnahme der Schweiz an.[759] Das Abkommen wurde 1992 mit dem Ziel geschlossen, einen homogenen Europäischen Wirtschaftsraum zu schaffen, der sich wie die EG durch freien Waren-, Dienstleistungs- und Kapitalverkehr sowie die Freizügigkeit der Personen definiert und zugleich verfälschungsfreien Wettbewerb gewährleistet (Art. 1 EWR). Es löste die bis dahin zwischen den Parteien bestehenden Freihandelsabkommen ab und implementierte eine neue Stufe der wirtschaftlichen Integration in Europa. Von Seiten der EFTA-Staaten sind nach dem EU-Beitritt Finnlands, Österreichs und Schwedens nur noch Island, Liechtenstein und Norwegen verblieben.
Das EWR-Abkommen bewirkt eine vor allem im Bereich der Grundfreiheiten binnenmarktähnliche Integration des Wirtschaftsraumes der Vertragsparteien und unterscheidet sich hierdurch von den anderen Assoziierungsabkommen.[760] Die enge Anbindung an die EG resultiert aus der weitgehenden Übernahme des acquis communautaire einschließlich der Rechtsprechung des EuGH auf diesen Gebieten und der dynamischen Weiterentwicklung parallel zum Gemeinschaftsrecht.[761] So wird zwischen den EG-Mitgliedstaaten und den EFTA-Staaten vollständig die Freizügigkeit der Arbeitnehmer im Sinne des Art. 39 EGV einschließlich des Arbeitsmarktzugangs und der Rechte für die Familienangehörigen hergestellt.[762] Im Unterschied zu anderen Assoziierungsabkommen beschränken sich die Vereinbarungen dabei nicht auf Arbeitnehmer, die sich bereits rechtmäßig in der EG bzw. im Hoheitsgebiet der Vertragsstaaten befinden, sondern schließen die Mobilitätsrechte zur Arbeitsuche ein (Art. 28 Abs. 3 EWR). Gewährt werden sowohl die Abschaffung jeder auf der Staatsangehörigkeit beruhenden Ungleichbehandlung hinsichtlich Beschäftigung, Entlohnung und

---

759 Abkommen über den Europäischen Wirtschaftsraum zwischen den Europäischen Gemeinschaften und ihren Mitgliedstaaten sowie der Republik Österreich, der Republik Finnland, der Republik Island, dem Fürstentum Liechtenstein, dem Königreich Norwegen, dem Königreich Schweden und der Schweizerischen Eidgenossenschaft (ABl. 1994 L 1/1).

760 *Höller*, S. 254 f.; *van der Mei*, S. 56. Das EWR-Abkommen stellt die engste Assoziierung der EG dar, die eine derart starke Einbindung der Vertragsstaaten in das Gemeinschaftsrecht bewirkt, dass in gewisser Weise der Beitritt zur Gemeinschaft als überflüssig bzw. bereits als faktisch vollzogen bezeichnet wird, vgl. *Weber*, S. 36.

761 Vgl. Art. 6, 7, 28 Abs. 5, 29, 30, 31 Abs. 2, Anhänge V bis XI EWR. Die dynamische Auslegung des EWR-Abkommens unter Einbeziehung der nach Abschluss des Abkommens ergehenden Rechtsprechung und Rechtssetzung erfolgt gemäß den Verfahren in Art. 105 ff. sowie Art. 99 ff. EWR.

762 Vgl. Art. 28 EWR. Die Vorschrift ist dem Inhalt des Art. 39 EGV entsprechend formuliert. Sie verweist für die besonderen Bestimmungen über die Freizügigkeit der Arbeitnehmer auf Anhang V des Abkommens, der ein Verzeichnis der in Bezug genommenen sekundärrechtlichen Rechtsakte enthält. Vgl. auch Art. 30 EWR, Anhang VII zur Anerkennung von Qualifikationen.

sonstiger Arbeitsbedingungen als auch derselbe aufenthaltsrechtliche Status wie ihn Unionsbürger als Wanderarbeitnehmer innehaben.[763] Familienangehörige sind in die Freizügigkeit der Arbeitnehmer einbezogen (Art. 28, 29 EWR). Auch auf dem Gebiet der sozialen Sicherheit bildet der EWR eine Einheit mit dem EG-Binnenmarkt, indem die Koordinationsregelungen insbesondere der VO (EWG) Nr. 1408/71 Anwendung finden.[764] Das EWR-Abkommen stellt damit die weitestgehende Assoziierung dar, die die EG eingegangen ist.

Bisher nicht abschließend geklärt ist die Frage, ob auch wirtschaftlich nicht Aktive aus den EWR-Staaten wie Unionsbürger Freizügigkeit und Gleichbehandlung genießen und auf sie die Rechtsprechung des EuGH insbesondere auch im Hinblick auf die Teilhabe an sozialen Leistungen vollständig übertragen werden muss. Dass das Diskriminierungsverbot des Art. 4 EWR dem Art. 12 EGV entsprechend formuliert ist, spricht für die Gleichstellung der EWR-Staatsangehörigen. Jedoch fehlt in dem Abkommen ein der Unionsbürgerschaft vergleichbares Instrument als Anknüpfungspunkt für ein umfassendes Freizügigkeits- und Gleichbehandlungsrecht.[765] So muss die Rechtsprechung des EuGH, die „angesichts der Einführung der Unionsbürgerschaft"[766] den Freizügigkeitsrechten der Unionsbürger eine sozialrechtliche Komponente verliehen hat, außer Betracht bleiben. Im Ergebnis sind daher finanzielle Leistungen, die den Zugang zum Arbeitsmarkt eines Mitgliedstaats erleichtern sollen, entsprechend den Grundsätzen des Urteils Lebon weiterhin vom Anwendungsbereich des Abkommens ausgeschlossen.[767]

---

763 *Lang*, S. 242.

764 Vgl. Art. 29 EWR und Anhang VI des Abkommens sowie *Eichenhofer*, Rn. 62.

765 So auch *van der Mei*, S. 169.

766 EuGH Rs. C-138/02, Collins, Slg. 2004, I-2703, Rn. 63 f. (s. 2. Kapitel, 3. Teil, B. III.).

767 EuGH Rs. 316/85, Lebon, Slg. 1987, 2811; vgl. den Urteilstenor, zitiert in Fn. 514. Entsprechend ist fraglich, inwieweit Studierenden aus den EWR-Staaten Freizügigkeits- und insbesondere Gleichbehandlungsrechte zustehen. Der EuGH hat die Anwendbarkeit des Art. 7 EWG bzw. Art. 12 EGV auf Studierende in Bezug auf Einschreibe- oder Studiengebühren für den Zugang zur Berufsbildung damit begründet, dass der Bereich der Bildung, wie Art. 128 EWG bzw. Art. 149 und 150 EGV zeigen, in den Anwendungsbereich des Vertrages fällt (vgl. EuGH Rs. 293/83, Gravier, Slg. 1985, 593, Rn. 25). Diesen Vorschriften vergleichbare Regelungen finden sich im EWR-Vertrag nicht. Lediglich Art. 78 EWR sieht eine verstärkte Zusammenarbeit der Vertragsparteien für den Bereich der allgemeinen und beruflichen Bildung vor. Jedoch ist nicht auszuschließen, dass der EuGH dieser Bestimmung ein Verbot höherer Studiengebühren für EWR-Staatsangehörige entnehmen würde. Gleiches gilt im Grunde für finanzielle Leistungen zum Lebensunterhalt, wie z. B. Studienbeihilfen. Jedoch wiegt hier das Fehlen einer Bestimmung wie der Art. 17 und 18 EGV schwer, auf deren Grundlage der EuGH den Gleichbehandlungsanspruch in Verbindung mit Art. 12 EGV entwickelt hat (vgl. EuGH Rs. C-184/99, Grzelczyk, Slg. 2001, I-6193), was im Ergebnis wie bei den Leistungen, die den Arbeitsmarktzugang erleichtern sollen, einer Übertragung der Rechtsprechung entgegensteht. Vgl. auch *van der Mei*, S. 396 f.

II. Die Sektoralabkommen mit der Schweiz

Die Schweiz gehört zwar auch zu den in die EFTA eingebundenen Staaten, hat jedoch die Teilnahme am EWR durch ein Referendum abgelehnt. Hiernach wurden die Verhandlungen über die Anbindung der Schweiz an die EG auf bilateraler Ebene mit der EG fortgesetzt und mündeten 1999 in den Abschluss von sieben so genannten Sektoralabkommen, die seit dem 1. Juni 2002 in Kraft sind und verschiedene Bereiche[768] betreffen. Sie sollen eine „Integration ohne Beitritt" ermöglichen.[769]
Das hier besonders interessierende Sektoralabkommen über die Freizügigkeit[770]

---

768 Sog. Bilaterale Abkommen I. Die Sektoralabkommen betreffen die Freizügigkeit, den Luftverkehr, den Güter- und Personenverkehr auf Schiene und Straße, den Handel mit landwirtschaftlichen Erzeugnissen, die gegenseitige Anerkennung von Konformitätsbewertungen, das öffentliche Beschaffungswesen sowie die wissenschaftliche und technologische Zusammenarbeit. Seitdem im Jahre 2001 Verhandlungen über zehn weitere Themengebiete aufgenommen wurden, wie z. B. Dienstleistungen, Ruhegehälter von EG-Beamten, verarbeitete Landwirtschaftsprodukte, Umwelt, Statistik, sind weitere Abkommen (sog. Bilaterale Abkommen II) in Kraft getreten, vgl. hierzu ausführlich *Ziegler*, ZEuS 2007, S. 247 ff., 258 ff.

769 *Vöneky*, in: Grabitz/Hilf, Art. 310 EGV, Rn. 73. Zu den Abkommen aus Schweizer Sicht sowie zu den einzelnen Europa-Referenden in der Schweiz seit 1992 s. *Kälin*, ZAR 2002, 123 ff. Ausführlich zur Geschichte der Schweiz und ihres Verhältnisses zur EG *Ziegler*, ZEuS 2007, S. 247 ff., der die Schweiz zumindest für den wirtschaftlichen Bereich als De-facto-Mitglied der EU bezeichnet.

770 Abkommen zwischen der Europäischen Gemeinschaft und ihren Mitgliedstaaten einerseits und der Schweizerischen Eidgenossenschaft andererseits über die Freizügigkeit (ABl. 2002 L 114/6). Das Abkommen besteht aus einem Hauptteil und drei detaillierten Anhängen zur Freizügigkeit (Anhang I), zur Koordinierung der Systeme der sozialen Sicherheit (Anhang II) und gegenseitigen Anerkennung beruflicher Qualifikationen (Anhang III). Das Abkommen wurde nach der EU-Erweiterung am 1. Mai 2004 und nachdem das Schweizer Volk der Ausweitung des Abkommens auf die beigetretenen zehn Mitgliedstaaten mit einem Referendum im Jahre 2005 zugestimmt hat durch ein Protokoll ergänzt, welches die schrittweise Einführung der Personenfreizügigkeit mit den zehn neuen EU-Staaten regelt. Dieses Protokoll wurde am 1. April 2006 in Kraft gesetzt (ABl. 2006 L 89/30). In Bezug auf die Ausdehnung des Freizügigkeitsabkommens auf Bulgarien und Rumänien finden Verhandlungen zwischen der Schweiz und der EU statt. Nach der vierten Verhandlungsrunde am 12. Dezember 2007 blieb noch die Dauer der besonderen Schutzklausel (Ventilklausel) offen. Diese würde es ermöglichen, auch nach Ablauf des Übergangsregimes erneut Kontingente für diese beiden Länder einzuführen, falls eine starke Zuwanderung erfolgen sollte. Die Schweiz verlangt eine Dauer von fünf Jahren. Für eine definitive Einigung ist noch die Zustimmung von Bulgarien und Rumänien nötig. Sobald diese Zustimmung vorliegt, kann das Erweiterungsprotokoll endgültig paraphiert werden, vgl. Pressemitteilung des Bundesamtes für Migration der Schweizerischen Eidgenossenschaft unter: http://www.bfm.admin.ch/bfm/de/home/dokumentation/medienmitteilungen/2007/2007-12-12.html. Im Jahr 2009 wird die Bundesversammlung über die Weiterführung des Freizügigkeitsabkommens entscheiden. Dieser Entscheid wird nochmals dem fakultativen Referendum

gewährt Arbeitnehmern einen Anspruch auf Einreise, Aufenthalt und Zugang zu einer Erwerbstätigkeit (Art. 1 lit. a) und enthält ein Inländergleichbehandlungsgebot (Art. 2).[771] Zum Nachweis dieser Rechte wird für einen länger als drei Monate dauernden Aufenthalt eine – deklaratorische – Aufenthaltsgenehmigung erteilt (Anhang I Art. 2 Abs. 1);[772] diese hat eine Gültigkeitsdauer von fünf Jahren, wenn das Arbeitsverhältnis des Schweizers für eine Mindestdauer von einem Jahr eingegangen wurde. Sie wird automatisch um mindestens fünf Jahre verlängert, wenn nicht der Betreffende zum Zeitpunkt der ersten Verlängerung seit mehr als zwölf Monaten unfreiwillig arbeitslos war. In diesem Fall kann die Gültigkeitsdauer stärker beschränkt werden, jedoch nicht auf weniger als ein Jahr. Bei kürzeren Arbeitsverträgen entspricht die Gültigkeitsdauer der Aufenthaltsgenehmigung der des Arbeitsvertrags (Anhang I Art. 6). Nach Beendigung der Erwerbstätigkeit besteht für die Arbeitnehmer und ihre Familienangehörigen ein Verbleiberecht (Anhang I Art. 4 Abs. 1).[773] Im Vergleich hierzu genießen Nichterwerbstätige ein Aufenthaltsrecht unter der Voraussetzung ausreichender, d. h. über dem Sozialhilfesatz liegender Existenzmittel und umfassenden Krankenversicherungsschutzes (Anhang I Art. 24).

Das Gleichbehandlungsgebot für Arbeitnehmer besteht u. a. hinsichtlich der Beschäftigungs- und Arbeitsbedingungen, im Falle der Arbeitslosigkeit im Hinblick auf die berufliche Wiedereingliederung sowie bezüglich der steuerlichen und sozialen Vergünstigungen (Anhang I Art. 9).[774] Hierneben erstreckt Anhang II entsprechend der Ausgangsnorm des Art. 8 des Abkommens Regelungen

---

unterstehen. Im Falle einer erhöhten Zuwanderung kann die Schweiz zudem bis 2014 erneut Höchstzahlen festsetzen, vgl. Mitteilung unter: http://www.bfm.admin.ch/bfm/de/ home/themen/schweizeu/ausdehnungdesfreizuegigkeitsabkommens.html.

771 Begünstigte des Abkommens sind auch Selbständige, Dienstleistungserbringer, im Rahmen einer Dienstleistung entsendete Arbeitnehmer, Nichterwerbstätige, Studierende sowie die Familienangehörigen.

772 *Westphal*, InfAuslR 2002, 329 ff., 332. Es dürfen Ausweispapiere und eine Einstellungsbescheinigung des Arbeitgebers als Nachweis verlangt werden (Anhang I Art. 6 Abs. 3).

773 Das Verbleiberecht bestimmt sich nach der VO (EWG) Nr. 1251/70 sowie der RL 75/34/EWG (vgl. Anhang I Art. 4 Abs. 2 des Abkommens). Beide Rechtsakte wurden durch die RL 2004/38/EG ersetzt, behalten aber in Bezug auf die Schweiz ihre Gültigkeit.

774 Das (Inländer-)Gleichbehandlungsgebot orientiert sich an den Staatsangehörigen des Aufnahmemitgliedstaats, nicht an dem für Unionsbürger geltenden Diskriminierungsverbot durch andere Mitgliedstaaten. So dürfen z. B. Gebühren für die Ausstellung der Aufenthaltserlaubnis erhoben werden, die nicht höher sind als diejenigen für die Ausstellung von Personalausweisen für Inländer. Für Unionsbürger hingegen ist die Ausstellung der Bescheinigung über das Aufenthaltsrecht kostenlos (§ 3 Abs. 6 FreizügG/EU).

des gemeinschaftsrechtlichen koordinierenden Sozialrechts mit den VO (EWG) Nr. 1408/71 und VO (EWG) Nr. 572/72 auf die Schweiz.[775]
Die Familienangehörigen des Arbeitnehmers dürfen bei ihm Wohnung nehmen, sofern die Wohnung den für die inländischen Arbeitnehmer geltenden Anforderungen entspricht (Anhang I Art. 3).
Für die Auslegung der in dem Abkommen verwendeten Begriffe ist, soweit das Gemeinschaftsrecht herangezogen wird, die Rechtsprechung des EuGH maßgeblich (Art. 16 Abs. 2).[776] Damit wird Schweizern und ihren Familienangehörigen ein im Wesentlichen den Freizügigkeitsrechten des Art. 39 EGV entsprechendes Recht auf Einreise, Aufenthalt und Erwerbstätigkeit eingeräumt.[777] Mit derselben Begründung wie zum EWR-Abkommen muss allerdings die Rechtsprechung zur Teilhabe an sozialen Leistungen, die den Zugang zum Arbeitsmarkt begünstigen, außer Betracht bleiben, da ein der Unionsbürgerschaft vergleichbares Instrument in dem Sektoralabkommen fehlt.

B. Abkommen, die Gleichbehandlungsgebote für Arbeitnehmer enthalten

Die im Folgenden beschriebenen Abkommen weisen hinsichtlich der Bestimmungen zum Status von Arbeitnehmern einerseits weitreichende Gemeinsamkeiten, andererseits erhebliche Unterschiede auf. Als Kernbestimmung beinhalten sie alle ein an die EG und ihre Mitgliedstaaten gerichtetes Diskriminierungsverbot, das eine Benachteiligung der Arbeitnehmer aus dem jeweiligen Vertrags-

---

775 Gewährleistet sein sollen Gleichbehandlung, die Zusammenrechnung von Versicherungszeiten, der Export von Leistungen sowie Amtshilfe und Zusammenarbeit der Behörden (Art. 8 des Abkommens). Ausführlich *Bergmann*, NZS 2003, 175 ff., 176; *Höller*, S. 261 f. Anders als beim EWR findet keine automatische Übernahme des gemeinschaftlichen koordinierenden Sozialrechts statt. Aus Sicht der EG wird aber auch kein neues koordinierendes Sozialrecht im Verhältnis zur Schweiz geschaffen, sondern es werden die bisher geltenden bilateralen Abkommen zwischen einzelnen Mitgliedstaaten und der Schweiz weitgehend ersetzt. Aus Sicht der Schweiz sind die Regelungen über Verweise in den nationalen Gesetzen einbezogen und bilden ein autonomes schweizerisches Koordinationsrecht.

776 *Fehrenbacher*, ZAR 2002, 278 ff., 279. Allerdings ist hinsichtlich der Rechtsprechung, die nach der Unterzeichnung des Abkommens ergeht, die Schweiz zu unterrichten und gegebenenfalls der Gemeinsame Ausschuss zu den Auswirkungen der Rechtsprechung auf das Abkommen zu konsultieren (Art. 16 Abs. 2 des Abkommens). Eine dynamische Auslegung findet also nicht ohne weiteres statt. Zugleich sind die Vertragsparteien aber verpflichtet, die erforderlichen Maßnahmen zur Herstellung gleichwertiger Rechte und Pflichten wie im EG-Recht herzustellen (Art. 16 Abs. 2 des Abkommens).

777 *Westphal*, InfAuslR 2002, 329 ff., 329. Gleiches gilt für Unionsbürger hinsichtlich des Aufenthalts in der Schweiz, allerdings erst nach Ablauf von Übergangsfristen, die vor allem die Erwerbstätigkeit betreffen (Art. 10 des Abkommens). Zu den Übergangsfristen s. *Kälin*, ZAR 2002, 123 ff., 126.

staat hinsichtlich der Arbeits- und gegebenenfalls Entlohnungs- und Kündigungsbedingungen aus Gründen der Staatsangehörigkeit untersagt. Maßstab des Gleichbehandlungsgebotes ist entweder der Status eines EU-Wanderarbeitnehmers oder der Status eines Inländers.[778] Begünstigt sind nur Arbeitnehmer, die sich bereits rechtmäßig in einem Mitgliedstaat der EG aufhalten und dort rechtmäßig beschäftigt sind.

I. Assoziierungen mit Beitrittsperspektive

Assoziierungen mit Beitrittsperspektive sind darauf gerichtet, den Drittstaat auf einen Beitritt zur Europäischen Union vorzubereiten.

1. Das Assoziierungsabkommen EWG-Türkei

Das am 1. Dezember 1964 in Kraft getretene Assoziierungsabkommen der EWG mit der Türkei bildet zusammen mit dem vom Assoziationsrat erlassenen sekundären Assoziationsrecht ein dichtes Regelwerk, welches eine herausgehobene Stellung unter den Assoziierungsabkommen einnimmt.[779] Wie kein anderes Assoziierungsverhältnis ist die Assoziierung mit der Türkei durch den Assoziationsrat ausgestaltet worden. Dies gilt insbesondere für Bestimmungen zu den Personenverkehrsfreiheiten. Zwar enthält das Abkommen nicht die bekannte Formel aus dem zwei Jahre älteren Assoziierungsabkommen mit Griechenland, dem es in weiten Teilen nachgebildet ist, wonach „die Freizügigkeit der Arbeitnehmer nach den Artikeln 48 und 49 des Vertrages zur Gründung der Gemeinschaft [...] zwischen den Mitgliedstaaten und Griechenland zu dem Zeitpunkt

778 Vgl. z. B. Art. 37 des Zusatz-Protokolls Türkei („Jeder Mitgliedstaat sieht für die in der Gemeinschaft beschäftigten Arbeitnehmer türkischer Staatsangehörigkeit eine Regelung vor, die in Bezug auf die Arbeitsbedingungen und das Entgelt keine auf der Staatsangehörigkeit beruhende Diskriminierung gegenüber Arbeitnehmern enthält, die Staatsangehörige *der anderen Mitgliedstaaten* sind.") und Art. 64 Europa-Mittelmeer-Abkommen EG-Marokko, wonach eine Benachteiligung gegenüber den *eigenen Staatsangehörigen* untersagt ist. *Fischer*, S. 123.

779 Abkommen über die Gründung einer Assoziation zwischen der Europäischen Wirtschaftsgemeinschaft und der Türkei (ABl. 1964 217/3685), ergänzt um das Zusatzprotokoll zur Assoziation (ABl. 1972 L 293/4), nach dessen Art. 36 die Freizügigkeit der Arbeitnehmer bis zum 1. Dezember 1986 hergestellt werden sollte. Zur besonderen Stellung der türkischen Arbeitnehmer *Weiß*, S. 57 f. Gemäß Art. 22 und 23 des Abkommens werden dem Assoziationsrat Rechtssetzungskompetenzen zugewiesen. Auch dem sekundären Assoziationsrecht kommt nach der Rechtsprechung des EuGH die Qualität von Gemeinschaftsrecht zu, auf das die Regeln über Vorrang und unmittelbare Wirkung Anwendung finden (EuGH Rs. C-192/89, Sevince, Slg. 1990, I-3461, Rn. 14 ff.), hierzu kritisch: *Hailbronner*, Privilegierte Drittstaatsangehörige in der Europäischen Union, in: Due/Lutter/Schwarze, FS Everling, S. 399 ff., 406 ff.

und nach dem Verfahren hergestellt [wird], die der Assoziationsrat festlegt".[780] Es steht dem Assoziationsrat nach dem Abkommen mit der Türkei frei, das Freizügigkeitsziel zu bestimmen. Er muss sich hierbei jedoch von den Art. 39 ff. EGV und dem auf dieser Grundlage ergangenen Sekundärrecht leiten lassen.[781] Dies hat er in signifikanter Weise trotz des Einstimmigkeitserfordernisses getan.[782] So enthält das sekundäre Assoziationsrecht insbesondere im Hinblick auf die Rechtsstellung türkischer Arbeitnehmer in der EG Bestimmungen, die umfangreiche Rechte beinhalten. Konzipiert sind diese Rechte im Sinne von sog. Verfestigungsregeln, die mit zeitlich fortschreitender Zugehörigkeit zum regulären Arbeitsmarkt und einer zugleich bestehenden ordnungsgemäßen Beschäftigung[783] den beschäftigungsrechtlichen Status schrittweise bis zum vollständigen Arbeitsmarktzugang erstarken lassen; zugleich folgen hieraus weitgehende aufenthaltsrechtliche Konsequenzen, die sich direkt auf das nationale Aufenthaltsrecht auswirken und bis zu einem Anspruch auf eine Aufenthaltserlaubnis reichen können. So gewährt etwa Art. 6 Abs. 1 ARB Nr. 1/80 einem türkischen Arbeitnehmer, der ein Jahr lang ordnungsgemäß bei demselben Arbeitgeber beschäftigt war, einen Anspruch auf Erneuerung seiner Arbeitserlaubnis bei diesem Arbeitgeber. Nach drei Jahren ordnungsgemäßer Beschäftigung erwirbt er sodann das Recht, den Arbeitgeber zu wechseln; nach einem weiteren, also insgesamt vier Jahren, erhält er uneingeschränkten Zugang zu jeder von ihm frei gewählten Beschäftigung.[784] Zudem kann er sich unmittelbar

---

780 Art. 44 Abkommen zur Gründung einer Assoziation zwischen der Europäischen Wirtschaftsgemeinschaft und Griechenland (ABl. 1963 Nr. 26/294).

781 Art. 12 des Abkommens EWG-Türkei, Art. 36 Abs. 1 Zusatzprotokoll. Diese Vorschriften sind nach Auffassung des EuGH wegen ihres hauptsächlichen Programmcharakters *nicht unmittelbar anwendbar* (Rs. 12/86, Demirel, Slg. 1987, 3719, Rn. 25, s. Fn. 882).

782 Vgl. Darstellung in *Vogt*, S. 58 ff.; *Randelzhofer/Forsthoff*, in: Grabitz/Hilf, Art. 39 EGV, Rn. 93.

783 Die Ordnungsgemäßheit einer Beschäftigung setzt eine gesicherte und nicht nur vorläufige Position des Betroffenen auf dem Arbeitsmarkt voraus. Vgl. zum Begriff der ordnungsgemäßen Beschäftigung im Sinne von Art. 6 Abs. 1 ARB Nr. 1/80 ausführlicher *Schweitzer*, Die Freizügigkeit türkischer Arbeitnehmer in Österreich, in: H. Haller, FS Winkler, S. 1031 ff., 1040 sowie EuGH Rs. C-4/05, Güzeli, Slg. 2006, I-10279, Rn. 20 ff.; Rs. C-285/95, Slg. 1997, I-3069, Rn. 20 ff.; Rs. C-192/89, Sevince, Slg. 1990, I-3461, Rn. 30; Rs. C-237/91, Kus, Slg. 1992, I-6781, Rn. 12, 22; Rs. C-434/93, Bozkurt, Slg. 1995, I-1475, Rn. 26.

784 Art. 6 ARB Nr. 1/80 sowie insbesondere die Urteile des EuGH in den Rs. C-192/89, Sevince, Slg. 1990, I-3461; Rs. C-237/91, Kus, Slg. 1992, I-6781. In der erstgenannten Entscheidung hat der EuGH auch die Beschlüsse des Assoziationsrates als integrierenden Bestandteil des Gemeinschaftsrechts angesehen und einzelne Bestimmungen für unmittelbar anwendbar erklärt.

Art. 6 ARB Nr. 1/80 lautet: (1) Vorbehaltlich der Bestimmungen in Artikel 7 über den freien Zugang der Familienangehörigen zur Beschäftigung hat der türkische Arbeitnehmer, der dem regulären Arbeitsmarkt eines Mitgliedstaats angehört, in diesem Mitgliedstaat auf diese Bestimmungen berufen, um außer der Verlängerung seiner Arbeitserlaubnis die Verlängerung seiner Aufenthaltserlaubnis zu erreichen, da das Aufenthaltsrecht für den Zugang zur Ausübung einer Tätigkeit im Lohn- oder Gehaltsverhältnis unbedingt erforderlich ist.[785] Der EuGH wendet hier den Gedanken der praktischen Wirksamkeit einer Norm an, wie er ihn für das Gemeinschaftsrecht entwickelt hat.[786] Die Bestimmung reicht daher über ihren beschäftigungs-(arbeitsgenehmigungs-)rechtlichen Charakter hinaus und gewährt parallel zu den erstarkenden Arbeitsmarktzugangsrechten die notwendigen Aufenthaltsrechte.[787]

Hieraus folgt im Einzelnen:
1. Das uneingeschränkte Zugangsrecht zu jeder Tätigkeit im Lohn- oder Gehaltsverhältnis, welches nach *vier Jahren* ordnungsgemäßer Beschäftigung erworben wird, bringt zwangsläufig die Existenz eines entsprechenden Aufenthaltsrechts mit sich, das vom Fortbestehen der Voraussetzungen für den Zugang

---

- nach einem Jahr ordnungsgemäßer Beschäftigung Anspruch auf Erneuerung seiner Arbeitserlaubnis bei dem gleichen Arbeitgeber, wenn er über einen Arbeitsplatz verfügt;
- nach drei Jahren ordnungsgemäßer Beschäftigung vorbehaltlich des den Arbeitnehmern aus den Mitgliedstaaten der Gemeinschaft einzuräumenden Vorrangs das Recht, sich für den gleichen Beruf bei einem Arbeitgeber seiner Wahl auf ein unter normalen Bedingungen unterbreitetes und bei den Arbeitsämtern dieses Mitgliedstaates eingetragenes anderes Stellenangebot zu bewerben;
- nach vier Jahren ordnungsgemäßer Beschäftigung freien Zugang zu jeder von ihm gewählten Beschäftigung im Lohn- oder Gehaltsverhältnis.

(2) Der Jahresurlaub und die Abwesenheit wegen Mutterschaft, Arbeitsunfall oder kurzer Krankheit werden den Zeiten ordnungsgemäßer Beschäftigung gleichgestellt. Die Zeiten unverschuldeter Arbeitslosigkeit, die von den zuständigen Behörden ordnungsgemäß festgestellt worden sind, sowie die Abwesenheit wegen langer Krankheit werden zwar nicht den Zeiten ordnungsgemäßer Beschäftigung gleichgestellt, berühren jedoch nicht die aufgrund der vorherigen Beschäftigungszeit erworbenen Ansprüche.

785 Hinsichtlich Art. 6 Abs. 1 erster Gedankenstrich ARB Nr. 1/80 vgl. EuGH Rs. C-237/91, Kus, Slg. 1992, I-6781, Rs. C-1/97, Birden, Slg. 1998, I-7747, Rs. C-355/93, Eroglu, Slg. 1994, I-5113; hinsichtlich Art. 6 Abs. 1 zweiter Gedankenstrich ARB Nr. 1/80 vgl. EuGH Rs. C-4/05, Güzeli, Slg. 2006, I-10279, Rs. C-230/03, Slg. 2006, I-157; hinsichtlich Art. 6 Abs. 1 dritter Gedankenstrich ARB Nr. 1/80 vgl. EuGH Rs. C-192/89, Sevince, Slg. 1990, I-3461, Rs. C-383/03, Dogan, Slg. 2005, I-6237, Rs. C-36/96, Günaydin, Slg. 1997, I-5143.

786 *Schweitzer*, Die Freizügigkeit türkischer Arbeitnehmer in Österreich, in: H. Haller, FS Winkler, S. 1031 ff., 1041; *Höller*, S. 180; *Sieveking*, ZAR 1998, 201 ff., 206; *Hailbronner*, ZAR 2004, 46 ff.; *Mallmann*, ZAR 2006, 50 ff., 50.

787 Die Erteilung der Aufenthaltsgenehmigung nach nationalem Recht erlangt damit deklaratorische Bedeutung in dem Sinne, dass der Besitz eines Aufenthaltsdokuments zwar verlangt werden kann, Verstöße gegen diese Regel jedoch nicht mit einer Ausweisung geahndet werden dürfen, da das Aufenthaltsrecht unabhängig von dem Ausweispapier besteht. EuGH Rs. C-329/97, Ergat, Slg. 2000, I-1487, Rn. 40 ff.; *Gutmann*, ZAR 2003, 60 ff., 62.

zu dem Beschäftigungsrecht unabhängig ist.[788] Vorübergehende Abwesenheiten vom Arbeitsmarkt sind daher, egal aus welchem Grund sie erfolgen, irrelevant.[789] Dem steht auch nicht Absatz 2 der Bestimmung entgegen, der nur für die Phase der Entstehung der schrittweise erweiterten Rechte und damit nur für die Zwecke der Berechnung der insoweit erforderlichen Beschäftigungszeiten relevant und nach dem Erwerb der Rechte nach Absatz 1 dritter Gedankenstrich nicht mehr anwendbar ist.[790] Daher resultiert aus der gewonnenen beschäftigungsrechtlichen Stellung sogar ein Verbleiberecht für den Fall der Arbeitslosigkeit. Auch hier argumentiert der EuGH mit dem effet utile: Um von den erworbenen Rechten sinnvoll Gebrauch machen zu können, ist es notwendig, dass sich der Arbeitnehmer für einen gewissen Zeitraum auf Arbeitsuche begeben kann. Wie lang dieser Zeitraum ist, obliegt der Festlegung durch die Mitgliedstaaten.[791] Er muss ausreichen, um die Rechte nicht wirkungslos zu machen und die Chancen des türkischen Arbeitnehmers auf eine neue Beschäftigung tatsächlich nicht zu beeinträchtigen. Ein Zeitraum von wenigen Tagen ist jedenfalls zu kurz, um eine effektive Suche nach einer neuen Beschäftigung zu ermöglichen.[792] Die praktische Wirksamkeit der erworbenen Arbeitsmarktzugangsrechte fordert darüber hinaus, dass dieser Grundsatz auch dann gilt, wenn die Arbeitslosigkeit auf eine Eigenkündigung des Arbeitnehmers zurückzuführen ist und er nicht in unmittelbarem Anschluss ein neues Arbeitsverhältnis eingeht. Nach Auffassung des EuGH muss es dem Arbeitnehmer möglich sein, seine derzeitige Beschäftigung aus persönlichen Gründen aufzugeben, ohne die erworbenen Rechte zu verlieren und ohne dass dieses Verhalten als endgültiges Verlassen des Arbeitsmarktes gewertet wird. Im Gegenzug können die Mitgliedstaaten aber verlangen, dass er alle Formalitäten erfüllt, sich also insbesondere als arbeitsuchend meldet, der Arbeitsverwaltung zur Verfügung steht und damit nachweist, dass er sein Aufenthaltsrecht nicht missbraucht und tatsächlich eine neue Beschäftigung sucht.[793] Unter diesen Voraussetzungen gehört er weiterhin dem re-

788 EuGH Rs. C-383/03, Dogan, Slg. 2005, I-6237, Rn. 14.

789 EuGH Rs. C-383/03, Dogan, Slg. 2005, I-6237, Rn. 17; Rs. C-340/97, Nazli, Slg. 2000, I-957, Rn. 42. Eine nur vorübergehende Abwesenheit liegt auch im Fall einer mehrjährigen Inhaftierung vor, sofern der Arbeitnehmer innerhalb eines angemessenen Zeitraums nach seiner Haftentlassung wieder eine Beschäftigung findet. Denn die vorübergehende Abwesenheit aufgrund einer solchen Haft stellt die weitere Teilnahme des Betroffenen am Erwerbsleben keineswegs in Frage. Daher ist nicht relevant, dass er während seiner Haft die Voraussetzung der Zugehörigkeit zum regulären Arbeitsmarkt dieses Mitgliedstaats nicht mehr erfüllt hat.

790 EuGH Rs. C-434/93, Bozkurt, Slg. 1995, I-1475, Rn. 38; Rs. C-383/03, Dogan, Slg. 2005, I-6237, Rn. 15 f.

791 Vgl. auch *Höller*, S. 185 mit weiteren Nachweisen zur Bestimmung des angemessenen Zeitraums.

792 EuGH Rs. C-171/95, Tetik, Slg. 1997, I-329, Rn. 32 ff. Sehen die nationalen Vorschriften hierzu nichts vor, ist es Sache des nationalen Gerichts, diesen Zeitraum im Lichte der Umstände des ihm vorliegenden Einzelfalls zu bestimmen.

793 EuGH Rs. C-171/95, Tetik, Slg. 1997, I-329, Rn. 40 ff.

gulären Arbeitsmarkt des Aufnahmemitgliedstaats im Sinne von Art. 6 Abs. 1 ARB Nr. 1/80 an.[794]
Die erworbenen Rechte verliert, wer den Arbeitsmarkt endgültig verlässt, also z. B. nicht mehr berufsfähig ist,[795] den angemessenen Zeitraum zur Eingehung eines neuen Arbeitsverhältnisses nach einer vorübergehenden Beschäftigungslosigkeit überschreitet oder aus Gründen der öffentlichen Ordnung, Sicherheit und Gesundheit ausgewiesen werden darf (Art. 14 ARB Nr. 1/80)[796]. Bei der Bestimmung des Umfangs der in Artikel 14 Abs. 1 ARB Nr. 1/80 vorgesehenen Ausnahme ist darauf abzustellen, wie die gleiche Ausnahme im Bereich der Freizügigkeit der Arbeitnehmer, die Angehörige der Mitgliedstaaten der Gemeinschaft sind, ausgelegt wird.[797] Hierzu ist sogar ein Rückgriff auf Art. 28 der RL 2004/38/EG möglich.[798]

2. Sind die Voraussetzungen des Art. 6 Abs. 1 zweiter Gedankenstrich ARB Nr. 1/80 erfüllt, ist dem Arbeitnehmer freie Arbeitgeberwahl gewährt. Allerdings können die Mitgliedstaaten EU-Arbeitnehmern Vorrang gewähren. Aus der beschäftigungsrechtlichen Stellung des Arbeitnehmers folgt ein entsprechendes Aufenthaltsrecht. Unterbrechungen der Beschäftigungszeit wirken sich hinsichtlich der bereits erworbenen Ansprüche und des Erwerbs des uneingeschränkten Arbeitsmarktzugangs entsprechend der Vorgaben des Art. 6 Abs. 2 ARB Nr. 1/80 aus, so dass vorübergehende Abwesenheiten, wenn sie aus anderen Gründen als den dort aufgeführten erfolgen, die beschäftigungs- und aufent-

---

794 EuGH Rs. C-383/03, Dogan, Slg. 2005, I-6237, Rn. 19.

795 EuGH Rs. C-340/97, Nazli, Slg. 2000, I-957, Rn. 37: „Zwar hat ein türkischer Staatsangehöriger nicht das Recht, im Hoheitsgebiet des Aufnahmemitgliedstaats zu verbleiben, wenn er das Rentenalter erreicht oder einen Arbeitsunfall erlitten hat, der zu seiner vollständigen und dauernden Unfähigkeit geführt hat, weiterhin eine Beschäftigung im Lohn- oder Gehaltsverhältnis auszuüben. In solchen Fällen ist davon auszugehen, daß der Betroffene den Arbeitsmarkt des betreffenden Mitgliedstaats endgültig verlassen hat, so daß das von ihm begehrte Aufenthaltsrecht keinerlei Bezug zu einer – und sei es künftigen – Beschäftigung im Lohn- oder Gehaltsverhältnis aufweist (vgl. Urteil vom 6. Juni 1995 in der Rechtssache C-434/93, Bozkurt, Slg. 1995, I-1475, Randnrn. 39 und 40).“ In der Entscheidung EuGH Rs. C-434/93, Bozkurt, Slg. 1995, I-1475 hat der EuGH einem türkischen Staatsangehörigen, der einen Arbeitsunfall erlitten hat, durch den er arbeitsunfähig geworden ist, das Recht zum Verbleib im Aufnahmestaat abgesprochen, da er in diesem Fall den Arbeitsmarkt endgültig verlassen hat.

796 Art. 14 Abs. 1 ARB Nr. 1/80 bestimmt: „Dieser Abschnitt gilt vorbehaltlich der Beschränkungen, die aus Gründen der öffentlichen Ordnung, Sicherheit und Gesundheit gerechtfertigt sind.“

797 EuGH Rs. C-340/97, Nazli, Slg. 2000, I-957, Rn. 56. Im Rahmen des Gemeinschaftsrechts und insbesondere des Art. 39 EGV setzt der Begriff der öffentlichen Ordnung nach ständiger Rechtsprechung voraus, dass außer der Störung der öffentlichen Ordnung, die jede Gesetzesverletzung darstellt, eine tatsächliche und hinreichend schwere Gefährdung vorliegt, die ein Grundinteresse der Gesellschaft berührt (vgl. z. B. EuGH Rs. 30/77, Bouchereau, Slg. 1977, 1999, Rn. 35).

798 EuGH Rs. C-349/06, Polat, Slg. 2007, I-8167, Rn. 23.

haltsrechtliche Stellung des Arbeitnehmers beeinträchtigen können. Daher steht einem türkischen Arbeitnehmer auch nach dieser Bestimmung ein Verbleiberecht für den Fall der Arbeitslosigkeit zu, solange er die entsprechenden Formalitäten erfüllt, denn er muss sein Recht auf freie Arbeitgeberwahl effektiv wahrnehmen können. Gemäß Art. 6 Abs. 2 ARB Nr. 1/80 gilt dies jedoch nur für Zeiten unverschuldeter Arbeitslosigkeit. Die Rechtsprechung zu Art. 6 Abs. 1 dritter Gedankenstrich ist nicht ohne weiteres übertragbar, da der schrittweise Erwerb des Arbeitsmarktzugangs nach dem Konzept dieser Bestimmung grundsätzlich einen ununterbrochenen Beschäftigungszeitraum voraussetzt und der Arbeitnehmer noch nicht das Recht erworben hat, eine Erwerbstätigkeit aufzugeben, um eine andere zu suchen.[799] Allerdings ist bei der Auslegung des Begriffs der *unverschuldeten* Arbeitslosigkeit zu beachten, dass in anderen Sprachfassungen die Formulierung „unfreiwillige Arbeitslosigkeit" verwendet wird[800] und damit dem Begriff entspricht, wie er in der Rechtsprechung zur fortwirkenden Arbeitnehmereigenschaft verstanden wird.[801] Die Arbeitslosigkeit kann daher auch im Fall einer Eigenkündigung unfreiwillig sein, wenn z. B. die Arbeitsmarktlage Umorientierungen in andere Berufszweige erfordert.[802]
Nimmt der Arbeitnehmer eine neue Beschäftigung auf, kann sich sein Aufenthaltsstatus im Sinne des Art. 6 Abs. 1 dritter Gedankenstrich unter Anrechnung der bereits erworbenen Ansprüche verfestigen (Art. 6 Abs. 2 des ARB Nr. 1/80). Zum Verlust der erworbenen Rechte gelten die obigen Ausführungen.

3. Nach einjähriger ordnungsgemäßer Beschäftigung erlangt der Arbeitnehmer gemäß Art. 6 Abs. 1 des ARB Nr. 1/80 neben dem Anspruch auf Verlängerung seiner Arbeitserlaubnis bei demselben Arbeitgeber einen Anspruch auf die entsprechende Verlängerung seiner Aufenthaltserlaubnis.[803] Hierin erschöpft

---

799 EuGH Rs. C-340/97, Nazli, Slg. 2000, I-957, Rn. 40 EuGH Rs. C-383/03, Dogan, Slg. 2005, I-6237, Rn. 18. Die in Artikel 6 Absatz 1 erster bis dritter Gedankenstrich vorgesehenen Rechte setzen hiernach voraus, dass die Ausübung einer ordnungsgemäßen Beschäftigung von einem, drei oder vier Jahren grundsätzlich nicht unterbrochen wird.

800 So heißt es in der englischen Sprachfassung „involuntary unemployment" und in der französischen „chomâge involontaire".

801 EuGH Rs. 39/86, Lair, Slg. 1988, 3161, Rn. 37; Rs. C-357/89, Raulin, Slg. 1992, I-1027, Rn. 21, Nr. 2 des Tenors; Rs. C-413/01, Ninni-Orasche, Slg. 2003, I-13187, Rn. 35.

802 Der Begriff der „unverschuldeten Arbeitslosigkeit" sollte jedenfalls weit ausgelegt werden. Ausnahmen sollten z. B. gelten, wenn die Tätigkeit aus nachvollziehbaren Gründen nicht mehr zumutbar gewesen ist.

803 Der Anwendbarkeit der Bestimmung steht nicht entgegen, dass mit dem Aufenthalt primär ein anderer Zweck als die Arbeitsaufnahme verfolgt wurde, wie z. B. bei Studierenden, Au-pair etc. Vgl. Urteil des EuGH vom 24. Januar 2008, Rs. C-294/06, Payir, noch nicht in der amtlichen Sammlung veröffentlicht; *von Auer*, ZAR 2008, 223 ff. Zur Voraussetzung einer einjährigen Beschäftigung EuGH Rs. C-386/95, Eker, Slg. 1997, I-2697, Rn. 22 ff.

sich der Aufenthaltsanspruch. Insbesondere bestehen keine Verbleiberechte im Fall der Arbeitslosigkeit.[804] Art. 6 Abs. 2 ARB Nr. 1/80 regelt aber bestimmte Abwesenheitszeiten, wie z. B. wegen Mutterschaft, denen einer ordnungsgemäßen Beschäftigung gleichgestellt werden.

Das Assoziationsrecht enthält mehrere Gleichbehandlungsgebote: das allgemeine Diskriminierungsverbot des Art. 9 des Assoziierungsabkommens verbietet „für den Anwendungsbereich des Abkommens [...] dem in Artikel 7 des Vertrages zur Gründung der Gemeinschaft verankerten Grundsatz entsprechend jede Diskriminierung aus Gründen der Staatsangehörigkeit", Art. 37 des Zusatzprotokolls sowie Art. 10 ARB Nr. 1/80 bestimmen, dass türkische Arbeitnehmer gegenüber den EU-Arbeitnehmern hinsichtlich des Arbeitsentgelts und der sonstigen Arbeitsbedingungen gleich zu behandeln sind. Für die Einbeziehung türkischer Arbeitnehmer und ihrer Familienangehörigen in die Sozialleistungssysteme der Mitgliedstaaten ist der Beschluss Nr. 3/80 des Assoziationsrates maßgeblich.[805] Er enthält ein unmittelbar anwendbares Gleichbehandlungsgebot, welches Art. 3 Abs. 1 der VO (EWG) Nr. 1408/71 entspricht.[806] Der Beschluss sieht darüber hinaus Arbeitsmarktzugangsrechte für die Familienangehörigen türkischer Arbeitnehmer vor (Art. 7 Abs. 1). Des Weiteren verhindern die Stillhalteklauseln, dass der Aufenthaltsstatus assoziationsrechtlich begünstigter türkischer

---

804 Aus Art. 6 Abs. 1 erster Gedankenstrich ARB Nr. 1/80 folgt kein Recht bei Arbeitslosigkeit, da er lediglich den Anspruch vermittelt, die Arbeitserlaubnis bei dem gleichen Arbeitgeber zu verlängern. Das Arbeitsverhältnis wird daher vorausgesetzt. Auch kann Art. 6 Abs. 2 ARB Nr. 1/80 allein kein Aufenthaltsrecht vermitteln, vgl. *Schweitzer*, Die Freizügigkeit türkischer Arbeitnehmer in Österreich, in: H. Haller, FS Winkler, S. 1031 ff., 1042.

805 Dieser Beschluss koordiniert die Systeme der sozialen Sicherheit der Mitgliedstaaten dahin gehend, dass türkische Arbeitnehmer, die in einem oder mehreren Mitgliedstaaten der Gemeinschaft beschäftigt sind oder waren, sowie deren Familienangehörige und Hinterbliebene Leistungen in den herkömmlichen Zweigen der sozialen Sicherheit beziehen können. Zu diesem Zweck verweist der Assoziationsratsbeschluss Nr. 3/80 im Wesentlichen auf einige Bestimmungen der VO (EWG) Nr. 1408/71, und auf einige wenige Bestimmungen der VO (EWG) Nr. 574/72 (vgl. EuGH Rs. C-262/99, Sürül, Slg. 1999, I-2685, Rn. 15 f.).

806 Art. 3 Abs. 1 des Beschlusses Nr. 3/80, der die Überschrift „Gleichbehandlung" trägt, lautet: „Die Personen, die im Gebiet eines Mitgliedstaats wohnen und für die dieser Beschluß gilt, haben die gleichen Rechte und Pflichten aufgrund der Rechtsvorschriften eines Mitgliedstaats wie die Staatsangehörigen dieses Staates, soweit dieser Beschluß nichts anderes bestimmt." Er ist nach der Rechtsprechung des EuGH unmittelbar anwendbar (vgl. EuGH Rs. C-262/99, Sürül, Slg. 1999, I-2685, Rn. 21, 48 ff.). Dies gilt nicht für alle Bestimmungen des Beschlusses; diejenigen Bestimmungen, für deren Anwendung ergänzende Durchführungsmaßnahmen erforderlich sind, erfüllen die Voraussetzungen der unmittelbaren Anwendbarkeit nicht (vgl. Rs. C-277/94, Taflan-Met u. a., Slg. 1996, I-4085, Rn. 29 ff.).

Arbeitnehmer und ihrer Familienangehörigen durch neue Maßnahmen der Mitgliedstaaten verschlechtert wird.[807]

Das Assoziationsrecht mit der Türkei ist nicht nur Gegenstand umfangreicher Rechtsprechung des EuGH, sondern vor allem auch umfassender Untersuchungen der Literatur.[808] Wegen seiner Besonderheiten bildet es zudem häufig den Maßstab für die Auslegung anderer Assoziierungsabkommen. Einen Überblick hierüber geben zu wollen, sprengt jedoch den Rahmen dieser Arbeit, so dass die Ausführungen auf den kurzen Abriss beschränkt bleiben sollen.

2. Europa-Abkommen mit mittel- und osteuropäischen Staaten

In den 1990er Jahren hat die EG mit zehn mittel- und osteuropäischen Staaten, die zu den früheren sog. Ostblockstaaten gehörten, *Europa-Abkommen* geschlossen.[809] Diese stellen nicht nur ein Assoziierungssystem dar, welches die größte Erweiterung in der Geschichte der EG einleitete, sondern sie sind zugleich Ausdruck eines der bedeutsamsten politischen, wirtschaftlichen und rechtlichen Prozesse der Nachkriegszeit in Europa, die zur Wiedervereinigung großer Teile des europäischen Kontinents führten. Diese Staaten sind mittlerweile der Europäischen Union beigetreten,[810] so dass die Europa-Abkommen von den Beitrittsverträgen abgelöst wurden und ihnen keine selbständige Bedeutung mehr zukommt. Dennoch sollen sie kurz skizziert werden, um sie den anderen Assoziierungsabkommen gegenüber zu stellen. Des Weiteren sind zu den die Arbeitnehmer betreffenden Bestimmungen der Europa-Abkommen mehrere Urteile des EuGH ergangen, deren Bedeutung auf andere Abkommen übertragbar ist.
Die Europa-Abkommen dienten dem Ziel, neben der Intensivierung der Handels- und Wirtschaftsbeziehungen einen geeigneten Rahmen für die schrittweise Integration der Vertragsparteien in die Gemeinschaft zu bilden, der ihrem Beitrittsbestreben Rechnung trug.[811] Im Vergleich zu dem bestehenden Assoziationsrecht mit der Türkei sind die Bestimmungen in den Europa-Abkommen zum

---

807 Art. 41 Abs. 1 Zusatzprotokoll, Art. 13 ARB Nr. 1/80. Vgl. ausführlich *Hailbronner*, ZAR 2004, 46 ff.; *Huber*, NVwZ 2001, 1371 ff.; EuGH Rs. C-37/98, Savas, Slg. 2000, I-2927.

808 Vgl. *Randelzhofer/Forsthoff*, in: Grabitz/Hilf, Art. 39 EGV, Rn. 85 ff.

809 Die Europa-Abkommen wurden durch die Europäischen Gemeinschaften mit folgenden Staaten geschlossen: Bulgarien (ABl. 1994 L 358), Estland (ABl. 1998 L 68), Lettland (ABl. 1998 L 26), Litauen (ABl. 1998 L 51), Polen (ABl. 1993 L 348), Rumänien (ABl. 1994 L 357), Slowenien (ABl. 1999 L 51), der Slowakei (ABl. 1994 L 359), Tschechien (ABl. 1994 L 360) und Ungarn (ABl. 1993 L 347).

810 Vgl. Fn. 348.

811 Vgl. etwa Art. 1 Abs. 2 Europa-Abkommen EG-Polen sowie 15. Begründungserwägung. Die Abkommen enthalten keine eindeutige Beitrittsperspektive, berücksichtigen aber die Beitrittswünsche der Vertragsparteien in der Präambel.

Personenverkehr vergleichsweise zurückhaltend formuliert. So sind die für Arbeitnehmer relevanten Regelungen zwar unter der Überschrift „Freizügigkeit der Arbeitnehmer" zusammengefasst, jedoch stellen sie keinen Grundsatz der Mobilität und des freien Arbeitsmarktzugangs in der Gemeinschaft auf. Sie enthalten ein Benachteiligungsverbot, welches sich nicht nur, wie im Abkommen mit der Türkei, auf die Entlohnung und die Arbeitsbedingungen bezieht, sondern auch die Regelungen zur Entlassung umfasst. Es gilt aber nur „vorbehaltlich der in den einzelnen Mitgliedstaaten geltenden Bedingungen und Modalitäten"; einen solchen Vorbehalt kannten die älteren Abkommen, wie z. B. mit der Türkei oder Griechenland, nicht. Des Weiteren wurde kein Diskriminierungsverbot für den sozial(rechtlich)en Bereich, wie es in Art. 3 ARB 3/80 oder in den Europa-Mittelmeer-Abkommen enthalten ist, in die Europa-Abkommen aufgenommen.[812] Zudem haben die Assoziationsräte deutlich geringere Befugnisse erhalten, als dies in dem Abkommen mit der Türkei erfolgt ist. So sind sie nur zum Erlass flankierender Maßnahmen, wie z. B. zur Koordinierung der mitgliedstaatlichen Sozialversicherungssysteme befugt, nicht aber berechtigt, unmittelbar den Status der Arbeitnehmer betreffende Bestimmungen zu erlassen.[813]
Die Europa-Abkommen privilegieren neben den Arbeitnehmern deren Ehegatten und Kinder, indem sie ihnen den Zugang zum Arbeitsmarkt des Aufenthaltsstaats *für die Geltungsdauer der Arbeitserlaubnis des Arbeitnehmers* gewähren.[814] Während diese Bestimmung in der Praxis zunächst wenig Beachtung fand, gewann sie als Maßstab für die im Beitrittsvertrag und der Beitrittsakte enthaltenen Übergangsregelungen nach dem Beitritt mittel- und osteuropäischer Staaten im Jahr 2004 an Bedeutung. Die Übergangsregelungen berechtigen die Mitgliedstaaten nicht nur, die Freizügigkeit der Arbeitnehmer aus den entsprechenden Staaten einzuschränken, sondern auch den Arbeitsmarktzugang für Familienangehörige an bestimmte *Voraufenthaltszeiten* zu knüpfen. In dieser Einschränkungsmöglichkeit wurde teilweise ein Widerspruch zu der ebenfalls in der Beitrittsakte enthaltenen Stillhalte-Klausel gesehen, die den Mitgliedstaaten verbietet, die Übergangsregelungen in einer Art auszudehnen, die die Freizügigkeit im Vergleich zum Zeitraum vor dem Beitritt restriktiver gestaltet.[815]

---

812 *Höller*, S. 237, führt das Fehlen auf die (wohl als zu weitgehend verstandene) Rechtsprechung des EuGH zur unmittelbaren Anwendbarkeit der sozialrechtlichen Diskriminierungsverbote in den Assoziierungsabkommen mit der Türkei und den Maghreb-Staaten zurück.

813 *Vogt*, S. 58 ff.; vgl. Art. 39 ff. Europa-Abkommen EG-Polen. Die Vereinbarungen zur Koordinierung der Sozialversicherungssysteme sind zu unbestimmt formuliert, um unmittelbar anwendbar zu sein. Der Erlass von Durchführungsbestimmungen ist dem Assoziationsrat aufgetragen, wird aber wegen der Einbeziehung von Drittstaatsangehörigen in die VO (EWG) 1408/71 weitgehend überflüssig.

814 Beispielhaft für alle Europa-Abkommen Art. 37 Abs. 1 Unterabschnitt 2 des Europa-Abkommens EG-Polen.

815 Vgl. Fn. 987.

3. Stabilisierungs- und Assoziierungsabkommen mit den Staaten des westlichen Balkans

Den Europa-Abkommen inhaltlich vergleichbar sind die *Stabilisierungs- und Assoziierungsabkommen* mit Kroatien und Mazedonien[816], deren zuvörderstes Anliegen in der Stabilisierung dieser Staaten und der gesamten Region des westlichen Balkans besteht.[817] Diese Abkommen enthalten zwar keine ausdrückliche Beitrittsperspektive, weisen jedoch in der Vertragspräambel auf die Bereitschaft der Europäischen Union hin, die ehemaligen jugoslawischen Republiken „soweit wie möglich in das politische und wirtschaftliche Leben Europas zu integrieren" und betonen ihren Status als potentieller Kandidat für eine Mitgliedschaft in der Europäischen Union.[818]
Hinsichtlich der Rechte von Arbeitnehmern haben diese Abkommen die Formulierung aus den Europa-Abkommen übernommen;[819] so finden sich auch hier unter der missverständlichen Überschrift „Freizügigkeit der Arbeitnehmer" ein Gleichbehandlungsgebot für legal Beschäftigte und Zugangsrechte zum Arbeitsmarkt für deren Ehegatten und Kinder. Der in bilateralen Abkommen mit den Mitgliedstaaten geregelte Arbeitsmarktzugang soll erhalten und nach Möglichkeit verbessert werden.[820] Für die Koordinierung der Systeme der sozialen Sicherheit sehen die Abkommen lediglich vor, dass der Stabilitäts- und Assoziationsrat Regelungen zur Zusammenrechnung von in den Mitgliedstaaten zurückgelegten Versicherungszeiten und zum Transfer von Leistungen erlässt.[821]

816 Stabilisierungs- und Assoziierungsabkommen zwischen den Europäischen Gemeinschaften und ihren Mitgliedstaaten einerseits und der Republik Kroatien andererseits (ABl. 2005 L 26/3); Stabilisierungs- und Assoziierungsabkommen zwischen den Europäischen Gemeinschaften und ihren Mitgliedstaaten einerseits und der ehemaligen jugoslawischen Republik Mazedonien andererseits (ABl. 2004 L 84/13).

817 *Vöneky*, in: Grabitz/Hilf, Art. 310 EGV, Rn. 92.

818 Vgl. den jeweils letzten Punkt der Vertragspräambel. Die fehlende konkrete Beitrittsperspektive ist der bedeutsamste Unterschied zwischen den Europa-Abkommen und den Stabilisierungs- und Assoziierungsabkommen. Eine Besonderheit der Abkommen besteht darin, dass Mazedonien und Kroatien sich in den Abkommen zur regionalen Zusammenarbeit und dazu verpflichtet haben, an der Gewährleistung der Stabilität in diesem Teil des Westbalkans mitzuwirken. Vgl. ausführlich zur Entstehung, zu den Zielen und dem Inhalt der Abkommen *Kocjančič*, ZaöRV 2006, 435 ff.

819 Art. 44 ff. Abkommen EG-Mazedonien; Art. 45 ff. Abkommen EG-Kroatien.

820 Art. 46 Abkommen mit Kroatien; Art. 45 Abkommen EG-Mazedonien.

821 Art. 47 Abkommen mit Kroatien; Art. 46 Abkommen EG-Mazedonien. Auch diese Vereinbarungen zur Koordinierung der Sozialversicherungssysteme sind zu unbestimmt formuliert, um unmittelbar anwendbar zu sein. Der Erlass von Durchführungsbestimmungen ist dem Stabilitäts- und Assoziationsrat aufgetragen, wird aber wegen der Einbeziehung von Drittstaatsangehörigen in die VO (EWG) Nr. 1408/71 weitgehend überflüssig.

Es existieren bereits gleichartige Stabilisierungs- und Assoziierungsabkommen mit Albanien[822], Montenegro[823], Serbien[824] sowie Bosnien und Herzegowina[825], die derzeit das Ratifizierungsverfahren durchlaufen.

II. Assoziierungsabkommen ohne Beitrittsperspektive

1. Europa-Mittelmeer-Abkommen

Zu den Assoziierungen ohne Beitrittsperspektive zählen die seit Mitte der 1990er Jahre mit einer Reihe von Mittelmeerstaaten geschlossenen *Europa-Mittelmeer-Abkommen*. Sie lösen die in den 1970er Jahren vereinbarten Kooperationsabkommen ab[826] und bauen eine verstärkte Zusammenarbeit mit der EG auf, die bis zum Jahr 2010 in eine das gesamte Mittelmeergebiet umfassende Freihandelszone einmünden soll (sog. Barcelona-Prozess).[827] Damit bezwecken die Abkommen nicht einen späteren Beitritt der assoziierten Staaten; es handelt sich vielmehr um eine Entwicklungsassoziierung, die zum Ziel hat, den Handel und die Entwicklung ausgewogener Wirtschafts- und Sozialbeziehungen zwischen den Vertragsparteien sowie die Zusammenarbeit in den Bereichen Wirtschaft, Soziales, Kultur und Finanzen zu fördern und so den Wohlstand in den assoziierten Ländern und die Integration der Maghreb-Länder zu fördern.[828]
Bereits in Kraft getretene Abkommen dieses Typs bestehen zwischen der EG und ihren Mitgliedstaaten einerseits und Algerien[829], Ägypten[830], Israel[831], Jordanien[832] und Libanon[833], Marokko[834] und Tunesien[835] andererseits.[836]

---

822 Stabilisierungs- und Assoziierungsabkommen der Europäischen Gemeinschaften und ihrer Mitgliedstaaten einerseits und der Republik Albanien andererseits, unterschrieben in Luxemburg am 12. Juni 2006.

823 Stabilisierungs- und Assoziierungsabkommen der Europäischen Gemeinschaften und ihrer Mitgliedstaaten einerseits und der Republik Montenegro andererseits, unterschrieben in Luxemburg am 15. Oktober 2007.

824 Stabilisierungs- und Assoziierungsabkommen zwischen den Europäischen Gemeinschaften und ihren Mitgliedstaaten einerseits und der Republik Serbien andererseits, unterschrieben in Luxemburg am 29. April 2008.

825 Stabilisierungs- und Assoziierungsabkommen zwischen den Europäischen Gemeinschaften und ihrer Mitgliedstaaten einerseits und Bosnien und Herzegowina andererseits, unterschrieben in Luxemburg am 16. Juni 2008.

826 Zu diesen Abkommen im Einzelnen: *Müller*, Die Handelsregelungen in den Abkommen der EG mit den Mittelmeerländern, in: Regul, S. 119 ff.

827 *Vöneky*, in: Grabitz/Hilf, Art. 310 EGV, Rn. 103.

828 Art. 1 der Abkommen (vgl. Art. 1 EG-Marokko, EG-Algerien, EG-Ägypten, EG-Israel).

829 Europa-Mittelmeer-Abkommen zur Gründung einer Assoziation zwischen der Europäischen Gemeinschaft und ihren Mitgliedstaaten einerseits und der Demokratischen Volksrepublik Algerien andererseits (ABl. 2005 L 265/2). Es löst das Kooperationsabkommen EWG-Algerien und das Abkommen EGKS-Algerien vom 26.4.1976 ab (Art. 110 Abs. 2 Europa-Mittelmeer-Abkommen EG-Algerien).

Die Europa-Mittelmeer-Abkommen haben für die Rechtsstellung von Arbeitnehmern aus den Vertragsstaaten keine homogene Lösung getroffen. Vielmehr enthalten sie für Arbeitskräfte und die Zusammenarbeit im sozialen Bereich sehr unterschiedliche Vorschriften. So verpflichten sich z. B. die Parteien des Abkommens mit *Libanon* und *Jordanien* lediglich darauf, in einen Dialog zu treten, in dessen Rahmen ermittelt werden soll, auf welche Weise Fortschritte für die Freizügigkeit der Arbeitnehmer aus diesen Staaten erzielt werden können.[837] Der Abschluss konkreter Vereinbarungen zur Gleichbehandlung hinsichtlich der Arbeitsbedingungen und der Teilhabe an den Sozialleistungssystemen wird in dem Vertrag mit Libanon zudem durch eine Gemeinsame Erklärung der Parteien aus-

---

830 Europa-Mittelmeer-Abkommen zur Gründung einer Assoziation zwischen den Europäischen Gemeinschaften und ihren Mitgliedstaaten einerseits und der Arabischen Republik Ägypten andererseits (ABl. 2004 L 304/39). Es löst das Kooperationsabkommen EWG-Ägypten und das Abkommen EGKS-Ägypten vom 18.1.1977 ab (Art. 92 Abs. 2 Europa-Mittelmeer-Abkommen EG-Ägypten).

831 Europa-Mittelmeer-Abkommen zur Gründung einer Assoziation zwischen den Europäischen Gemeinschaften und ihren Mitgliedstaaten einerseits und dem Staat Israel andererseits (ABl. 2000 L 147/3). Es löst das Abkommen EWG-Israel sowie das Abkommen EGKS-Israel vom 11.5.1975 ab (Art. 85 des Europa-Mittelmeer-Abkommens), vgl. ausführlich *Einhorn*, S. 20 ff.

832 Europa-Mittelmeer-Abkommen zur Gründung einer Assoziation zwischen den Europäischen Gemeinschaften und ihren Mitgliedstaaten einerseits und dem Haschemitischen Königreich Jordanien andererseits (ABl. 2002 L 129/3). Es löst das Kooperationsabkommen EWG-Jordanien sowie das Abkommen EGKS-Jordanien vom 18.1.1977 ab (Art. 107 Abs. 2 des Europa-Mittelmeer-Abkommens).

833 Europa-Mittelmeer-Assoziationsabkommen zwischen der Europäischen Gemeinschaft und ihren Mitgliedstaaten einerseits und der Libanesischen Republik andererseits, ABl. 2006 L 143/2. Interimsabkommen über Handel und Handelsfragen zwischen der Europäischen Gemeinschaft einerseits und der Libanesischen Republik andererseits (ABl. 2002 L 262/2).

834 Europa-Mittelmeer-Abkommen zur Gründung einer Assoziation zwischen den Europäischen Gemeinschaften und ihren Mitgliedstaaten einerseits und dem Königreich Marokko andererseits (ABl. 2000 L 70/2). Es löst das Kooperationsabkommen EG-Marokko und das Abkommen EGKS-Marokko vom 25.4.1976 ab (Art. 96 Europa-Mittelmeer-Abkommen EG-Marokko). Der Beitrittsantrag Marokkos aus dem Jahr 1987 wurde unter Verweis auf die fehlende Eigenschaft eines „europäischen Staates“ abgelehnt, vgl. BullEG 1987 Nr. 9, Nr. 2.2.19; s. hierzu auch *P. Richter*, S. 26, Fn. 76.

835 Europa-Mittelmeer-Abkommen zur Gründung einer Assoziation zwischen den Europäischen Gemeinschaften und ihren Mitgliedstaaten einerseits und der Tunesischen Republik andererseits (ABl. 1998 L 97/2). Es löst das Kooperationsabkommen EWG-Tunesien sowie das Abkommen EGKS-Tunesien vom 25. April 1976 ab (vgl. Art. 96 Abs. 2 des Europa-Mittelmeer-Abkommens).

836 Ein Abkommen mit Syrien wird noch verhandelt. Es besteht ein Europa-Mittelmeer-Interimsassoziationsabkommen über Handel und Zusammenarbeit zwischen der Europäischen Gemeinschaft und der PLO zugunsten der Palästinensischen Behörde für das Westjordanland und den Gazastreifen (ABl. 1997 C 128; ABl. 1997 L 187).

837 Art. 65 des Abkommens EG-Libanon sowie Art. 80 EG-Jordanien.

drücklich von der gemeinschaftsrechtlichen Ebene auf die nationale Ebene verlagert, indem die EG-Mitgliedstaaten ihre Bereitschaft erklären, diese Fragen auf Ersuchen Libanons in entsprechenden Vereinbarungen zu regeln.[838] Zumindest zu Letzterem, der Koordinierung der Sozialleistungssysteme, enthält das Abkommen *EG-Israel* gegenseitige Vereinbarungen. Hiernach können bestimmte Rentenversicherungsleistungen frei transferiert werden,[839] die Arbeitnehmer haben Anspruch auf Familienzulagen und sie können insoweit von der Freizügigkeit innerhalb der EG profitieren, wie in den EG-Mitgliedstaaten zurückgelegte Versicherungs-, Beschäftigungs- und Aufenthaltszeiten für bestimmte Renten und die Krankheitsfürsorge zusammengerechnet werden.[840]
Die innerhalb der Europa-Mittelmeer-Abkommen weitestgehenden Regelungen zur rechtlichen Stellung von Arbeitnehmern enthalten die Abkommen mit Algerien, Tunesien und Marokko. Sie verbieten nicht nur jede auf der Staatsangehörigkeit beruhende nachteilige Behandlung hinsichtlich der Arbeits-, Entlohnungs- und Kündigungsbedingungen, [841] sondern dehnen das Benachteiligungsverbot umfassend für den *Bereich der sozialen Sicherheit* aus; in den Anwendungsbereich des Letzteren sind auch die mit den Arbeitnehmern zusammenlebenden Familienangehörigen einbezogen.[842] Im Unterschied zu den entsprechenden Kooperationsabkommen gilt das Benachteiligungsverbot hinsichtlich der Arbeits- und Entlohnungsbedingungen nunmehr ausdrücklich nur für Arbeitnehmer, die dazu berechtigt sind, im Hoheitsgebiet eines Mitgliedstaats eine befristete nichtselbständige Erwerbstätigkeit auszuüben;[843] zugleich finden die Gleichbehandlungsgebote grundsätzlich keine Anwendung auf sich

838 Gemeinsame Erklärung zu Arbeitnehmern (Artikel 65 des Abkommens EG-Libanon).

839 Art. 64 Abs. 1 erster Gedankenstrich Europa-Mittelmeer-Abkommen EG-Israel: Alters- und Hinterbliebenenrenten, Renten bei Arbeitsunfall, Berufskrankheit oder Erwerbsunfähigkeit, wenn diese durch einen Arbeitsunfall oder eine Berufskrankheit verursacht wurden.

840 Art. 64 Abs. 1 zweiter und dritter Gedankenstrich Europa-Mittelmeer-Abkommen EG-Israel.

841 Art. 64 Abs. 1 Europa-Mittelmeer-Abkommen EG-Marokko, EG-Tunesien, Art. 67 Abs. 1 Abkommen EG-Algerien.

842 Art. 65 Abs. 1 Europa-Mittelmeer-Abkommen EG-Tunesien, EG-Marokko. Umfasst sind Leistungen bei Krankheit und Mutterschaft, Berufs- und Erwerbsunfähigkeitsrenten, Altersruhegeld, Hinterbliebenenrenten, Leistungen bei Arbeitsunfällen und Berufskrankheiten, Sterbegeld, Arbeitslosenunterstützung und Familienbeihilfen. Die Absätze 2 bis 4 des Art. 65 betreffen die Zusammenrechnung der Versicherungszeiten in verschiedenen Mitgliedstaaten, die Gewährung von Familienbeihilfen und den Anspruch auf Transfer von Versicherungsleistungen in das Heimatland. Die Vereinbarungen zur Koordinierung der Sozialversicherungssysteme sind zu unbestimmt formuliert, um unmittelbar anwendbar zu sein. Der Erlass von Durchführungsbestimmungen ist dem Assoziationsrat aufgetragen, wird aber wegen der Einbeziehung von Drittstaatsangehörigen in die VO (EWG) 1408/71 weitgehend überflüssig.

843 Art. 64 Abs. 2 EG-Marokko, EG-Tunesien, Art. 67 Abs. 2 Abkommen EG-Algerien.

illegal aufhaltende oder illegal arbeitende Staatsangehörige der jeweils anderen Vertragspartei.[844]

2. Weitere Abkommen

Eine Assoziierung in der Form eines *Partnerschaftsabkommens* wurde mit den Mitgliedern der Gruppe der Staaten in Afrika, im Karibischen Raum und im Pazifischen Ozean (AKP) geschlossen.[845] Es begründet eine so genannte Entwicklungsassoziation, deren Ziel es ist, die wirtschaftliche, kulturelle und soziale Entwicklung der AKP-Staaten zu fördern und zu beschleunigen[846] und zeichnet sich durch die Besonderheit aus, dass es die konstitutionelle Assoziierung nach Art. 182 ff. EGV für die selbständig gewordenen ÜLG[847] auf vertraglicher Grundlage fortsetzt.[848] Wie die vorstehenden Assoziierungssysteme enthält auch dieses Partnerschaftsabkommen ein Gleichbehandlungsgebot, das es den Mitgliedstaaten verbietet, legal beschäftigte Arbeitnehmer aus den AKP-Staaten hinsichtlich der Arbeits-, Entlohnungs- und Kündigungsbedingungen zu

844 Art. 66 Europa-Mittelmeer-Abkommen EG-Tunesien, EG-Marokko, Art. 69 EG-Algerien.

845 Partnerschaftsabkommen zwischen den Mitgliedern der Gruppe der Staaten in Afrika, im Karibischen Raum und im Pazifischen Ozean einerseits und der Europäischen Gemeinschaft andererseits, unterzeichnet in Cotonou am 23. Juni 2000 (ABl. 2000 L 317/3). Das Abkommen von Cotonou ist am 1. April 2003 in Kraft getreten (ABl. 2003 L 83/69). Es löste das Kooperations- und Partnerschaftsabkommen von Lomé (ABl. 1976 L 25/2) ab, welches wiederum das 1963 geschlossene Jaunde-Abkommen ersetzte.

846 Vgl. Art. 1 des Abkommens von Cotonou; *Höller*, S. 252; *Vöneky*, in: Grabitz/Hilf, Art. 310 EGV, Rn. 98, 116.

847 Die ÜLG sind selbst nicht völkerrechtsfähig und können daher keine Rechtsbeziehung zu der Europäischen Gemeinschaft eingehen. Die Art. 182 bis 188 EGV sind also Ausdruck eines Rechtsverhältnisses unter den Mitgliedstaaten, die die Rechtslage der ÜLG einseitig regeln. Vgl. *Fischer*, S. 43 ff.
Die außereuropäischen Länder und Gebiete, die mit Dänemark, Frankreich, den Niederlanden und dem Vereinigten Königreich besondere Beziehungen unterhalten, sind in den Anwendungsbereich der Grundfreiheiten des Gemeinschaftsrechts nicht per se einbezogen; ob die Grundfreiheiten Anwendung finden, bestimmt sich nach den Abkommen, die gemäß Art. 299 Abs. 3 i. V. m. Anhang II des EGV, Art. 182 ff. EGV geschlossen wurden. Dies gilt selbst für Personen, die zugleich die Staatsangehörigkeit eines der genannten Mitgliedstaaten der EG haben. Die in Art. 186 EGV vorgesehenen Abkommen zur Herstellung der Freizügigkeit der Arbeitnehmer sind noch nicht zustande gekommen. Vgl. Beschluss 2001/822/EG über die Assoziation der überseeischen Länder und Gebiete mit der Europäischen Gemeinschaft (ABl. 2001 L 314/1); *Randelzhofer/Forsthoff*, in: Grabitz/Hilf, vor Art. 39-55 EGV, Rn. 18 f.; *Oppermann, Th.*, § 31, Rn. 18 ff. Für die französischen überseeischen Departments, die Azoren, Madeira und die Kanarischen Inseln vgl. Art. 299 Abs. 2 EGV; auf sie findet der EGV Anwendung.

848 *Vöneky*, in: Grabitz/Hilf, Art. 310 EGV, Rn. 113.

benachteiligen (Art. 13 Abs. 3). Darüber hinaus beschränken sich die Maßnahmen im Sozialbereich jedoch auf eine Zusammenarbeit mit allgemein formulierten Zielen ohne konkrete Vereinbarungen (Art. 25).

Anders als das Abkommen von Cotonou enthält das Assoziierungsabkommen mit Chile[849] keine Vereinbarung, die die Gleichbehandlung der Arbeitnehmer vorschreibt, sondern lediglich die Aussage, dass die Vertragsparteien anerkennen, „dass der Notwendigkeit, bei der Behandlung von Staatsangehörigen der einen Vertragspartei mit legalem Wohnsitz im Gebiet der anderen Vertragspartei Diskriminierung zu vermeiden, besonders Rechnung zu tragen ist". Im Übrigen vereinbaren die Parteien einen Dialog und eine Zusammenarbeit im Sozialbereich, ohne konkrete Vorhaben zu formulieren. Auf einen solchen Dialog beschränkt sich ebenso das Abkommen mit Südafrika[850], welches darüber hinaus keine Regelungen zur Gleichbehandlung von Arbeitnehmern trifft. Die beiden letztgenannten Abkommen bleiben daher für die weitere Behandlung der Vorgaben zum Status von Arbeitnehmern außer Betracht.

III. Abkommen, die keine Assoziierung begründen

Aus den Art. 39 ff. EGV folgt keine implizite Vertragsschlusskompetenz der EG, die sie ermächtigen würde, Drittstaatsangehörige (außer etwa Familienangehörige von Unionsbürgern) in den Anwendungsbereich dieser Vorschrift einzubeziehen (s. oben 1. Kapitel, 2. Teil, B. III.). In anderen als Assoziierungsabkommen ist es ihr daher nicht möglich, den Status von Drittstaatsangehörigen zu regeln, jedoch können mit Drittstaaten im Wege *gemischter Abkommen* entsprechende Vereinbarungen getroffen werden.[851] Dieser Weg wurde allerdings einzig für das im Partnerschaftsabkommen der EG mit der Russischen Föderation enthaltene Gleichbehandlungsgebot gewählt.[852] Das Abkommen gehört zur

849 Abkommen zur Gründung einer Assoziation zwischen der Europäischen Gemeinschaft und ihren Mitgliedstaaten einerseits und der Republik Chile andererseits (ABl. 2002 L 352/3).

850 Abkommen über Handel, Entwicklung und Zusammenarbeit zwischen der Europäischen Gemeinschaft und ihren Mitgliedstaaten einerseits und der Republik Südafrika andererseits (ABl. 1999 L 311/3, 2004 L 127/109); ausführlich hierzu *Vöneky*, in: Grabitz/Hilf, Art. 310 EGV, Rn. 126.

851 *Neubauer*, S. 59 f.

852 Genannt seien noch das Andenpakt-Abkommen sowie die Kooperationsabkommen mit Indien und mit Mexiko: Rahmenabkommen über die Zusammenarbeit zwischen der Europäischen Wirtschaftsgemeinschaft und dem Abkommen von Cartagena und seinen Mitgliedstaaten, der Republik Bolivien, der Republik Ecuador, der Republik Kolumbien, der Republik Peru und der Republik Venezuela (ABl. 1998 L 127/11); Kooperationsabkommen zwischen der Europäischen Gemeinschaft und der Republik Indien über Partnerschaft und Entwicklung (ABl. 1994 L 223/24); Abkommen über wirtschaftliche Partnerschaft, politische Koordinierung und Zusammenarbeit zwischen der Europäi-

Gruppe der Abkommen über Partnerschaft und Zusammenarbeit mit den GUS-Staaten, den ehemaligen Sowjet-Republiken Armenien, Aserbaidjan, Georgien, Kasachstan, Kirgisien, Moldawien, der Russischen Föderation, der Ukraine und Usbekistan,[853] die seit ihrem Inkrafttreten Ende der 1990er Jahre eine alle GUS-Staaten im Wesentlichen gleich behandelnde Partnerschaft zwischen der EG und dem jeweiligen Abkommenspartner begründen (sog. Partnerschaftsabkommen).[854] Der Wunsch dieser Staaten nach einer stärkeren Anbindung an die Europäische Union wurde von der Europäischen Union nicht aufgegriffen und die Gründung einer Assoziierung auf der Grundlage von Art. 310 EGV nie diskutiert.[855] So beschränkte man sich auf ein Handelsabkommen nach Art. 133 und 308 EGV, flankiert von weiteren Rechtsgrundlagen,[856] und stellte die Schaffung eines geeigneten Rahmens für den Ausbau der politischen Beziehungen, die Vertiefung der Wirtschaftsbeziehungen auf marktwirtschaftlicher Grundlage und die Stärkung von Handel und Investitionen in den Vordergrund der Beziehungen. Da jedoch gleichzeitig keine neue Trennlinie innerhalb Europas gezogen werden sollte, war eine Anlehnung an die mit den mittel- und osteuropäischen Staaten geschlossenen Europa-Abkommen geboten. So ähneln die Partnerschafts- und Kooperationsabkommen trotz ihrer geringeren Regelungsintensität in ihrem

---

schen Gemeinschaft und ihren Mitgliedstaaten einerseits und den Vereinigten mexikanischen Staaten andererseits (ABl. 2000 L 276/44). Da sich in diesen Abkommen keine Regelungen zum Status von Arbeitnehmern finden und sich die Zusammenarbeit im sozialen Bereich auf einen Dialog beschränkt bzw. überhaupt keine Erwähnung findet, bleiben diese Abkommen im Rahmen dieser Arbeit außer Betracht.

853 Abkommen über die Partnerschaft und Zusammenarbeit zur Gründung einer Partnerschaft zwischen den Europäischen Gemeinschaften und ihren Mitgliedstaaten einerseits und der Republik Armenien andererseits, ABl. 1999 L 239/3; Aserbaidjan ABl. 1999 L 246/3; Georgien ABl. 1999 L 205/3; Kasachstan ABl. 1999 L 196/3; Kirgisien ABl. 1999 L 196/3; Moldau ABl. 1998 L 181/3; Russische Föderation ABl. 1997 L 327/1; Ukraine ABl. 1998 L 49/3; Usbekistan ABl. 1999 L 299/3. Abkommen wurden des Weiteren mit Weißrussland (1995), Turkmenistan (1998) und Tadschikistan (2004) geschlossen, aber noch nicht von allen EG-Mitgliedstaaten notifiziert; vgl. Datenbank des Rates der Europäischen Union für internationale Abkommen: http://www.consilium.europa.eu.

854 Die einzelnen Verträge berücksichtigen die unterschiedliche wirtschaftliche und politische Situation in den einzelnen GUS-Staaten, allerdings schien es wegen der gegenseitigen Abhängigkeit der Staaten und der bedeutenden Rolle, die gerade die asiatischen Staaten für die Stabilität der gesamten Region spielen, angebracht, eine gleichförmige Partnerschaft zu bilden. Vgl. hierzu *Neubauer*, S. 46 ff.

855 *Neubauer*, S. 46 f.

856 Gestützt sind die Abkommen auf eine ganze Reihe von Bestimmungen des EG-Vertrages, nämlich Art. 44 Abs. 2, 47 Abs. 2 letzter Satz, 55, 57 Abs. 2, 71, 80 Abs. 2, 93, 94, 133 und 308 i. V. m. 300 Abs. 3 zweiter Unterabsatz (früher Art 54 Abs. 2, 57 Abs. 2 letzter Satz, 66, 73c Abs. 2, 75, 84 Abs. 2, 99, 100, 113, 235 i. V. m. 228 Abs. 3 zweiter Unterabsatz EGV a. F.).

Aufbau, Wortlaut und Regelungsbereichen den Europa-Abkommen in großen Teilen.[857]

Die Abkommen über Partnerschaft und Zusammenarbeit mit den ehemaligen Sowjet-Republiken gleichen sich weitgehend in ihrem Wortlaut. Im Hinblick auf die Vereinbarungen zur Behandlung von Arbeitnehmern aus den Vertragsparteien unterscheiden sie sich allerdings insofern, als allein das Abkommen mit der Russischen Föderation eine den Assoziierungsabkommen ähnlich formulierte Verpflichtung zur Gleichbehandlung der rechtmäßig beschäftigten Arbeitnehmer hinsichtlich der Arbeitsbedingungen, der Entlohnung und Entlassung wie eigene Staatsangehörige enthält.[858] In den übrigen Abkommen heißt es hingegen, dass sich die Vertragsparteien *bemühen* sicherzustellen, Arbeitnehmern der anderen Vertragspartei eine gleiche Behandlung zu gewähren.[859]

Zur Koordinierung der Systeme der sozialen Sicherheit ist in den Partnerschaftsabkommen mit Russland, der Ukraine und Moldau der Abschluss weiterer Abkommen vorgesehen, um die Zusammenrechnung von Versicherungs-, Beschäftigungs- und Aufenthaltszeiten für Alters-, Invaliditäts- und Hinterbliebenenrenten sowie der Krankenfürsorge sicherzustellen und den Transfer dieser Renten zu ermöglichen.[860] Nur das Abkommen mit Russland bezieht darüber hinaus die Gewährung von Familienbeihilfen für die Familienangehörigen der rechtmäßig beschäftigten Arbeitnehmer ein.[861]

C. Begriff des Arbeitnehmers in völkerrechtlichen Abkommen, die nicht die Freizügigkeit der Arbeitnehmer herstellen

Anders als das EWR-Abkommen oder das Freizügigkeitsabkommen mit der Schweiz verweisen die aufgeführten völkerrechtlichen Abkommen zur Ausle-

857 *Neubauer*, S. 46 f.; *Vogt*, S. 28, der den politisch gewollten Zusammenhang zwischen der Form und Rechtsnatur der Europa- bzw. Partnerschaftsabkommen als Assoziierungs- bzw. Handelsabkommen einerseits und die Beitrittsperspektive andererseits betont.

858 Art. 23 Abs. 1 des Partnerschaftsabkommens EG-Russland.

859 Art. 20 Partnerschaftsabkommen EG-Georgien; Art. 23 Partnerschaftsabkommen EG-Moldau; Art. 24 Partnerschaftsabkommen EG-Ukraine.

860 Art. 24 Partnerschaftsabkommen EG-Russland und EG-Moldau; Art. 25 Partnerschaftsabkommen EG-Ukraine. In den übrigen Abkommen beschränken sich die Vereinbarungen im sozialen Bereich darauf, auf den Gebieten Gesundheitsschutz und der Sicherheit am Arbeitsplatz zu deren Verbesserung zusammenzuarbeiten, vgl. z. B. Art. 62 Abkommen EG-Georgien.

861 Art. 24 des Partnerschaftsabkommens EG-Russland. Die Vereinbarungen zur Koordinierung der Sozialversicherungssysteme sind zu unbestimmt formuliert, um unmittelbar anwendbar zu sein. Der Abschluss weiterer Abkommen wird wegen der Einbeziehung von Drittstaatsangehörigen in die VO (EWG) 1408/71 weitgehend überflüssig.

gung der verwendeten Begrifflichkeiten weder auf die Rechtsprechung des EuGH,[862] noch enthalten sie in der Regel eine Definition der Begriffe etwa des Arbeitnehmers, der Arbeitsbedingungen, der sozialen Sicherheit oder der Familienangehörigen, obwohl sie Vereinbarungen zu diesen Personen bzw. Materien treffen. Daher ist eine eigenständige Definition zu entwickeln. Vorab soll dies für den Begriff des Arbeitnehmers vorgenommen werden; die Bestimmung der übrigen Begriffe erfolgt im Zusammenhang mit den entsprechenden Vereinbarungen der Abkommen.
In Frage kommen eine Übertragung des gemeinschaftsrechtlichen Begriffs, soweit es für die Zwecke der Assoziierung sinnvoll ist, oder ein Rückgriff auf das jeweilige nationale Recht der Mitgliedstaaten. Welche dieser Möglichkeiten zur Anwendung gelangt, richtet sich nach dem Kontext der Vereinbarung. Bilden etwa im Rahmen einer Bestimmung, die die Gleichbehandlung von Arbeitnehmern vorsieht, die Unionsbürger den Maßstab und damit die Vergleichsgruppe, so bietet es sich an, den gemeinschaftsrechtlichen Begriff zugrunde zu legen, wonach derjenige Arbeitnehmer ist, der während einer bestimmten Zeit für einen anderen nach dessen Weisungen Leistungen erbringt, für die er eine Gegenleistung erhält. Ist den Arbeitnehmern Gleichbehandlung wie den eigenen Staatsangehörigen zu gewähren, so könnte die Definition des nationalen Rechts den Ausschlag geben. Dies gilt insbesondere für Abkommen, die das Diskriminierungsverbot unter den Vorbehalt der „in den Mitgliedstaaten geltenden Bedingungen und Modalitäten“ stellen, oder den Vertragsparteien ausdrücklich das Recht einräumen, ihre Rechts- und Verwaltungsvorschriften über z. B. Einreise und Aufenthalt, Beschäftigung und Beschäftigungsbedingungen anzuwenden.[863] Der Rückgriff auf nationale Arbeitnehmerbegriffe kann zwar zu erheblichen Unterschieden in der Anwendung der völkerrechtlichen Abkommen in der Gemeinschaft führen.[864] Jedoch scheint ein einheitliches Verständnis des Arbeitnehmerbegriffs nicht unabdingbar notwendig für die Verwirklichung der Abkommensziele zu sein. Ist die Vereinbarung allerdings gleichzeitig an eine gemeinschaftsrechtliche Bestimmung angelehnt, so spricht vieles dafür, die gemeinschaftsrechtliche Auslegung heranzuziehen.[865] Wenn das Abkommen auf einen Beitritt zur Europäischen Union gerichtet ist, dient die Zugrundelegung des gemeinschaftsrechtlichen Arbeitnehmerbegriffs zudem der Rechtsanpassung. Für die völkerrechtlichen Vereinba-

862 Art. 6 EWR; Art. 16 Freizügigkeitsabkommen mit der Schweiz.

863 Vgl. z. B. Art. 58 Abs. 1 Europa-Abkommen EG-Polen, verstärkt durch die „Erklärungen der Gemeinschaft“ in der Schlussakte des Abkommens, wonach keine Bestimmung des Kapitels über die Freizügigkeit der Arbeitnehmer so ausgelegt werden darf, dass sie die Zuständigkeit der Mitgliedstaaten für Einreise und Aufenthalt von Arbeitnehmern und ihren Familienangehörigen in irgendeiner Weise beschränken.

864 *Vogt*, S. 177 f., der zudem darauf verweist, dass die Rechtsordnungen der Mitgliedstaaten selbst jeweils regelmäßig mehrere Arbeitnehmerbegriffe kennen.

865 Dies gilt insbesondere für Assoziierungsabkommen, da hier die Gemeinschaft die Regelungen zur Rechtsstellung der Arbeitnehmer in eigener Zuständigkeit treffen konnte (Art. 310 EGV).

rungen zur Gleichbehandlung der Arbeitnehmer bildet daher regelmäßig Art. 39 Abs. 2 EGV auf der Grundlage des gemeinschaftsrechtlichen Arbeitnehmerbegriffs den Vergleichsmaßstab.[866]

Fraglich ist allerdings, inwieweit der gemeinschaftsrechtliche Arbeitnehmerbegriff in seiner durch das Sekundärrecht und vor allem die Rechtsprechung des EuGH gefundenen weiten Auslegung, die insbesondere den Begriff auf Arbeitsuchende erstreckt und den Arbeitnehmern über den Zeitraum ihrer Beschäftigung hinaus Rechte verleiht, auf die Abkommen zu übertragen ist.

Im Folgenden sollen einige bedeutende Zweifelsfälle untersucht werden.

I. Aus dem Erwerbsleben ausgeschiedene Personen

Nach der Rechtsprechung des EuGH ist der weite Arbeitnehmerbegriff des Gemeinschaftsrechts nicht ohne weiteres auf völkerrechtliche Abkommen zu übertragen. Bestehen jedoch konkrete Anhaltspunkte dafür, dass bestimmte Personengruppen von den Privilegien des Abkommens profitieren sollen, obwohl sie aktuell keiner unselbständigen Beschäftigung nachgehen, ist die Definition des Arbeitnehmerbegriffs entsprechend umfassend vorzunehmen. So zählen aus dem Erwerbsleben ausgeschiedene Personen dann zu dem begünstigten Arbeitnehmerkreis eines Abkommens, auf die das Gleichbehandlungsgebot Anwendung findet, wenn dieses Regelungen in Bezug auf die Zusammenrechnung und den Transfer von Renten für im Ruhestand lebende Arbeitnehmer enthält.[867] Hiergegen ist einzuwenden, dass die Regelungen nichts über den aktuellen Status eines Rentners im Aufnahmemitgliedstaat auszusagen vermögen, sondern lediglich die Realisierung von Ansprüchen, die während der Beschäftigungszeit erworben wurden, bezwecken, zumal die genannten Abkommen keine Vereinbarungen enthalten, die Art. 39 Abs. 3 lit. d EGV vergleichbar wären.[868] Andererseits kann

---

866 *Weber*, S. 82 ff.; *Höller*, S. 216, *Yagli*, ZEuS 2000, 507 ff., 519; *Andreoli*, S. 20; *Sieveking*, ZAR 1998, 201 ff., 208 f.; EuGH Rs. C-1/97, Birden, Slg. 1998, I-7747, Rn. 24, in Bezug auf Art. 6 Abs. 1 ARB Nr. 1/80. Als Arbeitnehmer im Sinne der Abkommen und damit Begünstigte des Gleichbehandlungsgebotes sind auch Werkvertrags- und Saisonarbeitnehmer zu bezeichnen, soweit es dem Sinn und Zweck der entsprechenden bilateralen Übereinkommen entspricht. Dass sie nicht dem regulären Arbeitsmarkt zuzuordnen sind, kann keine Rolle spielen, wenn sich ein solches Erfordernis nicht aus dem Abkommen ergibt. Vgl. ausführlich *Vogt*, S. 181 ff. Das Gleichbehandlungsgebot findet jedoch nur eingeschränkt Anwendung, da z. B. Werkvertrags- und Saisonarbeitnehmer keiner sozialversicherungspflichtigen Beschäftigung im Aufnahmemitgliedstaat nachgehen (§ 30 SGB I; § 5 SGB IV (Einstrahlung)).

867 EuGH Rs. C-18/90, Kziber, Slg. 1991, I-199, Rn. 27 ff. (Anspruch eines Familienangehörigen eines marokkanischen Rentners auf das sog. Überbrückungsgeld für junge Arbeitslose); Rs. C-58/93, Yousfi, Slg. 1994, I-1353, Rn. 21 (beide in Bezug auf Art. 41 Kooperationsabkommen EWG-Marokko); Rs. C-103/94, Krid, Slg. 1995, I-719, Rn. 26 in Bezug auf Art. 39 Abs. 1 des Kooperationsabkommens EWG-Algerien.

868 *Weber*, S. 84; *Lang*, S. 242 f.

nicht übersehen werden, dass auch nicht auf die Freizügigkeit von Arbeitnehmern gerichtete völkerrechtliche Abkommen eine gewisse Integration der drittstaatsangehörigen Arbeitnehmer in dem jeweiligen Aufnahmemitgliedstaat bezwecken und ihnen gleichberechtigte Voraussetzungen bei der Ausübung einer Beschäftigung gewähren wollen.[869] Hierzu gehört auch deren Einbeziehung in Leistungen, die eigenen Staatsangehörigen zur Verfügung gestellt werden, obwohl sie bereits im Ruhestand sind.[870] Dies würde verhindert, wenn die Drittstaatsangehörigen mit dem Ausscheiden aus dem Berufsleben ihren Anspruch auf Gleichbehandlung verlören und damit aus Gründen der Staatsangehörigkeit benachteiligt werden dürften.

II. Verlust der Erwerbsbeschäftigung

Auch für den Fall, dass ein Arbeitnehmer arbeitslos wird, enthalten die Abkommen keine Verbleiberechte. Der Umstand allein, dass gegebenenfalls nach nationalem Recht ein Anspruch auf Leistungen bei Arbeitslosigkeit erworben wird, der den weiteren Aufenthalt im Aufnahmemitgliedstaat ermöglicht, kann nicht dazu führen, dass die betreffende Person noch als Arbeitnehmer mit den vom EuGH entwickelten fortwirkenden Gleichbehandlungsrechten anzusehen ist, wenn das Abkommen hierfür keine Anhaltspunkte enthält.
Einen solchen Anhaltspunkt sah der EuGH aber z. B. in Art. 41 Abs. 1 des Kooperationsabkommens EWG-Marokko, der die Gleichbehandlung der Arbeitnehmer „auf dem Gebiet der sozialen Sicherheit" vorschreibt. Da Leistungen bei Arbeitslosigkeit einen herkömmlichen Zweig der sozialen Sicherheit darstellten und nicht ersichtlich sei, dass sie vom Begriff der sozialen Sicherheit im Sinne des Abkommens ausgeschlossen werden sollten, seien auch Personen, die, nachdem bei ihnen ein Risiko eingetreten ist, welches Anspruch auf solche Leistungen auslöst, als Arbeitnehmer anzusehen.[871] Ihnen ist somit in Bezug auf alle Leistungen der sozialen Sicherheit die gleiche Behandlung wie eigenen Staatsangehörigen zu gewähren.
Diese Rechtsprechung zum Kooperationsabkommen EWG-Marokko ist lediglich auf die Europa-Mittelmeer-Abkommen mit Algerien und Tunesien übertragbar, da die anderen Abkommen keinen derart weitreichenden Gleichbehandlungsgrundsatz kennen.
Gleiches gilt für türkische Arbeitnehmer, die nach den Voraussetzungen des Art. 6 Abs. 1 zweiter und dritter Gedankenstrich ARB Nr. 1/80 freie Arbeitgeberwahl bzw. freien Arbeitsmarktzugang genießen. Da Zeiten unverschuldeter Arbeitslosigkeit die aufgrund der vorherigen Beschäftigungszeiten erworbenen

869 Vgl. Art. 69 Abs. 2 Europa-Mittelmeer-Abkommen EG-Tunesien sowie EG-Marokko; Art. 75 Abs. 3 Stabilisierungs- und Assoziierungsabkommen EG-Mazedonien.
870 Schlussanträge *van Gerven*, Rs. C-18/90, Kziber, Slg. 1991, I-199, Rn. 16.
871 EuGH Rs. C-18/90, Kziber, Slg. 1991, I-199, Rn. 25 ff.

Ansprüche nicht berühren (Art. 6 Abs. 2 des Beschlusses), der freie Arbeitsmarktzugang also erhalten bleibt, muss die Eigenschaft als Arbeitnehmer in diesem Fall zumindest für einen angemessenen Zeitraum fortgelten und das Aufenthaltsrecht sowie die Suche nach einem neuen Arbeitsplatz ermöglichen.[872]

III. Erstmalig Arbeitsuchende

Nachdem der EuGH den Arbeitnehmerbegriff und Art. 39 Abs. 2 EGV auch auf Unionsbürger anwendet, die zur Arbeitsuche in einen anderen Mitgliedstaat reisen, stellt sich des Weiteren die Frage, ob eine entsprechende Übertragung auf Drittstaatsangehörige zu erfolgen hat. Dem steht zum einen der Wortlaut der Abkommen entgegen, da sie den Anwendungsbereich des Gleichbehandlungsgebotes ausschließlich für *rechtmäßig in einem Mitgliedstaat beschäftigte Personen* eröffnen.[873] Damit gilt das Diskriminierungsverbot nicht für die Voraussetzungen des Zugangs zum Arbeitsmarkt des Aufnahmemitgliedstaates. Des Weiteren hat der EuGH die Ausdehnung des Anwendungsbereiches des Art. 39 Abs. 2 EGV unter Berufung auf die Unionsbürgerschaft und die Bedeutung der Art. 17, 18 in Verbindung mit Art. 12 EGV vorgenommen, die in den Abkommen keinerlei Entsprechung finden, so dass die entwickelten Grundsätze nicht auch auf erstmalig Arbeitsuchende aus Drittstaaten zu übertragen sind.

D. Die unmittelbare Anwendbarkeit und Bedeutung der Regelungen zur Rechtsstellung der Arbeitnehmer

„Nach ständiger Rechtsprechung des EuGH ist eine Bestimmung eines von der Gemeinschaft mit Drittländern geschlossenen Abkommens als unmittelbar anwendbar anzusehen, wenn sie unter Berücksichtigung ihres Wortlauts und im Hinblick auf den Sinn und Zweck des Abkommens eine klare und eindeutige Verpflichtung enthält, deren Erfüllung oder deren Wirkungen nicht vom Erlass eines weiteren Aktes abhängen.“[874] Wortlaut sowie Gegenstand und Art des Abkommens (auch Wesen und Zweck oder Ziel und Zusammenhang) sind somit im

872 Vgl. auch *Höller*, S. 185 mit weiteren Nachweisen zur Bestimmung des angemessenen Zeitraums.

873 Die Rechtmäßigkeit der Beschäftigung zu definieren, unterfällt der Kompetenz der Mitgliedstaaten; dies ergibt sich zum einen aus der fehlenden Konkretisierung in den Abkommenstexten, zum anderen muss hier die Vorbehaltsklausel, wonach über die Einreise und den Aufenthalt eines Arbeitnehmers der Aufnahmemitgliedstaat zu entscheiden hat, greifen. Vgl. Erklärung zu Art. 37 Abs. 1 Europa-Abkommen EG-Polen; ebenso in den Abkommen mit Ungarn, Polen, Tschechien und der Slowakei enthalten.

874 EuGH Rs. 12/86, Demirel, Slg. 1987, 3719, Rn. 14 (s. Fn. 882) ; Rs. C-18/90, Kziber, Slg. 1991, I-221, Rn. 15.

Zusammenhang zu beurteilen.[875] Kann die unmittelbare Anwendbarkeit einer Abkommensbestimmung bejaht werden, so ist in einem weiteren Schritt zu prüfen, inwieweit gemeinschaftsrechtliche Bestimmungen des Primär- oder Sekundärrechts, die in ihrem Wortlaut der Abkommensvorschrift ähneln oder gleichen, als Maßstab zur Bestimmung ihrer Tragweite herangezogen werden können.

I. Voraussetzungen der „unmittelbaren Anwendbarkeit"

Die Bestimmung muss zum einen *self-executing* sein, d. h. sie muss so hinreichend bestimmt sein, dass sowohl der begünstigte Adressatenkreis als auch der Umfang der Begünstigung eindeutig definiert werden können. Der Klarheit des Wortlauts steht dabei grundsätzlich nicht entgegen, dass zwischen den – gleichsam verbindlichen – Sprachfassungen Divergenzen bestehen.[876] Auch misst der EuGH in den Abkommen enthaltenen Vorbehalten zugunsten des nationalen Rechts der Mitgliedstaaten nur eine eingeschränkte Bedeutung bei. So ist eine Vorschrift nicht bereits deswegen nicht hinreichend bestimmt formuliert, weil sie unter den Vorbehalt der in den einzelnen Mitgliedstaaten geltenden Bedingungen und Modalitäten gestellt ist.[877] Der EuGH ist einer solchen Auslegung entgegengetreten, indem er aus den entsprechenden Bestimmungen nicht die Befugnis der Mitgliedstaaten ableitet, das Diskriminierungsverbot an Voraussetzungen zu knüpfen oder nach freiem Ermessen einzuschränken, da durch eine solche Auslegung die „Bestimmung ausgehöhlt und jeder praktischen Wirksamkeit beraubt" würde.[878] Auch die in mehreren Abkommen zu findende Klausel, dass die Vertragsparteien durch keine Vorschrift des Abkommens daran gehindert werden, ihre Rechts- und Verwaltungsvorschriften über Einreise und Aufenthalt, Beschäftigung und Beschäftigungsbedingungen anzuwenden, sofern sie dies nicht in einer Weise tun, durch die die Vorteile, die einer Vertragspartei aus einer Abkommensbestimmung erwachsen, zunichte gemacht oder verringert werden, hindert nicht die unmittelbare Anwendbarkeit der Vereinbarungen.[879]

---

875 EuGH Rs. C-63/99, Gloszczuk, Slg. 2001, I-6369, Rn. 30; Rs. C-162/00, Pokrzeptowicz-Meyer, Slg. 2002, I-1049, Rn. 20 und 25; Rs. C-438/00, Deutscher Handballbund, Slg. 2003, I-4135, Rn. 25 f.; Rs. C-162/96, Racke, Slg. 1998, I-3655, Rn. 31; Rs. C-265/03, Simutenkov, Slg. 2005, I-2579, Rn. 20 ff.

876 EuGH Rs. C-265/03, Simutenkov, Slg. 2005, I-2579.

877 Z. B. Art. 37 Europa-Abkommen EG-Polen; Art. 23 Abs. 1 des Partnerschaftsabkommens EG-Russland: „Vorbehaltlich der in den Mitgliedstaaten geltenden Rechtsvorschriften, Bedingungen und Verfahren [...]". Vorgetragen in Bezug auf das Diskriminierungsverbot hinsichtlich der Arbeitsbedingungen z. B. in EuGH Rs. C-162/00, Pokrzeptowicz-Meyer, Slg. 2002, I-1049, Rn. 23.

878 EuGH Rs. C-162/00, Pokrzeptowicz-Meyer, Slg. 2002, I-1049, Rn. 24; Rs. C-265/03, Simutenkov, Slg. 2005, I-2579, Rn. 24.

879 Vgl. Art. 58 Europa-Abkommen EG-Polen; Art. 59 Europa-Abkommen EG-Rumänien; hierdurch wird nach der Rechtsprechung des EuGH lediglich bekräftigt, dass die Mit-

Dies gilt selbst dann, wenn diese Klausel durch eine Erklärung der Gemeinschaft unterstützt wird, wonach die Zuständigkeit der Mitgliedstaaten zur Regelung von Einreise und Aufenthalt von Arbeitnehmern in keiner Weise eingeschränkt sein soll.[880] Ebenfalls hindert die Delegation der Durchführung eines Artikels an den Kooperationsrat nicht dessen grundsätzliche unmittelbare Anwendbarkeit, da hierdurch nicht die Unbedingtheit der Vorschrift im Ganzen in Frage gestellt sein muss.[881] Anders verhält es sich, wenn eine Abkommensvorschrift allein den Kooperationsrat dazu bestimmt, genaue Regeln festzulegen, selbst aber keinen hinreichend genauen und unbedingten Inhalt hat und daher eher Programmcharakter trägt.[882]
Der Wortlaut allein genügt nach der Rechtsprechung des EuGH jedoch nicht, um sich unmittelbar auf sie berufen zu können, da er keine über den Zweck des Ab-

gliedstaaten diese Befugnisse *in dem von den Abkommen vorgesehenen Rahmen behalten*. Dieser Vorbehalt kann nicht herangezogen werden, um die durch die Abkommen eingeräumten Rechte einzuschränken (EuGH Rs. C-162/00, Pokrzeptowicz-Meyer, Slg. 2002, I-1049, Rn. 28; EuGH Rs. C-63/99, Gloszczuk, Slg. 2001, I-6369, Rn. 37).

880 Erklärung zu Art. 37 Abs. 1 Europa-Abkommen EG-Polen; ebenso in den Abkommen mit Ungarn, Polen, Tschechien und der Slowakei enthalten.

881 Schlussanträge *van Gerven* zu Art. 42 des Kooperationsabkommens EWG-Marokko, Rs. C-18/90, Kziber, Slg. 1991, I-208, Rn. 12.

882 EuGH Rs. 12/86, Demirel, Slg. 1987, 3719. Die Entscheidung betrifft Art. 12 des Assoziierungsabkommens der EWG mit der Türkei und Art. 36 des Protokolls in Verbindung mit Art. 7 des Abkommens. Dem Vorabentscheidungsersuchen lag die Anfechtungsklage einer türkischen Staatsangehörigen zugrunde. Sie war 1984 in die Bundesrepublik mit einem auf drei Monate befristeten Besuchsvisum eingereist, blieb aber über die Geltungsdauer hinaus bei ihrem Mann, den sie 1981 geheiratet hatte und der sich selbst seit 1979 in der Bundesrepublik aufhielt. 1985 wurde gegen sie eine Ausweisungsverfügung mit Abschiebungsandrohung erlassen. Nach der deutschen Rechtslage erfüllte sie nicht die Voraussetzungen für eine Familienzusammenführung, da sich ihr Ehemann noch nicht seit 8 Jahren im Bundesgebiet aufgehalten hatte. Allerdings hatten die Vorschriften Baden-Württembergs bis kurz vor der Verfügung lediglich einen Aufenthalt von drei Jahren vorgesehen. Fraglich war, ob die Einführung neuer Freizügigkeitsbeschränkungen gegen die genannten Bestimmungen des Assoziationsrechts verstößt. Gemäß Art. 12 des Abkommens lassen sich die Vertragsparteien von den Art. 48, 49 und 50 EWG-Vertrag (nunmehr Art. 39 ff. EGV) leiten, um schrittweise die Freizügigkeit der Arbeitnehmer herzustellen. Hierzu sieht Art. 36 des Protokolls eine Übergangszeit vor, während derer der Assoziationsrat die erforderlichen Regeln festlegt. Der einzige Beschluss, den dieser bis zu der Entscheidung gefasst hatte, war der ARB Nr. 1/80, der lediglich neue Beschränkungen für den Zugang von rechtmäßig beschäftigten türkischen Arbeitnehmern verbot. Für den Bereich der Familienzusammenführung waren keine Regelungen getroffen worden. Da nach den Abkommensbestimmungen allein dem Assoziationsrat die Zuständigkeit zufiel, detaillierte Regelungen zur schrittweisen Herstellung der Freizügigkeit der Arbeitnehmer herzustellen, tragen die Vereinbarungen des Abkommens nach Auffassung des EuGH im wesentlichen Programmcharakter und können die Freizügigkeit der Arbeitnehmer nicht unmittelbar regeln. So konnte er ihnen kein Verbot für die Einführung neuer Beschränkungen für die Familienzusammenführung entnehmen und lehnte die unmittelbare Anwendbarkeit ab.

kommens hinausreichenden Rechte verleihen kann.[883] Ihre isolierte Betrachtung erfolgt daher nur, um ihre Eignung für eine unmittelbare Anwendbarkeit festzustellen. Dem hat sich jedoch die Prüfung anzuschließen, welche Bedeutung den Vereinbarungen eines Vertrages *in ihrem Zusammenhang* und nach *Ziel und Zweck des Vertrages* zukommt. Nahe liegend ist ein übereinstimmender Sinngehalt von Gemeinschafts- und Assoziationsrecht, wenn die assoziationsrechtlichen Bestimmungen auf das Gemeinschaftsrecht verweisen.[884] Sind die Vorschriften in der Formulierung solchen des primären oder sekundären Gemeinschaftsrechts ähnlich, so stellt sich die Frage, ob sie auch deren Bedeutung haben, inhaltlich also entsprechend den Gemeinschaftsregelungen auszulegen sind. Die schlicht ähnliche Fassung des Wortlauts einer Bestimmung des Gemeinschaftsrechts und eines völkerrechtlichen Vertrages genügt nach der Rechtsprechung des EuGH nicht, um letzterer die Bedeutung zu geben, die ersterer zukommt. Die Übertragung der Bedeutung hängt, dies betont der EuGH, davon ab, welchen Zweck diese Bestimmungen in dem ihnen je eigenen Rahmen verfolgen.[885] Dies ist anhand eines Vergleichs von Sinn, Zweck und Ziel sowohl der Vereinbarung des Abkommens als auch der Vorschrift des Gemeinschaftsrechts zu beurteilen. Entscheidend ist, dass das Reglement über die Festlegung ausschließlich gegenseitiger Verpflichtungen zwischen den Vertragsparteien hinausgeht und bezweckt bzw. jedenfalls nicht ausgeschlossen ist, dass die Rechtsstellung eines Einzelnen geregelt wird.[886] So hat der EuGH die unmittelbare Anwendbarkeit des Begriffs der „Abgaben gleicher Wirkung wie Einfuhrzölle“ in Art. 2 Abs. 1 des AKP-Abkommens von Jaunde mit der Begründung bejaht, dass aus den Bestimmungen des Abkommens eindeutig hervorgeht, dass das Abkommen zwar mit einer entwicklungspolitischen Zielsetzung geschlossen wurde, die Gemeinschaft die Abgaben zollgleicher Wirkung aber ohne weiteres abschaffen wollte. Hierbei habe die Gemeinschaft gegenüber den assoziierten Staaten die gleichen Verpflichtungen übernommen, die die Mitgliedstaaten mit Art. 13 EWG-Vertrag untereinander eingingen, so dass der Verweis auf diese Vorschrift im Abkommen entsprechend auszulegen ist.[887] In der Entscheidung *Pabst & Richardz* hat der EuGH eine Bestimmung des Assoziierungsabkommens EWG-Griechenland als unmittelbar anwendbar eingeordnet, die ähnlich Art. 90 EGV (früher Art. 95 EWG) höhere inländische Abgaben verbot. Diese Vorschrift erfülle im Rahmen der Assoziation die gleiche Funktion wie

883 EuGH Rs. 270/80, Polydor, Slg. 1982, 329, Rn. 15 (Vorabentscheidung betreffend das Freihandelsabkommen EWG-Portugal).

884 EuGH Rs. 87/75, Bresciani, Slg. 1976, 126.

885 EuGH Rs. C-312/91, Metalsa, Slg. 1993, I-3751, Rn. 11; Rs. C-63/99, Gloszczuk, Slg. 2001, I-6369, Rn. 49; Rs. C-162/00, Pokrzeptowicz-Meyer, Slg. 2002, I-1049 ff., Rn. 33. *Fischer*, S. 139.

886 Schlussanträge *van Gerven*, Rs. C-18/90, Kziber, Slg. 1991, I-208, Rn. 8. Ablehnung in: verb. Rs. 21/72 bis 24/72, International Fruit Company, Slg. 1972, 1219.

887 EuGH Rs. 87/75, Bresciani, Slg. 1976, 129, Rn. 17 ff; Abkommen von Jaunde (ABl. 1964 Nr. 93/1431).

Art. 95 EWG und habe zudem das Ziel, den Beitritt Griechenlands in die Gemeinschaft vorzubereiten. Aus „Zweck und Wesen" des Assoziierungsabkommens folge, dass diese Bestimmung unmittelbar anwendbar sein soll.[888] Gleichfalls zu einer der Vorschrift des Art. 95 EWG entsprechenden Abkommensbestimmung erging die Entscheidung des EuGH in der Rechtssache *Kupferberg*, die allerdings nicht im Rahmen eines Assoziierungsabkommens, sondern eines Freihandelsabkommens vereinbart war. Da auch dieses Abkommen darauf gerichtet war, „ein System des Freihandels zu schaffen, in dessen Rahmen die den Handelsverkehr beschränkenden Regelungen nahezu für den gesamten Handel mit Ursprungserzeugnissen der Vertragsparteien abgeschafft werden" sollte, „und zwar vor allem durch die Beseitigung der Zölle und Abgaben gleicher Wirkung sowie der mengenmäßigen Beschränkungen und Maßnahmen gleicher Wirkung", hat der EuGH ihr unmittelbare Anwendbarkeit trotz des Bestehens eines besonderen institutionellen Rahmens für Konsultationen und Verhandlungen der Vertragsparteien untereinander zuerkannt.[889] Das Verbot von Ein- und Ausfuhrzöllen sowie Maßnahmen gleicher Wirkung war ebenfalls Gegenstand einer jüngeren Entscheidung des EuG in der Rechtssache *Opel Austria*, welches in Art. 10 EWR-Abkommen verankert war. Da dieses Abkommen eine weitgehende Integration bezweckt, deren Ziele über die eines bloßen Freihandelsabkommens hinausgehen, und Art. 10 EWG-Abkommen in seinem wesentlichen Gehalt mit den Artikel 12, 13, 16 und 17 EGV-Vertrag identisch ist, sei er im Einklang mit den einschlägigen Entscheidungen des EuGH auszulegen und daher unmittelbar anwendbar.[890]

II. Das Gleichbehandlungsgebot der Arbeitnehmer hinsichtlich der Arbeitsbedingungen

Wie dargestellt, enthalten die verschiedenen Abkommen, die nicht die Freizügigkeit der Arbeitnehmer herstellen, zumindest ein Gleichbehandlungsgebot in Bezug auf die (Entlohnungs-, Kündigungs- und sonstigen) Arbeitsbedingungen.[891] Den Vergleichsmaßstab, an dem die Abkommensvorschriften auf ihren Sinn und Zweck sowie ihre Stellung und Funktion innerhalb des Abkommens gemessen werden, bildet die gemeinschaftsrechtliche Position eines Unionsbür-

888 EuGH Rs. 17/81, Slg. 1982, 1331, Rn. 26 f. (zu Art. 53 Abs. 1 des Assoziierungsabkommens EWG-Griechenland, ABl. 1963 Nr. 26/294).

889 EuGH Rs. 104/81, Kupferberg, Slg. 1982, 3641, Rn. 20 f., 24 ff. (Freihandelsabkommen EWG-Portugal, ABl. 1972 L 301/165). Vgl. auch Schlussanträge *van Gerven*, Rs. C-18/90, Kziber, Slg. 1991, I-208, Rn. 9.

890 EuG Rs. T-115/94, Opel Austria, Slg. 1997, II-39, Rn. 102, 107 ff. (EWR-Abkommen).

891 Art. 44 EG-Mazedonien; Art. 45 EG-Kroatien; Art. 23 EG-Russland („hinsichtlich der Arbeitsbedingungen, der Entlohnung oder der Entlassung"); Art. 64 Europa-Mittelmeer-Abkommen EG-Marokko.

gers, der als Arbeitnehmer in einem anderen Mitgliedstaat tätig ist, wie sie Art. 39 Abs. 2 EGV gewährt. Untersucht werden soll nun, inwieweit die völkerrechtlichen Diskriminierungsverbote Art. 39 Abs. 2 EGV vergleichbare Gewährleistungen bieten. Hierzu werden im Folgenden die unmittelbare Anwendbarkeit der Abkommensbestimmungen sowie ihre Tragweite dargestellt.

1. Unmittelbare Anwendbarkeit

Die Frage nach der hinreichenden Bestimmtheit und Unbedingtheit des Diskriminierungsverbots sah der EuGH regelmäßig als unproblematisch an und hat dem Verbot unter Berücksichtigung des Wortlauts und im Hinblick auf den Zweck und die Natur der Abkommen eine klare und eindeutige Verpflichtung zur Gleichbehandlung entnommen, deren Erfüllung und deren Wirkungen nicht vom Erlass eines weiteren Aktes abhängen. Dies gilt für das Assoziationsrecht mit der Türkei,[892] für die Europa-Abkommen,[893] die Europa-Mittelmeer-Abkommen mit den Maghreb-Staaten[894] und das Partnerschaftsabkommen mit der Rus-

---

892 Vgl. z. B. EuGH Rs. C-262/96, Sürül, Slg. 1999, I-2743, Rn. 74; EuGH Rs. C-349/06, Polat, Slg. 2007, I-8167, Rn. 29.

893 EuGH Rs. C-162/00, Pokrzeptowicz-Meyer, Slg. 2002, I-1049. Auch den Europa-Abkommen hat der EuGH für den Einzelnen unmittelbar wirkende Rechte entnommen. Angesichts des Wortlauts der Abkommensbestimmungen sowie der eindeutig auf Integration gerichteten Ziele dieser Abkommen war das Ergebnis der Entscheidungen nicht überraschend.

894 Vgl. EuGH Rs. C-18/90, Kziber, Slg. 1991, I-221, Rn. 20 ff. Die Entscheidung betrifft das Kooperationsabkommen EWG-Marokko. Sie kann auf die gleichlautenden Europa-Mittelmeer-Abkommen mit den Maghreb-Staaten übertragen werden. Bei der Untersuchung der Stellung und Funktion der Vorschrift innerhalb des Abkommens wählte der EuGH einen im Vergleich zu den früheren Entscheidungen umgekehrten Prüfungsansatz, indem er fragt, ob die Feststellung, dass das Diskriminierungsverbot des Art. 41 Abs. 1 geeignet ist, die Rechtsstellung eines marokkanischen Arbeitnehmers und seiner Familienangehörigen unmittelbar zu regeln, nicht durch eine Untersuchung des Sinns und Zwecks des Abkommens *widerlegt* wird. Während nach der in den früheren Entscheidungen gefundenen Definition der unmittelbaren Anwendbarkeit Sinn und Zweck der betreffenden Bestimmung darauf untersucht wurden, ob sie ein Recht verleihen kann, scheint der EuGH hier von einem solchen Recht auszugehen, wenn es nicht eindeutig widerlegt wird. Dies bedeutet eine Ausdehnung der unmittelbaren Anwendbarkeit, denn sie zu bejahen ist über die Prüfungsumkehrung leichter, was sich an den weiteren Ausführungen des EuGH zeigt, indem er formuliert, dass allein „der Umstand, daß mit dem Abkommen im wesentlichen die wirtschaftliche Entwicklung Marokkos gefördert werden soll und daß es sich darauf beschränkt, eine Zusammenarbeit zwischen den Parteien einzuführen, ohne auf eine Assoziierung oder einen zukünftigen Beitritt Marokkos zu den Gemeinschaften abzuzielen, [...] die unmittelbare Anwendbarkeit einiger seiner Bestimmungen nicht auszuschließen" vermag. Durch die gewählte Prüfungstechnik verzichtet der EuGH insbesondere auf einen Vergleich der Abkommensbestimmung mit den Vorschriften zur Freizügigkeit der Arbeitnehmer und zur Reichweite der Be-

sischen Föderation. Das zu dem letztgenannten Abkommen ergangene Urteil in der Rechtssache Simutenkov ist dabei von besonderer Bedeutung, da es nach Auffassung des EuGH der unmittelbaren Anwendbarkeit des Art. 23 des Abkommens nicht entgegenstand, dass sich das (Handels-)Abkommen auf die Gründung einer Partnerschaft zwischen den Parteien beschränkt, ohne eine Assoziierung oder einen zukünftigen Beitritt der Russischen Föderation zur EG vorzusehen.[895] Vielmehr genüge das „Ziel, eine globale Zusammenarbeit zwischen den Vertragsparteien u. a. im Bereich der Arbeitskräfte zu fördern".[896] So sei es ausreichend, wenn das Abkommen lediglich in bestimmten Bereichen eine verstärkte Zusammenarbeit der Vertragsparteien vorsehe.

Noch nicht entschieden hat der EuGH über das in dem Partnerschaftsabkommen mit den AKP-Staaten enthaltene Diskriminierungsverbot für legal beschäftigte (Art. 13 Abs. 3 des Partnerschaftsabkommens). Es können jedoch keine Zweifel an seiner unmittelbaren Anwendbarkeit bestehen. Da es in seinem Wortlaut den anderen Abkommen entspricht, ist die Formulierung des Verbotes als hinreichend klar und unbedingt anzusehen.[897] Auch kann die entwicklungspolitische

---

stimmung, wie sie von Generalanwalt *van Gerven* vorgenommen wurde (Rn. 8 ff. der Schlussanträge).

895 EuGH Rs. C-265/03, Simutenkov, Slg. 2005, I-2579, Rn. 28. So auch die Generalanwältin, nach deren Auffassung es nicht entscheidend ist, ob das Abkommen einen ausdrücklichen Hinweis auf eine Beitrittsperspektive enthält, Schlussanträge *Stix-Hackl*, Rs. C-265/03, Simutenkov, Slg. 2005, I-2579, Rn. 35.

896 Schlussanträge *Stix-Hackl*, Rs. C-265/03, Simutenkov, Slg. 2005, I-2579, Rn. 36.

897 Artikel 13 Einwanderung lautet:
„(1) Die Frage der Einwanderung wird in einem intensiven Dialog im Rahmen der AKP-EU-Partnerschaft behandelt.
Die Vertragsparteien bestätigen erneut ihre völkerrechtlichen Verpflichtungen zur Gewährleistung der Achtung der Menschenrechte und zur Beseitigung jeder Form von Diskriminierung, insbesondere aus Gründen der Herkunft, des Geschlechts, der Rasse, der Sprache und der Religion.
(2) Die Vertragsparteien sind sich in der Auffassung einig, dass Partnerschaft im Zusammenhang mit Einwanderung bedeutet, dass die sich legal in ihrem Hoheitsgebiet aufhaltenden Staatsangehörigen von Drittländern fair behandelt werden, dass sie im Rahmen einer Integrationspolitik Rechte und Pflichten erhalten, die denen ihrer eigenen Staatsangehörigen vergleichbar sind, dass die Diskriminierung im wirtschaftlichen, gesellschaftlichen und kulturellen Leben verringert wird und dass Maßnahmen gegen Rassismus und Fremdenfeindlichkeit entwickelt werden.
(3) Die Mitgliedstaaten gewähren den Arbeitnehmern aus AKP-Staaten, die legal in ihrem Hoheitsgebiet beschäftigt sind, eine Behandlung, die hinsichtlich der Arbeits-, Entlohnungs- und Kündigungsbedingungen keine auf der Staatsangehörigkeit beruhende Diskriminierung gegenüber ihren eigenen Staatsangehörigen bewirkt. In dieser Hinsicht gewähren ferner die AKP-Staaten den Arbeitnehmern, die Staatsangehörige eines Mitgliedstaates sind, eine vergleichbare diskriminierungsfreie Behandlung."

Zielsetzung des Abkommens die unmittelbare Anwendbarkeit nicht in Frage stellen, wie sich aus einer EuGH-Entscheidung zu anderen Vorschriften des früheren Jaunde-Abkommens ergibt.[898]
Den Anforderungen an die Bestimmtheit und Unbedingtheit einer unmittelbar anwendbaren Vorschrift genügen nicht die Partnerschaftsabkommen mit den übrigen ehemaligen Sowjetrepubliken, da es hierin lediglich heißt, dass sich die Vertragsparteien *bemühen* sicherzustellen, Arbeitnehmern der anderen Vertragspartei eine gleiche Behandlung zu gewähren.[899]

2. Zur Tragweite des Gleichbehandlungsgebotes hinsichtlich der Arbeitsbedingungen

Nachdem die unmittelbare Anwendbarkeit der Gleichbehandlungsgebote festgestellt wurde, ist ihre Bedeutung zu ermitteln. Hierzu sind die Begriffe der Kündigungs-, Entlohnungs- und (sonstigen) Arbeitsbedingungen zu definieren. Unproblematisch stellen sich die Begriffe der Kündigungs- und Entlohnungsbedingungen dar. Hierunter fallen z. B. die Regelungen zum Kündigungsschutz und zur Entgeltzahlung einschließlich der Lohnfortzahlung im Krankheitsfall. Schwieriger gestaltet sich eine Konkretisierung des Begriffs der Arbeitsbedingungen. Regelungen, die unmittelbar mit der Tätigkeit in Zusammenhang stehen, wie z. B. zum Arbeitsschutz und der Arbeitszeit, unterfallen zwar unbestritten dem Diskriminierungsverbot.[900] Der Begriff der Arbeitsbedingungen hat je-

---

Nicht als unmittelbar anwendbares Gleichbehandlungsgebot kann Art. 13 Abs. 2 angesehen werden, da lediglich eine faire Behandlung gewährt wird und die Vorschrift zudem programmatischen Charakters zu sein scheint.

898 EuGH Rs. 87/75, Bresciani, Slg. 1976, 129 zu Art. 13 Abs. 2 des Jaunde-Abkommens und Abgaben gleicher Wirkung; Rs. 65/77, Razanatsimba, Slg. 1977, 2229: Vorabentscheidung zum Abkommen von Lomé und der Frage, ob dessen Art. 62 für einen Staatsangehörigen eines AKP-Staates das Recht begründet, sich im Hoheitsgebiet eines E(W)G-Mitgliedstaats niederzulassen; Rs. C-469/93, Chiquita Italia, Slg. 1995, I-4533, Rn. 24 ff. Hiernach kann das Vierte AKP-EWG-Abkommen wie die früheren AKP-EWG-Abkommen und die Assoziierungsabkommen zwischen der Europäischen Wirtschaftsgemeinschaft und den afrikanischen Staaten und Madagaskar Bestimmungen enthalten, die dem einzelnen Rechte verleihen, auf die er sich vor den nationalen Gerichten gegen die Anwendung entgegenstehender nationaler Bestimmungen berufen kann. Die Tatsache, dass die von den Vertragsparteien in diesen Abkommen eingegangenen Verpflichtungen von ganz unterschiedlichem Gewicht sind, was im Wesen der Abkommen selbst begründet ist, schließt dies nicht aus. S. auch *Höller*, S. 253; *Gutmann*, AnwBl. 2000, 482 ff., 489.

899 Art. 20 Partnerschaftsabkommen EG-Georgien; Art. 23 Partnerschaftsabkommen EG-Moldau; Art. 24 Partnerschaftsabkommen EG-Ukraine.

900 Dies können auch Regelungen in Tarifverträgen sein, denn wenn der Staat seine Rechtssetzungsbefugnis delegiert, muss er dennoch seine Verpflichtungen aus völkerrecht-

doch im Kontext des Art. 39 Abs. 2 EGV durch die Rechtsprechung des EuGH eine derart umfassende Bedeutung gewonnen, die mit Blick auf die Freizügigkeit der EU-Arbeitnehmer und den Integrationsprozess innerhalb der Europäischen Union gerechtfertigt sein mag, ihre vollständige Übertragbarkeit auf drittstaatsangehörige Arbeitnehmer jedoch fraglich erscheinen lässt. Daher ist zu untersuchen, inwieweit die gemeinschaftsrechtliche Definition der Arbeitsbedingungen zur Ermittlung der Tragweite der in den Abkommen aufgestellten Diskriminierungsverbote heranzuziehen ist und inwieweit sich der Gewährleistungsgehalt des Art. 39 Abs. 2 EGV in den Abkommensbestimmungen widerspiegelt.

Hierzu ist zunächst der Umfang des Schutzes vor sowohl direkten als auch indirekten Diskriminierungen darzustellen und sodann zu fragen, ob neben der Rechtsprechung, die unmittelbar zu Art. 39 Abs. 2 EGV ergangen ist, auch die Bedeutung der sekundärrechtlichen Normen, die Art. 39 Abs. 2 EGV konkretisieren, auf die Abkommensbestimmungen übertragen werden kann. Anschließend ist zu prüfen, in welchem Umfang sich den Gleichbehandlungsgeboten Vorgaben für das Aufenthaltsrecht der Arbeitnehmer entnehmen lassen.

a) Schutz vor direkten und indirekten Diskriminierungen

Die Gleichbehandlungsgebote der Abkommen verbieten nach ihrem Wortlaut alle Diskriminierungen, die an die Staatsangehörigkeit als Differenzierungskriterium anknüpfen. Somit sind direkte Diskriminierungen ausdrücklich untersagt. Das Diskriminierungsverbot des Art. 39 Abs. 2 EGV erfasst auch mittelbare Diskriminierungen, d. h. Ungleichbehandlungen, die durch die Wahl anderer Kriterien als der Staatsangehörigkeit in tatsächlicher Hinsicht wie eine Differenzierung nach der Staatsangehörigkeit wirken, im Ergebnis also zu einer Benachteiligung aus Gründen der Staatsangehörigkeit führen. Dies geht aus dem Wortlaut der Bestimmung zwar nicht eindeutig hervor, ist aber nach der Rechtsprechung des EuGH dem Sinn und Zweck dieser Vorschrift zu entnehmen, um dem Diskriminierungsverbot zu einer effektiven Wirksamkeit zu verhelfen.[901]

Es ist sachgerecht, diesen Grundsatz auf das Gleichbehandlungsgebot der Abkommen zu übertragen.[902] Zum einen spricht der Wortlaut der Bestimmungen dafür, dass jede Benachteiligung der Staatsangehörigen der Vertragspartei ausgeschlossen sein soll, die diese im Ergebnis und unabhängig vom tatsächlichen Differenzierungskriterium schlechter stellt („Behandlung, die keine auf der Staatsangehörigkeit beruhende Benachteiligung […] bewirkt"), also nicht nur

---

lichen Vereinbarungen einhalten. Insoweit ist die Bedeutung von Art. 7 Abs. 4, Art. 8 der VO (EWG) Nr. 1612/68 zu übertragen. Vgl. *Vogt*, S. 220 f.; s. Fn. 1051.

901 EuGH Rs. 152/73, Sotgiu, Slg. 1974, 153, Rn. 11; Rs. C-237/94, O'Flynn, Slg. 1996, I-2617, Rn. 17 ff.; Rs. C-57/96, Meints, Slg. 1997, I-6689 (s. Fn. 387), Rn. 45 ff.; *Franzen*, in: Streinz, Art. 39 EGV, Rn. 4.

902 So auch *Vogt*, S. 191 f.

die direkte Anknüpfung an die Staatsangehörigkeit untersagt sein soll. Des Weiteren greifen dieselben Erwägungen des Gerichtshofs, wie sie zum innergemeinschaftlichen Diskriminierungsverbot entwickelt wurden: um Diskriminierungen effektiv zu verhindern, müssen sich auch mittelbar wirkende Anknüpfungskriterien am Benachteiligungsverbot messen lassen.
Anders verhält es sich mit dem ebenfalls durch den EuGH mittels einer weiten Interpretation der Diskriminierungsverbote entwickelten Beschränkungsverbot (s. oben 2. Kapitel, 2. Teil, B. II. 2.). So unterfallen auch *unterschiedslos anwendbare*, d. h. Arbeitnehmer unabhängig von ihrer Staatsangehörigkeit betreffende innerstaatliche Rechtsvorschriften dem Anwendungsbereich des Art. 39 Abs. 2 EGV. Sie sind verboten, soweit sie geeignet sind, die Freizügigkeit der Arbeitnehmer zu behindern oder weniger attraktiv zu machen und nicht durch zwingende Gründe des Allgemeinwohls gerechtfertigt werden können.[903] Das Beschränkungsverbot dient dazu, die grenzüberschreitende Standortwahl vor unverhältnismäßigen Hindernissen zu schützen.[904] Ihm unterfallen daher vor allem Maßnahmen, die in spezifischer Weise die Aufnahme einer Tätigkeit in einem anderen Mitgliedstaat, also den *Zugang zu dessen Arbeitsmarkt*, behindern.[905] Die Freizügigkeit der drittstaatsangehörigen Arbeitnehmer innerhalb der Gemeinschaft stellt aber kein von den Abkommen – bis auf das EWR-Abkommen und das Freizügigkeitsabkommen mit der Schweiz, die auch Arbeitsmarktzugangsrechte vermitteln – verfolgtes Ziel dar, denn sie beschränken sich auf eine partielle Gleichstellung der Arbeitnehmer mit den Staatsangehörigen des Aufnahmemitgliedstaats. Die Abkommen sollen ihnen daher nicht die Mobilität im Binnenmarkt der EG gewährleisten. Das Gleichbehandlungsgebot kann daher nicht als Beschränkungsverbot ausgelegt werden.

903 EuGH Rs. C-415/93, Bosman, Slg. 1995, I-4921, Rn. 95 ff.; Rs. C-19/92, Kraus, Slg. 1993, I-1663, Rn. 32 (Vorlagefrage zur Vereinbarkeit eines nationalen Verfahrens zur Genehmigung des Führens von im Ausland erworbenen akademischen Graden mit Art. 48 und 52 EWG); Rs. C-18/95, Terhoeve, Slg. 1999, I-345, Rn. 39; Rs. C-190/98, Graf, Slg. 2000, I-49, Rn. 23 (s. Fn. 336); Rs. C-224/01, Köbler, Slg. 2003, I-10239, Rn. 74, 77; Rs. C-232/01, Van Lent, Slg. 2003, I-11525, Rn. 16; Rs. C-109/04, Kranemann, Slg. 2005, I-2421 , Rn. 26 (s. Fn. 238).

904 *Franzen*, in: Streinz, Art. 39 EGV, Rn. 90; *Randelzhofer/Forsthoff*, in: Grabitz/Hilf, vor Art. 39-55 EGV, Rn. 100: hiernach gelten die Grundfreiheiten nur dann als Beschränkungsverbote, wenn „dies erforderlich ist, um die freie Zirkulation von Produkten und Personen innerhalb der Gemeinschaft zu ermöglichen und hierdurch nicht zu sehr die Marktneutralität berührt wird".

905 EuGH Rs. C-190/98, Graf, Slg. 2000, I-49, Rn. 23 (s. Fn. 336). Die Keck-Rechtsprechung, die grundsätzlich Maßnahmen des Zielstaats und nicht des Herkunftsstaates betrifft, ist dem Gedanken nach daher auch für Wegzugsfälle bedeutsam; vgl. auch *Haratsch/Koenig/Pechstein*, Rn. 790 f.

b) Übertragung der Rechtsprechung des EuGH zu Art. 39 Abs. 2 EGV auf die Abkommen

Der EuGH hat in mehreren Entscheidungen Grundsätze, die er in innergemeinschaftlichen Fallkonstellationen entwickelt hat, auf ähnliche Konstellationen, nunmehr aber unter Beteiligung drittstaatsangehöriger Arbeitnehmer, übertragen.
So entschied er in der Rechtssache *Pokrzeptowicz-Meyer*, deren Gegenstand die im deutschen Hochschulrahmengesetz vorgesehene Befristung der Arbeitsverträge von Fremdsprachenlektoren bildete, die ohne besonderen sachlichen Grund vorgenommen werden kann, dass das Benachteiligungsverbot des Art. 37 Abs. 1 des Europa-Abkommens (Polen) ein unmittelbar wirkendes Recht verleihe und daher der Regelung entgegenstünde.[906] Hierbei übertrug er die Ergebnisse einer vorangegangenen Entscheidung, mit der er bereits festgestellt hatte, dass die entsprechende Vorschrift wegen ihres diskriminierenden Charakters nicht auf Angehörige der Mitgliedstaaten angewendet werden dürfe;[907] daher könne sie auch nicht für Angehörige der Republik Polen gelten. Der EuGH hat damit dem in Art. 37 Abs. 1 des Abkommens enthaltenen Diskriminierungsverbot dieselbe Bedeutung wie Art. 39 Abs. 2 EGV beigemessen.[908]
Ein weiteres Beispiel der Übertragung von Grundsätzen aus der Gemeinschaftsrechtsprechung auf Bestimmungen völkerrechtlicher Abkommen findet sich in der das Europa-Abkommen EWG-Slowakei betreffenden Entscheidung *Kol-*

---

906 EuGH Rs. C-162/00, Pokrzeptowicz-Meyer, Slg. 2002, I-1049. Die Klägerin, eine polnische Staatsangehörige, klagte gegen die Beendigung ihres Arbeitsvertrages bei der Universität Bielefeld mit der Begründung, dass die gesetzliche Regelung nicht auf sie anwendbar sei. Bis zu dieser EuGH-Entscheidung wurde wegen des Vorbehalts zugunsten der in den Mitgliedstaaten geltenden Bedingungen und Modalitäten (vgl. Fn. 877) die unmittelbare Anwendbarkeit häufig abgelehnt. So sah *Gutmann* (AnwBl. 2000, 482 ff., 489) in der zugesicherten Inländergleichbehandlung „eine höfliche, aber wertlose Floskel". Die Vorschrift sei bloßer Programmsatz, der eine Art unverbindlichen Auftrag zur Integrationsförderung an die EG gebe. S. auch Ausführungen von *Höller*, S. 230 f. m. w. N. Zur unmittelbaren Anwendbarkeit von Abkommensvereinbarungen und ihre Auswirkung auf das nationale Verfassungsrecht in den MOE-Staaten s. *Gärtner*, ROW 1993, 332 ff.

907 EuGH Rs. C-272/92, Spotti, Slg. 1993, I-5185.

908 EuGH Rs. C-162/00, Pokrzeptowicz-Meyer, Slg. 2002, I-1049, Rn. 39 ff.: „Für Artikel 37 Absatz 1 erster Gedankenstrich des Europa-Abkommens ergibt sich aus dem Vergleich von Gegenstand und Kontext dieses Abkommens einerseits und des EG-Vertrags andererseits, dass kein Grund besteht, dieser Bestimmung eine andere Bedeutung zu geben, die nach dem Urteil Spotti Artikel 48 Absatz 2 EG-Vertrag zukommt. [...] stellt zwar Artikel 37 Absatz 1 erster Gedankenstrich keinen Grundsatz der Freizügigkeit polnischer Arbeitnehmer in der Gemeinschaft auf [...], gewährt jedoch [...] ein Recht auf Gleichbehandlung hinsichtlich der Arbeitsbedingungen, das den gleichen Umfang wie das den Staatsangehörigen der Mitgliedstaaten durch Artikel 48 Absatz 2 in ähnlichen Worten zuerkannte Recht hat.

pak.[909] Die Vorlagefrage des OLG Hamm stellte sich in einem Rechtsstreit zwischen dem Deutschen Handballbund und dem slowakischen Staatsangehörigen Kolpak wegen der Erteilung eines Spielausweises für Profispieler ohne den für Staatsangehörige aus Drittstaaten notwendigen Eintrag. Der EuGH hatte insbesondere darüber zu entscheiden, ob das Art. 38 Abs. 1 des Europa-Abkommens EWG-Slowakei enthaltene Benachteiligungsverbot es verbietet, auf einen Berufssportler slowakischer Staatsangehörigkeit eine von einem Sportverband aufgestellte Regel anzuwenden, wonach die Vereine bei Mannschafts- und Pokalspielen nur eine begrenzte Anzahl von drittstaatsangehörigen Spielern einsetzen dürfen. Im Kern weist der Sachverhalt weitgehende Übereinstimmungen zur Entscheidung *Bosman* auf, so dass der EuGH, nach Bejahung der unmittelbaren Anwendbarkeit des Diskriminierungsverbotes, seine in jenem Urteil gefundene Auslegung auf die Abkommensvorschrift übertrug.[910] Seine Fortsetzung fand die Entscheidung *Kolpak* zum Europa-Abkommen EWG-Slowakei in der Rechtssache *Simutenkov*, die einen Berufsfußballspieler russischer Staatsangehörigkeit betraf, der in Spanien eine Verbandslizenz als nichtgemeinschaftsangehöriger Spieler besaß und unter Berufung auf Art. 23 Abs. 1 des Partnerschaftsabkommens EG-Russland eine Lizenz als Gemeinschaftsspieler beantragt hatte.[911] Auch hier entschied der EuGH, dass das in der genannten Bestimmung enthaltene Diskriminierungsverbot der Anwendung des Reglements des Spanischen Fußballverbandes (RFEF) und der nationalen Berufsfußballliga, wonach die gleichzeitige Aufstellung von nichtgemeinschaftsangehörigen Spielern zahlenmäßig beschränkt ist, entgegensteht. Er sprach Art. 23 Abs. 1 des Abkommens dieselbe Bedeutung zu wie dem Diskriminierungsverbot des Art. 38 Abs. 1 des Europa-Abkommens EWG-Slowakei, und übertrug die in der Rechtssache *Kolpak* getroffenen Feststellungen vollständig auf das Partnerschaftsabkommen mit Russland. Die unterschiedlichen Ziele der Abkommen stufte er dabei als nicht derart gravierend ein, dass sie eine unterschiedliche Auslegung der Bestimmungen und eine geringere Tragweite des Diskriminierungsverbots des Partnerschaftsabkommens rechtfertigen könnten.[912]

c) Übertragung des Sekundärrechts zu Art. 39 Abs. 2 EGV

Die gesamte Bedeutung des Art. 39 Abs. 2 EGV tritt erst unter Berücksichtigung des hierzu ergangenen Sekundärrechts zu Tage. So hat das Gleichbehandlungsgebot insbesondere in der Zusammenschau mit den Regelungen der VO (EWG) Nr. 1612/68 eine Ausgestaltung erfahren, die es nach einhelliger Auffassung zu einem alle Beschäftigungs- und Arbeitsbedingungen im weitesten Sinne erfas-

---

909 EuGH Rs. C-438/00, Kolpak, Slg. 2003, I-4135.

910 EuGH Rs. C-438/00, Kolpak, Slg. 2003, I-4135, Rn. 36 ff.; Rs. C-415/93, Bosman, Slg. 1995, I-4921.

911 EuGH Rs. C-265/03, Simutenkov, Slg. 2005, I-2579, Rn. 35.

912 EuGH Rs. C-265/03, Simutenkov, Slg. 2005, I-2579, Rn. 32 ff.

senden Diskriminierungsverbot ausdehnt.[913] Fraglich ist daher, inwieweit das Sekundärrecht auch zur Konkretisierung der in den Abkommen enthaltenen Gleichbehandlungsgebote heranzuziehen ist.
In der bisher ergangenen Rechtsprechung misst der EuGH den arbeitsrechtlichen Gleichbehandlungsgeboten in den (Assoziierungs-)abkommen die gleiche Bedeutung bei, wie sie in innergemeinschaftlichen Fällen für Art. 39 Abs. 2 EGV *in Verbindung mit dem Sekundärrecht* entwickelt wurde. So hatte der EuGH in der Rs. Wählergruppe Gemeinsam darüber zu entscheiden, ob sich türkische Arbeitnehmer auf das in Art. 10 Abs. 1 ARB Nr. 1/80 verankerte Gleichbehandlungsgebot berufen können, um sich gegen eine nationale Regelung zu wenden, die sie von der Wählbarkeit zu den österreichischen Arbeiterkammern ausschloss.[914] In einem ähnlich gelagerten Fall zur fehlenden Wahlberechtigung von Unionsbürgern zu Berufskammern nach luxemburgischem Recht hatte der EuGH einen Verstoß gegen Art. 8 Abs. 1 der VO (EWG) Nr. 1612/68 festgestellt.[915] Fraglich war, ob diese Rechtsprechung auf die Rechte der türkischen Arbeitnehmer übertragbar ist. Hiergegen wurde vorgetragen, dass der Begriff der sonstigen Arbeitsbedingungen eine engere Tragweite als der gleiche Begriff in Art. 39 Abs. 2 EGV habe, da die letztgenannte Bestimmung erst durch die VO (EWG) Nr. 1612/68 konkretisiert würde, während es in den Abkommen regelmäßig an einer solchen Ausgestaltung fehle, und dass die Abkommen weniger ehrgeizige Ziele verfolgten als der EG-Vertrag. Diesen Einwand ließ der EuGH jedoch nicht gelten. Denn zum einen bestehe das Ziel der Verordnung „lediglich darin, die Vorschriften des Artikels 48 zu konkretisieren; als Maßnahme des abgeleiteten Rechts kann diese Verordnung den Bestimmungen des EG-Vertrages, zu deren Durchführung sie ergangen ist und die ihre Rechtsgrundlage darstellen, nichts hinzufügen".[916] Die sekundärrechtliche Norm habe keine über die Ermächtigungsgrundlage hinausgehende Bedeutung und verleihe keine Rechte, die nicht bereits in Art. 39 Abs. 2 EGV angelegt sind, vielmehr seien beide Bestimmungen Ausdruck desselben allgemeinen Verbotes der Diskriminierung aus Gründen der Staatsangehörigkeit, wie es in Art. 12 EGV niedergelegt ist.[917] Zum anderen gehe aus Art. 10 Abs. 1 ARB Nr. 1/80 kein Grund hervor, dem Gleichbehandlungsgebot eine andere Tragweite beizumessen, als sie für innergemeinschaftliche Fälle bestehe, auch wenn das Assoziationsrecht

913 Vgl. *Vogt*, S. 199, mit weiteren Nachweisen. Grundlegende Bedeutung kommt nunmehr auch der RL 2004/38/EG zu.
914 EuGH Rs. C-171/01, Wählergruppe Gemeinsam, Slg. 2003, I-4301.
915 EuGH Rs. C-213/90, Asti, Slg. 1991, I-3526.
916 Vgl. EuGH Rs. C-171/01, Wählergruppe Gemeinsam, Slg. 2003, I-4301, Rn. 82 f.; a. A. *Vogt*, S. 205 ff.
917 EuGH Rs. C-171/01, Wählergruppe Gemeinsam, Slg. 2003, I-4301, Rn. 80 ff.; Rs. C-213/90, Asti, Slg. 1991, I-3526, Rn. 15. Vgl. auch *Huster*, NZS 1999, 10 ff., 11; *F. Wollenschläger*, S. 32 ff.

selbst keine konkretisierenden Erläuterungen enthält und keinen Grundsatz der Freizügigkeit der Arbeitnehmer in der Gemeinschaft aufstellt.[918]
Diese Rechtsprechung kann auf die anderen Abkommen übertragen werden, da sich der EuGH für die umfassende Übertragung des Gewährleistungsinhalts des Art. 39 Abs. 2 EGV nicht auf die Besonderheiten des Assoziationsrechts mit der Türkei, wie sie z. B. die Verfestigungsregeln des Art. 6 ARB Nr. 1/80 darstellen, beruft. Vielmehr beschränkt er seine Betrachtung ausschließlich auf das Gleichbehandlungsgebot des Art. 10 ARB Nr. 1/80. Insoweit lassen sich aber keine Unterschiede zu den anderen Abkommen finden, die es rechtfertigen könnten, die Tragweite der Gleichbehandlungsgebote zu beschränken.

Fraglich ist, ob diese Grundsätze auch für die Gewährung gleicher sozialer Vergünstigungen gemäß Art. 7 Abs. 2 der VO (EWG) Nr. 1612/68 gelten, die drittstaatsangehörigen Arbeitnehmern also einen Anspruch auf „alle staatlich gewährten Vergünstigungen, die geeignet sind, die Eingliederung eines Arbeitnehmers und seiner Familie in den Aufnahmestaat zu fördern und somit zur Verwirklichung des Ziels der Freizügigkeit der Arbeitnehmer beizutragen“[919], aus den Abkommen herleiten können. Nach den Ausführungen des EuGH zum Verhältnis der Verordnung zu Art. 39 Abs. 2 EGV muss auch Art. 7 Abs. 2 der VO (EWG) Nr. 1612/68 als eine Konkretisierung des Art. 39 Abs. 2 EGV mit der Folge gewertet werden, dass die Mitgliedstaaten verpflichtet sind, den drittstaatsangehörigen Arbeitnehmern dieselben Vergünstigungen zu gewähren.[920] Dennoch kann die Rechtsprechung nicht über die erheblichen Zweifel, die einer Bedeutungsübertragung begegnen, hinweghelfen.[921] Sie gründen vor allem darin, dass Art. 7 Abs. 2 der VO sich nicht auf Vergünstigungen beschränkt, die unmittelbar mit dem Arbeitsverhältnis zusammenhängen. Die Bestimmung hat eine schnelle und zugleich auf Dauer ausgerichtete Integration der Arbeitnehmer in den Aufnahmemitgliedstaat zum Ziel und dient damit in besonderem Maße der Herstellung der Freizügigkeit der Arbeitnehmer. Im innergemeinschaftlichen

918 EuGH Rs. C-171/01, Wählergruppe Gemeinsam, Slg. 2003, I-4301, Rn. 88 f.

919 Der Begriff der sozialen Vergünstigung ist weit auszulegen: EuGH Rs. C-57/96, Meints, Slg. 1997, I-6689 (s. Fn. 387), Rn. 39; Rs. 32/75, Cristini, Slg. 1975, 1085, Rn. 12; Rs. 59/89, Reed, Slg. 1986, 1283, Rn. 25; *Brechmann*, in: Callies/Ruffert, Art. 39 EGV, Rn. 62. S. auch Erwägungsgrund Nr. 5 zur VO (EWG) Nr. 1612/68.

920 *Gutmann*, ZFSH/SGB 2002, 223 f. Unerheblich ist, wie die Rechtsprechung gezeigt hat, dass in den Abkommen in der Regel eine Art. 7 Abs. 2 der VO (EWG) Nr. 1612/68 vergleichbare Vereinbarung, die eine ein umfassendes Gleichbehandlungsgebot rechtfertigende Deutung zuließe, fehlt. Mit diesem Argument aber *van der Mei*, S. 59 f.: da das Assoziationsrecht (mit der Türkei) keine Art. 7 Abs. 2 EGV vergleichbare Regelung enthält, kann die Rechtsprechung des EuGH, wonach Arbeitnehmern auch Rechte gewährt werden müssen, die nicht unmittelbar mit der Beschäftigung zusammenhängen, aber die Integration fördern, nicht übertragen werden.

921 Anders *Höller*, S. 268, unter Verweis auf die Entscheidung EuGH Rs. C-438/00, Kolpak, Slg. 2003, I-4135; s. auch *Brinkmann*, EJML 2002, 291 ff., 299; *Sieveking*, ZAR 1998, 201 ff., 206 f.; *Gutmann*, NVwZ 2000, 281 ff.

Kontext erfüllt die Bestimmung damit eine bedeutende Funktion. Dass ihr Gewährleistungsumfang unter die Arbeitsbedingungen im Sinne des Art. 39 Abs. 2 EGV zu subsumieren ist, wie es der EuGH vornimmt, ist mit Blick auf den Integrationsprozess der Europäischen Union nachvollziehbar. Bei der Frage nach der Tragweite der durch die Abkommen gewährten Gleichbehandlung kann aber nicht völlig außer Acht gelassen werden, dass die Abkommen nicht darauf zielen, die Freizügigkeit der Arbeitnehmer aus den Drittstaaten herzustellen, sondern (nur) die Gleichbehandlung der legal Beschäftigten bezwecken. Daher ist es legitim, das Gleichbehandlungsgebot auf Vergünstigungen zu beschränken, die tatsächlich mit dem Arbeitsverhältnis in Verbindung stehen. Dies soll nicht bedeuten, dass ein Anspruch der Drittstaatsangehörigen nur auf solche Leistungen besteht, deren Tatbestandsvoraussetzung die Arbeitnehmereigenschaft darstellt, sondern es können auch staatliche Maßnahmen erfasst werden, die entsprechend der Definition der sozialen Vergünstigungen gemäß Art. 7 Abs. 2 der VO (EWG) Nr. 1612/68 in keinerlei Form ein Arbeitsverhältnis voraussetzen, also etwa an den Wohnort im Inland anknüpfen. Eine Abgrenzung der Leistungen nach diesen Kriterien stößt natürlich auf Schwierigkeiten, die durch eine abstrakte Definition, die eine einzelfallbezogene Überprüfung jeder Vorschrift ersetzen könnte, nicht gelöst würden.[922] Dies gilt auch deshalb, weil es dem Zufall unterfallen kann, ob das nationale Recht einen Anspruch an einen Inlandswohnsitz oder eine Inlandsbeschäftigung knüpft. Dennoch scheint es nicht unmöglich, zwischen Leistungen zu unterscheiden, die der Drittstaatsangehörige auf der Grundlage einer legalen Beschäftigung erhält und damit einem Staatsangehörigen *gleichzustellen* ist und solchen, die nicht mit dieser Begründung gewährt werden können. Keine Differenzierung darf daher bei allen Rechten und Ansprüchen erfolgen, die in einem direkten Zusammenhang mit der Beschäftigung stehen und auf Zwangsmitgliedschaften bzw. eigenen Beitragsleistungen beruhen. Hierzu zählen z. B. die Voraussetzungen und Bedingungen der Einbeziehung in die bzw. die Inanspruchnahme der Sozialversicherungssysteme.[923]

922 *Vogt*, S. 198 ff.

923 Erfolgt die Einbindung in die Sozialversicherungssysteme unter Anknüpfung an das Arbeitsverhältnis, so ist sie derart eng mit der Arbeitnehmereigenschaft verbunden, dass die Leistungen als soziale Vergünstigung und damit als Arbeitsbedingung im Sinne des Art. 7 der VO (EWG) Nr. 1612/68 angesehen werden muss (vgl. Schlussanträge *Colomer*, Rs. C-55/00, Gottardo, Slg. 2002, I-414, Rn. 15, 23). Hiergegen spricht nicht der Vorrang der VO (EWG) Nr. 1408/71 vor der VO (EWG) Nr. 1612/68, da der EuGH, wie bereits gezeigt, Leistungen nicht mehr ausschließlich der einen oder der anderen Verordnung zuordnet, sondern vielmehr beide einschlägig sein können. Diese Bedeutung ist auf die Abkommen übertragbar. Dem steht nicht entgegen, dass die Abkommen mit der Türkei und den Maghrebstaaten neben dem Gleichbehandlungsgebot hinsichtlich der Arbeitsbedingungen ein Gleichbehandlungsgebot im Bereich der sozialen Sicherheit enthalten, wenngleich hieraus zum Teil geschlussfolgert wird, dass es die Existenz spezieller sozialrechtlicher Gleichbehandlungsgebote verbietet, ein solches in das Diskriminierungsverbot hinsichtlich der Arbeitsbedingungen hineinzulesen. Dem kann

Unterliegt ein Drittstaatsangehöriger einer sozialversicherungspflichtigen Beschäftigung und erwirbt er durch eigene Beitragszahlungen bzw. die des Arbeitgebers Leistungsansprüche, so muss er auch in der Lage sein, sie wahrzunehmen.[924] Dies gilt insbesondere für staatliche Maßnahmen der Fortbildung und Arbeitsförderung, des Kranken- und Rentenversicherungsschutzes. Nicht ausgeschlossen sind hingegen Unterscheidungen jenseits der Versicherungsleistungen, soweit es steuerfinanzierte Leistungen betrifft, also z. B. bei der Grundsicherung für Arbeitsuchende und der Sozialhilfe, wobei auch hier, solange die Arbeitnehmereigenschaft besteht, eine Gleichbehandlung erfolgen muss, und hinsichtlich staatlicher Maßnahmen, die den (auch erstmaligen) Zugang zum Arbeitsmarkt unterstützen sollen und damit vor allem die Integration fördern sollen, wie es z. B. bei dem nach belgischem Recht zu gewährenden Überbrückungsgeld für junge Arbeitslose der Fall ist.[925]
Die nur eingeschränkte Übertragung des Gewährleistungsumfangs von Art. 7 Abs. 2 der VO (EWG) Nr. 1612/68 steht der Rechtsprechung des EuGH trotz seiner scheinbar eindeutigen Formulierungen nicht notwendiger Weise entgegen. Maßgeblich ist, dass der EuGH überprüft, ob sich in den Abkommen ein Grund findet, die Bedeutungsübertragung einzuschränken. Solche Anhaltspunkte finden sich, freilich für Konstellationen, die dem EuGH noch nicht zur Entscheidung vorlagen, weniger im Wortlaut der Gleichbehandlungsgebote als im Sinn und Zweck der Abkommen. So können Bestimmungen der Verordnung eindeutig nicht unter die „Arbeitsbedingungen" im Sinne der Abkommen gefasst werden, obwohl sie im innergemeinschaftlichen Kontext eine Konkretisierung des Art. 39 Abs. 2 EGV darstellen mögen. Dies betrifft etwa die Zuzugs- und Arbeitsmarktzugangsrechte für Familienangehörige nach Art. 10 und 11 der Verordnung, nunmehr geregelt in Art. 6, 7 und 23 der RL 2004/38/EG, deren Ausgestaltung nach den Abkommen in der Zuständigkeit der Mitgliedstaaten verblieben ist.[926] Somit kann z. B. auch die Rechtsprechung zum Aufenthaltsrecht der Lebensgefährtin eines Wanderarbeitnehmers aus Art. 7 Abs. 2 der Verordnung[927] nicht auf die Abkommen übertragen werden. Aus dieser Zuständigkeit

---

jedoch mit Blick auf die Rechtsprechung des EuGH zur Bedeutungsübertragung des Art. 39 Abs. 2 EGV nicht gefolgt werden. Vgl. auch *Höller*, S. 271 ff.

924 Dass soziale Leistungen, die auf der Grundlage von Beiträgen Ansprüche vermitteln, geschützt sein müssen, folgt aus der Rechtsprechung des EGMR, vgl. zum Urteil *Gaygusuz* (EGMR, Urt. v. 16.9.1996, Nr. 39/1995/545/631 (Gaygusuz/Österreich), Fn. 397.

925 *Van der Mei*, S. 172 f.; Sieveking, ZAR 1998, 201 ff. 206 f., der aus der arbeits- und aufenthaltsrechtlichen Position auch einen Anspruch auf wohnortabhängige Sozialleistungen ableitet.

926 Anderer Auffassung s. Darstellung m. w. N. in *Höller*, wonach auch der Familiennachzug dem Begriff der Arbeitsbedingungen zugeordnet wird, da die Verordnung nach der Rechtsprechung des EuGH auf Art. 39 EGV beruhen muss, aber auch nicht Art. 39 Abs. 3 EGV unterfallen kann.

927 EuGH Rs. 59/85, Reed, Slg. 1986, 1283; vgl. ausführliche Darstellung der einzelnen Fälle bei *Lippert*, S. 76 ff.

der Mitgliedstaaten folgt auch, dass das Gleichbehandlungsgebot der Abkommen keiner vergleichbaren Verknüpfung mit dem allgemeinen Freizügigkeitsrecht und dem allgemeinen Diskriminierungsverbot unterliegen kann, wie es für Unionsbürger insbesondere in Verbindung mit Art. 17, 18 und 12 EGV entwickelt wurde.[928]

Zusammenfassend lässt sich daher formulieren, dass das Gleichbehandlungsgebot eine umfassende Gleichstellung der legal in einem Mitgliedstaat beschäftigten Drittstaatsangehörigen gewährt, solange die Beschäftigung besteht. Das Gleichbehandlungsgebot erfasst nicht Leistungen, die den Zugang zum Arbeitsmarkt unterstützen sollen oder aber im innergemeinschaftlichen Kontext im Zusammenhang mit der Einführung der Unionsbürgerschaft entwickelt wurden.

d) Aufenthaltsrecht als Arbeitsbedingung

Die Abkommen enthalten weder ausdrückliche Vereinbarungen zum Arbeitsmarktzugang drittstaatsangehöriger Personen in den EG-Mitgliedstaaten (und von Unionsbürgern im Drittstaat) noch zu Einreise- und Aufenthaltsrechten. Im Hinblick auf Einreise- und Aufenthaltsrechte ist in den Europa-Abkommen sogar bestimmt, dass für „die Zwecke der Vereinbarungen zur Rechtsstellung der Arbeitnehmer die Vertragsparteien nicht daran gehindert werden, ihre Rechts- und Verwaltungsvorschriften über Einreise und Aufenthalt, Beschäftigung [...] anzuwenden, es sei denn, dass hierdurch die Vorteile, die einer Vertragspartei aus einer Bestimmung des Abkommens erwachsen, zunichte gemacht oder verringert werden".[929] Damit unterliegen sowohl das Recht zur Einreise und zum Aufenthalt als auch das Recht, eine Beschäftigung aufzunehmen, grundsätzlich der Ausgestaltung durch die Mitgliedstaaten.

aa) Die Regelung von Einreise und Aufenthalt

Entsprechend ist den Mitgliedstaaten die Regelung der Einreisebedingungen und des Verfahrens zur Erteilung einer Aufenthaltserlaubnis überlassen; insbesondere können sie z. B. die Einreise eines Drittstaatsangehörigen zum Zweck der Aufnahme einer Beschäftigung davon abhängig machen, dass *vor* der Einreise ein Visum beantragt wird und die spezifischen Voraussetzungen der angestrebten Aufenthaltserlaubnis noch im Herkunftsstaat nachgewiesen werden. Ebenso ist es den Mitgliedstaaten gestattet, einen Antrag auf Aufenthalt, der auf dem Ge-

928 EuGH Rs. C-138/02, Collins, Slg. 2004, I-2703, Rn. 63 f. (zum Sachverhalt s. 2. Kapitel, 3. Teil, B. III.). Ausgenommen ist der Zeitraum der „überschießenden" Arbeitserlaubnis, wie in den Entscheidungen El-Yassini und Gattoussi beschrieben; da in diesem Zeitraum ein Aufenthaltsrecht impliziert ist, greift auch das Gleichbehandlungsgebot im Hinblick auf Sozialleistungen, vgl. *van der Mei*, S. 173.

929 Vgl. Fn. 880 sowie auch 879.

biet eines Mitgliedstaats gestellt wird, allein mit der Begründung zurückzuweisen, der Aufenthalt sei zum Zeitpunkt der Antragstellung rechtswidrig gewesen, weil bei der Antragstellung (aus dem Ausland) auf Einreise gegenüber den zuständigen Behörden falsche Angaben gemacht wurden oder weil gegen eine ausdrückliche Befristung der erteilten Aufenthaltsgenehmigung verstoßen wurde. Selbst wenn die materiellen Voraussetzungen für die Erteilung einer Aufenthaltsgenehmigung bzw. deren Verlängerung vorliegen, darf der Mitgliedstaat verlangen, dass der Drittstaatsangehörige formgerecht einen auf das Abkommen gestützten neuen Antrag *im Herkunftsstaat* stellt.[930]

bb) Das Aufenthaltsrecht während der Gültigkeitsdauer einer Arbeitsgenehmigung

Das Gleichbehandlungsgebot enthält nach der Rechtsprechung des EuGH dennoch eine Komponente, die sich auf das Recht zum Aufenthalt auswirkt. Ausgehend vom Effektivitätsgebot müssen die Aufnahmestaaten hiernach gewährleisten, dass sich der Arbeitnehmer, dem eine Arbeitserlaubnis erteilt wurde, während ihrer gesamten Gültigkeitsdauer in ihrem Hoheitsgebiet aufhalten darf. Das Aufenthaltsrecht darf also nicht derart ausgestaltet werden, dass es die Wahrnehmung der Rechte aus der Arbeitserlaubnis beeinträchtigt und damit die durch das Abkommen abgesicherte Rechtsposition aushöhlt. Die Grenze bilden die Gründe der öffentlichen Ordnung, Sicherheit und Gesundheit.[931]
Fraglich ist, ob dies auch für den Fall gilt, dass die Arbeitserlaubnis besteht, das Aufenthaltsrecht aber entfällt, weil etwa der Grund, weshalb der Aufenthalt genehmigt wurde, nicht mehr existiert. Relevant ist diese Frage für Rechtssysteme, in denen über das Aufenthalts- und Beschäftigungsgenehmigungsrecht getrennt entschieden wird.[932] In der Regel wird hier dem Aufenthaltsgenehmigungsrecht Vorrang vor dem Beschäftigungsgenehmigungsrecht mit der Folge gewährt, dass zum einen das Aufenthaltsrecht vorrangige Bedingung einer Beschäftigungserlaubnis ist und zum anderen der Aufenthaltsstatus darüber bestimmt, ob bzw. in welchem Umfang der Zugang zum Arbeitsmarkt gestattet wird. Allein aus der Arbeitsgenehmigung ist dies jedoch nicht immer zu erkennen. Besteht z. B. ein grundsätzliches Beschäftigungsverbot für drittstaatsangehörige Personen und bewirkt der Aufenthaltsstatus als Familienangehöriger eines (eigenen) Staatsangehörigen die Aufhebung des Beschäftigungsverbotes, so erhält die Person vollständigen Zugang zum Arbeitsmarkt. Während die Aufenthaltsgenehmigung

930 EuGH Rs. C-63/99, Gloszczuk, Slg. 2001, I-6369, Rn. 86 und Tenor; Rs. C-327/02, Panayotova u. a., Slg. 2004, I-11055, Rn. 39 und Tenor; Rs. C-257/99, Barkoci und Malik, Slg. 2001, I-6557, Rn. 83 und Tenor.

931 EuGH Rs. C-416/96, El-Yassini, Slg. 1999, I-1209, Rn. 67 sowie Tenor.

932 Vgl. zur Rechtslage in Großbritannien EuGH Rs. C-416/96, El-Yassini, Slg. 1999, I-1209; zur Rechtslage in der Bundesrepublik vor Einführung des Zuwanderungsgesetzes Rs. C-97/05, Gattoussi, Slg. 2006, I-11917.

auch bei Familienangehörigen befristet erteilt wird, erfolgt die Beschäftigungsverbotsaufhebung zeitlich unbeschränkt, so dass sie in ihrer Geltungsdauer auseinander fallen. Verliert die Person den Status des Familienangehörigen durch Ehescheidung wieder, bevor sie ein eigenes Aufenthaltsrecht erlangt, so verliert sie zunächst nur die Aufenthaltsberechtigung. Da diese gleichzeitig Voraussetzung für die Zugangsberechtigung zum Arbeitsmarkt ist, erlischt auch letztere mittelbar über den Wegfall der Erteilungsbedingungen. Wird sie nicht behördlich aufgehoben, fallen Aufenthaltsrecht und Arbeitserlaubnis auseinander.
Eine solche Konstellation lag der Entscheidung in der Rechtssache El-Yassini, die die Auslegung des Art. 40 des im Jahre 1976 geschlossenen Kooperationsabkommens EWG-Marokko anlässlich folgender Ausgangssituation betraf, zugrunde:[933]

> Das Ausgangsverfahren vor dem Immigration Adjudicator (Vereinigtes Königreich), der den EuGH um Vorabentscheidung ersucht hat, betraf die Weigerung des Secretary of State for the Home Department (Innenminister), die Aufenthaltserlaubnis des Klägers, eines marokkanischen Staatsangehörigen, zu verlängern. Dieser war als Besucher in das Vereinigte Königreich eingereist. Die Einreiseerlaubnis enthielt ein Beschäftigungsverbot. Der Kläger heiratete eine britische Staatsangehörige und erhielt eine Aufenthaltserlaubnis, die zunächst begrenzt auf 12 Monate galt. Das Beschäftigungsverbot wurde aufgehoben, so dass der Kläger ab diesem Zeitpunkt ordnungsgemäß beschäftigt war. Das Ehepaar wurde geschieden, wobei ebenfalls festgestellt wurde, dass die Ehe keine Scheinehe darstellte. Der Kläger beantragte nun unter Berufung auf Art. 40 Abs. 1 Kooperationsabkommen EWG-Marokko eine selbständige Aufenthaltserlaubnis. Nach Ansicht des Secretary of State for the Home Department gilt die Vorschrift nicht für das Recht auf Aufenthalt und verleiht nicht das Recht, einer Beschäftigung nach Ablauf der Aufenthaltserlaubnis nachzugehen.

Der EuGH stellte zunächst fest, dass es den Mitgliedstaaten, die über das Aufenthaltsrecht in eigener Zuständigkeit entscheiden, grundsätzlich nicht untersagt ist, die Verlängerung einer zur Beschäftigungsausübung berechtigenden Aufenthaltserlaubnis abzulehnen, wenn der ursprüngliche Grund für die Gewährung des Aufenthaltsrechts bei Ablauf der Aufenthaltserlaubnis nicht mehr besteht.[934] Er lässt also einen im nationalen Recht vorgesehenen Vorrang der Aufenthaltsgenehmigung gegenüber der Arbeitsgenehmigung mit der Folge gelten, dass allein aufenthaltsrechtliche Gründe zum Erlöschen einer Arbeitsgenehmigung führen können. Dies gilt selbst dann, wenn der Arbeitnehmer durch die behördliche Maßnahme gezwungen wird, sein Arbeitsverhältnis im Aufnahmemitgliedstaat vor dem mit dem Arbeitgeber vertraglich vereinbarten Termin zu beenden.[935]

---

933 EuGH Rs. C-416/96, El-Yassini, Slg. 1999, I-1209; Rs. C-97/05, Gattoussi, Slg. 2006, I-11917.

934 EuGH Rs. C-416/96, El-Yassini, Slg. 1999, I-1209, Rn. 62 sowie Tenor.

935 EuGH Rs. C-416/96, El-Yassini, Slg. 1999, I-1209, Rn. 63. Die zwischen Arbeitgeber und Arbeitnehmer vereinbarte Dauer des Arbeitsverhältnisses entfaltet gegenüber den

Anders verhält es sich jedoch, wenn der Aufnahmemitgliedstaat dem Arbeitnehmer mit der Arbeitsgenehmigung von der Aufenthaltsgenehmigung *unabhängige und über diese hinausgehende* Beschäftigungsrechte verliehen hat, die ihm durch die Versagung des Aufenthalts entzogen würden. Dies ist nach dem EuGH der Fall, wenn die Aufenthaltserlaubnis für einen kürzeren Zeitraum als die Arbeitserlaubnis gewährt wurde und nicht für den längeren Gültigkeitszeitraum der Arbeitserlaubnis verlängert wird.[936] Kann der Mitgliedstaat die Aufenthaltsbeendigung nicht aus Gründen der öffentlichen Ordnung, Sicherheit und Gesundheit rechtfertigen, gewährt das Assoziierungsabkommen einen eigenständigen Aufenthaltsgrund (Gewährleistung der zunächst erteilten Arbeitsberechtigung). Bis zu ihrem Ablauf kann sich der Arbeitnehmer auf ein assoziationsrechtliches Aufenthaltsrecht berufen.[937]

Entsprechend hat der EuGH in der Rechtssache *Gattoussi* entschieden, die eine Vorlage des VG Darmstadt zum Gleichbehandlungsgebot des Europa-Mittelmeer-Abkommens mit Tunesien (Art. 64 Abs. 1) behandelte, und die sich in ihrer Ausgangskonstellation kaum von der in der Rechtssache El-Yassini unterschied.[938] In Frage stand für das Verwaltungsgericht der mit der Einführung des Zuwanderungsgesetzes entfallene § 12 AuslG, der die Möglichkeit der zeitlich nachträglichen Beschränkung einer Aufenthaltsgenehmigung bei Wegfall der Erteilungsvoraussetzungen vorsah. Die Übertragung der El-Yassini-Rechtsprechung auf die Rechtssache Gattoussi begegnete jedoch Zweifeln, da zwar der Wortlaut des Gleichbehandlungsgebots in Art. 64 Abs. 1 des Europa-Mittelmeer-Abkommens dem des Art. 40 des Kooperationsabkommens entspricht[939] und auch „Gegenstand und Kontext" der Abkommen übereinstimmen, das Europa-Mittelmeer-Abkommen jedoch eine Gemeinsame Erklärung der Mitgliedstaaten enthält, die den Kooperationsabkommen noch nicht beigefügt war. Hier-

---

Behörden des Mitgliedstaates keine Wirkung und hat für die Frage der Verlängerung von Arbeits- oder Aufenthaltsgenehmigung keine Bedeutung.

936 EuGH Rs. C-416/96, El-Yassini, Slg. 1999, I-1209, Rn. 64 f.

937 *Höller*, S. 215 f.

938 EuGH Rs. C-97/05, Gattoussi, Slg. 2006, I-11917. Der Kläger des Ausgangsverfahrens ist tunesischer Staatsangehöriger. Er wendet sich gegen die Entscheidung der Stadt Rüsselsheim, mit der seine Aufenthaltserlaubnis nachträglich befristet wurde. Der Kläger hatte im August 2002 eine deutsche Staatsangehörige geheiratet und dafür ein Visum zur Familienzusammenführung von der deutschen Botschaft in Tunis erhalten. Hiernach stellte ihm die Stadt Rüsselsheim, wo sich das Ehepaar niederlassen wollte, eine dreijährige Aufenthaltserlaubnis aus. Auch erhielt er eine unbefristete Arbeitsgenehmigung. Nachdem sich das Ehepaar im April 2004 getrennt hatte, wurde die Aufenthaltserlaubnis nachträglich befristet und der Kläger aufgefordert, die Bundesrepublik unverzüglich zu verlassen. Die Vorlagefragen des Verwaltungsgerichts Darmstadt betreffen die Bedeutung des in Art. 64 des Europa-Mittelmeer-Abkommens der EG mit Tunesien enthaltenen Diskriminierungsverbots.

939 Art. 64 Abs. 1 des Europa-Mittelmeer-Abkommens erstreckt das Gleichbehandlungsgebot zusätzlich auf die Kündigungsbedingungen.

nach kann Art. 64 Abs. 1 des Abkommens, „was die nichtdiskriminierende Behandlung bei der Entlassung betrifft [...] nicht in Anspruch genommen [werden], um die Verlängerung einer Aufenthaltsgenehmigung zu erwirken [...]". Nach Auffassung der deutschen Regierung sollte die Erklärung bewirken, dass mitgliedstaatliche Maßnahmen zur Beschränkung eines Aufenthaltsrechts nicht mehr an dem Diskriminierungsverbot zu messen sind, so dass die El-Yassini-Entscheidung in Bezug auf die neuen Abkommen keine Anwendung findet.[940] Dieser Ansicht folgten Generalanwalt und EuGH nicht. Vielmehr soll mit der Erklärung klargestellt werden, dass individuelle Verträge keine Wirkung gegenüber den Behörden entfalten, und es insbesondere aus aufenthaltsrechtlicher Sicht nicht relevant ist, wenn ein Arbeitsverhältnis vor Ablauf der mit dem Arbeitgeber vereinbarten Laufzeit beendet werden muss.[941] Es soll also dann keine diskriminierende Behandlung vorliegen, wenn der Arbeitnehmer sein Arbeitsverhältnis kündigen muss, weil seine Aufenthaltserlaubnis abläuft.[942] Diese Auslegung entspricht dem Gedanken der El-Yassini-Rechtsprechung, wonach der Gleichbehandlungsgrundsatz hinsichtlich der Arbeitsbedingungen nicht sämtliche Maßnahmen ausschließt, selbst wenn diese ihrer Natur nach die Staatsangehörigen nicht treffen können. Vielmehr muss die Erklärung daher als eine Ergänzung zu den Abkommen gesehen werden, die die bereits ergangene EuGH-Rechtsprechung widerspiegeln und damit eine Auslegungshilfe darstellen soll. So verstanden hat die Erklärung für den Fall Gattoussi keine Bedeutung und steht der Übertragung der El-Yassini-Rechtsprechung nicht entgegen.

Die El-Yassini-Rechtsprechung kann des Weiteren auf die anderen Abkommen übertragen werden, die ein Gleichbehandlungsgebot hinsichtlich der Arbeitsbedingungen vorsehen, da sie sich insoweit nicht von den Europa-Mittelmeer-Abkommen unterscheiden. Wie bereits dargestellt, sind die Gleichbehandlungsgebote ähnlich formuliert, und es stehen weder Sinn noch Zweck der Abkommen einer Übertragung entgegen.[943]

Das Aufenthaltsrecht, welches sich damit als eine Arbeitsbedingung darstellt, die dem Gleichbehandlungsgebot unterfällt, gewinnt aber nicht die Tragweite, wie sie den Bestimmungen über die Assoziierung EWG-Türkei, insbesondere dem Art. 6 Abs. 1 ARB Nr. 1/80, zu entnehmen ist. Auf der Grundlage dieser Bestimmung hatte der EuGH einem türkischen Arbeitnehmer, der sich in einer den Rechtssachen El-Yassini und Gattoussi vergleichbaren Konstellation befand, einen Anspruch auf Verlängerung seiner Aufenthaltserlaubnis zuerkannt, ohne

940 EuGH Rs. C-97/05, Gattoussi, Slg. 2006, I-11917, Rn. 38.

941 Schlussanträge *Colomer*, Rs. C-97/05, Gattoussi, Slg. 2006, I-11917, Rn. 49 ff.

942 EuGH Rs. C-97/05, Gattoussi, Slg. 2006, I-11917, Rn. 46.

943 *Gutmann*, ZAR 2003, 60 ff., hinsichtlich Art. 37 Zusatzprotokoll zum Assoziierungsabkommen und Art. 10 ARB Nr. 1/80 EWG-Türkei und den Europa-Abkommen; ausführlich in soweit auch *Dienelt*, NVwZ 2003, 54 ff.

dass es auf eventuell weitergehende Rechte aus der Arbeitserlaubnis ankam.[944] Diese Vorschrift betrifft zwar ebenso wie die Gleichbehandlungsgebote der anderen Abkommen lediglich die beschäftigungsrechtliche und nicht die aufenthaltsrechtliche Stellung türkischer Arbeitnehmer, gewährt ihrem Sinn und Zweck nach jedoch im Hinblick auf die künftige Herstellung der Freizügigkeit zusätzliche, sich mit der Dauer der Beschäftigungsausübung verstärkende Rechte in Bezug auf die Integration auf dem Arbeitsmarkt des Aufnahmemitgliedstaats. Der Anspruch auf Verlängerung der Arbeitserlaubnis zieht daher den Anspruch auf Aufenthalt nach sich und zwar unabhängig davon, ob die Aufenthaltserlaubnis ursprünglich zu anderen Zwecken als zur Ausübung einer Beschäftigung im Lohn- oder Gehaltsverhältnis erteilt worden ist. Das (implizite) Aufenthaltsrecht ist Folge des erlangten bevorrechtigten Zugangs zum nationalen Arbeitsmarkt. Im Unterschied zu den anderen Abkommen ist die Befugnis der Mitgliedstaaten zur Regelung des Einreise- und Aufenthaltsrechts der drittstaatsangehörigen Arbeitnehmer damit darauf beschränkt, die Voraussetzungen für deren *erste* Beschäftigung zu erlassen. Da die Vorschrift in den anderen Assoziierungen (außer EWR und Schweiz) keine Entsprechung gefunden hat, kann ihre Bedeutung nicht übertragen werden.[945]

Zusammenfassend ist festzuhalten, dass das Gleichbehandlungsgebot hinsichtlich der Arbeitsbedingungen den Mitgliedstaaten auferlegt, Aufenthaltsrechte zur Verfügung stellen, die es den Staatsangehörigen aus den Vertragsstaaten ermöglichen, die erteilte Arbeitserlaubnis und die Abkommensrechte effektiv wahrzunehmen. Weniger problematisch ist dies in Rechtssystemen, in denen das Aufenthaltserlaubnis- und das Beschäftigungserlaubnisrecht derart miteinander verknüpft sind, dass über beide Genehmigungstatbestände nur gemeinsam zu entscheiden ist bzw. die zu erteilenden Genehmigungen in ihren Voraussetzungen und ihrer Gültigkeitsdauer nicht auseinander fallen. So können sich Um-

---

944 EuGH Rs. C-237/91, Kus, Slg. 1992, I-6781. Mit seiner zweiten Vorlagefrage wollte der vorlegende Hessische Verwaltungsgerichtshof wissen, ob Artikel 6 Absatz 1 erster Gedankenstrich ARB Nr. 1/80 dahin auszulegen ist, dass ein türkischer Staatsangehöriger, der eine Aufenthaltserlaubnis für das Gebiet eines Mitgliedstaats erhalten hat, um dort mit einer Staatsangehörigen dieses Mitgliedstaats die Ehe zu schließen, und der seit mehr als einem Jahr mit gültiger Arbeitserlaubnis bei demselben Arbeitgeber gearbeitet hat, aufgrund dieser Bestimmung einen Anspruch auf Verlängerung seiner Arbeitserlaubnis hat, selbst wenn seine Ehe zu dem Zeitpunkt, zu dem über den Verlängerungsantrag entschieden wird, nicht mehr besteht.
Ähnliche Erwägungen liegen der Entscheidung EuGH Rs. C-355/93, Eroglu, Slg. 1994, I-5113, zugrunde. Hier begehrte eine türkische Staatsangehörige die Verlängerung ihrer Aufenthalts- und Arbeitsgenehmigung, nachdem ihr als Absolventin einer deutschen Hochschule aufgrund nationalen Rechts für zwei Jahre eine Aufenthaltsbewilligung und entsprechende Arbeitserlaubnisse zur Vertiefung der erworbenen Kenntnisse im Rahmen einer beruflichen Tätigkeit bzw. eines fachbezogenen Praktikums erteilt worden sind.

945 EuGH Rs. C-416/96, El-Yassini, Slg. 1999, I-1209, Rn. 54 ff.

stände, die das Aufenthaltsrecht beeinflussen, direkt auf die Beschäftigungserlaubnis auswirken; eine Konstellation, in der Beschäftigung ohne entsprechenden Aufenthalt gewährt wird, kann nicht auftreten. Wählen die Mitgliedstaaten ein System, welches Aufenthalts- und Arbeitserlaubnis als getrennte Verwaltungsakte behandelt, so sind sie hierin durch die Abkommen nicht gehindert, haben aber die Konsequenzen zu beachten. Insbesondere ist zu berücksichtigen, dass eine einmal gewährte Arbeitserlaubnis eine vorübergehende Rechtsposition erzeugt, die nicht ohne weiteres durch aufenthaltsrechtliche Erwägungen wieder verkürzt werden kann. Hierfür stehen nur die Gründe der öffentlichen Ordnung, Sicherheit und Gesundheit zur Verfügung.

cc) Aufenthalt nach Beendigung einer Beschäftigung

Die Assoziierungsabkommen enthalten keine Vereinbarungen zum Aufenthaltsrecht von Arbeitnehmern nach Beendigung der Beschäftigung, wie es für Unionsbürger in Art. 39 Abs. 3 lit. d EGV enthalten ist; ein Verbleiberecht ist also mit dem Assoziationsstatus nicht verbunden. Das assoziationsrechtlich garantierte Aufenthaltsrecht erlischt demnach, wenn jemand den regulären Arbeitsmarkt eines Mitgliedstaats z. B. infolge andauernder Erwerbsunfähigkeit verlässt.[946]

III. Das Gleichbehandlungsgebot auf dem Gebiet der sozialen Sicherheit

Sowohl das Assoziationsrecht mit der Türkei als auch die Europa-Mittelmeer-Abkommen mit den Maghreb-Staaten enthalten ein sozialrechtliches Diskriminierungsverbot, welches den Drittstaatsangehörigen die gleiche Behandlung wie eigenen Staatsangehörigen zusichert. Es gewinnt seine Bedeutung vor allem dadurch, dass zwar die drittstaatsangehörigen Arbeitnehmer über die VO (EG) Nr. 859/2003 in den Anwendungsbereich der VO (EWG) Nr. 1408/71 einbezogen sind, diese aber erst zum Tragen kommt, wenn der Drittstaatsangehörige

946 *Sieveking*, ZAR 1998, 201 ff., 206. So der EuGH in Bezug auf Art. 6 Abs. 2 ARB Nr. 1/80 für das sogar auf Verfestigung des Aufenthaltsstatus gerichtete Abkommen mit der Türkei in der Rs. C-434/93, Bozkurt, Slg. 1995, I-1475, Rn. 37 ff. Hiernach dient Art. 6 Abs. 2 nur dazu, die Konsequenzen bestimmter Arbeitsunterbrechungen für die Anwendung von Art. 6 Abs. 1 zu regeln. Zeiten der Arbeitslosigkeit oder der Abwesenheit wegen langer Krankheit, die den Beschäftigungszeiten nicht gleichgestellt werden, werden nur berücksichtigt, um die Aufrechterhaltung von Ansprüchen zu gewährleisten, die der Arbeitnehmer aufgrund vorheriger Beschäftigungszeiten erworben hat. Diese Bestimmungen garantieren somit nur den Fortbestand des Anspruchs auf Beschäftigung und setzen zwangsläufig die Fähigkeit zu einem solchen Fortbestand voraus.

einen Bezug zu mehreren Mitgliedstaaten aufweist.[947] Fehlt dieses innergemeinschaftliche grenzüberschreitende Element, kann sich der Drittstaatsangehörige nicht auf die Verordnung und das in ihr verankerte Gleichbehandlungsgebot zurückgreifen; für diesen Fall sind die assoziationsrechtlichen Regelungen maßgeblich.

1. Das Gleichbehandlungsgebot auf dem Gebiet der sozialen Sicherheit in den Europa-Mittelmeer-Abkommen mit den Maghreb-Staaten

Die Europa-Mittelmeer-Übereinkommen haben das in den Kooperationsabkommen mit den Maghreb-Staaten enthaltene Diskriminierungsverbot *für den Bereich der sozialen Sicherheit* übernommen.[948] Es bildete bereits den Gegenstand mehrerer Entscheidungen des EuGH.
Die erste Entscheidung (*Kziber*)[949] erging zu Art. 41 Abs. 1 des Kooperationsabkommens EWG-Marokko. Der EuGH hatte darüber zu entscheiden, ob die Tochter eines pensionierten marokkanischen Staatsangehörigen, der in Belgien als Arbeitnehmer beschäftigt war und dort zusammen mit seiner Familie seinen Wohnsitz hatte, nach Abschluss ihres Studiums in Belgien Anspruch auf Überbrückungsgeld hat. Dieses Überbrückungsgeld wird jungen Arbeitslosen gewährt, die nach Abschluss ihres Studiums oder ihrer Berufsausbildung keine Arbeit finden.[950] Frau Kziber erfüllte zwar alle Voraussetzungen, um die Unterstüt-

947 Artikel 1 der VO (EG) Nr. 859/2003 lautet: „Vorbehaltlich der Bestimmungen des Anhangs finden die Bestimmungen der Verordnung (EWG) Nr. 1408/71 und der Verordnung (EWG) Nr. 574/72 auf Drittstaatsangehörige, die ausschließlich aufgrund ihrer Staatsangehörigkeit nicht bereits unter diese Bestimmungen fallen, sowie auf ihre Familienangehörigen und ihre Hinterbliebenen Anwendung, wenn sie ihren rechtmäßigen Wohnsitz in einem Mitgliedstaat haben und ihre Situation mit einem Element über die Grenzen eines Mitgliedstaats hinausweist."

948 Artikel 41 des Kooperationsabkommens EWG-Marokko lautet:
„1. Vorbehaltlich der folgenden Absätze wird den Arbeitnehmern marokkanischer Staatsangehörigkeit und den mit ihnen zusammenlebenden Familienangehörigen auf dem Gebiet der sozialen Sicherheit eine Behandlung gewährt, die keine auf der Staatsangehörigkeit beruhende Benachteiligung gegenüber den Staatsangehörigen der Mitgliedstaaten, in denen sie beschäftigt sind, bewirkt.
2. Für diese Arbeitnehmer werden die in den einzelnen Mitgliedstaaten zurückgelegten Versicherungs-, Beschäftigungs- bzw. Aufenthaltszeiten bei den Alters-, Invaliditäts- und Hinterbliebenenrenten sowie der Krankheitsfürsorge für sie und ihre innerhalb der Gemeinschaft wohnenden Familienangehörigen zusammengerechnet.
3. Diese Arbeitnehmer erhalten die Familienzulagen für ihre innerhalb der Gemeinschaft wohnenden Familienangehörigen. [...]"

949 EuGH Rs. C-18/90, Kziber, Slg. 1991, I-221.

950 Art. 124 der königlichen Verordnung vom 20. Dezember 1963 über die Beschäftigung und die Arbeitslosigkeit. EuGH Rs. C-18/90, Kziber, Slg. 1991, I-221, Rn. 4; Rs. 94/84, Deak, Slg. 1985, 1873 (s. bereits oben 2. Kapitel, 3. Teil, B. III.). Der EuGH hat das Überbrückungsgeld als eine soziale Vergünstigung i. S. d. Art. 7 Abs. 2 der VO (EWG)

zungsleistung zu erhalten. Nach Auffassung des Office national de l'emploi (Onem) stand jedoch ihre Staatsangehörigkeit der Gewährung entgegen, denn gemäß der belgischen Rechtslage können ausländische und staatenlose Arbeitnehmer nur im Rahmen eines völkerrechtlichen Vertrages Arbeitslosenunterstützung erhalten.[951] Somit war in dem Vorabentscheidungsverfahren zu entscheiden, ob Art. 41 des Kooperationsabkommens EWG-Marokko einen Anspruch auf das Überbrückungsgeld vermittelt. Hierbei waren vor allem zwei Aspekte problematisch: zum einen die Bestimmung des Begriffs der sozialen Sicherheit und zum anderen die Frage, inwieweit die VO (EWG) Nr. 1408/71 den Maßstab für den Gewährleistungsumfang bildet.

a) Der Begriff der sozialen Sicherheit

Der EuGH gelangt ohne nähere Ausführungen zu dem Schluss, dass der Begriff der „sozialen Sicherheit", so wie er in der Abkommensvorschrift verwendet wird, „analog zu dem gleichen Begriff" der VO (EWG) Nr. 1408/71 zu verstehen ist. Fraglich war allein, ob die Leistungen bei Arbeitslosigkeit ausgenommen sind, weil der dem Diskriminierungsverbot folgende Absatz (Art. 41 Abs. 2) Zusammenrechnungsvorschriften für alle Bereiche der sozialen Sicherheit aufstellt, für die auch die VO (EWG) Nr. 1408/71 die Zusammenrechnung vorsieht, mit *Ausnahme der Leistungen bei Arbeitslosigkeit.* Hierin sah der EuGH jedoch keinen ausreichenden Anhaltspunkt dafür, diese Leistungen, „die traditionell als Zweig der sozialen Sicherheit betrachtet werden", von der Anwendung des Gleichbehandlungsgebots auszuschließen. Das belgische Überbrückungsgeld, welches eine besondere Form einer Leistung bei Arbeitslosigkeit darstellt, die gemäß Art. 4 Abs. 1 der Verordnung deren sachlichem Anwendungsbereich unterfällt, ist demnach von dem Gleichbehandlungsgebot erfasst.[952]

Dass das Diskriminierungsverbot in einem noch umfassenderen Sinne als in der Entscheidung Kziber dargestellt verstanden werden muss und Art. 41 Abs. 2 nicht zur Einschränkung des Anwendungsbereichs herangezogen werden kann, ergibt sich aus der weiteren Rechtsprechung. So hatte der EuGH über eine belgische Regelung zu entscheiden, die die Gewährung einer Alterszulage, die den Grundbetrag der Arbeitslosenunterstützung erhöht, von Mindestbeschäftigungszeiten abhängig macht und Beschäftigungszeiten ausländischer Arbeitnehmer, die in anderen Mitgliedstaaten zurückgelegt werden, nur im Rahmen internationaler Abkommen berücksichtigt.[953] Der EuGH sah auch in dieser Bestimmung eine gegen das Diskriminierungsverbot verstoßende Voraussetzung, obwohl

---

Nr. 1612/68 eingeordnet und ebenso festgestellt, dass es Familienangehörigen von Arbeitnehmern unabhängig von deren Staatsangehörigkeit zu gewähren ist.

951 EuGH Rs. C-18/90, Kziber, Slg. 1991, I-221, Rn. 4.

952 EuGH Rs. C-18/90, Kziber, Slg. 1991, I-221, Rn. 25 f.

953 EuGH Rs. C-23/02, Alami, Slg. 2003, I-1399.

Art. 41 Abs. 2 des Abkommens, der die Zusammenrechnung der in verschiedenen Mitgliedstaaten zurückgelegten Beschäftigungszeiten regelt, Leistungen bei Arbeitslosigkeit nicht erfasst. Da jedoch Art. 41 Abs. 1 des Abkommens den Mitgliedstaaten die Pflicht auferlege, den unter die Bestimmungen des Abkommens fallenden Personen unter denselben Voraussetzungen wie den eigenen Staatsangehörigen Leistungen der sozialen Sicherheit zu gewähren, ohne dass dessen Rechtsvorschriften zusätzliche oder strengere Voraussetzungen vorsehen dürfen,[954] ist es den Mitgliedstaaten verwehrt, die Zusammenrechnung von Beschäftigungszeiten unterschiedlichen Bedingungen zu unterwerfen. Absatz 2 kann also nicht in dem Sinne verstanden werden, dass er es in das Belieben der Mitgliedstaaten stellt, ob sie die unter das Abkommen fallenden Personen in die Regelungen zur Zusammenrechnung der in verschiedenen Mitgliedstaaten zurückgelegten Beschäftigungszeiten berücksichtigen. Vielmehr sind sie nur nicht gezwungen, entsprechende Regelungen aufzustellen; existieren jedoch solche Regelungen für die eigenen Staatsangehörigen, dürfen keine anderen Bedingungen für die Drittstaatsangehörigen gelten.

b) Übertragung der Rechtsprechung zum Anwendungsbereich der VO (EWG) Nr. 1408/71

Die zweite wesentliche Frage der Entscheidung Kziber war, ob die zu der VO (EWG) Nr. 1408/71 ergangene Rechtsprechung auf das Abkommen übertragbar ist, wonach Familienangehörigen nur sog. „abgeleitete Rechte", d. h. solche Rechte, die sie in ihrer Eigenschaft als Familienangehörige eines Arbeitnehmers erwerben, zustehen.[955] Während der Generalanwalt unter Verweis auf diese Rechtsprechung einen Anspruch ablehnte,[956] ließ der EuGH diese Frage unberücksichtigt und formulierte:

---

954 EuGH Rs. C-126/95, Hallouzi-Choho, Slg. 1996, I-4807, Rn. 37; Rs. C-23/02, Alami, Slg. 2003, I-1399, Rn. 32; Rs. C-113/97, Babahenini, Slg. 1998, I-183 (Art. 39 Abs. 1 Kooperationsabkommen EWG-Algerien; Ablehnung einer Beihilfe für Behinderte für die Ehefrau eines algerischen Arbeitnehmers im Ruhestand, da sie selbst nie eine Berufstätigkeit ausgeübt hat). In Bezug auf Familienleistungen hat der EuGH aber entschieden, dass das Benachteiligungsverbot des Art. 41 Abs. 1 „nur in den Grenzen der in Absatz 3 dieser Bestimmung festgelegten Voraussetzungen gewährleistet" ist, d. h. nur für Familienangehörige mit Wohnsitz in der Gemeinschaft gilt, EuGH Rs. C-33/99, Fahmi, Slg. 2001, I-2415, Rn. 56.

955 Sog. Kermaschek-Regel, EuGH Rs. 40/76, Kermaschek, Slg. 1976, 1669; Schlussanträge *van Gerven,* Rs. C-18/90, Kziber, Slg. 1991, I-208, Rn. 17 f. Nach Auffassung des Generalanwalts *van Gerven* muss diese Auslegung der VO (EWG) Nr. 1408/71 auch für Art. 41 des Abkommen gelten, da nicht davon ausgegangen werden könne, dass marokkanischen Familienangehörigen weiterreichende Rechte eingeräumt werden sollen, als die VO (EWG) Nr. 1408/71 verleiht.; Rs. 94/84, Deak, Slg. 1985, 1873. S. auch *van der Mei*, S. 169 ff.

956 Schlussanträge *van Gerven*, Rs. C-18/90, Kziber, Slg. 1991, I-208, Rn. 19., Rn. 18, der ausführt, dass Art. 41 Abs. 1 des Abkommens keine dem Art. 7 Abs. 2 der VO (EWG)

„Was schließlich den Umfang der Ansprüche eines Familienangehörigen eines marokkanischen Arbeitnehmers angeht, der mit diesem zusammenlebt, bedeutet das in Artikel 41 Absatz 1 verankerte Verbot jeder auf der Staatsangehörigkeit beruhenden Benachteiligung auf dem Gebiet der sozialen Sicherheit, daß diesem Angehörigen, wenn er alle Voraussetzungen einer nationalen Regelung für die Gewährung von Arbeitslosenunterstützung an junge Arbeitsuchende erfüllt, diese Leistung nicht aufgrund seiner Staatsangehörigkeit versagt werden darf."

Erst in der Entscheidung *Krid*[957] griff er diese Problematik auf. Da in der (entsprechenden) Vorschrift des Kooperationsabkommens mit Algerien „lediglich das Verbot jeder Diskriminierung der algerischen Wanderarbeitnehmer und der mit ihnen zusammenlebenden Familienangehörigen aufgrund ihrer Staatsangehörigkeit gegenüber den Staatsangehörigen der Mitgliedstaaten, in denen sie beschäftigt sind, niedergelegt ist" und daher „der persönliche Geltungsbereich dieser Vorschrift des Kooperationsabkommens mit dem des Artikels 2 der Verordnung Nr. 1408/71 nicht deckungsgleich ist", könne „wie aus dem Urteil Kziber hervorgeht, die Rechtsprechung, die im Rahmen der Verordnung Nr. 1408/71 zwischen abgeleiteten und eigenen Rechten der Familienangehörigen des Wanderarbeitnehmers unterscheidet, nicht auf den Bereich des Kooperationsabkommens übertragen werden".[958]

Aus den Entscheidungen folgt somit, dass nicht nur die Bedeutung von Normen des Primärrechts auf Abkommensvorschriften übertragen werden kann, sondern diese auch anhand der Normen des Sekundärrechts ausgelegt werden müssen und sogar darüber hinausgehen können.[959] Der EuGH setzte diese Rechtspre-

---

Nr. 1612/68 vergleichbare Vorschrift darstelle; letztere Bestimmung ist jedoch der Maßstab für die Tragweite der Abkommensvereinbarung, da sie den gemeinschaftsrechtlichen Anspruch auf die Leistung vermittelt. Aus dem allgemeinen Diskriminierungsverbot des Art. 41 des Abkommens könnten soziale Vergünstigungen i. S. d. Art. 7 Abs. 2 der VO (EWG) Nr. 1612/68 deswegen nicht beansprucht werden, weil diese beiden Vorschriften unterschiedliche Ziele verfolgten. Während die sekundärrechtliche Norm die Freizügigkeit der Arbeitnehmer in der Gemeinschaft erleichtern soll, bezwecke das Abkommen „jedoch nicht die Erleichterung des Zugangs marokkanischer Arbeitnehmer zum Arbeitsmarkt der Gemeinschaft [...] und auch nicht die Mobilität dieser Personen in der Gemeinschaft; es will nur die Gleichbehandlung bereits zum Arbeitsmarkt zugelassener Arbeitnehmer gewährleisten."

957 EuGH Rs. C-103/94, Krid, Slg. 1995, I-719. Die Rechtssache Krid betraf die Auslegung von Art. 39 Abs. 1 des Kooperationsabkommens EWG-Algerien (ABl. 1978 L 263/1), welches im Jahre 1978 geschlossen wurde. Klägerin ist eine algerische Staatsangehörige mit Wohnsitz in Frankreich; sie ist die Witwe eines algerischen Staatsangehörigen, der sein gesamtes Berufsleben in Frankreich verbracht hat. Sie begehrte eine Zusatzbeihilfe des Fonds national de solidarité, die ihr mit Verweis auf ihre algerische Staatsangehörigkeit verweigert wurde.

958 EuGH Rs. C-103/94, Krid, Slg. 1995, I-719, Rn. 39.

959 *Sieveking*, ZAR 1998, 201 ff., 208.

chung in mehreren Entscheidungen fort und übertrug dieselben Grundsätze wegen des ähnlichen Wortlauts und der übereinstimmenden Abkommensziele sowohl auf das Kooperationsabkommen der EWG mit Algerien[960] als auch im Wege der Analogie auf Art. 65 Abs. 1 des Europa-Mittelmeer-Abkommens EG-Marokko[961]. Die vollständige Übertragung der Rechtsprechung auf die Europa-Mittelmeer-Abkommen ist dabei nicht unproblematisch, da der Wortlaut des Benachteiligungsverbots zwar derselbe ist, ihm jedoch ein zweiter und dritter Unterabsatz beigefügt sind, die lauten:

> „Der Begriff der sozialen Sicherheit umfasst die Zweige der Sozialversicherung, die für Leistungen bei Krankheit und Mutterschaft, für Berufs- und Erwerbsunfähigkeitsrenten, Altersruhegeld, Hinterbliebenenrenten, Leistungen bei Arbeitsunfällen und Berufskrankheiten, Sterbegeld, Arbeitslosenunterstützung und Familienbeihilfen zuständig sind.
> Jedoch kann diese Bestimmung nicht dazu führen, dass die anderen Koordinierungsregeln, die die Gemeinschaftsregelung gestützt auf Artikel 51 des EG-Vertrages vorsieht, in anderer Weise angewendet werden als unter den Bedingungen des Artikels 67 dieses Abkommens.“[962]

---

960 Anspruch bejaht: EuGH Rs. C-58/93, Yousfi, Slg. 1994, I-1353 (Art. 41 Abs. 1 Kooperationsabkommen EWG-Marokko; Beihilfe für Behinderte, die Belgien dem marokkanischen Staatsangehörigen versagt hat); Rs. C-103/94, Krid, Slg. 1995, I-719 (Art. 39 Abs. 1 des Kooperationsabkommens EWG-Algerien); Rs. C-126/95, Hallouzi-Choho, Slg. 1996, I-4807 (Art. 41 Abs. 1 Kooperationsabkommen EWG-Marokko; Familienangehörige eines marokkanischen Familienangehörigen, der die Übergangsvergünstigungen des niederländischen Systems der allgemeinen Altersversicherung versagt wurden); Rs. C-113/97, Babahenini, Slg. 1998, I-183 (Art. 39 Abs. 1 Kooperationsabkommen EWG-Algerien; Anspruch der Ehefrau eines algerischen Arbeitnehmers im Ruhestand auf eine Beihilfe für Behinderte); Rs. C-23/02, Alami, Slg. 2003, I-1399 (Art. 41 Abs. 1 Kooperationsabkommen EWG-Marokko; Verweigerung der Zusammenrechnung von *in verschiedenen Mitgliedstaaten* zurückgelegten Versicherungs- und Beschäftigungszeiten im Hinblick auf Leistungen bei Arbeitslosigkeit); Rs. C-336/05, Echouikh, Slg. 2006, I-5223 (Art. 65 Europa-Mittelmeer-Abkommen EG-Marokko; Kriegsinvalidenrente); Rs. C-276/06, Mamate El Youssfi, Slg. 2007, I-2851, (Art. 65 Europa-Mittelmeer-Abkommen EG-Marokko; Gesetzliche Einkommensgarantie für ältere Personen).
Anspruch verneint: EuGH Rs. C-179/98, Mesbah, Slg. 1999, I-7955 (Art. 41 Abs. 1 Kooperationsabkommen EWG-Marokko; marokkanische Staatsangehörige, der eine Beihilfe für Behinderte versagt wurde und die im Haushalt ihrer Tochter wohnt. Da die Tochter die belgische Staatsangehörigkeit angenommen hat, konnte sich ihre Mutter nicht auf den Status einer Familienangehörigen eines Wanderarbeitnehmers berufen.); Rs. C-33/99, Fahmi, Slg. 2001, I-2415 (Art. 41 Abs. 1 Kooperationsabkommen EWG-Marokko; marokkanischer Arbeitnehmer, der eine niederländische Studienfinanzierung für seine Kinder begehrt, die aber nicht in den Niederlanden wohnen).

961 EuGH Rs. C-336/05, Echouikh, Slg. 2006, I-5223, Rn. 40; Rs. C-276/06, Mamate El Youssfi, Slg. 2007, I-2851, Rn. 51.

962 Art. 65 Abs. 1

Der EuGH sieht es durch die neue Regelung nicht für erforderlich an, den Anwendungsbereich des Benachteiligungsverbotes entsprechend einzuschränken. So hat er auch eine Einkommensgarantie für ältere Personen, die eine beitragsunabhängige Sonderleistung im Sinne von Art. 4 Abs. 2a der VO (EWG) Nr. 1408/71 darstellt, unter das Gleichbehandlungsgebot gefasst, obwohl sie keinem der aufgeführten Zweige zuzuordnen ist und zudem wesentliche Merkmale einer Maßnahme der sozialen Fürsorge aufweist.[963]

Im Ergebnis müssen die Arbeitnehmer mit der Staatsangehörigkeit eines der drei Maghreb-Staaten im selben Umfang und unter denselben Voraussetzungen wie die Staatsangehörigen des Aufnahmemitgliedstaats von der VO (EWG) Nr. 1408/71 erfasste Sozialleistungen erhalten. Zudem sind Familienangehörige über die sog. Kermaschek-Formel hinaus anspruchsberechtigt. Im Vergleich zu Unionsbürgern besteht dennoch eine weniger privilegierte Stellung, da kein Anspruch auf Sozialleistungen besteht, die nicht unter die VO (EWG) Nr. 1408/71 fallen, wie etwa die Sozialhilfe.

2. Das sozialrechtliche Gleichbehandlungsgebot in Art. 3 ARB Nr. 3/80 (EWG-Türkei)

Das Assoziationsrecht mit der Türkei statuiert in Art. 3 des ARB Nr. 3/80 ein unmittelbar anwendbares sozialrechtliches Gleichbehandlungsgebot, welches in entsprechender Formulierung zu Art. 3 Abs. 1 der VO (EWG) Nr. 1408/71 Personen, die im Gebiet eines Mitgliedstaates wohnen und für die der Beschluss gilt, die gleichen Rechte und Pflichten aufgrund der Rechtsvorschriften eines Mitgliedstaates wie dessen Staatsangehörige gewährleistet.[964] Es setzt, obwohl der Beschluss Nr. 3/80 darauf gerichtet ist, die Vorschriften der Mitgliedstaaten zu koordinieren, nicht voraus, dass ein Bezug zu mehreren Mitgliedstaaten besteht.[965] Die Bestimmung verbietet z. B., den Anspruch auf eine familienpolitische Leistung wie das Kindergeld von einem bestimmten Aufenthaltstitel abhängig zu machen, während bei Deutschen der Wohnsitz in der Bundesrepublik genügt.[966]

---

963 EuGH Rs. C-276/06, Mamate El Youssfi, Slg. 2007, I-2851, Rn. 60.

964 Vgl. Fn. 806.

965 *Höller*, S. 205.

966 EuGH Rs. C-262/99, Sürül, Slg. 1999, I-2685 zur Regelung des § 1 Bundeskindergeldgesetz, wonach der Besitz einer Aufenthaltserlaubnis oder einer Aufenthaltsberechtigung Voraussetzung des Anspruchs war, eine Aufenthaltsbewilligung somit nicht genügte.

E. Status der Familienangehörigen nach den Abkommen

Die Abkommen enthalten in der Regel auch Vereinbarungen in Bezug auf den Status der Familienangehörigen, die mit dem Arbeitnehmer in dem Aufnahmemitgliedstaat zusammenleben. Der Status der Familienangehörigen ist genauso wie in Bezug auf Familienangehörige von Unionsbürgern ein abgeleiteter Status, d. h. Rechtsinhaber ist der Arbeitnehmer, der mit Ausübung der Freizügigkeit auch Rechte zum Schutz seiner Familie für die Familienangehörigen erhält.[967] Anknüpfungspunkt für die Leistung von Familienbeihilfen ist daher die Arbeitnehmereigenschaft.[968]

I. Begriff des Familienangehörigen

Die Definition der Familienangehörigen wird in den Abkommen unterschiedlich gehandhabt, selten jedoch ausdrücklich definiert. Im EWR-Abkommen ist der Begriff der Familienangehörigen als identisch mit dem jeweiligen Gemeinschaftsrecht anzusehen.[969] Das Freizügigkeitsabkommen mit der Schweiz definiert den Begriff des Familienangehörigen entsprechend Art. 10 der VO (EWG) Nr. 1612/68 (Anhang I Art. 3 Abs. 2).

Im Assoziationsrecht mit der Türkei findet sich keine Definition des Begriffs. Da besondere Rechte nur für Familienangehörige vorgesehen sind, die die Genehmigung erhalten haben, „zu dem türkischen Arbeitnehmer zu ziehen" (Art. 7 ARB Nr. 1/80), und für die Regelung der erstmaligen Einreise türkischer Staatsangehöriger die Mitgliedstaaten zuständig sind, bestimmt sich der Kreis der berechtigten Personen grundsätzlich nach den Vorschriften zur Familienzusammenführung eines jeden Mitgliedstaats.[970] Der EuGH beschränkt sich aber nicht darauf, die Definition den Mitgliedstaaten zu überlassen, sondern folgert aus dem Wortlaut der Art. 12 des Assoziierungsabkommens und 36 des Zusatzprotokolls sowie aus dem Zweck des Beschlusses Nr. 1/80, der auf die schrittweise

967 Weitergehende Rechte bestehen nur nach der Rechtsprechung des EuGH zu den Kooperationsabkommen mit den Maghreb-Staaten, vgl. EuGH Rs. C-103/94, Krid, Slg. 1995, I-719.

968 Vgl. Art. 65 Abs. 3 Europa-Mittelmeer-Abkommen EG-Marokko.

969 *Weber*, S. 86 f.

970 EuGH Rs. C-329/97, Ergat, Slg. 2000, I-1487, Rn. 26 f. („Dazu genügt der Hinweis darauf, daß der Kläger im Alter von acht Jahren die Genehmigung erhielt, zu seinen Eltern, die dort eine ordnungsgemäße unselbständige Beschäftigung ausübten, nach Deutschland zu ziehen. Er ist somit als Familienangehöriger eines türkischen Arbeitnehmers im Sinne dieser Bestimmung anzusehen. Deshalb ist das vorlegende Gericht zu Recht davon ausgegangen, daß der Kläger die Eigenschaft eines Familienangehörigen eines dem regulären Arbeitsmarkt des Aufnahmemitgliedstaats angehörenden türkischen Arbeitnehmers besaß."); *Höller*, S. 187 ff.

Herstellung der Freizügigkeit der Arbeitnehmer gerichtet ist, dass bei der Bestimmung des Begriffs „Familienangehöriger“ in Art. 7 S. 1 ARB Nr. 1/80 auf die Auslegung abzustellen ist, die dem Begriff im Rahmen Bereich der Freizügigkeit der EU-Arbeitnehmer (Art. 39 ff. EGV) zukommt, insbesondere auf die Artikel 10 Absatz 1 der VO (EWG) Nr. 1612/68 (jetzt Art. 2 Nr. 2 RL 2004/38/EG) zuerkannte Bedeutung. So sind z. B. auch die Kinder des Ehegatten als Familienangehörige des Arbeitnehmers anzusehen.[971] Erfasst sind darüber hinaus im Aufnahmemitgliedstaat geborene Kinder des Arbeitnehmers.[972]

Auch bei der Auslegung der Europa-Mittelmeer-Abkommen lässt sich der EuGH von dem gemeinschaftsrechtlichen Familienbegriff leiten, obwohl der Begriff nach Gemeinsamen Erklärungen zu den Abkommen im Einklang mit den Rechtsvorschriften des Aufnahmelandes bestimmt werden soll.[973] Die nationalen Regelungen sind jedoch für den EuGH nicht allein maßgeblich, und so wendet er den Gleichbehandlungsgrundsatz nicht nur auf Ehegatten und Kinder an, sondern erstreckt ihn auf weitere Verwandte, insbesondere die Verwandten in aufsteigender Linie. Auch bestehen nach seiner Auffassung keine Anhaltspunkte für die Annahme, dass der Begriff auf die Blutsverwandten des Arbeitnehmers beschränkt wäre. Demnach sind nicht nur der Ehegatte und die Abkömmlinge des Arbeitnehmers, sondern auch Personen, die mit ihm in sonstiger Weise eng verwandt sind, insbesondere seine Verwandten in aufsteigender Linie, sowie mit ihm eng verschwägerte Personen, sofern sie tatsächlich mit dem Arbeitnehmer zusammenleben, erfasst.[974]

Im Rahmen der Europa-Abkommen bestimmen sich die Begriffe „Kinder“ und „Familienangehörige“ gemäß der Gemeinsamen Erklärungen der Vertragsparteien in der Schlussakte zu den Abkommen nach den Rechtsvorschriften des Aufnahmemitgliedstaates.[975] Gleiches gilt für die Stabilisierungs- und Assozii-

---

971 EuGH Rs. C-275/02, Ayaz, Slg. 2004, I-8765, Rn. 38 ff.

972 EuGH Rs. C-467/02, Cetinkaya, Slg. 2004, I-10895, Rn. 18 ff.

973 Gemeinsame Erklärung zu Art. 65 des Europa-Mittelmeer-Abkommens EG-Marokko. S. auch *Mallmann*, ZAR 2006, 50 ff., 53.

974 Zu den Familienangehörigen zählt der EuGH daher z. B. auch die Mutter der Ehefrau eines Arbeitnehmers, vgl. EuGH Rs. C-179/98, Mesbah, Slg. 1999, I-7955, Rn. 43 ff. Erwirbt der Arbeitnehmer allerdings die Staatsangehörigkeit des Aufnahmemitgliedstaats, kann sich der Familienangehörige nicht mehr uneingeschränkt auf die Rechte aus dem völkerrechtlichen Abkommen berufen.

975 Vgl. auch *Vogt*, S. 176, 228; Gemeinsame Erklärung zu Art. 37 und 38 des Europa-Abkommens mit Polen (ABl. 1993 L 348/179); Gemeinsame Erklärung zu Art. 38 und Art. 39 des Europa-Abkommens mit Bulgarien; Gemeinsame Erklärung zu Art. 36 und Art. 37 des Europa-Abkommens mit Estland. Damit werden auch die im nationalen Recht vorgesehenen Altersgrenzen relevant. Hier stellt sich die Frage, ob bei der Begriffsbestimmung das Gemeinschaftsrecht zur *Begrenzung* von Rechten herangezogen werden darf, und ob insbesondere die in gemeinschaftsrechtlichen Normen gewählten Altersgrenzen übertragen werden können, vgl. bejahend *Weber*, S. 86 f. Da der Verweis auf das nationale Recht jedoch bedeutungslos würde, ist nur auf das nationale Recht ab-

rungsabkommen mit den Staaten des westlichen Balkans sowie das Partnerschaftsabkommen mit der Russischen Föderation.[976] Ob sich der EuGH hierauf beschränken würde, darf angesichts der dargestellten Rechtsprechung bezweifelt werden.

Im Ergebnis bestimmt sich also der Begriff der Familienangehörigen grundsätzlich nach dem Recht der Mitgliedstaaten, wobei der EuGH den gemeinschaftsrechtlichen Familienbegriff anwendet, wenn nicht das Abkommen Anhaltspunkte für eine eingeschränkte Auslegung enthält. Eine gewisse Vereinheitlichung dürfte sich darüber hinaus aus der Beeinflussung des nationalen Rechts durch die RL 2003/86/EG zur Familienzusammenführung ergeben. Voraussetzung einer Geltendmachung von Rechten ist nach allen Abkommen der rechtmäßige Aufenthalt des Ehegatten, der Kinder sowie des Arbeitnehmers selbst.

II. Rechte der Familienangehörigen

Auch in Bezug auf den Status der Familienangehörigen enthalten die Abkommen über den Europäischen Wirtschaftsraum sowie das Sektoralabkommen mit der Schweiz die weitestgehenden Rechte. Die Staatsangehörigen der am EWR beteiligten Staaten können in derselben Weise wie Unionsbürger aus ihrer Rechtsstellung Rechte für ihre Familienangehörigen ableiten.[977] Die Familienangehörigen eines Schweizers können bei diesem Wohnung nehmen; Ehegatten und Kinder erhalten uneingeschränkten Arbeitsmarktzugang. Kinder können uneingeschränkt wie die Staatsangehörigen des Aufnahmemitgliedstaats am allgemeinen Unterricht sowie an der Lehrlings- und Berufsausbildung teilnehmen (Anhang I Art. 3).

Das Assoziationsrecht mit der Türkei gewährt den Familienangehörigen schrittweise und nach Ablauf bestimmter Voraufenthaltsrechte uneingeschränkte Zugangsrechte zum Arbeitsmarkt und damit verbundene Aufenthaltsrechte, die eine Verfestigung des Aufenthaltsstatus bewirken.[978] Voraussetzung ist allerdings,

---

zustellen und den Mitgliedstaaten die Kompetenz zur Regelung der entsprechenden Fragen zu überlassen.

976 Gemeinsame Erklärung zu Art. 45 und 46 des Stabilisierungs- und Assoziierungsabkommens EG-Kroatien; Art. 24 des Partnerschaftsabkommens EG-Russland.

977 Art. 28 i. V. m. Anhang V sowie Art. 29 i. V. m. Anhang VI EWR, Art. 7 EWR.

978 Artikel 7 ARB Nr. 1/80 lautet:
„Die Familienangehörigen eines dem regulären Arbeitsmarkt eines Mitgliedstaates angehörenden türkischen Arbeitnehmers, die die Genehmigung erhalten haben, zu ihm zu ziehen,
- haben vorbehaltlich des den Arbeitnehmern aus den Mitgliedstaaten der Gemeinschaft einzuräumenden Vorrangs das Recht, sich auf jedes Stellenangebot zu bewerben, wenn sie dort seit mindestens drei Jahren ihren ordnungsgemäßen Wohnsitz haben;

dass sich die Familienzusammenführung im Zusammenleben des Familienangehörigen mit dem Arbeitnehmer in häuslicher Gemeinschaft manifestiert, solange der Familienangehörige die Voraussetzungen für den Zugang zum Arbeitsmarkt nicht selbst erfüllt.[979] Einem Mitgliedstaat ist es daher nicht grundsätzlich verwehrt, die Verlängerung der Aufenthaltserlaubnis eines Familienangehörigen davon abhängig zu machen, dass er während der ersten drei Jahre tatsächlich eine Lebensgemeinschaft mit diesem Arbeitnehmer führt. Etwas anderes gilt nur dann, wenn objektive Gegebenheiten es rechtfertigten, dass der Wanderarbeitnehmer und sein Familienangehöriger getrennt leben. Dies ist u. a. der Fall, wenn der Familienangehörige aufgrund der Entfernung zwischen dem Wohnort des Arbeitnehmers und seiner Arbeitsstelle oder einer von ihm besuchten Berufsausbildungsstätte gezwungen wäre, eine gesonderte Wohnung zu nehmen.[980]

Nach dem Erwerb der Rechte aus Art. 7 ARB Nr. 1/80 steht ihr Fortbestand, anders als bei Familienmitgliedern von Unionsbürgern, nach Auffassung des EuGH allerdings nicht unter dem Vorbehalt, dass die Erwerbsvoraussetzungen

---

- haben freien Zugang zu jeder von ihnen gewählten Beschäftigung im Lohn- oder Gehaltsverhältnis, wenn sie dort seit mindestens fünf Jahren ihren ordnungsgemäßen Wohnsitz haben.

Die Kinder türkischer Arbeitnehmer, die im Aufnahmeland eine Berufsausbildung abgeschlossen haben, können sich unabhängig von der Dauer ihres Aufenthalts in dem betreffenden Mitgliedstaat dort auf jedes Stellenangebot bewerben, sofern ein Elternteil in dem betreffenden Mitgliedstaat seit mindestens drei Jahren ordnungsgemäß beschäftigt war."

Diese Vorschrift bezweckt, die Beschäftigung und den Aufenthalt des türkischen Arbeitnehmers, der dem regulären Arbeitsmarkt eines Mitgliedstaats angehört, dadurch zu fördern, daß ihm in diesem Staat die Aufrechterhaltung seiner familiären Bande garantiert wird, vgl. EuGH Rs. C-351/95, Kadiman, Slg. 1997, I-2133, Rn. 34.

Des Weiteren bestehen Gleichbehandlungsrechte für die Kinder von türkischen Arbeitnehmern:

Art. 3 ARB Nr. 1/76: „Türkische Kinder, die ihren ordnungsgemäßen Wohnsitz bei ihren Eltern in einem Mitgliedstaat der Gemeinschaft haben, haben dort Recht auf Zugang zum allgemeinen Schulunterricht. Ihnen können dort die in den einzelstaatlichen Rechtsvorschriften für diesen Bereich vorgesehenen Vorteile gewährt werden."

Art. 9 ARB Nr. 1/80: „Türkische Kinder, die in einem Mitgliedstaat der Gemeinschaft ordnungsgemäß bei ihren Eltern wohnen, welche dort ordnungsgemäß beschäftigt sind oder waren, werden unter Zugrundelegung derselben Qualifikation wie die Kinder von Staatsangehörigen dieses Mitgliedstaates zum allgemeinen Schulunterricht, zur Lehrlingsausbildung und zur beruflichen Bildung zugelassen. Sie können in diesem Mitgliedstaat Anspruch auf die Vorteile haben, die nach den einzelstaatlichen Rechtsvorschriften in diesem Bereich vorgesehen sind."

979 EuGH Rs. C-351/95, Kadiman, Slg. 1997, I-2133, Rn. 37 ff., unter Verweis auf die Gefahr des Rechtsmissbrauchs.

980 EuGH Rs. C-351/95, Kadiman, Slg. 1997, I-2133, Rn. 42 ff. Vgl. auch *Gutmann*, AnwBl. 2000, 482 ff., 487.

fortbestehen.[981] So ist insbesondere für die Arbeitsmarktzugangsrechte und den damit verbundenen Aufenthaltsstatus von Kindern eines türkischen Arbeitnehmers unerheblich, ob sie bereits volljährig (geworden) sind oder aber selbständig für ihren Unterhalt sorgen. Eine gemäß Art. 59 des Zusatzprotokolls unerlaubte günstigere Behandlung der türkischen Nachkommen im Vergleich zu den Familienangehörigen von Unionsbürgern sieht der EuGH hierin nicht, da die Rechtspositionen zu unterschiedlich in ihren Zielen und Bedingungen seien.[982] Des Weiteren ordnet der EuGH der Bestimmung des Art. 7 ARB Nr. 1/80 Vorrang vor Art. 6 dieses Beschlusses mit der Folge ein, dass die Beschäftigungsrechte der Familienangehörigen nicht davon abhängen, dass sie dem Arbeitsmarkt angehört haben bzw. angehören.[983] Das aus dem umfassenden Arbeitsmarktzugangsrecht resultierende Aufenthaltsrecht besteht daher auch unabhängig davon, ob die Aufnahme einer Beschäftigung angestrebt wird; die strengeren Voraussetzungen des Art. 6 des Beschlusses finden keine Anwendung, und ein Verlust der Rechte kann nur auf der Grundlage des Art. 14 des Beschlusses erfolgen bzw. wenn der Aufnahmemitgliedstaat für einen nicht unerheblichen Zeitraum ohne berechtigte Gründe verlassen wird.[984] Zur Begründung verweist der EuGH auf den Zweck des Art. 7, schrittweise die Freizügigkeit der Arbeitnehmer herzustellen, die Situation der Familienangehörigen entsprechend zu verbessern und ihnen die Möglichkeit zu geben, sich dauerhaft in den Aufnahmemitgliedstaat zu integrieren.[985] Zu Recht wird daher das Aufenthalts- und Beschäftigungsrecht der Familienangehörigen türkischer Arbeitnehmer als assoziationsrechtlicher Aufenthaltsstatus der zweiten Generation bezeichnet, das von dem beschäftigungsrechtlichen Bezug weitgehend losgelöst ist.[986]

Die Privilegierung der Familie umfasst auch in den Europa-Abkommen sowie den Stabilisierungs- und Assoziierungsabkommen mit den Staaten des westli-

---

981 EuGH Rs. C-373/03, Aydinli, Slg. 2005, I-6181, Rn. 26. Auch hat der EuGH entschieden, dass ein Elternteil eines Kindes nicht mehr die Arbeitnehmereigenschaft zu besitzen oder in diesem Staat zu wohnen braucht, wenn das Kind seine Ausbildung abschließt und unmittelbar aufgrund des Beschlusses das Recht auf Zugang zum Arbeitsmarkt des Aufnahmemitgliedstaats und damit einen Anspruch auf eine entsprechende Aufenthaltserlaubnis in diesem Staat erwirbt. Er muss lediglich in der Vergangenheit mindestens drei Jahre lang ordnungsgemäß in diesem Staat beschäftigt gewesen sein (EuGH Rs. C-210/97, Akman, Slg. 1998, I-7519, Rn. 36 ff.).

982 EuGH Rs. C-325/05, Derin, Slg. 2007, I-6495, Rn. 58 ff. So beruhe das Recht auf Familienzusammenführung auf der Entscheidung einer nationalen Behörde und folge nicht aus der Freizügigkeit der Arbeitnehmer; auch erwachse das Arbeitsmarktzugangsrecht nicht wie bei Familienangehörigen von Unionsbürgern sofort, sondern erst nach bestimmten Fristen. Daher seien die Rechtspositionen zu unterschiedlich, um verglichen zu werden.

983 EuGH Rs. C-373/03, Aydinli, Slg. 2005, I-6181, Rn. 29.

984 EuGH Rs. C-373/03, Aydinli, Slg. 2005, I-6181, Rn. 27, 30 f.

985 EuGH Rs. C-329/97, Ergat, Slg. 2000, I-1487, Rn. 43.

986 *Mallmann*, ZAR 2006, 50 ff., 54.

chen Balkans nicht nur familienspezifische Gleichbehandlungsrechte, wie z. B. eine Gleichberechtigung im Hinblick auf die Teilhabe an Familienleistungen, sondern auch die Gleichstellung mit dem Arbeitnehmer. So gewähren diese Abkommen Zugangsrechte zum Arbeitsmarkt „während der Geltungsdauer der Arbeitserlaubnis dieses Arbeitnehmers".[987] Im Hinblick auf die Regelungen zur Koordinierung der Systeme der sozialen Sicherheit gilt dasselbe wie für die Arbeitnehmer.[988]

Die Europa-Mittelmeer-Abkommen erstrecken lediglich das Gleichbehandlungsgebot auf dem Gebiet der sozialen Sicherheit auf die mit den Arbeitnehmern zusammenlebenden Familienangehörigen.[989] Allerdings können sich die Familienangehörigen auch dann auf das Gleichbehandlungsgebot berufen, wenn der Arbeitnehmer verstirbt und sie selbst im Aufnahmemitgliedstaat wohnen bleiben. Dies folgerte der EuGH daraus, dass das Kooperationsabkommen mit Algerien die Zusammenrechnung von Zeiten auch in Bezug auf Hinterbliebenenrenten vorsah;[990] die Rechtsprechung ist daher auf die anderen Abkommen mit entsprechender Regelung übertragbar. Das Partnerschaftsabkommen mit der Russischen Föderation erwähnt Familienangehörige ebenfalls nur im Zusammenhang mit der Sozialrechtskoordinierung, die durch weitere Abkommen ausgestaltet werden soll.

---

987 Vgl. Art. 45 Abs. 1 zweiter Gedankenstrich EG-Kroatien; Art. 44 Abs. 1 zweiter Gedankenstrich EG-Mazedonien; Art. 37 Abs. 1 zweiter Gedankenstrich Europa-Abkommen EG-Polen. Wegen dieser Vorschrift in den Europa-Abkommen ist eine Klausel in der Akte zum Beitritt der mittel- und osteuropäischen Staaten in Frage gestellt worden. Die Beitrittsakte sieht vor, dass während des Übergangszeitraums Familienangehörigen, die noch nicht 12 Monate rechtmäßig zum Arbeitsmarkt eines Mitgliedstaats zugelassen sind, der Arbeitsmarktzugang verweigert werden kann (ABl. 2003 L 236, Liste nach Art. 24 der Beitrittsakte, Nr. 1, Unterpunkt 8; Bulgarien: ABl. 2005 L 157, Liste nach Art. 23, Nr. 1, Unterpunkt 8). Gleichzeitig enthält die Beitrittsakte eine Standstill-Klausel, wonach die Anwendung der Übergangsregelungen nicht zu einem restriktiveren Arbeitsmarktzugang führen darf als zum Zeitpunkt der Unterzeichnung des Beitrittsvertrags galt (Unterpunkt 14). In der Literatur wird überwiegend davon ausgegangen, dass die Bestimmung in den Europa-Abkommen unmittelbar anwendbar und in ihrer Tragweite Art. 11 VO (EWG) Nr. 1612/68 vergleichbar sei. Daher wird der verzögerte Arbeitsmarktzugang der Beitrittsakte als Verstoß gegen die Standstill-Klausel gewertet. Auch die früheren Wartefristen nach Art. 3 ArGV sind nach dieser Auffassung rechtswidrig. Vgl. ausführlich *Fischer*, S. 123; *Höller, S. 234 ff.; Peters*, ZAR 2005, 87 ff.

988 Vgl. Art. 38 Europa-Abkommen EG-Polen.

989 Vgl. Art. 65 Abs. 1 Europa-Mittelmeer-Abkommen EG-Marokko. Für eine Anspruchsberechtigung hinsichtlich einer Familienleistung kann es erforderlich sein, dass der Arbeitnehmer weiterhin im Aufnahmemitgliedstaat wohnt, vgl. im Hinblick auf eine Studienfinanzierung für in Marokko studierende Kinder eines marokkanischen Arbeitnehmers mit belgischen Rentenansprüchen, der nach Erreichen des Rentenalters nach Marokko zurückgekehrt ist (EuGH Rs. C-33/99, Fahmi, Slg. 2001, I-2415).

990 EuGH Rs. C-103/94, Krid, Slg. 1995, I-719, Rn. 30.

F. Zusammenfassung zu Teil 2

Die untersuchten Abkommen weisen hinsichtlich ihrer Ziele und der Dichte der Regelungen starke Unterschiede auf. Zweifellos enthalten das Abkommen über den Europäischen Wirtschaftsraum sowie das Sektoralabkommen mit der Schweiz eine Anbindung an das Gemeinschaftsrecht, die die anderen Abkommen weit übertrifft. Dies gilt insbesondere für die Vereinbarungen zur rechtlichen Stellung der Arbeitnehmer. Die beiden Abkommen würden daher eine nach der „Integrationsdichte" abgestufte Skala anführen. Eine Staffelung der übrigen Abkommen ist angesichts ihrer Verschiedenartigkeit hinsichtlich ihrer Regelungen und Ziele kaum möglich. So werden zwar die Europa-Abkommen häufig als die weitestreichenden Assoziierungssysteme bezeichnet, die die EG je geschlossen hat. Jedoch ist dieser Darstellung im Hinblick auf die Angleichung an das Gemeinschaftsrecht nicht zuzustimmen, sondern zu vermuten, dass sie sich auf ihre politische Bedeutung bezieht.[991] Die Europa-Abkommen werden jedenfalls durch andere Abkommen übertroffen. So ermöglichen die ausdrückliche Bezugnahme auf die Grundfreiheiten in dem Abkommen mit der Türkei sowie die Dichte des durch den Assoziationsrat erlassenen Assoziationsrechts den türkischen Arbeitnehmern eine sehr viel stärkere Inanspruchnahme der für Unionsbürger geltenden Gemeinschaftsrechte. Dennoch scheint ein Beitritt der Türkei zur EG derzeit nicht konsensfähig zu sein. Auch die – ebenfalls nicht auf einen Beitritt gerichteten – Abkommen mit den Maghreb-Staaten gewähren für den Bereich der sozialen Sicherheit eine rechtliche Stellung, die die Europa-Abkommen nicht aufwiesen und auch in den Stabilisierungs- und Assoziierungsabkommen mit den Staaten des westlichen Balkans nicht eingeräumt wird.

Lässt man zunächst das Abkommen über den Europäischen Wirtschaftsraum und das Freizügigkeitsabkommen mit der Schweiz außer Betracht, so ist den untersuchten Abkommen gemeinsam, dass sie nur für bereits rechtmäßig beschäftigte Arbeitnehmer Rechte einräumen. Ob die Beschäftigung rechtmäßig ist, bestimmt sich nach den Regelungen der Mitgliedstaaten, denen es damit weiterhin obliegt, die Modalitäten des (erstmaligen) Zugangs zu ihrem Arbeitsmarkt zu bestimmen. Ausnahmen hinsichtlich des Arbeitsmarktzugangs bestehen nur für türkische Arbeitnehmer nach Ablauf bestimmter Vorbeschäftigungszeiten sowie nach den Europa-Abkommen und den Stabilisierungs- und Assoziierungsabkommen mit Kroatien und Mazedonien für Familienangehörige.
Die Zuständigkeit der Mitgliedstaaten für die Einreise und den Aufenthalt in einem Mitgliedstaat wird ebenfalls nicht berührt. Eine Sonderstellung nehmen hier wiederum türkische Arbeitnehmer ein, deren Aufenthaltsstatus sich mit der Zeit verfestigt. Für Arbeitnehmer aus den anderen Staaten kann sich entsprechend

991 Vgl. auch *Vogt*, S. 62, der zur Beschreibung der „Integrationsdichte" aber auf die vergleichsweise stark ausgestalteten Bestimmungen über den Wettbewerb und die Rechtsangleichung hinweist.

der Entscheidung des EuGH in der Rechtssache El-Yassini[992] aus einer erteilten Arbeitserlaubnis ein Anspruch auf ein Aufenthaltsrecht ergeben.
Auch der Umfang des Gleichbehandlungsgebotes hinsichtlich der Arbeits- (Entlohnungs- und Kündigungs-)bedingungen unterscheidet sich nicht in den einzelnen Abkommen. Betrachtet man den insoweit sehr ähnlichen Wortlaut, ist dies nicht überraschend. Dennoch ist das Ergebnis nur durch die integrationsfreundliche Rechtsprechung des EuGH zu erklären, der, obwohl nach seiner Definition für die unmittelbare Anwendbarkeit einer Bestimmung der Sinn und Zweck des Abkommens von ebensolcher Bedeutung sind wie ihr Wortlaut, in den unterschiedlichen Zielsetzungen der Abkommen regelmäßig keinen Hinderungsgrund für eine parallele Auslegung sieht. Den Maßstab für den Umfang der Gleichbehandlungsgebote bildet Art. 39 Abs. 2 EGV, soweit es um Rechte geht, die in einem unmittelbaren Zusammenhang mit dem Arbeitsverhältnis stehen. Aber auch über das Arbeitsverhältnis hinausgehende Gleichbehandlungsansprüche, wie z. B. auf soziale Vergünstigungen im Sinne des Art. 7 Abs. 2 der VO (EWG) Nr. 1612/68, werden durch die Gleichbehandlungsgebote begründet, solange die Arbeitnehmereigenschaft besteht. Die Rechtsprechung zu einzelnen Abkommen kann auf die übrigen Abkommen übertragen werden, wie sich besonders deutlich in den Rechtssachen Kolpak und Simutenkov zeigt.[993]
Unmittelbar anwendbare Regelungen zur Koordinierung der Sozialleistungssysteme enthalten nur die Abkommen mit der Türkei und mit den Maghreb-Staaten. Allerdings sind drittstaatsangehörige Arbeitnehmer seit dem 1. Juni 2003 in den Anwendungsbereich der VO (EWG) Nr. 1408/71 einbezogen, so dass sie insofern dieselbe rechtliche Position innehaben wie Unionsbürger.[994] Da die Verordnung jedoch keine Anwendung findet, wenn die Situation eines Drittstaatsangehörigen mit keinem Element über die Grenze eines einzigen Mitgliedstaats hinausweist, also insbesondere dann, wenn ausschließlich eine Verbindung zu einem Drittstaat und einem einzigen Mitgliedstaat besteht,[995] ist das sozialrechtliche Gleichbehandlungsgebot, welches nur das Assoziationsrecht mit der Türkei sowie die Europa-Mittelmeer-Abkommen mit den Maghreb-Staaten enthalten, weiterhin von großer Bedeutung.
Den Abkommen ist gemeinsam, dass sie sich nur auf die Stellung des Arbeitnehmers in einem Mitgliedstaat, nicht aber in der Europäischen Union beziehen, so dass sich aus ihren Bestimmungen kein Recht zur Weiterwanderung ergibt.
Die Stellung der Familienangehörigen wird in den Abkommen sehr unterschiedlich behandelt. Dies betrifft bereits die Definition der Familie, für die sich der EuGH allerdings auch dann, wenn sich der Begriff nach nationalem Recht bestimmen soll, von den gemeinschaftsrechtlichen Vorschriften leiten lässt. Ab-

992 EuGH Rs. C-416/96, El-Yassini, Slg. 1999, I-1209.
993 EuGH Rs. C-438/00, Kolpak, Slg. 2003, I-4135; Rs. C-265/03, Simutenkov, Slg. 2005, I-2579.
994 VO (EG) Nr. 859/2003.
995 Vgl. Erwägungsgrund Nr. 12 zur VO (EG) Nr. 859/2003.

gesehen von dem EWR-Abkommen und dem Freizügigkeitsabkommen mit der Schweiz nimmt das Assoziationsrecht mit der Türkei eine Sonderstellung ein, da Familienangehörige nach Ablauf bestimmter Fristen ein unbeschränktes Zugangsrecht zum Arbeitsmarkt des Aufnahmemitgliedstaats haben. In den übrigen Abkommen finden sich vor allem familienspezifische Gleichbehandlungs- bzw. sozialrechtliche Koordinierungsregeln.

3. Teil: Die Regelungen des nationalen Rechts

Die für den Aufenthaltsstatus von Drittstaatsangehörigen und ihren Familienangehörigen maßgeblichen Bestimmungen enthält zum einen das AufenthG) welches als Artikel 1 des Zuwanderungsgesetzes in Kraft und an die Stelle des Ausländergesetzes von 1990 getreten ist.[996] Es dient der Steuerung und Begrenzung des Zuzugs von Ausländern in das Bundesgebiet und stellt die Neufassung der Bestimmungen des früheren Ausländergesetzes (AuslG) sowie der entsprechenden Verordnungen (ArGV, ASAV, AAV) dar. Gegenstand des AufenthG sind die Einreise in die Bundesrepublik, die Voraussetzungen und Bedingungen des Aufenthalts und damit verbundener Rechte (wie z. B. die Erwerbstätigkeit) und Pflichten (wie z. B. die Teilnahme an Integrationskursen). Auf der Grundlage bereichsspezifischer Ermächtigungen (vgl. §§ 42, 43 Abs. 4, 69 Abs. 2, 99 AufenthG) sind Rechtsverordnungen erlassen worden, von denen im Hinblick auf den Status von ausländischen Arbeitnehmern die Aufenthaltsverordnung, die Beschäftigungsverordnung und die Beschäftigungsverfahrensordnung besonders relevant sind.[997]

Mit dem AufenthG ist das Ausländerrecht der Bundesrepublik umfassend geändert worden. So wurde die Zahl der zu einem längerfristigen Aufenthalt berechtigenden Aufenthaltstitel auf zwei reduziert (§ 4 Abs. 1 S. 2 AufenthG). Während vorher zwischen Aufenthaltsbefugnis, Aufenthaltsbewilligung, der befristeten und unbefristeten Aufenthaltserlaubnis sowie der Aufenthaltsberechtigung unterschieden wurde, werden die Aufenthaltstitel nunmehr als (befristete) Aufenthaltserlaubnis oder als (unbefristete) Niederlassungserlaubnis erteilt (§§ 6 ff. AufenthG).[998] Das neue Aufenthaltsrecht orientiert sich bei der Gestat-

---

996 Vgl. Fn. 571.

997 Aufenthaltsverordnung (AufenthV, BGBl. 2004 Teil I, S. 2945), Verordnung über das Verfahren und die Zulassung von im Inland lebenden Ausländern zur Ausübung einer Beschäftigung (Beschäftigungsverfahrensordnung – BeschVerfV, BGBl. 2004 Teil 1, S. 2934); Verordnung über die Zulassung von neu einreisenden Ausländern zur Ausübung einer Beschäftigung (Beschäftigungsverordnung – BeschV, BGBl. 2004 Teil 1, S. 2937). Eine weitere Verordnung ist die über die Durchführung von Integrationskursen für Ausländer und Spätaussiedler (Integrationskursverordnung – IntV, BGBl. 2004 Teil 1, S. 3370).

998 Neuer Aufenthaltstitel ist auch das Visum für einen kurzfristigen Aufenthalt (§ 4 Abs. 1 Nr. 1, § 6 AufenthG).

tung eines Aufenthalts an dessen Zweck; so kann eine Aufenthaltserlaubnis z. B. zum Zweck der Ausbildung, Erwerbstätigkeit, Familienzusammenführung oder aus humanitären Gründen erteilt bzw. verlängert werden. Praktisch bedeutsam ist des Weiteren, dass die Arbeitsgenehmigung in einem behördlichen Akt zusammen mit der Aufenthaltserlaubnis erteilt wird; die Arbeitsverwaltung wird lediglich intern beteiligt (sog. „Genehmigung aus einer Hand" oder „one-stop-government")[999]. Aus jedem Aufenthaltstitel muss nunmehr hervorgehen, ob und in welchem Umfang eine Erwerbstätigkeit gestattet ist (§ 4 Abs. 2 S. 2 AufenthG).

Der „Paradigmenwechsel" im Einwanderungsrechts tritt aber vor allem mit dem nun gesetzlich formulierten Integrationskonzept zutage.[1000] Sein Ziel besteht darin, eine gleichberechtigte Teilhabe am gesellschaftlichen, wirtschaftlichen, kulturellen und politischen Leben unter Berücksichtigung kultureller Vielfalt zu ermöglichen.[1001] Während die Verantwortung für die Integration nach dem bis 2004 geltenden Ausländerrecht ausschließlich bei den Zuwanderern selbst lag, ist mit dem Zuwanderungsgesetz die Förderung der Integration zu einer staatlichen Aufgabe erhoben worden und soll durch eine Kombination des Förderns und Forderns erreicht werden.[1002] Es ist nicht zu übersehen, dass der Aspekt des Forderns betont wird, indem von den Ausländern, die dauerhaft in Deutschland bleiben wollen, eigene Anstrengungen zu ihrer Integration verlangt werden. Hierzu gehört vor allem die Teilnahme an Integrationskursen, die neben dem Erlernen der deutschen Sprache die erfolgreiche Vermittlung von Kenntnissen zur Rechtsordnung und zur Kultur und Geschichte Deutschlands bezwecken.[1003] Im Einzelnen spielen die Integrationsmaßnahmen im Rahmen der für diese Arbeit gewählten Fragestellung keine wesentliche Rolle, weshalb sie im Folgenden weitgehend ausgeklammert werden. Eine Besonderheit stellt jedoch das als *Voraussetzung* für den Ehegattennachzug aufgestellte Erfordernis dar, dass sich der Ehegatte bei der Einreise auf *einfache Art in deutscher Sprache verständigen* können muss.

Für die gemeinschaftsrechtlichen Vorgaben, die aus den – völkerrechtlichen oder sekundärrechtlichen – Gleichbehandlungsgeboten folgen, ist hingegen eine Viel-

---

999 So entscheidet nun allein die Auslandsvertretung im Visumverfahren oder bei zulässiger Antragstellung im Inland die zuständige Ausländerbehörde, ob einem ausländischen Arbeitnehmer der Zugang zum deutschen Arbeitsmarkt eröffnet werden soll, ohne dass es einer eigenständigen Genehmigung der Bundesagentur für Arbeit bedarf. Vgl. *B. Huber*, NVwZ 2005, 1 ff., 4; *Wenger*, in: Storr/Wenger/Eberle/Albrecht/Zimmermann-Kreher, § 5 Rn. 7.

1000 Der Begriff der Integration wird im deutschen Ausländerrecht erst seit dem Erlass des Zuwanderungsgesetzes verwendet (§§ 43 ff. AufenthG).

1001 § 43 Abs. 1 AufenthG; *Th. Groß*, ZAR 2007, 315 ff.

1002 *Th. Groß*, ZAR 2007, 315 ff., 316.

1003 § 43 Abs. 2 AufenthG.

zahl von gesetzlichen Bestimmungen relevant. Genannt seien zuvörderst die einzelnen Bücher des Sozialgesetzbuches zu den verschiedenen Sozialversicherungen bzw. Sozialleistungen. Aufbauend auf der bereits im Zusammenhang mit der Rechtsstellung der Unionsbürger vorgenommenen Darstellung ist zu untersuchen, ob diese Vorgaben im Hinblick auf drittstaatsangehörige Arbeitnehmer eingehalten wurden.

A. Aufenthalt und Erwerbsbeschäftigung drittstaatsangehöriger Arbeitnehmer: Das AufenthG

Dem Anwendungsbereich des AufenthG unterfallen Ausländer, d. h. Personen, die nicht Deutsche im Sinne des Art. 116 Abs. 1 GG sind (§ 2 Abs. 1 AufenthG). Ausgenommen sind alle Personen, die dem FreizügG/EU unterfallen (§ 1 Abs. 2 AufenthG).[1004] Hierzu zählen neben Unionsbürgern auch Angehörige der EWR-Staaten, da ihrem besonderen assoziationsrechtlichen Status durch die Ausdehnung des Anwendungsbereiches des FreizügG/EU Rechnung getragen ist (§ 12 FreizügG/EU). Zu den Staatsangehörigen der Schweiz trifft das AufenthG keine speziellen Regelungen, die das Freizügigkeitsabkommen umsetzen. Daher sind die Abkommensbestimmungen als Regelungen „anderer Gesetze“ im Sinne des § 1 Abs. 1 S. 5 AufenthG zu lesen, die von dem AufenthG unberührt bleiben.[1005] Des Weiteren ist (der deklaratorischen Feststellung des) § 28 AufenthV zu entnehmen, dass die Schweizer Bürger „nach Maßgabe des Abkommens [...] über die Freizügigkeit“ vom Erfordernis eines Aufenthaltstitels befreit sind.[1006] Sie haben damit nach Maßgabe des Abkommens dieselbe aufenthaltsrechtliche Stellung wie Unionsbürger. Die nachfolgenden Ausführungen gelten damit für ausländische Arbeitnehmer, die weder Unionsbürger, noch EWR-Angehörige oder Schweizer sind.

I. Zugang zum Arbeitsmarkt

Hinsichtlich der Beschäftigung von Ausländern besteht rechtstechnisch ein Verbot mit Erlaubnisvorbehalt, so dass die Beschäftigungsaufnahme grundsätzlich verboten ist, es sei denn, dass der Aufenthaltstitel es erlaubt (§ 4

1004 Damit unterfallen auch die Staatsangehörigen der neuen Mitgliedstaaten den Regelungen des AufenthG (§ 13 FreizügG/EU). Für sie gelten die Sonderregelungen der § 39 Abs. 4 AufenthG und § 284 SGB III, weshalb sie sich vor allem der Vorrangprüfung des § 39 Abs. 2 AufenthG unterziehen müssen. Allerdings genießen sie bei qualifizierter Tätigkeit (für die eine mindestens dreijährige Berufsausbildung notwendig ist) Vorrang vor Drittstaatsangehörigen.

1005 *Westphal*, InfAuslR 2002, 329 ff., 330.

1006 *Maor*, ZAR 2005, 185 ff., 189.

Abs. 3 AufenthG). Für Arbeitnehmer sind grundsätzlich drei verschiedene Verfahren der Arbeitsmigration zu unterscheiden.[1007] Hochqualifizierte Drittstaatsangehörige können eine Niederlassungserlaubnis erhalten (§ 19 AufenthG). Hoch qualifiziert sind insbesondere Wissenschaftler mit besonderen fachlichen Kenntnissen oder Personen mit besonderer Berufserfahrung sowie einem Gehalt in Höhe von mindestens dem Doppelten der Beitragsbemessungsgrenze der gesetzlichen Krankenversicherung. Für Nicht- und Geringqualifizierte wurde der Anwerbestopp beibehalten. Eine Aufenthaltserlaubnis zur Ausübung einer Beschäftigung, die keine qualifizierte Berufsausbildung voraussetzt, darf nur erteilt werden, wenn dies durch zwischenstaatliche Vereinbarung bestimmt ist oder eine Zustimmung auf der Grundlage der Beschäftigungsverordnung zulässig ist (§ 18 Abs. 3 AufenthG). Letzteres gilt grundsätzlich auch für Personen mit qualifizierter, d. h. mindestens dreijähriger Berufsausbildung (§ 25 BeschV), jedoch können sie in begründeten Einzelfällen eine Arbeitserlaubnis erhalten. Hierfür muss ein öffentliches Interesse an der Beschäftigung bestehen (§ 18 Abs. 3 AufenthG).[1008] Die Zustimmung der Bundesagentur für Arbeit setzt voraus, dass sich durch die Beschäftigung „keine nachteiligen Auswirkungen auf den Arbeitsmarkt" ergeben und die Besetzung der offenen Stellen „arbeitsmarkt- und integrationspolitisch verantwortbar" ist. Grundsätzlich notwendig ist des Weiteren eine Vorrangprüfung durch die Arbeitsverwaltung, d. h. für den Arbeitsplatz darf bundesweit kein bevorrechtigter Arbeitnehmer zur Verfügung stehen (§ 39 Abs. 2 AufenthG). Bevorrechtigt in diesem Sinne sind Deutsche, Unionsbürger und bevorrechtigte Drittstaatsangehörige wie z. B. ansässige türkische Arbeitnehmer und langfristig daueraufenthaltsberechtigte Drittstaatsangehörige.[1009] Die Zustimmung wird für die Dauer der Beschäftigung, längstens für drei Jahre erteilt (§ 13 Abs. 2 BeschVerfV). Ausnahmen von dem Zustimmungserfordernis enthalten die Beschäftigungs- und die Beschäftigungsverfahrensordnung[1010]; auch in diesem Fall muss der Aufenthaltstitel die Berechtigung zur Beschäftigung erkennen lassen (§ 4 Abs. 2 S. 2 AufenthG), er hat aber lediglich die Funktion einer deklaratorischen Bestätigung der kraft Gesetzes erlaubten Erwerbstätigkeit.[1011]
Eine (unbefristete) Niederlassungserlaubnis mit unbeschränktem Arbeitsmarktzugang wird im Anschluss an eine zunächst erteilte Aufenthaltserlaubnis regel-

---

1007 In der Endfassung des Aufenthaltsgesetzes ist das arbeitsplatzunabhängige Auswahlverfahren zum Erhalt einer Niederlassungserlaubnis (sog. Punktesystem), welches in den ursprünglichen Gesetzentwürfen der Bundesregierung der 14. und 15. Legislaturperiode als § 20 enthalten war, entfallen. Es hatte das innovative Herzstück des neuen Arbeitsmigrationsrechts darstellen sollen. *Feldgen*, ZAR 2006, 168 ff., 168.

1008 Ausführlicher zu den politisch relevanten Eckpunkten im Bereich der Arbeitsmigration s. *Feldgen*, ZAR 2003, 132 ff., 133.

1009 *Feldgen*, ZAR 2005, 168 ff., 174.

1010 Zu den zustimmungsfreien Beschäftigungen s. §§ 1 bis 16 BeschV sowie §§ 1 bis 4 BeschVerfV.

1011 *Marx*, ZAR 2005, 48 ff., 48.

mäßig nach frühestens fünf Jahren erworben (§ 9 AufenthG).[1012] Neben weiteren Voraussetzungen muss ein Arbeitnehmer mindestens 60 Monate lang Pflicht- oder freiwillige Beiträge zur gesetzlichen Rentenversicherung geleistet haben, ausreichende Deutschkenntnisse nachweisen und über ausreichenden Wohnraum verfügen. Es besteht die Möglichkeit der aufenthaltsrechtlichen (und auch sozialrechtlichen) Sanktionierung bei nicht ordnungsgemäßer Teilnahme an Integrationskursen bei sog. Neuzuwanderern (§ 8 Abs. 3, § 44a AufenthG).[1013]

Das Aufenthaltsgesetz trifft keine besonderen Regelungen für türkische Staatsangehörige, soweit es den Arbeitsmarktzugang betrifft. Dies entspricht dem Assoziationsrecht, da die (erstmalige) Aufnahme einer Beschäftigung in die Kompetenz der Mitgliedstaaten fällt. Besteht ein Aufenthaltsrecht nach dem Assoziationsrecht, so bedürfen die türkischen Staatsangehörigen keines Aufenthaltstitels im Sinne des § 4 Abs. 1 S. 2 AufenthG; gemäß Absatz 5 dieser Bestimmung besteht aber die Verpflichtung zur Beantragung einer Aufenthaltserlaubnis, sofern nicht bereits eine Niederlassungserlaubnis oder eine Erlaubnis zum Daueraufenthalt-EG besteht.[1014] Ihren deklaratorischen Charakter verdeutlich die Formulierung „wird ausgestellt". Damit unterliegt der Aufenthaltstitel nicht den Erteilungsvoraussetzungen des § 5 AufenthG, wie z. B. dem gesicherten Lebensunterhalt oder dem Nichtvorliegen von Ausweisungsgründen; auch darf die Aufenthaltserlaubnis nicht von der Teilnahme an einem Integrationskurs abhängig gemacht werden (§ 8 Abs. 3 AufenthG), da das Assoziationsrecht eine entsprechende Verpflichtung nicht kennt.[1015] Die Verankerung des Hinweises auf die für türkische Staatsangehörige geltenden assoziationsrechtlichen Sonderbestimmungen (§ 4 Abs. 1 und 5 AufenthG, § 15 BeschVerfV) ist eine Neuerung des Aufenthaltsrechts.[1016] Soweit die allgemeinen Regelungen günstiger sind, gelten diese. Dies kann z. B. im Hinblick auf die arbeitsmarktbezogene Verfestigungsregel des § 9 Abs. 1 Nr. 1 BeschVerfV der Fall sein, wonach die Zustimmung zur Ausübung einer Beschäftigung ohne Vorrangprüfung nach § 39

1012 In den Bestimmungen zur Niederlassungserlaubnis verdichten sich die maßgeblichen wirtschaftlichen und politischen Interessen, die die derzeitige Diskussion um das Für und Wider von Migration beherrschen und die den Konflikt „4,5 Millionen Arbeitslose versus Zuwanderung und Wettbewerb um die besten Köpfe" verdeutlichen. Vgl. *Marx*, Aufenthaltserlaubnis zum Zwecke der Erwerbstätigkeit, S. 6; *Feldgen*, ZAR 2003, 132 ff., 133.

1013 Eine Verletzung der Teilnahmepflicht kann bei der Verlängerung einer Aufenthaltserlaubnis berücksichtigt werden und den Bezug von Leistungen nach dem SGB II um bis zu 10 % kürzen.

1014 Der letzte Halbsatz ist erst durch das Gesetz zur Umsetzung aufenthalts- und asylrechtlicher Richtlinien der Europäischen Union vom 19. August 2007 (BGBl. 2007 Teil I, S. 1970 ff.) eingefügt worden.

1015 *Gutmann*, ZAR 2003, 60 ff., 62 f. Auch könnte der obligatorische Besuch von Integrationskursen als ein Verstoß gegen die in Art. 13 enthaltene sog. Stillhalteklausel geltend gemacht werden, da er eine Verschärfung des Aufenthaltsrechts bedeutet.

1016 *Feldgen*, ZAR 2003, 132 ff., 133.

Abs. 2 AufenthG erteilt werden kann, wenn die Person eine Aufenthaltserlaubnis besitzt und zwei Jahre rechtmäßig eine versicherungspflichtige Beschäftigung im Bundesgebiet ausgeübt hat oder sich seit drei Jahren im Bundesgebiet ununterbrochen erlaubt, geduldet oder mit einer Aufenthaltsgestattung aufhält.[1017] Gegenüber § 6 der BeschVerfV, welcher die Möglichkeit der Verlängerung des Aufenthaltstitels bei demselben Arbeitgeber ohne Vorrangprüfung vorsieht, dürfte wiederum das Assoziationsrecht vorrangig sein, weil es für diesen Fall einen Anspruch auf Verlängerung vermittelt.[1018]

II. Korrelation zwischen Aufenthalt und Beschäftigungsrecht: Bedeutung der El-Yassini Rechtsprechung

Welche Bedeutung das Urteil El-Yassini für die nationale Rechtslage in der Bundesrepublik Deutschland hat, war zumindest bis zur Einführung des Aufenthaltsgesetzes durch das Zuwanderungsgesetz streitig, schien doch die bundesdeutsche Rechtslage mit der Großbritanniens durchaus deswegen vergleichbar, weil Aufenthalts- und Arbeitsgenehmigung nicht in einem einheitlichen behördlichen Akt ergingen, sondern getrennt voneinander in zwei hintereinander geschalteten Verwaltungsverfahren erteilt wurden. Maßgebend für den Aufenthaltsstatus und die Aufenthaltsdauer war die Aufenthaltsgenehmigung, deren Ausgestaltung sich nach dem Zweck des Aufenthalts bestimmte und die gleichzeitig regelte, ob sie die Ausübung einer Beschäftigung ermöglichte (§§ 3, 5 ff. AuslG). Die Aufnahme einer Erwerbstätigkeit bedurfte einer zusätzlichen Arbeitsgenehmigung. Ihre Erteilung richtete sich nach dem Arbeitsgenehmigungsrecht, welches wiederum voraussetzte, dass ein Aufenthaltsrecht vorlag (§ 284 Abs. 5 SGB III).[1019] Ihre Geltungsdauer musste sich nicht nach der Aufenthaltsbefristung richten, sondern konnte unbefristet erteilt werden. Allerdings diente ihre zeitlich unbeschränkte Erteilung der Verwaltungsvereinfachung, nämlich um den Verwaltungsaufwand, der bei jeder Verlängerung der befristet erteilten Arbeitsgenehmigung entstehen würde, zu reduzieren und sicherzustel-

---

1017 Diese Bestimmung muss keinen Verstoß gegen Art. 8 Abs. 2 ARB Nr. 1/80 darstellen, wonach sich die Arbeitsverwaltung um eine vorrangige Berücksichtigung gegenüber anderen Drittstaatsangehörigen bemühen muss, denn sie enthält keine Verpflichtung der Mitgliedstaaten, türkische Arbeitnehmer stets vorrangig zu behandeln. Des Weiteren kann die Vorschrift der BeschVerfV auch türkischen Arbeitnehmern zugute kommen. Diese haben darüber hinaus den assoziationsrechtlich begründeten Anspruch auf unbeschränkten Arbeitsmarktzugang nach vier Jahren, ohne dass eine behördeninterne Entscheidung eingeholt werden müsste.

1018 *Feldgen*, ZAR 2006, 168 ff., 178.

1019 Ausnahmen hiervon regelte § 5 ArGV, der die Erteilung einer Arbeitsgenehmigung abweichend vom Erfordernis einer Aufenthaltsgenehmigung zuließ, wenn etwa keine Aufenthaltsgenehmigungspflicht bestand (§ 5 Nr. 1 ArGV) oder ein vorläufiges Bleiberecht bestand, etwa die Ausreisepflicht noch nicht vollziehbar war (§ 5 Nr. 4 ArGV).

len, dass der Ausländer in dem Zeitraum, in dem sein Aufenthalt noch als erlaubt gilt (§ 69 Abs. 3 AuslG) oder er noch nicht vollziehbar ausreisepflichtig ist, er weiterhin seinen Lebensunterhalt verdienen kann und nicht auf Sozialleistungen angewiesen ist. Die unbefristete Geltung hatte hingegen nicht den Zweck, ein über das Aufenthaltsrecht hinausgehendes Beschäftigungsrecht zu vermitteln. Das Aufenthalts- und das Arbeitsgenehmigungsrecht waren also nicht derart unmittelbar miteinander verknüpft, dass die Arbeitsgenehmigung stets für dieselbe zeitliche Gültigkeitsdauer erteilt werden musste, aber dennoch korrelierten beide Genehmigungen, indem sich das Arbeitsgenehmigungsrecht akzessorisch zum Aufenthaltsrecht verhielt.[1020] Entsprechend urteilte das BVerwG über den Aufenthaltsstatus eines marokkanischen Arbeitnehmers, der sich in einer der Rechtssache El-Yassini vergleichbaren Konstellation befand, nämlich zunächst als Ehegatte eine befristete Aufenthaltsgenehmigung sowie eine unbefristete Arbeitsgenehmigung erhalten hatte, und, nachdem die Ehe geschieden wurde, ohne dass er ein selbständiges Aufenthaltsrecht erlangt hatte, zur Ausreise aufgefordert wurde.[1021] Entgegen der Auffassung des BayVGH, der auf der Grundlage von Art. 64 Abs. 1 des Europa-Mittelmeer-Abkommens EWG-Marokko und in entsprechender Anwendung der El-Yassini-Rechtsprechung des EuGH eine Verlängerung der Aufenthaltserlaubnis angeordnet hatte, sah das BVerwG in der unbefristeten Arbeitsgenehmigung kein im Sinne der Abkommensvorschrift von der Aufenthaltsgenehmigung unabhängiges, gleichsam überschießendes Recht auf Fortsetzung der nichtselbständigen Beschäftigung und auf weiteren Aufenthalt in der Bundesrepublik.[1022] Zur Begründung verwies es auf den grundsätzlichen Vorrang des Aufenthalts- gegenüber dem Arbeitsgenehmigungsrecht, wie bereits oben dargestellt.

1020 *Dienelt*, InfAuslR 2004, 45 ff., 48. Zwar fanden sich auch gesetzlich vorgesehene Durchbrechungen dieser Akzessorietät, nach denen die Arbeitsgenehmigung über die Geltungsdauer der Aufenthaltserlaubnis hinaus Wirkungen entfalten konnte. Diese dienten jedoch nicht der Verselbständigung der Arbeitsgenehmigung, sondern dazu, den Eintritt (arbeits-)genehmigungsfreier Zeiten zu verhindern, wenn etwa eine rechtzeitig beantragte Verlängerung einer Aufenthaltsgenehmigung erst nach Ablauf der ursprünglichen Aufenthaltsgenehmigung erteilt wurde (§ 8 ArGV, § 69 Abs. 3 AuslG).

1021 Nachgezogene Ehegatten erhielten nach zweijährigem Bestehen der ehelichen Lebensgemeinschaft ein eigenständiges Aufenthaltsrecht (§ 19 Abs. 1 Nr. 1 AuslG).

1022 BVerwG v. 01.07.2003, Az. 1 C 18/02. Gegenstand des Verfahrens bildete das Begehren des Klägers auf Verlängerung seiner Aufenthaltsgenehmigung. Der marokkanische Staatsangehörige war 1991 in die Bundesrepublik eingereist. Nachdem er eine deutsche Staatsangehörige geheiratet hatte, erhielt er eine befristet geltende Aufenthaltserlaubnis sowie eine unbefristete Arbeitserlaubnis. Die Ehe wurde geschieden und sämtliche Anträge des Klägers auf Erteilung bzw. Verlängerung der Aufenthaltsgenehmigung abgelehnt, da er noch kein eigenständiges Aufenthaltsrecht nach § 19 Abs. 1 Satz 1 Nr. 1 AuslG erworben hatte. Während das VG München (Az: M 23 K 01.4119) die Klage abgewiesen hatte, hatte der BayVGH angeordnet, die Aufenthaltserlaubnis zu verlängern (Az: 10 B 02.178). Vgl. ausführlich *Dienelt*, InfAuslR 2004, 45 ff.

Mit der Einführung des AufenthG hat das Ausländer- und Aufenthaltsrecht eine neue Systematik gefunden, nach der sich nunmehr die Art des Aufenthaltstitels, den ein Ausländer erhalten kann, an dem Zweck seines Aufenthalts ausrichtet und gleichzeitig eine Entscheidung darüber beinhaltet, ob er zur Ausübung einer Erwerbstätigkeit berechtigt; Aufenthalts- und Arbeitsgenehmigung bilden also den Gegenstand eines einzigen Aufenthaltstitels. Ein Aufenthaltstitel berechtigt zur Ausübung einer Erwerbstätigkeit, wenn dies gesetzlich bestimmt ist oder der Aufenthaltstitel die Ausübung erlaubt (§ 4 Abs. 2 S. 1 AufenthG). Gesetzlich verankerte Arbeitsmarktzugangsrechte sind z. B. für den Familiennachzug vorgesehen (§ 28 Abs. 5 oder § 29 Abs. 5 AufenthG); die Erlaubnis zur Ausübung einer Beschäftigung im Aufenthaltstitel hat nur deklaratorische Funktion. Für die zweite Möglichkeit, dass der Aufenthaltstitel die Erwerbstätigkeit erlaubt, ist notwendig, dass entweder die Bundesagentur für Arbeit zugestimmt hat – in diesem Fall ist der Aufenthaltstitel konstitutiv für die Zugangsrechte zum Arbeitsmarkt – oder dass eine zustimmungsfreie Tätigkeit ausgeübt werden soll. In jedem Fall muss der Aufenthaltstitel erkennen lassen, ob er zur Aufnahme einer Beschäftigung berechtigt (§ 4 Abs. 2 S. 2 AufenthG).
Die Beziehung zwischen dem aufenthalts- und dem arbeitsgenehmigungsrechtlichen Teil des Aufenthaltstitels richtet sich nach den unterschiedlichen Arten der Erlaubnis zur Beschäftigungsausübung. Bei einem Aufenthaltstitel, der von Gesetzes wegen zur Ausübung einer Beschäftigung berechtigt, bilden beide Aspekte eine untrennbare Einheit. Die Arbeitsmarktzugangsrechte können daher nicht über den aufenthaltsrechtlichen Teil hinausgehen. Eine Situation, wie sie der Entscheidung des EuGH in der Rechtssache El-Yassini zugrunde lag, kann nicht entstehen. Gleiches gilt für den Fall, dass Zugang zu einer zustimmungsfreien Tätigkeit gesucht wird (§ 4 Abs. 2 S. 3 AufenthG, §§ 1 bis 16 BeschV), denn auch hier besteht keine Notwendigkeit zur behördeninternen Beteiligung der Bundesagentur für Arbeit. Ist die Zustimmung der Bundesagentur für Arbeit notwendig, ist die Ausländerbehörde an die Entscheidung der Arbeitsverwaltung gebunden (§ 4 Abs. 2 S. 4 AufenthG, § 13 BeschVerfV), entscheidet über den aufenthaltsrechtlichen Sachverhalt aber hiervon unabhängig und nach eigenem pflichtgemäßem Ermessen.[1023] Sie kann den Aufenthaltstitel also auch aus Gründen, die außerhalb des arbeitsmarktlich relevanten Tatbestands liegen, versagen. Im Fall des Aufenthaltstitels zur Ausübung einer Beschäftigung findet die Entscheidung über die Arbeitsgenehmigung ihren Niederschlag in dem Aufenthaltstitel als solchem, so dass sie immanenter inhaltlicher Bestandteil des Aufenthaltstitels ist und sie zusammen eine rechtlich nicht auflösbare Einheit bilden. Da der Aufenthaltstitel mit der arbeitsgenehmigungsrechtlichen Entscheidung

1023 *Koch*, RdA 2006, 56 ff., 57; *Marx*, ZAR 2005, 48 ff., 50 f. Die Ausländerbehörde ist aber an die in der Zustimmung der Bundesagentur für Arbeit vorgenommenen Beschränkungen hinsichtlich der beruflichen Tätigkeit, des Arbeitgebers, des Bezirks der Arbeitsagentur, der Lage und Verteilung der Arbeitszeit sowie der Geltungsdauer gebunden.

„steht und fällt", diese also modifizierenden Charakter hat,[1024] kann es auch hier nicht zu einem Auseinanderfallen von Aufenthalts- und Arbeitsgenehmigung kommen. Bei Aufenthaltstiteln mit einer anderen Zweckrichtung stellt die arbeitsgenehmigungsrechtliche Entscheidung eine Nebenbestimmung dar (§ 36 VwVfG).[1025] Hier verdeutlicht sich die trotz des einheitlichen Verfahrens beibehaltene strenge Aufgabenteilung zwischen Ausländerbehörde und Arbeitsverwaltung. Diese bleibt auch nach Erteilung des Aufenthaltstitels erhalten. Widerruft die Bundesagentur ihre Zustimmung (§ 41 AufenthG), so ist die Ausländerbehörde verpflichtet, den Aufenthaltstitel entsprechend zurückzunehmen (§ 52 Abs. 2 AufenthG).[1026] Die Ausländerbehörde selbst ist nicht berechtigt, die Zustimmung zu entziehen; sie kann nur den Aufenthaltstitel entziehen (§ 52 AufenthG und auch § 49 VwVfG).[1027] Für den Fall, dass der Aufenthaltstitel abgeändert werden muss, weil eine für die Erteilung wesentliche Voraussetzung entfallen ist, kann die Befristung des Aufenthaltstitels nachträglich verkürzt werden (§ 7 Abs. 2 AufenthG). Gleichzeitig bestimmt zwar § 14 BeschVerfV, dass die Zustimmung der Bundesagentur für Arbeit zu einem Aufenthaltstitel im Rahmen ihrer zeitlichen Begrenzung auch für jeden weiteren Aufenthaltstitel fort gilt. Diese Regelung soll jedoch nur die Notwendigkeit einer erneuten Zustimmung der Bundesagentur für Arbeit für denselben Arbeitsplatz im Zusammenhang mit der Umwandlung eines Aufenthaltstitels während der Geltungsdauer der Zustimmung vermeiden;[1028] sie ist nicht so zu verstehen, dass die Zustimmung von der Aufenthaltsgenehmigung *unabhängige und über diese hinausgehende* Beschäftigungsrechte im Sinne der El-Yassini-Rechtsprechung verleihen kann. Zu beachten ist aber, dass die Abänderung des Titels eine Ermessensvorschrift darstellt und hierbei zu prüfen ist, ob der Ausländer nicht aus anderen Gründen, wie etwa dem Assoziationsrecht, einen Aufenthaltsanspruch besitzt.[1029]

III. Forschungsaufenthalt: Umsetzung der RL 2005/71/EG

Die Vorgaben der Forscher-Richtlinie wurden mit § 20 des AufenthG umgesetzt. Hiernach haben Ausländer einen Anspruch auf Erteilung einer Aufenthaltserlaubnis zum Zweck der Forschung, wenn sie eine wirksame Aufnahme-

1024 *Feldgen*, ZAR 2003, 132 ff., 133; *Marx*, ZAR 2005, 48 ff., 50 f.

1025 BT-Drucks. 15/420, S. 69. Ausführlich *Marx*, ZAR 2005, 48 ff., zur Art der Nebenbestimmung und daraus resultierend den Rechtsschutzmöglichkeiten gegen die aufenthaltsrechtliche Versagung der Erlaubnis zur Erwerbstätigkeit.

1026 Der Aufenthaltstitel zur Ausübung einer Beschäftigung (§§ 18 ff. AufenthG) muss insgesamt widerrufen werden, die anderen Aufenthaltstitel nur in dem Umfang, in dem sie die Beschäftigung gestatteten.

1027 *Marx*, ZAR 2005, 48 ff., 52.

1028 Vgl. Begründung zu § 14 BeschVerfV, BGBl. 2004 Teil 1, S. 2934.

1029 *Wenger*, in: Storr/Wenger/Eberle/Albrecht/Zimmermann-Kreher, § 7 AufenthG Rn. 5.

vereinbarung mit einer Forschungseinrichtung abgeschlossen haben und diese sich zur Übernahme der Kosten verpflichtet hat, die im Fall des unerlaubten Aufenthalts des Ausländers nach Beendigung der Forschungstätigkeit entstehen. Das Verfahren zur Anerkennung von Forschungseinrichtungen und zum Abschluss von Aufnahmevereinbarungen spiegelt der Abschnitt 3a (§§ 38a ff.) der Aufenthaltsverordnung wider. Hinsichtlich der Erteilungsvoraussetzung des gesicherten Lebensunterhalts des Forschers gilt die besondere Regelung, dass ihm mindestens zwei Drittel der Bezugsgröße im Sinne der Vorschriften für die Sozialversicherung zur Verfügung stehen (§§ 2 Abs. 3 S. 6 AufenthG, 18 SGB IV).[1030] Die Aufenthaltserlaubnis berechtigt zur Ausübung einer Erwerbstätigkeit im Rahmen des Forschungsvorhabens und zu Tätigkeiten in der Lehre, ohne dass die Bundesagentur für Arbeit zustimmen muss. Forscher, die sich zum Zweck der Forschung in einem anderen Mitgliedstaat aufhalten und denen dort ein Aufenthaltstitel auf der Grundlage der RL 2005/71/EG erteilt wurde, erhalten in Deutschland ein Visum; für einen längeren Aufenthalt als drei Monate gelten dieselben Erteilungsvoraussetzung wie für die Aufenthaltserlaubnis zum Zweck der Forschung (§ 1 Abs. 5, 1 AufenthG).

IV. Die Rechtsstellung langfristig aufenthaltsberechtigter Drittstaatsangehöriger: Die Umsetzung der RL 2003/109/EG

Die Vorgaben der RL 2003/109/EG wurden mit der „Erlaubnis zum Daueraufenthalt-EG" umgesetzt (§ 4 Abs. 1 Nr. 4, § 9a AufenthG).[1031] Diese Erlaubnis ist ein eigenständiger, unbefristeter Aufenthaltstitel neben der Niederlassungserlaubnis. Da sie weitergehende Rechtspositionen einräumt als die Niederlassungserlaubnis, ist sie vorrangig zu erteilen, wenn der Betreffende die Voraussetzungen für beide Aufenthaltstitel erfüllt. Die Erlaubnis berechtigt zur Ausübung einer Erwerbstätigkeit, kann aber ebenso wie die Niederlassungserlaubnis mit Nebenbestimmungen versehen werden, sofern es das AufenthG erlaubt. Für die Definition des „langfristig Aufenthaltsberechtigten" verweist das Gesetz auf Art. 2 lit. b der RL 2003/109/EG.
Die Voraussetzungen zum Erwerb der Erlaubnis zum Daueraufenthalt-EG entsprechen den Vorgaben der Richtlinie, die das Gesetz weitgehend übernommen

---

1030 Dies sind nach der jährlichen Bekanntmachung des Bundesministeriums des Innern im Bundesanzeiger für das Jahr 2007 in den alten Bundesländern monatlich 1.633 Euro, in den neuen Bundesländern monatlich 1.400 Euro.

1031 Die Richtlinie 2003/109/EG wurde nicht rechtzeitig umgesetzt. Das BMI hat daraufhin die Länder gebeten, die Daueraufenthaltsrichtlinie im Rahmen des geltenden Rechts durch Anwendung von Ermessensregelungen einstweilen umzusetzen (vgl. *Maaßen*, ZAR 2006, 161 ff., 164). Eine Nachbesserung des AufenthG erfolgte durch das Gesetz zur Umsetzung aufenthalts- und asylrechtlicher Richtlinien der Europäischen Union vom 19. August 2007 (BGBl. 2007 Teil I, S. 1970 ff.).

hat (§ 9a Abs. 2 AufenthG). Insbesondere wird die Erlaubnis nur erteilt, wenn der Lebensunterhalt durch feste und regelmäßige Einkünfte gesichert ist.[1032] Neben den Voraussetzungen des § 2 Abs. 3 AufenthG, der eine Legaldefinition der Lebensunterhaltssicherung als allgemeine Erteilungsvoraussetzung eines Aufenthaltstitels enthält (§ 5 Abs. 1 Nr. 1 AufenthG), ist § 9c AufenthG zu beachten. Hiernach muss der Ausländer zusätzlich seine steuerlichen Verpflichtungen erfüllt haben und (prognostisch) über eine angemessene Altersversorgung verfügen. Diese Voraussetzungen gehen aus dem Richtlinientext nicht hervor, jedoch gewähren die Begründungserwägungen eine solche Definition.[1033] Der Gesetzgeber hat von der Regelungsoption des Vorliegens bestimmter Integrationsvoraussetzungen Gebrauch gemacht. So muss der Ausländer über ausreichende Sprachkenntnisse sowie Grundkenntnisse der Rechts- und Gesellschaftsordnung und der Lebensverhältnisse im Bundesgebiet verfügen (§ 9a Abs. 2 Nr. 4 und 5 AufenthG).

Für die Frage der Gleichbehandlung hinsichtlich der Beschäftigungs- und Arbeitsbedingungen sowie des Anspruchs auf soziale Leistungen kann auf die nachfolgenden Ausführungen (unter C.) verwiesen werden; sie ist demnach weitgehend sichergestellt. Hier ergeben sich keine Besonderheiten, da insbesondere das Gleichbehandlungsgebot der Richtlinie eine Beschränkung der Sozialhilfe auf Kernleistungen zulässt (Art. 11 Abs. 1 lit. d, Abs. 2, 4).

Den erhöhten Ausweisungsschutz sichert § 56 Abs. 1 Nr. 1a AufenthG; insbesondere kann die Inanspruchnahme von sozialen Leistungen wie Kernleistungen der Sozialhilfe nicht zur Ausweisung führen.[1034]

Die Aufenthaltserlaubnis für in anderen Mitgliedstaaten der EU langfristig Aufenthaltsberechtigte enthält § 38a AufenthG. Es gelten die allgemeinen Erteilungsvoraussetzungen, so dass es zum Beispiel nur auf den ausreichenden Kranken- und nicht auch Pflegeversicherungsschutz ankommt. Die Pflicht zur Teil-

1032 So auch OVG NRW Beschluss vom 4.7.2005, AZ: 18 B 1635/04.

1033 Begründungserwägung Nr. 7 der RL 2003/109/EG. Problematisch könnte allein sein, dass § 9c Nr. 3 des AufenthG eine ausreichende Absicherung gegen das Risiko der Pflegebedürftigkeit fordert, während die Richtlinie nur ausreichenden Krankenversicherungsschutz voraussetzt (Art. 5 Abs. 1 lit. b). Da nicht alle Mitgliedstaaten eine Pflegeversicherung kennen, könnte dieses Erfordernis unzulässig sein. Andererseits dürfte der Fall, dass ausreichender Krankenversicherungsschutz, aber keine Pflegeversicherung besteht, nur sehr selten vorkommen. Nach deutschem Recht ist die Pflegeversicherung eine Pflichtversicherung, die sowohl für gesetzlich als auch für privat Krankenversicherte besteht (§ 1 Abs. 2 SGB XI). Denkbar ist also nur die Konstellation, dass der Krankenversicherungsschutz über eine ausländische Versicherung analog zu EuGH Rs. C-413/99, Baumbast, Slg. 2002, I-1651 abgedeckt ist, keine Versicherungspflicht in Deutschland (§ 3 SGB IV, §§ 5 ff. SGB V) und im Ausland keine Pflegeversicherung besteht.

1034 Grundsätzlich gilt gemäß §§ 55 Abs. 2 Nr. 6, 5 Abs. 1 Nr. 1 und 2 AufenthG, dass Ausländer ihren Unterhalt ohne Inanspruchnahme allgemeiner öffentlicher Mittel bestreiten können müssen.

nahme an Integrationskursen reduziert sich bei Bedarf auf den Besuch von Sprachkursen (§ 44a Abs. 2a AufenthG).

B. Familienangehörige

Die gemeinschaftsrechtlichen Vorgaben für den Familiennachzug von drittstaatsangehörigen Arbeitnehmern halten sich in deutlichen Grenzen. Aus den völkerrechtlichen Abkommen folgen, abgesehen von den besonderen Regelungen für die Staatsangehörigen der EWR-Staaten, der Schweiz sowie der Türkei, lediglich vereinzelte Gleichbehandlungsgebote sowie die Gewährung familienspezifischer Leistungen. Des Weiteren wird zwar mit der RL 2003/86/EG betreffend das Recht auf Familienzusammenführung eine gewisse Harmonisierung erreicht, für drittstaatsangehörige Arbeitnehmer sieht sie aber keinen privilegierten Familiennachzug vor, wie er für EU-Arbeitnehmer gilt, die sich allein wegen ihres Status als Arbeitnehmer mit ihren Familienangehörigen im Aufnahmemitgliedstaat aufhalten dürfen. Vielmehr unterwirft sie Drittstaatsangehörige unterschiedslos der Voraussetzung, dass sie über feste und regelmäßige Einkünfte sowie ausreichenden Wohnraum und Krankenversicherungsschutz verfügen müssen. Da insofern auch keine für drittstaatsangehörige Arbeitnehmer spezifischen Regelungen im nationalen Recht getroffen werden mussten, sollen sich die folgenden Ausführungen auf einen Überblick über die wichtigsten Änderungen des nationalen Rechts anlässlich der Umsetzung der Familiennachzugsrichtlinie beschränken.

I. Die Umsetzung der RL 2003/86/EG

Die Regelungen zum Familiennachzug sind im Aufenthaltsgesetz enthalten. Die Umsetzung der RL 2003/86/EG erfolgte vor allem durch das Zuwanderungsgesetz sowie das Gesetz zur Umsetzung aufenthalts- und asylrechtlicher Richtlinien der Europäischen Union vom 19. August 2007.[1035] Zum Familiennachzug berechtigt sind der Ehegatte bzw. der gleichgeschlechtliche Lebenspartner und die Kinder des Zusammenführenden. Auf andere Familienangehörige hat das AufenthG die Nachzugsrechte nicht ausgedehnt; sie können grundsätzlich nur zur Vermeidung einer außergewöhnlichen Härte eine Aufenthaltserlaubnis erhal-

1035 Zuwanderungsgesetz: BGBl. 2004 Teil I, S. 1950 sowie BGBl. 2007 Teil I, S. 1970 ff. Die RL wäre allerdings bereits bis zum 3. Oktober 2005 umzusetzen gewesen. Mit Rundschreiben vom 19. September 2005 hatte des Bundesministeriums des Innern die Länder gebeten, die Richtlinie durch eine richtlinienkonforme Anwendung von Ermessenstatbeständen so umzusetzen, dass Verwaltungsentscheidungen der Richtlinie nicht mehr entgegenstehen, *Maaßen*, ZAR 2006, 161 ff., 163.

ten (§ 36 Abs. 2 AufenthG).[1036] Neben den allgemeinen Erteilungsvoraussetzungen eines Aufenthaltstitels (§ 5 AufenthG), wie z. B. die Sicherung des Lebensunterhalts, treten beim Familiennachzug zum einen das Erfordernis des Besitzes eines zum zu einem längeren Aufenthalt berechtigenden Aufenthaltstitels (Niederlassungserlaubnis, Erlaubnis zum Daueraufenthalt-EG oder eine Aufenthaltserlaubnis) und zum anderen des Vorhandenseins ausreichenden Wohnraumes (§ 29 AufenthG). Von besonderer Bedeutung ist die durch die Richtlinie notwendig gewordene Herabsetzung der Mindestbesitzzeit eines Aufenthaltstitels des Zusammenführenden von fünf auf zwei Jahre (Art. 8 RL 2003/86/EG).
Als Ausschlussgrund nennt das Gesetz nun ausdrücklich Schein- und Zwangsehen sowie Scheinverwandtschaftsverhältnisse (§ 27 Abs. 1a AufenthG). Die Formulierung des neu eingefügten Absatzes[1037] hat Uneinigkeiten hervorgerufen, die die Verteilung der Darlegungslast sowie damit einhergehend die von den Behörden vorzunehmende Kontrolldichte betreffen. So wird zum Teil eine Verschiebung zu Lasten des Antragstellers geschlussfolgert, weil vermutet wird, der Ausländer hätte einen Negativbeweis zu erbringen und teilweise eine Verschiebung zu Lasten der Behörden gesehen, die nun bei jedem Antrag ihrer Darlegungslast für das Bestehen eines Scheinverwandtschaftsverhältnisses bzw. einer Zwangsehe nachkommen müssten. [1038] Letztgenanntes widerspräche der RL 2003/86/EG, die nur bei begründetem Verdacht auf eine Täuschung oder Scheinehe Kontrollen zulässt (Art. 16 Abs. 4). Nach Auffassung der Bundesregierung hat die Vorschrift zwar Signalfunktion und soll den Anreiz verringern, Zwangs- und Scheinehen zu schließen bzw. -verwandtschaften vorzutäuschen. Die Beweislast sowohl des Antragstellers als auch der Behörden soll sich ge-

---

1036 Eine Ausnahme besteht für die Eltern eines minderjährigen Ausländers, der eine Aufenthaltsgenehmigung aus humanitären Gründen (Aufenthaltserlaubnis nach § 25 Abs. 1 oder Abs. 2 oder eine Niederlassungserlaubnis nach § 26 Abs. 3) besitzt; diesen ist abweichend von § 5 Abs. 1 Nr. 1 und § 29 Abs. 1 Nr. 2 AufenthG eine Aufenthaltserlaubnis zu erteilen, wenn sich kein sorgeberechtigter Elternteil im Bundesgebiet aufhält (§ 36 Abs. 1 AufenthG).

1037 § 27 Abs. 1a AufenthaltG: „Ein Familiennachzug wird nicht zugelassen, wenn
1. feststeht, dass die Ehe oder das Verwandtschaftsverhältnis ausschließlich zu dem Zweck geschlossen oder begründet wurde, dem Nachziehenden die Einreise in das und den Aufenthalt im Bundesgebiet zu ermöglichen, oder
2. tatsächliche Anhaltspunkte die Annahme begründen, dass einer der Ehegatten zur Eingehung der Ehe genötigt wurde."

1038 Vgl. *Breitkreutz/Franßen-de la Cerda/Hübner*, ZAR 2007, 381 ff., 382; *Dienelt*, Bundestagsausschussdrucksache 16(4)209 H; *Göbel-Zimmermann*, ZAR 2006, 81 ff., 87. Vor Einfügung des neuen Absatzes setzte der Familiennachzug die Absicht voraus, eine familiäre Lebensgemeinschaft aufzunehmen, für deren Nachweis der Antragsteller materiell beweisbelastet war. Dies gilt auch nach derzeitiger Rechtslage: grundsätzlich sind die für ihn günstigen Umstände durch den Ausländer geltend zu machen (§ 82 Abs. 1 Satz 1 AufenthG).

genüber der früheren Rechtslage jedoch weder erhöhen noch verringern.[1039] So ausgelegt verstößt die neue Regelung nicht gegen die genannte Richtlinienbestimmung. Im Ergebnis wird jedoch entscheidend sein, dass in der Praxis die Kontrolle von Familien auf Fälle beschränkt wird, in denen konkrete Anhaltspunkte für eine Zwangs- bzw. Scheinehe sowie -verwandtschaft bestehen.[1040]

1. Ehegattennachzug

Das Aufenthaltsgesetz erlaubt einen sofortigen Nachzug des Ehegatten, wenn der Zusammenführende im Besitz einer Niederlassungserlaubnis, einer Erlaubnis zum Daueraufenthalt-EG oder einer Aufenthaltserlaubnis zum Zweck der Forschung ist.[1041] Verfügt jemand lediglich über eine Aufenthaltserlaubnis, so muss die Ehe bei Erteilung der Aufenthaltserlaubnis bereits bestanden haben und der Aufenthalt voraussichtlich noch länger als ein Jahr andauern. Andernfalls muss der Ausländer bereits seit zwei Jahren eine grundsätzlich verlängerbare Aufenthaltserlaubnis besitzen (§ 30 Abs. 1 AufenthG).

Neben den allgemeinen Erteilungsvoraussetzungen ist erforderlich, dass beide Ehepartner mindestens 18 Jahre alt sind und der nachziehende Ehegatte sich zumindest auf einfache Art in deutscher Sprache verständigen kann. Beide Kriterien sind im Vorfeld des Gesetzesbeschlusses in der Öffentlichkeit intensiv diskutiert wurden, insbesondere weil die früheren Gesetzesentwürfe den Abweichungsrahmen der Richtlinie ausgeschöpft und ein Mindestalter von 21 Jahren festgelegt hatten, während das Aufenthaltsgesetz in seiner ersten Fassung kein Mindestalter vorsah.[1042] Hierin wurde ein Eingriff in die Eheschließungs- und

1039 Antwort der Bundesregierung auf die Kleine Anfrage der Bundestagsfraktion Die Linke (BT-Drucks. 16/5201, Frage 8a) sowie BT-Drucks. 16/5498, S. 5.

1040 *Göbel-Zimmermann*, ZAR 2006, 81 ff., 87, der in der neuen Regelung die Gefahr sieht, „dass der bisherigen bedenklichen Praxis eines Generalverdachts Vorschub geleistet wird."

1041 Dies gilt auch bei einem Aufenthalt aus humanitären Gründen (§ 25 AufenthG). Dieser soll aber für die vorliegende Arbeit außer Betracht bleiben. Für einen Ausländer mit einer Aufenthaltserlaubnis für in anderen Mitgliedstaaten langfristig Aufenthaltsberechtigten gilt dies ebenfalls unter der Bedingung, dass die eheliche Lebensgemeinschaft bereits im ersten Mitgliedstaat bestand.

1042 Ausnahmen bestehen zugunsten von Hochqualifizierten, Forschern, Firmengründern und Daueraufenthaltsberechtigten aus anderen Mitgliedstaaten der EU. Zur Rechtmäßigkeit eines Nachzugsalters von 21 Jahren vgl. *Kingreen*, ZAR 2007, 13 ff.; *Maaßen*, ZAR 2006, 161 ff., 163 f. Die Voraussetzung des Mindestalters von 21 Jahren hätte dazu geführt, dass bei Paaren, die bereits mit 18 Jahren (oder früher, sofern dies möglich ist) die Ehe schließen, Wartezeiten von drei Jahren hätten entstehen können. Dies übersteigt selbst die zweijährige Höchstgrenze der Richtlinie (Art. 8 Abs. 1), wobei aber davon auszugehen ist, dass in diesem Fall die Regelung des Art. 4 Abs. 5 der RL Vorrang haben sollte und die lange Wartezeit für besonders junge Ehegatten beabsichtigt ist, da

Lebensgestaltungsfreiheit gesehen. Hinsichtlich der Sprachkenntnisse wird neben der Sinnhaftigkeit der Bestimmung bestritten, dass es die Richtlinie 2003/86/EG zulässt, den Erwerb der Sprachkenntnisse vor der Einreise, also noch im Herkunftsstaat, zu verlangen.[1043] Aus Art. 7 Abs. 2 der Richtlinie, der nur für Flüchtlinge vorsieht, dass die Integrationsmaßnahmen erst nach der Gewährung des Familiennachzugs Anwendung finden dürfen, folgt jedoch im Umkehrschluss, dass im Übrigen die Erfüllung von Integrationskriterien im Zeitpunkt der Einreise verlangt werden darf.[1044] Ebenso trägt die Ansicht nicht, dass keine tatsächlichen Sprachkenntnisse verlangt werden dürften, weil die Richtlinie nur die Teilnahme an Integrations*maßnahmen* vorsehe, nicht aber gestatte, die Einreise von Integrations*bedingungen* im Sinne konkreter Integrationserfolge abhängig zu machen.[1045] Angesichts des niedrigen Sprachniveaus, welches nachgewiesen werden muss, scheint dessen Überprüfung eine mildere Auflage darzustellen als etwa der Nachweis für einen absolvierten Sprachkurs. Bedenklich ist allerdings das Fehlen einer Härteklausel hinsichtlich des Erforder-

---

sie bezweckt, Zwangsehen zu vermeiden, bei denen typischer Weise sehr junge Frauen verheiratet werden. Daher hätte eine Übernahme dieser Regelung in das deutsche Recht in Widerspruch zu den Vorgaben des Bundesverfassungsgerichts zu Art. 6 GG gestanden, welches eine dreijährige Ehebestandszeit als Voraussetzung für den Ehegattennachzug für nicht mit dem Grundrecht auf Ehe und Familie vereinbar ansieht (BVerfGE 76, 1 ff.). Gegenstand dieser Entscheidung war ein baden-württembergischer Ausländererlass aus dem Jahr 1984, der einen Familiennachzug erst gestattete, wenn sich der Zusammenführende seit der Eheschließung mindestens drei Jahre rechtmäßig im Bundesgebiet aufhielt. Das BVerfG wertete zwar die „Belange der Scheinehebekämpfung" und zuzugsbegrenzende Maßnahmen als zweifellos zulässig, jedoch schränkt „eine dreijährige Ehebestandsfrist in nicht mehr zumutbarer Weise das verfassungsrechtlich geschützte Interesse der Aufenthalt im Bundesgebiet begehrenden Ehegatten und damit ihre durch Art. 6 Abs. 1 und Abs. 2 Satz 1 GG geschützte Freiheitssphäre in unverhältnismäßiger Weise ein" (S. 70).

1043 Angesichts der Ausnahmen zu dieser Bestimmung (§ 30 Satz 2 und 3 AufenthG), z. B. für Zusammenführende mit einer Niederlassungserlaubnis, kann zudem nach der Vereinbarkeit dieser Bestimmungen mit Art. 3 GG gezweifelt werden. Hierzu ausführlich *Kingreen*, ZAR 2007, 13 ff., 19. Zur Verfassungsmäßigkeit des Erfordernisses der Sprachkenntnisse s. *Breitkreutz/Franßen-de la Cerda/Hübner*, ZAR 2007, 381 ff., 383 f.; *Gutmann*, ZAR 2008, 5 ff., 11 f.

1044 Unterstützung findet diese Ansicht z. B. in dem Richtlinienvorschlag der Kommission zur EU Blue Card [KOM(2007) 637 endg.], wo es als Abweichung vom Familiennachzug nach der RL 2003/86/EG dargestellt wird, dass beim Familiennachzug zu EU Blue Card–Inhabern die Familienangehörigen Integrationsmaßnahmen erst im Aufnahmemitgliedstaat erfüllen müssen (Art. 16 Nr. 4 des Vorschlags). A. A. *Th. Groß*, ZAR 2007, 315 ff., 318.

1045 *Dienelt*, Bundestagsausschussdrucksache 16(4)209 H, der bezweifelt, dass konkrete Sprachkenntnisse verlangt werden dürfen. Aus einem Vergleich mit Bestimmungen anderer Richtlinien schließt er auf eine unterschiedliche Bedeutung der Begriffe „Integrationsbedingung" und „Integrationsmaßnahme". Der Unterschied liege vor allem darin, dass bei „Maßnahmen" keine konkreten Integrationserfolge erzielt werden müssen, wie z. B. konkrete Sprachkenntnisse.

nisses der Sprachkenntnisse, wie sie für das Mindestalter vorgesehen ist (§ 30 Abs. 2 Satz 1 AufenthG), auch wenn von dem Erfordernis der Sprachkenntnisse eine ganze Reihe von Ausnahmen vorgesehen sind (§ 30 Abs. 1 S. 2, 3 AufenthG). Ausländern bzw. deren Ehegatten, die nicht unter eine der Ausnahmebestimmungen des § 30 AufenthG fallen, kann der Nachzug nicht allein zur Vermeidung einer besonderen Härte gestattet werden. Dass eine solche Möglichkeit vorgesehen sein muss, haben die obigen Ausführungen zur Vereinbarkeit der RL 2003/86/EG mit Art. 8 EMRK jedoch gezeigt.[1046]
Auf gleichgeschlechtliche Lebenspartnerschaften finden die Vorschriften zum Ehegattennachzug entsprechende Anwendung (§ 27 Abs. 2 AufenthG; Art. 4 Abs. 3 der RL 2003/86/EG). Nicht privilegiert ist der nichteheliche Lebenspartner; insofern ist der Gesetzgeber den entsprechenden Regelungen der Richtlinie, deren Umsetzung den Mitgliedstaaten freigestellt war, nicht gefolgt.[1047]

2. Nachzug von Kindern

Die RL 2003/86/EG eröffnet die Möglichkeit, den Nachzug von Kindern über 12 Jahren, die nicht im Familienverbund einreisen, an Integrationskriterien zu knüpfen und einen Nachzug von Kindern über 15 Jahren lediglich aus anderen Gründen als der Familienzusammenführung zuzulassen (Art. 4 Abs. 1 UAbs. 3, Abs. 6 der RL 2003/86/EG). Im AufenthG wurden diese Regelungen nur eingeschränkt übernommen. Für allein nachreisende Kinder gelten bis zur Vollendung des 16. Lebensjahres (§ 32 Abs. 3 AufenthG) dieselben Voraussetzungen wie für Kinder bis zum Erreichen der Volljährigkeit, die gemeinsam mit ihrer Familie den Lebensmittelpunkt in das Bundesgebiet verlegen: vorausgesetzt ist lediglich der Besitz einer Aufenthalts-, Niederlassungs- oder eine Erlaubnis zum Daueraufenthalt-EG der Eltern bzw. des allein sorgeberechtigten Elternteils (§ 32 Abs. 1 Nr. 2 AufenthG). Bei Kindern ab 16 Jahren, die später als der Zusammenführende in die Bundesrepublik einwandern, fordert das AufenthG zusätzlich, dass das Kind entweder die deutsche Sprache beherrscht[1048] oder gewähr-

---

1046 A. A. *Hailbronner*, der insbesondere angesichts der Vielzahl von Ausnahmebestimmungen keine Pflicht des Gesetzgebers erkennen kann, für „jeden auch nur denkbaren theoretischen Fall durch Postulierung einer generellen Ausnahme- oder Härtefallregelung Vorsorge zu treffen“, Bundestagsausschussdrucksache 16(4)209 F.

1047 Die Einbeziehung des nichtehelichen Lebenspartners in den Personenkreis der zum Nachzug berechtigten Familienmitglieder ist auch nach Art. 8 der EMRK nicht geboten, vgl. *Langenfeld/Mohsen*, ZAR 2003, 398 ff., 403.

1048 Das Zuwanderungsgesetz 2002 hatte das Nachzugsalter von Kindern auf 12 bzw. 14 Jahre festgelegt, ältere Kinder mussten über ausreichende Kenntnisse der deutschen Sprache verfügen. Die Anforderungen an die Sprachkenntnisse haben sich also erhöht, sind aber erst ab einem höheren Alter nachzuweisen. Das Kind beherrscht die deutsche Sprache, wenn seine Deutschkenntnisse mit denen deutscher Kinder vergleichbar sind (HessVGH, InfAuslR 1999, 189; 2003, 234).

leistet erscheint, dass es sich auf Grund seiner bisherigen Ausbildung und Lebensverhältnisse in die der Bundesrepublik einfügen kann (§ 32 Abs. 2 AufenthG).
Eingeschränkt ist also nur der Familiennachzug von allein nachreisenden Kindern, die das 16. Lebensjahr bereits vollendet haben, da diese die genannten Integrationskriterien erfüllen müssen. Inhaltlich ist die Ausnahme von der Regelungsoption des Art. 4 Abs. 1 UAbs. 3 der RL 2003/86/EG gedeckt. Von der in der Richtlinie eingeräumten Möglichkeit, Kindern ab einem Alter von 15 Jahren, die später als ihre Familie nachkommen, einen Nachzug *zur Familienzusammenführung* nicht mehr zu gewähren, hat der Gesetzgeber also keinen Gebrauch gemacht. Eine Erschwerung des Familiennachzugs besteht für Kinder bei geteiltem Sorgerecht der Eltern. Hier kann eine Zusammenführung lediglich erfolgen, wenn sie zur Vermeidung einer besonderen Härte erforderlich ist (§ 32 Abs. 4 AufenthG). Von der Möglichkeit, den Nachzug bei Zustimmung des anderen Elternteils zu gestatten (Art. 4 Abs. 1 lit. c und d der RL 2003/86/EG), wurde kein Gebrauch gemacht.

3. Erwerbsberechtigung

Bis zur Einführung des AufenthG enthielten die deutschen Vorschriften zur Arbeitsberechtigung von Familienangehörigen, die zu einem Ausländer nachziehen, ein gestuftes System von Arbeitsgenehmigungen. Die Familienangehörigen durften während des ersten Jahres ihres Aufenthalts nicht arbeiten. Erst nachdem diese sog. Voraufenthaltszeit vorüber war, konnten sie sich dem Arbeitsmarkt zur Verfügung stellen und eine Beschäftigung aufnehmen; allerdings erschwerte die sog. Vorrangprüfung, wonach deutsche sowie ihnen gleichgestellte ausländische Arbeitnehmer vorrangig zu vermitteln sind, die tatsächliche Umsetzung dieses Rechts. Mit dem AufenthG und in Umsetzung der RL 2003/86/EG wurde nun ein neues System eingeführt, nach dem sich die Arbeitsberechtigung eines nachziehenden Familienangehörigen nach dem Umfang der Erwerbsberechtigung des Zusammenführenden richtet (§ 29 Abs. 5 Nr. 1 AufenthG). Hat der ausländische Arbeitnehmer bereits unbeschränkten Zugang zum Arbeitsmarkt, so erhält diesen Status ebenfalls der nachziehende Familienangehörige. Ist für die Beschäftigung des Ausländers die Zustimmung der Bundesagentur für Arbeit notwendig, so gilt dies auch für den Familienangehörigen.[1049] Zu beachten ist jedoch, dass die RL 2003/86/EG die Mitgliedstaaten nur für die Dauer der ersten zwölf Aufenthaltsmonate zu einer Arbeitsmarktprüfung berechtigen. Hiernach ist unbeschränkter Arbeitsmarktzugang zu gewähren. Entsprechender Anpassung bedarf daher auch § 29 Abs. 5 Nr. 2 AufenthG, der für Ehegatten alternativ bestimmt, dass sie zur Ausübung einer Erwerbstätigkeit berechtigt sind, wenn die

---

1049 *Eberle*, in: Storr/Wenger/Eberle/Albrecht/Zimmermann-Kreher, § 29 AufenthG, Rn 19.

eheliche Lebensgemeinschaft seit mindestens zwei Jahren rechtmäßig im Bundesgebiet bestanden hat.

4. Eigenständiges Aufenthaltsrecht

Nach der Richtlinie haben volljährig gewordene Kinder und Ehegatten nach fünfjährigem Aufenthalt das Recht auf einen eigenen Aufenthaltstitel. Bei Ehegatten kann die Erteilung auf den Fall der Ehescheidung beschränkt werden (Art. 15 Abs. 1 RL 2003/86/EG). Das AufenthG gewährt Ehegatten ein eigenständiges Aufenthaltsrecht nur im Sinne der letztgenannten Option, allerdings bereits nach zweijährigem Bestehen der ehelichen Lebensgemeinschaft (§ 31 Abs. 1 Satz 1 Nr. 1 AufenthG). Kinder erhalten eine Niederlassungserlaubnis, wenn sie im Zeitpunkt der Vollendung des 16. Lebensjahres seit fünf Jahren im Besitz einer Aufenthaltserlaubnis sind. Erfüllen sie die letzte Voraussetzung erst, nachdem sie volljährig geworden sind, müssen ausreichende Sprachkenntnisse und ein gesicherter Lebensunterhalt bzw. die Absolvierung einer anerkannten schulischen oder beruflichen Ausbildung nachgewiesen werden (§ 35 Abs. 1 S. 1, 2 AufenthG). Diese zusätzlichen Kriterien sind mit der Richtlinie vereinbar, da sie für die Erteilungsbedingungen auf das nationale Recht verweist (Art. 15 Abs. 4 RL 2003/86/EG). Nicht ausreichend ist allerdings geregelt, dass Kinder im Fall des Versterbens von Verwandten ersten Grades ebenfalls einen eigenständigen Aufenthaltstitel erhalten, wenn besonders schwierige Umstände vorliegen (Art. 15 Abs. 3 RL 2003/86/EG).[1050]

II. Gleichbehandlung

Die Vorgaben zur Gleichbehandlung der Familienangehörigen aus den völkerrechtlichen Abkommen gehen nicht über den Anspruch auf Gleichbehandlung des (zusammenführenden) Arbeitnehmers hinaus. Auch die RL 2003/86/EG sieht lediglich vor, dass die Familienangehörigen *in gleicher Weise wie der Zusammenführende* neben dem Zugang zu einer unselbständigen oder selbständigen Tätigkeit Zugang zu beruflicher Beratung sowie zu allgemeiner Bildung, Ausbildung, Fortbildung und Umschulung haben. Die Rechtsstellung des Zusammenführenden überträgt sich damit auf seine Familienangehörigen. Nach deutschem Recht finden die Familienangehörigen den Zugang zu den Sozialversicherungen vor allem über eine Erwerbstätigkeit, zu der sie gleich dem Zusammenführenden berechtigt sind. Es gelten damit die folgenden Ausführungen zur Einbeziehung drittstaatsangehöriger Arbeitnehmer in die Sozialleistungssysteme, die weitgehend unproblematisch ist, wenn der gewöhnliche Aufenthalt in

1050 Die Vorgaben in Bezug auf Ehegatten bei Vorliegen einer besonderen Härte sind in § 31 Abs. 2 AufenthG geregelt.

der Bundesrepublik Deutschland besteht oder ein Beschäftigungsverhältnis vorliegt.

C. Gleichbehandlungsgebot zugunsten von Arbeitnehmern hinsichtlich der Arbeits-, Kündigungs- und Entlohnungsbedingungen

Die Arbeits-, Kündigungs- und Entlohnungsbedingungen werden im deutschen Recht in einer Vielzahl von Bestimmungen geregelt. Für die Kündigungs- und Entlohnungsbedingungen können sich Vorgaben z. B. aus dem Kündigungsschutz-, dem Mutterschutz-, dem Schwerbehinderten-, dem Arbeitsplatzschutz- oder dem Entgeltfortzahlungsgesetz ergeben. Bestimmungen zu den Arbeitsbedingungen, wie z. B. Regelungen zum Schutz der Sicherheit und Gesundheit der Arbeitnehmer am Arbeitsplatz, finden sich unter anderem im Arbeitsschutz-, Arbeitszeit-, Bundesurlaubs- oder Betriebsverfassungsgesetz.[1051] Diese Bestimmungen sind weitgehend unproblematisch, da sie entweder den Arbeitgeber verpflichten oder aber als allgemeine Schutzbestimmungen, die objektive Erfordernisse an einen Arbeitsplatz beschreiben, staatsangehörigkeitsneutral formuliert sind.[1052]

1051 Soweit die Arbeitsbedingungen in diesem Sinn durch Tarifverträge geregelt werden (§§ 1, 4 TVG), müssen diese auch auf ausländische Arbeitnehmer Anwendung finden. Zwar sind die Parteien eines Tarifvertrages keine Völkerrechtssubjekte, aber die Verbindlichkeit von Tarifverträgen beruht auf den genannten gesetzlichen Regelungen, also einem staatlichen Akt, so dass der Staat für die Einhaltung seiner völkerrechtlichen Verpflichtungen Sorge tragen muss. Das Koalitionsrecht ergibt sich aus Art. 9 Abs. 3 S. 1 GG. Vgl. *Vogt*, S. 220 f.

1052 Vgl. auch *Vogt*, S. 202 ff. Fraglich ist z. B., ob die Vergünstigungen des Arbeitsplatzschutzgesetzes (ArbPlSchG) für Wehrdienstleistende Arbeitsbedingungen darstellen, auf die das Gleichbehandlungsgebot anzuwenden ist. Bedeutsam sind z. B. der Kündigungsschutz nach § 2, wonach einem Arbeitnehmer von der Zustellung des Einberufungsbescheides bis zur Beendigung des Grundwehrdienstes nicht gekündigt werden darf, oder die Anrechnung des Wehrdienstes im späteren Berufsleben nach § 13 ArbPlSchG. Im Hinblick auf Gemeinschaftsangehörige hat der EuGH entschieden, dass Zeiten, in denen der Wehrdienst in einem anderen Mitgliedstaat abgeleistet wird, wie bei deutschen Staatsangehörigen zur Betriebszugehörigkeit zugerechnet werden müssen (EuGH Rs. 15/69, Württembergische Milchverwertung, Slg. 1969, S. 363 ff.). Die Vorlagefrage des Bundesarbeitsgerichts betraf die Auslegung der Art. 6 Abs. 2 und 7 Abs. 2 der VO 38/64/EWG, Art. 5 Abs. 3 der RL 64/240/EWG sowie Art. 6 Abs. 2 der RL 68/360/EWG, die Wanderarbeitnehmer gegen negative Folgen, die sich aus ihrer Einberufung zum Wehrdienst für ihre Arbeitsbedingungen ergeben können, schützen sollen. Der EuGH stützte sich zur Beantwortung der Frage aber vor allem auf Art. 48 EWG, jetzt Art. 39 EGV, und nicht auf das Sekundärrecht („Schon nach Artikel 48 des Vertrages können Mitgliedstaaten […] nicht dadurch von der im Vertrag für alle Arbeitnehmer der Gemeinschaft gewollten Gleichheit der Behandlung und des

Das Gleichbehandlungsgebot umfasst nicht nur die Arbeitsbedingungen, sondern ist im Sinne des Art. 39 Abs. 2 EGV i. V. m. Art. 7 Abs. 2 der VO (EWG) Nr. 1612/68 zu verstehen. Daher müssen sowohl die Bedingungen der Eingliederung der drittstaatsangehörigen Arbeitnehmer in die Sozialleistungssysteme als auch die Anspruchsberechtigung hinsichtlich sozialer Vergünstigungen dem Gleichbehandlungsgebot entsprechen.

Die Leistungen der sozialen Sicherheit entsprechen weitgehend den Vorgaben des Gleichbehandlungsgebotes, da sie regelmäßig nicht an der Staatsangehörigkeit, sondern an dem Beschäftigungsverhältnis, dem gewöhnlichen Aufenthalt im Inland oder bestimmten Vorversicherungszeiten anknüpfen.[1053] Gerade das letztgenannte Kriterium kann zwar für ausländische Arbeitnehmer zu einer faktischen Erschwernis führen, da es von Deutschen regelmäßig einfacher zu erfüllen ist. Die stärkere Auswirkung von Mindestversicherungszeiten bei ausländischen Personen lässt sich jedoch kaum vermeiden, da sie die einzige Möglichkeit darstellen, die auf dem Solidargedanken der Versichertengemeinschaft beruhenden Sozialversicherungssysteme vor Missbrauch zu schützen bzw. sicherzustellen, dass ein gewisser Ausgleich zwischen Beitragszahlungen und der Inanspruchnahme von Leistungen hergestellt ist.[1054]

Anders ist die Situation zu beurteilen, wenn der Anspruch auf steuerfinanzierte Leistungen bei ausländischen Personen bestimmte Voraufenthaltszeiten voraussetzt. So wird z. B. die bereits erwähnte Berufsausbildungsbeihilfe (vgl. oben 2. Kapitel, 4. Teil, B. III. 1.), eine Maßnahme der Arbeitsförderung nach den §§ 59 ff. SGB III, nur geleistet, wenn sich die ausländische Person bereits fünf Jahre im Inland aufgehalten hat und rechtmäßig erwerbstätig gewesen ist oder sich ein Elternteil während der letzten sechs Jahre vor Beginn der Ausbildung insgesamt drei Jahre im Inland aufgehalten hat und rechtmäßig erwerbstätig gewesen ist (§§ 63 Abs. 3 Nr. 1 und 2 SGB III). Ausnahmen bestehen für Unionsbürger und anerkannte Flüchtlinge, aber auch für Familienangehörige von Ausländern, die über einen verfestigten Aufenthaltsstatus verfügen. Mit der Be-

---

Schutzes abweichen, dass sie mittelbar eine nur die eigenen Staatsangehörigen begünstigende Diskriminierung aus Anlass der Wehrpflicht einführen.“, Rn. 6 des Urteils). Auch ordnete er die in Frage stehende Regelung über die Anrechnung der Wehrdienstzeit auf die Betriebszugehörigkeit als „Beschäftigungs- und Arbeitsbedingung“ ein und lehnte eine Zuordnung zur Landesverteidigung wegen des nur mittelbaren Zusammenhangs ab (Rn. 5 des Urteils). Da die Gleichbehandlung der Wehrdienstleistenden im Hinblick auf ihr Arbeitsverhältnis daher Ausdruck des Diskriminierungsverbotes nach Art. 39 Abs. 2 EGV ist, unterfallen die Regelungen des ArbPlSchG dem Gleichbehandlungsgebot hinsichtlich der Arbeitsbedingungen. Noch für ein Kündigungsrecht s. BAG NJW 1983, 2782 und BAG DB 1989, 985.

1053 Vgl. oben Fn. 608. S. auch *Vogt*, S. 209 ff. Vorversicherungszeiten: § 33 Abs. 2 SGB XI (Pflegeversicherung, 5 Jahre); §§ 157 ff. SGB VI (Rentenversicherung).

1054 *Von Maydell*, Die sozialrechtliche Stellung von Drittstaatsangehörigen in den Mitgliedstaaten der EU und des EWR, in: Due/Lutter/Schwarze, FS Everling, S. 819 ff., 830 f.; *Vogt*, S. 213 ff.

rufsausbildungsbeihilfe wird während der beruflichen Ausbildung der Lebensunterhalt gesichert, um so die Durchführung einer nach Eignung und Neigung gewählten *Erst*ausbildung staatlicherseits zu gewährleisten. Die Beihilfe fördert damit den Berufszugang und richtet sich weniger an bereits Berufstätige als an *künftige* Arbeitnehmer (sie umfasst nicht die Maßnahmen der beruflichen Weiterbildung, die in den §§ 77 ff. SGB III geregelt sind und die ausländischen Arbeitnehmer gleichermaßen offenstehen). Dementsprechend setzt die Förderungsfähigkeit von Deutschen und den privilegierten Personengruppen nicht deren Arbeitnehmereigenschaft vor oder während der Förderung voraus. Fraglich ist daher, ob diese Leistung als auf den Zugang zum Arbeitsmarkt gerichtete Maßnahme überhaupt an dem Gleichbehandlungsgebot der Abkommen zu messen ist. Hierfür spricht, dass eine Ungleichbehandlung von Arbeitnehmern vorliegt, denn der ausländische Arbeitnehmer muss die Vorerwerbszeiten erfüllen, während der Deutsche diesen Voraussetzungen nicht unterliegt, ja nicht einmal Arbeitnehmer sein muss. Andererseits hat das Gleichbehandlungsgebot (nur) den Zweck, den ausländischen Arbeitnehmer, der einer Erwerbsbeschäftigung nachgeht, vor Diskriminierungen in Bezug auf die ausgeübte Tätigkeit zu schützen. Zu den Arbeitsbedingungen in diesem Sinne zählen zwar auch soziale Leistungen und gerade auch solche, die nicht an dem Beschäftigungsverhältnis anknüpfen. Das Gleichbehandlungsgebot dient aber nicht dazu, den (qualifizierten) Arbeitsmarktzugang für eine andere Tätigkeit als die ausgeübte erst zu ermöglichen. Allein hierauf zielt aber die Berufsausbildungsbeihilfe, die den qualifizierten Nachwuchs fördern und als Pendant zum BAföG für Ausbildungsberufe die Bildungsreserven erweitern soll.[1055] Es verbietet daher nicht, ausländischen Arbeitnehmern den Zugang zur Förderung der Berufsausbildung und damit die Einreise zum Zweck des Erwerbs einer Berufsausbildung zu erschweren. Die Ausgestaltung der Beihilfe als sog. eltern- bzw. ehegattenabgeleiteter Leistungsanspruch berücksichtigt das Wechselspiel zwischen sozialer und rechtlicher Integration auch der Familienangehörigen von ausländischen Arbeitnehmern, denn die soziale Integration der Familie, die in der längeren Erwerbstätigkeit der Eltern bzw. des Ehegatten ihren Ausdruck findet, wird durch eine weitgehende rechtliche Gleichstellung mit Inländern erhöht.[1056] Die notwendigen Voraufenthalts- und Vorerwerbszeiten der Eltern bzw. des Ehegatten entsprechen zudem den Vorgaben des für Familienangehörige von türkischen Arbeitnehmern zu beachtenden Art. 7 ARB Nr. 1/80.[1057]

1055 *Fuchsloch*, in: Gagel, SGB III, Vorbemerkungen zu § 59 Rn. 43.

1056 § 63 SGB III, der den förderungsfähigen Personenkreis beschreibt, wurde durch Art. 4 des 22. Gesetz zur Änderung des Bundesausbildungsförderungsgesetzes vom 23. Dezember 2007 umfassend und parallel zu den Neuerungen beim BAföG geändert. Die Neuregelungen ermöglichen eine deutlich verbesserte Förderung von Familienangehörigen von Ausländern mit verfestigtem Aufenthaltsstatus.

1057 Es ist nicht unstreitig, ob dass Assoziationsrecht auf die Berufsausbildungsbeihilfe Anwendung findet, vgl. *Fuchsloch*, in: Gagel, SGB III, § 63 Rn. 92. Mit dem uneingeschränkten Arbeitsmarktzugang der türkischen Familienangehörigen nach Art. 7 ARB

Es bleibt zu überprüfen, ob die Voraussetzungen, unter denen Ausländer Leistungen der Grundsicherung für Arbeitsuchende nach dem SGB II in Anspruch nehmen können, dem Gleichbehandlungsgebot entsprechen. Die Voraussetzungen wurden im Hinblick auf die Berechtigung von Unionsbürgern bereits dargestellt. Bei Unionsbürgern und Drittstaatsangehörigen kommt es vor allem darauf an, dass sie ihren gewöhnlichen Aufenthalt in der Bundesrepublik Deutschland haben und erwerbsfähig sind (§ 7 Abs. 1, § 8 SGB II; 2. Kapitel, 4. Teil, B. II.). Erwerbsfähigkeit liegt vor, wenn die Aufnahme einer Beschäftigung erlaubt ist oder „erlaubt werden könnte". Für Drittstaatsangehörige bedeutet dies, dass ein die Aufnahme einer Beschäftigung gestattender Aufenthaltstitel nicht bereits vorliegen, aber eine vorausschauende Prognose ergeben muss, dass ein solcher Titel, einschließlich eventueller Auflagen, erteilt werden könnte.[1058]Die Gründe, warum Ausländern mit unbeschränktem oder nachrangigem Arbeitsmarktzugang der Status von Erwerbsfähigen nicht (mehr) verweigert wird und sie als Berechtigte im Sinne des § 7 SGB II anerkannt werden, beruhen auf der Zielsetzung des neuen Grundsicherungssystems und den Gleichbehandlungsgrundsätzen gegenüber Inländern.[1059] Die frühere Rechtslage war darauf ausgelegt, großzügig bei der Gewährung von Sozialhilfe und restriktiv im Hinblick auf die Erteilung einer Arbeitserlaubnis zu sein. Dies bedeutete jedoch eine volkswirtschaftliche Überlastung und erwies sich für die Integration als kontraproduktiv. Daher sollen nun auf die berechtigten Ausländer die Instrumente des SGB II mit ihren Anreizen und auch Sanktionsmöglichkeiten anstelle von Leistungen nach dem Sozialhilferecht (SGB XII) mit geringeren Sanktionsmöglichkeiten Anwendung finden.[1060] Sofern sich ein Ausländer weigert, eine

---

Nr. 1/80 geht jedoch auch ein Anspruch auf gleiche Förderung des Arbeitsmarktzugangs einher, da ansonsten das Recht auf Arbeitsmarktzugang eingeschränkt wäre. Zudem bezieht sich das Gleichbehandlungsgebot des Art. 3 Abs. 1 des Beschlusses Nr. 3/80 auf alle Leistungen der VO (EWG) Nr. 1408/71, zu denen auch die Leistungen der Arbeitsförderung gehören. Des Weiteren sind die Kinder türkischer Arbeitnehmer im Hinblick auf die Lehrlingsausbildung und die berufliche Bildung gleich zu behandeln (Art. 3 ARB Nr. 1/76 und Art. 9 ARB Nr. 1/80, vgl. Fn. 978). Dies muss auch für die mit der Schul- bzw. Berufsbildung verknüpften staatlichen Fördermaßnahmen als soziale Vergünstigungen gelten, da das „können" nicht im Sinne einer den einzelnen Mitgliedstaaten zu überlassenden Regelung zu verstehen ist, sondern im Sinne „können beanspruchen" (vgl.: *Fuchsloch*, in: Gagel, SGB III, § 63 Rn. 101). In Bezug auf das BAföG hat der EuGH dies in der Entscheidung Rs. C-374/03, Gürol, Slg. 2005, I-6199, klargestellt. Gleiches muss für die Berufsausbildungsbeihilfe gelten. Damit ist z. B. die Entscheidung des Bundessozialgerichts (24. 5. 1984 - 7 RAr 67/82 - AuB 1985, S. 89) überholt, die die Nichtanwendbarkeit des Art. 9 ARB Nr. 1/80 auf die Berufsausbildungsbeihilfe vorsah.

1058 *Blüggel*, in: Eicher/Spellbrink, SGB II, § 8, Rn. 61 f.

1059 Eingeführt durch das Vierte Gesetz über moderne Dienstleistungen am Arbeitsmarkt (BGBl. 2003 Teil I, S. 2954).

1060 So auch *Löns/Herold-Tews*, § 7, Rn. 2; Begründung des Gesetzesentwurfs (BT-Drucks. 15/1516, S. 52).

Arbeit anzunehmen, können die Leistungen zur Sicherung des Lebensunterhalts abgesenkt werden.[1061]
Es sei noch hinzugefügt, dass ausländischen Arbeitnehmern, sofern nicht die Leistungen der Grundsicherung für Arbeitsuchende (SGB II) oder der Arbeitsförderung (SGB III) vorrangig zu berücksichtigen sind, die in § 23 Abs. 1 S. 1 aufgeführten Kernleistungen der Sozialhilfe gewährt werden. Eine ganze Reihe von Leistungsformen wie z. B. die Hilfe zur Überwindung besonderer sozialer Schwierigkeiten (§§ 67 ff. SGB XII) sowie Hilfen in anderen Lebenslagen (§§ 70 ff. SGB XII) sind damit aus der Regelversorgung ausgenommen; sie können nach Ermessen erbracht werden.[1062] Die Einschränkungen gelten jedoch nicht für Ausländer, die im Besitz einer Niederlassungserlaubnis oder eines befristeten Aufenthaltstitels sind und sich voraussichtlich dauerhaft im Bundesgebiet aufhalten. Da sich das assoziationsrechtliche Gleichbehandlungsgebot nur auf Personen mit Arbeitnehmereigenschaft bezieht, ist kaum denkbar, dass § 23 SGB XII angesichts der Vorrangigkeit des SGB II und SGB III zur Anwendung gelangt.

4. Teil: Zusammenfassung zu Kapitel 4 – Die Rechtspositionen von drittstaatsangehörigen Arbeitnehmern im Vergleich zu EU-Arbeitnehmern

In diesem vierten und letzten Kapitel der Arbeit wurden die gemeinschaftsrechtlichen Vorgaben dargestellt, die für den Aufenthaltsstatus von drittstaatsangehörigen Arbeitnehmern bestehen. Sie basieren einerseits auf Sekundärrechtsakten, die die EG im Rahmen ihrer Kompetenz zum Erlass von einwanderungspolitischen Maßnahmen erlassen hat, und andererseits auf völkerrechtlichen Abkommen der EG (und ihrer Mitgliedstaaten).
Das Ziel der Einwanderungspolitik ist es, eine gerechte Behandlung von Drittstaatsangehörigen sicherzustellen und eine energischere Integrationspolitik darauf auszurichten, ihnen Rechte und Pflichten zuzuerkennen, die denen der Unionsbürger vergleichbar sind.[1063] Gemessen an diesem Maßstab nehmen sich die bisher ergangenen Sekundärrechtsakte gering aus. Dies gilt insbesondere für die im Rahmen der vorliegenden Arbeit betrachteten Aspekte des Aufenthalts, des Zugangs zum Arbeitsmarkt und der Eingliederung in die innerstaatlichen Sozialsysteme von drittstaatsangehörigen Arbeitnehmern und ihren Familienangehörigen. So gewährt zwar die Richtlinie 2003/109/EG (Daueraufenthaltsrichtlinie) eine Verfestigung der aufenthaltsrechtlichen Stellung von Drittstaatsangehörigen nach fünf Jahren. Mit Erreichen dieses Status genießen sie jedoch weder voll-

1061 *Löschau/Marschner*, Rn. 245.
1062 *Kunkel*, in: Klinger/Kunkel/Peters, Rn. 132.
1063 Vgl. KOM 2007(638) endg., zu den Schlussfolgerungen der Sondertagung des Europäischen Rates von Tampere am 15. und 16. Oktober 1999.

ständigen Arbeitsmarktzugang noch umfassende Teilhabe an staatlichen Leistungen. Dieses Modell der schrittweisen bzw. verzögerten Integration stellt einen wesentlichen Unterschied zu den Personenfreizügigkeiten von erwerbstätigen Unionsbürgern dar, deren Aufenthaltsstatus von Anbeginn an einen hohen Integrationsgrad in die Gesellschaft des Aufnahmemitgliedstaats aufweist. Auch die Aufenthaltsrechte in einem anderen Mitgliedstaat unterliegen Beschränkungen, die gegenüber Unionsbürgern nicht bestehen. Unterschiede bestehen auch in den Familiennachzugsrechten nach der RL 2003/86/EG, da der Nachzug von Wartefristen und Voraufenthaltszeiten sowie der Erfüllung von Integrationskriterien abhängig gemacht werden darf und der Kreis der nachzugsberechtigten Personen enger definiert und von strengeren Altersgrenzen abhängig ist. Eine Migration „im Familienverbund“, wie sie Unionsbürgern gewährleistet ist, ist Drittstaatsangehörigen daher nicht möglich.
Ambivalent nimmt sich hingegen die RL 2005/71/EG (Forscher-Richtlinie) aus. Sie vermittelt einerseits einen attraktiven Aufenthaltsstatus mit Weiterwanderungsrechten, verfolgt allerdings nicht das Ziel, den drittstaatsangehörigen Forschern einen dauerhaften Aufenthalt in der EG zu ermöglichen und sie in den regulären Arbeitsmarkt einzuführen. Vielmehr sollen gleichzeitig mit der Mobilität Maßnahmen zur Wiedereingliederung der Forscher in ihre Heimatländer ausgearbeitet werden.[1064] Sie kann daher nicht zu einer Annäherung der Drittstaatsangehörigen an den Unionsbürgerstatus beitragen.
Dennoch zeigen die Richtlinien 2003/86/EG und 2003/109/EG, dass Drittstaatsangehörigen und ihren Familienangehörigen innerhalb der EG zunehmend ein aufenthaltsrechtlicher Status verliehen wird, der auf ihre dauerhafte und gleichberechtigte Integration gerichtet ist. Ihr Aufenthalt orientiert sich damit nicht mehr ausschließlich an einem vorübergehenden Zweck, sondern kann sich von dem ursprünglichen Zweck lösen und in ein zweckungebundenes Aufenthaltsrecht erwachsen. Hierin besteht eine Parallele zu der Entwicklung der Personenfreizügigkeiten von Unionsbürgern, die Freizügigkeit allein wegen ihrer Eigenschaft als Unionsbürger genießen. Einem „Raum oder Freiheit“, in dem der freie Personenverkehr gewährleistet ist, rückt die Rechtsstellung der Drittstaatsangehörigen durch die genannten Richtlinien jedenfalls ein Stück näher. An dieser Stelle sei zudem nochmals auf die bisher noch im Entwicklungsstadium befindlichen Richtlinien „über die Bedingungen für die Einreise und den Aufenthalt von Drittstaatsangehörigen zur Ausübung einer hochqualifizierten Beschäftigung“[1065] (EU Blue Card) sowie für eine „Richtlinie des Rates über ein einheitliches Antragsverfahren für eine kombinierte Erlaubnis für Drittstaatsangehörige zum Aufenthalt und zur Arbeit im Gebiet eines Mitgliedstaates und über ein gemeinsames Bündel von Rechten für Drittstaatsangehörige, die sich rechtmäßig in einem Mitgliedstaat aufhalten“[1066] (sog. Rahmenricht-

1064 Vgl. Erwägungsgrund Nr. 6 der RL 2005/71/EG.
1065 KOM(2007) 637 endg.
1066 KOM(2007) 638 endg.

linie) hingewiesen, die im Rahmen der Kompetenzen (s. oben 1. Kapitel, 2. Teil, A. II. 1. c), bb)) besprochen wurden und die den Umfang der Bemühungen der EG-Kommission um eine gemeinsame Einwanderungspolitik verdeutlichen. Ihr Erlass würde eine deutliche Verbesserung des Aufenthaltsstatus von Drittstaatsangehörigen sowie eine Harmonisierung der Zulassungsverfahren für eine gemeinsame Arbeitsmigration bedeuten.
Inwieweit sich der Status von Drittstaatsangehörigen aufgrund der völkerrechtlichen Abkommen verbessert bzw. verfestigt, hängt stark von der Art und den Zielsetzungen des jeweiligen Abkommens ab. Die Angehörigen der EWR-Staaten sowie der Schweiz können sich auf umfassende Freizügigkeitsrechte berufen, und auch türkische Arbeitnehmer erfahren mit fortschreitender Aufenthaltsdauer eine Verfestigung des Aufenthaltsstatus sowie zunehmende Arbeitsmarktzugangsrechte. Aber auch die übrigen der dargestellten Abkommen bewirken eine Verbesserung der aufenthaltsrechtlichen Stellung, da das in allen enthaltene Gleichbehandlungsgebot unmittelbar anwendbar ist und hinsichtlich der Arbeitsbedingungen eine weitgehend dem Gleichbehandlungsgebot des Art. 39 Abs. 2 vergleichbare Bedeutung vermittelt. Die begünstigten Arbeitnehmer können sich daher hierauf berufen, um auch soziale Vergünstigungen, jedenfalls soweit sie tatsächlich mit dem Arbeitsverhältnis in Verbindung stehen, zu erlangen. Darüber hinaus erzeugt das Gleichbehandlungsgebot für die Dauer einer einmal gewährten Arbeitserlaubnis eine vorübergehende Rechtsposition, die nicht ohne weiteres durch aufenthaltsrechtliche Erwägungen wieder verkürzt werden kann. Der genannte Entwurf für eine Rahmenrichtlinie spiegelt im Übrigen dieses völkerrechtlich begründete Gleichbehandlungsgebot wider, so dass mit Erlass der Richtlinie nicht mehr nur die einer Vertragspartei angehörigen Drittstaatsangehörigen begünstigt wären, sondern eine einheitliche Rechtsstellung aller Drittstaatsangehörigen gewährleistet wäre.

Die Rechtslage der Bundesrepublik Deutschland entspricht weitgehend den gemeinschaftsrechtlichen Vorgaben; es ist deutlich erkennbar, dass die Änderungen des bundesdeutschen Ausländerrechts, die es durch das Zuwanderungsgesetz erfahren hat, ihren Anstoß bereits in den gemeinschaftsrechtlichen Neuerungen genommen hatten. Ein Anpassungsbedarf ist dennoch, trotz des Gesetzes zur Umsetzung aufenthalts- und asylrechtlicher Richtlinien der Europäischen Union vom 19. August 2007, verblieben, wie die genannten Unstimmigkeiten z. B. beim Familiennachzug und einzelnen sozialen Leistungen zeigen. Eine Annäherung in der aufenthaltsrechtlichen Stellung von Drittstaatsangehörigen an die der Unionsbürger und eigenen Staatsangehörigen ist jedenfalls für hochqualifizierte Arbeitnehmer zu verzeichnen, die im Rahmen der Niederlassungserlaubnis einen attraktiven Aufenthaltsstatus erlangen. Des Weiteren resultiert aus der geänderten Systematik der Sozialleistungen für Erwerbsfähige nach den SGB II, III und XII, dass Drittstaatsangehörigen eher die Ausübung einer Beschäftigung gestattet wird, als sie trotz Erwerbsfähigkeit auf die Leistungen der Sozialhilfe zu verweisen.

Abschließend ist festzuhalten, dass die Aktivitäten der EG auf dem Gebiet der Einwanderungspolitik die rechtlichen Rahmenbedingungen des (nationalen) Ausländerrechts bereits nachhaltig verändert haben. Zudem wird auch der Einfluss der Rechtsprechung des EuGH weiter wachsen und die deutsche Rechtspraxis prägen. So reduzieren sich die Gestaltungsspielräume des deutschen Gesetzgebers zunehmend auf Beschränkungs- und Abweichungsregelungen, die den völker- und europarechtlichen Rahmen wahren müssen.[1067]

1067 *Kluth*, ZAR 2006, 1 ff., 8.

Schlussbetrachtungen

Ziel der vorliegenden Arbeit war es, auf der Grundlage des Gemeinschaftsrechts und des Rechts der Bundesrepublik Deutschland die Rechtsstellung von ausländischen Arbeitnehmern im Hinblick auf ihr Aufenthaltsrecht, den Zugang zum Arbeitsmarkt sowie ihre Eingliederung in die innerstaatlichen Sozialsysteme zu untersuchen. Die Arbeit kommt zu dem Ergebnis, dass innerhalb der Europäischen Gemeinschaft noch keine Gleichbehandlung aller Arbeitnehmer gewährt wird. Zahlreiche Änderungen des gemeinschaftlichen und bundesdeutschen Freizügigkeits- bzw. Ausländerrechts führen jedoch zu einer Annäherung der aufenthaltsrechtlichen Position von drittstaatsangehörigen Arbeitnehmern an die rechtliche Stellung von EU-Arbeitnehmern und insgesamt zu einem höheren Grad an Gleichbehandlung mit den Staatsangehörigen der Bundesrepublik. Die Europäische Gemeinschaft kann daher noch nicht als ein Binnenmarkt bezeichnet werden, in dem alle Arbeitnehmer dieselben Bedingungen erfahren, aber sie befindet sich auf einem guten Weg dorthin.[1068]

1. Zum einen weist die Freizügigkeit der EU-Arbeitnehmer eine neue Qualität auf. Sie kann zwar als verwirklicht angesehen werden, gewährt sie EU-Arbeitnehmern doch weitestgehend hindernisfreie Mobilität und stellt die notwendigen Instrumentarien für eine vollständige rechtliche Integration der Arbeitnehmer und ihrer Familien im Aufnahmemitgliedstaat bereit. Dennoch hat sie in der letzten Zeit bedeutende Veränderungen erfahren, die allerdings weniger in den Art. 39 ff. EGV selbst begründet sind, sondern in der Rechtsprechung des EuGH zu den im Zusammenhang mit der Unionsbürgerschaft bestehenden sozialen Rechten. Während lange Zeit davon ausgegangen werden konnte, dass die Art. 39 ff. EGV eine Reihe von aufenthalts- und sozialrechtlichen Privilegien exklusiv für Arbeitnehmer bereitstellen, stellt die Rechtsprechung des EuGH zur Unionsbürgerschaft dieses Verhältnis nun in Frage. Nach Auffassung des EuGH begründet die Unionsbürgerschaft Freizügigkeit als das „elementare und persönliche“ Recht jedes Unionsbürgers, sich frei im Hoheitsgebiet der EG-Mitgliedstaaten zu bewegen, aus dem Status als Unionsbürger heraus. So genießen auch nichterwerbstätige Unionsbürger und Arbeitsuchende wegen dieses Status nicht nur umfassende Aufenthaltsrechte, sondern auch weitgehende Gleichbehandlungsrechte, die die Konturen zu den Privilegien der Arbeitnehmerfreizügigkeit in Frage stellen bzw. ihren Anwendungsbereich entsprechend öffnen.[1069] Dennoch ist die Entwicklung und sogar Überlagerung eines allgemeinen Freizügigkeitsrechts gegenüber dem System der zweckgebundenen, für die Ausübung einer wirtschaftlichen Tätigkeit gewährten Aufenthalts- und Gleichbehandlungsrechte aus der Perspektive eines „Raums ohne Binnengren-

---

1068 *Höller*, S. 329.

1069 EuGH Rs. C-224/98, D'Hoop, Slg. 2002, I-6194, Rn. 28, erstmals in EuGH Rs. C-184/99, Grzelczyk, Slg. 2001, I-6193, Rn. 31.

zen" zu begrüßen. Ausdruck dieses veränderten Verständnisses ist auch die neue RL 2004/38/EG, die das frühere „Konglomerat" an sekundärrechtlichen Bestimmungen zu Aufenthalts- und Gleichbehandlungsrechten zu einem einzigen Sekundärrechtsakt zusammengefasst und darüber hinaus die neuere Rechtsprechung des EuGH eingearbeitet hat.

2. Zum anderen ist mit mehreren EG-Richtlinien, die als einwanderungspolitische Maßnahmen auf der Grundlage des IV. Titels des EG-Vertrages „Visa, Asyl, Einwanderung und andere Politiken betreffend den freien Personenverkehr" ergangen sind, eine Dynamik für das Einwanderungsrecht in die EG in Gang gesetzt worden, die nicht nur einen hohen Umsetzungsbedarf hinsichtlich der Strukturen und Inhalte des mitgliedstaatlichen Rechts hervorgerufen hat. Der gesamten Einwanderungspolitik der EG wurde eine neue Dimension verliehen, die sich nun in weiteren Sekundärrechtsvorschlägen wie z. B. dem zur EU Blue Card und der sog. Rahmenrichtlinie fortsetzt.[1070]
So zeigen die Richtlinien 2003/86/EG und 2003/109/EG, die Rechte zur dauerhaften und gleichberechtigten Integration der Drittstaatsangehörigen und ihrer Familienangehörigen einräumen, dass Drittstaatsangehörigen zunehmend nicht mehr nur punktuelle, auf vorübergehende Privilegien für z. B. die Ausübung einer Erwerbstätigkeit beschränkte Rechte eingeräumt werden. Vielmehr tritt ihre rechtliche Stellung als solche in den Vordergrund. Die genannten, im Entwurfsstadium befindlichen Richtlinien würden der europäischen Einwanderungspolitik noch deutlich schärfere Konturen verleihen. Der Entwurf für eine Rahmenrichtlinie sieht z. B. für die sich rechtmäßig in der EU aufhaltenden Drittstaatsangehörigen ein „Bündel an Rechten" vor, welches ihnen in allen wesentlichen Lebensbereichen Gleichbehandlung mit den Staatsangehörigen des Aufnahmemitgliedstaats gewährt. Zusammen mit den in den Sekundärrechtsakten enthaltenen – wenngleich eingeschränkten – Wanderungsrechten innerhalb der EG sowie den Ansätzen zur einheitlichen Ausgestaltung der Einreise- bzw. Zulassungsverfahren in die EG, ist der Aufbau eines Raums der Freiheit, der Sicherheit und des Rechts deutlich erkennbar.

Im Vergleich zu EU-Arbeitnehmern weist die Aufenthaltsposition von Drittstaatsangehörigen freilich einen geringeren Integrationsgrad auf. Der Grund hierfür liegt bereits in den einwanderungspolitischen Kompetenzen der EG (Art. 63 Abs. 1 Nr. 3 lit. a und 4 EGV), die auf den Erlass von Mindestnormen

1070 Richtlinie über die Bedingungen für die Einreise und den Aufenthalt von Drittstaatsangehörigen zur Ausübung einer hochqualifizierten Beschäftigung (EU Blue Card; KOM(2007) 637 endg.) sowie Richtlinie über ein einheitliches Antragsverfahren für eine kombinierte Erlaubnis für Drittstaatsangehörige zum Aufenthalt und zur Arbeit im Gebiet eines Mitgliedstaates und über ein gemeinsames Bündel von Rechten für Drittstaatsangehörige, die sich rechtmäßig in einem Mitgliedstaat aufhalten (sog. Rahmenrichtlinie; KOM(2007) 638 endg.).

beschränkt ist und den Sekundärrechtsakten einen überwiegend koordinatorischen Charakter zuweisen (Art. 63 Abs. 2 EGV). Sie stellen keine geeignete Grundlage für eine abschließende Harmonisierung durch das Sekundärrecht dar. Vollständig in der Kompetenz der Mitgliedstaaten ist es verblieben, über das Ausmaß an Zuwanderung in ihr Hoheitsgebiet zu entscheiden sowie die (erstmalige) Zulassung zum Arbeitsmarkt zu regeln und damit das mitgliedstaatliche Einwanderungsrecht am ökonomisch definierten Eigeninteresse des Aufnahmestaates an Zuwanderung auszurichten.[1071]
Auch zeigen die Entstehungsgeschichte und die Struktur des bisher ergangenen, weite Gestaltungsspielräume für die Mitgliedstaaten belassenden Sekundärrechts, dass die Europäische Union bei der Umsetzung einer gemeinsamen Migrationspolitik in Bezug auf drittstaatsangehörige Arbeitnehmer auf skeptische Zurückhaltung vieler Mitgliedstaaten trifft. So befindet sich die europäische Einwanderungspolitik gerade im Bereich der Arbeitsmarktmigration zwar noch in einem Entwicklungsstadium. Jedenfalls kann aber nicht mehr vertreten werden, dass die einwanderungspolitischen Bestimmungen eine Wirtschaftsmigration nicht fördern bzw. gar verhindern würden.

Eine aufenthaltsrechtliche Sonderstellung nehmen Arbeitnehmer aus Drittstaaten ein, mit denen die EG (und ihre Mitgliedstaaten) ein völkerrechtliches Abkommen abgeschlossen haben, sofern es ein Gleichbehandlungsgebot hinsichtlich der Arbeitsbedingungen enthält. Auch hieraus ergeben sich – gemeinschaftsrechtliche – Verpflichtungen der Mitgliedstaaten, die die rechtliche Stellung der Drittstaatsangehörigen betreffen. In den wenigsten Fällen gewähren die Abkommen das Recht zur Aufnahme einer Erwerbstätigkeit; nur das Abkommen über den Europäischen Wirtschaftsraum und das Freizügigkeitsabkommen mit der Schweiz stellen im Wesentlichen die Freizügigkeit der Arbeitnehmer zwischen den Vertragsparteien her. Da das abkommensrechtliche Gleichbehandlungsgebot aber unmittelbare Wirkung hat und ihm weitgehend dieselbe Bedeutung zukommt wie dem Gleichbehandlungsgebot des Art. 39 Abs. 2 EGV, sind die drittstaatsangehörigen Arbeitnehmer in weiten Teilen des Arbeits- und Sozialrechts vor Diskriminierungen geschützt.

3. Diese gemeinschaftsrechtlichen Vorgaben trafen in der Bundesrepublik Deutschland auf ein innerstaatliches Freizügigkeits- und Ausländerrecht, welches selbst aufgrund arbeitsmarktpolitischer und demographischer Gegebenheiten mit dem am 1. Januar 2005 in Kraft getretenen Zuwanderungsgesetz einer Gesamtrevision unterzogen wurde, wenngleich im Wesentlichen nur im Hinblick auf Drittstaatsangehörige. Das bisherige Aufenthalts- und Ausländerrecht, welches die Grundsätze der einseitigen Zuwanderungsbegrenzung und des Anwerbestopps verkörperte, entsprach nicht mehr den Erfordernissen des sich wandelnden Arbeitsmarktes, dessen Bedarf an qualifizierten Fach- und Führungs-

1071 *Schieffer*, S. 137.

kräften nicht mehr allein über die Ausschöpfung des eigenen Potenzials an Nachwuchskräften gedeckt werde konnte. So sollte ein neues Zuwanderungsrecht erlassen werden, welches die Konkurrenzfähigkeit der deutschen Wirtschaft erhält, indem es einer differenzierten, gezielten Steuerung der Zuwanderung zugänglich ist und attraktive Aufenthaltsbedingungen bietet. Es wird begleitet von einer aktiven Integrationspolitik gegenüber den Zuwanderern. Während es das frühere Recht als ausreichend erachtete, Rechtssicherheit hinsichtlich des weiteren Aufenthalts zu verschaffen, hat sich das neue Zuwanderungsrecht der systematischen Förderung der Integration verschrieben.

Die dargestellten gemeinschaftsrechtlichen Vorgaben spiegeln sich nun weitestgehend im Recht der Bundesrepublik Deutschland wider, nachdem insbesondere auch mit dem Gesetz zur Umsetzung aufenthalts- und asylrechtlicher Richtlinien der Europäischen Union vom 19. August 2007 die Rechtslage angepasst wurde. Unstimmigkeiten ergeben sich dennoch vor allem vor dem Hintergrund der aktuellen Rechtsprechung zur Teilhabe von Unionsbürgern an den Sozialleistungen des Aufnahmemitgliedstaats, da das deutsche Recht einerseits ein großzügiges Aufenthaltsrecht gewährt, andererseits aber die Anspruchsberechtigung im Hinblick auf soziale Leistungen einschränkt. Dies scheint jedoch nicht dem gemeinschaftsrechtlichen Konzept zu entsprechen, wonach fehlende finanzielle Selbständigkeit mit aufenthaltsbeendenden Maßnahmen, nicht aber mit einem Ausschluss von den Sozialleistungen beantwortet werden darf, sofern „ein gewisser Grad an Integration" im Aufnahmemitgliedstaat erreicht ist. Änderungsbedarf besteht des Weiteren im Hinblick auf den Nachzug von drittstaatsangehrigen Familienmitgliedern zu Unionsbürgern und deutschen Rückkehrern.

4. Insgesamt tritt sowohl auf Gemeinschaftsebene als auch auf der Ebene der Bundesrepublik deutlich zu Tage, dass die Migration zum Zweck der Ausübung einer Erwerbstätigkeit und die Integration ausländischer Arbeitnehmer von besonderer Sensibilität geprägt sind und zudem ein besonderes Spannungsfeld zwischen nationalen und gemeinschaftlichen Kompetenzen bergen. Grund hierfür ist vor allem, dass die Migration von Arbeitnehmern mit einer Vielzahl von sozialpolitischen Fragen für die beteiligten Staaten verbunden ist und Herausforderungen ganz eigener Art sowohl für die Herkunfts- als auch die aufnehmende Gesellschaft birgt. Sie betreffen z. B. die Aufnahmefähigkeit des einheimischen Arbeitsmarktes, die Liberalität des nationalen Einwanderungsrechts und die Funktionsfähigkeit der staatlichen Sozialsysteme. Dies gilt sowohl für die grenzüberschreitende Arbeitskräftemobilität innerhalb der EG als auch für die Arbeitsmigration in die EG. Ersteres zeigte sich in jüngerer Zeit im Rahmen der letzten beiden Erweiterungsrunden, deren Übergangsregelungen die Arbeitnehmer aus den mittel- und osteuropäischen Staaten für bis zu sieben Jahre nach dem Beitritt dem nationalen Arbeitsgenehmigungsrecht unterwerfen. Erst recht stößt eine gemeinsame Einwanderungspolitik auf den Widerstand und das Miss-

trauen der Mitgliedstaaten. So konzentriert sich z. B. auch die Bundesrepublik Deutschland darauf, den Arbeitsmarktbedarf vorrangig mit eigenen Kräften zu befriedigen und betont, dass den nationalen Regierungen ein großes Maß an Flexibilität bei der Steuerung der Arbeitsmigration mangels eines EU-einheitlichen Arbeitsmarktes und Arbeitskräftebedarfs gewährleistet bleiben muss.[1072] Nur langsam reift der Konsens, dass die EU als einheitlicher Einwanderungsraum zu betrachten ist. Dem europäischen Einwanderungsrecht sind derzeit zwar Grenzen gesetzt, diese gilt es jedoch im Interesse einer gesamteuropäischen Sicherheit schrittweise abzubauen und das Recht in diesem Bereich nicht nur zu harmonisieren, sondern langfristig zu vereinheitlichen. Dies schließt eine weitere Übertragung von Kompetenzen auf die EG ein.

1072 Aus dem Arbeitsprogramm der Bundesregierung zur deutschen Ratspräsidentschaft (Januar bis Juni 2007), S. 18 f.; *Altmaier*, ZAR 2007, 301 ff., 304.

Literaturverzeichnis

Adinolfi, Adelina
Free Movement and Access to Work of Citizens of the New Member States: the Transitional Measures, CML Rev. 2005, S. 469 ff.

Andreoli, Yvonne
Drittstaatsangehörige in der Europäischen Union, Assoziationsrechtliche Grundlagen, Bern 1999.

Arndt, Hans-Wolfgang / Knemeyer, Franz-Ludwig / Kugelmann, Dieter / Meng, Werner / Schweitzer, Michael (Hrsg.)
Völkerrecht und deutsches Recht, Festschrift für Walter Rudolf zum 70. Geburtstag, München 2001.
Zitiert: *Autor*, Titel des Beitrags, in: Arndt/Knemeyer/Kugelmann/Meng/ Schweitzer, FS Rudolf, S.

von Arnim, Christof
Der Stand der Assoziationsverhältnisse der EWG mit außereuropäischen Staaten, ZaöRV 30 (1970), S. 482 ff.

Von Auer, Peter
Voraussetzungen eines Aufenthaltsrechts aus Art. 6 ARB 1/80 für türkische Studierende mit Nebenbeschäftigung im Rahmen des § 16 III AufenthG, ZAR 2008, S. 223 ff.

Barrett, Gavin
Family Matters: European Community Law and Third-Country Family Members, CML Rev. 2003, S. 369 ff.

Becker, Ulrich
- Freizügigkeit in der EU – auf dem Weg vom Begleitrecht zur Bürgerfreiheit, EuR 1999, S. 522 ff.
- Unionsbürgerschaft und soziale Rechte, ZESAR 2002, S. 8 ff.

Bleckmann, Albert
Der gemischte Vertrag im Europarecht, EuR 1976, S. 301 ff.

Bergmann, Jan
- Das europäische Sozialrecht des Freizügigkeitsabkommens EU-Schweiz, NZS 2003, S. 175 ff.
- Aufenthaltserlaubnis auf Grund von «Verwurzelung», ZAR 2007, S. 128 ff.

Beschorne, Jürgen / Petrowsky, Cornelia
Zulässigkeit gemeinschaftsrechtlicher Beschränkungen des Nachzugs Minderjähriger, ZAR 2007, S. 87 ff.

Bley, Helmar / Kreikebohm, Ralf
Sozialrecht, 7. Aufl., Neuwied, Kriftel, Berlin, Luchterhand 1993.

Bischoff, Jan Asmus
Besprechung des Gutachtens 1/03 des EuGH vom 7.2.2006, EuZW 2006, S. 295 ff.

Bode, Stephanie
- Europarechtliche Gleichbehandlungsansprüche Studierender und ihre Auswirkungen in den Mitgliedstaaten. Zur Reichweite des Diskriminierungsverbots im Hochschulbereich unter besonderer Berücksichtigung der Unionsbürgerschaft, Baden-Baden 2005.
  Zitiert: *Bode*, S.
- Von der Freizügigkeit zur sozialen Gleichstellung aller Unionsbürger? Zur Wirkung und Reichweite von Art. 18 EG in der Rechtsprechung des EuGH, EuZW 2003, S. 552 ff.
- Anmerkung zu EuGH, Urt. v. 15.3.2005 – Rs. C-209/03 (Bidar), EuZW 2005, S. 279 ff.

Boelaert-Suominen, Sonja
Non-EU Nationals and Council Directive 2003/109/EC on the Status of Third-Country Nationals who are long-term Residents: Five Paces forward and possibly three Paces back, CML Rev. 2005, S. 1011 ff.

den Boer, Monica
The incorporation of Schengen into the TEU: a bridge too far?, in: Monar/Wessels (Hrsg.), S. 267 ff.

Borchardt, Klaus-Dieter
Der sozialrechtliche Gehalt der Unionsbürgerschaft, NJW 2000, S. 2057 ff.

Borrmann, Alexandra
Rechte drittstaatsangehöriger Ehegatten wandernder Unionsbürger, ZAR 2004, S. 61 ff.

Bouchouaf, Ssoufian / Britz, Gabriele / Richter, Tobias
Anmerkung zu EuGH, Urteil v. 27.6.2006, Rs. C-540/03 Europ. Parlament / Rat der EU, JZ 2007, S. 43 ff.

Breidenbach, Wolfgang
- Die Auswirkungen des Assoziationsrechts EG/Türkei auf das deutsche Arbeitsgenehmigungsrecht, Frankfurt am Main 2001.
- Tagungsbericht zu den Hohenheimer Tagen zum Ausländerrecht 2006 zum Thema: »Ausländische und binationale Familien«, ZAR 2006, S. 104 ff.

Breitkreutz, Katharina / Franßen-de la Cerda, Boris / Hübner, Christoph
Das Richtlinienumsetzungsgesetz und die Fortentwicklung des deutschen Aufenthaltsrechts – Fortsetzung, ZAR 2007, S. 381 ff.

Brinkmann, Gisbert
Family Reunification of Third-Country Nationals: Access of Family Members to Social Protection Benefits, EJML 2002, S. 291 ff.

Callies, Christian
Grundlagen, Grenzen und Perspektiven europäischen Richterrechts, NJW 2005, S. 929 ff.

Callies, Christian / Ruffert, Matthias (Hrsg.)
Das Verfassungsrecht der Europäischen Union, 3. Aufl. 2007.
Zitiert: *Bearbeiter*, in: Callies/Ruffert, Art. ... EGV/EUV, Rn. ...

Classen, Dieter
Die Grundfreiheiten im Spannungsfeld von europäischer Marktfreiheit und mitgliedstaatlichen Kompetenzen, EuR 2004, S. 416 ff.

Cernota, Dennis
Der Evaluationsbericht zum Zuwanderungsgesetz, ZAR 2006, S. 388 ff.

Colneric, Ninon
Entwicklungslinien in der Rechtsprechung des Gerichtshofs der Europäischen Gemeinschaften zum Status von Ausländern, Vortrag auf den Hohenheimer Tagen zum Ausländerrecht 2005, veröffentlicht unter:

Cremer, Hans-Joachim
Zur Einwirkung der EMRK auf das deutsche Ausländerrecht, Besprechung des Urteils des VG Karlsruhevom 29. November 2004, ZAR 2006, S. 341 ff.

Cremona, Marise
EU enlargement: solidarity and conditionality, E.L.Rev. 2005, S. 3 ff.

Currie, Samantha
„Free" movers? The post-accession experience of accession-8 migrant workers in the United Kingdom, E.L.Rev. 2006, S. 207 ff.

Davy, Ulrike
- Arbeitslosigkeit und Staatsangehörigkeit, ZIAS 2001, S. 221 ff.
- Das neue Zuwanderungsrecht: Vom Ausländergesetz zum Aufenthaltsgesetz, ZAR 2002, S. 171 ff.

Dederichs, Mariele
Die Methodik des Gerichtshofs der Europäischen Gemeinschaften, EuR 2004, S. 345 ff.

Dienelt, Klaus
- Die aufenthaltsrechtliche Bedeutung des Diskriminierungsverbots nach Art. 37 des Zusatzprotokolls, NVwZ 2003, S. 54 ff.
- Freizügigkeit nach der EU-Osterweiterung, München 2004.
  Zitiert: *Dienelt*, Freizügigkeit, S. ...
- Rechte aus den Europa-Mittelmeer-Abkommen, InfAuslR 2004, S. 45 ff.
- Freizügigkeit für Familienangehörige nach der EU-Osterweiterung, ZAR 2004, S. 393 ff.
- Auswirkungen der Familienzusammenführungsrichtlinie auf das AufenthG unter Berücksichtigung des 2. Änderungsgesetzes, 2. Aufl., Stand: März 2006; erhältlich als eBook unter http://www.migrationsrecht.net.
  Zitiert: *Dienelt*, Auswirkungen der Familienzusammenführungsrichtlinie, S. ...

Dolmans, Maurits J. F. M.
Problems of mixed agreements: division of powers within the EEC and the rights of third states, Den Haag 1985.

Dubey, Jean-Philippe
Case C-438/00, *Deutscher Handballbund eV* v. *Maros Kolpak*, judgement of the Court of Justice (Fifth Chamber) of 8 May 2003, [2003] ECR I-4135, CML Rev. 2005, S. 499 ff.

Due, Ole / Lutter, Marcus / Schwarze, Jürgen (Hrsg.)
Festschrift für Ulrich Everling, Band I, 1. Aufl. 1995.
Zitiert: *Autor*, Titel des Beitrags, in: Due/Lutter/Schwarze, FS Everling, S. …

Düsterhaus, Dominik
Bidar und BaföG: Nachlese zum Urteil EuGH, EuZW 2005, 277 – Bidar m. Anm. Bode, EuZW 2005, S. 325 f.

Eichenhofer, Eberhard
- Freizügigkeit und Europäisches Arbeitsförderungsrecht, ZIAS 1991, S. 161 ff.
- Unionsbürgerschaft - Sozialbürgerschaft? ZIAS 2003, S. 404 ff.
- Rechtsprechung des EuGH zum Europäischen koordinierenden Sozialrecht, JZ 2005, S. 558 ff.
- Sozialrecht der Europäischen Union, 3. Aufl., Berlin 2006.
  Zitiert: *Eichenhofer*, Rn. ...

Eicher, Wolfgang / Spellbrink, Wolfgang (Hrsg.)
SGB II, Grundsicherung für Arbeitsuchende, Kommentar, München 2005.
Zitiert: *Bearbeiter*, in: Eicher/Spellbrink, SGB II, § ..., Rn. ...

Einhorn, Talia
The Role of the Free Trade Agreement between Israel and the EEC: The Legal Framework for Trading with Israel between Theory and Practice, Baden-Baden 1994.

Epiney, Astrid
Zur Stellung des Völkerrechts in der EU, zugleich Besprechung von EuGH, EuZW 1998, 572 – Hermès und EuGH, EuZW 1998, 694 – Racke, EuZW 1999, S. 5 ff.

Fehrenbacher, Ansgar
- Freier Personenverkehr zwischen der Schweiz und den Mitgliedstaaten der Europäischen Gemeinschaft – Änderungen durch das bilaterale Abkommen zur Personenfreizügigkeit, NVwZ 2002, S. 1344 ff.
- Personenfreizügigkeit zwischen den EG-Mitgliedstaaten und der Schweiz, ZAR 2002, S. 278 ff.
- Die Freizügigkeitsregelungen im Rahmen der EU-Erweiterung und ihre ausländerrechtlichen Folgen, ZAR 2004, S. 22 ff.
- Übergangsregelungen bei der EU-Erweiterung und deren Auswirkungen im Ausländerrecht, ZAR 2004, S. 240 ff.

Feldgen, Dagmar
- Zugang zum Arbeitsmarkt nach dem Zuwanderungsgesetz, ZAR 2003, S. 132 ff.
- Das neue Ausländerbeschäftigungsrecht – Zugang zum Arbeitsmarkt für Drittstaatsangehörige, ZAR 2006, S. 168 ff.

Fischer, Roger A.
Das Assoziationsrecht der Europäischen Gemeinschaften, Bonn 1994.

Fischer-Lescano, Andreas
Nachzugsrechte von drittstaatsangehörigen Familienmitgliedern deutscher Unionsbürger, ZAR 2005, S. 288 ff.

Fremuth, Michael
Familienzusammenführung minderjähriger Kinder Drittstaatsangehöriger, Anmerkung zum Urteil des EuGH vom 27.6.2006, Rs. C-540/03 (Europäisches Parlament/Rat der Europäischen Union), EuZW 2006, S. 566 ff.

Fuchs, Maximilian
- Europäisches Sozialrecht, 4. Auflage, Baden-Baden 2005 (Hrsg.).
  Zitiert: *Bearbeiter* in Fuchs, Art. ..., Rn. ...
- Deutsche Grundsicherung und europäisches Koordinationsrecht, NZS 2007, S. 1 ff.

Fungueiriño-Lorenzo, Rocío
Visa-, Asyl- und Einwanderungspolitik vor und nach dem Amsterdamer Vertrag, Frankfurt am Main 2002.

Gärtner, Wolfram
Zu Inhalt und unmittelbarer Anwendbarkeit der Europa-Abkommen der EG mit den ostmitteleuropäischen Staaten, ROW 1993, S. 332 ff.

Göbel-Zimmermann, Ralph
„Scheinehen", „Scheinlebenspartnerschaften" und „Scheinväter" im Spannungsfeld von Verfassungs-, Zivil- und Migrationsrecht, ZAR 2006, S. 81 ff.

Golynker, Oxana
Student loans: the European concept of social justice according to Bidar, E.L.Rev. 2006, S. 390 ff.

Grabitz, Eberhard / Hilf, Meinhard (Hrsg.)
Das Recht der Europäischen Union, München 2006 (Stand der 30. Ergänzungslieferung Juni 2006).
Zitiert: *Bearbeiter* in, Grabitz/Hilf, Art. ... EGV/EUV.

Graßhof, Malte
Europarecht im deutschen Verwaltungsprozess (19): Melderecht, Reisepassrecht, Namensrecht, Staatsangehörigkeits- und Einbürgerungsrecht, VBlBW. 2002, S. 280 ff.

von der Groeben, Hans / Thiesing, Jochen / Ehlermann, Claus-Dieter (Hrsg.)
Kommentar zum EU-/EG-Vertrag, 5. Aufl. 1997.
Zitiert: *Bearbeiter*, in: GTE, Art. ... EGV/EUV, Rn. ...

von der Groeben, Hans / Schwarze, Jürgen (Hrsg.)
Kommentar zum Vertrag über die Europäische Union und zur Gründung der Europäischen Gemeinschaft, 6. Aufl. 2003.
Zitiert: *Bearbeiter*, in: von der Groeben/Schwarze, Art. … EG/EU, Rn. …

Groß, Helene
- Das Gesetz über die allgemeine Freizügigkeit von Unionsbürgern, ZAR 2005, S. 81 ff.
- Die Umsetzung der EU-Freizügigkeitsrichtlinie im deutschen Recht, ZAR 2006, S. 61 ff.

Groß, Thomas
Das deutsche Integrationskonzept – vom Fördern zum Fordern?, ZAR 2007, S. 315 ff.

Groenendijk, Kees
Familienzusammenführung als Recht nach Gemeinschaftsrecht, ZAR 2006, S. 191 ff.

Guild, Elspeth
The Legal Elements of European Identiy – EU Citizenship and Migration Law, Den Haag 2004.

Guild, Elspeth / Minderhoud, Paul (Hrsg.)
Security of Residence and Expulsion, Protection of Aliens in Europe, Den Haag 2001.

Gutmann, Rolf
- Europäisches Aufenthaltsrecht für Drittstaatsangehörige, AnwBl. 2000, S. 482 ff.
- Europarechtliches Diskriminierungsverbot und Aufenthaltsrecht, NVwZ 2000, S. 281 ff.
- Landeserziehungsgeld in der Assoziation EWG-Türkei, Besprechung von BVerwG, Urt. v. 6.12.2001 – 3 C 26.01, ZFSH/SGB 2002, 223 f.
- Assoziationsrechtliche Schranken gesetzgeberischer Gestaltungsbefugnis im Ausländerrecht, ZAR 2003, S. 60 ff.
- Soziale Recht von Kindern und Jugendlichen, InfAuslR 2006, S. 142 ff.
- Fehlerhafte Umsetzung von Richtlinien, InfAuslR 2006, S. 165 ff.

- Standstill als neue Form der Bewegung in der Assoziation EWG – Türkei, ZAR 2008, S. 5 ff.

Hägel, Peter / Deubner, Christian
Migrationspolitik der Gemeinschaft, ZAR 2001, S. 154 ff.

Hailbronner, Kay
- European Immigration and Asylum Law under the Amsterdam Treaty, CML Rev. 1998, S. 1047 ff.
- Neue Entwicklungen im Personenverkehr für Unionsbürger und Angehörige assoziierter Staaten, ZAR 2002, S. 7 ff.
- Migrationspolitik und Rechte Drittstaatsangehöriger in der Europäischen Union, ZAR 2002, S. 83 ff.
- Langfristig aufenthaltsberechtigte Drittstaatsangehörige, ZAR 2004, S. 163 ff.
- Die Unionsbürgerrichtlinie und der ordre public, ZAR 2004, S. 299 ff.
- Die Unionsbürgerschaft und das Ende rationaler Jurisprudenz durch den EuGH?, NJW 2004, S. 2185 ff.
- Die Stillhalteklauseln des Assoziationsrechts EWG/Türkei, ZAR 2004, S. 46 ff.
- Diskriminierungsverbot, Unionsbürgerschaft und gleicher Zugang zu Sozialleistungen, ZaöRV 2004, S. 603 ff.
- Freiwillige oder zwangsweise Rückkehr illegal aufhältiger Drittstaatsangehöriger im EU-Recht – auf dem Weg zu einer europäischen Rückführungspolitik?, ZAR 2005, S.349 ff.
- Die Richtlinie zur Familienzusammenführung, FamRZ 2005, S. 1 ff.
- Unionsbürgerschaft und Zugang zu Sozialsystemen, JZ 2005, S. 1138 ff.

Hailbronner, Kay (Hrsg.)
- 30 Jahre Freizügigkeit in Europa: Beiträge anlässlich des Symposiums vom 3. - 5. Dezember 1997 in Konstanz / ausgerichtet vom Forschungszentrum für Internationales und Europäisches Ausländer- und Asylrecht, Heidelberg 1998.
  Zitiert: *Autor*, in: Hailbronner, 30 Jahre, S.
- Die allgemeinen Regeln des völkerrechtlichen Fremdenrechts: Bilanz und Ausblick an der Jahrtausendwende, Heidelberg 2000.
  Zitiert: *Autor*, Titel des Beitrages, in: Hailbronner, Die allgemeinen Regeln, S.

Haller, Herbert (Hrsg.)
Staat und Recht, Festschrift für Günther Winkler, Wien 1997.
Zitiert: *Autor*, in: H. Haller, FS Winkler, S.

Haller, Jochen
Das Aufenthaltsrecht der Unionsbürger in Deutschland, unter besonderer Berücksichtigung der Rechtsprechung deutscher Gerichte, Konstanz 2000.

Hänlein, Andreas
Übergangsregelungen beim EU-Beitritt der MOE-Staaten im Bereich der Arbeitnehmerfreizügigkeit und der sozialen Sicherheit, EuZW 2001, S. 165 ff.

Haratsch, Andreas / Koenig, Christian / Pechstein, Matthias
Europarecht, 5. Auflage, Tübingen 2006.

Hauschild, Christoph
- Neues europäisches Einwanderungsrecht: Das Recht auf Familienzusammenführung, ZAR 2003, S. 266 ff.
- Neues europäisches Einwanderungsrecht: Das Daueraufenthaltsrecht von Drittstaatsangehörigen, ZAR 2003, S. 350 ff.

Hedemann-Robinson, Martin
An overview of recent legal developments at Community level in relation to third country nationals resident within the European Union, with particular reference to the case law of the European Court of Justice, CML Rev. 2001, S. 525 ff.

Heckmann, Dirk (Hrsg.)
Modernisierung von Justiz und Verwaltung, Gedenkschrift für Ferdinand O. Kopp, Stuttgart 2007.
Zitiert: *Autor*, Titel des Beitrags, in: Heckmann, GS Kopp, S.

Hilf, Meinhard
Europäisches Gemeinschaftsrecht und Drittstaatsangehörige, in: Hailbronner, Kay / Ress, Georg / Stein, Torsten (Hrsg.), Staat und Völkerrechtsordnung, Festschrift für Karl Doehring, Heidelberg 1989, S. 339 ff.
Zitiert: *Hilf*, in FS Doehring, S. 339 ff.

Hillgruber, Christian
Mindestalter und sprachliche Integrationsvorleistung – verfassungsgemäße Voraussetzungen des Ehegattennachzugs?, ZAR 2006, S. 304 ff.

Höfler, Rosemarie
Europa auf dem Weg zu einer sozialen Union? Die EuGH-Rechtsprechung zu unionsrechtlichen Ansprüchen auf Sozialhilfe, NVwZ 2002, S. 1206 ff.

Höller, Edlyn
Soziale Rechte Drittstaatsangehöriger nach europäischem Gemeinschaftsrecht, Baden-Baden 2005.

Hoogenboom, Thomas
Symposium: The Status of Non-Community Nationals in Community Law, Integration into Society and Free Movement on Non-EC-Nationals, EJIL 1992, S. 36 ff.

Hoppe, Michael
Neuere Tendenzen in der Rechtsprechung zur Aufenthaltsbeendigung – Gibt es eine gemeinsame Linie in den Entscheidungen von EGMR, EuGH und BVerfG?, ZAR 2008, S. 251 ff.

Huber, Bertold
- Die europäische Asylpolitik nach Inkrafttreten des Amsterdamer Vertrages, InfAuslR 2000, S. 302 ff.
- Savas – Neue Bewegung im Assoziationsrecht durch Stand-Still, NVwZ 2001, S. 1371 ff.
- Das Zuwanderungsgesetz, NVwZ 2005, S. 1 ff.

Huber, Peter M.
Recht der Europäischen Union, München 2002

Hühn, Uta
Gleichbehandlung bei Ausübung der Freizügigkeit und scheinbar innerstaatlicher Sachverhalt (Marie Nathalie D'Hoop / Office national de l'emploi, EuGH vom 11. Juli 2002, C-224/98), ELR 2002, S. 314 ff.

Hummer, Waldemar
Der Vertrag von Prüm – „Schengen III"?, EuR 2007, S. 517 ff.

Husmann, Manfred
Ost-Erweiterung und Arbeitnehmerfreizügigkeit, ZIAS 1999, S. 419 ff.

Huster, Stefan
Grundfragen der Exportpflicht im europäischen Sozialrecht, NZS 1999, S. 10 ff.

Ipsen, Knut
Völkerrecht, 4. Auflage, München 1999.

Joussen, Jacob
Ausgewählte Probleme der Ausstrahlung im europäischen Sozialversicherungsrecht, NZS 2003, S. 19 ff.

Kadelbach, Stefan
Anmerkung zu EuGH, Urteil v. 15.3.2005 – C-209/03 Bidar/Minister, JZ 2005, S. 1163 ff.

Kälin, Walter
Das bilaterale Abkommen der Schweiz mit der EG über die Freizügigkeit von Personen, ZAR 2002, S. 124 ff.
Kanitz, Rolf / Steinberg, Philipp
Grenzenloses Gemeinschaftsrecht? Die Rechtsprechung des EuGH zu Grundfreiheiten, Unionsbürgerschaft und Grundrechten als Kompetenzproblem, EuR 2003, S. 1013 ff.

Kim, Cae-One
La Communauté économique européenne dans les relations commerciales internationales, Bruxelles 1971.

Kingreen, Thorsten
Verfassungsfragen des Ehegatten- und Familiennachzugs im Aufenthaltsrecht, ZAR 2007, S. 13 ff.

Kirchhof, Gregor
Der besondere Schutz der Familie in Art. 6 Abs. 1 des Grundgesetzes; Abwehrrecht, Einrichtungsgarantie, Benachteiligungsverbot, staatliche Schutz- und Förderpflicht, AöR 2004, S. 542 ff.

Klinger, Roland / Kunkel, Peter-Christian / Peters, Karen
Sozialhilferecht, SGB XII mit SGB II und AsylbLG, 2. Aufl., Baden-Baden 2007.

Kluth, Winfried
- Reichweite und Folgen der Europäisierung des Ausländer- und Asylrechts – Zwischenbilanz eines strukturellen Wandels und seiner Auswirkungen auf das Ausländer- und Asylrecht und seine Methode, ZAR 2006, S. 1 ff.
- Einheitliche Europäische Zuwanderungspolitik: Vertragsrechtliche Grundlagen und Vergleich der politischen Konzeptionen: Legalisierungsmaßnahmen ZAR 2007, S. 20 ff.

Knauff, Matthias
Europäische Einwanderungspolitik: Grundlagen und aktuelle Entwicklungen, ZEuS 2004, S. 11 ff.

Knopf, Peter
Europarechtliche und völkerrechtliche Fragen einer Entwicklungspolitik der Europäischen Gemeinschaft und ihrer Mitgliedstaaten, Berlin 1983.

Koch, Ulrich
Die öffentlich-rechtlichen Voraussetzungen der Beschäftigungsaufnahme nach dem Zuwanderungsgesetz, RdA 2006, S. 56 ff.

Kocjančič, Rudi
Stabilisierungs- und Assoziierungsprozess auf dem Gebiet des ehemaligen Jugoslawien, ZaöRV 2006, S. 435 ff.

Koskenniemi, Martti (Hrsg.)
International Law Aspects of the European Union, Den Haag 1998.
Zitiert: *Autor*, Titel des Aufsatzes, in: Koskenniemi, S.

Kovács, Christian
Ein Zwischenruf zu Art. 63 S. 2 EGV, ZAR 2007, S. 403 f.

Krück, Hans
- Völkerrechtliche Verträge im Recht der Europäischen Gemeinschaften: Abschlußkompetenzen, Bindungswirkung, Kollisionen, Heidelberg 1977.
- Die Freizügigkeit der Arbeitnehmer nach dem Assoziierungsabkommen EWG/Türkei, EuR 1984, S. 289 ff.

Kubicki, Philipp
Die subjektivrechtliche Komponente der Unionsbürgerschaft, EuR 2006, S. 489 ff.

Kugelmann, Dieter
Die Dienstleistungs-Richtlinie der EG zwischen der Liberalisierung von Wachstumsmärkten und europäischem Sozialmodell, EuZW 2005, S. 327 ff.

Kuhn, Heike
Die soziale Dimension der Europäischen Gemeinschaft, Berlin 1995.

Lang, Gernot
- Das Gemeinschaftsrecht der Drittstaatsangehörigen. Eine Analyse der Rechtsstellung der Nicht-Unionsbürger im Recht von Europäischer Gemeinschaft und Union, Baden-Baden 1998.
- Zu den Rechtswirkungen des Vertrags von Amsterdam auf den Rechtsstatus der Drittstaatsangehörigen, ZAR 1998, S. 59 ff.

Langenfeld, Christine / Mohsen, Sarah
Die neue EG-Richtlinie zum Familiennachzug und ihre Einordnung in das Völkerrecht, ZAR 2003, S. 398 ff.

Leopold, Anders / Semmelmann, Constanze
Civis europaeus sum – Gewährleistungen und Grenzen der Freizügigkeit der Unionsbürger, ZEuS 2008, S. 275 ff.

Lindner, Josef Franz
Anmerkung zu EuGH, Urteil vom 15.3.2005, Rs. C-209/03, BayVBl. 2005, S. 498 ff.

Lippert, Ralf
Gleichbehandlung bei sozialen Vergünstigungen und Arbeitnehmerfreizügigkeit in der Europäischen Gemeinschaft – Eine Analyse von Art. 7 Abs. 2 VO (EWG) Nr. 1612/68 auf der Basis der Rechtsprechung des Europäischen Gerichtshofes, Augsburg 1993.

Löns, Martin / Herold-Tews, Heike
SGB II, Grundsicherung für Arbeitsuchende, München 2005.

Löschau, Martin / Marschner, Andreas
Zusammenlegung von Arbeitslosen- und Sozialhilfe, Hartz IV, Praxishandbuch zum neu eingeführten Zweiten Buch Sozialgesetzbuch (SGB II) – Grundsicherung für Arbeitsuchende, Darmstadt 2004.

Maaßen, Hans-Georg
Zum Stand der Umsetzung von elf aufenthalts- und asylrechtlichen Richtlinien der Europäischen Union, ZAR 2006, S. 161 ff.

Magiera, Siegfried
Die Europäische Gemeinschaft auf dem Wege zu einem Europa der Bürger, DÖV 1987, S. 221 ff.

Mallmann, Otto
Neuere Rechtsprechung zum assoziationsrechtlichen Aufenthaltsrecht türkischer Familienangehöriger, ZAR 2006, S. 50 ff.

Maor, Oliver
Die Visumbestimmungen der Aufenthaltsverordnung, ZAR 2006, S. 185 ff.

Marx, Reinhard
- Aktuelle Entwicklungen im gemeinschaftsrechtlichen Ausweisungsschutz, ZAR 2007, S. 142 ff.
- Rechtsschutz gegen die aufenthaltsrechtliche Versagung der Erlaubnis zur Erwerbstätigkeit, ZAR 2005, S. 48 ff.

Matscher, Franz (Hrsg.)
Europa im Aufbruch, Festschrift Fritz Schwind zum 80. Geburtstag, Wien 1993.
Zitiert: *Autor*, Titel des Beitrags, in: Matscher, FS Schwind, S.

Maurer, Hartmut
Allgemeines Verwaltungsrecht, 16. Aufl., München 2006.

Monar, Jörg / Wessels, Wolfgang (Hrsg.)
The European Union after the Treaty of Amsterdam, London 2001.
Zitiert: *Bearbeiter*, in: Monar/Wessels (Hrsg.), S.

Mrozynski, Peter
Sozialgesetzbuch – Allgemeiner Teil – (SGB I), Kommentar, 2. Aufl., München 1995.

Münder, Johannes (Hrsg.)
Sozialgesetzbuch II, Grundsicherung für Arbeitsuchende, Lehr- und Praxiskommentar, Baden-Baden 2005.
Zitiert: Bearbeiter, in: Münder, SGB II, § …, Rn. …

Nakanishi, Yumiko
Die Entwicklung der Außenkompetenzen der Europäischen Gemeinschaft: der Wandel der Rechtsprechung des Europäischen Gerichtshofs und die daraus resultierende Notwendigkeit der Verpflichtung zur Zusammenarbeit zwischen der Gemeinschaft und den Mitgliedstaaten auf internationaler Ebene, Frankfurt am Main 1998.

Neubauer, Anna
Implizite Vertragsschlusszuständigkeiten der Europäischen Gemeinschaft und Subsidiaritätsprinzip: Eine Untersuchung anhand des Partnerschafts- und Kooperationsabkommens mit Russland, Hamburg 2000.

Niedobitek, Matthias
Völker- und europarechtliche Grundfragen des EU-Beitrittsvertrages, JZ 2004, S. 369 ff.

Nienhaus, Walter Siegfried / Depel, Michael / Raif, Alexander / Renke, Ilona
Praxishandbuch Zuwanderung und Arbeitsmarkt, München 2006.

Niesel, Klaus (Hrsg.)
Sozialgesetzbuch Arbeitsförderung – SGB III –, Kommentar, 3. Aufl., München 2005.
Zitiert: *Bearbeiter*, in: Niesel, SGB III, § …, Rn.

Nowak, Carsten
EU-Osterweiterung, Personenfreizügigkeit und staatliche Schutzpflichten im Bereich der sozialen Sicherheit, EuZW 2003, S. 101 ff.
Oehmichen, Alexander
Die unmittelbare Anwendbarkeit der völkerrechtlichen Verträge der EG: die EG-Freihandels- und Assoziierungsverträge und andere Gemeinschaftsabkommen im Spannungsfeld von Völkerrecht, Gemeinschaftsrecht und nationalem Recht, Frankfurt am Main 1992.

Oppermann, Dagmar
Verfassungsrechtliche Fragen zur Finanzierung der Grundsicherung für Arbeitsuchende, DVBl. 2005, S. 1008 ff.

Oppermann, Thomas
- Europarecht, 2. Aufl. München 1999. Zitiert: Oppermann, Europarecht, 2. Aufl., Rn.
- Europarecht, 3. Auflage, München 2005. Zitiert: Oppermann, S.

Pache, Eckhard / Bielitz, Joachim
Das Verhältnis der EG zu den völkerrechtlichen Verträgen ihrer Mitgliedstaaten, EuR 2006, S. 316 ff.

Padoan, Pier Carlo
EU employment and social policy after Amsterdam: too little oder too much?, in: Monar/Wessels (Hrsg.), S. 207 ff.

Papayannis, Donatos
Gemeinschaftliche und nationale Einwanderungspolitik am Beispiel Griechenlands, ZAR 2006, S. 399 ff.

Pechstein, Matthias / Bunk, Artur
Das Aufenthaltsrecht als Auffangrecht. Die fehlende unmittelbare Anwendbarkeit sowie die Reichweite des Art. 8a Abs. 1 EGV, EuGRZ 1997, 547 ff.

Peters, Katja
Arbeitsberechtigung nachziehender Familienangehöriger von Wanderarbeitnehmern mittel- und osteuropäischer Staaten, ZAR 2005, S. 87 ff.

Pfaff, Dieter
Wirtschaftliche Chancen und Risiken der EU-Ost-Erweiterung, EWS 2004, S. 193 f.

Regul, Rudolf (Hrsg.)
Die Europäischen Gemeinschaften und die Mittelmeerländer, Baden-Baden 1977.
Zitiert: *Autor*, Titel des Beitrages, in: Regul, S.
Reich, Norbert
Bürgerrechte in der Europäischen Union: Subjektive Rechte von Unionsbürgern und Drittstaatsangehörigen unter besonderer Berücksichtigung der Rechtslage nach der Rechtsprechung des EuGH und dem Vertrag von Amsterdam, Baden-Baden 1999.

Reich, Norbert / Harbacevica, Solvita
Citizenship and Family on Trial: A fairly optimistic overview of recent Court Practice with regard to Free Movement of Persons, CML Rev. 2003, S. 615 ff.

Renner, Günter
- Vom Ausländerrecht zum Zuwanderungsrecht, ZAR 2004, S. 266 ff.
- Ehe und Familie im Zeichen neuer Zuwanderungsregeln, NVwZ 2004, S. 792 ff.

Richter, Pascal
Die Erweiterung der Europäischen Union, Baden-Baden 1997.
Zitiert: *P. Richter*, S.

Richter, Stefan
Die Assoziierung osteuropäischer Staaten durch die Europäischen Gemeinschaften, Heidelberg 1993.
Zitiert: *St. Richter*, S.

Ringler, Jochen C. K.
Die Europäische Sozialunion, Berlin 1997.

Rossi, Matthias
Das Diskriminierungsverbot nach Art. 12 EGV, EuR 2000, S. 197 ff.

Rothfuchs, Hermann
Die traditionellen Personenverkehrsfreiheiten des EG-Vertrages und das Aufenthaltsrecht der Unionsbürger – Eine Gegenüberstellung der vertraglichen Gewährleistungen, Frankfurt am Main 1999.

Sander, Florian
Die Unionsbürgerschaft als Türöffner zu mitgliedstaatlichen Sozialversicherungssystemen? Überlegungen anlässlich des Trojani-Urteils des EuGH, DVBl. 2005, S. 1014 ff.

Schäuble, Wolfgang
Europäische Migrationspolitik – Versuch einer Standortbestimmung, ZAR 2006, S. 221 ff.
Scheuing, Dieter H.
Freizügigkeit als Unionsbürgerrecht, EuR 2003, S. 744 ff.

Schieffer, Martin
- Die Zusammenarbeit der EU-Mitgliedstaaten in den Bereichen Asyl und Einwanderung, Baden-Baden 1998.
- Die neue Freizügigkeitsverordnung/EG, NVwZ 1998, S. 31 ff.
- Europäische Kommission legt erste Vorschläge zur Umsetzung des Haager Programms im Bereich Asyl und Einwanderung vor, ZAR 2005, S. 372 f.

Schön, Cordula
Der rechtliche Rahmen für Assoziierungen der Europäischen Gemeinschaft vor dem aktuellen Hintergrund der Annäherungs- und Mitgliedschaftswünsche der mittel- und osteuropäischen Staaten, Frankfurt am Main 1994.

Schönberger, Christoph
- Unionsbürger – Europas föderales Bürgerrecht in vergleichender Sicht, Tübingen 2005.
- Die Unionsbürgerschaft als Sozialbürgerschaft – Aufenthaltsrecht und soziale Gleichbehandlung von Unionsbürgern im Regelungssystem der Unionsbürgerrichtlinie, ZAR 2006, S. 226 ff.

Schreiber, Frank
Der Arbeitslosengeld II – Anspruch von Unionsbürgern und Drittstaatsangehörigen, info also 2008, S. 3 ff.

Schroeder, Werner
Das Gemeinschaftsrechtssystem, Tübingen 2002.

Schulin, Bertram / Igl, Gerhard
Sozialrecht, 6. Aufl., Düsseldorf, Werner 1999.

Schulze, Reiner / Zuleeg, Manfred (Hrsg.)
Europarecht, Handbuch für die deutsche Rechtspraxis, Baden-Baden 2006.
Zitiert: *Bearbeiter*, in: Schulze/Zuleeg, § ..., Rn. ...

Schulz, Guido
Freizügigkeit für Unionsbürger, Frankfurt am Main 1997.

Schwarze, Jürgen (Hrsg.)
EU-Kommentar, Baden-Baden 2000.
Zitiert: *Bearbeiter*, in: Schwarze, EU-Kommentar, Art. ..., Rn. ...

Schweitzer, Michael
- Zur Rechtsstellung der Studenten nach Europäischem Gemeinschaftsrecht, in: Matscher, FS Schwind, S. 327 ff.
- Die Freizügigkeit türkischer Arbeitnehmer in Österreich, in: Haller, FS Winkler, S. 1031 ff.
- Rechtssicherheit versus Legalität, in: Heckmann, Modernisierung von Justiz und Verwaltung, Gedenkschrift für Ferdinand O. Kopp, S. 360 ff.
- Staatsrecht III, Staatsrecht, Völkerrecht, Europarecht, 9., neubearbeitete Auflage, Heidelberg 2008.

Schweitzer, Michael / Hummer, Waldemar
Europarecht: Das Recht der Europäischen Gemeinschaften (EGKS, EWG, EAG) – mit Schwerpunkt EWG, 3. Aufl., Neuwied/Frankfurt 1990.

Sieg, Rainer
Neue Perspektiven im vereinten Europa, AuA 2004, S. 8 ff.

Sieveking, Klaus
- Der arbeits- und sozialrechtliche Status von Drittstaatsangehörigen in der Rechtsprechung des Europäischen Gerichtshofs, ZAR 1998, S. 201 ff.
- Befristete Ausbildungsfinanzierung als europäischer Solidarbeitrag, Öffentliche Unterstützung bei Existenznot für im EU-Ausland studierende Unionsbürger: die Entscheidung des Europäischen Gerichtshofs in der Rechtssache C-184/99 – Grzelczyk, RdJB 2004, S. 256 ff.

Sodan, Helge
EU-Osterweiterung und soziale Sicherungssysteme, JZ 2002, S. 53 ff.

Steck, Brigitte / Kossens, Michael
Die Neuordnung von Arbeitslosenhilfe und Sozialhilfe durch Hartz IV, FPR 2005, S. 424 ff.

Stiegnitz, Peter
Asyl und EU-Erweiterung, in: Wollenschläger/Kreßel/Egger, FS Hablitzel, S. 309 ff.

Storr, Christian / Wenger, Frank / Eberle, Simone / Albrecht, Rainer / Zimmermann-Kreher, Anette
Kommentar zum Zuwanderungsgesetz, Stuttgart 2005.
Zitiert: *Bearbeiter*, in: Storr/Wenger/Eberle/Albrecht/Zimmermann-Kreher, § ... AufenthG Rn ..., § ... FreizügG/EU Rn ...

Streinz, Rudolph (Hrsg.)
EUV/EGV, München 2003, Zitierweise: *Bearbeiter*, in: Streinz, Art. ... Rn. ...

Strick, Kerstin
Ansprüche alter und neuer Unionsbürger auf Sozialhilfe und Arbeitslosengeld II, NJW 2005, S.2182 ff.

ter Steeg, Marcus
Zum Umgang nationaler Instanzgerichte mit dem Ausschluss der Vorlagebefugnis nach Art. 68 I EGV, ZAR 2006, S. 268 ff.

Tettinger, Peter J. / Geerlings, Jörg
Ehe und Familie in der europäischen Grundrechtsordnung, EuR 2005, S. 419 ff.

Thym, Daniel
- Die völkerrechtlichen Verträge der Europäischen Union, ZaöRV 2006, S. 863 ff.
- Europäischer Grundrechtsschutz und Familienzusammenführung, NJW 2006, S. 3249 ff.

Tichy, Lubos / Tschäpe, Philipp
Die Gegenseitigkeitsklausel Nr. 10 der Übergangsbestimmungen zur Arbeitnehmerfreizügigkeit in der Beitrittsakte 2004, EWS 2005, S. 1 ff.

Trinkl, Stephanie
Die gemeinschaftsrechtliche Koordinierung deutscher Familienleistungen, Baden-Baden 2001.

Tryfonidou, Alina
Jia or „Carpenter II“: the edge of reason, E.L. Rev. 2007, S. 908 ff.

Tschäpe, Philipp
Das Zugangsrecht zum Arbeitsmarkt für Familienangehörige vor und nach dem Beitritt – Verstoß gegen die standstill-Klausel aus dem Beitrittsvertrag 2004, EWS 2003, S. 511 ff.

Van der Mei, A. P.
Free Movement of Persons Within the European Community – Cross-Border Access to Public Benefits, Oxford, 2003.

Vogt, Oliver
Die Regelung des Personenverkehrs in den Europa-Abkommen. Ein Beitrag zur Auslegung des Assoziationsrechts der Europäischen Gemeinschaft mit den mittel- und osteuropäischen Staaten, Baden-Baden 2001.

Walker, Neil (Hrsg.)
Europe's Area of Freedom, Security and Justice, Oxford 2004.
Zitiert: *Autor*, Titel des Aufsatzes, in: Walker, S.

Walter, Susanne
Hohenheimer Tage zum Ausländerrecht vom 26.–28.1.2007 unter dem Thema „Integration durch Gesetz“, ZAR 2007, S. 100 ff.

Waltermann, Raimund
Sozialrecht, 4. Auflage, Heidelberg 2004.

Weber, Claus
Der assoziationsrechtliche Status Drittstaatsangehöriger in der Europäischen Union, Frankfurt am Main, 1997.

Weiß, Wolfgang
Die Personenverkehrsfreiheiten von Staatsangehörigen assoziierter Staaten in der EU: eine vergleichende Analyse der Assoziationsabkommen, Frankfurt am Main 1998.

Welte, Hans-Peter
Freizügigkeitsrecht der Unionsbürger nach dem Freizügigkeitsgesetz/EU, InfAuslR 2005, S. 8 ff.

Wenger, Frank
Die Unionsbürgerschaft als aufenthaltsrechtlicher „Hebel"?, NVwZ 2002, S. 1342 ff.

Westphal, Volker
Das Freizügigkeitsabkommen zwischen der EG, ihren Mitgliedstaaten und der Schweiz, InfAuslR 2002, S. 329 ff.

Westphal, Volker / Stoppa, Edgar
Einreise und Aufenthalt von Drittausländern nach der neuen Visumverordnung Nr. 539/2001, InfAuslR 2001, S. 309 ff.

Wollenschläger, Ferdinand
- Anmerkung zu EuGH, Urt. v. 7.9.2004 – C-456/02 (Trojani), EuZW 2005, S. 309 ff.
- Studienbeihilfen für Unionsbürger?, NVwZ 2005, S. 1023 ff.
- Anmerkung zu EuGH, Urt. v. 15.9.2005 – C-258/04 (Office national de l'emploi/Ioannis Ioannidis), EuZW 2005, S. 665 ff.
- Anmerkung zu EuGH, Urt. v. 18.7.2006 – C-406/04 (Gérald de Cuyper/Office national de l'emploi), EuZW 2006, S. 503 ff.
- Grundfreiheit ohne Markt, Tübingen 2007.

Wollenschläger, Michael
- Das Asyl- und Einwanderungsrecht der EU, EuGRZ 2001, S. 354 ff.
- Anmerkung zum Urteil des EuGH vom 7.9.2004, Rs. C-456/02 *(Michael Trojani)*, EuZW 2005, S. 309 ff.

Wollenschläger, Michael / Kreßel, Eckhard / Egger, Johann (Hrsg.)
Recht – Wirtschaft – Kultur, Herausforderungen an Staat und Gesellschaft im Zeitalter der Globalisierung, Festschrift für Hans Hablitzel zum 60. Geburtstag, Berlin 2005.
Zitiert: *Autor*, Titel des Beitrags, in: FS Hablitzel, S.

Yagli, Rasim
Die Rechtsstellung der türkischen Arbeitnehmer in der EU – im Lichte der Rechtsprechung des EuGH, ZEuS 2000, S. 507 ff.

Ziegler, Andreas R.
Die De-facto-Mitgliedschaft der Schweiz in der EU: Binnen- und Aussenbeziehungen, ZEuS 2007, S. 247 ff.

Studien und Materialien zum Öffentlichen Recht

Herausgegeben von Herbert Bethge

Band 1 Hans-Georg Kamann: Die Mitwirkung der Parlamente der Mitgliedstaaten an der europäischen Gesetzgebung. National-parlamentarische Beeinflussung und Kontrolle der Regierungsvertreter im Rat der Europäischen Union im Spannungsfeld von Demokratie und Funktionsfähigkeit des gemeinschaftlichen Entscheidungsverfahrens. 1997.

Band 2 Gerhard Spieß: Der Grundrechtsverzicht. 1997.

Band 3 Stefan Hepach: Der Grundrechtsstatus der Landesmedienanstalten. 1997.

Band 4 Michael Fraas: Sicherheitsrat der Vereinten Nationen und Internationaler Gerichtshof. Die Rechtmäßigkeitsprüfung von Beschlüssen des Sicherheitsrats der Vereinten Nationen im Rahmen des VII. Kapitels der Charta durch den Internationalen Gerichtshof. 1998.

Band 5 Friedrich Loschelder: Die Durchsetzbarkeit von Weisungen in der Bundesauftragsverwaltung. 1998.

Band 6 Gunila Dieterich: Rechtsschutz der deutschen Bundesländer vor dem Bundesverfassungsgericht in Angelegenheiten der Europäischen Union. 1998.

Band 7 Wolfgang Weiß: Die Personenverkehrsfreiheiten von Staatsangehörigen assoziierter Staaten in der EU. Eine vergleichende Analyse der Assoziationsabkommen. 1998.

Band 8 Christian Bamberger: Verfassungswerte als Schranken vorbehaltloser Freiheitsgrundrechte. Vom Verfassungs- zum Gegenseitigkeitsvorbehalt. 1999.

Band 9 Andreas Rohde: Freier Kapitalverkehr in der Europäischen Gemeinschaft. 1999.

Band 10 Herbert Bethge: Rechtsberatung im privaten Rundfunk. Rechtsgutachten, erstattet auf Ansuchen von SAT 1, unter Mitwirkung von Christian von Coelln. 2000.

Band 11 Marcel Vachek: Das Religionsrecht der Europäischen Union im Spannungsfeld zwischen mitgliedstaatlichen Kompetenzreservaten und Art. 9 EMRK. 2000.

Band 12 Kerstin Ebock: Der Schutz grundlegender Menschenrechte durch kollektive Zwangsmaßnahmen der Staatengemeinschaft. Vom Interventionsverbot zur Pflicht zur humanitären Intervention? 2000.

Band 13 Christiane Gucht: Das Zensurverbot im Gefüge der grundrechtlichen Eingriffskautelen. 2000.

Band 14 Markus Ruttig: Der Einfluß des EG-Beihilferechts auf die Gebührenfinanzierung der öffentlich-rechtlichen Rundfunkanstalten. 2001.

Band 15 Jochen Murach: Die Haftung der öffentlichen Hand im Verwaltungsschuldrecht. 2002.

Band 16 Holger Schäfer: Die ungeschriebenen Freiheitsrechte in der schweizerischen Bundesverfassung von 1874 im Vergleich mit dem Grundgesetz. 2002.

Band 17 Alexander Glos: Die deutsche Berufsfreiheit und die europäischen Grundfreiheiten. Ein Strukturvergleich. 2003.

Band 18 Georg Blasberg: Verfassungsgerichte als Ersatzgesetzgeber. Entscheidungsaussprüche bei Normenkontrollen von Bundesverfassungsgericht und Corte Costituzionale. 2003.

Band 19 Artur Müller-Wewel: Souveränitätskonzepte im geltenden Völkerrecht. 2003.

Band 20 Helmut Wirner: Kommunale Wohnungsunternehmen als öffentliche Auftraggeber im Sinne der EG-Vergaberichtlinien. 2003.

Band 21 Christian Abt: Die Mitwirkung der deutschen Bundesländer bei völkervertraglichen Handlungen im Rahmen der Europäischen Union. 2003.

Band 22 Wolfram Wormuth: Die Bedeutung des Europarechts für die Entwicklung des Völkerrechts. 2004.

Band 23 Sonja Rademacher: Diskriminierungsverbot und „Gleichstellungsauftrag". Zur Auslegung des Art. 3 Abs. 2 Satz 2 GG. 2004.

Band 24 Thomas Lennarz: Die Rechtsprechung des Europäischen Gerichtshofs und des Gerichts erster Instanz zu prozessualen Fragen des Verfügungsgrundsatzes und der Fristen. 2004.

Band 25 Florian Niewöhner: Elektronische Benutzerführungssysteme und chancengerechter Zugang zum digitalen Fernsehen. Eine Untersuchung unter besonderer Berücksichtigung der Position des öffentlich-rechtlichen Rundfunks. 2004.

Band 26 Oliver Glück: § 24c KWG und das Recht auf informationelle Selbstbestimmung. Eine Untersuchung der Verfassungsmäßigkeit des automatisierten Abrufs von Kontoinformationen. 2005.

Band 27 Siegfried Kwanka: Die Einwirkungen des Europarechts auf den vorläufigen Rechtsschutz im nationalen Verwaltungsprozess. 2006.

Band 28 Christian von Coelln: Spielräume des Gesetzgebers für die Erweiterung des Zugangs der Zeitungsverlage zum Rundfunk in Bayern. Rechtsgutachten, erstattet auf Ansuchen des Verbandes Bayerischer Zeitungsverleger e.V. 2006.

Band 29 Christoph Schultes: Die verfassungsändernde Volksgesetzgebung in Bayern. Eine Untersuchung zur Revision der Bayerischen Verfassung durch Volksbegehren und Volksentscheid. 2006.

Band 30 Kai Thum: Einfachgesetzliche Präzisierung des verfassungsrechtlichen Funktionsauftrags des öffentlich-rechtlichen Rundfunks. Zugleich ein Beitrag zur Dogmatik der Rundfunkfreiheit. 2007.

Band 31 Stefan Remmert: Wirtschaftssanktionen zum Schutz der Menschenrechte. Zur Frage ihrer Vereinbarkeit mit dem allgemeinen Zoll- und Handelsabkommen (GATT). 2008.

Band 32 Anna-Mirjam Frey: Die Romanfigur wider Willen. 2008.

Band 33 Eva Maria Schimpfhauser: Das Gewaltmonopol des Staates als Grenze der Privatisierung von Staatsaufgaben. Dargestellt am Beispiel des Strafvollzuges. 2009.

Band 34 Torben Frank: Der Schutz von Unternehmensgeheimnissen im Öffentlichen Recht. 2009.

Band 35 Katja Gößling: Der Aufenthaltsstatus von ausländischen Arbeitnehmern in der Bundesrepublik Deutschland. Gemeinschaftsrechtliche Vorgaben und ihre Umsetzung in das nationale Recht. 2009.

Peter Lang · Internationaler Verlag der Wissenschaften

Sebastian Maiß

Die Entsendung von Arbeitnehmern aus den MOE-Staaten auf Werkvertragsbasis nach der EU-Osterweiterung

Eine Untersuchung der grenzüberschreitenden Beschäftigungsmöglichkeiten von Staatsangehörigen aus den Beitrittsstaaten – insbesondere im Baugewerbe – im Kontext der Übergangsbestimmungen

Frankfurt am Main, Berlin, Bern, Bruxelles, New York, Oxford, Wien, 2008.
347 S.
Schriften zum deutschen und europäischen Arbeits- und Sozialrecht.
Herausgegeben von Ulrich Preis. Bd. 11
ISBN 978-3-631-57451-5 · br. € 56.50*

Die Arbeit befasst sich mit den Auswirkungen der seit dem 1. Mai 2004 vollzogenen ersten Phase der EU-Osterweiterung auf die grenzüberschreitende Dienstleistungserbringung von Unternehmen und Staatsangehörigen aus den MOE-Beitrittsstaaten. Der besondere Schwerpunkt liegt auf der Untersuchung der hierdurch eingetretenen arbeitsgenehmigungs- und aufenthaltsrechtlichen Besonderheiten im Bereich des Baugewerbes. Insbesondere dieser Wirtschaftssektor ist von den Beschränkungen durch die Übergangsbestimmungen betroffen, da hier die größten Störungen auf dem deutschen Arbeitsmarkt befürchtet wurden.

Aus dem Inhalt: Entsendung von Arbeitnehmern auf Werkvertragsbasis · Beitritt der MOE-Staaten zur Europäischen Union · Übergangsbestimmungen · Freizügigkeit entsandter Arbeitnehmer

Frankfurt am Main · Berlin · Bern · Bruxelles · New York · Oxford · Wien
Auslieferung: Verlag Peter Lang AG
Moosstr. 1, CH-2542 Pieterlen
Telefax 0041(0)32/3761727

*inklusive der in Deutschland gültigen Mehrwertsteuer
Preisänderungen vorbehalten

Homepage http://www.peterlang.de

FSC
www.fsc.org
MIX
Papier | Fördert
gute Waldnutzung
FSC® C083411

Kolibri 360 GmbH
Ferdinand-Jühlke-Straße 7
99095 Erfurt, Deutschland
produktsicherheit@kolibri360.de

Druck:
CPI Druckdienstleistungen GmbH
im Auftrag der
Kolibri 360 GmbH
Ferdinand-Jühlke-Str. 7
99095 Erfurt